rubens mano
sem título, 1987

este ensaio fotográfico é parte de um conjunto realizado em película p/b durante minha primeira viagem à europa, em 1987.

tais imagens revelam, no âmbito do próprio projeto, o prelúdio de um olhar lançado em direção a uma urbanidade que, marcada por viés modernista, carrega sinais de latente distopia...

dimensão na qual são registrados indícios de um vestígio que também se apreende como ruído.

coordenação editorial
Abilio Guerra
Fernanda Critelli
Silvana Romano Santos

projeto gráfico e diagramação
Dárkon Vieira Roque

Financiamento coletivo
patrocinadores
Carmo Sodré Mineiro
Marcelo R. Willler

apoiadores
602 pessoas e instituições

Romano Guerra Editora
São Paulo
2023

Arquitetura e escrita
Relatos do ofício

Organizadores
José Lira
Felipe Contier
João Sodré
Jonas Delecave
Paula Dedecca
Samira Chahin
Victor Próspero

Ensaio fotográfico
Rubens Mano

Entrevistados
Abilio Guerra
Adrián Gorelik
Ana Luiza Nobre
Anthony Vidler
Carlos A. C. Lemos
Carlos Alberto Ferreira Martins
Carlos Antônio Leite Brandão
Carlos Eduardo Dias Comas
Fernando Luiz Lara
Geraldo Gomes da Silva
Gustavo Rocha-Peixoto
Gwendolyn Wright
Hugo Segawa
Jean-Louis Cohen
Jorge Francisco Liernur
Kenneth Frampton
Margareth da Silva Pereira
Monica Junqueira de Camargo
Otília Arantes
Ramón Gutiérrez
Ruth Verde Zein
Sérgio Ferro
Sophia da Silva Telles
Sylvia Ficher

Sumário

Relatos do ofício
Introdução

Há um traço específico da entrevista que raramente encontramos em outras modalidades discursivas: ela é sempre concebida e apresentada na forma de um diálogo. E não de um diálogo simulado ou previamente estabelecido, mas de um encontro de perspectivas mediado por camadas de recepção que lhe conferem sentido e ressonância, sem excluir os acasos, os desvios, os silêncios próprios desta forma de troca intelectual. Fruto de um encontro intencional, ela articula a evocação de feitos e visadas de um dado sujeito à natureza imediata, interpessoal e coloquial característica da fala. Está aí muito de sua força: ao encanto peculiar de um discurso que se faz em presença de um outro, e aos efeitos de transferência que ele sugere entre entrevistados, entrevistadores e futuros leitores, soma-se uma promessa de elucidação de aspectos do pensamento e da trajetória daquele que se escuta e que a mera leitura de seus escritos nem sempre nos concede.

É que a entrevista opera justamente ali onde o que está em jogo é o entendimento mútuo entre vozes, visões, pontos de vista: ela se movimenta nesse jogo de rebatimentos entre o eu e o outro, reagindo a leituras prévias, aos enigmas e sutilezas do escrito, ao que dele é atingido ou apenas intuído, assim como às circunstâncias do encontro e às contingências da memória, da dúvida, do manejo da palavra e do que se diz, do achado momentâneo, do intercâmbio de perspectivas, provocações e estímulos recíprocos em um certo espaço-tempo, e não menos às modulações do face a face, da voz, dos sentimentos, posições, prismas e intenções. Por isso, também o lugar da componente biográfica na entrevista: ao mesmo tempo que ela demarca um lugar de enunciação por meio de certas peculiaridades de formação e atuação do entrevistado, de suas heranças e apostas intelectuais, das inserções institucionais e embates, o fluxo das respostas recoloca a produção escrita do entrevistado – inclusive os seus textos de natureza teórica, metodológica ou historiográfica – em um plano mais prosaico de entendimento.

O projeto de reunir entrevistas com alguns historiadores e críticos de arquitetura, de múltiplas orientações teóricas e profissionais, origens disciplinares, gerações e nacionalidades, brotou não apenas da convicção de que aproximá-los nos permite acessar alguns desses atributos frequentemente pulverizados na pluralidade de suas obras e nos múltiplos objetos e empreendimentos intelectuais a que se dedicaram. Deriva também da necessidade de interpelá-los a partir de prismas e questões comuns: como eles se formaram? O que os aproximou da arquitetura e da história e o que nelas os interessava? Que objetos privilegiaram? Que maneiras de tratá-los postularam? Como articularam suas formações em arquitetura, arte, filosofia, história, sociologia ou patrimônio, com a escrita, o ensino, a pesquisa, a crítica e o debate da arquitetura? Como interpretam a sua própria produção no contexto da disciplina? E olhando em frente: como interpretam o estado atual de coisas e quais as suas apostas?

As entrevistas aqui reunidas começaram a ser realizadas como parte de um exercício de graduação proposto na Faculdade de Arquitetura e Urbanismo da Universidade de São Paulo – FAU USP em 2008, no interior de uma disciplina eletiva a cargo do professor José Lira, que buscava realizar uma primeira aproximação de conjunto à produção historiográfica nacional, suas distintas abordagens, gerações e orientações teórico-metodológicas. Em 2011, parte delas foi publicada no número especial "História, historiografias, historiadores" da revista *Desígnio*, da área de história e fundamentos do programa de pós-graduação em arquitetura e urbanismo da FAU USP, ao lado de um pequeno conjunto de entrevistas realizadas nesse ínterim com historiadores estrangeiros, e de traduções de textos de referência e ensaios originais de autores brasileiros sobre o tema. O número rapidamente se esgotou, mas animou a continuidade desse esforço de pesquisa, escuta e registro. Este livro naturalmente se beneficiou dessas iniciativas anteriores, ganhando corpo e densidade à medida que antigos materiais puderam ser revisitados e um acervo ainda maior de entrevistas foi coletivamente construído.

Em sua grande maioria, os entrevistados são arquitetos de formação, que, por motivos diversos, e em conjunturas específicas, aproximaram-se da história e da crítica de arquitetura a partir de distintos pontos de vista e com múltiplos interesses e focos de atenção. São historiadores ou críticos maduros, atuantes em diferentes universidades do país e do exterior. Tendo, em sua maioria, se formado entre as décadas de 1960 e 1980, em meio à crise do modernismo e aos influxos do pós-moderno, são tributários do crescente processo de intelectualização e profissionalização do discurso disciplinar. Representam, portanto, gerações para as quais também se impõem novos aportes historiográficos, novas formas narrativas, novos arcabouços teóricos, objetos e problemáticas sobre os modelos até então estabelecidos, ancorados na história da arte, na arqueologia e na atividade preservacionista, senão na própria prática compositiva e projetual, que, como de praxe, refletia o alinhamento da escrita com determinadas tendências, personagens ou poéticas arquitetônicas.

Os debates sobre os limites disciplinares da arquitetura e do urbanismo engendrados pelas crises profissional, cultural e política nos anos de formação de nossos autores – no caso brasileiro, exacerbadas pela conjuntura ditatorial – talvez expliquem a consciência historiográfica dos entrevistados. É o que se verifica, por exemplo, no exercício habitual da revisão de narrativas, do confronto intelectual e da autocrítica como parte da escrita, tanto em suas expressões de erudição, como em seus empenhos de popularização da cultura arquitetônica. De todo modo, é incontestável a conquista de maior autonomia das pesquisas e reflexões em história, teoria e crítica em relação aos compromissos operativos do arquiteto de prancheta. São perceptíveis, por exemplo, os ecos do debate teórico do período, como a renovação do marxismo pela teoria crítica e os estudos culturais, os novos horizontes da história social e das mentalidades, a história cultural das formas, a disseminação da linguística, da semiologia e da psicanálise no âmbito das artes, as incitações lançadas sobre elas pela fenomenologia, o estruturalismo e a filosofia da diferença. Para não falar da crescente contaminação do discurso arquitetônico por algumas das agendas éticas e políticas mais significativas, como as controvérsias sobre periferia, colonialismo, etnocentrismo, regionalismo, raça, gênero, ecologia, a produção e a apropriação do ambiente construído, entre outros temas.

Neste contexto, uma questão recorrente em muitas das entrevistas aqui reunidas, especialmente aquelas realizadas com autores brasileiros e latino-americanos, diz respeito precisamente ao lugar do Brasil e da América Latina na história da arquitetura. Haveria uma especificidade na arquitetura e no urbanismo brasileiros ou latino-americanos capaz de aproximar a produção de regiões tão diferentes e distingui-la da produção ocidental consagrada? Haveria instrumentos críticos e historiográficos mais adequados para abordar a complexidade e funcionamento cultural desta produção? Que virtudes e vícios teríamos herdado ou evitado dos modos dominantes de fazer história da arquitetura, de seus métodos e premissas teóricas habituais, de seus objetos canônicos e focos privilegiados de atenção, de seus critérios de periodização ou das oposições central/periférico, universal/particular, moderno/tradicional, entre outras? Considerando que as histórias da arquitetura no mundo – inclusive na América Latina – foram modeladas a partir de países política, econômica e culturalmente hegemônicos, da Europa e dos Estados Unidos, pelo prisma de homens brancos, letrados e bem estabelecidos no sistema acadêmico, profissional e intelectual da arquitetura, pareceu-nos importante contemplar, neste volume, uma reflexão sobre os modos de desafiar, complexificar, inverter, desconstruir e reconstruir essas histórias. Como fazê-lo, entretanto, é tudo menos objeto de consenso entre nossos entrevistados, como demonstram os posicionamentos de Jorge Francisco Liernur, Gwendolyn Wright, Ramón Gutiérrez, Carlos Martins, Adrián

Gorelik, Hugo Segawa, Ruth Verde Zein, Ana Luiza Nobre e Fernando Lara a seu respeito. Neles, como em outros autores, a América Latina e o Brasil surgem ora como invenção ou ficção, ora como algo inescapável, imediatamente posto pelas circunstâncias históricas, culturais, geográficas e econômico-políticas de formação do país e da região. O Brasil, aliás, de um modo ou de outro tratado em quase todas as entrevistas, cuja inserção na América Latina insiste em não se resolver facilmente, surge envolto em dilemas adicionais. É parte da mesma região, descolonizada e economicamente dependente, mas é dotado de singularidades e dilemas político-territoriais, histórico-sociais e culturais bastante eloquentes; formando-se em meio a relações triangulares entre a América, a Europa e a África, e a camadas de história e cultura internamente sedimentadas. Continua, assim, a impor obstáculos aos esforços de correspondência, comparação e conexão, por certo mais persistentes lá fora que no país.

Se em toda parte uma das matrizes fundamentais da historiografia de arquitetura foi a atividade de conservação, preservação e restauro do patrimônio edificado, na América Latina é sintomática a importância da discussão sobre identidade nacional e regional promovida por organismos de Estado, como o Instituto do Patrimônio Histórico e Artístico Nacional – Iphan ou seus ramais estaduais e municipais. É o que se depreende de boa parte da bibliografia brasileira disponível nesse campo, como de inúmeras trajetórias de historiadores, a exemplo das de Carlos Lemos e Monica Junqueira de Camargo, em São Paulo, Geraldo Gomes da Silva, em Pernambuco, e Gustavo Rocha-Peixoto, no Rio de Janeiro. Pertencentes a diferentes gerações, atuando em órgãos locais ou federais, e neles assumindo distintas atribuições e orientações metodológicas, esses e outros arquitetos se notabilizaram não só pela alternância entre a atuação acadêmica, a militância patrimonial e a prática do projeto ou do restauro, mas pela natureza das questões que propuseram à investigação histórica: como transformações técnicas e conceituais no campo do patrimônio impactaram a transformação da historiografia no país e vice-versa? Como a produção contemporânea poderia ser articulada à história? Haveria uma arquitetura brasileira ou diferentes linhagens e escolas regionais, mais ou menos vivas e influentes? Como estas se caracterizaram, teriam se formado e se transformado ao longo do tempo? Que figurações elas teriam assumido na colônia, no Império ou na República em distintas partes do país? Que fatores – históricos, geográficos, materiais, econômicos, culturais – teriam operado na constituição de diferentes expressões arquitetônicas? Que continuidades e rupturas haveria entre a produção moderna, colonial, neoclássica, eclética ou contemporânea? Que papéis teria cumprido o sistema institucional de preservação, comissionamento, ensino, representação em distintos momentos e lugares? E isso não apenas no Brasil. Em outros países da América Latina, a proximidade entre cultura patrimonial e produção historiográfica produziria questionamentos e hipóteses de abrangência similar. Como no caso de Ramón Gutiérrez, na Argentina, para quem, além da formação de redes e espaços profissionais dedicados ao debate especializado sobre a identidade nacional, é preciso atentar para as formas de apropriação comunitária de tradições culturais ameaçadas na região por processos violentos de modernização e globalização.

Mas se os estímulos preservacionistas foram e continuam sendo uma das grandes molas propulsoras da escrita histórica especializada, outros modelos e compromissos também são visíveis entre nossos autores. Uma das mais prolíficas é certamente aquela tributária dos campos da estética e da crítica de arte. Nessa linha, o estudo da arquitetura enquanto obra de arte, o enfrentamento de suas premissas de autonomia formal e de suas especificidades enquanto gênero artístico e campo disciplinar vêm modelando trajetórias e preocupações analíticas muito diversas. De exames de processos de concepção projetual ou de valores internos aos materiais artísticos, especialmente em face de objetos consagrados, a leituras do fenômeno arquitetônico em seu funcionamento social e cultural. Oscilando entre arcabouços teleológico-evolucionistas e materialistas dialéticos, o purovisibilismo, a psicanálise e a teoria crítica, entre heranças kantianas, hegelianas, marxistas, freudianas, wolfflinianas, frankfurtianas etc., a história e a crítica de arquitetura se voltariam sobre múltiplas dimensões da criação arquitetônica: a permanência do clássico, a oposição entre tradição e ruptura, as estruturas profundas de significação das formas, as formas de produção, circulação e consumo da arquitetura, a relação entre arte, vida social e mentalidades. São emblemáticos a este respeito a investigação de Anthony Vidler acerca do *uncanny* na história e na experiência da arquitetura, o enfoque de Otília Arantes nas obras como imanentes ao processo de racionalização capitalista, a reflexão de Gustavo Rocha-Peixoto sobre as relações entre memória e fantasia na arquitetura, a aproximação de Carlos Brandão a uma hermenêutica do clássico. Uma tradição de análise que conduziria, entre outras coisas, à revisão das grandes narrativas sobre a gênese da arquitetura moderna no Brasil. Aproximando-se ora da perspectiva benjaminiana e tafuriana, como em Otília Arantes ou Adrián Gorelik, ora da crítica maneirista de Colin Rowe, como em Carlos Eduardo Dias Comas, ora da leitura de Argan sobre o projeto moderno, como em Sophia Silva Telles e Ana Luiza Nobre, ora das teorias do brutalismo e do neo-humanismo, como em Ruth Verde Zein.

É interessante notar como parte dos autores formados a partir dessas leituras de obra costuma transitar entre a história e a crítica do presente, valendo-se com frequência da abordagem ensaística para extrair novas visadas de objetos que se apresentam à análise da produção contemporânea. Se isso pode ser vislumbrado na vasta atuação de alguns dos entrevistados no interior de revistas especializadas brasileiras, abarcando e desvelando a multiplicidade de produções em âmbito nacional, a circunstância também se verifica na atividade de alguns de nossos entrevistados estrangeiros, como Anthony Vidler, Kenneth Frampton e Jorge Francisco Liernur, em circuitos dos mais vibrantes internacionalmente, como aqueles em torno do Institute of Architecture and Urban Studies – Iaus, da Escuelita, e de revistas como *Oppositions*, *October*, *Summa, Block* ou *Grey Room*. A intervenção de uma crítica historicamente angulada no debate arquitetônico contemporâneo não deixa de revelar um certo tipo de compromisso operativo com o projeto, as políticas espaciais e a organização da cultura arquitetônica. Agendas estéticas, como a tectônica e o regionalismo crítico, temas analíticos como o vazio, a transparência e o estranhamento, estratégias como o palimpsesto e a bricolagem, não são apenas conceitos teóricos, mas indicações de posições críticas e caminhos de intervenção no ambiente construído. Em outros casos, sem um sentido programático declarado, como em Jean-Louis Cohen, Carlos Martins, Abilio Guerra e Ana Luiza Nobre, a combinação entre a pesquisa historiográfica e a crítica ou curadoria de arquitetura afirmava-se em torno de temas mais gerais como as permanências, torções e inversões do projeto moderno, a ideologia do plano, a dimensão pública da arquitetura ou a produção do espaço urbano, revelando-se não apenas produtiva do ponto de vista da compreensão das obras, mas como revisão de objetos e interpretações canônicos.

A propósito, vale também salientar a emergência, a partir dos anos 1980, de iniciativas que claramente ecoam a aposta tafuriana na independência da pesquisa histórica em relação à prática de arquitetura. Ampliando as frentes de análise para além do projeto e do discurso dos arquitetos, explorando fontes até então pouco trabalhadas pela historiografia e visando autores, leitores e interlocutores externos à disciplina, verifica-se a consolidação de toda uma tradição de história crítica da arquitetura, alimentada pela história das mentalidades, pelo marxismo ocidental, pelo estruturalismo antropológico, pelo pós-estruturalismo, pela micro-história, pela epistemologia feminista e pós-colonial, pelos estudos culturais ou das culturas visuais, pelas teorias da recepção etc. A busca por uma perspectiva ampliada dos processos materiais, culturais e sociais que definem e são impactados pela atividade arquitetônica produziu importantes deslocamentos no campo historiográfico.

Nesse panorama renovado e plural de orientações no campo da história cultural e da teoria social, a arquitetura não é produto autônomo, nem expressão emblemática de uma sucessão linear e universal de estilos, movimentos e produções isoladas. Ela não é tampouco pensada como pura agência de arquitetos sobre um espaço inerte. Nessa nova história da arquitetura, entram em cena outros agentes e forças: capitais e embates corporativos, simbólicos e políticos, como em Jean-Louis Cohen; valores morais, formas de apropriação e conflitos culturais e geopolíticos em torno da arquitetura e do urbanismo, como em Gwendolyn Wright; relações entre arquitetura e práticas discursivas, entre horizontes ideológicos e a cidade, entre processos de canonização e construção de identidades, como em Jorge Francisco Liernur e Carlos Martins; projetos intelectuais e estruturas de sentimento, como em Adrián Gorelik; disputas de campo e o trânsito de ideias e imagens, como em Margareth Pereira.

Entram em cena também um conjunto de relações materiais subjacentes à abstração projetual: comitentes, clientelas, empresas e trabalhadores da construção civil. Uma percepção de que a dimensão artística da arquitetura representa, muitas vezes, uma atividade quixotesca, como acusa Kenneth Frampton, ou mesmo trágica, segundo Sérgio Ferro, diante do complexo da construção. O que exige do historiador tomadas de partido. As posturas vão desde uma história interessada num regionalismo cultural de resistência ou no reconhecimento tectônico das obras, como em Frampton, até uma taxonomia sistemática da atuação de arquitetos a despeito de suas filiações, como em Sylvia Ficher, ou numa análise das sincronias e dissincronias entre práticas projetuais e projetos construtivos, como em Ana Luiza Nobre; para não falar da interdependência entre a arquitetura feita por arquitetos e o universo expandido da economia política da qual a construção é parte, segundo Ferro. De todo modo, o reconhecimento da arquitetura como produção cultural e como trabalho coletivo apontam para uma redução da defasagem da historiografia em relação à pluralidade das forças materiais, intelectuais e simbólicas que dão origem às formas construídas, que estão inevitavelmente mescladas com o mundo da vida.

Paralelamente às atividades de história, crítica e preservação, a atividade de arquitetos envolvidos com a escrita esteve, ao longo do século 20, continuamente vinculada à produção de publicações especializadas. Todos os nossos entrevistados, de uma maneira ou de outra, como professores, pesquisadores, críticos, pareceristas, como autores de livros e artigos, como editores, são parte decisiva da construção desse corpus literário em expansão, que conferem historicidade e sentido ao fazer arquitetônico. O volume também procurou salientar esse nexo existente entre a pesquisa autoral e a fermentação de uma arena pública de circulação de ideias em arquitetura, ao valorizar as trajetórias de autores especializados que atuaram de maneira decisiva na constituição de debates e posições em torno da prática projetual. Como nos casos de arquitetos professores, a um tempo historiadores, críticos e curadores, como Abilio Guerra, junto à revista *Óculum*, ao portal *Vitruvius* e à editora Romano Guerra; Hugo Segawa e Ruth Zein, junto à revista *Projeto*, ou Ana Luiza Nobre na revista *AU* ou à frente de projetos curatoriais diversos. Todas trajetórias relativamente recentes, que testemunham a crescente penetração da história no debate público em arquitetura em um momento de redemocratização do país. Ao transitarem entre espaços formativos e públicos leigos, com diferentes interesses e perspectivas acerca da arquitetura e da cidade, não é apenas o discurso erudito que se vê constantemente desafiado, mas a relevância social da disciplina que é testada.

Como toda coleção de entrevistas, esta também traz componentes de acaso, de escolhas e de premeditação, daquilo que é cuidadosamente recortado e selecionado e, ao mesmo tempo, beneficia-se do contingente e das possibilidades que nos foram apresentadas ao longo dos últimos anos. É evidente que o conjunto poderia ser enriquecido com a incorporação de outros autores e entrevistas. A amplitude, a pluralidade e a qualidade da produção historiográfica brasileira e estrangeira, especialmente a partir dos anos 1970, tornam qualquer empreendimento dessa natureza inevitavelmente lacunoso. As omissões são, portanto, um dado inescapável da coletânea. Como aliás de toda antologia contemporânea, frequentemente circunscrita às possibilidades de escuta, entendimento e classificação de seus produtores em tais ou quais contextos, a inelutáveis convenções canônicas, às epistemologias dominantes e hierarquias intelectuais e culturais no campo. Em nenhum momento, contudo, pleiteamos com essa reunião de entrevistas fixar um panteão de autores consagrados, nem qualquer síntese universal de paradigmas críticos ou correntes historiográficas contemporâneas. O que oferecemos é uma espécie de retrato coletivo de personagens bastante diferenciados uns dos outros, mas que de um modo ou de outro se articulam, direta ou indiretamente, no tempo, no espaço e no calor da produção especializada nas últimas décadas. Ainda que incompleto e, por vezes, descontínuo, as múltiplas vozes aqui representadas são capazes de exprimir um conjunto válido de possibilidades, distinções e disputas acerca de temas, enunciados e estratégias, sugerindo, enquanto tal, leituras proveitosas de impasses e tendências ainda inspiradores. A heterogeneidade institucional, disciplinar, metodológica, ideológica, geracional, de gênero, regional e mesmo nacional dos entrevistados – ainda que em sua maioria brasileiros – traduz-se, assim, em um amplo panorama de atuações e efeitos. Esperamos que, entre aquilo que há de premeditado e de casual, também esta antologia possa ser reorganizada pelo leitor, propondo-lhe novos paralelos, ecos e embates, abrindo-lhe outras perspectivas enraizadas na atualidade, em outros olhares coletivos inclusive, isto é, que possa fomentar novos caminhos de escrita da arquitetura.

1 Prismas do estético

Uma das abordagens em história da arquitetura mais longevas, cheia de ramais e desdobramentos, é a que deriva da história da arte e da estética. Partindo da compreensão do objeto arquitetônico ora como objeto esteticamente autônomo, ora como forma que carrega consigo elementos imanentes ao mundo social, o enfrentamento da obra enquanto dado inevitável da reflexão histórico-crítica é um aspecto comum a distintas tendências de análise de arquitetura. As entrevistas reunidas nesta seção compõem um instigante quadro da diversidade de posições no interior deste universo de reflexão. É recorrente também, entre nossos entrevistados, a formação em filosofia, história e ciências sociais. É o caso de Otília Arantes, de Anthony Vidler, de Sophia da Silva Telles e, também, como momento complementar à formação em arquitetura, de Carlos Antônio Leite Brandão, de Gustavo Rocha-Peixoto e de Carlos Eduardo Dias Comas.

Carlos Comas, a propósito, arquiteto de formação, reconhece como ponto decisivo para seu trabalho de arquiteto e historiador da arquitetura o encontro com Colin Rowe nos Estados Unidos da América quando de seu mestrado. Com o discípulo de Rudolph Wittkower no Courtauld Institute, ele teria aprendido um modo de olhar *apaixonado* para as obras, como meio de aproximação à sua configuração formal na *cultura disciplinar*. A busca dos dilemas projetuais contidos na forma é um traço também característico da abordagem da historiadora Sophia da Silva Telles. Partindo das fontes Kantianas e de suas reapropriações contemporâneas em autores como Merleau-Ponty, Theodor Adorno e Joseph Harold Greenberg, a autora empenha-se na busca de instrumentos peculiares à arquitetura para criticar a própria arquitetura, em outras palavras, enfatizando os procedimentos de prancheta como base de interpretação das obras, para além de interferências ditas externas, como programa, encomenda, contexto ou discurso a seu respeito.

O britânico Anthony Vidler também sugere um tipo de análise interna das obras e eleições formais dos arquitetos, porém de outra maneira: propondo colocar o seu objeto em uma espécie de divã psicanalítico, mapeando problemáticas, intenções e sentidos das obras em suas fendas, lacunas e resistências, esclarecidas em associações expressivas com a literatura, o cinema e as artes visuais. A estética do sublime e a ideia de *uncanny* – o estranho familiar –, diretamente tomadas ao universo de Edmund Burke, Immanuel Kant, Ernst Hoffmann e Sigmund Freud, atravessam, aliás, não somente a abordagem do historiador e crítico da arquitetura, mas os seus objetos de interesse, tanto mais envolventes quanto insólitos. Para o arquiteto Carlos Brandão, diferentemente de uma obra de arte que está diante do espectador, a arquitetura é assumida como estando ao seu redor. Daí a necessidade de empreender um tipo de análise que supõe o ir e vir entre obra edificada e modo de apreensão, isto é, uma hermenêutica da obra em constante transformação, de acordo com a posição de seu intérprete e sua tradição interpretativa. De modo semelhante, o arquiteto Gustavo Rocha-Peixoto compreende as obras enquanto acúmulos de memória e fantasia, perscrutando não tanto o lugar da arquitetura na história, mas o lugar da história e das camadas de tempo em seu interior. É que, ao lado de uma preocupação com o papel formativo e narrativo da história, o autor se mostra atento ao discurso mesmo das formas e imagens arquitetônicas em suas distintas temporalidades.

Parte fundamental da crítica contemporânea, por outro lado, desenvolveu-se no diálogo com o marxismo, notadamente com a teoria crítica frankfurtiana. A filósofa Otília Arantes é figura central dessa tradição no Brasil em suas análises de arquitetura. Valendo-se da dialética negativa adorniana, a autora explora o "material" estético da arquitetura em sua relação imanente com as crises e contradições da modernidade capitalista. Não por acaso, a abordagem tafuriana encontra aí um contraponto especial: a desmontagem das obras em suas sínteses aparentes é empreendida por ela, tanto em função das construções ideológicas a elas subjacentes como no papel que desempenham no processo de modernização.

A riqueza de caminhos percorridos pelo conjunto de entrevistados fala, assim, ao mesmo tempo, da produtividade crítica e historiográfica dessa matriz primeira de análise arquitetônica e das múltiplas maneiras de considerar a dimensão estética e artística das obras.

O estranho na história do presente

Anthony Vidler

Entrevista concedida por Anthony Vidler a José Lira, Luiz Recamán, Luiz Florence, Diego Inglez de Souza e Isabela Ferrante em São Paulo SP, Brasil, em julho de 2012.

Até onde eu sei, temos pouquíssimos escritos seus disponíveis em português. A antologia de Kate Nesbitt sobre teoria arquitetônica contemporânea, publicada no Brasil em 2006, inclui um pequeno ensaio de sua autoria sobre o estranho[1] e outro sobre a terceira tipologia.[2] E o nome da antologia de Krista Sykes, *O campo ampliado da arquitetura: antologia teórica (1993-2009)*, é tirado do seu ensaio nela incluído.[3] É basicamente isso.

Escrevi "The Third Typology" porque Peter Eisenman precisava de um editorial para aquela edição da revista *Oppositions*, sabe? Ele me ligou e disse: "Não temos um editorial. Você precisa escrever esse editorial." E eu disse: "Mas não tenho nada a dizer." Então, naquela noite, fui a uma festa, voltei mais ou menos à meia-noite e escrevi "A terceira tipologia". Não vou te dizer o que eu tinha tomado. O ensaio foi publicado e tem sido o ensaio de minha autoria mais republicado desde então, mas é completamente equivocado. Não concordo de modo algum com ele. Posso explicá-lo em seu contexto cultural, no contexto da minha amizade com Aldo Rossi e da minha compreensão da história da tipologia. Mas esse tipo exato de estrutura simplista que Peter queria que eu traçasse: "Quantas tipologias existem?". "Bem", eu respondi: "Três? Cinco?". "Vamos de três". Foi assim uma espécie de editorial semi-intelectual. Tem um tom polêmico, mas... Eu o reescrevi para o livro *Rational Architecture*, que Léon Krier e Robert Delevoy editaram em 1978,[4] e eu o editei e expandi um pouco.

Naquela antologia, há também o prefácio de seu livro *The Architectural Uncanny*,[5] que sugeri que traduzissem como "Uma teoria sobre o estranhamente familiar", referindo-me ao uso do estranho na psicanálise no Brasil.

Sim, esse é o choque, o susto do insólito, do estranho (*uncanny*): é aquela coisa que é bem esquisita, mas que dizemos: "Deus do céu, eu meio que conheço isso". Mas não significa *Unheimlich*; *canny* é uma palavra escocesa; significa uma espécie de saber que envolve certa astúcia, um modo de agir astucioso, sagaz, até ardiloso: "Ah, ele é um rapaz muito sagaz". Significa que ele sabe como proceder, é um rapaz meio que *entendido*. O sentido doméstico vem do fato de se referir a relações domésticas, ao serviço doméstico; então, uma esposa que é *canny* – vem do gaélico *Canny* – significa alguém que cuida da casa, que administra o lar com certa sagacidade, que sabe realizar o truque de gerir um lar sem dinheiro nenhum ou sem comida, coisa do tipo... É o mesmo que *savvy* (astuto, entendido) em inglês americano, significa que você manja das coisas.

Mas parece ter alguma conexão com o verbo "can".

Sim, existe também: "*Do you ken this*?", que é o mesmo que "*Do you know this*?". O verbo *ken* é escocês e significa *to know* (saber, conhecer). O verbo *ken* vem da mesma raiz. *Uncanny*, então, é algo que desestabiliza a administração do lar; em inglês, *uncanny* significa que é... É geralmente usado em histórias de fantasmas, a aparição *uncanny* de um fantasma. É algo muito mais banal, bem menos filosófico: "Puxa, o jeito que ele leu meus pensamentos foi *uncanny*"; "foi *uncanny* como pensei que o trem estava atrasado, mas chegou na hora". Pode-se usá-lo bem coloquialmente ou pode-se dizer que alguém entrou na casa e sentiu uma presença *uncanny* de um fantasma.

Essa foi uma boa introdução filológica. Mas quando essa ideia lhe apareceu?

Bem, você tem que entender que todo o meu trabalho é acidental. Eu não faço grandes projetos, um grande plano. Outro dia alguém me fez uma pergunta: "Você gostaria de dar uma palestra sobre isso?". Minha atitude é sempre: "Não vou dar uma palestra comum". Pesquiso um pouco e encontro alguma coisa que ninguém encontrou ou tento apresentar um argumento que inaugure questionamentos, em vez de encerrá-los. É o oposto do Charles Jencks. Ele quer resolver tudo pondo rótulos nas coisas; eu quero tirar todos os rótulos e ver o que acontece, dar uma sacudida nas coisas. Então o que aconteceu é que, na Universidade de Princeton, há muitos simpósios interdisciplinares e alguém do Departamento de Língua Alemã estava organizando uma conferência internacional sobre contos de fadas. E essa pessoa me pediu para falar algo sobre contos de fadas na arquitetura, castelos etc. E eu pensei que não podia fazer aquilo, era como falar sobre bolos de casamento. Não vou ver filmes da Disney e falar sobre castelos da Disney. Então eu conversei com outro amigo do Departamento de Língua Alemã e ele disse que, se eu estivesse realmente interessado em arquitetura e contos de fadas, eu tinha de ler o que Sigmund Freud escreveu sobre *O homem de areia*;[6] o ensaio de Freud sobre o estranho,[7] porque ali ele pega o conto de fadas de Ernst Theodor Amadeus Hoffmann e o transforma numa coisa bem arquitetônica. Eu não fiz isso de imediato, mas o Hoffmann ficou na minha cabeça, então peguei um grupo de contos alemães, traduzidos para o inglês. Tem esse conto bem curioso sobre certo conselheiro Rat Kresple.[8] É um conto sobre como o conselheiro Kresple construiu uma casa esquisita: ele não construiu de dentro pra fora, mas de fora pra dentro. Ele contrata um pessoal para construir os muros da casa, daí ele rodeia a casa, procurando um ponto onde bater, e ali fica sendo a porta;

depois anda por dentro da casa e volta, e ali vira uma janela. Então era uma casa completamente invertida – e sobre isso, sim, eu posso dar uma pequena palestra. Depois disso, fui ler o ensaio de Freud, e isso deu início a tudo, porque entendi que era tudo parte do... Esse ensaio foi escrito na mesma época em que ele estava escrevendo *Luto e melancolia*[9] e "Considerações contemporâneas sobre a guerra e a morte".[10] Era uma época em que a própria estabilidade burguesa vienense da vida dele andava perturbada pela guerra e por uma sensação de instabilidade total. Então isso ressoou, e comecei a investigar todas as questões de alienação e distanciamento e os problemas do outro lado do modernismo, não o lado otimista do modernismo, mas o lado difícil e pessimista. Aí virou uma bola de neve: escrevi outro artigo, dei outra palestra e, enquanto estava trabalhando nessa questão teórica sobre o estranho, estava também escrevendo críticas de trabalhos contemporâneos, Morphosis, Daniel Libeskind e coisas assim,[11] porque as pessoas me pedem para escrever prefácios e, se o assunto me interessa, eles geralmente não gostam dos prefácios que escrevo, porque não é aquele tipo de prefácio que diz "esse é um grande arquiteto", "esse edifício é uma maravilha"; meu prefácio antes lança um olhar peculiar sobre as obras. Mas são publicados e, a certa altura, você chega a um ponto em que tem um certo número de ensaios que parecem lidar com um tema comum.

Tive muito trabalho para separar *Warped Space*[12] de *The Architectural Uncanny*[13] porque muito de *Warped space* foi escrito na mesma época. Enquanto eu trabalhava com o estranho, também estava interessado na questão da fobia, que é também parte do estranho – são coisas próximas – e acabou virando dois livros em vez de um só. Então juntei esses ensaios e fiz uma grande introdução, costurando os artigos que eu tinha escrito e publicado antes. Nunca escrevo um livro do começo ao fim, sempre escrevo ao longo de um período; acho que é porque fico entediado. E, quando fico entediado, eu digo: "Ok, isso precisa ser coligido".

Só para complementar um pouco, no prefácio de *The Architectural Uncanny*, você menciona que foi por sentir certa inquietação em relação à arquitetura contemporânea que você começou a pensar sobre o estranho.

Era a grande época da desconstrução. Eu não gostava do nome desconstrução; desconstrutivismo foi o nome dado por Mark Wigley, acompanhando Philip Johnson, que o fez organizar essa exposição no Museu de Arte Moderna de Nova York – MoMA, em 1984, acho.[14] Nunca gostei de rótulos, então decidi que nenhuma dessas pessoas era de fato o que se supunha. Mas eram todos inquietos no que dizia respeito a certo otimismo que atravessava o movimento moderno, que atravessava o Team X, que atravessava a maioria desses novos monumentos modernos do brutalismo, que atravessava, por exemplo, a Faculdade de Arquitetura e Urbanismo da Universidade de São Paulo – FAU USP, certo? Que é incrivelmente otimista quanto à construção de um currículo, a construção de um jeito de pensar, a construção de um espaço. Mas, depois, com Eisenman e sua decomposição formal, e com Rem Koolhaas e sua ironia programática, e alguns da geração mais nova, houve uma espécie de perda da fé. E uma tentativa de salvar um vocabulário dessa perda, uma tentativa de buscar um vocabulário na perda, não no ganho. Então isso, pra mim, resumia por que eu estava interessado em algo que me lembrava de algo, mas que era estranhamente familiar.

Por exemplo, quando se vai ao Kunsthalle em Roterdã, projetado por Rem Koolhaas, ele me faz pensar em Mies van der Rohe, em Hans Poelzig, em Adolf Loos, até em Abbé Laugier, com a coluna-tronco, certo? Faz pensar em todas essas coisas estranhamente familiares, mas não bem no lugar certo. São inteiramente reconstruídas, viram outra coisa. Mas se espera que você lembre desses antecedentes, porque se espera que você pense: "Ah, Rem está numa grande tradição". Por outro lado, ele não se concebe como uma figura heroica; ele é uma figura irônica que joga com a tradição, que não reestabelece de fato a tradição. Para mim, era isso que o estranho significava no que diz respeito à relação do arquiteto com a história. Que é sobre o que falávamos hoje, o modo como estudantes contemporâneos não olham para a história como uma espécie de mina, uma fonte de inspiração real.

Quando um arquiteto como James Stirling olhava para a história – quando olhava para história egípcia, para velhos grandes castelos e ruínas, ou docas construídas no século 19, depósitos –, ele retirava dessas coisas a dimensão espacial, como organizações espaciais abstratas, que podiam depois ser entendidas como algo dele, enquanto agente. Da mesma forma que Loos sabia que ele era um agente, um *player* do classicismo quando pegava os espaços do classicismo e os reorganizava programaticamente, em parte pelo uso da cor. Todos os arquitetos de que falo em *The Architectural Uncanny* e em *Warped Space* perderam isso, já não olham para trás desse jeito. Eisenman é o único que diz ter esse olhar. Mas todos os demais não estão na história; já não tratam da história, não se concebem como estando, de certa forma, no fim de uma tradição. Rem, acho, é o único que se concebe no fim de uma tradição e que joga com isso: "Estou morrendo, mas olhem para mim morrendo" ou "A arquitetura acabou, mas vocês podem ver seus últimos suspiros", por assim dizer. Nesse ponto, pensei: "Isso é estranho (*uncanny*)". Quando Morphosis começa a embaralhar as organizações espaciais, esmagando-as e dispersando-as, é um processo de produção, do que eles pensam desse novo espaço; mas, na verdade, é um processo de lutar com velhos espaços que eles rejeitam, quase como quem está num ferro-velho, recolhendo coisas e juntando essas coisas, porque é tudo que eles têm, você só tem esses resíduos, então é preciso usar esses resíduos.

O *uncanny* (estranho, insólito) é um sentimento vivenciado por alguém que vê a arquitetura ou é uma intenção dos próprios arquitetos?

É alguém que vê a arquitetura; tudo pode ser ou não estranho. O que eu estava fazendo era interpretar como o arquiteto via a mundanidade, e nisso eu projetava, assim como um filósofo, como Theodore Donald pode projetar uma impressão de distanciamento e desalento; não exatamente horror, mas uma impressão de que "o mundo se perdeu", "o mundo já era para mim", depois do holocausto. Eu estava projetando nesses arquitetos uma dimensão que eles próprios não tinham; eu era o agente. Quando dei a primeira palestra sobre o estranho na Architectural Association – AA em Londres, Mark Cousins, que era um grande amigo e um ótimo psicanalista, disse que eu estava tentando colocar a arquitetura no divã.

Eu acho que isso é o oposto da arquitetura esquizofrênica, como Fredric Jameson diria.

Mas eu acho que Jameson e alguns outros críticos que vêm de outros campos olham para a arquitetura como uma espécie de versão pictorial de diferentes questões que eles exploram na literatura, quase como uma ilustração. Ao passo que eu olho para arquitetura como uma espécie de projeção da psique do arquiteto. Meu modo de atuação é: minha arquitetura está no divã e estou ouvindo o arquiteto ou a arquiteta dizer "Eu quero fazer isso", "Eu quero fazer isso", "Eu quero fazer isso", mas não acredito numa palavra do que eles dizem, pois sei que, por dentro, eles estão incrivelmente nervosos e não acreditam que o que estão fazendo vá salvar o mundo. Da mesma forma que Le Corbusier, quando dava suas palestras em Buenos Aires e no Brasil, achava que salvaria o mundo.

É o fim da ideologia.

É um fim da fé.

No livro sobre o estranho, você pretendia falar apenas para arquitetos ou para um público mais amplo?

Sou um pouco como Walter Benjamin, como Loos. Você fala para o vazio, você escreve algo porque está inteiramente preocupado com aquilo, você precisa tirar aquilo da sua cabeça. Fico surpreso todo dia quando recebo e-mail de uma artista em Berlim que tem trabalhado com o estranho por cinco anos, e quando olhamos esses projetos que ela fez... Não estou escrevendo para ninguém em particular. Não é uma teoria para arquitetos.

Mas seu livro trata de muitos arquitetos bem conhecidos.

Isso é verdade. Não sou um bom disciplinador. Posso analisar disciplinas, mas, em certo sentido, eu venho de uma tradição que me foi engendrada nos anos 1960 por Michel Foucault. Venho de uma tradição que suspeita de tudo que me dizem. Na superfície, eu não acredito. Se você me diz que acredita, eu não acredito em você; e daí eu exploro: de onde você veio, o que faz, o que escreveu, como escreveu, quais foram as derrapadas, os problemas. Conheci Jacques Derrida muito bem, e ele tem esse mesmo tipo de sentido. Ele odiava o fato de que as pessoas encaravam seus escritos como doutrina, em vez de encará-los como questionamentos. Dizia: "As pessoas encaram meu trabalho como se ele resolvesse alguma coisa, mas tudo que eu quero é que as pessoas entendam que você não pode resolver nada, você só pode fazer perguntas". Então, nesse sentido, eu não sou um teórico, sou um intérprete; por isso eu diria que todo o meu trabalho é interpretação. Então, se eu costuro... Tenho esse ensaio sobre algumas das primeiras obras de Diller Scoffidio,[15] e eu costuro um conto de fadas ao redor delas, que vai até o surrealismo e volta, porque quero mostrar o lugar de Elizabeth [Liz] Diller no surrealismo, enquanto arquiteta mulher. Não vou dizer que foi Salvador Dali, vou dizer que foi Eleanora Carrington. Então eu ia lá e lia Eleanora Carrington e voltava e dizia: "Sabe, tem algo no jeito que ela escreve enquanto escritora surrealista que toca na forma como deveríamos olhar para o trabalho de Liz". Não posso dizer isso é algo que deve ser feito, é mais uma forma de dizer: "Ah, se você tem cinco cartas na mesa, você joga todas para o ar, e elas caem assim". Talvez você possa ver algo não como lhe disseram para ver, mas de um jeito um pouquinho diferente.

Então, nesse sentido, eu sou muito literário. Eu sempre quis ser escritor, dramaturgo ou ator, e terminei sendo historiador da arquitetura, algo bem banal, sabe, que funciona. Então eu faço o que posso para não ser um historiador da arquitetura, para não ser um teórico da arquitetura, diferente de um arquiteto que chega e te diz: "Você precisa fazer isso assim e assado". Eu certamente não sou o tipo de pessoa que quer imprimir autoridade a uma determinada obra arquitetônica com um texto.

Você parece ter uma relação próxima com alguns dos arquitetos sobre os quais você escreveu. No Brasil, por vezes, é difícil estabelecer uma relação próxima com os arquitetos e escrever sobre eles, a não ser que você esteja disposto a celebrá-los.

Não são muitos os arquitetos que me pedem para escrever. Peter Eisenman, por exemplo, adora quando escrevo, porque ele pega as ideias e volta para me dizer: "Não era isso que eu estava fazendo". E eu respondo: "Eu não estava falando do que você estava fazendo. Eu estava falando do que pensei sobre o que você estava fazendo". Então é ótimo, ele é um exemplo. É por isso que gosto de Thom Mayne. Ele está sempre experimentando, testando os limites do trabalho dele. Eu não gosto muito da arquitetura que ele faz, mas gosto do fato de que ele está sempre trabalhando nela. Em alguns dos artigos que escrevi, falo sobre essa busca incessante dele para encontrar uma forma de dizer o que quer dizer. Sempre digo a ele que, na verdade, ele não sabe o que quer dizer, e nunca vai descobrir como dizê-lo.

Voltando ao seu background literário, como ele se conecta à sua formação na Universidade de Cambridge e, depois, à sua trajetória na Universidade de Princeton?

É verdade que sou muito literário. Autobiograficamente, houve duas forças principais antes de eu ir para a faculdade: Veneza e John Ruskin. Li *The Stones of Venice*[16] antes de ir para Veneza aos quinze anos de idade. Então, antes de partir para a faculdade, tirei meio ano e fui morar em Veneza. Fotografei cada janela que Ruskin mencionou, cada janela gótica de Veneza. Um acervo de centenas e centenas de pequenas fotografias quadradas de janelas góticas, ainda a serem devidamente catalogadas. Mas meu segundo grande amor na vida era história. Você não pode ir para Cambrigde ou para qualquer universidade inglesa a não ser que estude uma disciplina especializada, e arquitetura não é ensinada no ensino médio. Então fui para Cambridge como historiador medievalista e historiador da economia moderna. Depois mudei de história para arquitetura. Porque, em Cambridge, há um sistema no qual você tem as aulas, mas também tem um tutor. Você precisa ir ao tutorial uma vez por semana para trabalhar leituras e ensaios; é esse tutor quem vai te preparar para os exames e tudo o mais. Meu tutor era Colin Rowe e isso mudou minha vida. A outra coisa que mudou minha vida foi o estudante que entrou em Cambridge comigo, que era de um nível mais avançado, pois entrei como graduando e, ele, como doutorando. Era Peter Eisenman. Essa é a história da minha vida. Está tudo aí.

Depois disso, Princeton foi um lugar especial, porque a Escola de Arquitetura de Princeton não era uma escola de arquitetura independente; era embutida na Faculdade de Ciências Sociais e Humanidades, de modo que você era parte do corpo docente, que era um só em Princeton. O corpo docente da Escola de Arquitetura era indicado e promovido por um comitê universitário, não era um corpo docente independente, o que significava que você podia ensinar com quem você quisesse. Se eu conhecesse um historiador com quem eu quisesse lecionar, podíamos oferecer uma disciplina juntos. Então, a primeira coisa que encontrei foi alguém incrivelmente importante para mim: Carl Schorske, o historiador de Viena, que tinha acabado de chegar a Princeton. Nós nos conhecemos e Carl disse: "Ah, minha história é de Viena, e Adolf Loos; sua história é de Paris, então vamos ensinar Viena e Paris para os estudantes de pós-graduação". Então fizemos isso, e não funcionou, porque os estudantes de história só queriam história, e os estudantes de arquitetura só queriam arquitetura. Assim, mudamos para estudantes de graduação e construímos todo um programa chamado Estudos Culturais, que Carl Schorske dirigiu por oito anos, até se aposentar, e eu assumi e dirigi por dez anos. Então eu não estava apenas na escola de arquitetura, eu também coordenava esse programa de história, e chamávamos gente da história da arte, das ciências sociais, da história da ciência. O princípio era que sempre chamávamos um humanista e um cientista social para lecionarem juntos, de forma que alguém do mundo empírico e alguém do mundo conceitual ensinassem juntos o mesmo assunto, na mesma sala, debatendo como seus métodos particulares de abordar aquela questão envolviam um conhecimento diferente, mas importante para o outro. Assim, os estudantes aprendiam a diferenciar as coisas, compreendendo que há, sim, disciplinas. Agora há, inclusive, o que chamamos de intradisciplinar, em vez de interdisciplinar.

Você também estudou na Universidade de Tecnologia de Delft?

Isso foi bem depois. Fui professor-visitante em Delft. Eu já era professor-visitante no Instituto Berlage, em Roterdã, que era perto de Delft, então todo ano eu fazia uma série de seminários em Delft. Certo ano, fui jantar, e Wiel Arets, diretor de Berlage, disse que estava prestes a desenvolver um programa conjunto entre Berlage e a Delft. Um programa de doutorado para pessoas que já tinham tido carreiras, ou que estavam no meio de suas carreiras ou refletindo sobre elas, e ele me pediu para ser o presidente do comitê de supervisão desse programa. E respondi: "Mas eu não sou doutor". Isso era 2000, 1999. Em Princeton, contanto que você tivesse estabilidade, você era docente, não importava, você era considerado como sendo igual a todos os outros. Já não é assim, por sinal. Então, eles disseram: "Você vai ser o primeiro". Ele seguiu me importunando e veio para Nova York com os formulários. Em 2002, na Cooper Union, ele apareceu e disse: "Assine esses formulários, você será o primeiro de nossos estudantes de doutorado". Eu disse: "Ok, por que não? Terei um doutorado de verdade, não um título honorífico. Arue Graafland pode ser meu orientador. Pedirei aos meus melhores alunos de doutorado – pois eu lecionava para doutorandos há quatro anos – para serem meus leitores e criticarem, verem que eu podia passar pelo mesmo inferno pelo qual os obrigava a passar". E foi incrível. Disso saiu o livro *Historias del presente inmediato*.[17] Era minha tese.[18]

Fale um pouco da tese.

Foi aterrorizante porque, em Delft, as coisas são muito formais, é como se Erasmo de Roterdã voltasse à vida; você tem que ir para a Grande Aula, que é a Aula Bakema no auditório grande; tem que estar de fraque, todo mundo tem batas e chapéus, seis interrogadores, e lá vai você vender seu peixe. Tem um público, todos os meus amigos estavam lá presentes, vieram de Londres e de outros lugares, e todos os doutorandos que eram meus alunos em Delft enquanto eu estava por lá. Então minha sensação era a de que eu tinha que fazer uma boa performance, entende? Então, primeiro, você precisa explicar sua tese para o público, daí entra a diretora, que vem de bata e chapéu, bengala de prata, e entram os seis examinadores e, entre os seis, havia gente que eu mesmo havia avaliado, como Michael Hays, Karsten Harries, uma filósofa de Yale especializada em arquitetura barroca, um especialista em Emil Kaufman, Michael Müller, Jean-Louis Cohen, que eu também tinha avaliado, e Tony Fretton.

Mas como lhe veio a ideia de escrever um livro sobre historiografia? Digo, já que não havia muita coisa sobre esse tópico na época, e geralmente eram coisas como uma biografia intelectual de certo historiador ou análises mais abstratas de certas ferramentas, métodos, como fazer história, como ensinar história e tudo o mais. E você deu um jeito de mesclar a abordagem biográfica, a análise de certas questões históricas e arquitetônicas e, ao mesmo tempo, articular uma síntese de algumas ideias que você vinha desenvolvendo ao longo dos anos.

Um doutorado, como era definido, era uma reflexão sobre sua carreira. Eu já tinha escrito um artigo sobre Kaufmann, que publiquei na *Perspecta*,[19] e isso porque tive essa conversa com o filósofo francês Hubert Damisch, que tinha escrito um prefácio para a tradução francesa de *Von Ledoux bis Le Corbusier*, de Kaufmann.[20] Ele e eu tivemos uma conversa sobre isso, e eu perguntei: "Posso traduzir esse prefácio para *Perspecta*?". Depois, escrevi uma introdução que acabou virando um artigo imenso, porque eu andava obcecado por Kaufmann há anos, então me desafoguei ali. Pus tudo no artigo. Eu tinha feito também um artigo sobre Kaufmann para uma conferência no Getty Institute em 2001, e Damisch estava lá, com Timothy James [T. J.] Clark, o historiador de arte, e Ignasi de Solà-Morales, e isso estava na minha cabeça. Teve ainda outra conferência em Yale, que Peter Eisenman organizou, onde ele me pediu para fazer algo sobre Colin Rowe.[21] Então eu tinha esboçado alguma coisinha sobre Rowe. Tinha feito também algo sobre Manfredo Tafuri, quando ele morreu. Eu tinha essas anotações e percebi que tinha escrito sobre Reyner Banham, além do prefácio para seu livro sobre *Los Angeles*.[22] Eu estava rodeado por essas pessoas, por assim dizer. E, ao escolher o tema do doutorado, pensei: "Bem, essas são as pessoas ao meu redor". Colin Rowe me deu *Architecture in the age of reason*, de Kaufmann,[23] na noite em que o conheci. Ele disse: "Leia isso". Isso é estranho (*uncanny*). Então essa parte estava resolvida. Havia Colin; e depois Banham, que era sempre uma lufada de ar fresco, quando você ia para Londres para fugir daquela coisa toda de Colin Rowe em Cambridge. Banham era sempre aberto, brincalhão, irreverente e tal. Já o Manfredo era provavelmente meu amigo *histórico* mais próximo, de 1972 até sua morte. Nunca conheci Banham como pessoa, mas frequentei as aulas dele em Cambridge. Porque, em Cambridge, se você estivesse com Colin, você era corbusiano; era Alvar Aalto se estivesse com Sandy Wilson; se estivesse totalmente por fora, era miesiano. Mas, quando ia para Londres, como eu ia, para ouvir os situacionistas, Banham ou qualquer uma dessas pessoas, você podia se retirar daquilo tudo. Era um alento e divertido, você se sentia no mundo.

Uma coisa sobre seu prefácio para o *Los Angeles*, de Banham: acho que é a melhor análise do modo como Banham estrutura o livro tal como *Vers une architecture*, de Corbusier.[24] Por outro lado, para mim, parecia que você podia ser uma pessoa que nunca tinha morado em Los Angeles, pelo menos não naquela época.

É porque eu nunca estive na Los Angeles de Banham, que era aquela entre 1968 e 1973. O mito da Los Angeles de Banham, acho, ajudou a transformar a forma como as pessoas viam a cidade. Quando seu livro saiu, foi odiado. Como um bom historiador da arquitetura poderia escrever sobre uma cidade tão horrível? Mas acho que foi mesmo um livro que, no fim, com o passar do tempo, mudou a forma como a arquitetura podia ser entendida não apenas como uma forma artística, mas também como uma linguagem cultural entre as demais linguagens culturais, das pranchas de surfe às paisagens.

Mas você acha que, com isso, ele expôs sua verdadeira natureza ou será que ele, de fato, mudou diante da América?

Eu acho que, em Los Angeles, os ingleses simplesmente enlouqueciam, eles amavam a cidade. Já viu o filme *Reyner Banham ama Los Angeles?*[25] Ali ele inventa o Sistema de Posicionamento Global – GPS, com uma voz de mulher completamente falsa informando-o aonde ir. É uma coisa bem à frente de seu tempo. Acho que os ingleses, desde David Hockney, aquela geração... A geração anterior amava a cidade, porque lá se podia simplesmente sentar e fumar maconha. Mas Banham gostava porque era expansiva e bem diferente de Londres, que era reprimida e séria, dividida por classes. Ele era um menino de classe média baixa, de Norfolk. O que ninguém que estuda história britânica entende é a ubiquidade absoluta do sistema de classes, pelo qual, se você pertence a determinada classe, você sente uma espécie de ressentimento, um incômodo nos ombros que não te larga nunca. Colin Rowe nunca se livrou do desejo de estar numa classe acima da dele, entende? Existe essa diferença entre o novo rico e o velho rico. Isso é apenas para exemplificar o fato de que os britânicos, quando escrevem, quando trabalham e atuam, estão sempre operando a partir de um sentimento de que não estavam onde queriam estar em termos de classe. Então Banham era um rapaz da classe trabalhadora de Norfolk, que buscou a universidade, mas não exatamente. Na guerra ele era engenheiro aeronáutico. Bem, é uma coisa pessoal que não é repetida em lugar nenhum. Kenneth Frampton foi para a Architectural Association – AA. Sempre fomos próximos, mas havia sempre esse momento de desconforto, por eu ter ido para Cambridge e ele não, e isso importa muito no sistema britânico. A dureza de James [Jim] Stirling, aquela atitude meio *foda-se*, quando lhe perguntaram por que, em Cambridge, ele fez o prédio da História vermelho, e era porque o tijolo vermelho era o que se usava nas novas universidades, que, depois da guerra, já não eram feitas de pedra. Ele veio de Liverpool, o pai era engenheiro náutico, havia essa ideia de que quando você fosse para Londres nunca seria aceito.

Os Estados Unidos era uma espécie de deserto em termos de sistema de classes?

Quando você ia para os Estados Unidos, você era subitamente britânico, não havia classe. Mesmo agora, quando vou para uma noite da Royal Institute of British Architects – Riba, há os arquitetos cujos pais e avós eram também arquitetos: "Sério, como você pode gostar dos Estados Unidos? É como o Príncipe Charles..."

A tradição.

De certa forma, as pessoas te impedem de fazer alguma coisa sobre isso, porque é algo que sempre esteve lá.

E você acha que Banham se sentiu em casa na Califórnia? Paul Groth, de Berkeley, não é um historiador da arquitetura, mas disse uma coisa interessante sobre a trajetória de Banham, que ele conheceu por intermédio de Spiro Kostoff. E eu fiquei intrigado, querendo saber se o interesse dele pela arquitetura comum era influência de escritores americanos da Califórnia, como John Brinckenhorff Jackson.

Claro, certamente, mas penso que temos de voltar para muito antes, para o Independent Group, o Instituto de Arte Contemporânea – ICA, que estavam interessados no mundo do simbolismo visual. Podia ser kitsch. Chamaram Gillo Dorfles para dar uma palestra por lá, o cara que escreveu essa antologia sobre o kitsch, o crítico cultural italiano;[26] chamaram psicólogos de grande visão para palestrar, gente como Richard Hamilton, o pintor, que tinha interesse no caráter icônico da parte da frente dos carros, os radiadores. Havia uma expansão geral cujas raízes eram a expansão do mercado de massa depois da guerra. A Europa observava os consumidores e os publicitários americanos. Tivemos racionamento até 1956; eu enfrentava fila para conseguir um ovo por pessoa na família. Minha mãe me mandava até a loja. Não havia nada. Nós estávamos só olhando para a América.

Você está falando sobre a guerra, e eu estava assistindo a uma de suas palestras, do começo de 2012,[27] na AA. Você fala da teoria da arquitetura, especialmente desde 1945, como sendo baseada no aspecto visual. Você se refere a um livro que você andava escrevendo sobre a relação entre teoria e economia, em oposição àquela teoria visual. Você não acha que a economia do pós-guerra, com sua ênfase no aspecto visual, em novas tecnologias de mídia e no consumo de massa, conecta as duas coisas?

Há várias questões, acho, quando se lê as histórias clássicas do modernismo, a começar por *Pioneers of Modern Design*, de Nikolaus Pevsner,[28] passando à Banham, que tentou tapar os buracos de Pevsner, passando a Charles Jencks, que era aluno de Banham e que, em *Modern Movements in Architecture*[29] tenta também tapar os buracos de Banham, e chegando a Kenneth Frampton, que tentou reescrever todas essas obras, e a Alan Colquhoun, que tentou reescrever Ken Frampton. Nenhum deles menciona a guerra, o que, para mim, é absolutamente espantoso, como se... Tem um autor alemão chamado Winfried Georg Sebald que escreveu um pequeno livro chamado *A história natural da destruição*,[30] no qual ele analisa por que os escritores alemães sequer começaram a falar sobre a guerra ou a refletir sobre a destruição da Alemanha antes dos anos 1980. Ele está tentando explicar por que a recusa, essa ideia de só se preocupar com a reconstrução, esquecendo a destruição e tocando a vida adiante. E acho que a geração de Banham, Frampton e Alan Colquhoun, que passou pela guerra, simplesmente precisava esquecer aquilo. Eu passei pela guerra enquanto criança num abrigo e senti muito medo, como provavelmente mencionei naquela palestra 2012, mas acho que foi um evento importante no desenvolvimento não apenas da economia do consumismo, mas também da economia da escassez – e também a questão da relação entre a destruição, que são os bombardeios, e a construção, que é a reconstrução. Também o desenvolvimento de economias que nascem da reconstrução e que são hoje como que expansionistas neoliberais, com todas as catástrofes globais envolvidas nisso. Então, escrever uma história da arquitetura sem levar isso em consideração – o que faz a arquitetura – é, acho eu, uma ausência. O que estou fazendo no livro para Oxford é levantar uma série de questões: não vou ignorar os prédios sobre os quais as pessoas querem ler, mas quero levantar questões, por exemplo, sobre por que nesses livros nenhuma mulher é mencionada, fora Alison Smithson e Zaha Hadid. Não pode ser o caso que as sensibilidades de Colquhoun e Frampton não pudessem mencionar Lina Bo Bardi, por exemplo, e outras arquitetas que tiveram uma influência tremenda – ou mesmo mencionar o fato de que, nos anos 1960 e 1970, aconteceram grandes movimentos para trazer a questão de gênero para a pauta, para criar uma consciência sobre o colonialismo, todas essas questões. Então estou tentando escrever um livro que traz essas pautas para o discurso, como parte do discurso contínuo do pós-guerra, e nisso me lembro de Michael Sorkin, grande crítico e amigo meu, que foi convidado para uma conferência sobre o pós-guerra e respondeu: "Se ao menos existisse um pós-guerra". Porque, parando para pensar, não saímos de um estado de guerra desde a Segunda Guerra. Na verdade, desde a primeira. Só que as guerras foram deslocadas para a Coréia, para o Vietnã, para o Afeganistão, para o Iraque. Agora mesmo estamos num grande estado de guerra. O consumismo, o neoliberalismo vai bem? Não tem nada acontecendo? Estão construindo uma torre no lugar das torres derrubadas em 2001, é um objeto horrível, parece uma coisa decapitada, um toco; 99% é concreto, pra não poder ser afundada. É uma coisa absolutamente alucinatória.

Eu estava me perguntando sobre o significado da tragédia do World Trade Center para a história da arquitetura. Você mencionou Charles Jencks; se, para ele, o fim do modernismo seria a demolição de Pruitt-Igoe, também projetado por Minoru Yamasaki, eu me pergunto se podemos tomar a destruição do World Trade Center como uma reviravolta histórica.

Eu acho que é um acidente, não uma reviravolta histórica. Acho que é uma reviravolta histórica na medida em que ações ideológicas e políticas partiram dele, mas na história da arquitetura... Como penso que Pruitt-Igoe é também completamente incidental. É parte de outro discurso. É parte do discurso das tensões internacionais entre o Oriente e o Ocidente, agora o Islã e o Ocidente. Se pode ter afetado o modo como as pessoas pensavam sobre arquitetura, por outro lado, em si mesmo, curiosamente, não tem nada a ver com arquitetura. Para mim, só provou o que eu já pensava: as pessoas andavam fazendo escadas de emergência estreitas demais, e as pessoas não tinham tanta consciência da forma como as estruturas se comportam sob compressão e tensão. A tragédia foi a estrutura. Eles tinham inventado essa moldura leve que ajudava a suportar os pisos, sustentados ainda por muitas outras alças de metal; quando a estrutura se aqueceu, ela entortou e os pisos desabaram. Simples assim.

É por isso que a primeira tentativa dos terroristas de destruir as torres não funcionou, porque acertaram por cima.

Exatamente. Então, para mim, a questão em termos de construção, a questão da segurança... Vocês já viram o filme *The Towering Inferno*?[31]

Sim.

É um filme que todos deveriam ver, um dos grandes filmes, que conta a história muito bem, acho. Então, na minha opinião, é muito fácil para certo tipo de compreensão jornalística da história datar as coisas a partir de eventos que parecem cataclismas. A história de Pruitt-Igoe é a história de uma negligência social fundamental, é a história da construção de um depósito para uma população empobrecida, que seria largada ali, só isso. E vendo o que acontece... Bem, o que acontece é que fica difícil viver no depósito, a população enlouquece e se volta contra si mesma, é tomada pelo crime, não há segurança, nem programas sociais, não há empregos, a população se torna *diferenciada*. É tanto o triunfo quanto o resultado óbvio da *diferenciação* de populações.

Até recentemente, nos anos 1970 e 1980, havia um eixo de questionamentos e pontos de vista largamente utilizados em torno dos quais se podia analisar e criticar a arquitetura contemporânea. Parece que hoje não há um eixo possível de questões com algum grau de globalidade, em torno do qual pensar tanto a disciplina quanto a própria produção arquitetônica. Isso é um resultado da própria produção, que já não podemos abarcar, ou da exaustão da possibilidade de crítica? O sublime é uma categoria que podemos usar para entender o que anda acontecendo com a arquitetura, com os programas habitacionais ou com esse tipo de novo urbanismo, como em Dubai, China etc.? É um problema da arquitetura ou da crítica?

Eu acho que é um problema do mundo. É um problema que envolve onde e como a arquitetura é patrocinada e financiada. Estou interessado em categorias estéticas, mas não acredito que categorias estéticas sejam úteis para as coisas que a arquitetura é convocada a realizar. Ela é convocada a se tornar um ícone de um sistema bancário particular? Uma demonstração de poder de determinado governo? Seja quais forem os modos atuais de transformar essas convocações em formas, esses modos serão mais ou menos exagerados em si mesmos. Para mim, o sublime é uma categoria muito pessoal, que tem uma longa, longa história, e é algo que é uma experiência de alguma coisa, em vez de instrumento. Se você acha que contemplando um pôr do sol em Dubai, porque determinado edifício é muito alto, e o pôr do sol está tão distante e é tão vermelho; se você acha que isso é uma experiência sublime, porque te lembrou de uma pintura dos anos 1810, tudo bem, mas não acho que isso signifique qualquer coisa em termos de crítica. Não tem nada a ver com a arquitetura.

Tem sido usado, na esteira de Jean-François Lyotard,[32] para explicar parte dessa arquitetura extrema...

Eu sei, mas é onde Lyotard erra, tentando explicar o efeito de uma ação como causa da ação. É por isso que acho que ele desmorona como filósofo, quando tenta ser kantiano analisando o efeito de um objeto em vez de explicar a criação daquele objeto. Então, se você pode dizer – nos termos muito clichês pelos quais a arquitetura hoje é ensinada pelo tipo de pessoa que paga por ela – que eles querem criar uma experiência sublime, pelo fato de que é isso que eles acham maravilhoso, isso é uma coisa. E então, se a arquitetura faz isso, eles ficam satisfeitos.

Ainda assim, é intrigante que, nos anos 1960 e 1970, algumas ideias gerais parecessem estimular os praticantes e críticos, como as ideias de tipo, de programa, de comprometimento social na arquitetura.

Todas essas três ideias eram concretas, tinham a ver com a vida no mundo.

Você vem escrevendo um relato mais amplo sobre arquitetura, partindo da década de 1960 até o presente. Para um crítico como você, que trabalha com margens disciplinares e com o aspecto inconsciente da arquitetura, o que você tem descoberto sobre a prática contemporânea que possa oferecer uma chave de leitura para entender o que vem acontecendo no mundo da arquitetura desde então? Claro que você está mais focado na produção europeia e norte-americana, mas isso ainda é o que chamamos de global e, além disso, você viaja muito pelo mundo.

Eu assinei o contrato desse livro [que estou escrevendo] em 1994, então o contemporâneo só tem ficado cada vez maior. Uma das razões por que acho que não terminei esse projeto é o fato de que ando trabalhando no momento brutalista. Escrevi um artigo para a *October* sobre brutalismo,[33] no qual tento demonstrar, primeiro, a natureza ficcional da palavra e do ato, a arquitetura, que era uma espécie de piada de bar entre Banham, Peter e Alison Smithson em 1953-1954, quando eles disseram: "Vamos fazer um novo movimento!" e Banham foi lá e escreveu sobre isso como se houvesse, de fato, um novo movimento. Se você analisar o ensaio sobre o novo brutalismo, de 1955, verá que é caótico – ele olha, em parte, para a imagem e, em parte, para coisas reais, enfim, a coisa toda é caótica. Tudo isso para dizer que temos um novo movimento, somos iguais aos franceses, *art brut*, podemos ser os brutalistas. Esse foi o primeiro passo e então me vi interessado em como a ascensão do concreto armado, do monumentalismo, no fim dos anos 1960 e 1970, era o próximo estágio. Eu também estou interessado na imagem do fenômeno – porque é chamado de brutalismo e o público imediatamente odeia, porque é brutal. Nisso encontrei uma palestra que Pevsner deu em 1966 ou 1967, quando ele fala sobre o fato de que o brutalismo não era bonito, mas brutal;[34] Pevsner era um grande termômetro da opinião pública, porque ele realmente acredita que a arquitetura devia atrair o público. O fato de que são brutais tem, na verdade, levado à retirada de alguns desses monumentos, embora alguns sejam muito bons. Tenho certeza de que muitas pessoas adorariam derrubar sua faculdade de arquitetura, a FAU USP, pois é brutalista.

Você acha que a piada era de propósito?

Em parte era de propósito, em parte era a sério, em parte, não. Não acho que eles pensassem que o movimento seguiria por aquele caminho da abstração, mas o caso é que, por trás disso, havia um senso de austeridade do pós-guerra: o que temos? Temos tijolos, porque ainda se pode produzir tijolos baratos na Inglaterra do pós-guerra; não temos muito aço, mas temos concreto, que é menos aço e mais coisas que você recolhe do chão e mistura – isso é concreto. Um pouco de aço, muito concreto e muito tijolo, é por aí que vamos. Depois Le Corbusier mostrou como fazer, nas residências Jaoul (Neuilly-sur-Seine, 1951). Então podemos usar a menor quantidade possível de aço, analisando-o de diferentes formas, que foi o que a Escola Hunstanton fez; e eles usaram todo um novo método de metalografia, criando os menores membros possíveis, porque era a primeira vez que a Teoria do Plástico, como a chamavam, foi usada para analisar a estrutura como um todo, em vez de apenas as vigas e colunas.

A parte do brutalismo do aço é algo que não reconheço; é a parte mais estranha da obra de Banham.

Bem, o livro de Banham sobre brutalismo[35] era a tentativa dele de provar que ele esteve sempre certo, que ele havia deflagrado um movimento. Contudo, ao fim do livro, ele basicamente desiste da questão do subtítulo "ética ou estética?". No fim, ele diz que virou estética. A ética estava no uso do que se tem à mão em um momento de escassez. Não, portanto, como uma coluna altamente refinada e polida de Mies, mas como no interior da Suíça, onde só colocavam a coluna ali, parafusavam e deixavam os parafusos à mostra. Essa era a ética: você faz, constrói como pode, honestamente, e você mostra os materiais tais como eles são, honestamente.

Você tem se referido ao brutalismo britânico, mas esse termo e essa atitude se espalharam por todo o mundo, no Brasil, no Japão, na Itália, na França, nos Estados Unidos, em Yale, por exemplo. Bruno Zevi e Banham, na década de 1960, estão discutindo as diferenças entre o que é rotulado como brutalista. No Brasil, há uma discussão sobre o que essa afirmação ética significaria para nós. Como você conectaria todos esses processos ao redor do mundo?

O único fio comum que vejo é a resposta à nova monumentalidade de Sigfried Giedion, ou seja, trata-se de dizer que os *objetos* brancos puros do estilo internacional perderam seu tipo de presença enquanto monumentos modernos – eram apenas hospitais e escolas e isso era ótimo e tudo mais, mas a ênfase na transparência total, se você quiser, a ênfase no anonimato total, no vernáculo abstrato total do Mediterrâneo, toda aquela ênfase tinha dissolvido a possibilidade de a arquitetura se tornar uma presença pública e, portanto, uma presença pública icônica, em uma esfera na qual essas diferentes nações e localidades estavam tentando usar a arquitetura para afirmar sua presença, certo? A Prefeitura de Boston, a Biblioteca Central de Birmingham, a Faculdade de Arquitetura e Urbanismo da USP. Veja, por exemplo, a Catedral do Rio: muito bem, está tudo lá e acho que é aí que eu diria que os diferentes movimentos nacionais, os movimentos locais, os diferentes movimentos identitários dos anos 1960 e 1970 em termos de políticas públicas, tornam-se uma questão de como você reconstrói o mundo de um jeito um pouco diferente de como o Congresso Internacional de Arquitetura Moderna – Ciam gostaria de reconstruir o mundo. Mas, ao mesmo tempo, é preciso afirmar que estamos reconstruindo o mundo. Sabe, em certo sentido, é uma síndrome de Chandigarh, digo, Le Corbusier chegou lá antes de qualquer um.

Vamos voltar ao estranho. Quero lhe perguntar sobre a arquitetura contemporânea e o estranho. Você se referiu antes ao Kunsthalle de Roterdã e à ideia de que há algo familiar ali. Na verdade, acabei de voltar de Roterdã e, quando o vi pela primeira vez, a primeira coisa que senti foi que havia algo de Mies nele. Em seu livro *The Architectural Uncanny* você escreve sobre todas essas psicopatologias do espaço, sobre medo e ansiedade, sobre o corpo e as sensações corporais e assim por diante. Parece que há uma nova preocupação na teoria contemporânea sobre as experiências do corpo, as percepções. Bernard Tschumi escreve sobre isso em "The Pleasure of Architecture"[36] e em "Architecture and Limits",[37] Eisenman fala sobre isso também – como você, neste livro e em *Warped Space*, se refere a uma arquitetura que lida com linguagens de fragmentação, a deformação, a dobra. Esse pensamento sobre arquitetura e sobre o corpo se relaciona com uma forma de fazer arquitetura?

Quando meu sogro, que me conhece muito bem, leu o livro sobre o estranho, ele me levou para uma longa caminhada e, no fim da caminhada, disse: "Você percebe que acabou de escrever sua autobiografia?". Há certa impressão de que estou falando sobre o meu próprio desconforto. Não posso dizer mais do que isso, pois não sou meu próprio analista, mas isso significa que sim, obviamente o corpo, de certa forma, está profundamente implicado quando é distorcido pelo ambiente. Talvez isso faça de mim um neoclássico renascentista, mas... O que quero dizer é que o corpo tem sido um grande tópico de discussão, especialmente nos escritos feministas dos últimos anos de 1920-1930; já o era em Simone de Beauvoir, vem de Jean-Paul Sartre, cada momento nos últimos quarenta ou cinquenta anos parece ter tido um jeito diferente de imaginar como o corpo poderia ser sustentado pela arquitetura.

As questões antropológicas lançadas pelo Team X, por exemplo, até as questões mais técnicas que são propostas hoje em relação a ambientes que respondem ao toque, ao calor e à luz, literalmente: você o toca e ele se aquece, ele sente seu corpo e esfria, pois você quer que esfrie ou coisa do tipo. Do tecnológico pequeno ao tecnológico fenomenológico, que é o sartriano, Simone de Beauvoir, Martin Heidegger, essa é uma das questões modernas: onde estamos? Somos aprisionados ou mimados pela tecnologia? Talvez minha leve inquietação com o contemporâneo tenha a ver com o fato de que me sinto um pouco aprisionado ou claustrofóbico em túneis que são parametricamente produzidos para parecerem grandes abrigos cubiculares; digo, não posso chegar aqui e determinar toda uma forma de fazer arquitetura, porque jamais caracterizarei isso como uma nostalgia passadista por isso ou aquilo. Por isso não digo se uma obra arquitetônica é boa ou ruim; sempre digo que você pode lê-la dessa ou daquela forma e cabe a você dizer o que aquilo representa para o seu corpo, sua psique, seus olhos e seu toque, o que é aquilo para os seus sentidos.

Estou muito animado com uma série de exposições que o Centro Canadense de Arquitetura preparou nos últimos anos com Mirko Zardini,[38] que fez toda uma série de exposições sobre os sentidos, os sentidos da cidade e da arquitetura, o toque, a luz, a escuridão, a dureza, a maciez, sobre o que acontece quando você perde o fôlego, todas essas exposições são importantes para repensar o modo como pensamos a arquitetura.

O livro remete à literatura, arqueologia, psicologia, e traz algumas imagens espaciais muito fortes, como criptas, casas mal-assombradas, tumbas etc., e em certo momento do ensaio você se refere à casa-dominó, aquela ideia do esqueleto, a ideia ascética, higiênica, abstrata de arquitetura, em contraste com outro modelo de pensamento, uma ideia de

abrigo muito saudosa e enraizada. E então você tem essa ideia de um esqueleto contra um abrigo...

Isso, claro, era Johan Wolfgang von Goethe contra Marc-Antoine Laugier no século 18.

E, então, há uma bela frase sobre o ambiente estranho, que eu gostaria que você comentasse: apesar de suas associações evidentes com o horror, o melodrama e a perturbação psíquica, você diz que talvez o estranho só pudesse evidenciar "uma negativa, um vazio, uma ausência diante de um olhar talvez ansioso demais para descobrir a presença". Acho que há aí uma espécie de perspectiva que se abre para o design; não um modelo claro ao qual se referir, mas talvez algo como um espaço em branco, uma lacuna, um vão para contemplar; uma ausência que está lá, presente embora ausente...

Pensei nisso hoje quando olhamos a estrutura vazia do complexo de Oscar Niemeyer no Parque do Ibirapuera. O prédio que pertencia à Prefeitura. Você disse que não há nada lá, tudo foi esvaziado.

O que você vê hoje como um ambiente estranho, o que poderia ser descrito como um ambiente estranho, ou um design estranho, em cidades contemporâneas e espaços urbanos, em arquiteturas?

Para mim? Tudo, a própria vida é, para mim, um ambiente estranho. Não acho que podemos sair disso, é onde estamos, penso que nós, de fato, vivemos *no*, vivemos *de* e vivemos *a partir do* estranho. Minha mensagem é que ele é inescapável no mundo da tecnologia, da explosão demográfica e da diferenciação. Viver no estranho é inescapável e é por isso que tudo é estranho nesse sentido: somos continuamente obrigados a reviver a história. Para citar a famosa frase de Karl Marx sobre a história: se Georg Wilhelm Friedrich Hegel diz que a história se repete, e Marx diz que a história se repete, primeiro como tragédia, depois como farsa, eu digo que, na terceira repetição, ela vem envolvida nesse estranho. Certa vez escrevi uma coisinha sobre abstração, que, quando o século 19 olhava para a arquitetura, ele via a arquitetura em termos de estilo, literalmente: havia arcos ogivais, arcos arredondados, e veio o gótico – o gótico era pontiagudo e cada vez mais amplo.[39] Eu estava falando com Barry Bergdoll algumas semanas atrás e ele disse justamente isso: que nos artigos de revistas góticas que tentavam definir qual era o melhor gótico, eles haviam refinado todas as categorias diferentes, até que chegaram a uma média, um gótico medianamente pontiagudo. Quer dizer, eles estavam fazendo tudo em termos de uma microescala do estilo e, para eles, isso era literal e August Pugin podia fazer isso de fato. Mas penso que, quando chegamos a um ponto no qual reconhecemos uma forma como uma abstração; literalmente, quando reconhecemos minimalismo e forma como uma compreensão intensa de que um volume é cúbico, ou cilíndrico, que há uma superfície que define o volume, mas que esse volume pode ser o Pantheon, uma torre, um elevador de grãos, qualquer coisa. Uma vez que vimos o mundo como Piet Mondrian o viu, abstratamente, não tem mais volta, porque tudo é um diagrama de alguma outra coisa. É aí que o pós-modernismo fracassa completamente, porque tenta diagramar um motivo estilístico, que, no fim das contas, era abstrato, era uma imagem completamente abstraída de um motivo estilístico. E não acho que podemos sair disso, não tem volta, não podemos regressar para antes do surrealismo, antes de Freud, não podemos pensar de uma forma anterior a como fomos ensinados a pensar. Essa é uma das essências da história: a reforma não pode pensar em termos medievais; a renascença não podia compreender a si mesma. Podemos olhar para a renascença agora e saber que ela foi construída com técnicas medievais e imagens de um estilo renascido, mas eles próprios pensavam que estavam criando o estilo de novo. Então, quando você está numa coisa, não tem como se retirar, mas também não pode estar em algo que havia antes, é aí que a noção de... Sabe, eu odeio a ideia de progresso, odeio a ideia de desenvolvimento, odeio a ideia de que as coisas são lineares, mas eu acredito que, uma vez que você concebe a relatividade, é impossível pensar a geometria de outra forma. Uma vez que você concebe o nuclear, não pode pensar não nuclearmente; uma vez que concebe uma arma nuclear, não existe arma que não seja potencialmente nuclear. Não tem volta, é por isso que é impossível impedir que o Irã alcance as armas nucleares. Não é possível não pensar nisso. É como pornografia, está lá e você está sempre procurando abafá-la, porque não é onde estou. Mas o mundo é pornográfico nesse sentido, terrivelmente pornográfico. Então é por isso que penso que estamos no estranho, gostemos ou não. O fato de que estamos no estranho significa que estamos também em um espaço curvo, porque não podemos voltar para antes de Albert Einstein. Literalmente, não há como voltar. Nós estamos mesmo em um espaço curvo depois da relatividade. Os geômetras já não podem pensar como René Descartes. E eu já não posso pensar sem antes jantar.

Notas

1 VIDLER, Anthony. Uma teoria sobre o estranhamente familiar. In NESBITT, Kate (Org.). *Uma nova agenda para a arquitetura: antologia teórica 1965-1995*. São Paulo, Cosac Naify, 2006, p. 617-618.

2 VIDLER, Anthony. A terceira tipologia. In NESBITT, Kate (Org.). Op. cit., p. 284-289. Publicação original em inglês: VIDLER, Anthony. The Third Typology. *Oppositions*, n. 7, Nova York, Iaus, jun./set. 1976, p. 1-4.

3 VIDLER, Anthony (2005). O campo ampliado da arquitetura. In SYKES, A. Krista (Org.). *O campo ampliado da arquitetura: antologia teórica 1993-2009*. São Paulo, Cosac Naify, 2013, p. 242-251.

4 DELEVOY, Robert L.; VIDLER, Anthony; KRIER, Léon. *Rational Architecture: The Reconstruction of the European City*. Bruxelas, Archives d'Architecture Moderne, 1978.

5 VIDLER, Anthony. *The Architectural Uncanny: Essays in the Modern Unhomely*. Cambridge, MIT Press, 1992.

6 HOFFMANN, Ernst Theodor Amadeus (1816). *O homem de areia*. São Paulo, Rocco, 1986.

7 O ensaio "Das Unheimliche", publicado por Sigmund Freud em 1919, mereceu algumas versões para o português, com variações nas traduções do conceito psicanalítico presente no título. No contexto dessa entrevista, optou-se pelo termo "estranho", por ser igualmente gênero literário praticado pelo escritor austríaco Ernst Theodor Amadeus Hoffmann, autor do conto "O homem de areia", interpretado por Freud no ensaio. As mais conhecidas traduções para o português são as seguintes: FREUD, Sigmund (1919). O estranho. *Edição standard brasileira das obras completas de Sigmund Freud*. Volume 17. Rio de Janeiro, Imago, 1974; FREUD, Sigmund (1919). O inquietante. *Obras completas*. Volume 14. Tradução Paulo César de Souza. São Paulo, Companhia das Letras, 2010; FREUD, Sigmund (1919). *O infamiliar [Das Unheimliche]*. Tradução Romero Freitas, Ernani Chaves e Pedro Heliodoro Tavares. Belo Horizonte, Autêntica, 2019.

8 HOFFMANN, Ernst Theodor Amadeus (1818). *Councillor Krespel*. Nova York, Paperless, 2016. [e-book]

9 FREUD, Sigmund (1917). *Luto e melancolia*. São Paulo, Cosac Naify, 2012.

10 FREUD, Sigmund (1915). Considerações contemporâneas sobre a guerra e a morte. *Tempos de guerra e de morte*. Coleção Biblioteca Diamante. Rio de Janeiro, Nova Fronteira, 2021, p. 13-53.

11 VIDLER, Anthony. Death Cube 'K': The Neoformation of Morphosis. *Warped Space: Art, Architecture, and Anxiety in Modern Culture*. Cambridge, MIT Press, 2000, p. 203-207; VIDLER, Anthony. Building in Empty Spaces: Daniel Libeskind and the Postspatial Void. *Warped Space: Art, Architecture, and Anxiety in Modern Culture* (op. cit.), p. 235-242.

12 VIDLER, Anthony. *Warped Space: Art, Architecture, and Anxiety in Modern Culture* (op. cit.).

13 VIDLER, Anthony. *The Architectural Uncanny: Essays in the Modern Unhomely* (op. cit.).

14 Exposição *Deconstructivist Architecture*, ocorrida no MoMA entre 23 de junho e 30 de agosto de 1988.

15 VIDLER, Anthony. Home for Cyborgs. *The Architectural Uncanny: Essays in the Modern Unhomely* (op. cit.), p. 147-164.

16 RUSKIN, John (1851). *The Stones of Venice*. Volumes 1, 2, 3. Londres, George Allen, 1906. Edição em português: RUSKIN, John (1851). *As pedras de Veneza*. São Paulo, Martins Fontes, 1992.

17 VIDLER, Anthony. *Historias del presente inmediato. La invención del movimiento moderno arquitectónico*. Prólogo de Peter Eisenman. Barcelona, Gustavo Gili, 2011. Edição original em inglês: VIDLER, Anthony. *Histories of the Immediate Present: Inventing Architectural Modernism*. Prólogo de Peter Eisenman. Cambridge, MIT Press, 2008.

18 VIDLER, Anthony. *Histories of the Immediate Present Inventing Architectural Modernism, 1930-1975*. Orientadores Wiel Arets e Arie Graafland. Tese de doutorado. Delft, TU Delft, 2005 <https://bit.ly/3DTXrZp>.

19 VIDLER, Anthony. The Ledoux Effect: Emil Kaufmann and the Claims of Kantian Autonomy. *Perspecta*, v. 33, New Haven, Yale Architectural Journal, jan. 2002, p. 16-29.

20 DAMISCH, Hubert. Ledoux avec Kant. In KAUFMANN, Emil. *De Ledoux à Le Corbusier: origine et developpement de l'architecture moderne*. Paris, L'Equerre, 1981, p. 11-21.

21 Palestra proferida na Universidade de Yale em novembro de 2002. Edição resumida: VIDLER, Anthony. Colin Rowe. In DAVIDSON, Cynthia (Org.). *Eisenman/Krier: Two Ideologies: A Conference at the Yale School of Architecture*. New Haven, Yale Architectural Press, 2005, p. 52-61.

22 VIDLER, Anthony. Foreword to the 2000 Edition. In BANHAM, Reyner (1971). *Los Angeles: The Architecture of Four Ecologies*. 2ª edição. Berkeley, University of California Press, 2001, p. xxxiii-xlix. Edição em português: VIDLER, Anthony. Prefácio à edição de 2000. In BANHAM, Reyner (1971). *Los Angeles: a arquitetura de quatro ecologias*. São Paulo, WMF Martins Fontes, 2013, p. xxv-xlii.

23 KAUFFMAN, Emil. *Architecture in the Age of Reason*. Nova York, Dover, 1979.

24 LE CORBUSIER. *Vers une architecture*. Coleção L'Esprit Nouveau. Paris, Crès, 1923. Edição em português: LE CORBUSIER. *Por uma arquitetura*. São Paulo, Perspectiva, 1973.

25 *Reyner Banham Loves Los Angeles*. Direção Julian Cooper. Narração de Reyner Banham. Documentário, BBC News, Inglaterra, 1972, 51'52" <https://bit.ly/3GY43Jk>.

26 DORFLES, Gillo. *Kitsch: The World of Bad Taste*. Londres, Studio Vista, 1968.

27 Seminários *Re-writing the History of the Recent Present* apresentados por Anthony Vidler em 2012 na Architectural Association <https://bit.ly/3VwlTql>. O livro mencionado na abertura do seminário, algumas vezes citado durante esta entrevista, ainda não foi publicado.

28 PEVSNER, Nikolaus. *Pioneers of Modern Design*. Nova York, The Museum of Modern Art, 1936.

29 JENCKS, Charles. *Modern Movements in Architecture*. Garden City, Doubleday Anchor, 1973.

30 SEBALD, Winfried Georg. *On the Natural History of Destruction*. Nova York, Modern Library, 2004. Edição em português: SEBALD, Winfried Georg. *História natural da destruição*. Lisboa, Quetzal, 2017.

31 *The Towering Inferno* ("Inferno na torre"). Direção John Guillermin e Irwin Allen. Filme de ficção, Warner Bros, Estados Unidos, 1974, 158'.

32 Ver, por exemplo: LYOTARD, Jean-François. *Lições sobre a analítica do sublime*. Tradução Constança Marcondes Cesar. Campinas, Papirus, 1993.

33 VIDLER, Anthony. Another Brick in the Wall. *October*, v. 136, Cambridge, MIT Press, set./dez. 2011, p. 105-132.

34 Sobre o tema da palestra, ver: PEVSNER, Nikolaus. Architecture in Our Time: On the Anti-Pioneers. *The Listener*, Londres, 29 dez. 1966, p. 953-955; PEVSNER, Nikolaus. Architecture in Our Time: On the Anti-Pioneers. *The Listener*, Londres, 5 jan. 1967, p. 7-9. Anthony Vidler desenvolveu o aspecto da opinião de Pevsner no artigo: VIDLER, Anthony. Troubles in Theory: The Brutalist Moment(s). *The Architectural Review*, Londres, 30 jan. 2014 <https://bit.ly/3gJ9gKr>.

35 BANHAM, Reyner. *The New Brutalism: Ethic or Aesthetic?* Londres, The Architectural Press, 1966.

36 TSCHUMI, Bernard. The Pleasure of Architecture. *Architectural Design*, v. 47, n. 3, Londres, mar. 1977, p. 214-218.

37 TSCHUMI, Bernard. Architecture and Limits I. *Artforum*, v. 19, n. 4, Nova York, dez. 1980, p. 36; TSCHUMI, Bernard. Architecture and Limits II. *Artforum*, v. 19, n. 7, Nova York, mar. 1981, p. 45; TSCHUMI, Bernard. Architecture and Limits III. *Artforum*, v. 20, n. 1, Nova York, set. 1981, p. 40.

38 Mirko Zardini, diretor e curador, foi chefe do Centro Canadense de Arquitetura de 2005 a 2019.

39 VIDLER, Anthony. Diagrams of Diagrams: Architectural Abstraction and Modern Representation. *Representations*, n. 72, Berkeley, University of California Press, mar./jun. 2000, p. 1-20 <https://bit.ly/3uate3L>.

Itinerário crítico

Otilia Arantes

Entrevista concedida por Otilia Arantes a José Lira, Jonas Delecave, Paula Dedecca e Victor Próspero, realizada por e-mail em novembro de 2019.

Qual o significado que você atribuiria em retrospecto a suas escolhas no campo acadêmico? Como a conjuntura turbulenta dos anos 1960-1970, seja na arte ou na crítica, na universidade ou na política, tanto no Brasil como na França, incidiu sobre tais preocupações e alinhamentos?

Escolhas e acasos, obviamente. Concluída minha graduação em Filosofia pela Universidade Federal do Rio Grande do Sul – UFRGS, graças a uma bolsa prêmio fui complementar esta primeiríssima etapa de minha formação na Universidade de Paris: segui cursos de história da filosofia, na Sorbonne e no Collège de France, mas me dediquei especialmente aos estudos de estética e história da arte, tendo obtido um Certificat d'Études Supérieurs en Esthétique et Histoire de l'Art. Em 1966, tendo casado com Paulo Arantes, acabei vindo para São Paulo e me inscrevendo no recém criado curso de pós-graduação na Universidade de São Paulo – USP, sob a orientação de Gilda de Mello e Souza. O que não representou para mim nenhuma ruptura de continuidade, seus cursos de estética combinavam, com a maestria dos melhores professores franceses, teoria e história da arte. Assim, enquanto para sobreviver dava cursos regulares de filosofia na Pontifícia Universidade Católica de São Paulo – PUC-SP, retomava com Gilda meus estudos dos teóricos da pintura e ouvia suas aulas, que variavam ora sobre os pintores holandeses, ora sobre a clássica oposição entre Eugène Delacroix (objeto do curso que fiz na Sorbonne com André Chastel) e Jean-Auguste Dominique Ingres, ou ainda, e centralmente, sobre os impressionistas (com os quais, uma estadia em Paris inevitavelmente nos torna familiares, acrescida do fato de ter seguido aulas de Jean Cassou, sobre esses artistas, no Museu do Louvre). Num curso paralelo, dentro do programa de pós-graduação, seguia as aulas de Bento Prado sobre a *Nouvelle Héloise.* Mais um passo na minha formação.

Minha tese sobre Charles Baudelaire foi realmente fruto do acaso, ou melhor, de uma sugestão de Gilda, que dizia ter sempre desejado escrever sobre sua crítica de arte – certamente a predileção de Baudelaire por Delacroix deve ter exercido alguma influência na minha aceitação, arriscando-me a escrever mais um texto dentre a vasta bibliografia a respeito do poeta francês, embora pouco se tenha escrito sobre Baudelaire crítico. Um pretexto também para repassar a história dos Salões de Arte dos séculos 18 e 19. Mais tarde, em Paris, retomei o mesmo tema no doutorado, certa de que havia ainda muita leitura a fazer, além de poder *olhar* de perto algumas das obras analisadas por Baudelaire. Sem contar que, neste meio tempo, entre as primeiras aproximações ao assunto e meu doutorado, havia incorporado uma bibliografia que poderia me fazer descobrir outras dimensões na obra de Baudelaire. O próprio título, *Baudelaire, le lyrisme au seuil de la modernité*[1] pode já dar as pistas do viés que começava a se esboçar nas minhas novas incursões e não só na obra do autor. Aliás, certamente uma particularidade na minha formação, talvez tenha sido Baudelaire que tenha me levado à leitura de Walter Benjamin e não o inverso. Simultaneamente, e pelos mesmos motivos, me iniciei na teoria crítica de Theodor Adorno, começando por sua interpretação da poesia lírica. E quem me deu tais sugestões de leitura, ainda enquanto preparava o mestrado, foi o meu amigo Roberto Schwarz.

Os acontecimentos da época, naqueles anos 1960, aqui e na França, evidentemente que mexeram com a cabeça de todos nós, mas nem sempre as escolhas teóricas, ou de leitura, tinham a ver diretamente com os fatos. De qualquer modo, não por acaso, em 1968, nos cursos livres durante o movimento pró-paritárias, fiz conferências sobre a Escola de Frankfurt e sobre Herbert Marcuse (na PUC-SP), ou sobre Benjamin leitor de Baudelaire (na USP). Mais tarde, quando de volta à França para fazer meu doutorado (1969-1973), li e assisti tudo o que estava a meu alcance, portanto voltei encharcada de filosofia francesa, naquela altura já predominantemente pós-estruturalista. Assim, meu primeiro texto ao retornar, "Klee, a utopia do movimento",[2] era fruto do esforço de combinar a fenomenologia da visão, de Maurice Merleau-Ponty, às recentes teorias do desejo. Tudo isso, obviamente, sem ter esquecido as lições dos mestres alemães – meu curso de estreia, na graduação do Departamento de Filosofia, foi sobre "O *a priori* tecnológico na arte moderna", portanto, como é fácil adivinhar, uma reminiscência marcuseana. Certamente ainda não tinha encerrado minha formação, nem encontrado meu caminho, embora nunca me sentisse, nem antes, nem depois, obrigada a ser inteiramente fiel a esta ou aquela corrente, mobilizava minhas leituras na medida dos desafios que o objeto em análise me lançava.

Quais foram as ressonâncias dessas suas escolhas sobre o tipo de trabalho que você viria a desenvolver dali pra frente sobre arte e crítica de arte no Brasil, ou sobre arquitetura e urbanismo moderno e contemporâneo?

Escolhas um tanto erráticas, como podem ver, e que me faziam andar tateando, inclusive porque para mim sempre os temas é que definiam o viés da abordagem. Além disso, ao optar, ao menos a partir de um certo momento, por assuntos muito atuais, as questões foram surgindo, e a bibliografia de apoio sendo mobilizada, pela pressão dos fatos, ou, mais precisamente, do contorno que o debate em torno desses temas ia desenhando.

Muitas vezes, num embate frente a frente – literalmente – com os demais autores, por exemplo, Jürgen Habermas ou Jean Baudrillard, Fredric Jameson, Jean François Lyotard, Jacques Derrida, Peter Eisenman, e outros tantos, Mike Davis, David Harvey, Jordi Borja, Rem Koolhaas etc. Sobre arte e crítica de arte no Brasil, minhas incursões, nem tão numerosas assim, estiveram muito condicionadas ao programa de pesquisa e aos interesses dos participantes do Centro de Estudos de Arte Contemporânea – Ceac, criado por mim e meus orientandos, em 1978, que veio a reunir alunos de diferentes cursos da USP, e cujo foco era a arte brasileira. De qualquer modo, para não deixá-los sem resposta: ao estudar Baudelaire e Paris do século 19, no *limiar da modernidade*, num certo sentido me preparava para o capítulo final desse processo – e que vai dominar minha abordagem da arte ou da arquitetura posteriormente, já como professora e, mais adiante, ensaísta – o esgotamento do moderno e seus desdobramentos até suas formas extremas e terminais, *ruínas do futuro*.

Seria possível pensar o Ceac e *Arte em Revista* como uma forma de retorno às esperanças truncadas dos anos 1960, em meio ao processo de abertura, ou de revisão das vanguardas no Brasil em contexto de expansão da cultura de massas e do pós-moderno? Como você situaria nesse horizonte o número quatro, dedicado a ideólogos e críticos da arquitetura moderna?[3]

Posso garantir-lhes que era tudo menos uma *forma de retorno* aos anos 1960, pois uma das motivações do grupo era justamente pôr em questão a retomada, por parte, dos intelectuais que voltavam ao país com a anistia, do debate cultural (ou da produção intelectual e artística) nos termos em que se dera naquele período em que foram obrigados a interrompê-lo, como se nada tivesse ocorrido nos dez ou quinze anos que haviam transcorrido. Assim, o tema de pesquisa do grupo foi exatamente, desde logo, o da revisão crítica das neovanguardas daquela década e seus manifestos, portanto, já de uma perspectiva histórica e distanciada. Por isso mesmo, tanto as discussões no grupo quanto os números de *Arte em Revista* foram extravasando os anos 1960, recuando e avançando em relação a eles, desde o número três sobre cultura popular, que retomou a questão lá atrás, em Mário de Andrade, embora o ponto de partida fosse os CPCs da década de 1960. Foi neste contexto que publicamos o número a que se referem na pergunta, sobre arquitetura, não por acaso denominada arquitetura nova, remetendo ao grupo da Faculdade de Arquitetura e Urbanismo da Universidade de São Paulo – FAU USP que, naquela década, para marcar sua diferença com a tradição moderna dominante na escola, usava esta denominação. Do mesmo modo que o número sete, sobre pós-modernismo, que se inicia com o debate das neo ou pós-vanguardas, que já adotavam, antes mesmo da voga pós-modernista, a expressão, introduzida em nosso meio artístico por Mário Pedrosa para designar toda a arte pós-pop. Minha própria pesquisa sobre a crítica de Mário tem origem nesse contexto de recapitulação crítica da nossa produção artística.

Tendo surgido no final dos anos 1970 e início dos 1980, e tendo como alvo os anos 1960, o Ceac foi, sem dúvida, obrigado a retomar alguns dos debates que foram mais agudos naquele período, como o da velha discussão sobre o *engajamento* da arte no Brasil da ditadura. Nisso vocês têm razão. Mas então os termos já eram outros. Não podemos esquecer que, naquele momento, se travava um debate acirrado sobre as "patrulhas ideológicas", na expressão forjada por Cacá Diegues para desqualificar seus opositores. Tema de muitas discussões entre nós. Não pretendíamos defender a chamada "arte engajada", nem embarcar na defesa de uma arte "popular sem ideologia" como propunha Cacá Diegues, em entrevista ao jornal *Estadão*, em 1978,[4] e que causou muita gritaria nas hostes de esquerda. De nossa parte, afinávamos mais com uma posição como a do Hélio Oiticica, que acabara de chegar dos Estados Unidos e não via sentido naquela polêmica; ou com Caetano Veloso, sobre quem o Celso Favaretto, que era uma das *lideranças* do nosso grupo, estava escrevendo a tese. Ao mesmo tempo líamos, desde o primeiro momento em que definimos os nossos temas e referências bibliográficas, quase como um catecismo para nós, o texto do Roberto Schwarz sobre *Cultura e política*,[5] o que, já de saída, nos obrigava a um distanciamento crítico em relação à década anterior. Essa, aparentemente ao menos, esdrúxula composição fica nítida no meu texto "Depois das vanguardas"[6] (na verdade uma conferência proferida por mim na FAU USP, em 1981), que abre o número sete de *Arte em Revista*. Lembro que as discussões eram por vezes bastante acaloradas. Parte do grupo se dizia trotskista, era do movimento Liberdade e Luta – Libelu e proclamava a liberdade na arte, manifesto em mão, "Por uma arte revolucionária independente";[7] outra parte tinha vínculos com o partidão, mas dadas as suas teses, e os artistas que estudavam, defendiam mais uma arte proletária, na acepção do Mário de Andrade ao falar do Grupo Santa Helena, do que algo como um "realismo socialista" a la Andrei Jdanov. Apesar de tudo, o clima era de muita camaradagem e, lembremos, eram todos ainda estudantes e em fase de formação, portanto, felizmente, ainda muito pouco dogmáticos.

Para mim, o Ceac representou também um passo a mais na minha própria formação, já que é disto que estamos falando, ou seja, me obrigou a uma espécie de conversão brasileira – pois até então eu continuava muito voltada para a arte estrangeira, especialmente para a arte e a cultura francesa. Inevitável naquele "Departamento Francês de ultramar"[8] – como Paulo o batizou em livro com esse título –, mas num viés muito próprio, sem Martial Gueroult, Victor Goldschmidt ou Gilles Gaston Granger, como mandava a cartilha. E uma redescoberta da Arquitetura, em parte induzida pelos alunos que frequentavam meu curso e o Ceac, e que acabaram motivando os professores do Departamento de História e Estética do Projeto a me convidarem como professora visitante da FAU USP, onde permaneci por onze anos (até me aposentar), dividindo minha carga horária com a Faculdade de Filosofia, Letras e Ciências Humanas da Universidade de São Paulo – FFLCH USP.

Mário Pedrosa já estava presente em várias das coletâneas da revista e você ainda dedicou uma biografia intelectual e organizou boa parte de seus escritos. O que lhe despertou tamanho esforço intelectual a seu respeito?

Desnecessário justificar a escolha de Mário Pedrosa para quem quer entender a arte e a crítica no Brasil do século 20. Isso sem falar na atualidade de sua crítica, no momento em que começávamos a nos debruçar sobre a virada que estava ocorrendo nas artes, quando de sua volta do exílio, em 1977 (após a revogação de seu mandado de prisão). Ao chegar ao Brasil, não houve crítico ou jornalista de arte que não quisesse entrevistá-lo para saber o que pensava dos novos rumos da arte e das relações (ainda uma vez...) desta com a política. Ora, sua grande lição de vida inteira fora ter sempre sabido aliar militância política radical e crítica de arte "avançada" sem, no entanto, "misturá-las" – como sempre gostou de afirmar e reafirmou em seu retorno –, embora, como velho trotskista, soubesse que Revolução Social e Arte de Vanguarda deviam andar juntas. Por isso mesmo, ao voltar de seu primeiro exílio (1937-1945), havia assumido, contra a resistência equivocada da crítica nacional, a defesa da arte abstrata que começava a despontar em nosso meio artístico. Do mesmo modo que, posteriormente, na década de 1960, será o primeiro a discernir a emergência do pós-moderno, embora questionando-lhe os componentes regressivos. Para ele, como dizíamos, era como deveria ser entendida a arte posterior à pop art. Esta, ao menos em sua versão original americana, não passaria de uma recuperação conformista das intenções das vanguardas, "transformando o insólito destas na redundância do mercado e da propaganda",[9] já a arte que a sucedia, acreditava Mário, estaria a exigir novas categorias para ser compreendida.

Mas, passados dez anos, o que mais surpreendia a todos, naquele conturbado final dos anos 1970, era a aparente guinada de Mário Pedrosa, sempre tão cioso quanto à autonomia da arte, e otimista quanto ao seu papel emancipador, enquanto "exercício experimental da liberdade" – expressão muitas vezes utilizadas por Mário nos anos 1960-1970 –, quando então passou a uma posição bastante cética em relação aos desdobramentos da arte pós ou ultramoderna, que, segundo avaliava, teria chegado a um "beco sem saída", o que tornava, ao menos naquele momento, a crítica de arte desinteressante, ou melhor, a bem dizer, sem função. Ao comentar esse diagnóstico final de Mário, escrevi à época, que, se a marcha *real* da evolução da arte no Brasil, e no mundo, diga-se de passagem, frustrara suas expectativas utópicas, ela apenas teria passado, provisoriamente, para uma posição de retaguarda, na expectativa de chegada da "hora plástica".[10] Enquanto não viessem tempos melhores, a vanguarda ainda haveria de ser política (num certo sentido, era o velho militante dos anos 1930 que voltava a vislumbrar as mesmas nuvens negras no horizonte que entrevira daqui e do exílio, naquele pré-guerra).

No meu caso, na época a bem dizer uma neófita em relação à crítica brasileira, a escolha de Mário Pedrosa como tema de estudo se deve não só aos motivos óbvios, elencados acima, mas, ainda uma vez, graças à interferência da professora Gilda, e também, neste caso, do professor Bento Prado. Quando saiu a primeira coletânea organizada pela Aracy Amaral, em 1976,[11] o Bento me propôs estudar o crítico que ele acabara de descobrir e achado que merecia uma atenção especial. Mais tarde (na verdade, passados vinte anos), ele próprio escreverá sobre Mário, numa resenha ao volume dois das coletâneas organizadas por mim para a Edusp – *Forma e percepção estética*[12] –, extremamente elogiosa, onde destaca a inusitada aproximação, feita pela primeira vez por alguém no Brasil, entre Merleau-Ponty e Ludwig Wittgenstein. Naquele primeiro momento, anos 1970, pré-Ceac, não quis me arriscar a escrever sobre Mário. Dois anos mais tarde, a professora Gilda, voltando de uma de suas temporadas no Rio de Janeiro, me pôs nas mãos a tese de Mário de livre-docência,[13] que, passados trinta anos, permanecia inédita, para que a publicasse. Resolvi então, finalmente, me impor a tarefa que os meus dois professores do Departamento de Filosofia me tinham proposto – pus-me a estudar a obra do Mário e a tratar da publicação da tese. Já então o Ceac estava começando suas atividades e logo a fazer parceria com o grupo da recém criada editora Kairós, iniciando a publicação, por ela, de *Arte em Revista* e participando da edição de uma coleção de livros, que veio a se intitular "Traços". A editora se dispôs a publicá-la quase que imediatamente. No final de 1979, a tese de Mário enfim se tornava pública. Poucos meses depois, Aracy, como curadora da Bienal, prestava homenagem ao Mário, com uma mesa redonda por seus oitenta anos, da qual participei, ao lado dele próprio, e do Ferreira Gullar, ao mesmo tempo que lançávamos o livro *Arte, forma e personalidade.*[14] Tratava-se da tese *Da natureza afetiva da forma na obra de arte*, acrescida, a pedido do próprio Mário, do ensaio *Forma e personalidade.* Sem dúvida, naquela década de 1940, ainda antes de voltar ao Brasil, era evidente uma certa inflexão na crítica de Mário: do elogio à arte proletária de Käthe Kollwitz e das ressalvas a um certo formalismo de Candido Portinari, no início dos anos 1930, aos ensaios sobre Alexander Calder e sobre o próprio Portinari, dos painéis de Washington, nos anos 1940 (quando ainda morava nos Estados Unidos), a questão da forma na arte – sem cair nos formalismos de qualquer natureza – passa a ser central nas suas análises estéticas. É neste contexto que se pode entender seu interesse pela Gestalt, ou melhor, pela "natureza afetiva da forma". Já na tese, o recurso a vários outros teóricos, que não apenas os psicólogos da Gestalt, especialmente os teóricos da pintura da passagem de século, encaminha as suas conclusões para uma relativização do caráter objetivista ou cientificista da forma – o que o vai levar a escrever, dois anos depois (1951-1952) o ensaio "Forma e personalidade",[15] onde, ao discutir as posições de Roger Fry, tenta conciliar o impulso de ordenação da forma às pulsões inconscientes ou afetivas. Algo como um construtivismo com alma...

Era esse o arcabouço teórico de sua crítica à época e que o fazia, na contracorrente do discurso dominante, encampar a causa dos nossos artistas abstratos – já no pós-guerra, mas, mais especialmente, os artistas neoconcretos cariocas, nos anos 1950-1960. É quando o projeto modernista de Brasília desponta como o capítulo final e a grande síntese desse processo construtivo brasileiro, síntese que só a nova arquitetura poderia de fato realizar, caso finalmente tomasse corpo a utopia totalizadora e internacionalista que a animava. Assim era pelo menos como ele a imaginara ao abraçar a causa da nova capital. Não por acaso o Congresso Internacional de Críticos de Arte, de 1959, no Brasil, teve como tema, por escolha do próprio Mário, "Brasília, síntese das artes".

Salvo engano, foi em seu livro sobre Mário Pedrosa que você efetivamente começou a trabalhar sobre arquitetura no Brasil. Uma ausência surpreendente nos ensaios que viriam a compor

***O lugar da arquitetura depois dos modernos*.[16] Quais as razões dessa distância ou relativo silêncio em relação ao Brasil arquitetônico em seus escritos até então e mesmo depois?**

Talvez vocês tenham razão, mas o livro sobre Mário Pedrosa foi meu primeiro livro publicado (1991), no entanto, na década de 1980, enquanto compilava os inúmeros textos de Mário (algo em torno de oitocentos, reunidos por mim em doze volumes), a pedido de Mary Huston sua esposa, após sua morte (1981), e de seu secretário particular, Darle Lara, eu já estava discutindo, em aulas, na FAU USP, e em meus primeiros escritos, o esgotamento da arquitetura moderna (aliás, nisto, em certo desacordo com Mário Pedrosa), e onde o capítulo brasileiro nunca deixou de estar presente. Tive orientandos escrevendo sobre a arquitetura brasileira e vários seminários da pós-graduação foram dedicados a ela. É verdade que os meus textos dizem mais respeito à arquitetura internacional, mas não me parece nada surpreendente que a etapa brasileira não esteja diretamente tematizada no livro que vocês citam, pois naquele momento (1992, editado em 1993), eu já havia publicado *Mário Pedrosa, itinerário crítico*,[17] onde um alentado capítulo tentava dar conta do que fora a arquitetura moderna brasileira (mesmo que através do ponto de vista do crítico). Um ano depois, *Um ponto cego no projeto moderno de Jürgen Habermas*[18] deveria ter deixado claro que uma tal avaliação crítica perderia muito de sua força e pertinência se não decorresse de uma percepção peculiar, aliás a marca registrada de uma certa tradição crítica brasileira, o mundo visto ou revisto pelo prisma revelador da periferia, como de resto se esclarece no fecho *brasileiro* do livro, "Um ponto de vista".[19]

Na sequência, ainda nos anos 1990, escrevi alguns ensaios sobre Lúcio Costa (na verdade um ensaio, em três ou quatro versões diferentes, a mais completa, publicada na Argentina[20] e incluída posteriormente na coletânea da Ana Luiza Nobre para a Cosac Naify, *Lúcio Costa, um modo de ser moderno*),[21] de um ponto de vista que eu pretendia fosse inteiramente novo. Escritos que, em parte, dão continuidade à discussão sobre a arquitetura moderna e seu esgotamento, presente em vários de meus ensaios ou conferências, no Brasil e no exterior, mas introduzindo uma questão que esteve muito presente em meus textos daquela década – a da "formação", na acepção adotada por Antônio Cândido. Ou seja, brevemente: formação como o propósito construtivo deliberado das elites dirigentes e cultivadas, empenhadas em dotar o país de linhas evolutivas que culminassem no funcionamento coerente de um sistema cultural local, tendo por modelo e parâmetro crítico a relativa organicidade da vida cultural europeia. Supondo, portanto, o ideal de concatenação, continuidade, tradição, em contrapartida à *barafunda* de nossa vida mental, em que nada se segue de nada – ou seja, um sistema de referências recíprocas por oposição às manifestações avulsas e isoladas. Havendo então uma formação em andamento, e não surtos descontínuos, cedo ou tarde se apresentaria uma espécie de causalidade interna, cuja força, advinda da capacidade de pôr em *forma* o processo local, acabaria por redundar (este o voto de Antônio Cândido, ao estudar a formação da nossa literatura) em superação da dependência cultural. No caso da arquitetura brasileira, o que procurei foi decifrar como e porque essa arquitetura cumprira o seu ciclo, ou se "completara", como disse Lúcio Costa, referindo-se a Oscar Niemeyer, como o fecho conclusivo.

Resumo o meu argumento. A questão que me parecia ser necessário colocar era: afinal, num país onde tudo está, a bem dizer, por fazer, como implantar uma arquitetura diretamente vinculada ao progresso técnico? Pergunta que já se fazia Lúcio Costa, ainda no início dos anos 1930. Ora, o desencontro entre doutrina e pressuposto social é de fato a regra nesses casos de enxerto, à qual nem Lúcio Costa nem o que se passará com a nossa arquitetura farão exceção. Só que, nesse caso particular, não obstante a distância real entre centro avançado e periferia retardatária, deu-se uma notável inversão de papéis, convertendo o descompasso num grande acerto, pois foi a distorção da cópia que revelou, como vimos, a verdade profunda do original. O viés estético enaltecido como marca nacional denunciava afinal sob o prisma comprometedor da margem o *formalismo integral* do centro – a abstração mesma do espaço ordenado pelo capital. O resultado é conhecido: o viés estetizante que se quis preservar na arquitetura brasileira, rebaixando o eixo social sempre alegado e nunca ativado materialmente, acabou numa espécie de exorcismo, em nome, é claro, da autonomia da arte. Brasília seria a expressão máxima dessa torção. Esse *passo conclusivo*, entretanto, ainda não havia sido nem sequer cogitado quando Lúcio Costa montou o seu esquema, embora venha a ser um capítulo essencial dessa história.

Sem querer advogar demais em causa própria, defendendo-me do reproche de haver negligenciado a produção arquitetônica e urbanística nacional, preterida pelo similar estrangeiro. Outros motivos temáticos, eleitos por mim, e que parecem surpreendê-los, estão em perfeita linha de continuidade – simplesmente surgiram da necessidade de desvendar o significado daquela arquitetura que justamente se propunha como alternativa à arquitetura moderna e não apenas aliviá-la de sua "sobrecarga" funcional (nas palavras de Habermas, com muito eco entre nós, diga-se de passagem, mas isso já é o tema da próxima pergunta).

***O lugar da arquitetura depois dos modernos* foi recebido de maneira muito problemática nos anos 1990. Adeptos do modernismo brasileiro e entusiastas do pós-modernismo muitas vezes coincidiram em nele reconhecer concessões ao historicismo, ao pop, ao contextualismo, ao high-tech, ao desconstrutivismo, em um meio que resistia em situar-se ante os andamentos contemporâneos da disciplina. Qual era efetivamente o seu propósito ao reunir criticamente algumas das correntes arquitetônicas mais influentes naquele momento? Como você avalia a sua recepção e impacto na reflexão e na produção brasileira contemporânea?**

Tendo a não acreditar que os ensaios desse livro tenham provocado tanta incompreensão ou que possam ter sido interpretados como simplesmente apologéticos, embora tenha havido sim, de minha parte, ressalvas positivas em relação a essa ou aquela obra ou mesmo tendência, por exemplo, em relação à arquitetura *modesta*, contextualista ou regionalista. Equívoco logo corrigido: naquele mesmo ano (1993, enquanto o livro ainda estava no prelo), na conferência "Urbanismo em fim de linha";[22] no ano seguinte, num encontro de Prourb, no Rio, em "Da cidade como lugar à cidade como não lugar";[23] em 1995, em Salvador, ao constatar que o regionalismo se transformara numa bandeira nada crítica (por isso chamei-o de pós-critico[24] – aí sim gerando uma reação grande por parte de uma plateia, naquele momento convertida ao regionalismo, mas isso já é outro assunto...).

Voltando ao livro e à pergunta do porquê dos temas ali reunidos. Eram os temas em voga. Alguém que quisesse entrar no debate arquitetônico da época não poderia se esquivar de enfrentá-los. Habermas, por exemplo, em seu texto "Modernidade – um projeto inacabado" (1980)[25] ou em sua conferência, ao receber o prêmio Adorno, opondo "Arquitetura moderna e pós-moderna" (publicada em *Der Architekts* número dois, de 1982),[26] desqualifica boa parte da arquitetura que me proponho analisar cinco anos depois (inclusive partindo do mesmo exemplo: a *Strada Novissima)* em "Arquitetura simulada"[27] (o termo do Baudrillard já seria suficiente para se desconfiar que não seria um ensaio apologético!). Acreditando, como Habermas, numa mudança de paradigma, achava que se tratava de entender, e não apenas descartar, o que de fato ocorrera no plano da arquitetura dada essa mudança, mais ainda, o que havia de comum nessas manifestações arquitetônicas todas, mesmo as tidas como antagônicas: até onde um novo "a priori epistemológico" (na terminologia do Michel Foucault), ou uma "nova lógica cultural" (na terminologia de Jameson) as aproximava, fazendo com que se assumissem, pela primeira vez na história, como uma arte de massa. Justamente quando o "paradigma da comunicação", como diagnosticava Habermas, se impõe, quando o traço mais marcante dessa nova era *cultural* é a presença da mídia, a arquitetura, por sua visibilidade, passa *ipso facto* à centralidade da cultura e das atenções – ela se torna ao mesmo tempo protagonista e sintoma. Além disso, como é na cidade que se forma a disciplina "tátil" do olhar (nos termos da tipologia dos grandes historiadores da arte do fim do século 19, reinterpretada por Benjamin na "A obra de arte na era da sua reprodutibilidade técnica"[28]), é a arquitetura que fornece a matriz dessa nova civilização. Tudo nessa produção faz assim parte de um mesmo sistema. É o que procuro mostrar no primeiro ensaio[29] – afastando-me nitidamente da definição de Charles Jencks – e que dá em grande parte o tom do livro. A centralidade da cultura no "capitalismo avançado" (ficando na definição de Jameson, mas também de Marshall Berman, Harvey e tantos outros que discutem a pós-modernidade) também é responsável pela passagem a um primeiro plano dos grandes equipamentos culturais, o estopim: nada mais, nada menos que o Beaubourg (Centro Georges Pompidou) e logo os grandes projetos da Era Mitterrand. Como eles conviviam com a arquitetura modesta pregada por Bernard Huet? São os dois lados da arquitetura francesa que analiso. Os "Novos museus"[30] é o fecho do livro e talvez sua chave (não por acaso, um comentário ao texto do Adorno "Museu Valéry Proust"[31]). No longo ensaio sobre "A ideologia do lugar público na arquitetura contemporânea"[32] – novamente a questão da comunicação, mas para desmistificar sua correspondência a um suporte físico, especialmente em se tratando das metrópoles contemporâneas –, dialogo com a Escola de Veneza, especialmente com o Massimo Cacciari, mas ao mesmo tempo tento fazer um balanço de todo o debate sobre o assunto, de Georg Simmel aos teóricos do lugar (com ênfase nos italianos). Deixo o Eisenman e a voga pós-estruturalista para a próxima pergunta.

Talvez tudo isso tenha sim causado espécie, por ser um assunto que a nossa crítica, como sugeri, preferia ignorar. Como disse no início, salvo uma ou outra ressalva – das quais me penitencio, pois, apesar das boas intenções, por exemplo do grupo *tendenza*, que as sustentavam, elas acabaram arrastadas pela lógica implacável da história, ao menos no capitalismo –, pretendi entrar no debate de uma forma bastante distanciada e crítica. Talvez tenha sido sim incômoda, não por ter sido mal entendida, mas certamente por terem me entendido muito bem.

Seu ensaio sobre Peter Eisenman explora os efeitos da arquitetura como representação de si mesma. A radicalidade teórica dessa arquitetura pretensamente autônoma seria, ela mesma, testemunho dos limites disciplinares em um mundo dominado pela mídia. Como você vê esse mergulho da arquitetura no pós-estruturalismo naquele momento?

No ensaio "Margens da arquitetura", sobre a obra de Peter Eisenman, prefácio ao catálogo da exposição no Masp e republicado no livro de que falávamos,[33] desloco um pouco a análise em relação à questão central do texto anterior, sobre a "Arquitetura simulada",[34] ou seja, de sua dimensão midiática. O que pretendi foi explicar como, amparado pela filosofia pós-estruturalista, especialmente o desconstrucionismo derridiano, Eisenman tentou levar a arquitetura até ao seu limite, a bem dizer, ao seu grau zero, aprofundando o formalismo extremo a que chegara a arquitetura moderna, uma vez extinta sua energia utópica, mergulhando no "poço sem fundo" (na expressão do Manfredo Tafuri ao comentá-lo) da autonomia formal. Ao adotar uma intransitividade radical, a arquitetura do arquiteto nova-iorquino estaria se voltando sobre si mesma, ao mesmo tempo negando-se como realidade objetiva – desestabilizada por um *processo infinito* de decomposição, numa espécie de vertigem em que todos os significados e mesmo toda a concretude do objeto vão se desfazendo no vazio, no imaterial (lembro que meu texto abre com uma referência à exposição no Beaubourg, *Les immatériaux*, da qual fazia parte uma mostra das casas do Eisenman).[35] Eisenman se defende das críticas, dizendo que sua decomposição, embora negativa ou desconstrutiva, em relação à construção clássica por exemplo, é também uma instância positiva: é "a negação no próprio interior do objeto como uma positividade imanente" – "objeto e processo ocupam o mesmo tempo e o mesmo espaço".[36] Malabarismos retóricos e formais? Creio que o próprio Eisenman começou a duvidar dessa radicalidade. Em 1993, ao me gradecer e elogiar minha apresentação no catálogo, mas tendo entrevisto, nas entrelinhas, as minhas reticências, tentou se explicar: não me considero mais um desconstrucionista, "cheguei à conclusão de que há um limite que é dado pela forma", rendendo-se assim, tardiamente, ao argumento que, de início, o distanciava do próprio Derrida – então cético, antes de ceder ao programa de uma arquitetura desconstrucionista, dada a *concretude* do objeto arquitetônico, argumentava. Sabemos que Derrida acabou cedendo e inclusive projetando com Eisenman um espaço para o Parque de La Villette. No limite, do mesmo modo que fora obrigado a conceder que o filósofo desconstrucionista filosofa, haveria de perguntar-se: por que afinal o arquiteto desconstrucionista também não construiria?

Contradição performativa inevitável? Naquele ano da exposição parece que Eisenman tinha decidido escapar dela. Acrescentou-me que o conceito central para ele passara a ser a *dobra* – ainda ficando, portanto, com o pós-estruturalismo francês, agora sob a égide de Deleuze.

Embora tomando distância de toda esta produção arquitetônica dita pós-moderna (não esquecer que o próprio Eisenman em disputa com Jencks reclamava para si a denominação), não faz sentido simplesmente desqualificá-la em bloco – em qualquer esforço de superação, mesmo que se mostre uma forma de acomodação (no caso, à sociedade de massa e ao capitalismo avançado), possivelmente sempre sobra um resíduo crítico, por exemplo ao romper com as formas consagradas ou totalizadoras do discurso ou das obras de arte e arquitetônicas – porque não? Nunca neguei isto e, embora pouco me utilizasse dos pós-estruturalistas, me foram muito úteis na minha reflexão estética em geral, e não apenas naquele período histórico, as análises de Michel Foucault (muito distinto de um Derrida ou de um Gilles Deleuze, mas parte importante da chamada por alguns "ideologia francesa" da época – não cabem aqui entretanto as distinções e justificativas). Afinal, não há produção verdadeira que não tenha um resíduo ideológico, como não há negatividade, por mais radical que se queira, que não possua um resíduo de positividade – de realidade.

A leitura de autores como Giulio Carlo Argan e Manfredo Tafuri foram seminais na revisão das interpretações disponíveis. Você mesma parece apoiar-se neles em sua leitura das vicissitudes do projeto moderno brasileiro enunciado por Lúcio Costa e Mário Pedrosa. Como a crítica que você e Paulo Arantes haviam acabado de fazer ao *ponto cego* no discurso habermasiano em torno do projeto moderno, visto como apologia temporã, nostalgia iluminista ou aposta de reconciliação entre espírito utópico e razão instrumental, se relaciona com essa formulação?

Sem dúvida a leitura desses dois autores foi central na minha formação, como estudiosa da arquitetura e, evidentemente, nos meus cursos. Aliás, estreei na FAU USP em 1981, sob o signo de ambos, abrindo o curso de Estética do Projeto daquele semestre tendo como referências bibliográficas básicas ambos os autores, sendo o tema: ideologia (ou utopia) e projeto, inspirado no livro de Manfredo Tafuri, *Progetto e utopia: architettura e sviluppo capitalistico*,[37] tanto quanto *Progetto e destino,* do Argan.[38] Portanto, quando comecei a discutir a arquitetura brasileira, foi dentro de um quadro de referências em que esses autores, especialmente

Tafuri, e aliás toda a Escola de Veneza, tinham um lugar de destaque. Na contramão, diga-se de passagem, dos cursos tradicionais da FAU USP, especialmente no que diz respeito a Tafuri e à Escola de Veneza (ressalva feita a Vittorio Gregotti, que tinha vindo, na década anterior, a convite da pós-graduação da FAU USP). Porém quando, em 1986, fui autorizada pelo Departamento a transmitir, em nome da escola, um convite ao Tafuri para ministrar um curso sobre Arquitetura Contemporânea, interpretei que havia vencido a batalha. Infelizmente ele não aceitou, alegando não ter mais interesse na arquitetura atual, dizia-se totalmente voltado ao passado enquanto historiador.

Posteriormente tive ocasião de, em diferentes circunstâncias e eventos, falar sobre a obra do autor, mas me restrinjo aqui ao interesse imediato que ele passou a ter para mim desde que comecei a ler seus escritos. Como já disse aqui, reafirmando o que está em vários dos meus textos, minha crítica à arquitetura moderna nunca foi externa, fundava-se num ponto de vista privilegiado pela experiência local: o êxito e o subsequente esgotamento no Brasil dessa arquitetura na periferia, de cuja modernização interrompida teria sido o comentário cultural mais acabado. Ou seja, o que aconteceu com a nossa arquitetura não teria resultado de idiossincrasias locais, mas a *racionalização* arquitetônica teria justamente cumprido entre nós o seu destino, e isto, quero crer, até de uma maneira privilegiada, de tal modo que se poderia até mesmo afirmar que a prova dos nove do movimento moderno acabou se verificando na periferia. Crítica que empreendi combinando, evidentemente, a experiência local com uma bibliografia variada, mas na qual se destaca, de modo especial, a obra de Manfredo Tafuri. Confesso que nenhum texto me foi tão fundamental para entender o que ocorreu com a arquitetura no século 20 e empreender a crítica à cidade funcional moderna, à ideologia da síntese pretendida pela planificação global, às vicissitudes na realização destas metas e, portanto, à reversão do movimento moderno, quanto os seus textos. Num certo sentido, ao discutir os rumos da nossa arquitetura, não faço outra coisa do que indiretamente comentá-lo e tentar extrair as consequências de tais pressupostos.

Além do que, talvez a nossa experiência com o modernismo tenha algo em comum com a de um italiano (apesar do descompasso histórico) – num país também um pouco periférico em relação aos centros mais avançados, mas, por isso mesmo, sem dúvida mais sensível aos ventos modernizantes que aí podiam soprar sem nenhuma forma de resistência e, portanto, deixando mais expostas as marcas autoritárias e predatórias da modernização arquitetônica, os seus compromissos institucionais etc.

A ideologia de um novo mundo se transforma, na nova cidade, em espaço institucional da sociedade burguesa, e a forma racionalmente ordenada, em utopia regressiva. Esta, a chave da interpretação de Tafuri: o processo de formação da ideologia urbana como superação das mitologias tardo românticas e a subsequente transformação da mesma na ideologia do plano e do design cada vez mais profundamente ligado à cidade como estrutura produtiva, portanto reduzido a *mecanismo operativo*.

Vocês me perguntam: por que Habermas? No seminário *Brasil século 21*, realizado na Unicamp em 1988 – e reproduzida em versão resumida na revista *AU – Arquitetura e Urbanismo*,[39] anos depois em *Urbanismo em fim de linha e outros estudos sobre o colapso da modernização arquitetônica*, e retomada e ampliada a quatro mãos com o Paulo Arantes, *Um ponto cego no projeto de Jürgen Habermas*[40] –, pretendi questionar os argumentos do filósofo, expostos na conferência "Arquitetura moderna e pós-moderna", visto que acabara de ser traduzida pela revista *Novos Estudos* do Cebrap[41] e começava a fazer eco entre os defensores incondicionais da sobrevida da arquitetura moderna brasileira. Não só as leituras de Tafuri me levavam a desconfiar do seu diagnóstico, mas também tudo o que lera e discutira sobre modernidade/pós-modernidade, nas aulas da filosofia, da FAU USP ou no Ceac. Há mais de meia dúzia de anos que eu acompanhava esse debate e participava dele, inclusive minha ida à Paris, no inverno de 1986-1987, num intercâmbio do governo francês com o Departamento de Filosofia, teve esse tema da pós-modernidade como objeto de pesquisa. Sem contar que a própria teoria crítica (incluída nela até mesmo o Habermas) me fornecia os recursos conceituais para rebatê-la.

Em resumo: a inegável crise da arquitetura moderna – um dos sintomas mais gritantes da modernidade cultural em pane – não decorreria, segundo Habermas, dela própria, mas de uma desmesurada ampliação do conceito de arquitetura. O que desde os tempos de William Morris sempre parecera uma promessa de redenção, permitindo à arquitetura ultrapassar as barreiras tradicionais que a isolavam da realidade cotidiana, revelou-se catastrófico. Malogro da nova construção? Apenas episódico se considerarmos, por exemplo, sua funesta tendência ao gigantismo, efeito de uma verdadeira, porém mal calibrada, vocação para a responsabilidade social. Assim, depois de enunciar os desastres perpetrados em nome dos ideais consagrados pelos Ciams – o principal lugar-comum da crítica especializada no inventário dos fiascos da arquitetura moderna –, Habermas não hesitará, por sua vez, em atribuí-los a deformações monstruosas que escondem a verdadeira face do projeto moderno enquanto tal. Falsificações que traem o espírito, conservando a letra morta... Habermas fará remontar esse desenlace injusto, porém remediável, até à suprema abstração de um amálgama conceitual indevido, nas suas palavras, um "erro categorial". Assim sendo, se soubermos aliviá-la da sobrecarga decorrente de interpretações errôneas do funcionalismo e, por conseguinte, da responsabilidade pelas configurações urbanas teratológicas que ela engendrou, veremos que a arquitetura do movimento moderno é a única cuja validade permanece inquestionável: só ela soube resumir num projeto unitário todas as promessas da modernidade. Sobretudo é preciso não esquecer, continua Habermas, que a sobrevida da tradição moderna depende de momentos como esse, a saber, daquele "momento feliz" em que a arquitetura moderna "permitiu que se unissem livremente o viés estético do construtivismo e a vinculação a finalidades de um funcionalismo estrito".[42] Seria o caso de se perguntar: quando mesmo? E como, exatamente?

Ora, a meu ver, ao tomar esse caminho, Habermas tende a separar, para melhor preservar, a integridade das primeiras intenções, elementos que em boa análise histórica costumam se apresentar objetivamente imbricados. Após expor em detalhes os argumentos de Habermas, e de procurar em sua própria obra contra-argumentos, busquei apoio em outros autores, inclusive noutro mestre da Escola de Frankfurt, para mostrar que ele se escora numa (falsa) dicotomia, tematizada também por Adorno, e na qual a arquitetura não se encaixaria: justamente a *dialética do funcionalismo*, e que a argumentação meramente dissociativa de Habermas deixou escapar. Num trecho da *Teoria estética,*[43] onde está em jogo o conceito capital de *construção* (o recurso à experimentação e à montagem pela arte de vanguarda), Adorno enfrenta exatamente o momento em que o princípio de construção se torna ideologia. Em duas palavras: a perda de tensão da arte construtiva não lhe advém de uma fraqueza qualquer, mas da própria ideia de construção, que é contraditória. Aspirando a se transformar em realidade *sui generis*, a arte construtiva deve, no entanto, a "pureza de seus princípios às formas funcionais técnicas externas".[44] Assim, mesmo quando Adorno parecia apostar no estado evolutivo dos materiais artísticos, não perdia de vista o fato de que, na ordenação lógica destes, a arte que se quer autônoma reflete no seu conjunto as condições de desenvolvimento total da sociedade. Infelizmente não parece ser esse o caso de Habermas que, ao perder de vista a determinação recíproca de forma e processo social, perde-se igualmente em abstrações – literalmente abstraídas, extraídas de um processo maior –, tal como: fardo voluntário, porém indevido, erro categorial etc. A ilusão da sobrevida do movimento moderno estaria sim ligada à da permanência da utopia iluminista na obra de arte e, portanto, também na arquitetura, quando ela assume a forma autônoma que Habermas pretende ter encontrado na arquitetura moderna – tema que foi mais desenvolvido no livro a quatro mãos[45] e em artigo que publicamos numa revista americana sobre "A estética iluminista de J. Habermas".[46]

As perguntas estão me forçando a fazer mini dissertações e a me repetir. Não sei dizer o que acrescenta (ou não) ao esquema tafuriano. Não se tratava disso, mas de discutir as questões postas pela fala (aliás falas) do Habermas a respeito de um problema que eu vinha trabalhando: o do esgotamento do moderno.

Tendo em vista as mediações entre o cultural e o econômico na história da arquitetura, você diria que é impossível dissociá-los na prática de uma crítica imanente e, portanto, que vê na obra as condições de produção do mundo social? Pensando no caso nacional, a singularidade de algumas obras – salientadas no debate que você travou com Roberto Schwarz em sua livre-docência – não nos forneceria mais que o testemunho da falência das vanguardas construtivas em um contexto de modernização conservadora?

Não se trata de descartar uma análise imanente da obra, mas justamente em saber adivinhar, na sua forma, a própria exigência de extravasá-la – o ser-para-o-outro presente nela mesma. Obviamente a crítica de arquitetura tem sua especificidade, ela não pode, sem mais, ser assimilada à crítica de arte, sobretudo no caso da arquitetura moderna que proíbe expressamente essa redução. Atravessada por intenções utilitárias evidentes, a arquitetura não se presta ou se presta mal à contemplação de quem se recolhe diante de uma obra devidamente mantida à distância (estética), pelo contrário, o uso coletivo a que se destina define uma recepção eminentemente "tátil" (nos termos que utilizei acima), geradora de hábitos e atitudes práticas que liberam a atenção, em lugar de concentrá-la, como exige a abordagem individualizante, característica da arte autônoma refugiada no espaço neutro dos museus, imaginários ou não.

Aliás, ao responder ao Roberto, lembrei-me de que a crítica de arquitetura era um gênero relativamente recente, nascera justamente com a arquitetura moderna.[47] Voltando ao meu argumento: nos bons tempos do ecletismo burguês do século 19, a arquitetura era sobretudo assunto de historiador da arte, uma unidade arquitetônica resumia quando muito um estilo de época. A reviravolta, que daria origem ao gênero que nos interessa identificar, agora que se consumou a debacle moderna, deu-se justamente com a entrada em cena da nova construção, quando então a arquitetura começou a abandonar o reino bolorento das belas artes – não sem ambiguidade, uma espécie de ambivalência congênita que até hoje nos acompanha como se pode perceber de saída no duplo registro que orientava a propaganda de Le Corbusier em favor dos novos cânones construtivos. Para vender à burguesia (que precisava ser convertida à sua própria modernidade) a nova "máquina de morar", precisava subverter o pendor desta para os arremedos dos estilos históricos da arquitetura áulica e monumental, com os seus excessos ornamentais, em nome da eficiência técnica e funcional. Mas, como afinal se tratava de arquitetura e não apenas de engenharia, era preciso buscar as motivações na própria história da arte: a simplicidade virava preceito estético caucionado pela tradição das formas puras que remonta às pirâmides do Egito. Assim, cumprida a dieta funcional, a nova construção poderia entregar-se à emoção artística, assinalando o ingresso da arquitetura na esfera da arte autônoma, além do mais decididamente não-figurativa. Esta é a nova arquitetura que o crítico precisa aprender a ver: em que os requisitos de funcionalidade e honestidade construtiva, desentranhada das expectativas utilitárias do cidadão comum, se desdobram, na prosa crítica, em considerações sobre massa, linha, cor, espaço etc., como na percepção estética plenamente realizada. Resultado: a ideologia se transfere da obra, inevitavelmente inserida no plano positivo da intervenção, para o discurso sobre a mesma. Não surpreende então que voltem a repercutir na tarefa do crítico as aporias que viram nascer, no limiar dos tempos modernos, uma esfera estética específica, a de um juízo estético desinteressado por definição sobre uma obra interessada, também por definição, devolvendo-a ao domínio privado do recolhimento estético, onde é mantida à distância, exatamente o que não faz o público real a quem ela se destina. E assim por diante. Talvez o Habermas também tenha caído nesta cilada.

O passo adiante da crítica, o reconhecimento da heteronomia da arte autônoma, que se expressa nos desdobramentos sistêmicos das finalidades práticas, já é contemporâneo dos primeiros sinais de esgotamento da Ideologia do Plano etc. O que torna ainda mais insustentável a persistência hoje, por parte de arquitetos e críticos, do ponto de vista de artista, que já não é mais do que a expressão do formalismo integral em que se foi convertendo a arquitetura moderna. Trata-se de uma nova onda esteticista (pós-moderna?) que celebra a diferença, a efemeridade, o espetáculo, a moda etc. Recrudescimento do fetichismo portanto, porém noutro registro. A reificação das relações sociais toma agora forma de uma irrealização do mundo convertido em imagens, da publicidade às artes eletrônicas, passando pela arquitetura simulada, cenarística etc. – voltando às questões do meu livro: *O lugar da arquitetura depois dos modernos*.[48]

Em seus estudos sobre as cidades globais, fica clara a aliança entre cultura e economia na promoção de megaeventos e renovações de áreas degradadas, sempre inseridas em uma dinâmica internacional de competição por capital financeiro. Os megaeventos brasileiros seguiram à risca o roteiro observado anteriormente? A debacle carioca e a passagem do otimismo nacional dos primeiros anos 2000 à crise social, econômica e política atual, poderia não só contribuir para desmontar o consenso sobre o planejamento estratégico, mas também para iluminar novas facetas da ideologia arquitetônica nos anos vindouros?

Meus assuntos têm, em geral, um disparador imediato, no caso da discussão que faço sobre o planejamento estratégico, foi a presença entre nós dos urbanistas catalães, suas aulas na FAU USP, sua assessoria à administração da prefeitura de Santo André e seus projetos para o Rio de Janeiro. Embora eu tivesse estado em Barcelona no período pré-Olímpico e até entrevistado o Joan Busquets sobre o Plan Caps (1992) elaborado por ele para a cidade, foi só com a chegada ao Brasil do receituário e de seus operadores que me dispus a fazer a crítica ao *planejamento estratégico*, incialmente num congresso internacional na FAU USP, em 1998, pouco depois, na Bienal de São Paulo, em debate com o próprio Jordi Borja.[49] Motivada também pela inauguração do Museu Guggenheim de Bilbao em 1997 e a expo-98 de Lisboa, dando origem a um ensaio meu "Vendo cidades", que foi publicado na revista *Veredas* (dez. 1998),[50] do Centro Cultural Banco do Brasil e traduzido para a *Punto de Vista,* na Argentina[51] – na linha do que já vinha discutindo, como vocês mesmos lembram, sobre a centralidade da cultura nas novas estratégias urbanas, numa política de *city marketing*, atraindo grandes negócios e gerando redesenhos urbanos que resultavam em inúmeros processos de gentrificação, aos quais seus agentes costumam se referir utilizando o eufemismo renovação, num esforço desenfreado por alcançar atratividade global, no jargão complementar. Não há dúvida que Barcelona inovou ao incluir nessa estratégia de *image making*, e consequente reconversão empresarial da cidade, o quesito megaevento internacional para desencadear uma resposta competitiva que a tornasse visível no circuito dos grandes negócios globais. No caso de Barcelona, foi obviamente a Olimpíada de 1992, mas a natureza do evento não viria muito ao caso, desde, é claro, que fosse em escala mega e global. Aliás, um dos pontos centrais em todas essas minhas discussões sempre foi a convergência entre a centralidade da cultura e o primado do econômico, mostrando como esses eventos mobilizavam o que os franceses chamavam *le culturel*, de patrimônio cultural a grandes equipamentos, em especial museus, mas também prédios excepcionais, por sua forma e escala, sempre entregues ao *star system* da arquitetura mundial, para pôr em movimento as "máquinas urbanas de crescimento".

Fiquemos no caso exemplar: Barcelona. Tratava-se sim de uma Olimpíada, mas como tive oportunidade de afirmar em diferentes ocasiões, esta era apenas o pretexto, a âncora, como se costumava dizer, para desenvolver uma imagem forte e positiva da cidade, explorando ao máximo o seu capital simbólico, de forma a reconquistar sua inserção privilegiada nos circuitos culturais internacionais e, com isso, estimular os negócios, a começar pelo turismo. Para tanto, foram canalizados investimentos maciços para a área da cultura. Não vou me deter aqui na enumeração das inúmeras iniciativas culturais, que vão culminar, uma década mais adiante, no Fórum Universal das Culturas (2004), quando a cultura é assumida como a grande protagonista de mais um grande acontecimento invocado como responsável pela reabilitação, novamente, de uma extensa área urbana, incluído nela o distrito 22@ – um cluster de escolas e empresas de tecnologia de ponta, cujo projeto fora lançado em 2000.[52] Apenas uma etapa a mais na abordagem culturalista da cidade, então assumidamente empresarial. Num primeiro momento, à época das Olimpíadas, haviam sido *requalificados*, sobretudo, a orla e os bairros antigos, com evidente mudança de usos e população; 2004 transformava inteiramente o bairro operário de Poble Nou, a Diagonal e, no seu extremo, a área dos esgotos de Barcelona, transformada em sede do Fórum das Culturas. Além do mais, comprovação de que tais acontecimentos viraram uma fórmula mágica, batizada por alguns de *triângulo virtuoso*, segundo o qual um acontecimento gera desenvolvimento urbano, que impulsiona o crescimento econômico, que induz à organização de novos acontecimentos. Ou, em outros termos, um triângulo cujos vértices seriam: a cidade, o comércio e a cultura, como explica Luis Fernández-Galiano.

Como veem, meus textos não são exclusivamente sobre eventos esportivos, embora até possa atribuir a motivação em publicar *Berlim Barcelona*,[53] às vésperas de duas grandes competições internacionais no Brasil – Copa e Olimpíada –, a esse fato, mas é bom não perder de vista que o que estava me interessando era, antes de mais nada, esclarecer o papel preponderante da gestão cultural nesse novo receituário de planificação urbana ostensivamente empresarial. Em princípio, não era para ser assim tão evidente que, sem investimentos de porte compatível na área cultural, as cidades teriam sua governabilidade posta em dúvida pela comunidade de negócios, mas tampouco a velha guarda liberal-burguesa e sua contraparte social-progressista poderiam prever que os templos urbanos da cultura só renasceriam, reforçados em sua legitimidade, caso pudessem alegar os grandes números de sucesso numa estratégia competitiva de inserção global. Pois foi o que se deu nessas novas estratégias de planificação, em princípio destinadas a conter a desordem urbana, até então estetizada pelos representantes mais cínicos, e cujas metamorfoses tentei historiar e periodizar, mas que não vou repetir aqui – fica apenas a lembrança...

Voltando à pergunta: os eventos brasileiros não só seguiram o roteiro, mas, na escala em que se deram – só para lembrar: os doze estádios da Copa (algo mundialmente inédito) e os inúmeros e dispendiosos equipamentos Olímpicos que tornavam as construções esportivas em Barcelona, retrospectivamente, extremamente modestas –, não apenas reforçam, mas ampliam as minhas conclusões sobre como são azeitadas as máquinas urbanas de crescimento, hoje, na verdade, máquinas destinadas a estimular grandes negócios e, em geral, enormes desastres sociais, seja pelo mau direcionamento dos gastos públicos, seja pelas remoções maciças de populações e consequente gentrificações – próprias a essas estratégias que eu, há vinte anos, chamava de "fatais" – alimentando todo tipo de especulação imobiliária. Desnecessário repetir aqui o que muitos estudiosos já fizeram: o inventário do legado calamitoso desses eventos entre nós; gostaria apenas, para fechar meu argumento, de lembrar que não faltaram as tinturas culturais de hábito, a começar pelo Museu do Amanhã (2009-2015) de Santiago Calatrava, nobilitando o quanto possível o derrame de dinheiro que tornava o Rio de Janeiro, contra todos os discursos oficiais e ufanistas, ainda mais próximo da agonia em que se debate hoje.

Sem dúvida, as duas primeiras décadas deste século puseram de ponta-cabeça qualquer visão *estratégica* das cidades, cada vez mais desiguais e anômicas. Volto a isso na próxima resposta.

Você termina o ensaio Urbanismo em fim de linha afirmando que "o conceito de cidade" é "uma coisa do passado, como atestam os monstros urbanos em que vivemos".[54] Seriam também monstruosas Pequim, Xangai e as outras cidades que você encontrou em seu estudo sobre a China, publicado em *Chai-na*? Nesse caso, podemos pensar que estas experiências chinesas já estariam fora do campo disciplinar da arquitetura e do urbanismo?

Há 25 anos, ao fazer uma tal afirmação, visava sobretudo a *cidade dos modernos* e aquilo em que essa utopia havia redundado. Ao mesmo tempo, repassava, noutra chave, aquela mesma impressão de sinal fechado, arriscando um juízo por assim dizer final acerca do leque de possibilidades oferecidas pelas intervenções urbanas alternativas num horizonte ele mesmo rebaixado pelo esgotamento das utopias modernas do plano. É que, ao ímpeto demolidor efetivamente preconizado pelos modernos, em sintonia com a maré ascendente da industrialização, e praticado em nome da racionalidade esperada de uma cidade planificada, acabou sucedendo algo como a sublimação da cidade-colagem, por sua vez estilização de uma proliferação urbana beirando a entropia, nela incluída a gestão dos novos enclaves de prosperidade. Numa palavra, o urbanismo decididamente chegara ao "fim de linha". Mais exatamente, era todo um modelo urbano mundial que se desfazia.[55]

Já quando analisei as "formas urbanas extremas", como as chamo, especialmente ao escrever sobre a China, tinha em mente o gigantismo dessas novas formas urbanas ou transurbanas, que de certa forma transbordam a si mesmas – algo que se situa para além do urbanismo, passíveis de crescerem ad infinitum. Cidades enfim que não obedecem mais a nenhum plano, salvo o de sua expansão sem limites – "cidades genéricas", na expressão de Koolhaas. Elásticas. Sem história, sem identidade (ou que podem produzi-la a cada temporada), imensas, despropositadas, que crescem e se autodestroem ininterruptamente. Que se verticalizam e se esparramam. Com infraestruturas superdimensionadas, prevendo usos futuros ou no intuito de competir com as demais: residências, mas também portos, aeroportos, escritórios, ociosos. Estoques supérfluos, como se fossem cidades fantasmas, estradas que não levam a parte nenhuma, salvo a *possíveis* outras cidades, e assim por diante. Criando enclaves e impasses, infernizando umas às outras. Todas, tendo algo de aeroporto e de shopping center. É como se, depois do fim de linha, ou quem sabe a sua própria e superlativa expressão, tivesse ocorrido, ou enfim sido deflagrado, o mais espantoso e gigantesco processo de urbanização contemporânea, em curso especialmente na China da Era das Reformas. O termo mais adequado para caracterizar um tal processo chinês é bem este: "hiperurbanização" – que nos interessa, além do mais, por exprimir a mudança de paradigma implicada pelo inusitado da escala por assim dizer cósmica, tanto pela compressão do tempo, quanto espacial. Pelo menos na acepção que encontrei empregado pela primeira vez, por Stephen Graham e Simon Marvin, para designar este "espantoso processo de urbanização jamais visto no planeta", referindo-se sobretudo à reviravolta na tradição de "desenvolvimento comunal no planejamento de infraestrutura"[56] em favor de um furioso empreendedorismo local, conduzido por novas e poderosas municipalidades em associação com corporações internacionais de infraestrutura e consultoria, num ambiente de intensa competição entre cidades. Tudo bem pesado, no entanto, são apenas listas de factoides, de paisagens, infraestruturas ou cidades Potenkim, mas o fato é que impressionam, ainda mais quando revestidos pela parafernália de acessórios do design corporativo. Tal gigantismo compulsivo nada mais é do que uma verdadeira mutação pelo excesso – com certeza uma expansão "até novas, inimagináveis e, talvez, impossíveis dimensões", na expressão de Fredric Jameson,[57] e que impressionam, sobretudo, pelas proporções descomunais assumidas por qualquer significante urbano que associe, e faça sentir, os efeitos correspondentes, um ícone qualquer do ultramoderno (seja lá o que isto queira dizer) e uma explosiva escala sobre-humana, como se encerrasse uma *promessa de aniquilação*. Não por acaso o capítulo introdutório do meu *Chai-na* intitula-se "Ruínas do futuro".[58] Ao me arriscar a interpretar o salto à frente da China, o sonho de avançar em direção a um futuro, por assim dizer interminável, me obrigou a escavar no passado todas aquelas fantasias coletivas, de realização ou superação, que animaram a história das modernizações, tanto no mundo capitalista quanto no lado dito socialista. Mundos de sonho estes, dos quais as populações finalmente despertaram para o pesadelo das polarizações urbanas extremas: a expansão do "planeta favela" semeado por arquipélagos de luxo e exploração, que Mike Davis chamou de "paraísos do mal".[59] Procurei então situar nessa paisagem de *ruínas* novinhas em folha as *folies* do *star system* arquitetônico, cujos desmandos formais venho acompanhando faz tempo.

Passando ao outro lado *extremo*, em relação à pujança chinesa, nos deparamos igualmente com essa ambiência análoga de mutações radicais. Refiro-me à expansão acelerada das grandes capitais do "planeta favela" descrito por Mike Davis. E, para tanto, vou me deter especialmente numa das muitas profecias apocalípticas de Rem Koolhaas, sua percepção de que o paradigma da nova urbanidade pós-urbana deve ser reconhecido no seu extremo patológico, ou seja, nada mais nada menos do que a impressionante capital da Nigéria. Assim, Lagos não seria mais ou apenas um caso de *evolução* extrema, situado, agora que o antigo modelo urbano mundial se desmanchou, no "primeiro plano da modernização global". Não é Lagos que se aproxima de nós – afirmam os pesquisadores do *Project on the City*, de Harvard, coordenado à época por Koolhaas – mas somos nós que estamos a ponto de alcançá-la, e nos seguintes termos (à altura de um *grand finale*): "o fato de que muitas das atuais tendências das modernas cidades ocidentais se deixaram reconhecer de forma hiperbólica em Lagos, sugere que refletir sobre a cidade africana é pensar no estado terminal de Chicago, Londres e Los Angeles". Simples assim, para dizer o menos: no fim de linha da cidade civilizada, nos deparamos com um modelo futuro literalmente "fora da civilização". Se quisermos prosseguir, concluem, será preciso rever as ideias herdadas e "reconceitualizar a própria cidade". "A operacionalidade de uma megalópole, como Lagos, ilustra a eficácia em escala macro de sistemas e agendas consideradas marginais, informais e ilegais segundo a compreensão tradicional de cidade".[60]

Juntando esses dois extremos da nossa era pós-urbana, seria o caso de arriscar um primeiro reconhecimento conceitual do terreno comum em que se cruzariam as trajetórias explosivas do Renascimento Chinês e do Sul Global com a implosão não menos dramática da *urbanidade* tal como a conhecíamos nas metrópoles do núcleo orgânico do sistema mundial. Pois me parece bem provável que só agora, diante desses conglomerados caóticos que proliferam indefinidamente, estejamos testemunhando de fato a plena realização da experiência daquele *hiperespaço* premonitoriamente descrito por Fredric Jameson no seu ensaio famoso, de 1984, sobre "A lógica cultural do capitalismo tardio".[61]

Concluo, referindo-me a uma outra *visão* que ocorreu a Jameson por ocasião daquela primeira formulação – e que também permite unificar os extremos que estamos evocando, e que tem sido pouco registrada por seus leitores: nada mais nada menos do que "o espaço da guerra pós-moderna". Qualificação, aliás, sobre a qual não dá maiores precisões, ele certamente tinha em mente, naquele momento, a Guerra do Vietnã como a primeira guerra pós-moderna. Por qualquer ângulo que a brutal assimetria daquele conflito seja examinada, indubitavelmente uma guerra de novo tipo entrara em cena, e rigorosamente contemporânea, senão seu epicentro, de mutações naqueles anos cuja convergência culminaria no diagnóstico de época que se convencionou denominar pós-modernismo.

Vinte anos depois do ensaio desbravador de Fredric Jameson, Mike Davis encerraria seu inventário do *Planeta favela* e suas consequências geopolíticas – quer dizer um mundo de cidades sem empregos e que logicamente abdicaram de qualquer veleidade de reforma urbana, para dizer o menos –, tendo apreendido, por seu turno, a convergência de origem entre o hiperespaço das formas urbanas extremas (nesta extremidade de agora, as *cidades fracassadas e ferozes* do antigo terceiro mundo), e a geografia da nova guerra. Está claro que o atual *Warfare State* americano foi o primeiro a mapeá-la. Mas não se trata apenas de constatar que as megacidades da periferia se converteram em ambientes naturais de batalha, seria preciso dar um passo adiante (mas não aqui, é claro) e verificar se esse novo tempo das formas urbanas extremas, consideradas em seu amplo espectro, nele incluído o "estágio Dubai do capitalismo",[62] não seria igualmente o tempo de um novo "urbanismo militar" (como o denominou, entre outros, Stephan Graham),[63] tempo de cidades sitiadas, escaneadas, de populações-alvo rastreadas, vigiadas, preventivamente contidas e abordadas segundo perfis de risco etc. Algo do qual seguramente nós, no Brasil, já estamos muito próximos. Com esses maus presságios, despeço-me de vocês e desta entrevista.

Notas

1 ARANTES, Otilia Beatriz Fiori. *Baudelaire, le lyrisme au seuil de la modernité*. Orientador Bernard Teyssèdre. Tese de doutorado. Paris, Universidade de Paris I Panthéon-Sorbonne, 1973.

2 ARANTES, Otilia Beatriz Fiori. Klee, a utopia do movimento. *Discurso*, v. 7, São Paulo, FFLCH USP, 1976, p. 87-110.

3 *Arte em Revista*, ano 2, n. 4, São Paulo, Ceac/ECA USP, 1980.

4 VARTUCK, Pola. Entrevista de Cacá Diegues. *O Estado de S. Paulo*, São Paulo, 31 ago. 1978, p. 16.

5 SCHWARZ, Roberto. Remarques sur la culture et la politique au Brésil, 1964-1969. *Les Temps Modernes*, n. 288, Paris, jul. 1970, p. 33-73. Edição em português: SCHWARZ, Roberto. Cultura e política, 1964-1969: alguns esquemas. *O pai de família e outros estudos*. Rio de Janeiro, Paz e Terra, 1978, p. 61-92.

6 ARANTES, Otilia Beatriz Fiori. Depois dos modernos. *Arte em Revista*, ano 5, n. 7, São Paulo, Ceac/ECA USP, 1983.

7 BRETON, André; RIVERA, Diego (1938). Por uma arte revolucionária independente. In BRETON, André. *Por uma arte revolucionária independente*. Coleção Pensamento Crítico, volume 60. São Paulo, Paz e Terra/Cemap, 1985, p. 35-46.

8 ARANTES, Paulo. *Um departamento francês de ultramar: estudo sobre a formação da cultura filosófica uspiana (uma experiência dos anos 1960)*. Rio de Janeiro, Paz e Terra, 1994.

9 PEDROSA, Mário. Crise ou revolução do objeto: homenagem a André Breton. *Mundo, homem, arte em crise*. Organização Aracy Amaral. São Paulo, Perspectiva, 1975, p. 162.

10 PEDROSA, Mário (1978). Variações sem tema ou arte da retaguarda. Conferência apresentada à I Bienal Latino-Americana. *Política das artes: textos escolhidos*. Organização Otilia Arantes. São Paulo, Edusp, 1995, p. 341-347.

11 PEDROSA, Mário. *Mundo, homem, arte em crise* (op. cit.).

12 PEDROSA, Mário. *Forma e percepção estética: textos escolhidos II*. Organização Otilia Arantes. São Paulo, Edusp, 1996.

13 PEDROSA, Mário. *Da natureza afetiva da forma na obra de arte*. Tese de livre docência. Rio de Janeiro, Faculdade Nacional de Arquitetura da Universidade do Brasil, 1949. Posteriormente publicada como: PEDROSA, Mário. Da natureza afetiva da forma na obra de arte. *Arte, forma e personalidade: 3 estudos*. São Paulo, Kairós, 1979, p. 12-82.

14 PEDROSA, Mário. *Arte, forma e personalidade: 3 estudos* (op. cit.).

15 O ensaio "Forma e personalidade" foi incluído também na coletânea organizada posteriormente por Otilia Arantes em 1996: PEDROSA, Mário (1951). Forma e personalidade. *Forma e percepção estética: textos escolhidos II* (op. cit.), p. 179-220.

16 ARANTES, Otilia Beatriz Fiori. *O lugar da arquitetura depois dos modernos*. São Paulo, Edusp, 1993.

17 ARANTES, Otilia Beatriz Fiori. *Mário Pedrosa: itinerário crítico*. São Paulo, Página Aberta, 1991.

18 ARANTES, Otilia Beatriz Fiori; ARANTES, Paulo. *Um ponto cego no projeto moderno de Jürgen Habermas: arquitetura e dimensão estética depois das vanguardas*. São Paulo, Brasiliense, 1992. Edição e-book gratuita: ARANTES, Otilia; ARANTES, Paulo. *Um ponto cego no projeto moderno de Jürgen Habermas: arquitetura e dimensão estética depois das vanguardas*. Coleção Sentimento da Dialética. São Paulo, Edição de Pedro Fiori Arantes, 2021 <https://bit.ly/3sF7JHy>.

19 Idem, ibidem (e-book), p. 106-108.

20 ARANTES, Otilia Beatriz Fiori. Esquema de Lúcio Costa. *Block*, n. 4, Buenos Aires, UTDT, dez. 1999, p. 42-53.

21 CONDURU, Roberto; NOBRE, Ana Luiza; KAMITA, João Masao; LEONÍDIO, Otavio (Orgs.). *Um modo de ser moderno. Lúcio Costa e a crítica contemporânea*. Coleção Face Norte, volume 7. São Paulo, Cosac Naify, 2004.

22 ARANTES, Otilia Beatriz Fiori. Urbanismo em fim de linha. Comunicação apresentada na II Bienal Internacional de Arquitetura, São Paulo, Fundação Bienal de São Paulo, 1993. Posteriormente publicada em: ARANTES, Otilia Beatriz Fiori. Urbanismo em fim de linha. *Ciência e Ambiente*, n. 7, Santa Maria, UFSM, 1993, p. 13-22; ARANTES, Otilia Beatriz Fiori. Urbanismo em fim de linha. *Urbanismo em fim de linha e outros estudos sobre o colapso da modernização arquitetônica*. São Paulo, Edusp, 1998, p. 129-142.

23 ARANTES, Otilia Beatriz Fiori. Da cidade como lugar à cidade como não lugar. Comunicação no Seminário Cidade e Imaginação, Rio de Janeiro, Prourb FAU UFRJ, 1993. Publicado em: ARANTES, Otilia Beatriz Fiori. Da cidade como lugar à cidade como não lugar. In MACHADO, Denise B. Pinheiro; VASCONCELLOS. Eduardo Mendes (Orgs.). *Cidade e imaginação*. Rio de Janeiro, Prourb FAU UFRJ, 1996, p. 50-54. Reproduzido parcialmente em: ARANTES, Otilia Beatriz Fiori. A cidade como não-lugar. *AU – Arquitetura e Urbanismo*, n. 58, São Paulo, fev./mar. 1995, p. 83-85.

24 ARANTES, Otilia Beatriz Fiori. Do universalismo moderno ao regionalismo pós-crítico. In *Conferência no 1º Seminário Docomomo*. Salvador, UFBA, 1995. Posteriormente publicado em: ARANTES, Otilia Beatriz Fiori. Do universalismo moderno ao regionalismo pós-crítico. *Urbanismo em fim de linha e outros estudos sobre o colapso da modernização arquitetônica* (op. cit.), p. 99-125.

25 HABERMAS. Jürgen. *A modernidade: um projecto inacabado*. 2ª edição. Pontinha, Nova Veja, 2017.

26 Edição em português: HABERMAS, Jürgen. Arquitetura moderna e pós-moderna. *Novos Estudos*, n. 18, São Paulo, Cebrap, set. 1987, p. 115-124 <https://bit.ly/3DJtCvz>.

27 ARANTES, Otilia Beatriz Fiori. Arquitetura simulada. *O lugar da arquitetura depois dos modernos* (op. cit.), p. 17-72.

28 BENJAMIN, Walter. A obra de arte na era de sua reprodutibilidade técnica. *Magia e técnica, arte e política: ensaios sobre literatura e história da cultura. Obras escolhidas, volume 1*. Tradução Sergio Paulo Rouanet. 1ª edição. São Paulo, Brasiliense, 1985, p. 165-196.

29 ARANTES, Otilia Beatriz Fiori. Arquitetura simulada (op. cit.).

30 ARANTES, Otilia Beatriz Fiori. Novos museus. *O lugar da arquitetura depois dos modernos* (op. cit.), p. 231-246.

31 ADORNO, Theodor W. Museu Valéry Proust. *Prismas: crítica cultural e sociedade*. São Paulo, Ática, 1998, p. 173-185.

32 ARANTES, Otilia Beatriz Fiori. A ideologia do lugar público na arquitetura contemporânea (um roteiro). *O lugar da arquitetura depois dos modernos* (op. cit.), p. 95-156.

33 ARANTES, Otilia Beatriz Fiori. Margens da arquitetura. *O lugar da arquitetura depois dos modernos* (op. cit.), p. 73-94.

34 ARANTES, Otilia Beatriz Fiori. Arquitetura simulada (op. cit.).

35 Exposição montada no Centro Georges Pompidou, em Paris, de 28 de março a 15 de julho de 1985, com curadoria de Jean-François Lyotard e Thierry Chaput.

36 EISENMAN, Peter. The Futility of Objects: Decomposition and Processes of Differentiation. *Lotus*, n. 42, Milão, fev. 1984, p. 63-67.

37 TAFURI, Manfredo. *Progetto e utopia: architettura e sviluppo capitalistico*. Bari, Laterza, 1973. Edições em inglês e português: TAFURI, Manfredo. *Architecture and Utopia: Design and Capitalist Development*. Cambridge, MIT Press, 1976; TAFURI, Manfredo. *Projecto e utopia*. Lisboa, Presença, 1985.

38 ARGAN, Giulio Carlo (1965). *Projeto e destino*. São Paulo, Ática, 2000.

39 ARANTES, Otilia Beatriz Fiori. A sobrevida da arquitetura moderna segundo Habermas. *AU – Arquitetura e Urbanismo*, n. 30, São Paulo, jun./jul. 1990, p. 72-75.

40 ARANTES, Otilia Beatriz Fiori; ARANTES, Paulo. *Um ponto cego no projeto moderno de Jürgen Habermas: arquitetura e dimensão estética depois das vanguardas* (op. cit.).

41 HABERMAS, Jürgen. Arquitetura moderna e pós-moderna (op. cit.).

42 Idem, ibidem, p. 124.

43 ADORNO, Theodor W. *Teoria estética*. Tradução Artur Mourão. Lisboa, Edições 70, 1982.

44 Idem, ibidem, p. 75-77.

45 ARANTES, Otilia Beatriz Fiori; ARANTES, Paulo. *Um ponto cego no projeto moderno de Jürgen Habermas: arquitetura e dimensão estética depois das vanguardas* (op. cit.).

46 ARANTES, Otilia Beatriz Fiori; ARANTES, Paulo. The Neo Enlightenment Aesthetics of Jürgen Habermas. *Cultural Critique,* n. 49, Minnesota, University of Minnesota Press, mar./jun. 2001, p. 43-57.

47 Arguição em sua banca de livre-docência reproduzida em: ARANTES, Otilia Beatriz Fiori. Arquitetura nova antigamente: o que fazer? *Urbanismo em fim de linha e outros estudos sobre o colapso da modernização arquitetônica* (op. cit.), p. 79-98.

48 ARANTES, Otilia Beatriz Fiori. *O lugar da arquitetura depois dos modernos* (op. cit.).

49 Jordi Borja e Raquel Rolnik prestaram consultoria à prefeitura de Santo André para o projeto Eixo Tamanduatehy, que teve como resultado anteprojetos desenvolvidos em diferentes equipes coordenadas por Christian Portzamparc, Eduardo Leiras, Juan Busquets e Candido Malta, expostos na 4ª Bienal de Arquitetura de São Paulo em 1999. Na ocasião, os autores participaram de mesas organizadas pela Bienal, pelo Museu de Arte Moderna de São Paulo – MAM-SP, e pela FAU USP. Sobre o tema, ver: TEIXEIRA, Aparecida Netto. A produção do espaço público no projeto urbano Eixo Tamanduatehy (Santo André, SP). *Arquitextos*, ano 11, n. 122.04, São Paulo, Vitruvius, jul. 2010 <https://bit.ly/3fkTAMG>.

50 ARANTES, Otilia Beatriz Fiori. Vendo cidades. *Veredas,* n. 36, Rio de Janeiro, dez. 1998, p. 21-23.

51 ARANTES, Otilia Beatriz Fiori. Vendo cidades. *Punto de Vista*, n. 66, Buenos Aires, abr. 2000, p. 16-19. Tradução Adrián Gorelik.

52 Ver: AJUNTAMENT DE BARCELONA. 22@, más inclusivo y sostenible. Barcelona, Oficina 22@ <https://bit.ly/3gW7cOT>.

53 ARANTES, Otilia Beatriz Fiori. *Berlim e Barcelona: duas imagens estratégicas*. 2ª edição. São Paulo, Annablume, 2012.

54 ARANTES, Otilia Beatriz Fiori. Urbanismo em fim de linha. *Urbanismo em fim de linha e outros estudos sobre o colapso da modernização arquitetônica* (op. cit.), p. 142.

55 Idem, ibidem, p. 129-142.

56 As citações, com livre tradução da entrevistada, foram extraídas dos seguintes trechos do livro: "On the Eastern Chinese seaboard, arguably the most awesome process of urbanization ever seen on the planet is taking place"; "a shift from the developmentalist tradition in community infrastructure planning to local entrepreneurialism led by newly powerful municipalities". GRAHAM, Steve; MARVIN, Simon. *Splintering Urbanism: Networked Infrastructures, Technological Mobilities and the Urban Condition*. Londres, Routledge, 2001, p. 348 e 349.

57 JAMESON, Fredric. *Pós-modernismo: a lógica cultural do capitalismo tardio*. São Paulo, Ática, 1996, p. 65.

58 ARANTES, Otilia Beatriz Fiori. Ruínas do futuro. *Chai-na*. São Paulo, Edusp, 2011, p. 13-55.

59 DAVIS, Mike. *Planeta favela*. São Paulo, Boitempo, 2006.

60 As citações, com livre tradução da entrevistada, foram extraídas dos seguintes trechos do livro: "Rather, we think it possible to argue that Lagos represents a developed, extreme, paradigmatic case-study of a city at the forefront of globalizing modernity"; "The fact that many of the trends of modern, Western cities can be seen in hyperbolic guise in Lagos suggests that to write about the African city is to write about the terminal condition of Chicago, London, or Los Angeles"; "The African city forces the reconceptualization of the city itself"; "The operation of the Lagos megalopolis illustrates the large-scale efficacy of systems and agents considered marginal, liminal, informal, or illegal according to traditional understandings of the city". KOOLHAAS, Rem; et al. *Mutations*. Barcelona, Actar, 2001, p. 652-653.

61 JAMESON, Fredric. Op. cit.

62 DAVIS, Mike. *Le stade Dubaï du capitalisme*. Paris, Les Prairies Ordinaires, 2007.

63 GRAHAM, Stephen. *Cities under Siege: The New Military Urbanism*. Londres, Verso, 2010.

Os dilemas da prancheta como espaço histórico

Sophia da Silva Telles

Entrevista concedida por Sophia da Silva Telles a José Lira, Danilo Hideki, Inês Bonduki e João Sodré em São Paulo SP, Brasil, em dezembro de 2007 e em novembro de 2010.

Você cursou História na graduação, fez o mestrado em Filosofia e se voltou para o estudo da arquitetura moderna. Fale-nos um pouco sobre essa passagem da história para a filosofia e a arquitetura.

Quando entrei no mestrado em Filosofia, já estava dando aula de história da arquitetura e busquei a filosofia e estética para dar conta dos meus dilemas. Na verdade, passaram-se dez anos entre sair da História em 1970 e passar para a Filosofia em 1980. Entrei na Universidade de São Paulo – USP em 1965 e a experiência daqueles anos foi decisiva para entender os problemas da historiografia e, mais ainda, os dilemas brasileiros. O Departamento de História me deu um parâmetro do que significa a produção universitária, qual o sentido de trabalhar na universidade, e foi a época de iniciação política. O percurso até a Arquitetura foi difícil decidir. Comecei a trabalhar no segundo ano da História e passei para o período noturno, era desenhista habilidosa, trabalhei nas editoras Manchete, Abril, fui chefe de arte em pequena agência, ilustradora *freelancer*, fiz um pouco de tudo, sem pensar em carreira, apenas trabalho, não marcou. Sempre ambivalente entre a história e alguma arte, digamos assim, fiz a universidade sem ter confiança de que seria uma historiadora. Não seria, mas também não uma artista. Tentei a Escola Brasil em 1970, mas sai logo. Em 1975 voltei para a pós-graduação em Ciências Sociais na Pontifícia Universidade Católica de São Paulo – PUC-SP, estavam lá vários professores cassados da USP que me interessavam, afastei-me aos poucos dos desenhos até conseguir trabalho na universidade, na então recém-criada Faculdade de Arquitetura e Urbanismo da Pontifícia Universidade Católica de Campinas – FAU PUC-Campinas.

Você mencionou a Escola Brasil. E quanto ao vínculo com o grupo de críticos e artistas do Rio de Janeiro?

Em 1974, Ronaldo Britto era o crítico de arte do jornal *Opinião* e convidou o José Resende, então meu companheiro, para integrar o grupo do Rio que ia lançar uma revista de arte combativa, a *Malasartes*. Era interessantíssimo o contexto da revista. Poucos se conheciam entre si, não era um grupo de amigos, as divergências eram explícitas entre os nove editores, um grupo pensando a revista como plataforma para o trabalho e a carreira, e outro pensando a revista como uma plataforma política de intervenção no meio de arte, divergências de fato ao longo dos três números da revista; e não tinham nenhuma instituição por trás, discutiam abertamente o que pensavam e eram muito independentes. São Paulo me pareceu imensamente tímida, talvez nós fôssemos, ou sejamos ainda, acuados por um mercado ríspido demais, mas também resguardados demais pelo prestígio da USP, coisa que nenhuma outra cidade no país tinha, um trunfo e também um perigo. No Rio, encontramos um grupo de artes plásticas que não era amigo, nada afetivo – isso veio bem depois –, era uma conjunção de linhas políticas diversas e aliadas circunstancialmente em função de uma estratégia e de uma política da arte: Movimento Revolucionário Oito de Outubro – MR8, partidão, brizolistas e trotskistas, isto é, o Resende, e eu, ligados à Liberdade e Luta – Libelu, que tinha forte presença na arquitetura.

Seu universo de convívio nesse momento era, portanto, muito mais no meio artístico e político do que entre os arquitetos?

Devo ao Rio a minha formação em Artes Plásticas; além de muita leitura, havia o treino cotidiano de ver trabalho nos ateliês. Ronaldo Brito tinha uma adesão sem prejulgamento e nos instigava à leitura de filosofia e crítica de arte, e todos nós, digo, os artistas, amigos, críticos, todos nós líamos igualmente de Maurice Merleau-Ponty a Clement Greenberg, de Meyer Shapiro a Theodor Adorno, Harold Rosemberg ou Maurice Blanchot, e ainda Georges Bataille e Jürgen Habermas, o arco era bem maior do que em São Paulo. E não havia o preconceito contra a arte norte-americana e nem era possível para quem conhece a história da arte no século 20, uma questão complicada aqui em São Paulo, arte ianque, imperialista etc. O ambiente no Rio era muito politizado, mas em tudo diverso do meio de arquitetura e, de certa maneira, do meio acadêmico de São Paulo.

E quanto ao mestrado? Como foi se definindo sua escolha da arquitetura como campo de estudo?

Quando decidi o assunto da dissertação, e era arquitetura, desliguei-me da PUC-SP, fiz um exame na filosofia da USP, o professor Victor Knoll me aceitou, transferi alguns créditos e aí, em 1980, começou outra etapa, longa também, até o mestrado em 1988. Esses foram os meus anos de formação mais intensos, os mais políticos. Eu tinha me decidido pela arquitetura finalmente, entrei em Campinas como historiadora no Trabalho Final de Graduação – TFG, para dar metodologia, e logo depois, como conhecia bem arte construtiva, Maria Helena Flynn me convidou para dar aulas de arquitetura moderna. Daí para arquitetura no Brasil foi um passo e, mais tarde, arquitetura contemporânea. Finalmente, eu me sentia em casa, mas talvez somente hoje eu saiba disso.

Você vê alguma relação entre seu trabalho de mestrado e esse período de discussão com o grupo da *Malasartes*? Quais os elos entre seu olhar para a arquitetura, para a obra do Paulo Mendes da Rocha, por exemplo, e toda essa atividade crítica em torno da arte?

Malasartes durou três números entre 1974 e 1975; comecei a dar aulas em 1978; e só fui conhecer, de fato, Paulo Mendes em 1990, quando levei o artigo do Museu Brasileiro da Escultura e Ecologia – Mube, ainda não publicado, para conversar.[1] Entre jovens arquitetos, Paulo Mendes era esquecido compulsoriamente, uma regra política ainda em 1990, mas no escritório, a entrevista foi desconcertante. Eu esperava algo similar aos artistas e críticos de arte, do nosso grupo pelo menos – que a essa altura incluía o Rodrigo Naves e o Alberto Tassinari – a conversa habitual e batida ponto a ponto sobre o texto escrito antes de publicar. O ambiente entre críticos e artistas pressupunha uma política geral da arte, era produtivo ver como o texto criava as ideias a partir da obra, sem prioridade de um ou outro; eram duas atividades diferentes em mesma direção, duas inteligências trabalhando os problemas encontrados, as dúvidas, dilemas – mas de ambos, da obra e do texto. É verdade que, até os anos 1990, a arquitetura não estava na linha de frente, os artistas olhavam meio de lado, os filósofos não ligavam muito, ninguém falava de projetos da hora a começar pelos historiadores de arquitetura, muito menos os sociólogos do planejamento e, para meu desconcerto, os arquitetos também não.

Falava-se muito, nos anos 1980 em diante, da *arquitetura*, do *moderno*, do *pós-moderno*, das grandes linhas, mas chegar à frente dessa e daquela obra, nem pensar. As críticas eram elipticamente acusatórias, os memoriais justificativos eram mesmo generalidades retumbantes, a briga entre modernos e pós-modernos era vaga, não tínhamos qualquer compreensão dos projetos no exterior, quase nada chegava por aqui. Era raro algo publicado sobre arquitetura no país, e lembro da quantidade de xerox entupindo gavetas para fazer o mestrado. Eu pressentia que me faltavam categorias para dizer algo suscitado pelo Mube. Fácil era enquadrar nas grandes ondas – agora é isso, agora não mais, agora aquilo – mas quando vi o Mube, achei que sair pela tangente jornalística não faria jus ao museu, era algo fora do habitual, para nós naquele momento, e isso se confirmou mais tarde, e não apenas para nós. Mas tive que ler muita coisa fora, do exterior, não me convenci com a leitura do Kenneth Frampton, nada batia, não batia regionalismo, nem tectônica. Demorei exato um ano para fazer o artigo do Mube, fui visitar muitas obras do Paulo Mendes da Rocha e também muitas obras do João Batista Vilanova Artigas, fui até Jaú e à Baixada Santista, enfim, fui ver os projetos in loco. Meu mestrado tinha saído da filosofia da USP com um projeto sobre arquitetura que se propunha a entender o problema brasileiro, e a ordem das palavras era essa mesma – o país primeiro, a arte depois, como expressão do país. Daí saltar para o enfrentamento direto com os projetos e obras foi difícil, e esse percurso foi a minha formação efetiva em arquitetura, isolada mesmo.

E como esses embates no meio das artes e no campo teórico repercutiram em sua intervenção em arquitetura?

Trouxe do Rio o Giulio Carlo Argan de *Arte moderna*,[2] ainda em espanhol, que introduzi cedo na história da arquitetura em Campinas, o *Walter Gropius y la Bauhaus*[3] do Argan, que aqui na Faculdade de Arquitetura e Urbanismo da Universidade de São Paulo – FAU USP pouco se lia, eu creio, eu conhecia arte construtiva – Ronaldo Brito estava escrevendo o neoconcretismo nessa época – e a partir daí abri minha bibliografia pessoal de arquitetura a partir dos dilemas em que me encontrei para entender o que impulsionava o projeto – o que sempre me pareceu muito diverso, e é mesmo, das artes plásticas. Nos anos 1980, as discussões intermináveis sobre a identidade nacional da arquitetura nunca me interessaram, digo, a identidade brasileira. Sempre entendi mais a posição do Estado no Brasil e o trabalho do Carlos Martins foi referência. Mas não era simples deslindar a relação arquitetura/Brasil pelo projeto, muito mais fácil pelo ideário. E esse ponto, isto é, a distância entre o que diz um arquiteto e o que diz uma obra de arquitetura, sempre foi indiscutível para mim, duas coisas diversas, texto e obra, a serem lidos cada um no seu campo. De novo, uma lição que vinha das artes plásticas e nem por isso fácil de transpor para a arquitetura. Foi ficando evidente que uma arquitetura brasileira significava ser feita no Brasil, com um adendo especial, com uma posição diante dos problemas brasileiros. Era isso que a definia como brasileira. Usar treliça nunca me convenceu, o colonial comercial resolveria isso. Outra coisa era pensar os dilemas eternos brasileiros e ver isto direto no projeto. Dessa época em diante, li todos os formadores do Brasil: Roberto Schwarz, Antônio Cândido, Paulo Arantes e Otília Arantes, no melhor livro sobre a formação dessa tese sobre a ambivalência brasileira, e o que não conseguia era ver como tudo isso era expresso numa obra de arquitetura. Era mal colocada a questão, tive que dobrar isso, levou tempo, no mestrado ainda não tinha resolvido. Para escapar do determinismo marxista infraestrutura/superestrutura, a fenomenologia foi a primeira saída e me colocou o problema de pensar a linha de suporte dos projetos como um chão *pré-lógico* dos arquitetos, um pensamento sem pensamento, algo aproximado a uma atmosfera brasileira antes do projeto, e isso ficou nomeado, quisesse eu ou não, de "linha do horizonte", tal qual eu a descrevia nos projetos de Oscar Niemeyer. Mas conhecia muito pouco ainda, o que significa o projeto e, sem isso, nada de arquitetura – eu tinha que recomeçar daí.

Fale-nos um pouco mais dessa perspectiva fenomenológica na caracterização do que você chamou de "linha do horizonte".

Demorei uns dez anos para inverter o problema e colocar nos eixos essa relação de exterioridade – e sem saída: a linha do horizonte aqui (o Brasil), o projeto ali (a arquitetura), e como se passava de uma à outra? E depois, esse chão antes tão vago casava demais com certa apologia da intuição do arquiteto, da revelação do gênio – e era irritante, confesso, a insistência dos textos em chamar arquitetos de mestre –, não aceitaria, mas não sabia como resolver, não queria o Brasil determinando sem mais, muito menos uma poetada voando por aí. Por isso a dificuldade de escrever sobre arquitetura sem cair na armadilha das palavras. Em artes plásticas era muito mais simples localizar o dilema do sujeito moderno, o eu lírico, a literatura ajudava, afinal, era o sujeito de que se tratava. Mas a arquitetura? Onde estava esse sujeito da arquitetura, problemático que fosse? Para escapar do realismo socialista e da determinação infra-super-estrutura, o caminho natural era Merleau-Ponty, mais palatável para o clima da esquerda paulista. E pela fenomenologia e também um tanto pela arquitetura, passava-se necessariamente por Martin Heidegger, que o Vittorio Gregotti citava, Artigas citava, e assim fiz minhas leituras autodidatas, mas muito mais o Argan marxista, mas também leitor de Edmund Husserl, e mais ainda, de obras. Na época fui transitando entre os formadores do Brasil e críticos de arte, os críticos norte-americanos e os textos de arte moderna, que lia com o pessoal do Rio.

Você se refere a certo autodidatismo. Essa passagem para a Filosofia é, portanto, anterior a seu ingresso no mestrado?

Foi o Rio que me introduziu na literatura da filosofia, digamos assim, mas especialmente, foi o tempo em que li toda a crítica de arte moderna que importava na época e ainda hoje. Ficou claro que, em qualquer das áreas, a crítica de literatura ou cinema, música, passava pela filosofia, pela estética enfim, e a arquitetura parecia muito ao largo disso. Toda crítica necessita dessa passagem e era evidente que se reconhecia isso naturalmente, aqui se lia György Lukács, Adorno, Merleau-Ponty, Heidegger, Jean-Paul Sartre, enfim, e já havia Gilles Deleuze e Jacques Derrida. O que também implicava, sem problemas, abrir as referências fora do país, para outras obras, fazer comparações, conhecer por dentro o material da literatura ou das artes plásticas, ou do cinema. Diante disso, desse material adorniano ou não, me perguntei por que na arquitetura havia tal resistência a conhecer qualquer coisa para além da rampa da FAU USP? Isso já era uma questão em si mesma, o Rio também resistia a navegar muito além da Guanabara. O que prendia afinal todo mundo nesse círculo interno tão autossuficiente? Essa foi a primeira comparação entre o meio de artes plásticas e a Faculdade de Arquitetura, e a constatação era: não transitavam entre si. Mas Argan fazia essa ponte naturalmente, então armei outra hipótese, a experiência nos Estados Unidos apontava diferenças ainda maiores com a escola de São Paulo, e também no Rio, não confiei em um mero atraso cultural ou coisa similar e repensei o problema por outra via. E ela foi-se configurando mais tarde, no decorrer dos anos 1990.

Em São Paulo, fui ouvinte na PUC-SP, em vários cursos do José Arthur Giannotti, e foram cursos fundamentais. Giannotti tinha um problema muito arquitetônico, para mim, é claro, que era escapar da determinação completa do objeto, ou da proposição como se diz na filosofia, e, para a arquitetura, escapar da compulsão dos arquitetos em englobar tudo em uma única proposição, ou forma, um arco tão aberto, sempre inacabado, difícil senão impossível descrever – como projetar? Mas havia projeto. Esse dilema contornei inúmeras vezes até mudar a questão de lugar. Mas sempre segui o fio da filosofia da USP e algo de psicanálise escrito no Brasil, e pensando bem, fui seguindo a leitura brasileira da filosofia porque os problemas são, de certo modo, os mesmos que impulsionam a todos. Ainda que sem formação sistemática, segui uma linha sistemática mesmo sem perceber no início. Foi uma boa formação e, para as minhas incursões na arquitetura, imensamente importante, e sou infinitamente grata a essas leituras brasileiras da filosofia.

Você mencionou a sua viagem aos Estados Unidos, a Nova York; fale-nos um pouco sobre suas circunstâncias, motivações, de como avalia a experiência em sua trajetória.

O Resende ganhou a bolsa da Guggenheim Foundation em 1974, escolhemos ficar em Nova York e me organizei para andar com o mestrado. Passei meses na Biblioteca Pública de Nova York, tomei conhecimento da bibliografia americana, Colin Rowe, Vincent Scully, autores pouco ou nada lidos no Brasil, as revistas de difícil acesso aqui, como as *Oppositions,* que encontrei por acaso. Percebi que nós aqui nos contentávamos com os livros da Perspectiva, o Leonardo Benevolo, pouca coisa mais. Mas em artes plásticas estávamos atualizados com a bibliografia corrente em inglês ou francês, na filosofia também, atualização de quem lê e busca os textos que interessam. E um completo desinteresse da arquitetura por qualquer coisa fora do bairro. O que pensar? Pega de surpresa, fui pesquisando aqui e ali, e foi um momento de estudo mesmo – ver as obras, as livrarias, os sebos, o Museu de Arte Moderna de Nova York – MoMA toda semana, os museus todos, galerias, e o Urban Center, que ajudava a localizar de teses recentes a livrarias especializadas; fui a Chicago, Filadélfia, Washington, estudei muito e aproveitei a vida de Nova York, os parques, muito jazz, uma energia fantástica, aquela massa material ali construída, é uma beleza a escala, o rio, gostamos da cidade e fazemos parte disso quando vivemos lá, e é isso.

Foi em Nova York que você começou a se interessar pelo trabalho do Peter Eisenman?

Em Nova York não tive qualquer contato, em São Paulo, apenas dez minutos em 1993 por ocasião da mostra no Museu de Arte de São Paulo – Masp. Conhecia o trabalho, mas longe de entender bem o problema, nem todos os textos haviam chegado aqui, ainda li em xerox na época do catálogo da exposição. Anne Marie Sumner tinha particular interesse por Eisenman e visitara o seu escritório em Nova York, foi ela a responsável por sua vinda ao Brasil. Fábio Magalhães, então diretor do Masp, bancou. No final dos anos 1980, o pós-modernismo aqui servia, de fato, apenas como oposição aos arquitetos modernos locais, discussão precária e fechados nos debates ideológicos e, exatamente, locais. E naturalmente foi recebido com desdém, entendido em geral como o novo estilo, uma mercadoria fácil por sua estranheza e por chegar de fora. Mas Eisenman não estava colocando o seu próprio percurso como soluções construtivas a serem aplicadas, muito menos um estilo fácil, ao contrário. Seus projetos são demonstração de um dilema intelectual, você pode concordar ou não, mas nada tem a ver com a questão moderna no sentido da construção técnica, não se pode ler por esse critério. As *Cardboard Architectures (Casas I e II)* radicalizam a tentativa de autonomia da forma sob o aspecto de puro signo, sem determinação técnica ou programa. Isso era mesmo algo próximo da arte pela arte transposta para arquitetura, a forma pela forma, mas não é nada fácil realizar essa ideia, a de suspender todo significado de um projeto, experimentando em ato, no projeto, ou anteprojeto no caso, e muito distante de um divertimento formal. Eisenman está reclamando de um conforto americano, um amolecimento de caráter, da perda de vigor intelectual e de um compromisso social. Mas isso sim é que é difícil pensar, para nós especialmente, porque recai direto sobre o indivíduo, sobre o sujeito, não implica política ou economia – cai direto na psicanálise colocar em xeque o indivíduo centrado em si mesmo. Para um americano individualista afirmado, simplificando muito a questão, se desconstruir o objeto significa desconstruir o sujeito, faz sentido e, no caso, é político sim. Por isso transpõe sua indagação para o sistema de representação (ou notação) onde pode manipular os signos de modo a evitar referências e significados. O deconstrutivismo é uma exacerbação dessa via negativa: decompõe a composição clássica primeiro, via Noam Chomsky, porque busca a possibilidade de uma forma sem sujeito amparada na camada profunda de Chomsky, e depois passa para o deconstrutivismo de Derrida, e para quem leu Michel Foucault e Jacques Lacan, reconhece o ambiente. As *Cardboard* são uma indicação de que o seu trabalho ali é um experimento com os signos, as notações da arquitetura, para manter a atmosfera do Eisenman. Seria interessante comparar os movimentos de rotação e translação, não lembro mais a sequência nos desenhos, me lembrou imediatamente André Leroy-Gourhan visto pelo Sérgio Ferro, na descrição dos movimentos do operário da construção.

Apesar do foco de Sérgio Ferro estar no canteiro e o Eisenman incidir diretamente sobre o conceito de representação no processo do projeto?

Eisenman está longe da ideia de concepção e a ideia de um sujeito da criação, está preocupado com a geração da forma que escape exatamente da ideia do sujeito na tradição clássica. É bom lembrar que a arquitetura nos Estados Unidos nunca teve como objetivo principal resolver problemas sociais. O *modern style* era isso mesmo, um estilo de vida, mais despojado etc., mas um estilo. Eisenman está exatamente recuando desse conforto rico dos anos 1980 nos Estados Unidos. A comparação com Ferro não se desdobrou, apenas notei, ficou em aberto, mas a atenção ao que ocorria com o pós-moderno foi uma chance, e ter percebido que os dois pós-modernos-chave, Eisenman e o Aldo Rossi, que o norte-americano trouxe aos Estados Unidos, partiam da volumetria e da tradição clássica, bem, estava claro de repente, porque o pós-modernismo não passou nem de longe no Brasil. E as consequências de ter visto isso foram bem além dessa constatação.

Nesse sentido, então, como é que você vê o momento da construção? Porque nos seus artigos em geral você se detém na obra acabada...

Não temos modelo urbano no país, temos casa grande e senzala, convenhamos... O problema agudo aqui hoje é a habitação, a briga pela terra, para habitação, e agora o tráfico, a violência, o sistema prisional e uma justiça que não merece sequer o nome, o que dizer mais? E seria, no caso brasileiro, a prancheta da arquitetura mais responsável por um canteiro opressivo do que qualquer outro da engenharia? O que terá sido Itaipu, mais civilizado do que Brasília? Talvez por formação, tendo mais aos problemas da legislação. Apesar do canteiro separado, parece-me que Sérgio Ferro deposita as razões da prancheta ou das artes plásticas sobre uma única e exclusiva explicação – a ausência de trabalho livre. Falta, parece-me de novo, uma análise da cadeia produtiva em sentido amplo, o canteiro surge na descrição de obras não articuladas ao restante da cidade, ao ciclo produtivo. Como não enfrenta a questão urbana, essa visão é, às vezes, demasiado restrita a um diagnóstico moral que recai em indivíduos dotados de uma consciência ideal, creio, e não encontro confirmação nas artes plásticas inclusive, se a chave for esconder ou revelar o processo de trabalho, e não me convence, de fato, ser este o principal sintoma da alienação nas artes. A manualidade descrita pelo Sérgio Ferro também me parece europeia demais, e a opressão do trabalho somada a uma vergonha de classe ligada à manualidade, se é herança da colônia e da modernidade conservadora, seguramente não bate nos Estados Unidos, eles são profundamente manuais. É só comparar dois pintores de fatura aproximada, como o Pierre Soulages e Franz Kline, salta aos olhos o embate físico, gestual, corporal até, do americano, e o gesto muito controlado do francês, o espaço compositivo da sua *prancheta* mental é bem visível. Nem a pintura de Willem de Kooning, de uma violência, um vigor incansável, poderia ser chamada de tique estiloso, digamos assim. Apenas a manualidade não cabe ali, a palavra está ligada, de fato, ao mundo artesão, a um calmo mundo artesão, à ideia mesma de comunidade solidária. Aqui, é a solidão americana, impressionante, sempre por conta própria, não podem apelar ao Estado, nem reclamar da violência se têm um revólver na mão, nem solicitar ajuda se a resposta é *do it yourself*. E era impossível, em Nova York, não ficar atento ao funcionamento do sistema construtivo, a pré-fabricação desde o final do século 19, antes do projeto moderno e antes dos europeus, enfim; impossível não notar os operários muito equipados, evidentemente treinados, à vontade na obra, vinham com seus carros, seus capacetes, estranha era a comparação com o ar apagado e massacrado do operário brasileiro da construção civil. O mundo artesanal será talvez outra coisa, e hoje quem sabe estejamos em vias de outras comunidades e não sabemos quais as melhores e quais as terríveis que estão por vir, e por isso sinto desconforto diante dessa leitura europeia, de cidade menor e, em 2004, nas aulas da FAU

USP, nenhuma palavra sobre as redes e a internet, e não seria, talvez, dar as costas a isso?

Mas você entende o momento da pintura em Sérgio Ferro como um desdobramento de sua análise sobre a arquitetura? Como você vê essa relação entre arte e arquitetura desse ponto de vista?

Parece-me que o problema da manualidade como processo de desalienação marca, de fato, a passagem da ideia do canteiro para a ideia da pintura e vice-versa. Mas no meu percurso sobre arquitetura cada vez mais atento às diferenças, mais do que similaridades, entre o arquiteto e o artista, como se dois percursos paralelos, mas com sentidos contrários, não coincidentes. Em algumas ocasiões os arquitetos criam valores significativos, mas, na maior parte do tempo, fazem seu trabalho, vamos dizer, e aí o perigo dessa alienação é grande, mas por outros motivos também. As análises do Sérgio Ferro sobre obras incidem de tal modo e com tanta insistência sobre a consciência – culpada sempre – do arquiteto na contradição do canteiro que, de certo modo, sabendo a chave do canteiro e que ela se aplicará inelutavelmente, sobra pouco espaço para outros sinais. E creio que ao não se reconhecer que o exercício formal, plástico, pouco tem a ver com arte, e que o sujeito lírico não é, claro, a pessoa do arquiteto, mas a linguagem é o campo de embate com o mundo, quer dizer, sem desconfiar do conforto, reconhecer que o impulso do projeto sob controle da visualidade é um jogo prazeroso mesmo – arquitetos sabem disso –, bem, para sair desse conforto do controle visual, do jogo plástico, aí precisa saber reconhecer outro impulso, e bem outro que a demanda de um cliente. Nessas horas estamos perto do artista que se quis arquiteto e a energia colocada nesse impulso de embate no mundo resulta em tensão, lírica e plástica, não conforto e harmonia. Senão, somos apenas designers fazendo nosso serviço, como se nomeia hoje o velho trabalho intelectual. Nada contra, mas sem ilusão, esta não se deve mesmo ter.

Em certo momento da entrevista, você afirmou não ser uma historiadora da arquitetura, apesar de historiadora por formação. Como é que você situa seu trabalho? No campo da crítica?

Fui guiada sempre por problemas de projeto e só depois vou me fixar nos textos. Apesar disso, depois do mestrado, me sentia um tanto desconfortável diante do projeto do Lúcio Costa, por exemplo, porque nunca achei que era, de fato, um arquiteto da prancheta, como se dizia antes do CAD. Mas só revi minha própria leitura do Lúcio Costa depois de enfrentar o dilema do Eisenman com a tradição clássica, quando entendi que esse percurso deconstrutivista – independentemente se o aceitasse ou não – seria mesmo inviável no Brasil. Só aí voltei para a história: não tivemos uma forte referência clássica, os portugueses, ao contrário dos hispânicos, não têm tradição clássica, não partíamos do cubo perspectivo, uma obsessão para Eisenman, e na escola paulista não havia sombra de composição ou decomposição possível. Finalmente eu tinha os olhos liberados da obsessiva versão corbusiana da nossa historiografia e vi pela primeira vez o hotelzinho de Friburgo[4] como uma experiência empirista do Lúcio, assim como a fachada colorida e rendada do Parque Guinle, que pode ser tudo menos Le Corbusier, e esse plano colorido nem provinha de alguma tradição construtiva, a treliça e o cobogó eram citações, sem dúvida, não uma qualquer continuidade. E isso modifica um bocado as críticas ao racionalismo na historiografia e certo distanciamento aqui será necessário, porque o texto do Lúcio, e ninguém notou, nem eu havia notado, jamais chegou perto de qualquer análise de projetos de Corbusier, é sempre o ideário. Aqui não vermos as obras, fez falta. E nisso sou mais crítica e nada historiadora das ideias ou do ideário, que tem sido a nossa tradição historiográfica. Mas tive que treinar o olho compreensivo para os sistemas construtivos, ver muitas obras e uma atenção desarmada para comparar projetos e não aplicar a regra de um em outro. Olhei muito projeto fora do Brasil. E, sem preconceito, reconhecer minhas próprias empatias – todos temos – para entender qual a questão em xeque em cada projeto, não se adquire treino visual e se impede o necessário conhecimento acumulado, esse que todo crítico tem quase naturalmente – em literatura é assim, música, enfim, se não gosta de Georges Debussy ou de José de Alencar tem que saber por que e como transpor isto em palavras, ser familiar ao seu "material", usando Adorno de novo, ou não saberá dizer porque adere ou respeita alguma outra coisa senão pela negativa.

Se não se tratava, portanto, de fazer uma história dos ideários, como o olhar do crítico se articula a uma preocupação histórica? Isso tem a ver com sua distinção entre normas e procedimentos?

Quando comparei o uso do concreto armado e aparente fora e aqui no Brasil, os traços das tradições construtivas estavam incorporados nos projetos modernos, e não reconheci qualquer tradição pré-moderna, artesanal, no nosso concreto armado e aparente – que vem direto do cálculo e da engenharia. A advertência de Lina Bo Bardi teria que ser tomada a sério: nunca tivemos artesanato constituído a ponto de formar tradição. A comparação feita aqui e fora do Brasil, entre projetos, foi essencial para finalmente compreender o sentido de se iniciar um projeto pelo corte; isso não era generalizado nem usual no Rio ou no Rio Grande do Sul, para ficar no país. Em vários projetos nos Estados Unidos, na França ou Itália, o mais usual é a volumetria como base do projeto. Quando entendi essa particularidade, iniciar o projeto pelo corte e não pela volumetria, revi muita coisa e, aliás, a comparação aqui em São Paulo foi instrutiva, Joaquim Guedes, Carlos Milan, muito do Eduardo de Almeida e Abrahão Sanovicz, não partem do corte. Isto mudou minha compreensão da transmissão de um projeto de arquitetura entre gerações, através da particular manipulação dos códigos, a representação gráfica (a notação gráfica) era generalizada, mas usada desta ou daquela maneira, e este uso fica incorporado no repertório de um grupo, uma escola, até que se perca a razão inicial, se naturalize e se pense tal prancheta como um repertório com sua lógica própria e, de certa maneira, independentemente do arquiteto.

E isto, exatamente isto, era o cerne da minha defesa de se rever a história da arquitetura nas escolas, como uma história dos procedimentos – e daí minha defesa de se voltar firmemente ao conhecimento da prancheta – era e é necessário entender isto: nada é lógico nem decorrência construtiva simples em arquitetura, as decisões da prancheta não podem ser reduzidas a dois parâmetros e únicos, ou decorrência técnica e objetiva do programa, ou genialidade arbitrária do artista. Em arquitetura, especialmente, o código de representação é histórico – a prancheta é histórica –, o uso do código não é igual nem homogêneo e está incorporado de maneiras diversas nessa prancheta; o código e seu uso estão implicados numa série de decisões espaciais, culturais, ideológicas, todas naturalizadas pelo tempo através de regras de uso tácito, como se diz. Começar um projeto pelo corte ou pela volumetria não é uma determinação técnica, nem decisão lógica... A prancheta *histórica* deixava de ser um *objeto lógico*, digamos assim, buscando racionalidades equivalentes a um desenho técnico regido por regras claras e determinadas. E regras na arquitetura foram sempre muitíssimo indeterminadas porque cobrem dois âmbitos de problemas ao mesmo tempo (vamos deixar isso agora). Apenas noto que, nessa linhagem da FAU USP, o corte é uma maneira específica de articular a construção e o solo, o que torna a superfície – um lote ou área extensa – imediatamente interna ao raciocínio do projeto. Ao invés de aceitar um objeto arquitetônico e um terreno ou um lote, igualmente independentes, duas entidades separadas que devem se adequar uma à outra, nessa linhagem da FAU USP, essa prancheta, que já se tornou anônima, habituou o arquiteto a articular de início e de imediato, de uma vez só, construção e solo e através da única operação possível para isso, o corte. É um problema espacial e decisão espacial, não uma decorrência técnica, e é particular da FAU USP, não é generalizada essa maneira de usar o corte. E isso quer dizer que havia aí a questão a enfrentar. Uma superfície aberta – o chão livre – é decisão urbanística e se era mais paisagística em Lúcio Costa e procedimento moderno conhecido, os pilotis naturalmente, não seria preciso o corte. Corbusier é inteiramente volumétrico. A disposição espacial que tentei descrever no artigo do Mube[5] me colocou um problema e fui depois revendo as obras, o Pavilhão de Osaka, a Casa de Barcos do Artigas, o Museu de Arte Moderna do Rio de Janeiro – MAM-RJ de Affonso Eduardo Reidy, as tangências de Niemeyer, tive que refazer o percurso.

Você fala de uma "história dos procedimentos", e nela da necessidade de acentuar os problemas e as decisões de projeto, que são também históricas. A questão é: como é possível articular a historicidade desses procedimentos, que muitas vezes conformam tradições, coletivas, anônimas e até inconscientes, com as descontinuidades ou o protagonismo de determinados grupos ou indivíduos, a FAU USP, Artigas, Paulo Mendes da Rocha?

Lembro de um termo comum entre arquitetos das gerações mais velhas, a "síntese prévia", que minha colega de aula em Campinas, Maria Beatriz Camargo Aranha, apontava: a maneira de nomear algo como uma intuição sabida do que fazer, já antes de iniciar um projeto. De fato, é um saber acumulado resumido na história dessa prancheta, esse procedimento inicial já é o resumo de várias decisões anteriores que ficaram registradas sinteticamente. Quando vemos os croquis desses procedimentos, está tudo lá, a técnica construtiva, a disposição espacial, a implantação, e principalmente o sentido disso tudo e o significado de cada escolha seguinte sem precisar mais do que dois traços iniciando o projeto. Todas as casas de Paulo Mendes parecem absolutamente iguais nos croquis, e são diferentes na obra construída. E é o arquiteto, mais do que o Artigas, que formalizou ao longo do trabalho, de maneira impressiva, a prancheta dessa escola que sintetizou em poucos procedimentos, numa economia que, sim, aí se pode chamar formal. O solo em movimento de Osaka nada tem de paisagem mimética, essa instabilidade da superfície é maneira de impedir qualquer solução construtiva que pudesse sugerir limites, e o mesmo ocorre nas suas plantas de circulação periférica, ou no modo de articular duas grandes lajes pelas linhas de luz que desenham o perímetro da construção. A decisão de não limitar, evidente na Casa de Barcos do Artigas – a laje e chão separados e unidos sobre roletes, novamente é o chão instável assinalado. É claro que a FAU USP de Artigas é a demonstração explicitada dessa intenção espacial – que é política. Os projetos do Paulo Mendes tensionam os momentos do programa numa economia técnica que condensa várias funções, isso torna o projeto tenso mesmo, obras não confortáveis e inteligentemente belas, e não se pode temer dizer isso porque as proporções são precisas, controladas por uma ideia, não bom gosto, por isso precisas. Parece-me que o crítico precisa partilhar, de algum modo, o mesmo problema e o mesmo ambiente que impulsiona os dilemas do arquiteto. Quando o historiador ou sociólogo trabalham em cima de textos e intenções dos arquitetos, ou dos memoriais, correm o risco de se prenderem na busca de uma tradução entre texto e obra que não existe – apontam na mesma direção, mas em tempos diversos, nem sempre paralelos, e essa defasagem é significativa e não negativa.

Olhemos então os projetos: como você avalia a qualidade da arquitetura do Eisenman e do Paulo Mendes da Rocha, em seus diferentes contextos?

Primeiro, eu não usaria a palavra qualidade, porque qualidade é um adjetivo, vamos dizer, liberal demais. Qualidade em relação a quê? O parâmetro de qualidade é o do produto. Um produto de qualidade é aquele que resolve os problemas, é bem acabado e bem desenhado. Em geral é isso mesmo, qualidade é design, produtos, objetos. Mas a cidade não é um objeto, nem edifícios são objetos, são parte de uma rede de relações. Só os arquitetos se referem às construções como objeto arquitetônico, e aquilo a que estão se referindo, implicitamente, é a prancheta, o único lugar onde está sob total controle do arquiteto, ali desenhado em detalhes e escalas, dimensionado e calculado, esse *objeto* que o arquiteto pode manipular com total liberdade. Mas a obra construída faz parte da cidade. Corbusier tem uma imagem bonita: ao olhar uma construção vê-se todo o ambiente. Era um urbanista. A Bauhaus passou a ideia de objeto, da cadeira à cidade, do ponto de vista da produção, da indústria. E leis da produção não são equivalentes às regras e normas da cidade. Colocar as duas coisas juntas, bem, está aí a compulsão totalizante do arquiteto. Enfim, diria apenas que Eisenman, no caso, se embate com a tradição clássica, que supõe um tipo de articulação formal. Quando se faz esse percurso, de fato, aqui na FAU USP não há o que decompor, e se você começa pelo corte, você já dissolveu o volume há muito tempo.

E quanto ao desenho de Oscar Niemeyer, à relação entre a arquitetura e a linha do horizonte?

No percurso do meu mestrado eu procurava o sentido daquele *desenho da superfície*. Eu tentei entender aquela linha que via invariável nos desenhos de Niemeyer, a linha do horizonte, o suporte das formas, como uma metáfora do Brasil existente antes do projeto, amparava o projeto, daí a misturar com natureza foi um passo. Mas hoje o percurso mostra que não se veria essa linha se o projeto não apontasse o solo instável, movimentado, fluido, sem limites possíveis, ou seja, quanto mais a superfície, onde pousam esses pontos de apoio, aparece como questão, mais ali está um problema desenhado, não a solução. A linha não tem como ser delimitada porque você não tem como resolver, não pode fechar pela contradição da exclusão. Agora, é preciso ter em mente que, na arquitetura ocidental, os pontos de contato mais importantes, o vértice do nosso olhar inclusive, estão no alto – pilar e viga, capitel, abóbada... Quando você olha a arquitetura brasileira moderna, os pontos importantes estão frequentemente embaixo, no chão. É uma leitura de projeto pensar a diferença entre a articulação na arquitetura e na engenharia. Sabia que chegar ao drama da nossa questão social seria necessariamente via projeto, não a partir da crítica da historiografia ao racionalismo. Depois de Gilberto Freyre, Macunaíma, Machado de Assis, Oswald de Andrade e Lúcio Costa, não dá para achar que somos a fina flor do racionalismo. Técnica é uma coisa, controlamos muito bem, mas não temos qualquer identidade entre a técnica construtiva e a racionalização da vida, como desejava a Bauhaus. Era isso que me instigava a ir mais fundo, nada batia.

Mas quando você diz nós você não está supondo uma identidade? O que é essa identidade?

Vamos repropor a questão. Eisenman seria possível fora de Nova York? Ou, fora da condição de nova-iorquino na cidade mais cosmopolita de todas – da mais interessante cultura judaica, laica e individualista no sentido programático dos americanos –, seria possível que ele apontasse como a questão mais instigante, essa exatamente, a do *sujeito* arquiteto, que aponta? Mas o que seríamos nós sem comparar os problemas, ao invés de buscar uma solução generalizável e inviável? Se ficássemos aqui, no Brasil, lendo Le Corbusier e vendo muito pouco, nada, aliás, de sua obra, nunca perceberíamos como ele resolve a questão plástica pelo controle da proporção clássica, que é justamente o que não temos... Enfim, sem Peter Eisenman eu não teria chegado a certas conclusões, por comparação, sobre a escola de São Paulo e projeto no Brasil.

Ainda assim você preserva o foco na obra de um arquiteto, em uma obra específica, nas obras canônicas, nos chefes de fila da arquitetura moderna, brasileiros, paulistas, norte-americanos... Como relacionar esse fio condutor de um determinado período com os conflitos, divergências e a complexidade da produção contemporânea?

Vocês trabalham com a noção de tendência, de grandes linhas, e minhas questões são outras: particularizar, distinguir os projetos, não apenas o ideário, as influências. Como não soubemos distinguir entre Bauhaus e Mies van der Rohe ou Le Corbusier, e são procedimentos diferentes, não pudemos fazer a história das outras linhagens, em geral liberais, que vieram para cá, e distinguir as duas vagas, a primeira europeia, a segunda, nos anos 1940, via Estados Unidos – Richard Neutra, Marcel Breuer, os europeus nos Estados Unidos, excelentes designers mas que não estão fazendo uma revolução. É momento de estabilização da arquitetura moderna, torna-se um padrão e arquitetura de corporação. Hoje isso já está sendo levantado aqui. Essa linhagem, que construiu muito em São Paulo, não está pensando em resolver os problemas do país, mas arquitetos na tradição do bem-estar, do conforto moderno e despojado do pós-guerra, via Estados Unidos. Esses arquitetos, vamos dizer, liberais, eram excelentes designers e não se preocupavam fora de um círculo muito pequeno. Perderam força diante do pós-moderno, da mesma maneira que a esquerda.

Você está centrando a discussão ora no modernismo europeu, ora no pós-modernismo e no desconstrutivismo. E o debate internacional nos anos 1960? Você acha que não chegou ao Brasil justamente em um momento em que se tinha um campo melhor configurado, escolas autônomas, periódicos, bienais, o trânsito de arquitetos estrangeiros a partir de Brasília?

A estrutura dos cursos de arquitetura no Brasil, pelo menos no Rio e em São Paulo, tem tradição anti-histórica como se a história fosse caderno de repertório. Aí a confusão entre história e influência fica fácil. Sérgio Ferro fala e Paulo Mendes também, que nos anos 1960 deram as costas para o exterior, que acreditavam firmemente na autossuficiência para fazer um projeto para o país. Os contatos feitos nos anos 1960, Vittorio Gregotti, Richard Rogers e outros mais, foram solapados pelo ambiente pesado interno depois do golpe, perdeu-se a referência a esse campo institucional, que você cita fora do Brasil. Mas pergunto: quantas escolas tínhamos em 1960 e depois em 1970? A questão que ficou, para mim, era outra: como é que se constituiu uma tradição de projeto tão rapidamente e nessas circunstâncias do golpe, aqui em São Paulo? Uma prática consistente mesmo, goste-se ou não, porque codificada numa *prancheta paulista*, digamos assim, e reconhecida fora do estado.

Você fala de uma certa indiferença da arquitetura em relação à história no Brasil, e, no entanto, uma das áreas que mais se desenvolveu nos últimos vinte anos nos estudos de arquitetura foi a da pesquisa histórica.

Sim e não. O impulso majoritário dessa historiografia, ao menos até agora, tem sido pela negativa, construir um contradiscurso ao moderno, criar alternativa à linhagem canônica. Essa tem sido, por sua vez, a tendência hegemônica nesses vinte anos, conforme as referências anti e pós-modernas se tornaram cotidianas e internalizadas. Do ponto de vista da documentação, andamos muito, já que partimos do zero. Parece-me que o dilema da historiografia está em tentar – tenta-se e não se consegue – identificar ideário e projeto, ou obra, como uma mesma coisa, e não são, como defendo.

Bom, esse seu diagnóstico é discutível. Mas e as mediações da história da arquitetura com outras disciplinas? Não haveria uma possibilidade de falarmos de certa autonomia da pesquisa nesse campo em relação à prática e aos problemas do projeto? Não haveria também outras possibilidades de pensar o trabalho do arquiteto para além da prancheta, certa profissionalização do arquiteto historiador, usos sociais e culturais diversos do saber especializado para além da formação de projetistas?

Também depende, sempre se pode, é uma história que vai colocar o ideário em relação a outros ideários. Mas a questão na Europa, principalmente em Veneza, não é exatamente armar um campo profissional para a história. Antes de tudo, era um campo intelectual, e de briga, um trabalho intelectual como qualquer outro e o importante é criar mecanismos de debates consistentes onde se atua. Agora, não acredito que seja muito produtivo fazer história da arquitetura descolada dos projetos, mas a história dos ideários passar pelo crivo da Faculdade de Filosofia ou dos Departamentos de História seria corretíssimo. Eu sempre me perguntei como era possível uma arquitetura (em São Paulo) com tal decisão, formal inclusive – no sentido da sua formalização, não de ser formalista – manter o desinteresse completo pela história da arquitetura, e apenas considerar a história da técnica. Creio que há um vácuo, um lapso grande desses anos sendo preenchido, mas ainda sem tradição constituída para juntar a história do concreto armado e a história da arquitetura. E é preciso ler o projeto, no caso. Quando se inicia com o corte, o escoamento dos esforços busca os pontos de apoio e é o solo... e essa maneira de pensar o chão, a superfície, não é uma questão formal e mostra, no nosso caso, a tensão do projeto. Niemeyer pensa o entorno sempre vazio, uma lição corbusiana que gerou a questão do espaço livre – uma visão urbanística –, e com Lúcio Costa, inicialmente, adquiriu um significado cultural, de paisagem, e em São Paulo adquire outro sentido. Mas o ideário é relativamente comum.

Por isso Niemeyer e o Paulo Mendes tratam esse problema do chão de formas distintas?

Tratam, e aqui sim, sou a crítica mais que a historiadora. Apontei as tangências de Niemeyer, a forma como o Paulo Mendes movimenta o terreno, o Artigas, na Casa de Barcos, fazendo a enorme laje chegar no chão sobre roletes, sem colunas ou enormes pilares, sem criar limites indesejados – porque a vertical cria limites. É um problema formal? É, mas você tem que se perguntar por que não querem o limite? O Mies, por exemplo, completamente aberto, tem vertical o tempo todo. Pode ser uma lajinha solta, mas está lá a vertical, porque o projeto é uma depuração da volumetria. Não é o caso da escola paulista.

Em sua leitura de Paulo Mendes, em *A casa no Atlântico*,[6] você contrapõe a clareza espacial, o controle técnico e a concisão de meios no partido com a necessidade interna à sua própria atividade de projeto, de pensar cada questão para além do caráter meramente instrumental das decisões técnicas ou das soluções de um programa.

O projeto do Paulo Mendes, de fato, não se resume a problemas técnicos. O chão se movimentar é uma questão do projeto que indica também uma visão do país. Isso não é explicitado analiticamente, e liberar o chão não é fácil. O Pavilhão de Osaka é uma bela lição: o terreno faz o piso e aquela coluna dividida no ar é uma vertical vazia. Fosse alguém mais miesiano haveria uma série de pilares, ou uma colunata pesada, se em concreto. Aí tem-se que fazer distinção entre a construção metálica e o concreto armado. De fato, na metálica, bonito é o desenho da treliça, as forças passam por ali, o detalhe mostra os vetores. No concreto, quando se tem uma viga pré-fabricada ou feita in loco, o bonito não é o engaste, porque ele é bruto, é a extensão que a viga consegue manter, a proporção desenhada no concreto, o espaço mensurado delicadamente entre uma peça e outra ou, como se diz, a luz entre grandes peças, o que dá a leveza que a matéria não tem. E essa luz, esse vazio entre, não tem como mensurar o efeito, digo, na prancheta – não se consegue ver nem fotografar na maquete, só se vê quando está construído. É uma poética, não uma técnica.

Você se refere a esse princípio construtivo do grande vão. Uma questão técnica colocada pelo concreto armado, que se articula, pela negação do engaste, a uma determinada formalização do problema do contato com o chão. E nessa linha, você reaproximaria a obra dos cariocas com o caminho tomado pelo grupo em volta do Artigas e da FAU USP a partir do final da década de 1950?

Sim, a passagem do Rio para São Paulo passa especialmente pelo MAM-RJ do Reidy, na maneira de implantar o museu apoiado em poucos pontos de apoio, e a ideia do pórtico, uma estrutura autoportante, solidária, resolvendo várias funções ao mesmo tempo. O Reidy passa para a FAU USP essa economia estrutural e a superfície aberta como parte do conceito do projeto, e a economia da forma pórtico ali trabalha a favor desse chão vazado do museu.

E a polêmica do formalismo, do exagero material de várias das obras de Niemeyer, da enorme quantidade de aço em algumas delas, que levaria alguns críticos a questionarem até se se tratava de concreto armado ou de construção metálica?

São duas críticas e duas ênfases diferentes. Artigas recua diante do que, digamos, reconheciam como um excesso formalista no Oscar, reclamavam maior contenção do projeto pela raiz da engenharia, e nesse momento, anos 1960, o brutalismo inglês, muito diferente do paulista, apontava também para uma recuperação do sentido social do projeto. A crítica de Sérgio Ferro, sempre pela via do canteiro, era a preocupação maior com a exploração do operário no país e o estado da construção civil, brutal na quase absoluta maioria dos casos. As ferragens do Congresso Nacional eram uma discussão sobre o trabalho, e as formas do Congresso eram outra discussão, ideológica, do Artigas.

Você diria que se trata mais de uma crítica ideológica do que propriamente ligada ao universo dos projetos ou das obras de arquitetura?

É preciso distinguir em arquitetura – e isso faz parte especialmente da esfera da arquitetura muito mais do que das outras artes – a crítica ao ideário e como ele é usado – a crítica à arquitetura oficial, à aceitação do canônico por canônico, ou aos mestres ou à ideologia de Estado etc. Outra coisa é reconhecer a obra.

Goste-se ou não, deve-se admitir que a arquitetura com Oscar Niemeyer e sem Oscar Niemeyer, com Reidy e sem Reidy, com Artigas, Lina e Paulo Mendes, ou sem eles, é uma coisa e outra coisa. O mesmo ocorre com Corbusier, a arquitetura antes é uma, e depois de Corbusier é outra. Difícil aceitar isso? Pode ser, vamos distinguir o que estamos exatamente criticando. O ideário é um âmbito de questões, a obra, esta e aquela, é outro âmbito. E são duas críticas diferentes, a obra de arquitetura não é ilustração de texto, nem tradução do texto, nem vem depois do texto. Muito menos pode ser avaliada como adequada ou não ao texto. Em geral, se for obra que modifique a situação da arquitetura, nunca será adequada a seu próprio texto, inclusive porque está modificando a si própria. Ao mesmo tempo, obra tem que ser vista como tal, o texto lido como tal. Outra coisa é constituir um repertório grande e suficiente para compararmos procedimentos e termos um repertório grande e suficientemente largo de categorias para enfrentar as obras *per se*. E finalmente, distinguir quando estamos falando de obras de boa qualidade e integradas já ao cotidiano de um certo ambiente, e quando estamos na frente de obras que modificam nosso pensamento sobre o ambiente e sobre a própria arquitetura.

Você identifica na arquitetura paulista uma unidade entre os projetos?

Identifico. Pela prancheta, entenda-se, características que independem da ideologia no sentido do ideário. Tem ideologia, claro, mas na prancheta um "saber fazer", como dizem os arquitetos, se acumula e se acumulou na FAU USP de uma certa maneira, e vem de uma prática adensada durante uns bons trinta anos e mais atrás. Mesmo com a ditadura, essa prática se manteve e foi transmissível e isso só pode ser feito pela prancheta. Não estou dizendo que é bom ou ruim a arquitetura do concreto armado e aparente, mas os arquitetos da FAU USP têm controle sobre o que fazem, e isso é bom, em qualquer lugar.

Você considera que vivemos hoje um momento de reformulação do problema arquitetônico no Brasil?

Certos procedimentos se naturalizaram, convicções são aceitas naturalmente – como deixar o espaço aberto, naturalmente, usar pilotis, naturalmente etc. Esse *naturalmente* é o problema porque aí não tem decisão política alguma, cai no automático. A geração atual perdeu, e não apenas os arquitetos, sejamos justos, o sentido público da atividade. Questões institucionais são, de fato, a face pública da profissão, de qualquer atividade, no conjunto de instituições do país. O Instituto de Arquitetos do Brasil

– IAB deve conversar com a Ordem dos Advogados do Brasil – OAB, é evidente, conversa adulta. Não é o projeto que vai resolver a política das instituições. Agora, sem instituições dirigidas a amparar ideias, nada acontece.

Notas

1 TELLES, Sophia da Silva. Museu da Escultura. *AU – Arquitetura e Urbanismo*, n. 32, São Paulo, out./nov. 1990, p. 44-51.
2 ARGAN, Giulio Carlo. *El arte moderno*. Valencia, Fernando Torres, 1983. Edição em português: ARGAN, Giulio Carlo. *Arte moderna*. São Paulo, Companhia das Letras, 1992.
3 ARGAN, Giulio Carlo. *Walter Gropius y la Bauhaus*. Barcelona, Gustavo Gilli, 1983.
4 Park Hotel São Clemente, projeto de Lúcio Costa, em Nova Friburgo.
5 TELLES, Sophia da Silva. Museu da Escultura (op. cit.).
6 TELLES, Sophia da Silva. A casa no Atlântico. *AU – Arquitetura e Urbanismo*, n. 60, São Paulo, jun./jul. 1995, p. 69-81.

A precedência da forma na arquitetura

Carlos Eduardo Dias Comas

Entrevista concedida por Carlos Eduardo Dias Comas a José Lira, Maria Isabel Ota e Nathalia Vianna Santos em São Paulo SP, Brasil, em novembro de 2007.

Gostaríamos de ouvi-lo sobre seus anos de graduação no Rio Grande do Sul. Como os anos 1961-1966, imediatamente depois da construção de Brasília, e de emergência de um grupo paulista de arquitetos modernos ecoaram no ambiente arquitetônico e acadêmico gaúcho?

Para ser respondida, essa questão precisa ser abordada em duas direções. Um ponto é a construção de Brasília. Como estado fronteiriço, o Rio Grande do Sul era ainda polarizado pela Argentina e pelo Uruguai. Embora a nossa educação se desse em Porto Alegre, a marca do Prata em nosso cotidiano era muito forte, o que, do ponto de vista pessoal, me colocou numa situação de certa indiferença em relação a Brasília. Eu não podia entender a respeito do que exatamente fazia-se tanto barulho porque, em minha cabeça, Buenos Aires já representava a cidade moderna, uma cidade de largas avenidas, grandes parques, metrô etc. Eu não tinha nenhum entusiasmo especial pela arquitetura moderna brasileira, nem pela arquitetura carioca, nem por Brasília em particular. No final da graduação, eu fiz uma viagem pelo país, como era de hábito na cadeira de arquitetura moderna no Brasil. A gente levava 45 dias empoleirados num ônibus, viajando do Oiapoque ao Chuí. Para ser sincero, ao olhar para o Ministério da Educação e Saúde – MES, não tive nenhuma palpitação, nem diante de Pampulha. Certo, a elegância da proporção das janelas das fachadas do MES me chamou a atenção e me pareceu superior a qualquer outro edifício do mesmo porte no Rio de Janeiro ou São Paulo. Em relação a Brasília, devo dizer que penetrar na Praça dos Três Poderes vazia foi, malgrado todo o meu preconceito em contrário, uma emoção. Foi muito evidente e palpável a mensagem do vazio, o vazio cerimonial. Senti que aquele era um espaço cívico para ser usado em ocasiões especiais, não tinha nada a ver com a praça de todos os dias, e um outro aspecto da praça dos Três Poderes absolutamente avassalador em termos de experiência emocional foi aquele metro acima do cerrado; a sensação de realmente estar num navio e que o sertão ia virar mar e o mar ia virar sertão. De qualquer maneira, a arquitetura e urbanismo modernos para mim são um gosto adquirido, não um gosto espontâneo. Tudo isto posto, a arquitetura paulista me interessava um pouco mais. A arquitetura paulista, na ingenuidade de um aluno de graduação, me agradava sensorialmente; aquele contraste entre o cristal, o vidro temperado muito polido, e o bruto do concreto. Talvez, nesses tempos de faculdade, o edifício que mais povoou a minha cabeça foi um orfanato do Aldo Van Eyck, que era um projeto do final dos anos 1950, mas que tinha sido terminado em 1960. E, apesar de nunca o ter visitado, a celularização do espaço, a relação dessa celularização com as atividades das crianças, os detalhes extremamente engenhosos dos espelhos no chão, enfim, tudo colocado na altura dos habitantes daquele pequeno mundo certamente teve um impacto muito grande em mim. A geometria do projeto era algo que também tocava as minhas predisposições naturais, o que de certa maneira se completaria a partir de meu contato com Louis Kahn, que foi uma descoberta tardia.

Qual o teor dos debates sobre arquitetura moderna na faculdade naquele período? Como era o ensino de história? Que professores lhe marcaram as aulas de graduação? Que autores, livros liam-se na Universidade Federal do Rio Grande do Sul – UFRGS?

Aquela era uma época de debates racionalismo/organicismo, um pouco tardios. No primeiro ano, o Edgar Albuquerque Graeff fazia um pouco a linha Lúcio Costa e não me seduzia muito. Creio, aliás, que do tempo de escola o que eu mais guardei foi a badalação, a militância festiva. E trabalhar no centro acadêmico, montar exposições, frequentar os artistas plásticos. Eu posso dizer que uma das coisas importantes foi começar a trabalhar já no terceiro ano de faculdade no escritório de Cláudio Araújo, que era um dos bons profissionais do Rio Grande do Sul, da mesma geração do Paulo Mendes da Rocha, então professor do que se chamava composição decorativa, um apelido de época para desenho industrial. Lembro-me que ele procurava fazer a ponte com a indústria e o fabricante. Num concurso de cadeiras, ganhei um prêmio e vi o protótipo sendo fabricado. O escritório do Cláudio, junto com o Carlos Maximiliano Fayet, Moacir Moojen Marques e o Miguel Pereira, estava então fazendo a sede da Petrobrás, que foi um dos grandes projetos da década de 1960 em Porto Alegre. Então, quando eu entrei no escritório do Cláudio, fui para os prazeres miúdos, fui alocado para tomar conta dos desenhos de interiores das casas e foi uma lição de vida e profissão absolutamente fantástica, até porque realmente não era apenas uma questão de prancheta. Ele me adotou como assistente. Lembro-me que na semana seguinte à minha entrada ele me mandou fiscalizar a concretagem de uma casa e eu olhei para ele e disse: “Eu não sei nada!”, e ele “Vai lá e aprende!” Essa experiência com o Cláudio certamente me marcou. O Miguel Pereira, que nunca foi meu professor, também foi uma personalidade importante no tempo de faculdade, porque o Miguel tinha uma coisa que a mim o tornava atraente, ele defendia uma bandeira de arquitetura como cultura, como arte. Para o Araújo, o arquiteto fazia uma linha mais ofício, uma posição gaúcha que hoje, pensando retrospectivamente, eu acho bem diferente da linha São Paulo e da linha Rio. É uma certa valorização da coisa bem feita e isso significa modulação, geometrização. Se a gente fosse falar em termos de afinidades, é uma jogada que teria um bocado de afinidades, menos com Mies van der Rohe do que com a Califórnia, mais com Richard Neutra do que talvez com os rigores de Mies. Mas essa jogada também trazia como bagagem um bom resquício de um certo treinamento beaux-arts. Não é à toa dizer que eu encontrei afinidades ao descobrir Kahn, que gostava de Aldo Van Eyck. Porque no fundo havia a ideia do projeto correto, do projeto cotidiano correto, da cozinha trivial em vez da cozinha heroica.

Mas todos esses eram professores de projeto? E os professores de história?

Sim, todos eram de projeto. Tínhamos um professor que não era exatamente de história, embora a cadeira que ministrava se chamasse História da Arquitetura no Brasil: o Júlio Curtis, que era da segunda geração do Instituto do Patrimônio Histórico e Artístico Nacional – Iphan. Se você pensar em termos de Lúcio Costa, Lucas Mayerhofer, que foi superintendente do Iphan em Porto Alegre, também o Curtis era um cara que conhecia profundamente a arquitetura colonial e imperial brasileira, tinha conhecimento de campo, tinha experiência de patrimônio, de restauro e, de fato, era um tipo muito vital. Na viagem de 45 dias a que me referi, ele nos acompanhava. Ele era um tipo sério, muito Caxias,[1] e quando fugíamos para a praia, ou para o bar, ele saía à caça da gente. Mas o Curtis foi alguém que não foi bem aproveitado na ocasião, e o Graeff, que era professor de teoria, nunca chegou a me seduzir. O professor de história propriamente dito era um professor chamado Carlos Antônio Mancuso que tinha sido outrora sócio do Cláudio Araújo e que era um cara muito simpático. Quanto aos autores que líamos na época, há uma coisa importantíssima que havia acontecido naquele momento que foi o livro do Alberto Xavier, o *Lúcio Costa: sobre arquitetura,*[2] que foi lançado antes de eu entrar na faculdade. Claro que eu comprei, li e não entendi nada. Mas, pelo menos, comprei e li. Não havia na verdade uma bibliografia de referência em arquitetura. A orientação no ensino era muito voltada para o projeto. Íamos à biblioteca e folheávamos as revistas. Não era um momento de grandes discussões e pesquisas teóricas, era um momento ufanista e continuava sendo um momento ufanista em termos de arquitetura moderna brasileira. Embora a "Revolução"[3] tenha caído no meio, quer dizer, a gente também estava na província e tinha ecos – o Seminário de Reforma Urbana[4] etc., e a gente sabia que havia grupos que eram mais à esquerda que o Partidão, mas tudo na província chegava um pouco amortecido. Sem contar certa tradição de autonomia cultural gaúcha. Acredito que isto acontece também na história da arquitetura. Diga-se de passagem, o meio profissional gaúcho, até a década de 1960-1970, tinha uma forte inserção de engenheiros de muito boa formação. Você poderia pensar, em termos comparativos, nesse meio profissional do Rio Grande do Sul como um meio muito parecido com o de São Paulo nos anos 1930, com a predominância da Escola Politécnica e de escritórios de arquitetura de alta qualidade, ecléticos. É interessante notar também que na década de 1950, apesar do esforço do Getúlio Vargas, dentre outros, para que o Rio Grande do Sul recebesse grandes projetos assinados pelo pessoal do Rio, nenhum deles realmente vingou. O Hospital de Clínicas que está lá não é o Hospital de Clínicas do Jorge Moreira, e o Hospital das Clínicas do Rio Grande do Sul é, em termos de tamanho, três vezes maior que o MES. Outro projeto excepcional que não foi adiante foi o projeto do Affonso Eduardo Reidy e do Moreira, o segundo projeto, para a sede da Viação Férrea do Rio Grande do Sul. Um projeto de 1945 que correu o mundo, em termos de divulgação, foi para o Congresso Internacional de Arquitetura Moderna – Ciam etc. Também o Oscar Niemeyer fez um projeto para um lote importante de esquina na avenida principal de Porto Alegre, que tampouco foi aprovado porque esteticamente não estava de acordo com as normas urbanísticas. Então realmente, na década de 1940, a penetração local da arquitetura moderna era bem relativa.

Quando a opção pelo trabalho de historiador se impôs em sua carreira? Como ela se conciliava com a profissão de arquiteto?

Quando eu não consegui mais projeto [risos]. Na verdade, não há uma opção pelo trabalho de historiador, eu nem sei se me considero historiador. Às vezes, eu faço trabalho de historiador. Mas, de fato, eu sempre fui muito curioso e, por uma questão de personalidade, sempre tive a necessidade de verbalizar, de encontrar uma justificativa para as coisas que eu estava fazendo em termos de prancheta. Interessava-me por essa questão do urbanismo, pela cidade moderna, pelo significado da palavra moderno. Porque o problema que se colocava nessa discussão Brasília/Buenos Aires é que, na verdade, em certo momento, já no final da escola, eu comecei a me dar conta dos diferentes usos que a palavra *moderno* tem. Um aspecto é o moderno no sentido de algo adequado em termos funcionais, operacionais ao período moderno, à técnica etc. O outro aspecto que era o que normalmente se adotava no meio dos arquitetos era a ideia de uma certa aparência que as coisas modernas tinham que ter. E eu acredito que realmente, ao final do curso, começou a me bater muito claramente que tinha aí uma contradição entre esses significados, um não é automaticamente o outro, e que há coisas que podiam ser modernas num sentido e não serem modernas em outro. Essa pra mim foi uma tomada de consciência capital. Recém-formado, passei a trabalhar como arquiteto e recebi a incumbência de fazer um estudo de viabilidade de um lote do tamanho de um quarteirão, em uma zona ainda residencial. E se é preciso citar influências, lembraria de Aldo Van Eyck, de Kahn, do urbanismo inglês, das *new towns*, e uma série de discussões internacionais viriam a me impactar, como a ideia da baixa altura com alta densidade, a reação ao espigão e a exploração dessa composição, ou seja, que a densidade não era sinônimo de verticalização. E foi com essas referências que fiz o estudo, e obviamente cheguei rapidamente à conclusão de que não havia viabilidade nenhuma de fazê-lo porque os recursos e toda a legislação urbanística estavam montados em termos de verticalização. Naquele momento, aquelas dúvidas do ponto de vista conceitual se somaram a dúvidas muito práticas: bom, mas quem é que projeta? Sou eu quem projeta ou é a norma que está projetando por mim? Foi um período, até 1975, de vacas gordas. Fui convidado para trabalhar no projeto do Ceasa[5] com o Araújo, Fayet e com consultoria estrutural do Eladio Dieste. Fiz uma série de casas com abóbadas junto com o Dieste, trabalhei em alguns edifícios com o Cláudio, enfim a carreira profissional estava indo bem. E veio uma oportunidade de ir para os Estados Unidos para fazer a pós-graduação em 1975-1976. E eu resolvi abandonar as coisas que estava fazendo e fui estudar desenho urbano na Universidade da Pensilvânia. O Kahn tinha morrido fazia um ano. Eu queria muito encontrar argumentos efetivos, literalmente, para saber por que eu não gosto de Brasília e como se equaciona essa relação norma/legislação/projeto. Esses dois anos na Penn foram meus anos de formação efetiva do ponto de vista intelectual; não sei se de historiador, mas uma das coisas que eu fiz foi realmente estudar arquitetura moderna, estudar a história da arquitetura moderna. Para mim, o acontecimento na minha educação foi descobrir a obra de Colin Rowe, que estava na Universidade Cornell, primeiro através de seu Collage City[6] e depois "A matemática da casa ideal"[7] e outros ensaios. Obviamente, quando fui aos Estados Unidos, já tinha lido Aldo Rossi, Jane Jacobs. O curso era montado em cooperação, era de planejamento urbano e arquitetura, coordenado por um sul-africano que se chamava John Lang, que era uma figura muito competente. Não havia uma atmosfera de muito entusiasmo, mas Penn tinha uma biblioteca maravilhosa e um programa de *lectures* maravilhosas e tinha um professor – que tinha saído de moda e era considerado um adereço – mas que foi, junto com John Lang, um personagem importante: Edmund Bacon. Ele tinha sido o todo-poderoso diretor do Planejamento Urbano de Filadélfia, e é autor de um livro chamado *Design of Cities,*[8] de 1976, que parece um *coffee table book*, mas que na verdade é um livro de bastante conteúdo, que teve a audácia de incluir dois capítulos de Brasília, um que ele escreveu antes de visitar Brasília e outro que ele escreveu depois. É realmente um lance de honestidade intelectual que eu pouco conheço, pois ele realmente se retrata e diz: "Olha, tudo o que eu disse antes, estava tudo errado – é uma composição fantástica que só pode ser vista em termos da relação com as nuvens e as montanhas e, por outro lado, apesar dos automóveis, a quantidade de lugares previstos para o pedestre, inclusive a plataforma do Congresso, não tem comparação em termos modernos". E o Bacon era um cara fantástico, era sempre convidado de honra para todos os painéis de discussão, mas todo mundo era condescendente com ele. Porque a escola estava dividida entre o lance participativo e o lance econométrico, modelos, modelos, modelos... modelagem urbana, modelagem da forma. Penn era fortíssima nesse aspecto; era o local onde havia nascido a pesquisa operacional.

Mas, afinal, qual o tema de sua pesquisa de mestrado?

O Ciam. Eram dois trabalhos que eu tinha que fazer. Um foi sobre os Ciam's, sobre a questão dos modelos urbanos da arquitetura moderna no entre-guerras, e o outro foi sobre ruas. Eram duas monografias, você não tinha que fazer dissertação, mas eram trabalhos mais ou menos da ordem de cem páginas cada um.

Percebe-se, em sua análise de obras modernas, o predomínio de critérios formais internos ao processo de projetação. Também o recurso a descrições de obras singulares, o conjunto da Pampulha, o Ministério da Educação, a FAU USP etc. Fale um pouco dessa orientação analítica e por que ela frequentemente se apoia em matrizes, paralelos ou analogias clássicas?

Eu comecei realmente a trabalhar a arquitetura moderna brasileira na década de 1980, de certa maneira a convite de Ruth Verde Zein, que era então editora da revista *Projeto*. Já em 1983 eu tinha feito um texto chamado "Considerações sobre os conjuntos habitacionais do BNH"[9] e que, na verdade, aqui deixando algumas coisas por trás, ecoava as discussões sobre o tipo no momento em que se redescobria a arquitetura *beaux-arts*. Sobretudo depois da grande exposição em Nova York.[10] Era um momento de revisão da arquitetura moderna e suas linhas de continuidade. A Ruth me pediu para escrever sobre um projeto do Oscar Niemeyer em São

Paulo, para o Centro Administrativo do Tietê.[11] A princípio neguei. Não conhecia o projeto, não ia escrever sobre ele. Mas quando ela me mandou as fotos da maquete e as pranchas, e olhei o negócio, mais uma vez aqueles torrõezinhos de açúcar no descampado verde, me animei em escrever alguma coisa... Eu sabia, ou ao menos intuía, que não poderia absolutamente falar do Oscar em uma revista de alcance nacional da mesma maneira que eu falava dele em Porto Alegre. Então, para escrever a respeito de Oscar, eu cheguei à conclusão de que teria que me precaver. E para minha surpresa, ao retomar muito particularmente o conjunto de Pampulha, eu comecei pelo fato curioso dos edifícios serem tão diferentes entre si. Dava pra ver que eram como casas no parque; ao mesmo tempo eram totalmente, deliberadamente distintos. É óbvio que eu também estava olhando esses edifícios com um olhar totalmente instruído por Colin Rowe. Um dos meus grandes orgasmos intelectuais foi abrir o artigo "The Mathematics of the Ideal Villa" (a matemática da casa ideal), onde ele diz "arquitetura moderna: lajes planas, palitos, composição centrífuga e interesse nas bordas", e a ficha caiu. Isso era o nó, essa era a raiz. O Colin Rowe foi uma revelação, porque ele era um formalista, no sentido do privilégio da análise formal. E se, como ele diz, a arquitetura é forma, então o conhecimento caminha pela forma, e a questão do conteúdo tem que estar relacionada de alguma maneira com a forma. Ele realmente parecia ter amor pelas obras. Em comparação com ele, a maior parte dos autores que eu tinha lido deslizava pelas obras como se as elas fossem meros pretextos para verborragia, sentimentalismo ou apologia. Se eu fui pro lado da história, se eu tive que fazer estudos históricos, foram estudos históricos estimulados por respostas em relação à prancheta, em relação às obras de arquitetura como obras de arte. Não é do meu estilo usar a arquitetura como pretexto para entender as relações de classe ou para entender a difusão... Agora, se você tem um pouquinho de sensibilidade ou de consciência histórica, é clara a noção de que não há arte mais política do que a arquitetura, e obviamente quem tem experiência de projeto sabe que todo projeto é um ato político. Então, quando você está estudando a obra de outrem, tem que se imaginar na pele dele. E mesmo que eu não tenha o gênio que eles têm, e por mais geniais que eles sejam, eles sempre vão ter um terreno, um clima, um cliente, um orçamento, uma legislação etc. Em vez de entender a forma como um resultado de uma série de abstrações, eu realmente pensei no sentido em que a forma é o resultado, antes de tudo, ou pelo menos em grande parte, de uma reação a toda uma série de circunstâncias. Só que esta reação não é uma reação de leigo, é uma reação informada por uma cultura disciplinar. Não é à toa que uma das pedras de toque da educação acadêmica do Brasil era uma cadeira chamada arquitetura analítica. Você tinha uma educação que era tipológica, talvez mais do que histórica. Os modernos criticavam muito a academia pelo fato de que os projetos eram irreais, que casa para banqueiro, embaixada, era uma barbaridade, porque não levavam a nada em termos práticos. O que, para mim, tratava-se de um ledo engano, pois o trabalho de projeto na prancheta escolar não tinha necessariamente nada a ver com o trabalho real no escritório. O que a academia fazia era um treinamento de como manipular certas geometrias essenciais, e que envolvia também questões experienciais de movimento de dentro das obras, cuja expertise permitia, na situação concreta do terreno acidentado, do terreno irregular etc., fazer-se prodígios compositivos. Essa noção de que há uma cultura disciplinar específica se juntava com uma outra coisa que eu também tinha aprendido: a questão do precedente, a de uma bagagem inerente ao mandato social da profissão. E há formas que não pertencem originalmente ao território da arquitetura, assim como há uma distinção entre arquitetura e construção. Há esse discurso panfletário que afirma que tudo é arquitetura, mas a operação do arquiteto, do arquiteto com A maiúsculo, que se quer artista, trabalha o tempo inteiro com o pressuposto de que há, sim, uma distância entre o território que é culturalmente convencionado como sendo arquitetura e o campo da construção. E não é à toa que Le Corbusier, que fala de silo, hangar, carro, aeroplano, como formas, quando ele as utiliza, como por exemplo na marquise da Villa La Roche (1923-1925), é evidente como essas formas já passaram para um outro repertório. A distinção cultural entre arquitetura e construção continua totalmente e absolutamente vigorosa. O que acontece é que, na panfletagem moderna, que é absolutamente tendenciosa, prevalece a impressão de uma referência na arquitetura popular. Mas o que ocorre é que todo esse aspecto do vernáculo ou do cotidiano é sempre um dado de saída à nossa arquitetura. O problema é que no meio de tudo isso há uma tradição culta que continua operando.

Você enfatiza a educação dos arquitetos modernos junto à academia e, sobretudo, no que diz respeito à formação de projeto. Em seu discurso, percebe-se essa oscilação entre preocupações com o projeto e o estudo da história, algo, como sabemos, visto como ameaçador na pedagogia da Bauhaus. Poderíamos dizer que seu trabalho converge para uma metodologia operativa no campo da pesquisa histórica?

Pessoalmente acho que a Bauhaus nunca produziu nenhum arquiteto que se preze. Walter Gropius, para mim, é uma piada.

Marcel Breuer é a grande exceção. A Bauhaus é muito mais interessante como escola de arte e artesanato do que como escola de arquitetura. O fato é que toda a primeira e a segunda geração de modernos – Le Corbusier, Lúcio Costa, Niemeyer – formaram-se em escolas acadêmicas. Até 1945 mais ou menos. E isso lhes dá a vantagem dos dois mundos: eles têm a formação tradicional e podem, em relação a ela, descartar tudo aquilo que lhes parece *venustas* e guardar a disciplina. Não resta dúvida que uma figura como Lúcio Costa – porque eu comecei a reler o Lúcio em 1980 – guarda todos os resquícios de sua formação acadêmica. Eles são evidentes se você está preparado para reconhecê-los. Aliás, ele tem total e absoluta consciência da importância dessa bagagem como base operacional porque fazia parte de uma geração que já estava preparada, em termos acadêmicos e ecléticos, para ver que o essencial do ato de projeto era algo que subjazia, algo estrutural ou abstrato, que subjazia a qualquer iconografia aplicada a posteriori. Eu acho que isso é um privilégio que depois dos anos 1950 desaparece.

Mas e quanto à oscilação entre as preocupações com a prática projetual e uma orientação da pesquisa em função desses gestos do arquiteto?

Quando eu comecei mais sistematicamente a estudar determinados edifícios, como o MES, o que eu fiz? Não sendo nem pretendendo ser historiador, mas com uma sensibilidade histórica, que acredito ter, a minha hipótese fundamental é que, por mais genial que seja, nenhum arquiteto é diferente de outro arquiteto, mesmo que este esteja operando em um período diferente. Então é o processo de projeto que tenho que recuperar. A pesquisa histórica entra no sentido de procurar entender as circunstâncias do projeto e o processo de projeto e, para isso, preciso me munir de uma documentação. Não sei realmente se isto é fazer história operativa, mas, pelo menos no sentido tafuriano, não parece que o seja. Acho que, na verdade, é simplesmente uma determinada maneira de fazer senão história da arquitetura, talvez mais corretamente de fazer crítica de arquitetura.

Mas em seu texto "Ofício e paixão",[12] de 1987, você parece sugerir que a prática de arquitetura deveria ser como uma espécie de canibalismo em relação aos exemplos virtuosos do passado. Você acredita que o papel do conhecimento histórico é servir à prática? E qual seria o lugar do arquiteto moderno nesse canibalismo histórico? Você acredita que as grandes lições dos modernos foram digeridas pelas gerações

mais recentes de arquitetos? Ou foram simplesmente ignoradas?

Na medida em que o conhecimento tipológico é também um conhecimento histórico, e na medida em que o tempo está sempre presente e subjacente em qualquer projeto, eu acho que lidar com ele e com as condicionantes que vêm do passado, de forma hostil ou de forma amistosa, é sempre uma forma de prever um futuro. Ou seja, que todo fazer projeto é, ao mesmo tempo, fazer história. E, por outro lado, estou convicto, por experiência própria e observação alheia, de que a cultura da disciplina e as formas do passado, quaisquer que sejam as condicionantes do projeto, são algo com que sempre temos que contar. Falar em canibalismo é simplesmente uma maneira metafórica, mais enfática de dizer o que eu venho dizendo em termos mais prosaicos.

Sim, mas e quanto aos modernos? Por que o foco na arquitetura moderna?

Ah! A questão dos modernos. Eu acho que eu especificamente pertenço a uma geração frustrada ou fracassada. Ou melhor, pertenço a um grupo de arquitetos frustrados dentro de uma geração fracassada, porque a rigor os anos 1980 foram de extraordinária efervescência reflexiva sobre arquitetura e urbanismo no país. Talvez muito inspirada na figura, para mim exemplar, do Lúcio Costa. Arquiteto não deve ter medo de pensar e verbalizar o que pensa; arquiteto pode ser sofisticado, sim, e falar corretamente; pode ser lógico e construir raciocínios lógicos. Arquiteto não precisa ser anti-intelectual. A figura do Lúcio era claríssima em termos de sinalização nesse sentido, e esse é um dos aspectos pelos quais ele é tão importante para minha geração, e sem dúvida nenhuma para mim pessoalmente. Mas acho que de uma maneira geral – mesmo os críticos de Lúcio reconhecem isso – ele era um intelectual que projeta; tinha uma mão maravilhosa e falava do seu projeto com propriedade. O Lúcio é um dos raros arquitetos que eu tenho lido que não está preocupado em ludibriar o leitor. Ele te dá o relato que faz do projeto e das condições de projeto, e é absolutamente confiável. Ele tem bom senso. Eu diria que a luta em que a gente estava engajado era uma luta para realmente voltar a pensar arquitetura como esse grupo pensou arquitetura e urbanismo entre 1936 e 1945, e pensou em termos de projeto. Enfim, [longa pausa] mas não deu. Entre outras coisas, porque talvez o grupo que estivesse mais perto de fazer a ponte entre a academia, a prática e a reflexão projetual optou pelo anti-intelectualismo endêmico que a gente criticava antes. E o que poderia ter sido uma renovação muito significativa nos anos 1980 virou pós-moderno. E também entra o acaso, porque os anos 1980 foram anos de crise e as possibilidades, pelo menos as possibilidades com que eu me deparava no Sul em termos de habitação, foram cortadas com a crise do Banco Nacional da Habitação – BNH etc. Ainda que no final dos anos 1980 tenha acontecido uma coisa importante que foi uma espécie de reinvenção do Paulo Mendes da Rocha por ele mesmo. Acho que a Lina, não digo que ela se reinvente, mas certos aspectos do trabalho da Lina Bo Bardi ficam muito no espírito do tempo. São *pós-modernos* no que de melhor o espírito pós-moderno tem, contra o que era o modernismo fossilizado.

Você hoje integra o Docomomo, preside a seção nacional da organização. É como se sua relação com o acervo moderno de arquitetura tivesse mudado radicalmente nos anos 1980?

Sim. Veja o Grande Hotel Ouro Preto (1938), por exemplo, que é um projeto de que eu gosto muitíssimo. Bom, eu sou fronteiriço, eu sou da campanha e frequentava durante o verão a casa de um amigo meu no que se chama de campo de pedra. Chama-se campo de pedra porque esse campo é coalhado de geodos e de geodos partidos com as ametistas, então você tem os cristais com aquela capa lisa. Quando eu fui ver pessoalmente o Hotel de Ouro Preto – não da primeira vez, em 1966, quando não gostei muito da obra, mas da segunda vez, na década de 1980, eu até me hospedei lá – uma coisa que me chamou a atenção foram as empenas brancas, junto com a fachada de fundo que raramente aparece. Esta é uma fachada em baixo relevo. Mas as empenas não são as empenas retangulares do MES, elas são quebradas, são denteadas. E em relação com essa coisa lisa, todos os avanços e recuos dos volumes que dão para a rua são trabalhados com treliças, com sarrafos e coisas miúdas, eles são rendados. Eles têm essa qualidade... a coisa foi imediata – são como os cristais dentro do meio ovo partido. Pode ser tudo inconsciente, mas insere-se numa tradição, que é muito moderna, de revelar o interior. Aquilo está lhe sugerindo uma caixa que é o dobro daquela, e que foi cortada; é uma fachada que de certa maneira é um interior. Isto é brasileiríssimo. Você não encontra isso em Le Corbusier. É claro que a imagem do geodo ilumina isso: a diferença entre os cristais que têm profundidade porque ficam na borda, mas que preenchem um oco, e aquela coisa lisa. É que se você quer entender a obra de arquitetura você tem que estar atento a esse processo. Não é uma questão de amor à primeira vista. Pode até ser amor à primeira vista, mas não há iluminação se a gente não passa um tempo estudando, tentando fazer conexões a partir da própria obra. Isso não quer dizer que não seja importante fazer os panoramas, considerar as biografias etc., porque sem isso não se entende sequer que a relação de Le Corbusier com a academia nunca foi a mesma da do Lúcio Costa, porque o Lúcio Costa é establishment, embora aluno, embora se rebelando contra a academia, rebela-se como uma das figuras importantes da própria academia. O Le Corbusier é um suíço exilado em Paris, formado em *Arts and Crafts*; ele tem que brigar contra a academia porque a academia não é sua formação, e é através dela, dos nexos acadêmicos, que se distribuem os grandes projetos. Então o panfleto, a polêmica é uma maneira de se impor etc. Mas o que eu acho que falta nisso, que é próprio ao ofício de historiador, é um pouco de manha, de incapacidade de entender as manhas que as pessoas usam na vida. É o que eu acho.

No artigo "O gradual e lento regresso às bases",[13] publicado na revista *Projeto*, você apontou um conjunto de temas que marcaram o ensino de arquitetura nos anos 1980 – a questão de identidade (regional, nacional), da autonomia disciplinar, da metodologia de projeto (e de história) – e que serviriam de baliza para os anos 1990. Também nesse artigo você reconhece a necessidade de afirmação de um circuito próprio da história, ao menos no campo das pesquisas de pós-graduação. Como você definiria esse campo próprio da história? Qual o seu papel na formação de profissionais e acadêmicos? Como isso se reproduz em sua leitura da historiografia brasileira na atualidade?

Bom, primeiro vamos ao texto. O texto na verdade é um tanto quanto mais otimista do que eu me sentia naquela época. Ele tem um pouco de texto oficial, porque na verdade, se não me falha a memória, tinha suas raízes em uma encomenda do Conselho Nacional de Desenvolvimento Científico e Tecnológico – CNPq a respeito das perspectivas de pesquisa da área de arquitetura no Brasil naquele momento. E eu não ia mandar para o CNPq um documento falando mal de mim mesmo. Então eu diria que esse era um pouco um documento oficial, enquanto o irmão mais velho dele – outro texto a respeito dos anos 1980[14] – era muito mais animado de esperança real mesmo. Esse texto foi escrito em um momento em que eu estava achando que a coisa ia desandar. Mas de qualquer maneira, obviamente, não é preciso ser arquiteto para fazer história da arquitetura. Acho que ajuda, pra mim pelo menos, pois eu fiz algumas pequenas descobertas no decorrer desses últimos vinte anos. Mas por outro lado, há sim e havia ainda – é claro, isso foi escrito antes de eu terminar a minha tese de doutorado – um enorme caminho a percorrer na reescrita de maneira completa e detalhada da história da arquitetura moderna brasileira, similar a que foi feita para a história da arquitetura moderna na Europa nos anos 1920. Essa construção está em processo, muita coisa já foi feita, pontos importantes, hipóteses e interpretações. Mas nem o próprio Niemeyer tem uma boa sistematização de sua obra. Ou seja, ainda tem muita coisa pela frente, muita coisa a aprofundar, a ver, histórias transversais etc. Acerca dos anos 1950 sobretudo, que é mais ou menos no que eu venho me detendo recentemente. Porque uma das coisas que tornam mais fácil a empreitada dos anos 1936-1945, é que o corte nacional se justifica plenamente se considerarmos a hipótese implícita de que o Brasil é efetivamente uma ilha na situação da guerra. O que torna perfeitamente lícito do ponto de vista histórico pensarmos nos precedentes com certo isolamento. Mas, quando as portas da guerra são franqueadas, a situação muda radicalmente de figura, porque na verdade o jogo recomeçou, é Copa Mundial, não é mais sistema local. E há outra coisa a acrescentar: trata-se de um momento em que a arquitetura moderna triunfa e esse momento é completamente diferente. Se antes da guerra tem o esquema de bandido e mocinho, e os modernos podem dizer "nós somos os mocinhos, e os acadêmicos e ecléticos são os vilões", agora quem vai fincar o punhal é o amigo mesmo. O amigo é quem entra na jogada. Amigo no sentido em que se trata de um membro do mesmo clube. E não se pode entender as brigas entre Reidy, Niemeyer, Lina etc. sem entrar com a questão da rivalidade profissional e da luta por prestígio. Você não pode entender o "Report on Brazil"[15] se você não entender que o Brasil realmente ameaça a Europa. Porque todas as evidências mostram que em 1950 a arquitetura brasileira era um jogador de ponta no campeonato mundial. Coisa que você não pode dizer de jeito nenhum em 1960 e 1970. Tem que lembrar que os caras estão disputando beleza aqui. Quando Gropius faz o comentário condescendente sobre a Casa das Canoas é porque ele está defendendo o peixe dele, que não sabe desenhar e que nunca desenhou na vida. Então é aquele papo de padronização, de repetição. Em suma, esse pano de fundo de hostilidade é completamente diverso quando tratamos dos anos 1950. E eu acho que a gente enriqueceria muito o trabalho se partíssemos para jogadas laterais, jogadas transversais. Porque aí a situação nacional não pode mais ser vista por si mesma. Ela tem que ser vista em termos de uma globalização, ainda que limitada. O *starsystem* não foi inventado em 1980. Em 1950, o Oscar Niemeyer era um dos grandes frequentadores do *starsystem*. Tem campo para a análise de obras e tem campo para o estudo histórico para ver como é que essas obras se articulam dentro do contexto. Quais as que vingam, quais as que não vingam etc. Eu sempre serei preconceituoso em favor de que nem todas as arquiteturas são criadas iguais. Pode ser impopular dizer isso, mas há paradigmas, há cânones e há obras que são exemplares e outras que são de difusão, com maior ou menor especificidade. E acho que uma das coisas que a gente precisava na academia, em termos do fortalecimento da disciplina de história, é realmente colocar as coisas claras nesse sentido. Tem muita gente querendo descobrir e exaltar o art-deco de Caxinguinhas e o moderno de Buriti de Trás dos Montes.

Mas será que podemos mesmo falar de isolamento da moderna arquitetura brasileira em seus anos de combate e afirmação?

Não há dúvidas de que também não se entende a nossa arquitetura nesse período sem vê-la como uma contribuição absolutamente essencial a uma jogada que está sendo estabelecida a partir do começo dos anos 1930, que é a da superação das limitações do dito Estilo Internacional em função de uma sobrevivência do próprio grupo da arquitetura moderna. Acho que sem entender essa questão, acaba-se por embaralhar os acontecimentos porque, de novo, o clima de 1920 não é o clima de 1930, o clima de 1920 é um clima eufórico, o clima das casas brancas, o clima do Gregori Warchavichik, vamos dizer. Os diferentes acontecimentos que vão pintar em 1930, a partir da crise de 1929, em termos de mudança de atitude, de comportamento, proscrição, coisas políticas, nacionalismo, tudo isso coloca uma pergunta-chave: "Como fazer para sobreviver?" Isso não é formulado de cara, mas é uma questão que é absolutamente sentida por gente como Le Corbusier. Esse aspecto – o encarar a arquitetura brasileira no mundo – é importante para o meu trabalho. Lembrando que eu estava muito preocupado em definir especificidades no campo formal, é preciso dizer que essas especificidades são uma reação a um tipo de problema colocado nos anos 1930 para aqueles arquitetos que estão na linha moderna. Na primeira pergunta que vocês me fizeram eu tinha falado sobre a Pampulha, sobre a questão da diversidade que me chamou a atenção: "Por que os edifícios são tão diferentes uns dos outros?" Vinte anos depois, a resposta mais significativa parece ser que os edifícios são tão diferentes uns dos outros, porque o Niemeyer queria mostrar que a arquitetura moderna podia ser diversa sem perder a unidade, aquele "ar de família que caracteriza os verdadeiros estilos", como dizia Lúcio Costa na memória de Monlevade. Com o mesmo conjunto de elementos, Niemeyer faz um cassino luxuoso, um iate clube esportivo, uma casa do baile rústica e uma capela com cara de devoção, parabólica etc. Ele faz uma versão moderna do parque de circuito pitoresco sem recorrer ao ecletismo. Diversidade na unidade é, de fato, a chave do prestígio da arquitetura moderna brasileira em seus anos de combate e afirmação, coisa que o Reyner Banham descreveu em *The Age of the Masters*[16] como a manipulação habilíssima de duas geometrias, a curva e a reta – a flor e o cristal do Lúcio Costa. Na teoria e na prática, a arquitetura moderna brasileira se mostra inclusiva. Dá até pra dizer que ela é pós-moderna antes que o termo fosse inventado.

Notas

1 *Caxias* – uma alusão ao militar Luís Alves de Lima e Silva, Duque de Caxias – é gíria popular que se refere a uma pessoa de extremo senso ético-profissional, que cumpre suas obrigações e exige o mesmo de seus companheiros.

2 COSTA, Lúcio. *Lúcio Costa: sobre arquitetura*. Organização Alberto Xavier. Porto Alegre, Centro dos Estudantes Universitários de Arquitetura, 1962.

3 Referência ao golpe civil-militar de 31 de março de 1964, que destituiu o governo democrático de João Goulart.

4 Seminário de Habitação e Reforma Urbana, promovido em 1963 pelos departamentos do Rio de Janeiro e de São Paulo do Instituto de Arquitetos do Brasil – IAB e pelo o Instituto de Previdência e Assistência dos Servidores do Estado – Ipase.

5 Projeto para o Centro Estadual de Abastecimento – Ceasa de Porto Alegre, de Carlos Maximiliano Fayet, Cláudio Luiz Araújo e Carlos Eduardo Dias Comas, 1970.

6 ROWE, Colin; KOETTER, Fred. *Collage City*. Cambridge/Londres, The MIT Press, 1978.

7 ROWE, Colin. The Mathematics of the Ideal Villa: Palladio and Le Corbusier Compared. *Architectural Review*, v. 101, Londres, mar. 1947, p. 101-104 <https://bit.ly/3eDnV-FC>.

8 BACON, Edmund. *Design of Cities*. Harmondsworth/Nova York, Penguin Books, 1976.

9 COMAS, Carlos Eduardo Dias. O espaço da arbitrariedade: considerações sobre o conjunto habitacional BNH e o projeto da cidade brasileira. *Revista do Serviço Público*, v. 111, n. 1, Brasília, mar. 1983, p. 21-28 <https://bit.ly/3DbwIZm>.

10 Exposição *The Architecture of the École des Beaux-Arts*, ocorrida no Museu de Arte Moderna – MoMA de Nova York entre 29 de outubro de 1975 e 4 de janeiro de 1976.

11 COMAS, Carlos Eduardo Dias. Nemours-Sur-Tietê ou a modernidade de ontem. *Projeto*, n. 89, São Paulo, jul. 1986, p. 90-93.

12 COMAS, Carlos Eduardo Dias. Ofício e paixão: canibalismo, outras bossas, coisas nossas. *AU – Arquitetura e Urbanismo*, n. 13, São Paulo, ago./set. 1987, p. 47-49.

13 COMAS, Carlos Eduardo Dias. Ensino de arquitetura no Brasil: o gradual e lento regresso às bases. *Projeto*, n. 129, São Paulo, jan./fev. 1990, p. 164-167.

14 COMAS, Carlos Eduardo Dias. Arquitetura brasileira anos 80: um fio de esperança. *AU – Arquitetura e Urbanismo*, n. 28, São Paulo, fev./mar. 1990, p. 91-97.

15 A revista norte-americana *Architectural Review* publicou dois números com dossiês sobre a arquitetura moderna brasileira: Report on Brazil. *Architectural Review*, v. 108, n. 646, Londres, out. 1950; Report on Brazil. *Architectural Review*, v. 116, n. 694, Londres, out. 1954.

16 BANHAM, Reyner. *Age of the Masters: A Personal View of Modern Architecture*. Nova York, Harper & Row, 1975.

Moradas do tempo

Carlos Antônio Leite Brandão

Entrevista concedida por Carlos Antônio Leite Brandão a Paulo Miyada em Belo Horizonte MG, Brasil, em fevereiro de 2008.

Você poderia falar sobre sua formação, os motivos que o levaram para a arquitetura e para a especialização na área de filosofia?

Após iniciar e desistir de três faculdades de engenharia, vim para a Escola de Arquitetura da Universidade Federal de Minas Gerais – UFMG. Não gostei do curso e quis sair de novo, mas resolvi acabar ao menos essa graduação. Formei-me em 1981 e fui fazer filosofia, pensando que nunca mais trabalharia com arquitetura. Estudando a filosofia – filosofia da ciência, filosofia da arte, filosofia política, ética – é que eu vi que havia um olhar novo sobre a arquitetura que eu não tinha aprendido entre os arquitetos. Foi então que descobri um novo mundo naqueles mesmos objetos sem graça que eu via na escola, como o Partenon e o Panteão; visitei autores que não haviam me balizado na escola, como Christian Norberg-Schulz e Daniel Payot, o que renovou meu olhar sobre o sentido da história da arquitetura. Ou seja, através da filosofia redescobri a riqueza do objeto arquitetônico, redescobri um certo sentido da história e consegui transpor a arquitetura como um lugar de habitação do espaço e vê-la também como uma forma de habitar o tempo. Daí uma maneira de lidar com a história da arquitetura, não apenas como cronologia, sucessão de técnicas construtivas e materiais, ou mesmo conformações determinadas do espaço, mas como algo que reúne isso tudo conformando certa maneira de habitar o tempo.

A experiência filosófica se alimenta sobretudo de experiências não-filosóficas e é muito rica sobretudo quando parte das experiências não-filosóficas como o cotidiano ou a arte. A esses dois professores sou muito grato, pois eles me colocaram exatamente a perspectiva do objeto artístico não apenas em sua dimensão sensível, mas também como um depoimento de nossa condição humana, nossa maneira de se relacionar com o mundo, com o absoluto, com nossos semelhantes e de outras maneiras de verdade, outras maneiras de construir o mundo que são possíveis e vislumbradas pela arte, com o olhar filosófico fazendo com que o objeto artístico seja não apenas um objeto estético, mas um ponto de partida para um filosofar. Eles [meus professores na Faculdade de Filosofia] não estudavam propriamente arquitetura, eles trabalhavam com filosofia da arte, especialmente dos objetos da pintura e da literatura, mas foi exatamente aí que eu aprendi que havia alguma coisa a ser dita sobre a arquitetura que não era dita nem pelos arquitetos e nem pelos filósofos, e foi aí que eu tentei entrar, ativando a filosofia com a arquitetura e a história.

Comecei a fazer essa articulação pelo barroco, estudando, por exemplo, como se relacionava o barroco e o pensamento de René Descartes: um movimento artístico profundamente calcado no sensível, na persuasividade, ao lado de um filósofo profundamente matemático e lógico. Dediquei-me muito ao estudo do barroco, e percebi que ele não se explicava por si só, estava preso dentro de uma história, da maneira pela qual o ser humano se redescobriu depois do medievo. O barroco não era algo específico dos séculos 18 e 19, mas só era possível de ser compreendido se contrafaceado com o momento renascentista. Desse estudo surgiu o livro *A formação do homem moderno vista através da arquitetura,*[1] acerca da compreensão desse homem moderno e da arquitetura, criando ou documentando esse homem na passagem do renascimento ao barroco, entre os séculos 14 e 18. Depois disso, a partir de 1992, comecei a me interessar muito pelo renascimento, nessa perspectiva do que o renascimento já continha em si do barroco e como ele serviria para a contemporaneidade, como referência de um espaço republicano, um espaço onde a arquitetura fosse pensada não em função de si mesma, mas em função da cidade, da sociedade e da pólis. Comecei a ver que talvez nesse renascimento houvesse algo importante a ser dito para a contemporaneidade, qual seja, o momento da contemporaneidade que é justamente o momento de perda da pólis, da cidade, do mundo público e de uma certa razão do mundo público que o renascimento recuperava.

Na verdade, eu sou arquiteto, eu não quero que a filosofia dite caminhos para a arquitetura. Sempre que a filosofia se atreveu a isso, ela se deu mal, seja na arte, seja em relação à filosofia política e tal. O que eu quero é levar a arquitetura para a filosofia. O que a arquitetura, uma experiência não-filosófica, dá-me a dizer sobre a minha relação com meu semelhante, com o mundo que me cerca e com o absoluto? Só quero pegar da arquitetura aquilo em que ela pode ser instrumento para essa reflexão, o que não é propriamente a reflexão sobre a filosofia como disciplina, mas é a reflexão sobre a vida, sobre a existência, sobre minha relação com os outros, com o mundo que me cerca... A filosofia não serve para nada na arquitetura, os arquitetos são muito capazes...

No artigo "Introdução à hermenêutica da arte e da arquitetura",[2] você apresenta a distância entre o tempo do intérprete e o tempo da obra como elemento fundamental do trabalho teórico. Como essa distância é assimilada pelo trabalho do historiador?

Umberto Eco, em seu livro *Como se faz uma tese,*[3] escreve uma frase que acho interessante: ele diz que devemos estudar objetos contemporâneos como se fossem muito antigos e devemos estudar objetos antigos como a pirâmide egípcia ou o Partenon grego como se fossem recém-construídos. Termos um olhar novo para coisas antigas, o que as fará novas e revelará outras coisas que não se revelaram na história, e manter certa distância, certa perspectiva histórica, certa prudência, certo rigor quanto aos objetos contemporâneos para não sermos como o idiota de que falava Heráclito, aquele que a qualquer novidade que passa, embarca. Existe a sedução do contemporâneo, com o qual devemos ter certo afastamento histórico. Por exemplo, para compreender segundo certa perspectiva o *deconstruction* de Peter Eisenman e Bernard Tschumi, eu costumo fazer uma analogia com o século 16, com a arquitetura do maneirismo, que também trabalha em cima das rupturas, dos desequilíbrios, das assimetrias, do espanto.

Isso é bem problematizado por Gadamer no livro *Verdade e método,*[4] onde ele fala em uma *fusão de horizontes* (*Horizontverschmelzung*) entre o intérprete e seu objeto de interpretação. Um objeto histórico e eu, como intérprete, nos comungamos dentro de uma linha do horizonte na qual se projetam o passado e o presente, e onde se encontram o objeto e o olhar do historiador. Acho que o gostoso na história é realizar essa fusão de horizontes, não descrever o objeto lá na sua antiguidade grega: o Partenon feito por Calícrates e Ictinos, suas harmonias; mas encontrar o ponto em que ele adquire sentido para o meu presente. Numa metáfora, não me interessam muito as contas do colar, me interessa o fio que une essas contas. Interessam os dados, os fatos transmitidos pelos documentos, pelos monumentos, pelos escritos, mas o trabalho do historiador deve ter certa imaginação para articular esses dados como uma espécie de intriga, de mito, de enredo. Isso faz com que a história seja uma espécie de jogo, em que se jogam vários dados e documentos dentro de uma linha de organização e coerência que os reúne com certa imaginação, originalidade e agudeza do olhar.

Por isso, a história é um poço de imaginação, uma trama, uma aventura, tanto quanto é o futuro. A história está sempre sendo remontada, conforme um pouco os interesses presentes. Como no caso do renascimento, devido às próprias carências do presente, seus limites e incapacidades, eu leio uma coisa no passado que me interessa: eu leio hoje no renascimento não aquela ideia de geometria matemática, mas aquilo que me interessa hoje, uma maneira de fundar a cidade, fundar a República, fundar o humanismo. O que estabelece uma nova metodologia de comparação: a história não como descrição ou explicação de fatos, mas como comparação entre contextos espaciais e temporais distintos. De uma certa forma, essa também é uma estratégia de leitura da história colocada pelo renascimento. O renascimento se comparava com os clássicos o tempo inteiro, pois o que é próprio do renascimento não é descobrir os clássicos, os clássicos estavam lá – Vitrúvio foi estudado na Idade Média, na renascença carolíngea por Isidoro de Sevilha, as ruínas romanas estavam lá –, o que foi novo foi colocar esses clássicos em comparação com o presente. Como o conflito de Leon Battista Alberti no início do sexto livro[5] quando se debate com Vitrúvio, como a visita de Filippo Brunelleschi ao Panteão em Roma com a ótica da necessidade de cobrir a Catedral de Santa Maria del Fiore. O renascimento é um pouco fundador dessa perspectiva comparada da história.

Estudar a arquitetura moderna não é estudar Le Corbusier, Frank Lloyd Wright, Mies van der Rohe apenas, mas articulá-los com o presente. O que há de comum entre a geometria de Piet Mondrian e de Gerritt Rietvelt no De Stijl de 1917 e a geometria dos gregos? O que é comum e o que é diferente, o que os distingue? Não explica o renascimento perceber a semelhança com a geometria clássica grega; apesar dessa semelhança, o que os distingue? Eu não quero jamais saber o que Michelangelo e Francesco Borromini quiseram dizer com sua obra, eu tenho os textos deles, a obra deles, a tradição de interpretação de suas obras. A distância que de certa forma nos impede de acessar o sentido original de suas obras, que às vezes nem o próprio autor conhece, tem o seu valor, porque exige que nos coloquemos para preencher, no polo do observador, o elemento que constitui o sentido da obra. O sentido da obra do Partenon grego não está acabado de uma vez por todas, ele é recriado ao longo da história conforme os interesses do meu presente, e as infinitas possibilidades de sentido que abriga à espera do olhar do intérprete fazem dele uma obra de arte. Sua mensagem ao longo da história muda sempre, conforme meu olhar. Bruno Zevi não via o Partenon grego como arquitetura; já Norbert Schulz o vê, porque ambos têm distintas perspectivas de olhar, outro interesse de seu presente.

Essa distância é importante, ela faz com que a história seja algo sempre aberto, sempre possível de ser refeito. Como é o caso do barroco, que só teve seu valor reconhecido diante do presente do impressionismo, como é o caso do maneirismo do século 16, que só teve seu valor reconhecido não como degenerescência das artes plásticas do século 15 a partir da nossa experiência do surrealismo. A interpretação circula permanentemente entre a obra, a biografia do autor, o contexto do autor e o contexto do intérprete.

Sua abordagem do trabalho hermenêutico me remeteu à concepção de história de Benjamin,[6] descrita como um salto de tigre sobre o passado, um arremesso direto de um agora presente sobre um agora passado. A história não como

entendimento da história como um contínuo homogêneo no qual os fatos se acumulam e que inexoravelmente aponta ao progresso, mas como uma rede em que certas relações permanecem, como fio ou como estrutura.

Acho que podem ser feitas várias relações com isso. O olhar bifronte, vesgo, que encara simultaneamente o futuro e o passado para fazer a história no presente, como o anjo de que Benjamin fala. Há uma concepção, que está na origem do drama barroco alemão de Benjamin,[7] que é o conceito de constelação. Da mesma forma como vemos as estrelas no céu, como uma espécie de ruína, e trilhamos linhas imaginárias que lhes dão sentido e compõem constelações, podemos repropor essas linhas de forma diferente da que nos foi herdada pela história. Para isso, temos de ter certo ar lutuoso, um olhar de luto sobre a história. Esse olhar de luto foi também o olhar do renascimento, eles não queriam renascer a antiguidade clássica, eles choram sobre o túmulo da antiguidade e dessas lágrimas derramadas sobre o túmulo da antiguidade nascem as novas flores do renascimento. Com o passado morto, interessa como podemos utilizá-lo e fundi-lo com nosso presente.

Nesse sentido, o historiador opera com a arquitetura como a dobradiça de um biombo; o historiador está sempre preso entre o passado e o presente e a arquitetura é a dobradiça entre os homens, tais como eles foram e tais como deveriam ser. A arquitetura é uma dobradiça também entre técnica, arte e ciências humanas. Um dos grandes problemas hoje é a perda de nossa capacidade de projetar o como deveríamos ser e estarmos presos na resolução de problemas dados pelos homens que somos.

Ficaria descartada então a hipótese de uma história neutra e ausente da própria história?

Sim, porque a história é sempre produto de uma fusão de horizontes: o horizonte do objeto e o horizonte do historiador. É essa fusão que gera a hermenêutica, a arte de interpretar e construir sentido, composta pela explicação – que é aquilo que responde pela parte do objeto – e a compreensão – que é aquilo que responde pela parte do historiador. Os modernistas procuraram atender a uma função e ao mesmo tempo lançar uma certa perspectiva de sociedade, como Lúcio Costa fez em Brasília.

Gostaria que você falasse sobre seu entendimento de verdade na obra de arte. Essa é uma discussão mais específica à história da arte ou não?

A verdade é entendida na tradição ocidental, muito por influência da ciência moderna, como adequação; ou seja, é verdadeiro aquela descrição do mundo que se ajusta perfeitamente aos seus fenômenos. Há uma crítica a esse conceito de adequação, que vem desde Martin Heidegger que trabalha o conceito grego de *aleter*, a verdade como des-exilamento, como tirar as coisas da sua latência, de seu sentido oculto e trazê-las à tona. Há uma outra definição de verdade, em que ele usa o exemplo das botas do camponês de Vincent Van Gogh, que não é apenas a adequação a uma descrição do mundo, é o desvelamento de um mundo. As botas do camponês não são verdadeiras na pintura do Van Gogh porque se adaptam perfeitamente às botas do camponês na realidade. Ela não é uma cópia real, é deformada, e é nessa deformação que ele dá a dizer não apenas a bota, mas o cansaço do camponês, o desalinhavo dos cadarços, a umidade da terra, ou seja, todo o mundo do camponês.

Trabalhamos com a ideia de que a verdade é algo que se produz, não é algo que reproduz o mundo, como uma equação científica. Uma crítica que faço à semiótica é quando ela trabalha a obra como uma espécie de "máquina sem alma", como se ela fosse uma estrutura de significantes rigidamente presos a conteúdos congelados atrás da estrutura. Compreender uma obra, compreensão vem de "prender-se com", compreender uma obra significa prender-se numa obra, tal como Van Gogh se prende nos girassóis que pinta, quando acaba por pintar a si próprio. Há uma compreensão que não é apenas a compreensão da descrição e da explicação dos fatos objetivos e dos documentos. O que me atrai é quando vou além dessas explicações e descrições para encontrar certa coisa que me compreende também. Quero me compreender e compreender o meu tempo no objeto histórico.

Em "Os modos do discurso da teoria da arquitetura",[8] você faz referência à "abordagem crítica" que Manfredo Tafuri apresenta em *Teorias e história da arquitetura*[9] como uma tentativa de reunião de crítica, teoria e história a meio caminho entre o modo explicativo e o modo semiótico ou estruturalista. O Tafuri mais recente, como na introdução de *La esfera y el labirinto*,[10] parece seguir outro caminho, a partir de críticas aos riscos e tentações dos modos do discurso e crítica da história.

Eu não conheço profundamente Tafuri, mas é importante dizer que na minha perspectiva da história eu não trabalho tanto com a ideia de oposição entre Friedrich Nietszche e Heidegger por exemplo, meu pensamento é mais eclético e procuro misturá-los. Cito Tafuri quanto à necessidade de historicizar o estruturalismo para que, justamente, o texto não vire uma "máquina sem alma". A obra de arquitetura abriga a vida, ela não transmite mensagens, ela não pode ser analisada, no meu modo de ver, como um problema de comunicação.

Tento criar um certo ecletismo de referências, meu ponto de partida é de assimilar as referências e articulá-las. Claro que há coisas incompatíveis entre si, o conceito de arquitetura de Bruno Zevi e o conceito de Norbert Schulz não podem ser igualmente assimilados, não proponho um relativismo. É antes absorver várias concepções e procurar entender que razão talvez esteja subjacente entre argumentos, por mais contrapostos que sejam.

Dada a sua recusa da apropriação da arquitetura feita pela semiótica, gostaria que você desenvolvesse mais seu entendimento do que seria o objeto arquitetônico.

O edifício não é um conjunto de signos que transmitem significados, não é um texto que transmite informação. Claro que isso diz respeito à semiótica mais superficial; quando leio Roland Barthes existe uma profundidade que me encanta. Discordo, por exemplo, do tratamento dado à arquitetura por Umberto Eco em *A estrutura ausente.*[11]

O edifício é feito para ser usado, abrigar uma vida e, se for o caso, comportar uma dimensão simbólica e estética. Não quero cobrar do edifício muita coisa além de sua capacidade de se manter de pé – a *firmitas* de Vitrúvio –, da capacidade de abrigar determinada atividade – a *utilitas* –, e de me prover certo deleite estético pela dimensão artística da obra – a *venustas*. Não vejo como isso possa ser traduzido em um fato comunicacional no plano fenomênico da minha relação com o edifício.

Por esse raciocínio, o edifício se diferencia de um texto, mas se diferencia também de uma obra que se percebe como concluída, como uma pintura ou uma escultura?

Claro, pois uma obra de pintura está diante de mim e o edifício está ao meu redor. O edifício é um espaço étnico, é algo que me possibilita usos, que dá estímulos ao corpo. Ele não é algo para ser contemplado, mas é algo para ser vivido, inclusive nas dimensões mais mesquinhas, prosaicas e cotidianas.

Isso é bom porque um dos problemas que temos de enfrentar hoje é certa espetacularização da arquitetura; se Platão chamou de "teatrocracia" a espetacularização do teatro, a arquitetura pode ser chamada de *arquiteturocracia* por ter hiperdimensionado a *venustas*. O espetáculo arquitetural faz perder uma das principais qualidades da arquitetura que é justamente unir a componente estética com a componente do uso e com a componente de durabilidade, que é fundamental para que eu tenha com o edifício uma relação de familiaridade. O edifício só desenvolve sua familiaridade conforme ele resiste ao longo do tempo e abriga várias tradições e várias gerações. A arquitetura pode trazer ao mundo caótico em que vivemos a ideia de familiaridade e torná-lo habitável.

Conformar esse mundo numa certa cosmicidade, tornar esse mundo compreensível, para que eu possa me compreender nele. Inclusive do ponto de vista dos usos, da realização de atividades cotidianas, como dormir, escovar os dentes, assistir televisão. Se a toda hora eu tivesse de interpretar esses gestos como estímulos comunicacionais eu ficaria louco. Além disso, a arquitetura é um dos poucos locais onde posso criar sentimentos de permanência contra o mundo de consumo e da passagem rápida que invade nossas cidades. A arquitetura é um dos poucos instrumentos de constituição de uma familiaridade a longo prazo.

Na arguição da tese de doutorado do professor Antônio Carlos Barossi,[12] você fez referência ao arco hermenêutico da arquitetura; você poderia avançar nesse tópico?

A hermenêutica é a arte de interpretar, essa interpretação não se congela, ela é dinâmica, muda ao longo da história e ela circula entre cinco polos: o polo da obra, do autor, do contexto em que a obra foi feita, da tradição interpretativa que a obra recebe e do contexto do intérprete. A interpretação não se dá apenas sobre a obra, ou apenas sobre a biografia do autor. Além disso, a leitura da obra é informada por várias tradições, umas que apoiam o intérprete, outras que o negam. O arco hermenêutico é esse círculo em que se transita o intérprete.

Como essa percepção do arco hermenêutico da arquitetura poderia colaborar com a atividade projetual?

Não existe o interesse imediato em traduzir uma perspectiva histórica numa perspectiva projetual. Entretanto, o ato projetual se funda, não na inspiração, mas no ato interpretativo do contexto: da situação do terreno em relação à cidade, da situação socioeconômica, da articulação de uma perspectiva de mundo e do diálogo com uma tradição. Sem fazer uma passagem direta entre perspectiva histórica e projetual, nota-se que, quando se projeta, entram em cena aqueles mesmos polos do arco hermenêutico. Coloco em cena certa perspectiva minha de ver o absoluto, as coisas que me cercam, a natureza, os meus semelhantes, ou seja, a questão do presente do intérprete; coloco em cena uma visão de determinado contexto físico e social; coloco em cena uma relação minha com a tradição arquitetônica.

O ato projetual é pensado por mim no âmbito da tradução, ele é uma maneira pela qual eu traduzo essas interpretações em ato construtivo, em ato projetual. Aí há uma interação complicada, o âmbito da interpretação histórica opera com o edifício e os documentos para produzir textos e afins, o ato projetual opera a mesma interpretação, mas tem a obrigação de traduzi-la em linhas, traços e materiais construtivos. Ao fazer essa passagem de um âmbito a outro, há algo que consigo passar e algo que não consigo levar e, ao mesmo tempo, o trabalho sobre o material provoca outras coisas que não estavam numa instância da interpretação.

Na mesma arguição, você fez menção a experiências que apresentam a complexidade e a totalidade da arquitetura como parâmetros desde o início do ensino de arquitetura. Que resultados e avaliações essas experiências têm lhe trazido?

Em tecnologia, essas experiências não aconteceram. Mas em história e em projeto têm sido feitas. Isso implica retirar a creditação sequencial das disciplinas, como se fosse uma sucessão da simplicidade até a complexidade. Por que tenho de começar pela antiguidade? Posso começar a história pelo meio, ou pelo contemporâneo. Em minha disciplina de história da arquitetura nos séculos 15, 16 e 17 procuro, na medida do possível em uma estrutura geral do curso, discutir o contemporâneo e a antiguidade. Sendo capaz de articular um jogo de comparações, é possível e desejável começar a história pelo meio. A história não caminha apenas de maneira contínua e sucessiva.

Meus alunos obtêm ótimos resultados lendo documentos passados em perspectiva histórica e contrapondo com a contemporaneidade. Acho perfeitamente pertinente no projeto arquitetônico. Não me parece mais pertinente partir do simples, da casa, para o complexo, o edifício industrial e o planejamento urbano. Quando o aluno ingressa numa escola de arquitetura ele já tem uma experiência prévia da arquitetura e da cidade, ele está no meio de uma série de relações que têm de se articular desde o começo, não como se fosse um depósito de camadas de conhecimentos recebidos; é como uma flor que já tem na semente todo o seu potencial, como uma totalidade. Faça-se essa experiência, avalie-se depois.

Em "Arquitetura e humanismo; do humanismo de ontem à arquitetura de hoje"[13] você apresenta seu entendimento de um humanismo contemporâneo; como você imagina que poderá ser recuperado esse primeiro humanismo senão a partir da obra e atuação individuais?

Nosso problema hoje é fazer pautar as ações individuais e corporativas pelo bem comum e de considerar que é o cidadão, e não o indivíduo, a referência basilar da sociedade. O espaço comum precede o espaço privado. E é termos uma origem e um destino comuns que nos fazem estar numa sociedade e não numa massa. Este espaço comum é o que nos impede de estarmos *atirados* uns sobre os outros, como no totalitarismo.

Nesse mesmo texto, você faz referência a Brasília como exemplo de um projeto de "humanidade do homem"; faz referência também ao modo como, para inventar um homem e um mundo, os humanistas do *Quattrocento* inventaram um passado, como quem inventa um mito. Como você entende o engajamento dos arquitetos modernos brasileiros com o passado?

Os arquitetos modernos inventam, sem dúvida, um passado e um mito. Sempre que caminhamos para o futuro com solidez, caminhamos simultaneamente para o passado e o reconstruímos, como se nele estivesse a semente do ideal que pretendemos alcançar no futuro. Foi isto que Leonardo Bruni e os renascentistas fizeram também como respeito ao passado de Florença. Ou seja, caminhamos simultaneamente para o futuro e para o passado.

Uma postura humanista se desdobra em várias faces e ações, no trabalho de arquitetura. Por exemplo, quando construímos simultaneamente para a sociedade tal como ela é e as necessidades presentes e para a sociedade e os homens tais como eles deveriam ser. A arquitetura e o urbanismo situam-se nesta dobradiça e o nosso grande problema hoje é justamente imaginarmos, projetarmos e construirmos a nós e a nossa sociedade tal como ela deveria ser, e não apenas em função do gozo e das demandas do presente. Além disso, a arquitetura é um dos poucos locais de resistência ao efêmero atual e deve ser pensada dentro de uma perenidade e referência que se estende no tempo. Sem isso, ela não constrói o sentimento de familiaridade nossa com nossos ambientes, e que é fundamental para que a arquitetura realize seu objetivo de transformar em cosmos o caos do mundo que nos cerca. Para isso, ela deve durar e estabelecer uma república intergeracional, não só entre os vivos, mas também entre estes e os que morreram e os que vão nascer.

Além de Lúcio Costa, citaria Severiano Porto, Vilanova Artigas, Joaquim Guedes (projeto da Bicocca), Lina Bo Bardi, Gregori Warchavchik, Sérgio Bernardes, Aleijadinho, dentre outros, cujos projetos e opções em muito contemplam valores e estratégias humanistas. Mas uma das proposições fundamentais, nesta perspectiva, hoje, talvez seja a destruição ou modificação radical do conceito de autoria em arquitetura, na medida em que precisamos dar espaço para uma autoria compartilhada, e não mais para uma arquitetura de autores.

Isto também vale para o teatro, que deve superar a proeminência do encenador e enfatizar a produção como uma autoria coletiva e que se estende além do próprio elenco. Arquitetura, filosofia e teatro são ciências da complexidade e da eminência. Elas lidam com a vida em sua totalidade. O palco e a casa ou a cidade são como a vida concentrada. Dentro da ótica grega renascentista e republicana, arquitetura e teatro devem ser colocadas em função da cidade ou *bene beateque vivendum*, como diz Alberti. Não são fins em si mesmas. É esta perspectiva republicana que pretendo promover.

Notas

1 BRANDÃO, Carlos Antônio Leite. *A formação do homem moderno vista através da arquitetura*. Belo Horizonte, Editora UFMG, 1991.

2 BRANDÃO, Carlos Antônio Leite. Introdução à hermenêutica da arte e da arquitetura. *Topos – Revista de Arquitetura e Urbanismo*, v. 1, n. 1, Belo Horizonte, jul./dez. 1999, p. 113-123.

3 ECO, Umberto (1977). *Como se faz uma tese*. 14ª edição. São Paulo, Perspectiva, 1996.

4 GADAMER, Hans-Georg. *Verdade e método: traços fundamentais de uma hermenêutica filosófica*. 3ª edição. Petrópolis, Vozes, 1997.

5 ALBERTI, Leon Battista. *Da arte de construir: tratado de arquitetura e urbanismo*. São Paulo, Hedra, 2012.

6 BENJAMIN, Walter. Sobre o conceito de história. *Magia e técnica, arte e política: ensaios sobre literatura e história da cultura. Obras escolhidas, volume 1*. Tradução Sergio Paulo Rouanet. 1ª edição. São Paulo, Brasiliense, 1985, p. 222-232.

7 BENJAMIN, Walter. *Origem do drama barroco alemão*. São Paulo, Brasiliense, 1984.

8 BRANDÃO, Carlos Antônio Leite. Os modos do discurso da teoria da arquitetura. In KIEFER, Flavio; LIMA, Raquel R.; MAGLIA, Viviane V. Boas (Orgs.). *Crítica na arquitetura: V Encontro de Teoria e História da Arquitetura*. Porto Alegre, Ritter dos Reis, 1999, p. 17-43.

9 TAFURI, Manfredo. *Teorias e história da arquitetura*. Lisboa, Presença, 1979.

10 TAFURI, Manfredo. Introducción. *La esfera y el labirinto*. Barcelona, Gustavo Gili, 1980, p. 5-28.

11 ECO, Umberto. *A estrutura ausente: introdução à pesquisa semiológica*. São Paulo, Perspectiva, 1987.

12 BAROSSI, Antonio Carlos. *Ensino de projeto na Faculdade de Arquitetura e Urbanismo da Universidade de São Paulo*. Orientador Joaquim Guedes. Tese de doutorado. São Paulo, FAU USP, 2005.

13 BRANDÃO, Carlos Antônio Leite. Arquitetura e humanismo; do humanismo de ontem à arquitetura de hoje. In MALARD, Maria Lucia (Org.). *Cinco textos sobre arquitetura*. Belo Horizonte, Editora UFMG, 2005, p. 21-62.

O silêncio e a história na arquitetura

Gustavo Rocha-Peixoto

Entrevista concedida por Gustavo Rocha-Peixoto a José Lira no Rio de Janeiro RJ, Brasil, em julho de 2019.

Antes de qualquer coisa, fale-nos do ambiente de formação e especialmente como você localiza o ensino de história naquele momento no Rio de Janeiro.

Eu entrei na Faculdade de Arquitetura e Urbanismo da Universidade Federal do Rio de Janeiro – FAU UFRJ em 1976. Era Geisel o presidente, fase final da ditadura. As grandes figuras engajadas tinham sido aposentadas e já não estavam mais na universidade havia muito tempo. A escola era muito segmentada, dividida em seis departamentos muito estanques, o que ainda permanece. Em 1968, quando as cátedras foram extintas, havia seis grupos de catedráticos. Eles tinham gabinetes na escola desde a época da Faculdade Nacional de Arquitetura e isso deu origem aos seis departamentos. O edifício já estava feito, então aquela setorização por cátedras determinou um pouco a departamentalização. O Departamento de História e Teoria era distante do Departamento de Análise e Representação da Forma, dos Departamentos de Projeto e de Projeto Urbano, e dos Departamentos mais técnicos, um de Tecnologia da Construção e outro de Estrutura, domínio dos engenheiros até hoje.

Quem eram os professores de história quando de seu ingresso?

Fui aluno de Flavio de Aquino no primeiro ano. Era um crítico notável. Lecionava história da arte. Haroldo Cardoso de Souza foi um professor muito importante na minha formação. Lecionava história da arquitetura medieval com uma grande abertura para os alunos. Fui seu monitor no final do curso e posso considerar que foi meu professor de ser professor. Depois, Augusto Silva Telles, Alfredo Britto e Dora Alcântara. Eram excepcionais professores de arquitetura no Brasil, a matéria inventada pelo mentor de Dora e Silva Telles, Paulo Ferreira Santos. E "AB", como chamávamos a matéria, tinha fortes relações com o patrimônio e o Instituto do Patrimônio Histórico e Artístico Nacional – Iphan. Havia ainda – além de Silva Telles – muitos representantes de *dinastias de arquitetos* na escola: Thales Memoria foi meu professor de história, seu irmão Péricles Memoria, de Projeto. Eram filhos de Archimedes Memoria, o catedrático de Grandes Composições de Arquitetura e *herdeiro*, por sua vez, do Escriptório Technico Heitor de Mello. Havia também Helena Mayerhofer, lecionava história antiga, era irmã de Lucas Mayerhofer, que já tinha se aposentado, mas que era professor emérito sócio de escritório de arquitetura (o escritório M&T Arquitetura segue atuante com os descendentes do professor Lucas e do arquiteto Aldary Toledo). Não posso deixar de mencionar Fernando Cabral Pinto, notável maquetista, excelente desenhista. Uma pessoa de notável integridade moral e doçura no trato. Um desenho dele no quadro de giz era algo que devia ser tombado. Mas aquelas catedrais de giz, os cortes perspectivados (e com sombra) no tamanho do quadro eram, como se pode imaginar, invariavelmente apagados pela limpeza.

Nem todos os meus professores de história estavam no ensino de história e teoria. O mais influente formador da minha cabeça de historiador e crítico da arquitetura foi Jorge Czajkowski, que estava no Departamento de Projeto (que se chamava então Departamento de Planejamento) de quem me tornei amigo. Ele criou o Núcleo de Pesquisa e Documentação. Ubi Bava era do Departamento de Análise e Representação da Forma. Nunca fui oficialmente seu aluno, mas ele recebia alunos no Departamento, e com eles conversava livremente sobre suas investigações na Itália, sobre o renascimento, sobre arte moderna. Ali havia um clima de conversa entre amigos, como se fosse a sala da casa dele. E muitos professores frequentavam as conversas.

Já era nítida para você a opção pela História?

Em algum momento isso se tornou nítido. Possivelmente foi a história que me atraiu para a arquitetura. Talvez devesse dizer a cultura clássica, que aprendi a apreciar desde o colégio. Daí há três nomes a destacar: o reitor dom Lourenço de Almeida Prado, humanista erudito e refinado, inventou uma disciplina com esse nome – cultura clássica – que consistia na leitura comentada de Homero, Virgílio, Shakespeare, Goethe... Nem tanto os textos clássicos importavam, mas as histórias – as narrativas, entende? –, os enredos que se entrelaçavam, acompanhados de pequenos trechos dos poemas. O professor encarregado da tarefa era Anildo da Silva Oliveira, que também lecionou português, literatura e latim. O terceiro nome é o de Fernando Miguel Pinho de Almeda, grande professor de história e muito querido amigo. Um dia, no final da faculdade, fui à sua casa em Copacabana e disse ao Pinho que resolvera ser professor de história. Ele não respondeu, mas vi uma lágrima correndo no seu rosto.

Meus pais me matricularam no Colégio São Bento, que era aquele ambiente recôndito ao lado da igreja, o sino, os monges rezando. Por outro lado, também me fizeram ser aluno de Ivan Serpa no Museu de Arte Moderna – MAM do Rio de Janeiro. E aí o contraste dos espaços também me ensinou a estender o cardápio de possibilidades do espaço. O aterro não tinha as árvores que tem hoje, era ainda muito novo. O edifício do Affonso Eduardo Reidy era novo também. O relógio da Mesbla, no fundo, tocava carrilhão a cada quinze minutos. A Glória, o aeroporto, os postes do aterro. Eu passei a faculdade com essas memórias muito vivas, mas eu acho que só realizei, de fato, depois de formado.

E com relação à sua especialização em Filosofia?

Era um mestrado, mas ambicioso demais para o que eu tinha capacidade de fazer naquele momento. Eu não defendi a dissertação, mas as horas me deram um equivalente à especialização. Era o embrião que depois veio a ser a minha dissertação no mestrado, na FAU UFRJ. Ainda depois de defendido, foi publicado por Vicente Wissenbach como o *Reflexos das luzes na terra do sol*.[1]

Mas a dissertação tem um outro título: *Arquitetura neoclássica no Brasil 1808-1831*...[2]

Quem questionou o título foi Ítalo Campofiorito. E um parecer da Sylvia Ficher para a proposta de edição. Os edifícios estão lá, eles são o motivo, mas eu ainda não tinha me libertado das estruturas interpretativas.

Por que a eleição desse tema? Era uma lacuna que você percebia na sua formação sobre a historiografia do período?

Sim. A arrogância do jovem sempre vai atrás de lacunas achando que vai descobrir sozinho o que não *ensinaram* a ele... Eu achava que aquele período era um pouco fora do que a gente aprendeu na escola, aquela ideia de uma arquitetura religiosa, de uma arquitetura barroca, muito ligada a Minas Gerais. Essa ideia de que o Brasil é barroco, de que há uma constante barroca. No meio disso, tem um período interessante, de uma arquitetura tão limpa...

Reconhecida pelo próprio Lúcio Costa...

Exato. Mas isso tudo, para mim, demorou. Recém-formado, eu fui trabalhar no Instituto Estadual do Patrimônio Cultural – Inepac com Ítalo Campofiorito, a quem fui indicado por Marcos Bittencourt, colega da FAU. Comecei a trabalhar com o arquivo, atualizar fichas de bens tombados ou em processo de tombamento pelo Estado. Mais tarde, na época em que Darcy Ribeiro era Secretário de Ciência e Cultura do Estado, fui encarregado pelo Ítalo de representar o Inepac na equipe de restauração do que viria a ser a Casa França-Brasil na antiga Praça do Comércio do Rio, de Grandjean de Montigny. Foi aí que essa personagem ganhou relevo na minha trajetória. O projeto é de Rodrigo Meniconi, um arquiteto mineiro que estava no Rio de Janeiro, vindo de um curso longo de restauração em Roma. E a obra era responsabilidade de Jayme Zettel, pelo Iphan. Fiquei no patrimônio estadual por oito anos, se não me falha a memória. Toda a década de 1980, mas as reflexões sobre o edifício foram um embate direto com tentar entender aquele edifício, de modo diretamente relacionado com a experiência no patrimônio.

Tem uma coisa que é importante salientar no seu livro,[3] e em vários de seus trabalhos posteriores, que é a preocupação com o papel pedagógico da História. Até que ponto o seu interesse pela História começa por esse seu interesse com a formação do arquiteto?

Naquele momento, eu não tenho dúvida nenhuma, é isso mesmo. É entender de que maneira o arquiteto entrava na discussão; a importância do Grandjean, que é relativamente difícil de entender, porque do Grandjean só restam duas obras de pé (além da portada do edifício demolido da Academia, transportada para o Jardim Botânico). Eu queria entender por que ele veio a ser uma pessoa importante com uma obra tão pequena. E conclui que foi a tradição da *Beaux-Arts*, transposta tão cedo para a América portuguesa, e o ensino na capital do novo Império do Brasil que transformou Grandjean em ocupante do lugar de memória na cultura arquitetônica do Brasil.

Ainda que não seja um texto de historiografia, o seu livro *Reflexos das luzes na terra do sol* focaliza os escritos da época, a bibliografia que se lia e como ela era trabalhada na formação dos arquitetos. Vê-se que, ainda nesse momento inicial de sua formação, já há um interesse pela escrita, pelas maneiras de escrever e o seu papel na compreensão do tempo, da história e da própria arquitetura. Percebe-se desde então sua motivação em dar sentido à academia e a essa tradição clássica.

A gente tinha um ano inteiro do curso dedicado à história da arte dada, necessariamente, em ordem cronológica, em que não se podia falar de arquitetura e, muito menos de Brasil, porque aquilo era o ano introdutório. Depois, três períodos de arquitetura geral, em que não se podia falar de arquitetura no Brasil. Depois então, finalmente, arquitetura no Brasil, que chegava até o sétimo período. Finalmente, no sétimo período, você podia ouvir falar em Reidy, Oscar Niemeyer, naquilo que, de fato, deve ter motivado todo mundo a chegar perto da escola. Como se junta isso? Por que o Brasil tem que ser diferente do resto do mundo? Por que eu não entendo isso no mundo? Isso é lacunar na minha formação, mas isso é que está já no mestrado. Tentar entender as coisas no mundo.

Fale do deslocamento que você faz em relação ao mestrado?

No doutorado, eu fui estudar os alunos da academia, os primeiros arquitetos que saíram da academia.[4] Na realidade, esse era o meu plano. A minha ideia era ver o que saiu daquela escola, porque aí, para mim, já existia uma sombra obscura. Aí eu acabei me concentrando em quatro arquitetos que têm produção grande e muito diversa. Um deles, Araújo Porto Alegre, que já aparecia um pouco nos *Reflexos das luzes na terra do sol* como um formador e como arquiteto, coisa difícil de separar do Porto Alegre decorador. José Maria Jacinto Rebelo era engenheiro formado pela Escola Central[5] e fez a aula de arquitetura civil na Academia Imperial. Joaquim Cândido Guillobel, um engenheiro português que veio já formado para o Brasil, um pouco depois de dom João, e aqui fez o curso do Grandjean. O quarto nome é Francisco Joaquim Bethencourt da Silva, que não era engenheiro, embora tenha dado aula na Politécnica e tenha fundado o Liceu de Artes e Ofícios, que existe até hoje, a partir de uma crítica que ele fazia à ideia de que a Belas Artes formava só desenhadores e não fazedores e nem engenheiros.

Então todos foram alunos do Grandjean de Montigny?

Todos foram alunos do Grandjean. Fiz minha tese na história, não na arquitetura. Aliás, esse é um assunto que acho relevante: como a arquitetura e a história da arquitetura aparecem para os historiadores? Este é um embate que eu custei a perceber, e que exigiria de mim uma reflexão metodológica. Eu fui procurar Afonso Carlos Marques dos Santos, que era professor titular de teoria da história e que, como historiador, muito se dedicara ao estudo da cidade e da arquitetura, e também no período entre os séculos 18 e 20. Ele orientou muitos arquitetos, porque, na história, era o professor que tinha esse interesse. Um texto seu sobre o Paço Imperial, por exemplo, ele tratou como uma biografia do edifício. Para ele, para o historiador – e isso é uma coisa muito clara naquilo que os historiadores chamam de história –, arquitetura e cidade se constituem como fonte, isto é: informação para a construção da narrativa histórica, não se trata da história da arquitetura com o interesse que nós, arquitetos, temos. Para o campo disciplinar da arquitetura, o edifício é objeto arquitetônico. A história da arte não estava criada como uma disciplina no Brasil, capaz de formar pesquisadores em nível de pós-graduação. Então, um dos meus problemas era buscar um quadro teórico que me permitisse tratar do objeto arquitetônico como fonte e, *ao mesmo tempo*, como objeto de estudo. Porque não se trata de subordiná-lo a uma categoria interpretativa preexistente, nem de tratá-lo apenas como fonte de algo para o qual ele não tem sentido *em si*. Essa é a questão. E eu, talvez, se não tivesse feito o doutorado na história, não teria chegado nesse ponto.

É outro interesse no espaço, não é? O espaço é um palco, um suporte material...

Isso. Ele tinha toda a leitura dos historiadores da arquitetura e dos historiadores da arte mais contemporâneos, mas aquilo, para ele, servia a um outro protocolo científico, a uma outra episteme.

Eu queria lhe ouvir um pouco sobre o impacto do seu trabalho com as coleções sobre historiografia. Sobretudo se pensarmos no caso do Brasil, em que nós temos uma deficiência gigantesca não só de documentação, mas de profissionais e instituições.

O Afonso, meu orientador, dizia: "Eu não faço história cultural. Eu acho que isso não é possível de se fazer no Brasil. Eu faço história da cultura, exatamente pela falta de documentação. Para se fazer história cultural, precisaríamos de arquivos como há na França".

E olha que ele está falando como historiador, imagina os historiadores da arquitetura. Os historiadores ainda dispõem de bons acervos, mas os de arquitetura, os que existem, estão em um estágio de vulnerabilidade enorme.

Não só de classificação precária, mas, sobretudo para os mais recentes, de vieses quase obrigatórios.

Tem um texto seu em que você trata dessa relação entre historiografia e documentação, não é?

Sim, no primeiro Encontro da Associação Nacional de Pesquisa e Pós-graduação em Arquitetura e Urbanismo – Enanparq, em uma mesa sobre historiografia,[6] e teve uma outra mesa que eu organizei com Laís Bronstein e Maria Cristina Cabral,[7] aí pensamos em fazer um seminário e me ocorreu que a ideia de coleção servia para juntar todos os trabalhos. Aí havia uma tentativa de fazer uma ponte entre uma história que necessariamente parte de um embate com o objeto – com a coisa mesma; a obra tocável (tangível) – e uma ideia de história a ser construída a partir da coleção de embates com os objetos. Não de coleções sobre arquitetura, mas coleções de arquitetura propriamente dita. Seja como museus imaginários (Malraux; Warburg) no sentido das imagens de arquitetura, ou museus que a gente forma na imaginação a partir de uma coleção que a gente faz da vivência sobre arquitetura. Então, por exemplo, a ideia de como Andrea Palladio se qualifica e se apresenta constituindo uma coleção pessoal de arquitetura, que ele publica nos *Quattro Libri*.[8] O livro de tombo do patrimônio é uma coleção de arquitetura. (De muito mais do que arquitetura, mas o primeiro patrimônio do Iphan, de 1937, é uma coleção de arquitetura, de espaços, feita principalmente por arquitetos). Os volumes de Pausânias, o autor romano da Descrição da Grécia – uma espécie de guia de viagem –, formam uma coleção de arquitetura grega. Ele vai atrás da arquitetura embrenhando-se pelos recantos da Grécia antiga a fim de sistematizar a Grécia e seus lugares como um eco-museu, uma coleção de si mesma.

Em algum momento desse texto você contrapõe as ideias de Georg Wilhelm Friedrich Hegel e Benedetto Croce...

Achar um intermediário que não seja nem totalmente desmaterializado como a estética do Hegel e nem recuse aquilo que a gente pode considerar uma história da arquitetura, no sentido mais tradicional. Não se trata, simplesmente, de olhar criticamente para um objeto. Naquele momento, foi o que eu consegui ver. Na coleção, você pode tentar entender como é que um edifício, que de fato interesse, pode ter vários tempos dentro dele, ter uma coleção de tempos dentro dele. Eu acho que isso já estava insinuado quando eu falava da Casa França-Brasil: ela não precisa mais ser considerada no contexto, no século, ou mesmo no conjunto de obras do Grandjean. Ela já pode ser entendida, por exemplo, no conjunto dos edifícios de planta centrada e que não são religiosos. O exemplo que eu dou disso é: a foto que aparece no interior daquele edifício é de uma exposição da Iole de Freitas. A gente pode relacionar isso com outras Ioles de Freitas em outras arquiteturas, porque a artista produz sempre uma forma de reinterpretar o espaço do edifício com suas criações. Os *site specifics* de Iole de Freitas tornam possível outra coleção; possibilitam outro tempo interpretativo.

Você está falando de coleção como uma forma de narrativa? Pensar a coleção como uma estrutura narrativa útil à análise histórica?

Eu acho que a historiografia é que vem da coleção. Muitos dos avanços metodológicos da historiografia vieram de coleções. Giorgio Vasari partiu de uma coleção de desenhos dele, de um museu imaginário que ele faz, reproduzindo obras que estão em lugares diferentes da Itália; e que ele põe juntas. Isso está lá naquele texto do Enanparq.[9] Ele faz o acervo e sistematiza em coleção, por exemplo, criando *passe-partouts* gravados para as reproduções desenhadas por ele. Pena que isso não exista mais. Germain Bazin diz isso em sua história da história da arte,[10] que a grande contribuição de Vasari foi ter feito essa coleção, além de ter feito a coleção de desenhos dos Uffizi, que vai do Palácio Pitti até o centro de Florença, por cima da Ponte Vecchio. Aquilo é criação dele, que também é um colecionador, um sistematizador de desenhos. Depois disso, Johann Joachim Winckelmann, também olhando coleções na Itália, vai mudar a ideia da história da arte. Em vez de biografias de artistas, ele escreve a história da arte como uma biografia da própria arte. A história da arte antiga tem um nascimento, uma vida, uma morte. Não a vida dos artistas, mas a vida autonomizada da própria arte. A morte, a decadência e o renascimento da arte. Ele faz isso já um ciclo adiante em relação ao Vasari. Realmente, já está prenunciando um novo renascimento.

Já que você citou Vasari e Winckelmann, você vê a história da arquitetura como parte da história da arte? Ou há uma especificidade? No século 20, o que a gente vê é, justamente, um esforço de construir uma outra maneira de olhar os objetos, diferente da praticada pelos historiadores da arte.

A história das coleções apareceu, na tese, como solução para o quadro teórico que eu tinha que fazer. Eu precisava superar a ideia de que eu estava fazendo uma história para compreender algo que não fosse o próprio objeto que eu estava tentando entender. Eu não podia falar do objeto ainda, porque eu não tinha a clareza com que estou falando agora, mas eu podia falar das coleções. Então, dali, eu posso transcender a maneira com que a narrativa já está estabelecida, mas olhando objeto por objeto até eles formarem uma coleção. Então eu digo: se é autônomo em relação à história da arte ou não, é uma outra questão que eu, talvez, possa pensar a partir da minha primeira resposta desta entrevista, a partir da leitura de Krzysztof Pomian. Ele diz: a tradição da história da arte é radicalmente diferente da tradição da história. A história da arte não advém dos protocolos do que a gente chama de história hoje, mas da filologia, porque ela trata de objetos que não perderam o valor, que têm um valor perene. Eu acho que não é tão perene assim, a gente vê como tudo muda. Umberto Eco já não tratava desse jeito, mas o valor perene é o que me dá a chave para responder aos historiadores que a arquitetura pode servir para muitas coisas, mas eu estou interessado no objeto mesmo. Como eu posso também estar interessado em um selo pela forma do selo, não só pelo que ele me diz de quanto custava, ou quem estava sendo representado. Essa sutileza o Pomian não tem, mas como leitor de Eco eu contraponho um ao outro, e digo: "Não, tem alguma coisa aí que não precisa ser perene". Aliás, não é perene, é mutável. Mas tem sempre um valor que está ainda presente para que aquilo me interesse.

Além da questão do valor, pode-se pensar, do ponto de vista da história política, o valor da República florentina, o valor contemporâneo, perene. Ou, do ponto de vista da história filosófica, o valor dos diálogos de Platão. Parece-me que existe um outro elemento, e nisso talvez a arquitetura e a arte tenham algo em comum, que é algo para o qual Giulio Carlo Argan chamava a atenção: estamos diante do fato histórico em presença. Ele ainda está diante de nós e ele, de certo modo, demanda interpretação ali, hoje, ao longo dos tempos, desde a sua fatura, concepção, até a nossa interpretação.

No entanto, a diferença entre o artístico e o arquitetônico foi muito enfatizada no século 19, tanto que uma das discussões centrais de Auguste Choisy é a dimensão da construção, a importância do aspecto material, tecnológico, tectônico das obras, e mesmo dos processos sociais envolvidos, a situação dos operários, a organização do trabalho. Existe a análise propriamente morfológica, mas também a análise social. De fato, a gente vê como a história da arquitetura nasce como um capítulo da história da arte. Não é possível ignorar que as principais histórias da arquitetura no século 19 são escritas por historiadores ou estudiosos da arte. No entanto, essa dependência vai sendo problematizada ao longo do tempo, e no século 20 a distância entre uma e outra vai se ampliando.

Isso está no texto, ainda inédito, *Do fogo, do vazio e do silêncio* – um banquete. Vamos ao mais radical de todos, Mark Rothko. Se eu considerar Rothko como se fosse Piet Mondrian borrado, eu terei entendido tudo errado, de um e de outro. O que está em Rothko é espacial. Há um vazio muito procurado, ao longo da vida de Rothko, que só pode ser entendido como uma *arquiteturação* – para não falar que é uma arquitetura. Se a gente aceitar a postulação de que ali há uma arquitetura, que ele vai construindo ao longo do seu fazer de pintor, em suas visitas à Itália, à Capela Médici, à escada da Biblioteca Laurenciana, a Pompeia – que ele precisou rever para fazer os painéis para o restaurante do Edifício Seagram (1958), de Mies van der Rohe. Vemos que a história da arte não se compreende sem a história da arquitetura. A história da arquitetura, aqui, não está subordinada à história da arte. Neste caso, as duas estão tratando do vazio.

Seria interessante que você enunciasse dois temas importantes nestes dois últimos trabalhos de sua autoria, *A estratégia da aranha*[11] e *Do fogo, do vazio e do silêncio*, que foi selecionado para publicação pela Editora UFRJ: a questão historiográfica n'*A estratégia da aranha*, com motivos da urdidura, da trama e a referência à literatura, à poesia, à meta-história. E, segundo, a necessidade que você se coloca, em *A estratégia da aranha*, de recuperar os três grandes paradigmas em que

você se detém: o historicista, o histórico modernista e o culturalista. Existe uma insatisfação, com a narrativa linear e a representação de tempo homogêneo, e que está nos dois trabalhos, mas as suas escolhas narrativas parecem completamente diferentes nos dois textos. A narrativa d'*A estratégia da aranha* é linear, com uma sucessão claramente cronológica. O outro texto é um ensaio livre, em que você se concede, em termos de linguagem e nas referências teóricas, artísticas etc., uma liberdade temporal e uma liberdade de estilo...

Que não tem nada de livre, ao contrário... *A estratégia da aranha* é um acerto de contas, como uma livre-docência, que não temos na UFRJ como vocês têm na Universidade de São Paulo – USP. É uma tese para um concurso de admissão na escola, para uma outra carreira, em que eu concorri com outras pessoas. Naquele momento, não havia promoção para vagas de professor titular. Eu terminei uma carreira e, como não tinha tempo para aposentadoria, pedi demissão e comecei uma nova carreira. Portanto, há uma ousadia de linguagem, mas há de cumprir uma série de coisas, em que eu preciso mostrar que tenho uma tese, que tenho um domínio de erudição da literatura... O meu postulado da aranha não é que a estrutura em teia supera as outras nem que ela é aquela que se apresenta como a única alternativa válida para o tempo presente. Aliás, isso é muito importante: eu defendo que a mescla das três estruturas é necessária. Não só a aranha é reautorizada pela descoberta da composição, e de todo o neo-ecletismo arquitetônico dos anos 1970 e 1980, mas de toda a revisão das academias como concepções importantes.

Você está falando do paradigma historicista...

Exatamente. Porque não preciso mais ter medo da palavra ou do conceito mesmo de historicismo.

Você não vê uma diferença entre o historicismo dos historiadores e o historicismo na cultura arquitetônica?

Eu sempre achei que eram coisas muito diferentes, mas, no fundo, seja como for, trata-se de acreditar na possibilidade de voltar àquela época, ou de refazê-la de alguma maneira. Seja como revisita crítica ou como aventura ou ainda de maneira irônica. Há sempre algo de nostálgico no historicismo.

Com os critérios daquela época, os valores...

É a ideia de reconstruir a história tal como ela foi, que é a proposta historicista de Leopold von Ranke. Ou da cidade do Foustel de Coulanges, de fato a história está ali, a verdade do passado está ali.

Você acha que era isso que estava em jogo no método acadêmico?

Mais ou menos. De uma certa maneira, existe uma possibilidade de voltar. Existe uma vontade de revivescer alguma coisa que não deveria ter morrido, que era melhor antes. É saudosista. Pelo menos sobre esse ponto de vista, a história social e a nossa história da arquitetura têm algo em comum. Vou arriscar um exemplo que me parece importante. Quando eu era menino, as notas de cruzeiro eram temáticas. Se na frente da nota de cinco cruzeiros a figura era do Barão do Rio Branco, atrás a ilustração aludia ao Acre. Na nota de cinquenta cruzeiros, a Princesa Isabel contracenava com uma ilustração da Lei Áurea. Em alguns casos a ilustração do verso reproduzia imagens célebres do acervo do Museu Nacional de Belas Artes, como a Primeira Missa de Pedro Américo na nota que trazia a efígie de Pedro Álvares Cabral. A primeira missa, do Pedro Américo, é a imagem real de como o Brasil foi descoberto, foi assim que ela entrou na minha cabeça. Ir ao Museu Histórico Nacional, que é uma atividade evidentemente posterior ao hábito mecânico e cotidiano de pagar o bonde com uma nota de dois cruzeiros, e sentir a Nação sendo subliminarmente produzida pela obra de arte, é mais do que simplesmente fazer a história como ela era. É tornar a história visível, e em um quadro daquela dimensão. Isso está instalado na minha visão de mundo, porque eu aprendi que a parte da frente casa com a de trás, o que não existe mais hoje. Essa construção pelo cotidiano, na moeda que paga o bonde, produz uma imagem do passado. Isso é historicista.

Mas a estratégia, então, não é uma alternativa aos três?

É uma tentativa de juntar os três, de tornar os três válidos. Não é uma conciliação necessariamente, mas principalmente de revelar os conflitos, desvendar os modos em diálogo.

Como você definiria esses três paradigmas?

Eu posso definir com um monte de palavras ou com aquelas três imagens que eu coloquei no livro. Em uma, trata-se de compor diferentemente as coisas: você pode escrever a Bíblia ou *A divina comédia*,[12] um roteiro de Woody Allen ou a Ata do julgamento de Nuremberg... basta que você arranje tipograficamente as letras, de uma maneira ou da outra.

Mas você está falando de arquitetura ou de textos?

Estou falando de composição, o que há de importante de compor com os mesmos elementos.

Não da escrita?

Sim e não. Falo de uma arquitetura escrita com elementos. Carlos Antonio Leite Brandão, da Universidade Federal de Minas Gerais – UFMG trata disso com a propriedade que me interessa para entender como é que, na raiz dessa história, estão o velho Leon Battista Alberti e Michelangelo, preocupados com a gramática do italiano vulgar, e com a tipografia, o desenho mesmo dos tipos móveis para a tipografia de Gutemberg. Mas também com os elementos arquitetônicos da antiguidade que são justapostos para significar. Sim e não, porque há uma linguagem arquitetônica sendo empregada ali, inclusive com espaços. Isso é um ponto para mim: existe espaço em Alberti, não só arqueologia; em Brunelleschi não tem só estrutura. Como se fosse pouco, mas espaço consciente. E falo de espaço no sentido moderno – August Schmarsow, Alois Riegl, Argan, Bruno Zevi. Aí que está: a minha questão com relação às três formas é que há permanências que nos interessam, essas é que tornam válido o estudo do passado hoje. De fato há passado, porque não passou.

Esse é o paradigma historicista. E o paradigma histórico?

Esse é o paradigma historicista. E o paradigma histórico? A história – Hegel, Karl Marx – é *algo a ser feito*, a história precisa ser atualizada. Ela existe independentemente da gente, a gente será tão melhor quanto mais a gente transformar ela em ato.

E superá-la...

E permanentemente superá-la, até não haver mais o que fazer, porque essa história já estará consumada.

Mas se não há permanência, é sempre superação?

Há superação e há a permanência da história – Hegel, Marx, o jovem Manfredo Tafuri – que não autoriza mais tratar do antigo como se tivesse alguma validade na prática (*práxis*) presente. E aí surge, sutilmente, a *aranha* silenciosa, como um terceiro caminho, mais *descartável*: a história como algo que é quase reles, tal qual uma teia repugnante de aranha. Uma teia de aranha, na verdade, não é a casa da aranha, mas uma armadilha. A presa entra sem se dar conta e a aranha destrói a teia para se alimentar da caça, muito maior que ela. E se alimenta dela ainda viva, suga o que interessa do interior do bicho imobilizado para dele sobreviver. Feito isso, aquela teia já era. A aranha terá de construir outra.

Mas você chamou esse terceiro de paradigma historiográfico. O primeiro seria historicista, o segundo seria histórico e o terceiro seria historiográfico.

Culturalista historiográfico, é a saída.

Por quê? O foco é linguístico, é na narrativa, é absoluto?

O foco é linguístico, é na narrativa e na validação da forma da arquitetura e na arquitetura como discurso. Não é mais um discurso que se faz naqueles termos da composição de caracteres. Mas de produzir a partir da crítica do passado, com fragmento de algo que não é propriamente um pedaço de uma coisa antiga, materialmente identificável, mas que é a linguagem – como o último Tafuri, de *La sfera e il labirinto*. Ela está mais no campo da nuvem dos computadores (WWWeb), dos hiperlinks, dessa possibilidade de ver diferentemente uma mesma coisa.

Tem algo que está no seu objeto e que acho que é um elemento que reaparece na tese não defendida, em *Do fogo, do vazio e do silêncio*. Esses paradigmas são construídos muito mais a partir da maneira como a arquitetura se apropria da história. Eu acho que a sua preocupação recorrente já estava em Grandjean, no século 19, e está ainda n'*A estratégia da aranha* e talvez também em na sua tese que seria de livre-docência: um olhar muito mais para essa operação que os arquitetos, no projeto, fazem com o passado do que para aquilo que os historiadores fazem com a arquitetura. Não importa que seja o passado escrito ou lembrado; o passado memorial ou o passado histórico. É a apropriação que se faz no projeto, na composição, que parece lhe interessar, mais do que nos textos, nas narrativas históricas. Você acha que se a gente pensa desse outro ponto de vista, esses mesmos paradigmas continuam válidos, ou a gente precisaria repensá-los?

Paradigma é um pouco forte. Eu prefiro chamá-los de modos...

Muito bem, mas *A estratégia da aranha* é uma estratégia que vale tanto para a operação projetual quanto para a operação narrativa? Porque eu acho que você tem uma preocupação narrativa muito grande, mas a maneira como você está explicando os três modos, me parece muito mais preocupado com a elaboração desse passado na atividade arquitetônica. Esse é o seu tema?

Esse é meu tema. É a leitura de Paul Ricoeur e, por essa via, reler santo Agostinho: para quem prevalece a ideia de que o passado é uma memória presente. E memória é algo interior que impressiona a mente – na linguagem de santo Agostinho "distende a alma". Mas efetivamente memória é individual. O MAM do Rio, o relógio da Mesbla... são memórias minhas que estão na minha cabeça, mas existe uma porção de coisas na minha cabeça que eu não vivenciei. Você está falando de Grandjean... eu não convivi com esse senhor, a não ser com a imagem dele na congregação da FAU UFRJ, com memórias alheias. Napoleão Bonaparte, Jules Hardouin Mansart, o imperador Adriano. Se falo os nomes deles, você sabe de quem estou falando, mas nem eu nem você os conhecemos. Apesar disso, elas estão coladas na nossa memória, de alguma maneira – como na operação com as notas de Cruzeiro. E essa memória é tão valida quanto a que eu vivenciei. O cineasta Federico Fellini respondeu, numa entrevista sobre a Amarcord, quando um entrevistador indagou se havia algo de real na cidade inventada: "Aquilo é a minha cidade". Aquela cidade que é a verdadeira, é a cidade que eu consigo montar. Aí existe uma coisa que se conta sobre a arquitetura, e a arquitetura se faz poética, no sentido estrito do termo. Não no sentido de ser lírica ou algo fora da realidade, mas como composição de elementos que não são as colunas, mas são algo mais abstrato que as colunas e que distende a alma – aqui novamente Ricoeur, agora lendo Aristóteles.

É o sentido de coleção?

É o sentido de coleção, sim, de reconhecer a possibilidade de formar uma coleção de memórias; uma colega da UFRJ dizia: "Mas, Gustavo, eu indago os alunos sobre as memórias deles, sobre – digamos – o gótico, e eles me vêm com *Senhor dos anéis*". Parei para pensar, depois eu reagi no modo historicista: "Qual é o problema? É com esse gótico que a gente tem de trabalhar" ao menos começar por aí. De fato, o termo "gótico" pode designar um grupo de rock pesado, um "estilo" de vestir-se, de usar as unhas pintadas de preto. A gente não pode terminar como começa. Mas se isso é o que distende a alma – que habita as memórias deles. Se, ao falar da Catedral de Paris, a imaginação remete ao corcunda da Disney, a gente tem que não só começar por aí, como incorporar isso.

Do cavalinho de pau ao radiador do Rolls-Royce...

Exatamente. Em 2019, o governo da França, lançou um concurso internacional de ideias para a reconstrução da Catedral de Notre-Dame de Paris, e é chocante como os argumentos levantados pelos arquitetos foram levianos. "Aquela agulha foi inventada pelo Viollet-le-Duc". E daí? Argui minha consciência aracnídea. E, em seguida, o quê? Para todos nós, e principalmente para os que vivem ali em volta, é eterna aquela agulha. Tudo bem que pode ter sido inventada em algum momento.

Seria menos autêntica...

Por que menos autêntica? Ou melhor: seria menos autêntica do que o quê? Do que a igreja sem a intervenção de Eugène Emannuel Viollet-le-Duc? Destruída desde a Revolução de 1789, abandonada e arruinada? A Catedral de Viollet-le-Duc é alimentada pelo romance de Victor Hugo. É um romance inventado do qual provêm as memórias dos franceses. Se as personagens Esmeralda, Quasimodo, Frollo retornam à mente dos alunos de arquitetura no Brasil do século 21 como desenho animado, é porque são ainda fortes e estão vivas. E se a Catedral que foi incendiada dependeu de Victor Hugo e de Viollet-le-Duc, é sinal de que algo está muito vivo naquele complexo espacial. Dele decorre a arqueologia no parterre da catedral, a vontade de revelar escombros da catedral e até mesmo a crítica ao tipo de restauro praticado ali. O que me incomoda em lançar um concurso agora e já ter esse monte de gente querendo ganhar concurso, é um pouco uma espécie de perda do sentido do sagrado. Não do sagrado da igreja, que por acaso é um espaço sagrado. (*Sanctuaire*, diria o Monsenhor Claude Frollo, o Arquidiácono da Catedral de Paris de Victor Hugo). Mas aquilo, para um parisiense, mais do que para qualquer um de nós que já foi várias vezes lá, deve ter algo de sagrado para ser incorporado. Quer dizer, a fumaça não esfriou e já tem concurso aberto. Não que não se possa fazer nada, mas a gente está vivendo um luto pela perda de algo muito importante para a civilização ocidental, se é que isso existe: a perda de uma imagem que incorpora Walt Disney e Vitor Hugo. E Vitor Hugo é o construtor da idade média, no imaginário, da minha geração, como Disney para a geração dos nossos alunos. E Vitor Hugo não é uma pessoa fora do ambiente dos embates pela nacionalidade e é um contemporâneo do Viollet-le-Duc. Vamos esperar o luto acabar e deixar o nosso sentimento de luto dizer o que fazer? Parece uma coisa um pouco precipitada, porque qualquer proposta que surja por ali vai ser um pouco no afã de produzir ideias e vender-se num *starsystem* de revistas de arquitetura.

Não se trataria então de escrever sobre outras arquiteturas? Sobre outras dimensões para além do fazer projetual? De escrever para outros públicos que não apenas os arquitetos ou os historiadores da arquitetura?

E escrever em outros formatos que não só o livro, o jornal e o artigo de revista, porque a gente talvez tenha que escrever filmes de ficção em que a arquitetura apareça de uma maneira que nos interessa. Outras narrativas, aí sim, não lineares. Porque a escrita, de fato, sempre é linear. Por mais hipertexto que haja, alguma linha você fará.

Eu queria lhe ouvir um pouco sobre a tese do banquete, em *Do fogo, do vazio e do silêncio*, sobre a imagem, muito interessante, da culinária, dos convivas, dos seus convidados principais...

E uma porção de alusões, ao fogo, ao banquete do Platão... mas sem o compromisso e os escrúpulos de um especialista em Platão, são referências apenas subjacentes. O Prometeu mesmo, que patrocina uma parte do texto, não está no texto senão pela peça de Ésquilo, já que trechos da peça aparecem na construção da linguagem e, de fato, o texto não é feito para que se o compreenda com tanta clareza. Não está no pé da página. São deixadas pistas de propósito escamoteadas e explícitas no discurso.

Porque essas imagens são tão desmaterializantes. Eu não sei se é essa a palavra. Mas é o vazio, é o silencio, o fogo, é como se você estivesse limpando...

Você tem razão. Talvez tenha uma coisa depurativa. Tem um diálogo com o Reyner Banham explicito ali, dito com todas as letras...

É o *The Architecture of the Well-Tempered Environment?*[13] Essas imagens, a do fogo você retira de Peter Zumthor? Esse trabalho de elaboração de imagens primitivas, no sentido mais elementar, não daquilo que está no passado, mas do abrigo primeiro, da cabana primitiva?

Da caverna, da fogueira...

Há algo similar a um esvaziamento. Do ponto de vista formal, é o que há de mais simples; do ponto de vista tecnológico, como você disse, é o que é mais primitivo. Em certo momento você pontua: "Eu quero falar da história na arquitetura e não da história da arquitetura". Ou seja, dessa permanência temporal no edifício, que é o que interessa aqui. E essa permanência temporal parece também remeter a certos elementos míticos, mitológicos. Um deles, o fogo, que é um elemento de civilização, mas é também um elemento de destruição. São imagens, e há o silêncio no final...

A impossibilidade do silêncio. Sim, mas aí vem de John Cage... Então, eu trato o texto em *Do fogo, do vazio e do silêncio* de uma forma abertamente ensaística. Sua importância, para mim, é a de ter transcendido a narrativa de tese, que você identificou n'*A estratégia da aranha*, com um argumento que vai do começo ao fim. No banquete, ela é dividida em doze partes, como se fossem as horas do dia, como no *Ulysses* de James Joyce.[14] E há três setores, um deles sob a égide do fogo Prometeu, do fogo civilizado, dado ao homem como um modo de existir como homem, o fazedor do homem. A segunda é dedicada ao Hefesto, que é o Titã do fogo não controlado, do vulcão, da erupção vulcânica. Há toda uma composição sobre preencher os espaços com lava e com coisas do fundo da terra que sufocam o espaço possível, porque já não há mais vazio, já que preenchidos por um muco – e isso tem a ver com a leitura espacial que Rothko faz da pintura. Em um livro que nunca publicou em vida – foi publicado postumamente pelo seu filho Christian Rothko – ele diz: "Há dois tipos de espaço na pintura: um espaço ilusório, que é uma abstração do espaço, e um espaço que é, de fato, representado como algo existente". Até em Giotto esse era o espaço predominante. É um espaço como se fosse uma gelatina, um muco que está ali. Esse vazio, na parte sobre a proteção de Hefesto, é preenchido ou não. E aí entra Jackson Polock, que é uma erupção vulcânica que preenche o espaço.

Eu acho que há ainda um outro tipo, intermediário, que está, por exemplo, em Mira Schendel; ela é como um sismógrafo. Ela não preenche espaços e nem produz espaços ilusórios, mas nos papéis finos de arroz, riscados, marcados e suspensos, o que Mira Schendel parece querer fazer são registros sismográficos de tremores de terra quase imperceptíveis. Essa interpretação não é original, minha, mas aparece em resenhas sobre a artista. E é um espaço totalmente abstrato, que é o que o Rothko chamaria de ilusório na pintura, mas é justo chamar para a arquitetura. Mies van der Rohe, na Neue Nationalgalerie, no andar superior: não há coisa alguma – há um completo vazio, homogêneo. O que Rothko faz é justamente discutir esse tipo de espaço que eu vejo no pavimento vazio de Mies para a Galeria Nacional em Berlim. Foi esse mesmo Rothko que precisou voltar a Pompeia, na Itália, para rever o triclínio da casa do Fauno, e visitar a Biblioteca Laurenziana em Florença como parte da tarefa de executar os painéis para o restaurante Four Seasons no edifício Seagram em Nova York.

Aí a gente parte para o silêncio. Parece-me que quem tem o silêncio arquitetônico é o Louis Kahn, que é, para mim, um templo egípcio. Ele viu o espaço mucoso do Rothko. Frequentemente, nas viagens, Louis Kahn representa o espaço e deixa os monumentos na cor do papel. Penso que fogo, vazio e silêncio têm sim algo de depuração e, mais ainda, de sublimação, mas não de modo simples, porque o vazio de Rothko é impuro, é um muco turbulento e traiçoeiro. O fogo tem toda ambiguidade de ser simbólico, de prover vida, saúde, alimento, reunir comunidades, mas também de calcinar, destruir, nos incêndios, vulcões. E silêncio, se entendo corretamente John Cage, é coisa que não existe para nossos ouvidos.

Nos três, me parece haver uma tese elaborada ao longo de vários anos. Uma tese da história dentro da arquitetura, na arquitetura. Ou seja, uma tese da irrelevância de um recorte temporal. De que a história que interessa ao analista, ao historiador, ao crítico, é desse tempo que habita um determinado espaço, uma determinada obra, um determinado edifício. Mas que tempos são esses que habitam determinados edifícios? De certo modo, eu acho que é coerente com A estratégia da aranha, a não ser pelo fato de que não há nenhum elemento de articulação entre o interno e o externo, entre a obra e sua época...

Então, vamos lá. Voltamos ao Ricoeur. Se eu não me engano, é no segundo volume do *Tempo e narrativa*[15] que ele analisa o tempo na narrativa de ficção: ele não dá esse exemplo, mas para que Clarice Lispector possa dedicar um livro considerável a contar como uma dona de casa, burguesa, em um apartamento vazio, resolve fazer uma faxina no quarto da empregada que tinha sido demitida e encontra uma barata, esmaga a barata e come a barata, isso para um livro de quinhentas páginas com tudo o que acontece naquele lugar, onde está a narrativa?

Onde está a poética de Aristóteles? Ricoeur diz: está na longa construção dos personagens que incorporam em si, na densidade da personagem, a empregada ausente, a dona da casa que resolve fazer faxina em um quarto vazio, e aquela barata suja no quatro da empregada, diante da área de serviço. Por que a gente lê aquele livro até o fim? O que me leva a manter a narrativa, se nada vai acontecer? A narrativa, o acontecimento, ambos estão transpostos para a descrição da personagem. É um embate de uma personagem que está tão construída como uma outra personagem, embora ausente, e tudo o que representa está entre uma e outra. Está tudo tão construído dentro da personagem que a ação não precisa existir, porque ela já está internalizada.

Para construir isso precisa de tanta experiência da arquitetura – do entrar, do ver, do olhar – que essas coisas estão já contidas naquele sujeito que observa. Quer dizer, não é que a narrativa, a erudição, a documentação não esteja ali. É preciso superar o simples contar do que diz nos documentos para tirar dali uma narrativa capaz de fazer o templo de Amon em Karnak ser associável ao Parque das Quatro Liberdades do Roosevelt, de Louis Kahn. Isso não está dado e não é fácil de ver. É algo que você precisa extrair de um não explícito. Talvez Kahn não tenha percebido isso com a mesma clareza ou da mesma maneira que a gente vai chegar a perceber olhando. Ele nunca viu aquilo feito, ele não estava lá. Então a gente precisa dos documentos, e continuar lendo os velhos manuais de Sir Banister Fletcher e Auguste Choisy, os portfolios de Le Corbusier e as *Entrétiens sur l'architecture* ("Conversas sobre arquitetura") de Viollet-le-Duc,[16] e Palladio, e Vitruvio, e Lúcio Costa, e Walter Gropius, e os livros do Tombo do Iphan, e Luis Barragán, in *sæcula et in sæcula sæculi*.

Notas

1. ROCHA-PEIXOTO, Gustavo. *Reflexos das luzes na terra do sol: sobre a teoria da arquitetura no Brasil da Independência, 1808-1831*. São Paulo, Pró Editores Associados, 2000.
2. ROCHA-PEIXOTO, Gustavo. *Arquitetura neoclássica no Brasil 1802-1822*. Orientadora Sandra Poleschuk de Faria Alvim. Dissertação de mestrado. Rio de Janeiro, FAU UFRJ, 1995.
3. ROCHA-PEIXOTO, Gustavo. *Reflexos das luzes na terra do sol: sobre a teoria da arquitetura no Brasil da Independência, 1808-1831* (op. cit).
4. ROCHA-PEIXOTO, Gustavo. *Arquitetos do Brasil Imperial: a obra arquitetônica dos primeiros a alunos da Academia Imperial de Belas Artes*. Orientador Afonso Carlos Marques dos Santos. Tese de doutorado. Rio de Janeiro, PPGHIS UFRJ, 2004.
5. A Escola Central formava engenheiros militares e engenheiros civis. No final do século 19, foi dividida em duas, a Escola de Engenharia Militar e a Escola Politécnica.
6. Texto apresentado no I Enanparq (Rio de Janeiro, 2010) no Simpósio Temático "Historiografia da arquitetura II: métodos, objetos e narrativas", organizado por Margareth Pereira e José Lira, que reuniu apresentações de Abilio Guerra, Eduardo Augusto Costa, Gustavo Rocha-Peixoto, João Masao Kamita, Juliana Braga Costa, Maria Angélica da Silva, Maria de Fátima de Mello Barreto Campello, Washington Luis Lima Drummond e dos próprios organizadores. Posteriormente publicado como: ROCHA-PEIXOTO, Gustavo. Arquitetura brasileira no s. XIX: esboço para uma historiografia: 1834-1964. *Interfaces*, ano 16, v. 13, Rio de Janeiro, UFRJ, dez. 2010, p. 97-111 <https://bit.ly/3FRCvVF>.
7. Simpósio Temático "Coleções de Arquitetura", coordenado por Gustavo Rocha-Peixoto, Laís Bronstein e Maria Cristina Cabral com apresentações de Gustavo Rocha-Peixoto, Cláudia Cabral, Cláudia Carvalho Leme Nóbrega, Guilherme Lassance, José Pessôa, Laís Bronstein, Maria Cristina Cabral e Roberto Segre.
8. PALLADIO, Andrea. *I quattro libri dell'architettura*. Veneza, Dominico de' Francheschi, 1570 <https://bit.ly/3DXXIBh>. Posteriormente publicado em português como: PALLADIO, Andrea. *Os quatro livros da arquitetura*. São Paulo, Hucitec, 2009.
9. ROCHA-PEIXOTO, Gustavo. Eadem, sed aliter: as coleções e a historiografia da arquitetura. In *Anais do I Enanparq*. Rio de Janeiro, PROURB FAU UFRJ/PROARQ FAU UFRJ/POSARQ UFF, 2010 <https://bit.ly/3FAsJqL>.
10. BAZIN, Germain. *História da história da arte: de Vasari a nossos dias*. São Paulo, Martins Fontes, 1989.
11. ROCHA-PEIXOTO, Gustavo. *A estratégia da aranha. Ou: da possibilidade de um ensino metahistórico em arquitetura*. Rio de Janeiro, Riobooks, 2013.
12. ALIGHIERI, Dante (1304-1321). *A divina comédia*. São Paulo, Editora 34, 2017.
13. BANHAM, Reyner. *The architecture of the well-tempered environment*. Londres/Chicago, The Architectural Press/The University of Chicago Press, 1969.
14. JOYCE, James (1920). *Ulysses*. Organização de Caetano W. Galindo. São Paulo, Companhia das Letras, 2022.
15. RICOEUR, Paul (1984). *Tempo e narrativa. Volume 2: a configuração do tempo na narrativa de ficção*. São Paulo, Martins Fontes, 2011.
16. VIOLLET-LE-DUC, Eugène Emanuel. *Entrétiens sur l'architecture*. Paris, Morel, 1863.

2 Patrimônio como princípio

Atuação preservacionista e pesquisa histórica se entremeiam nas entrevistas reunidas nesta seção. Marcadas pela expansão do patrimônio cultural no horizonte profissional dos arquitetos, as trajetórias dos entrevistados falam também das histórias de variadas instituições e iniciativas nacionais e internacionais, fornecendo pistas importantes para o conhecimento de suas ações e coordenadas de salvaguarda, especialmente a partir da segunda metade do século 20.

Como se sabe, o trabalho técnico junto a organismos patrimoniais representou, em boa parte do mundo, uma das fontes mais prolíficas de formação de historiadores da arquitetura. Mas se na Europa, por exemplo, o seu impacto incidiu no estabelecimento dos primeiros grandes paradigmas internacionais de preservação e na estilística e hierarquização evolutiva entre o que seria ou não digno de figurar na história; na América Latina, assim como no Brasil, o trabalho desses preservacionistas viria a colocar-lhes diante de outros desafios e possibilidades: a consolidação de uma erudição em torno de edificações marcadas pela circunstância colonial e ex-colonial, a reflexão sobre as diferenças com relação aos cânones europeus ou sobre hibridismos, estilos, programas e escolas regionais de arquitetura, a constituição de acervos documentais e bibliográficos a seu respeito, a formação de quadros especializados em história, restauro e conservação, entre outros.

O fato é que a aproximação entre o ofício e o estudo, assim como entre a intervenção projetual e a produção escrita, são comuns a quase todos os entrevistados, sugerindo também entre nós o peso decisivo da prática patrimonial na afirmação da história da arquitetura como saber metodologicamente informado, potente profissionalmente e, enquanto tal, estratégico para a formação de arquitetos e arquitetas.

O caráter multifacetado da agenda e dos discursos patrimoniais que os aproxima ecoa também em suas formas de fazer história. Se para o argentino Ramón Gutiérrez, a história da arquitetura pode ser pensada como uma instância de transculturação, reconhecimento e aderência entre passado e presente, arquitetos e culturas arquitetônicas regionais; para Geraldo Gomes da Silva, ela é uma ferramenta de entendimento da história das soluções edilícias, útil tanto ao projeto do novo como à intervenção restauradora. Para Carlos Lemos, por outro lado, o estudo histórico oferece não somente um alerta para o interesse na preservação de monumentos e documentos, eruditos e populares, escritos e orais, mas também uma abertura para o entendimento do patrimônio edificado como testemunho de modos de viver e de fazer do passado. Igualmente atenta à preservação dos acervos de arquitetura, especialmente dos que se ligam ao modernismo, Monica

Junqueira sugere ainda uma história material e morfológica das obras como expressivas de valores coletivos, demandas espaciais e políticas de construção.

Entre as variadas questões por eles trabalhadas, é relevante o fato de, atuando na dobra entre história e patrimônio cultural, darem atenção recorrente aos temas da identidade – regional, nacional, latina ou ibero-americana. Como compreender os valores arquitetônicos peculiares a tal ou qual comunidade? É possível falar de uma arquitetura própria a toda uma nação? Como pensar os legados coloniais, inclusive em seus efeitos de centralização e apagamento? O que dizer do brasileiro, do erudito ou do popular na arquitetura da região? Da casa bandeirista e da casa-grande de engenho, das escolas paulista, carioca, pernambucana de arquitetura moderna no Brasil? Como lidar com o valor histórico das obras do ponto de vista de sua preservação? São essas e outras questões que atravessam os diálogos e as memórias aqui representados.

História, pertencimento e pluralidade

Ramón Gutiérrez

Entrevista concedida por Ramón Gutiérrez a Jonas Delecave em Buenos Aires, Argentina, em agosto de 2017 e em junho de 2019.

O senhor se formou na Faculdade de Arquitetura da Universidade de Buenos Aires em 1963, e rapidamente começou a trabalhar com história da arquitetura e da cidade. Quais eram suas motivações para começar a estudar história? Já havia, naquele período, uma relação entre história e patrimônio?

Quando uma pessoa se forma, eventualmente há uma série de vocações e caminhos abertos e, até que isso se consolide, passa tempo. Eu me formei em 31 de dezembro de 1963, com um exame final em história, orientado por Mario Buschiazzo. Naquele momento, eu já estava vinculado à cátedra de Hector Schenone; Graciela Viñuales e eu, sendo alunos, estávamos interessados em história. Mas me inscrevi em uma pós-graduação em urbanismo, em um curso que já existia na faculdade desde 1949. Ao mesmo tempo, fui à Faculdade de Filosofia e Letras fazer um curso de pós-graduação com Gino Germani sobre sociologia, com egressos de várias disciplinas. Também estava trabalhando em um ateliê de arquitetura e em um instituto de pesquisa chamado Vivienda Social, sobre habitação de interesse social. Por isso, posso dizer que havia um tema social, um tema histórico, contextual, e uma vinculação com o projeto. Mas devo reconhecer que minha vocação humanística era mais forte, mais do que o ofício de arquiteto.

Em todo caso, a mudança fundamental se deu quando eu, recém-formado, e Graciela, ainda estudante, ganhamos o concurso para ajudantes, no qual tivemos pontuação maior do que outros professores que já estavam na universidade, que já eram arquitetos. Naquele momento, já tínhamos a visão de trabalhar a América. Federico Ortiz, que era ajudante na cátedra de história e logo se tornou professor, foi quem dirigiu nosso trabalho. Interessava-lhe a arquitetura argentina e nos fazia trabalhar sobre esses temas, quando ainda não figuravam nos programas das faculdades. Essa ausência era curiosa e, de fato, muito atrasada para o continente. No primeiro congresso pan-americano, de 1920, em Montevideo, já havia sido colocada a necessidade de ensinar a arquitetura nacional, do continente, em cada uma das faculdades. Ninguém deu bola. Estamos falando de 45 anos depois! Essa foi minha linha fundamental. Em 1966, o governo militar interveio na universidade, e Graciela e eu renunciamos e fomos embora, morar no interior da Argentina.

Em Resistência, certo? O senhor poderia comentar um pouco desse momento?

Fomos em novembro de 1966, e lá me encontrei com uma situação em história da arquitetura completamente diferente. Eu comecei a trabalhar na extensão universitária, que era a parte de projeção da universidade no meio social, onde o mundo indígena era muito forte. Tínhamos alguns projetos interessantes, como a capacitação de artesãos Mocovíes e Tobas no trabalho de cerâmicas. Compramos fornos e fazíamos este tipo de trabalho. Mas, em 1967, eu me apresentei e ganhei uma cátedra de história, e a transformei em história da arquitetura nacional. Naquele momento, havia um quadrimestre em que ensinavam a arquitetura das catedrais góticas, setenta plantas de catedrais. Entende [rindo]? Ou seja, há um contexto de ensino que é fundamental levar em consideração. Resistência deveria ter 120 ou 130 mil habitantes naquela época – o mesmo tamanho desde 1957, quando se criou a universidade. A maioria dos alunos, talvez 90%, não conhecia outras cidades além de Resistência e Corrientes, do outro lado do rio. A maioria tampouco tinha subido em um elevador, porque havia apenas um edifício em altura na cidade. É preciso pensar que era uma realidade nossa, e que não se poderia ensinar urbanismo. Ou melhor: que urbanismo se deveria ensinar? O do Congresso Internacional de Arquitetura Moderna – Ciam? Era preciso trabalhar sobre outra realidade.

Ao mesmo tempo, era uma cidade nova, fundada em 1878. Para as pessoas de lá, só um louco se ocuparia de coisas velhas em um lugar em que não há coisas velhas. Corrientes era diferente, era uma cidade mais antiga, fundada no século 16. A ponte só foi construída em 1973, mas cruzávamos de barco e começamos a trabalhar a região toda, como o tema das missões jesuíticas. Assim, fui começar a entender que não havia bibliografia sobre o interior do país. O que havia de história era de Buenos Aires, um pouco de Córdoba, algo da parte colonial como um todo, mas não havia nada dos séculos 19 e 20. Uma das coisas importantes foi montar equipes, grupos, redes que, de alguma maneira, com as dificuldades que tínhamos – escrevia uma carta e a resposta demorava quinze dias para chegar – era o que nos dava força. Neste contexto, nós – as equipes do interior – começamos a publicar os primeiros livros de arquitetura, *Arquitectura del Litoral, Los Valles Calchaquíes, de Salta, Arquitectura de La Rioja*, os livros sobre os engenhos de açúcar de Tucumán, sobre a habitação *Criolla* e do imigrante, os livros do século 19.[1] Tudo isso começou aí e foi a abertura mais nova, mais renovadora que pudemos fazer.

Porque vocês escolheram Resistência, especificamente?

Naquele momento, nós já tínhamos um filho e tive a oferta de ir à Venezuela. Muitos dos que renunciaram em 1966 encontraram trabalho através da Fundação Ford ou de outros mecanismos. Mas não queríamos sair do país porque estávamos justamente com a ideia de estudar o nacional. E era uma universidade de apenas dez anos, o que torna possível moldá-la como uma massinha. Depois as coisas mudam e, em certo momento, começa a enrijecer e anquilosa. Então, um grupo de estudantes de arquitetura que me conhecia me convidou a ir a Resistência, para a extensão universitária, e o reitor veio para Buenos Aires, me convidou para tomar um café e me perguntou: "O senhor se animaria de vir com sua esposa e seu filho?" Disse que sim. Para sair do país, não queria. Para ir ao seu interior, estava ótimo.

Nestes anos em Resistência, o senhor continuou trabalhando com o pessoal do Instituto de Arte Americana – IAA de Buenos Aires. Entre 1966 e 1971, há artigos seus nos *Anales do IAA*[2] e, em 1968, o senhor publicou o livro *Arquitectura del liberalismo*[3] com Federico Ortiz...

Sim, mas Mario Buschiazzo, por exemplo, ficou frenético quando publicamos este livro. Pelo enfoque e também pela crítica ao liberalismo. Por volta de 1990, Federico, que era muito meu amigo, me disse: "Ramón, me ofereceram para fazermos novamente o livro do liberalismo". E eu lhe disse: "Você não escreveria de novo o que escreveu, e eu tampouco. Eu faria o livro mais duro e você o faria mais brando". Não tinha sentido refazê-lo. De fato, eu posso parecer contraditório neste livro. Eu defendo expressões da arquitetura do liberalismo, porque acho que são importantes do ponto de vista arquitetônico, do ponto de vista do que foi culturalmente para o país, o que não quer dizer que eu aprove a produção. Essas obras significaram, para um conjunto importante da população, outras situações que não eram dignas ou qualificadas. É um livro crítico à geração de 1880 no país. Foi interessante também que a Editora Sudamericana tinha um público mais amplo, não restrito aos historiadores e arquitetos. O livro foi um êxito, e se esgotou rapidamente.

Como era a relação com Buschiazzo e o IAA, durante esses anos em Resistência?

Buschiazzo era um homem muito aberto, trabalhou o século 19 e o século 20 quando não era habitual. Ele de fato discordava da abordagem do livro, mas ficou aborrecido também porque fomos ao interior e não ficamos na Universidade de Buenos Aires, como ele. O primeiro livro que fiz, com Graciela, foi sobre Rosário.[4] Não havia nenhum livro sobre Rosário, e te digo que, depois de quase cinquenta anos, só há um ou dois. E Buschiazzo me disse: "Você se mete com a cidade mais feia do país". Eu não pensava assim. Vivi em Rosário quando criança, tinha amigos, afetos e cursei o primeiro ano da faculdade de arquitetura lá. Mas com

Buschiazzo minha relação sempre foi boa, e continuou sendo boa. Devo dizer que tenho, para além das circunstâncias e diferenças, um afeto intelectual. Por exemplo, um dos ajudantes que Buschiazzo escolheu foi Roberto Segre, que pensava algo completamente diferente. Buschiazzo tinha sua posição, mas sabia que tinha que conviver com outras posições. Em 1970, eu ganho uma bolsa e vou estudar na Espanha. No mesmo ano, Buschiazzo morre e quem assume o IAA é Jorge Gazaneo. Gazaneo para de lançar os *Anales do IAA* e se despreocupa com o instituto. Foi algo completamente diferente.

Em 1973, o senhor cria a revista *Documentos de Arquitectura Nacional – DAN*, no Departamento de História da Arquitetura da Universidade Nacional do Nordeste – UNNE. Como você escreve na introdução do primeiro número, a ênfase era sobre a arquitetura do interior do país. No número três, de 1975, há uma expansão temática, para "reconstruir a 'Pátria Grande'", o que se reflete na mudança de nome para "Dana", somando o "y americana".[5] O senhor poderia comentar sobre esse deslocamento no "nacional" em direção ao "americano"?

Creio que aí aconteceram várias coisas. A revista de 1973 é lançada dentro do Departamento de História de Arquitetura da Faculdade de Arquitetura da UNNE. Mas tivemos uma resposta muito positiva, muito rapidamente, não apenas no interior do país. Nós, durante estes oito anos, de 1967 a 1975, criamos redes com vários grupos de trabalho. E aí te diria que três pessoas foram chave: Alberto Nicolini, de Tucumán, Marina Waisman, de Córdoba, e Ricardo Jesse "Dick" Alexander, que era de Buenos Aires e foi para Resistência trabalhar conosco. Eram pessoas já bem colocadas da geração mais velha e dedicaram muito tempo à geração mais nova, estimulando, ajudando, dando cursos. Quando veio a ditadura militar, a de 1976, formamos algo que se chamou de Instituto Argentino de Investigações de História da Arquitetura e do Urbanismo, que abrigou as pessoas que haviam sido expulsas das universidades, como a própria Marina Waisman, que saiu da Universidade Nacional de Córdoba e foi para a Universidade Católica de Córdoba. Lembro de amigos do Uruguai que, perseguidos, diziam: "Vocês têm sorte de ter universidades privadas. Aqui, só temos uma universidade, nos expulsaram dela e não temos para onde ir. Fizemos um curso de arquitetura contemporânea no Instituto Italiano Dante Alighieri, e fecharam o instituto. Não podemos fazer nada". Nós trabalhamos muito com o grupo do Uruguai, Graciela e eu. Então o tema da mudança na *Dana* se dá também pelas respostas das pessoas de fora, uruguaios, brasileiros, chilenos – que também estavam na mesma situação, as mesmas penúrias que tínhamos todos com os governos militares. Não havia espaço, não havia possibilidades se não estivesse dentro do sistema dos militares. A *Dana* era uma revista *underground* [rindo] mas, curiosamente, com muita difusão. Nas bibliotecas dos Estados Unidos, o que você encontra? Curiosamente, a *Dana* e a *Summa*. Lançamos também uns boletins, nos anos 1960 e 1970, que sempre tinham umas brincadeiras, umas piadas com as pessoas que os recebiam [rindo]. Hoje estão no Centro Canadense de Arquitetura – CCA e em outros lugares, encadernados. Os boletins! Eram quinhentas pessoas que os recebiam, a cada mês ou mês e meio. E fizemos 26 jornadas de pesquisa.

Na Argentina, ou também em outros países?

Basicamente na Argentina, mas tínhamos pessoas que mandávamos para fora. Na Argentina, fizemos 26 jornadas. Nos organizamos como tal em 1978 em Mar del Plata, que foi a primeira jornada. E depois começamos, em 1982, o primeiro congresso de patrimônio, que terminou em 1990 com um congresso, também em Mar del Plata, com 1.200 pessoas.

Eram sempre organizados pelo Instituto Argentino de Investigações de História da Arquitetura e do Urbanismo?

Sim, com o Instituto de História. Além disso, nos envolvemos muito com o patrimônio. Em 1978, restauramos o Museu Yapeyú, no povoado onde nasceu San Martín, o convento de San Lorenzo. E fazíamos sempre com a universidade.

Neste momento, há também o apoio da Organização dos Estados Americanos – OEA e da Organização das Nações Unidas para a Educação, a Ciência e a Cultura – Unesco para a criação do comitê argentino do Conselho Internacional de Monumentos e Sítios – Icomos, com muitos dos membros do instituto. Como se dá esse processo?

O Icomos foi organizado por Jorge Gazaneo em 1972. Naquele momento, ainda mantínhamos relações. Estavam Graciela, eu, Marina e Nicolini, mas Gazaneo começou a fazer coisas exóticas. Por exemplo, contratou a demolição de parte de Complexo Histórico Cultural Manzana de Las Luces, para ser construída uma nova reitoria da universidade, durante a época militar, e ficou aquele vazio de estacionamento até hoje. Gazaneo acabou por expulsar todos nós. Nicolini, Marina, eu e a Graciela. Há alguns anos, me pediram para escrever um livro sobre o Icomos. Eu prefiro não fazer. O que fizemos de interessante neste período foram os congressos, nos quais o Icomos não teve participação.

Fizemos em Salta, Río Cuarto, Paraná, Corrientes, Mar del Plata, com muita gente. E foi realmente quando o tema do patrimônio foi desenvolvido. Era um momento, inclusive, em que se desenvolvia a perspectiva dos tafurianos, que diziam: "ocupar-se do patrimônio é destruir a história, o que é importante é a história, a história deve ser estudada em si mesma". Nós fazíamos história e nos dedicávamos ao patrimônio. Não víamos problemas, mas essas coisas acontecem.

Com Marina Waisman, como era o diálogo? Naquela época, ela estava envolvida com a pesquisa sobre o estruturalismo na arquitetura. Houve muitas colaborações, mas a posição de vocês também era bastante diferente, não?

Quando eu fui ao Nordeste, em 1967, a UNNE estava dentro do Instituto Interuniversitário de Especialização em História da Arquitetura. Dick Alexander e eu éramos os representantes do Nordeste. Marina, Enrico Tedeschi e os outros estavam no instituto. E aí também tivemos uma frente interessante de debate, em que eu também insistia em focar na arquitetura argentina. Com Marina, desde os anos 1960, estávamos sempre muito de acordo. Ela era uma pessoa muito interessante, muito culta. O marido de Marina era um filósofo, professor catedrático em Córdoba. Ela tinha uma formação filosófica sólida, e tinha de fato uma visão muito universalista e sempre se interessava pelo diferente. Tinha também uma relação muito forte com Graciela, sempre se encontravam em Córdoba. E lançava suas coleções, como *Summarios* ou *Nueva Vision*.

O compêndio *Summa/Historia*, publicado pela revista Summa em meados dos anos 1970, ocupou um espaço importante na historiografia argentina. O senhor poderia comentar sobre sua elaboração?

É Marina Waisman quem propõe realizar a *Summa/Historia*, e quem realiza é esse grupo nosso, do Instituto de História. Nós que escrevemos e depois realizamos o livro sobre arquitetura colonial.[6] Mas tudo isso foi a Marina com um conjunto de gente jovem, como Alberto Petrina, Julio Cacciatore, Marcelo Martin e Patricia Mendez, que continuam trabalhando comigo. São a herança de uma mudança pela qual passou a própria revista *Summa*. A *Summa* foi, de repente, pensada em outro universo e mudou para uma preocupação latino-americana.

Outro personagem fundamental no Instituto Interuniversitário, com Waisman e Tedeschi, foi Francisco Bullrich, o senhor teve alguma relação com ele?

Tive polêmicas [risos]. Quando estudei em Rosário, no primeiro ano, Bullrich era professor, e estavam ocorrendo discussões pedagógicas interessantes. Bullrich era partidário de ensinar arquitetura contemporânea no primeiro ano, aos alunos que ingressavam, porque isso era motivador e gerava entusiasmo para entender o mundo em que os alunos estavam. Claro que, quando chegavam no segundo ano, tinham que estudar Roma e Babilônia e tinham um ataque apoplético [risos]. Tudo isso, Mendes Mosquera, como Bullrich, nos fizeram ler nos primeiros anos: líamos *Saber ver a arquitetura*[7] de Bruno Zevi, que havia sido publicado pela primeira vez em castelhano aqui, e não na Espanha, líamos também *Bauhaus: novarquitetura*,[8] de Walter Gropius... A gente se dava com isso logo de cara. Mas Bullrich era curioso, estava em uma posição liberal de esquerda e entendia que a história argentina era uma história unitária, portenha. Ele não via a realidade federal, não entendia o que pensavam as províncias. Mas claro, eu vivia em Resistência e Bullrich também se afastou de Rosário quando saiu da faculdade em 1966. Depois deixou a faculdade, fez a obra da Biblioteca Nacional, com Clorindo Testa[9] e, depois disso, te diria que foi se inclinando à direita. Foi outro Bullrich, meio desencantado com aquela coisa que nasceu, de fato, com um grupo de pessoas diferentes, como Tomás Maldonado, e que era um grupo progressista, nos anos 1960. Depois, não se envolveu mais com história.

Ainda nos anos 1970, o senhor teve uma experiência fundamental em Cusco. O senhor poderia comentar um pouco sobre esse momento?

Eu dirigi os cursos de capacitação de arquitetos para o patrimônio, para a Unesco, em Cusco, em 1974, 1975 e parte de 1976. Voltei em 1977 ou 1978. Trabalhei lá com Giorgio Lombardi e Leonardo Benevolo, que foram pessoas com quem aprendi muito. Lombardi era discípulo de Benevolo e era quem conduzia a preservação de Veneza. Eu os convidei como professores, em Cusco. Aqueles anos realmente mudaram a minha vida, pela relação com a paisagem, com as pessoas, e a relação das pessoas com suas coisas. É algo completamente distinto. Você vai a uma igreja do século 17 e te falam: "Isto é nosso, porque nós somos eles, dos antepassados até hoje, e sou eu que continuo fazendo isso, eu que mantenho". Quando chegamos, com todos os organismos de patrimônio, querendo fazer as coisas, vimos que não era assim. Diziam: "Vocês não podem fazer isso, isto é nosso, não de vocês". E aí começamos a entender outras coisas, como o papel do próprio arquiteto. Podemos identificar o que é o cultural, mas o patrimônio é quando as pessoas se apropriam, não há outra possibilidade. No melhor dos casos, estamos nos equivocando, estamos pensando que estamos protegendo o patrimônio quando o que estamos fazendo é catalogar bens culturais, que deveríamos converter em patrimônio. Uma obra é patrimônio quando a comunidade se apropria dela e a considera um patrimônio. Quem define o que é patrimônio não é o arquiteto ou o historiador, mas a comunidade. É, aliás, a única forma destes bens serem mantidos. Se a comunidade não é capaz de se apropriar de um bem, de defendê-lo, de lhe dar usos e conteúdo, a coisa se perde. O técnico qualifica algo como um bem de interesse cultural. E isto pode levar a protegê-lo, mas sabendo que, para que se torne um patrimônio, a comunidade deve estar presente.

No seu livro de 1984, *Arquitetura e urbanismo em Ibero América*,[10] há uma mudança do termo hispano-americano, ou latino-americano, para o ibero-americano, para contemplar o Brasil com mais clareza.

Em realidade, sempre fui partidário do termo ibero-americano.

A expressão Ibero América constrói um pouco essa unidade, a ideia de uma "Pátria Grande". Mas há coisas muito distintas, não apenas entre o Brasil e a América de colonização espanhola, mas entre os próprios países da América Hispânica. Como se dá essa ideia de identidade ou de unidade?

Um historiador amigo meu dizia que nós somos os índios, nós somos os espanhóis, nós somos os italianos, os alemães, os franceses. Falta-nos identidade? Não, nos sobra identidade. Ou seja, o problema é que não se trata de um modelo fixo, instalado, mas algo que se constrói o tempo todo. Assim, a busca desta identidade era pegar essas características de caráter social e cultural, que são majoritárias, mas que podem ser diferentes de um lugar para o outro, ou podem ter predomínios em um lugar em relação a outro, e isto não implicava na negação daquilo que nós somos.

Esta ideia da unidade na diferença – da existência de uma heterogeneidade, mas que também dê uma unidade de destino cultural – está presente já no início da revista *Dana*. Eu gostaria de saber como se deu a construção desta ideia, se havia uma leitura específica de intelectuais latino-americanos de diferentes períodos. Penso, por exemplo, no cubano José Martí...

Nos anos 1920, há um momento em que se instaura uma crise, ao menos no cone Sul, em que deixamos de pensar que deveríamos ser europeus. Deixamos de pensar que a Europa era a civilização e nós éramos a barbárie. Isto se produz por várias causas: pela Revolução Mexicana, que é agrarista e indigenista; pela crise europeia da Primeira Guerra Mundial, em que a civilização era a própria barbárie; pela Revolução Russa e a necessidade de confluência e estouro social. Ao mesmo tempo, havia a necessidade de participação de setores de imigrantes de classe média que estavam surgindo e, também, do papel do indigenismo: a necessidade de reconhecer uma América distinta. Pensemos em José Martí, Ariel de Rodó, Ricardo Rojas, Rubén Darío. Do lado político, Manuel Ugarte é fundamental, um personagem que percorre a Europa falando do novo continente. Outro personagem interessante é José Ortega y Gasset que vem em 1916 à Argentina e fala sobre as novas gerações, sobre a crise da Espanha com a queda do Império em 1898, quando perde Cuba e Porto Rico. E isto impacta com muita força nos grupos sociais emergentes da classe média, que produzem a reforma universitária, geram movimentos estudantis em todo continente, geram partidos políticos, como o Aliança Popular Revolucionária Americana – Apra, um partido político presente em quase todos os países da América, e também na França, Itália e Espanha. Era uma visão revolucionária americana, e colocava o indo-americanismo frente ao pan-americanismo norte-americano. Parece-me que este é um momento chave, e daí surgem coisas efêmeras, como o neo-indigenismo ou o neo-colonial.

Mas quando dizemos que somos um, mas distintos, distintos também são os tempos históricos de cada um de nós: a realidade social, a realidade cultural, o processo de colonização. Falar das raízes indígenas na Argentina é muito distinto do que no México, no Peru ou no Brasil. Para vocês, há o Marajoara, é outra coisa. Tudo isto explica identidades e diferenças existentes, obviamente. Mas você falou em "unidade de destino", e este é um termo que os espanhóis usavam e que eu não gosto. "*La unidad de destino en lo universal*" era o que propunham os fascistas, nos anos 1930. É verdade, há unidades de destinos: há unidades territoriais e cada vez mais, neste mundo globalizado, nos vão cercando, construindo muros... mas é preciso cuidado.

Um espaço muito importante para a elaboração e divulgação de discursos sobre a arquitetura da América Latina foi o Seminário de Arquitetura Latino-americana – SAL. O senhor poderia comentar um pouco sobre sua formação e sua dinâmica?

Eu estava vivendo em Resistência, no ano de 1985, e se organiza em Buenos Aires, com a revista *Summa*, o Centro de Arte e Comunicação – CAyC e a Sociedade Central de Arquitetos – SCA a primeira bienal de arquitetura. Quem organizou a coisa foi Jorge

Glusberg, porque ele tinha os recursos – ele havia ganhado muito dinheiro na época militar, com uma fábrica de lâmpadas que fornecia a iluminação dos estádios de futebol, na copa de 1978. Além disso, ele se envolveu no meio de arquitetos, com a União Internacional de Arquitetos – UIA e outras instituições. Era um *manager*. A organização da bienal convidou muitos arquitetos e colocaram as figuras mais importantes – os europeus e norte-americanos – para falar no Teatro San Martín. E a todos nós, latino-americanos, nos mandaram falar à noite, na Faculdade de Arquitetura. Era a periferia [risos]. Daí, Jorge Moscato, que havia sido meu aluno antes de 1966, me ligou em Resistência e me disse: "Venha organizar uma mesa redonda". Então eu fui, e conheci todos eles. Eu não conhecia Rogelio Salmona, Enrique Browne, Joaquim Guedes. Todos os que conheci foi ali. Foi impressionante: nos sentamos e entraram os alunos a descer dos ateliês e juntamos dois mil alunos por seis horas. Por fim, dissemos: "Amanhã, às nove da manhã, continuamos". E seguiu, cada um falando de sua obra, do que pensava sobre distintos assuntos. Eu preparei um escrito que foi assinado por representantes de vários países. Depois preparamos, já com Marina Waisman e a revista *Summa*, a segunda edição, no ano seguinte. E daí saltou para Colômbia, México. O do ano 2018 foi em Quito.

Algumas coisas são fundamentais, e eu sublinho os quatro "p"s: pertencimento, pluralismo, participação e possibilidade de ação. Eram os elementos constitutivos e era assim que nós entendíamos o caminho. Não pretendíamos pegar um espelho e que um fosse igual ao outro. E isto nos ajudou muito para que pudéssemos nos entender. Você pode imaginar que entre Joaquim Guedes e outros, como Rogelio Salmona, havia um abismo de modernismo. Salmona, por exemplo, era um artista nato, mas não do tipo que dizia "Vamos queimar tudo". O SAL não tem presidente, tesoureiro, secretário, nada. Nada mais que um grupo de pessoas que, quando se reúne, um levanta a mão e diz: "Bem, dentro de dois anos..." O que tem é isso: participação, pluralismo e pertencimento. Estas são as coisas que, de algum modo, dão a chave. E sempre que eu queria organizar, Rogelio Salmona me dizia: "Fica tranquilo..." [risos]. Isso tudo é compatível. Para nós, era muito importante que o Brasil entrasse. Pessoalmente, sempre tive muita relação com o Brasil pelos temas das missões jesuíticas, com os quais o pessoal de Porto Alegre, do Rio Grande, trabalhou. Também fui muitos anos aos cursos da Bahia, de patrimônio. Tenho muitos amigos nestes lugares e creio que, no fundo, é uma rede de amigos, dessas coisas da confiança que permitem somar, integrar as pessoas.

Outra iniciativa fundamental em sua trajetória, também vinculada à história da arquitetura no continente, foi a criação do Centro de Documentação de Arquitetura Latino-americana – Cedodal. O senhor poderia comentar sobre o centro?

O Cedodal nasce da verificação das dificuldades que temos para fazer uma leitura compreensiva da América. Na Argentina, é impossível conseguir um livro do Brasil ou do Uruguai. Não se consegue um livro chileno no Peru. Ou seja, vivemos encapsulados, fechados. Por desconhecimento, frequentemente pensamos que aquilo que nos sucede é único, que nossas propostas são únicas e que nossas maneiras de resolver os problemas são únicas. Dei-me conta, justamente trabalhando sobre as revistas de arquitetura, que, quando alguém está fazendo uma tese sobre, por exemplo, os conjuntos habitacionais, se descobre que aquilo que se está fazendo na Venezuela é similar ao que se está fazendo na Argentina, no Brasil e no México. Daí, se começa a entender que o tema da identidade não é um conto. É uma realidade. Frente a problemas comuns, a capacidades econômicas muitas vezes comuns, frente a tecnologias que são comuns, temos respostas comuns. Minha proposta foi montar uma biblioteca e uma hemeroteca suficientemente importantes e fortes, e isto trabalhando com Graciela Viñuales, para oferecer a possibilidade de transversalidade de leitura a quem quiser estudar a América Latina. Esta transversalidade permite que alguém que esteja estudando conjuntos habitacionais ou arquitetura hospitalar nos anos 1930, ou o que for, possa saber o que se fazia em cada um dos países.

Inicialmente, comprei a biblioteca de Martín Noel, que foi um dos pioneiros, em 1914, em falar da importância do americano e trabalhar sobre esta linha, sobretudo no colonial. A partir daí, fomos montando uma biblioteca no interior, em Resistência. Nos anos 1980, quando estive no Centro Canadense de Arquitetura, sugeri ao centro que microfilmassem revistas de arquitetura. Eu conseguiria, em cada país, quem juntasse as revistas e eles fariam a microfilmagem. Isto não foi possível, mas eu fui juntando as revistas [risos]. Os latino-americanos somos assim. Uma rede foi armada naturalmente, e as pessoas foram me dando revistas de todos os lugares. Hoje, são quinze mil revistas com coleções completas de periódicos de muita importância. Devemos ter uns 70% da *Acrópole*, por exemplo. Em paralelo, publicamos pesquisas a partir do material que fomos progressivamente juntando. Além das revistas, as famílias dos arquitetos nos dão plantas e outros documentos. Já temos arquivos de quarenta ou cinquenta arquitetos importantes, inclusive do Uruguai e de outros lugares. De tal maneira que se formou um centro cujo papel é facilitar a possibilidade de uma leitura latino-americana.

No desenvolvimento do seu trabalho, o senhor comentou de alguns interlocutores argentinos e de outros países do continente. Há autores europeus ou norte-americanos que tenham marcado o seu pensamento, ainda que por oposição?

Sobre temas urbanos, tive identificação com duas pessoas importantes. Uma é Antonio Bonet Correa, que é um historiador da arte espanhol, professor de Sevilha e Madrid. Bonet não é arquiteto. Quando eu estive na Espanha, em 1970, ele foi muito importante para mim. Suas aulas eram sobre a vida cotidiana da cidade, e ele tinha essa ideia de entender a vida da cidade como um tema chave, mais que o plano ou o traçado. Ou seja: o que as pessoas valorizavam sobre a cidade, os espaços que ocupavam, as maneiras de ocupá-los, os ritmos cerimoniais. Para mim, foi algo muito importante, me ajudou a olhar de outra forma. O segundo foi Jorge Enrique Hardoy, que sempre teve uma referência na economia, na relação social.

Hardoy tinha uma formação em sociologia urbana em Harvard, não é?

Claro, e este foi outro componente fundamental. Depois, acho que Fernando de Terán Troyano, que também é espanhol e com quem fizemos, com Hardoy, esta exposição chamada *El sueño de un orden*,[11] de 1989. O pai de Terán, Manuel de Terán Álvarez, foi um grande geógrafo em sua época, e Fernando o seguiu. Fernando foi diretor da Academia de Belas Artes de San Fernando entre 2015 e 2017 e entre 2018 e 2020, e hoje é seu Diretor Honorário. Ele é arquiteto. Nestas três pessoas, eu colocaria o acento do tema urbano. Há muitas outras pessoas, mas me senti mais organizado com esses três. Também trabalhei muito com Paulo Ormindo de Azevedo, quando vivemos juntos em Cusco. Em arquitetura, creio que Marina Waisman, Alberto de Paula e Federico Ortiz foram aqueles com quem mais dialoguei. Também já comentei de Giorgio Lombardi, com quem eu trabalhei em Cusco.

E com a Espanha, você mantém um contato forte, como era essa relação, ou colaboração, entre América Latina e Espanha?

Em 1986, eu ganhei um concurso internacional que a Junta da Andaluzia promoveu, sobre a relação da Andaluzia e a América na arquitetura.[12] Eu organizei um grupo grande, com gente do Chile, da Colômbia e de outros lugares, nos apresentamos e ganhamos. Isso abriu um campo de trabalho muito intenso, que durou sete ou oito anos. Nós não temos a mesma capacidade econômica – se você quer fazer um seminário e trazer gente do México, do Equador, da Venezuela, não há dinheiro. Mas quando ganhei o concurso, José Ramón Moreno, que era um dos jurados e quem eu não conhecia, me disse: "Sou o diretor de arquitetura da Junta de Andaluzia, e gostaria de fazer um seminário sobre arquitetos latino-americanos. Do que você precisa?". Eu respondi: "Um telefone" [risos]. O que mais? Tirando Segre, que me custou encontrar [risos], que estava em Cuba neste momento, todos falaram que sim, claro. Moreno ficou assombrado. Eu lhe disse que não era assim, que não tínhamos muitas possibilidades de nos juntar, que muitos de nós nem nos conhecíamos pessoalmente. Eu mesmo os conheci por acaso, e agradeço a Jorge Glusberg por isso [risos]. Ele não tem nada a ver, mas se não fosse por ele, não teríamos nos conhecido. Depois deste prêmio, foi uma quantidade de seminários[13] e sete ou oito livros.[14] Outra pessoa que me ajudou muito aí foi Víctor Pérez Escolano de Sevilha. Ele e José Ramón Moreno foram pessoas chaves neste contexto, muito interessados e muito abertos à América. Em outro momento, uma terceira pessoa é Oswaldo Román, que é um urbanista espanhol que faleceu, e com quem concebemos as Bienais Ibero-Americanas, conversando em uma tarde ensolarada no pátio da Universidade Alcalá de Henares.[15] "Que fazemos agora?", "Bem, bienais..." e saiu. Por outro lado, a equipe portuguesa era fantástica. Pessoas como Walter Rossa, Pedro Varela e José Meco que trabalhavam o universo urbanístico português desde a época dos descobrimentos, e também África e Ásia. Fizemos vários trabalhos juntos e o tema do *ibero* estava lá. Não era uma construção teórica, mas uma realidade de interesses, de entender culturalmente as afinidades que existiram.

A relação entre arquitetura, história e patrimônio marcou toda a sua produção. Como lhe parece que a história pode se relacionar com o projeto de arquitetura, dentro ou fora de um ambiente de ensino?

A primeira questão é que a história não é um repertório de formas. Aconteceu algo muito divertido comigo, que reflete um problema que temos com os europeus. Eu estava fazendo um livro muito importante para uma editora italiana, a Jaca Book, sobre o barroco da região andina, dos pampas aos andes.[16] As pessoas da editora eram incríveis. O editor tinha uma mente invejável e conversar com ele por duas horas era incrível. Quando terminou o livro, eu cheguei em Milão às oito horas da manhã, ele me pegou e me meteu no ateliê, e ficamos quatorze horas trabalhando para desenhar o livro. O que aprendi de design foi impressionante. Quando terminamos, me perguntou: "Está contente?" Eu disse "Não, porque a noção de vocês de barroco é distinta da noção que eu tenho de barroco, que nós temos. Para vocês, o barroco é um conjunto de formas e, para nós, é a relação entre as pessoas e este conjunto de formas. O que significa este conjunto de formas para as pessoas? Isto é o barroco". Ou seja, se não há uma identificação, se não há uma razão que leve a esse conjunto de formas, as formas por si mesmas não dizem nada. Disse-me: "Bem, como resolvemos isso?" Eu pedi que me desse oito páginas e fiz um capítulo que se chama "América continua sendo barroca",[17] onde o que demonstrei foi a gente, a festa, não fui à arte, à arquitetura, ao visual, mas ao conteúdo: à participação, ao protagonismo.

Parece que há uma dimensão política muito forte em todo o seu trabalho de história. O senhor poderia comentar sobre a relação entre arquitetura e política na sua obra?

Quando eu faço história, penso que a história é contextual. É contextual nas formas de decisão da política, do econômico, do social, do cultural. É verdade que poderia ser feita uma história da arte visualista, não contextualista. De fato, é o que foi feito e, até os anos 1950, há um predomínio desta forma de fazer história. Eu sou contextualista, ou seja, quero explicar as coisas em função de seu contexto. Esta posição parte do pressuposto de que o historiador adota uma visão subjetiva. Qual seria a objetividade possível? É dizer: "Bem, esta é minha posição frente a este tema. Portanto, olho por esse ângulo porque penso desta maneira". Se você me diz que pensa de outra maneira, eu posso discordar de certos aspectos ou pensar algo específico de outra maneira. Isto te dá uma pauta. É como a posição no livro sobre o liberalismo,[18] do qual conversamos. Eu creio que sim, deveríamos defender uma *casa de vizindad* ou um *conventillo.* Eu gostaria que, em cada cidade, pudessem ser vistas as tipologias habitacionais em que a população vivia, porque é uma forma de compreender como as pessoas viviam. Ainda que fosse um espaço precário, é didático, é pedagógico, ajuda a compreender que saímos de uma situação e fomos a outra. Que melhoramos, ou não.

Voltando ao tema do patrimônio, eu diria que 50% das obras que são declaradas como patrimônio, em todos os países, não o são por valores arquitetônicos, mas por um fato histórico que ocorreu nela, um valor simbólico, uma pessoa que viveu naquela casa. Mas há muitas outras casas mais interessantes, onde viveu aquela pessoa. Além disso, como fazemos para conservar aquela casa? Quando ganhamos uma igreja e a transformamos em shopping [risos], estamos tirando seu valor simbólico, para além de seu valor como espaço, seu valor arquitetônico. Deveria haver uma única convenção de patrimônio, que seria aquela capaz de unir o patrimônio cultural e natural, o patrimônio imaterial e a diversidade cultural, com ferramentas capazes de atuar a partir daquilo que predomina no exemplo sobre o qual estamos trabalhando. Se não, dizemos que vamos manter algo, e perdemos o conteúdo, o sentido, o valor histórico, o valor simbólico, perdemos tudo. Ou seja, não está claro o tema da integração do patrimônio com uma série de vertentes distintas.

Acredito que as coisas precisam ser recolocadas, para que se tenha em conta o contexto, os valores pedagógicos, didáticos e patrimoniais de um conjunto. É algo complicado, e hoje não funciona assim. Eu brigo com a Unesco nesse sentido. No caso de vocês, vocês declaram Ouro Preto como patrimônio, amanhã Diamantina, depois Mariana. E aí? É uma zona mineira, só funciona como um sistema. Não entender o seu sistema é não entender como foi o seu funcionamento e como solucionar isto. Havia 150 mil índios nas missões jesuíticas, e somando toda a população de todas as cidades importantes que havia no Rio da Prata, não havia 150 mil pessoas. O mais importante era o território e o sistema de sua organização. Se não houvesse um sistema de produção, planejamento, caminhos, currais, lugares de alimentação, não funcionaria, não seria possível. A política está em entender que o patrimônio está sustentado em certos fatos específicos, em uma realidade que deve ser conhecida a fundo. Minha história nisto é uma história que vai além da qualidade da obra, que é importante. Mas é entender que esta obra só é possível porque há todo um outro universo que está resolvido. É o contexto. Creio que esta é a chave de tudo. Não meramente o contexto político, mas o contexto social, cultural, econômico. A arquitetura adquire valor e é explicada por este contexto. Em 2017, os países do Mercado Comum do Sul – Mercosul finalmente declararam o território das missões como patrimônio, entendendo o sentido unitário do sistema. Foi um passo positivo.

Notas

1 Entre outros, verificar: GUTIÉRREZ, Ramón; MOREA, Luis. *Condiciones de habitabilidad de vivienda en función de las necesidades ecológicas humanas*. Buenos Aires, Centro de Investigacin Aplicada/UBA, 1965; GUTIÉRREZ, Ramón. *La arquitectura riojana*. Resistencia, Unne, 1969; VIÑUALES, Graciela. *Evolución de la arquitectura de la provincia de Salta*. Resistencia, Unne, 1969; GUTIÉRREZ, Ramón. *Arquitectura de los valles calchaquíes*. Resistencia, UNNE, 1971; GUTIÉRREZ, Ramón; DE PAULA, Alberto S. J.; VIÑUALES, Graciela María. *La arquitectura de la confederación Argentina en el litoral fluvial (1852-1862)*. Resistencia, Unne, 1971.

2 GUTIÉRREZ, Ramón. Primeros trabajos de Carlos Enrique Pellegrini. *Anales del Instituto de Arte Americano e Investigaciones Esteticas*, n. 19, Buenos Aires, 1966, p. 138-145 <https://bit.ly/3RTurWO>; MAEDER, Ernesto J. A.; GUTIÉRREZ, Ramón. La imaginería jesuítica en las misiones del Paraguay. *Anales del Instituto de Arte Americano e Investigaciones Esteticas*, n. 23, Buenos Aires, 1970, p. 136-146 <https://bit.ly/3xbH1sM>; GUTIÉRREZ, Ramón. Las casas de los gobernadores en el Paraguay. *Anales del Instituto de Arte Americano e Investigaciones Esteticas*, n. 24, Buenos Aires, 1971, p. 65-82 <https://bit.ly/3qt23iW>.

3 ORTIZ, Federico F.; MANTERO, Juan C.; GUTIÉRREZ, Ramón; LEVAGGI, Abelardo; PARERA, Ricardo G. *La arquitectura del liberalismo en la Argentina*. Buenos Aires, Sudamericana, 1968.

4 GUTIÉRREZ, Ramón; VIÑUALES, Graciela María. *Evolución de la arquitectura en Rosario, 1850-1930.* Resistencia, Unne, 1969.

5 GUTIÉRREZ, Ramón. Presentación. *Dana*, n. 3, 1975, p. 4.

6 WAISMAN, Marina; ALEXANDER, Ricardo Jesse; GUTIERREZ, Ramón; NICOLINI, Alberto; ORTIZ, Federico; DE PAULA, Alberto S. J.; SOBRÓN, Dalmacio. *Arquitectura colonial argentina: documentos para una historia en la arquitectura Argentina*. Buenos Aires, Summa, 1987.

7 ZEVI, Bruno. *Saber ver a arquitetura*. 1ª edição. São Paulo, Martins Fontes, 1984.

8 GROPIUS, Walter. *Bauhaus: novarquitetura*. São Paulo, Perspectiva, 1972. Originalmente intitulado *Architektur* (em alemão) e *Scope of Total Architecture* (em inglês), foi traduzido ao espanhol como *Alcances de la arquitectura integral*.

9 O projeto de Francisco Bullrich, Alicia Cazzaniga e Clorindo Testa foi vencedor do concurso para a Biblioteca Nacional, em Buenos Aires, realizado em 1962.

10 GUTIÉRREZ, Ramón. *Arquitectura y urbanismo en Iberoamérica*. Madri, Cátedra, 1983.

11 Exposição promovida pelo Centro de Estudios Históricos de Obras Públicas y Urbanismo – CEHOPU, dirigida por Fernando de Terán e coordenada por Javier Aguilera Rojas. Ver: *La ciudad hispanoamericana: el sueño de un orden.* Catálogo de exposição. Madri, Centro de Estudios y Experimentación de Obras Publicas, 1989.

12 Segundo prêmio de pesquisa "Andalucía-América", com o tema "Las arquitecturas andaluza y americana: influencias mutuas", outorgado à equipe coordenada por Gutiérrez pela junta de Andalucía, de Sevilha, em 27 de outubro de 1986.

13 O autor se refere aos Seminários Iberoamericanos de Arquitetura.

14 Dentre outros, o entrevistado se refere aos seguintes livros: SALCEDO, Jaime; GUTIÉRREZ, Ramón (Org.). *Estudios sobre urbanismo iberoamericano: siglos XVI al XVIII*. Sevilha, Consejería de Cultura, Junta de Andalucía, 1990; GUTIÉRREZ, Ramón (Org.). *Estudios sobre arquitectura iberoamericana*. Sevilha, Consejería de Cultura/Junta de Andalucía, 1990; GUTIÉRREZ, Ramón (Org.). *Formación profesional y artes decorativas en Andalucía y América*. Sevilla, Consejería de Cultura y Medio Ambiente/Junta de Andalucía, 1991; GUTIÉRREZ, Ramón; et al. *El Arquitecto Martín Noel: su tiempo y su obra*. Catálogo de exposição. Sevilha, Consejería de Cultura/Junta de Andalucía, 1995; GUTIÉRREZ, Ramón; et al. *Estudios sobre el territorio iberoamericano*. Coleção Cooperación Internacional. Série America, volume 1. Sevilha, Consejería de Cultura/Junta de Andalucía, 1996.

15 Livros realizados com a participação da instituição: GUTIERREZ, Ramón; MARTÍN, Marcelo. *Bibliografía iberoamericana de revistas de arquitectura y urbanismo*. Madri, Instituto Español de Arquitectura/ Universidad de Alcalá y Valladolid, 1993; GUTIERREZ, Ramón; MÉNDEZ, Patricia. *Bibliografía de arquitectura y urbanismo en iberoamérica 1980-1993*. Alcalá de Henares/ Buenos Aires, Instituto Español de Arquitectura/Universidad de Alcalá y Valladolid/Cedodal, 1996.

16 GUTIÉRREZ, Ramón (Org.). *Barroco Iberoamericano: de los andes a las pampas*. Barcelona, Zurbaran/ Lunwerg, 1997.

17 GUTIÉRREZ, Ramón. América continúa siendo barroca: epílogo. *Barroco Iberoamericano* (op. cit.), p. 459-460.

18 ORTIZ, Federico F.; MANTERO, Juan C.; GUTIÉRREZ, Ramón; LEVAGGI, Abelardo; PARERA, Ricardo G. *La arquitectura del liberalismo en la Argentina* (op. cit.).

Arquiteturas do morar, da história às tradições

Carlos A. C. Lemos

Entrevista concedida por Carlos A. C. Lemos a José Lira, Raquel Schenkman e Ana Flávia Rego Mota em São Paulo SP, Brasil, em abril de 2019.

Poderíamos começar por sua formação na Universidade Presbiteriana Mackenzie, e o que ela pode ter representado para seu trabalho posterior em história.

Fiz parte da primeira turma da Faculdade de Arquitetura do Mackenzie, ingressante em 1946. Nesse novo curso, pela primeira vez, seria ministrada a disciplina de história da arquitetura brasileira. No entanto, não havia professor habilitado para lecioná-la. Antes disso, havia uma especialização no curso de engenharia, que foi fundado na Escola Politécnica da Universidade de São Paulo – Poli USP e depois repetido na Escola de Engenharia do Mackenzie, na qual todo engenheiro civil podia se aprimorar fazendo um ano de arquitetura, e disciplinas como História da Arte eram ministradas. No curso de arquitetura independente em que ingressei, as matérias técnicas eram lecionadas pelos professores do curso de engenharia, mas as novas disciplinas, como Higiene da Habitação e História da Arquitetura Brasileira, não estavam previstas no programa de aperfeiçoamento da Poli.

Mas com que bibliografia se trabalhava?

Em 1946, não havia nada publicado, de modo geral, sobre história da arquitetura brasileira, apenas materiais ligados ao barroco. E por barroco, entenda-se Aleijadinho e ponto final. Edgard de Cerqueira Falcão, médico de Santos, filho de um baiano, que adorava o barroco e saía fotografando coisas, escreveu três ou quatro livros, dentre os quais *Relíquias da terra do ouro e Relíquias da Bahia*.[1] E havia as publicações do Serviço do Patrimônio Histórico e Artístico Nacional – Sphan, ora concentradas em determinados monumentos, ora reunindo artigos de autores diversos, como em sua revista. Luís Saia, por exemplo, escreveu sobre arquitetura bandeirista no volume oito: "Notas sobre a arquitetura rural paulista do segundo século".[2] Esse artigo depois gerou o livro *Morada paulista*.[3] Portanto, quem ia lecionar? No Mackenzie, o Eduardo Kneese de Mello procurava pessoas perguntando: "Você que é letrado, não quer lecionar história da arquitetura brasileira?". Até que um fulano aceitou e deu aula durante um ano inteiro. Mas foi um problema, pois todo o conteúdo era sobre o barroco, e mal ministrado. Em momento algum se falava em arquitetura paulista. O candidato natural seria o Saia, mas o Anhaia Mello, na Faculdade de Arquitetura e Urbanismo da Universidade de São Paulo – FAU USP, e o Mackenzie não o aceitaram porque ele era comunista. O Anhaia foi buscar as grandes figuras do Sphan no Rio de Janeiro. Só que depois de algumas aulas eles desistiam, dada a dificuldade da viagem. Até que o Enoch Rocha Lima, um professor da Escola Nacional de Belas Artes do Rio, ficou uns quatro ou cinco anos. Não sei se ele morreu ou desistiu, mas eu sei que a disciplina acabaria sendo assumida por Eduardo Kneese de Mello, que também não era letrado, mas quebrava um galho, porque adorava fotografar arquitetura e possuía uma iconografia imensa, que está arquivada hoje na FAU USP. Os slides sobre arquitetura brasileira que estão na FAU são basicamente os dele e os meus. Depois dele, não sei se alguém tentou... No fim, a disciplina foi parar nas minhas mãos. Eu era então assistente do Eduardo Corona em outra disciplina, a de teoria da arquitetura.

Fale-nos desse seu início na carreira docente.

Eu era assistente de Corona em teoria da arquitetura, desenhava arquitetura, coisas mencionadas por ele nas aulas. Eu respondia pela parte prática da cadeira, desenhava escadas, perfis de linhas de visibilidade de teatro e cinema etc. Eram três ou quatro aulas de escada, desde Nicolas Blondel, que descobriu sua fórmula, escada reta, curva, entrelaçada, enfim, eu esgotava o assunto. Depois ensinava a desenhar a cozinha, os fogões, sua organização, a ordem dos serviços etc.

O seu início na história foi como professor ou você já frequentava o ambiente de patrimônio?

Eu sou um historiador nato, sempre me interessei por coisa velha, antiga. Ainda garoto, cheguei a publicar na *Revista do Arquivo Municipal de São Paulo* a biografia do bandido mineiro Januário Garcia Leal, que jurou vingar a morte do irmão.[4] A publicação foi fruto de um concurso da prefeitura no qual ganhei menção honrosa. Já na faculdade, no 3º ano, o tal professor de história da arquitetura brasileira do Mackenzie passou-nos como trabalho final da disciplina que projetássemos uma igreja colonial. Eu, como era muito xereta, resolvi fazer uma igreja bandeirista, e arquitetura paulista era um assunto que nunca havia sido tocado no curso. Nos atendimentos eu fui engabelando o professor, até que no dia da entrega eu apresentei um desenho muito bonito, uma cena meio escura, como se fosse chover com a igreja iluminada. Ele ficou possesso e, jogando tudo no chão, disse: "Não aceito". Eu, calmamente me abaixei, peguei e enrolei tudo novamente e falei: "Até logo". Fui para casa e escrevi uma reclamação terrível sobre ele.

Para a direção da escola?

Não, eu fui esperto. Entrei em contato com o Sphan. Bati palma na rua Marconi e reportei ao Saia o que acabei de lhes contar. Ele, que adorava polêmica, sentou na máquina e escreveu duas páginas sobre o valor do meu desenho. Juntei à minha carta e encaminhei ao Conselho Técnico Administrativo do Mackenzie.

Silêncio total. Ao final, não recebi a nota dessa matéria. Na véspera da formatura, a secretaria do Mackenzie me devolveu o canudo com o trabalho da igreja, seguindo ordens do Cristiano Stockler das Neves, que era então o diretor da escola. De quem, aliás, eu gostava. Tanto que, quando escrevi o *Dicionário da arquitetura brasileira*,[5] ele foi um dos que me emprestaram material, e até fez uma dedicatória para mim.

A propósito, qual a origem do projeto do *Dicionário*?

Essas experiências durante minha formação ao fim e ao cabo me marcaram. Lembro-me claramente de algo que o Saia havia me dito: "A arquitetura brasileira antiga ninguém entende. Em São Paulo não existe nada a respeito porque a gente sequer entende os documentos antigos. Quem souber o sentido da palavra *lanço* vai entender a arquitetura de São Paulo". Pouco depois de formado, fui trabalhar na Engenharia Sanitária do Departamento de Saúde. Nas férias, fui ao Arquivo do Estado e estudei os *Documentos interessantes para a história de São Paulo*. Comecei também a ler a coleção imensa de relatórios, inventários, testamentos, inscrições de bens de raiz, que eles continham. Leitura interessante, que ia se repetindo, na casa de um, na casa do outro. Eu cheguei a ler mais de cem volumes dos *Documentos interessantes*, os relatórios e a correspondência de governantes e governadores generais com Portugal, que falavam das construções que estavam fazendo aqui, os tipos de serviço realizados, calçamento, alinhamento de rua etc., e notei que a palavra *lanço* aparecia regularmente. Eu comecei a procurar o seu sentido, decodificando essas e outras palavras difíceis nos dicionários antigos. Por exemplo: *sobrado*. A palavra hoje é uma coisa, mas no século 16, 17, *sobrado* era outra, queria dizer um piso elevado. Há escadas de *cinco sobrados*, isto é, patamares. Aí aprendi que lanço é uma sucessão de cômodos. Talvez alguém até tenha dito para o Saia e ele não entendeu, porque a definição antiga de lanço era *sucessão de casas*. Mas *casa*, naquele tempo, era *cômodo*; a moradia era composta de *casas*.

Você consegue situar quando foi isso? Como surgiu a parceria com o Eduardo Corona para redação do *Dicionário*? Os primeiros verbetes foram elaborados ainda nos anos de 1950?

Eu ainda não era professor da FAU USP. Deve ter sido ao redor de 1952 ou 1953. O dicionário começou em 1957, no número 222 da revista *Acrópole*, onde publicávamos quatro páginas por mês. Levei cinco anos fazendo. Eu ia de táxi ou de lotação para a cidade. Em dia de aula, o Corona me dava carona e em uma dessas me disse: "Carlos, eu tive uma ideia, vamos fazer um dicionário? Porque os alunos não entendem muito, às vezes eu tenho que explicar o significado das palavras para eles. Coisas óbvias". Eu falei: "Vamos, você fica com a parte antiga, e eu fico com a nova, com arquitetura moderna". Resultado: cinco anos trabalhando no dicionário para a revista, os verbetes foram reunidos em um volume único em 1972, e que a Romano Guerra Editora publicou de novo agora.

A finalidade foi então pedagógica?

Foi pedagógica, claro, mas apoiada em muita pesquisa, evidentemente. Na segunda edição do *Dicionário*, incluí essa explicação: eu escrevi 80% do conteúdo e fui em busca de palavras pelo Brasil todo; viajei muito, entrevistava engenheiros, colegas, perguntava sobre palavras, termos regionais; visitava obras e perguntava aos pedreiros sobre o que estavam fazendo; tudo o que falavam eu anotava e fotografava. 80% das fotos do *Dicionário* também são minhas. Também pesquisei no Arquivo do Estado durante anos. Eu tenho uma enorme pilha de fichas tiradas desses livros, inventários, relatórios, de tudo o que me interessava. A história da arquitetura de São Paulo colonial inteirinha, em fontes primárias. A única coisa que eu nunca tive contato no arquivo foi com as plantas originais.

Eram somente descrições dos imóveis?

Os sobrados, por exemplo, que Militão Augusto de Azevedo fotografou em São Paulo, que planta havia? Não se tinha como saber ao certo como eles eram, mas concluí que os sobrados de cidades nos arredores de São Paulo teriam copiado os de São Paulo na segunda metade do século 19. Porque há grande semelhança entre aqueles, por exemplo, no Largo de São Luís do Paraitinga e alguns daqui. O bom senso explica também que a gente não pode falar com precisão sobre a planta, mas que a escada do térreo leva ao nível superior e lá em cima, no patamar de chegada, a casa se desenvolve à esquerda e à direita. À direita, voltando-se para a rua; à esquerda, para os fundos; de um lado, as salas, voltadas para a rua, e do lado oposto, os serviços. E no meio, sob o espigão do telhado, as alcovas. Basicamente é isso o que temos.

Você fez a pesquisa in loco, no caso de São Luís do Paraitinga, por exemplo?

Fiz, claro. Até passei a frequentar a festa do divino, lá em São Luís do Paraitinga. Há um sobrado no Largo que vale a pena conhecer. Para conhecer a arquitetura paulista do século 19, pode-se visitar um museu na cidade de Jacareí, o Museu

Francisco Leitão. Foi um milionário, fazendeiro de café da região. É uma visita muito didática, o acabamento, o programa, a entrada, o hall, as soleiras, o hall com piso xadrez branco e preto, o mármore importado com colunata toda trabalhada, a escada, tudo é muito instrutivo. Publiquei sua fachada, os desenhos originais, no *Casa paulista*.[6]

Retomemos o fio de sua trajetória: como foi o seu início na carreira docente? Além de Corona, que outros parceiros na FAU USP? Quais foram as suas primeiras pesquisas? Em que projetos você se envolveu naqueles seus primeiros anos?

Os primeiros anos na FAU USP foram de grande rotatividade de professores. Nessa altura havia dois tipos de professores na FAU: os técnicos da Poli, que tinham graduação, pós-graduação, doutoramento etc., e nós arquitetos, que não tínhamos nada. Esses, fomos pegos no laço. Não havia concurso. Por exemplo, eu estava andando na rua Barão de Itapetininga e o Corona, que estava na porta da livraria do Caio Prado, falou: "Oi Lemos! Você quer lecionar comigo na faculdade? O professor fulano de tal desistiu, e eu fiquei no lugar dele. Preciso de um assistente". E eu, idiota, falei: "Quero". E assim comecei. Eu cheguei a escrever uma matéria sobre a imensa rotatividade de professores na FAU para uma revista da escola. Mas não houve interesse em publicar. Porque falava de derrotas individuais, desistências, frustrações. Houve uma troca de professores incríveis, arquitetos aqui de São Paulo, todos convidados, todos experimentando e saindo, experimentando e saindo.

Por vezes o seu *Dicionário* faz lembrar das questões de história da técnica e do trabalho que o Flávio Motta vinha estimulando, e que depois Sérgio Ferro, Julio Katinsky e Ruy Gama viriam a desenvolver. Havia alguma relação entre as disciplinas de vocês?

Minha relação com Flávio Motta era ótima. Fomos muito amigos, mas nunca ensinamos juntos.

Você mencionou que, ainda na graduação, teve contato com Luís Saia. Essa relação com ele se intensificou depois de formado? Você chegou a participar de trabalhos do Sphan naqueles anos?

O contato com o Saia continuou, convivíamos um pouco, mas nunca trabalhei no Sphan. Mas continuou de uma maneira engraçada. Ele tinha ciúme de tudo que lia da gente, o *Dicionário*, por exemplo, ele criticava e eu reagia: "Saia, você não sabia o que era isso?". Mas ele sempre tinha uma objeção, sempre, até morrer. Ele era uma pessoa engraçada, mas de convívio muito difícil.

Mas quando começaram as suas parcerias, elas foram via Coordenadoria Geral de Planejamento – Cogep ou já no Conselho de Defesa do Patrimônio Histórico – Condephaat? Ou foi depois daquele curso de pós-graduação em restauro, ministrado na FAU USP em 1965? Você chegou a participar da elaboração do curso?

Nesse curso, nós tínhamos um prazo muito curto, de um ano, para fazer uma dissertação, uma tese... Os professores tinham que fazer alguma coisa para obter um título. A minha dissertação é um arquivinho de meia dúzia de páginas sobre a casa da Marquesa de Santos. Com fotos. Depois, no doutorado, o prazo foi mais longo e eu já tinha tudo anotado para fazer uma coisa sobre habitação, e então escrevi *Cozinhas, etc.*,[7] como tese de doutorado.

O primeiro texto que a biblioteca da FAU USP tem de sua autoria é sobre as capelas alpendradas de São Paulo. Por que seu interesse no tema?

Escrevi esse trabalho no primeiro ano em que comecei a lecionar na FAU USP. Alguém me avisou que iam começar a publicar trabalhos dos professores e perguntou se eu não podia escrever alguma coisa. Foi algo avulso.

É que esse tema da capela alpendrada remete à crítica que Gilberto Freyre havia feito acerca do peso social da igreja em relação ao complexo da casa-grande na história colonial brasileira, que era em torno da casa, inclusive com suas capelas privadas e alpendres domésticos que esse contato entre vida familiar e vida social se estruturava. Saia foi dos primeiros a se opor à generalização dessa hipótese, alertando para a presença dos alpendres em capelas e igrejas paulistas, uma herança cristã segundo ele, das antigas basílicas românicas. Ou seja, desde os anos 1930-1940 havia uma polêmica sobre o tema, que opunha Saia e Freyre. À época desse seu texto, você já havia lido *Casa-grande & senzala*?[8]

Li tudo de Gilberto Freyre. Com quinze anos, eu já tinha lido *Casa-grande & senzala*. Ou seja, na década de 1940. Aliás, minha mãe foi quem leu e me deu para ler. Mas esse tema do alpendre para mim veio de uma intenção meio secreta, digamos assim, de conciliar os dois. É engraçado perceber que, apesar da controvérsia estabelecida, os dois tinham razão. O que me chamava atenção, o que pouca gente sabe, é que era comum a inscrição "casa grande" na documentação antiga: "casa grande" no sentido antigo da palavra casa; casa acessível a todos, era grande; não que fosse acessível a todos, mas que funcionava como local de confraternização entre público e privado. Um parêntese: no regime de habitação antigo, algo inclusive regulado por um breve papal, era terminantemente proibida a prática do culto religioso no âmbito familiar; casamento, batizado, o que quer que fosse. Padre dentro de casa nem pensar. A capela deveria ser fora de casa. Então a palavra casa, que era o local de convívio entre público e privado, recebia o nome de "casa-grande" porque remetia a esse alpendre doméstico, alpendre de confraternização, nas casas grandes de fazenda. E cá entre nós, a casa bandeirista ainda tinha a capela no corpo da casa; esse alpendre frontal da casa paulista provém diretamente da capela alpendrada ibérica, que por sua vez nasceu na Galiléia, do alpendrado que existia à frente das basílicas romanas, aproveitadas pelo cristianismo, que fez com que aquele alpendrado da frente das antigas basílicas viessem a se chamar *galileia*, em relação à Galileia, e que era o local onde ficavam os catecúmenos que não podiam entrar no templo. Era por isso que o batistério ficava fora do corpo da igreja. Essa galiléia passou para as igrejas. E essa organização, presente nas igrejas urbanas, que se aproveitavam de antigos edifícios romanos, perdurou nas igrejas rurais, sobretudo nas antigas províncias romanas na Espanha, na França e em Portugal. Daí o fato da nossa igreja rural ter alpendres à frente.

E quanto a Lúcio Costa, o grande nome do Sphan, qual o seu contato com ele à época?

Nunca tive. Eu morava aqui, ele morava lá, toda vez que eu ia eventualmente no Sphan, ele nunca estava. Mas eu li tudo dele. Inclusive as coisas dele que o Alberto Xavier publicou escondido. Aliás, foi o Xavier que deu luz às coisas dele.

E como se constituiu o seu vínculo institucional com o Condephaat? Você atuava como colaborador, em alguma equipe de pesquisa? Como se deu o seu envolvimento com o patrimônio?

Eu já era professor; lecionava Arquitetura do Brasil na FAU USP. Então, eu era conhecido, digamos assim, como entendido do assunto. Outros que entendiam do assunto eram o Eduardo Kneese de Mello, que tinha fotografado tudo, e Luís Saia, que a maioria das pessoas evitava. Havia, em São Paulo, uma senhora de sociedade, Lúcia Pisa Figueira de Melo Falkenberg, que tinha uma casa de praia, perto da Fortaleza da Barra Grande em Bertioga. Da Barra Grande do continente, porque Barra Grande também tinha do outro lado, na embocadura do canal que forma a Ilha do Guarujá. Ela enfiou na cabeça que tinha que preservar aquilo e instituiu uma organização para tomar conta das coisas antigas, a começar pela fortaleza. E fez então o Instituto Histórico Geográfico Guarujá-Bertioga, o qual promovia reuniões e conferências sobre o tema uma ou duas vezes por ano. Eu fui convidado para fazer uma conferência lá duas ou três vezes como professor da FAU. Fiquei amigo dela e um dia li no jornal que a assembleia de São Paulo tinha fundado um instituto de proteção aos monumentos. A deputada Dulce Sales, que era amiga íntima da Lúcia Pisa, conseguira a aprovação do Condephaat. Coisa que o Paulo Duarte, que chegou a fazer uma campanha junto ao *Estadão*, jamais havia conseguido. Ela conseguiu com a maior facilidade. Aí quando eu li isso no jornal, telefonei para dar os parabéns a ela pela iniciativa. E ela me convidou para trabalhar no órgão. E assim eu me tornei o primeiro funcionário do Condephaat. Inicialmente, no conselho que ela inventou, não estava o Saia, mas alguém lhe convenceu da necessidade de convidá-lo, que ele era muito importante, e o Saia infernizou a vida dela sem que ela tivesse peito para mandá-lo embora.

Nessa época você já era professor da FAU USP e trabalhava no Estado?

Eu sempre trabalhei nas três coisas: na FAU USP, no Estado e no escritório do Oscar Niemeyer, depois no meu.

Foi você então que começou a montar a equipe do Condephaat?

O Saia tornou-se conselheiro. Rafael Guendler foi o segundo arquiteto. Aí apareceu o senhor Castelo Branco. Eram poucos arquitetos, quatro ou cinco apenas.

Na mesma época em que você estava iniciando no Condephaat, a FAU USP fazia uma discussão pedagógica, inclusive sobre a integração entre projeto e história. A gente sabe que naturalmente todo trabalho de patrimônio é acompanhado de um trabalho histórico. Como você via essa ideia de integração no ensino? Você chegou a se posicionar em relação a isso? Essa ideia de que projeto é a espinha dorsal do curso, a que servem todas as demais disciplinas?

Isso nunca me passou pela cabeça. Eu achava que a arquitetura tinha que resolver um programa. Sempre. E a construção é uma coisa que envolve capital. Por isso sempre achei que o povo jamais poderia ter arquitetura moderna, que era essencialmente cara. E aceitei a ideia de que você pode fazer boa arquitetura, em qualquer sistema estrutural, contanto que satisfaça um programa moderno. No programa da casa no Império, por exemplo, havia uma seleção, uma segregação total das pessoas. Ninguém entrava dentro da casa, que preservava sua intimidade. Modernamente, contudo, com o processo de democratização das coisas, a arquitetura moderna passou a assumir outro programa, rompendo com os padrões franceses tradicionais de moradia e dividindo-se as casas em três zonas: a de recepção, que seria o alpendre antigo, as salas de visita; a de habitação propriamente dita, isto é, os dormitório; e a de serviços. A morada francesa supunha que você poderia passar de uma zona a outra sem atravessar a terceira. Daí o surgimento do vestíbulo, que era um distribuidor e que mais tarde passou a ser chamado *hall*, por causa da influência do cinema americano. Então a partir do hall entrava-se na sala de visitas, na sala de jantar, na biblioteca. A partir do hall havia uma portinha embaixo da escada – as escadas tinham um trajeto longo, porque os pés direitos eram sempre altos – uma porta para a copa, que por sua vez ligava-se à cozinha e à sala de jantar. A escada levava aos dormitórios, então você podia ir de uma zona à outra sem passar pela terceira. A arquitetura moderna não prestou atenção a isso, só tolerou separar os quartos. De modo que, em muitas casas, mesmo do Rino Levi, do Artigas, tinha dormitório que podia abrir diretamente para a sala.

Aproveitando essa discussão sobre casas populares, gostaríamos de ouvi-lo sobre aquela pesquisa que você realizou com Maria Ruth Amaral de Sampaio a respeito da habitação autoconstruída, e que é reconhecida no Brasil como um trabalho pioneiro sobre o tema.

Começamos a pesquisa ainda antes do golpe de 1964, por volta de 1963, no ano do Seminário de Habitação e Reforma Urbana. Fui conhecer Brasília na ocasião e visitei uma exposição referente ao concurso nacional para eleger a casa popular ideal. O projeto que venceu o concurso era incrível, uma máquina de morar. Era de um jovem arquiteto recém-formado, que conseguiu compactar todos os itens constitutivos do programa de habitação. Tudo que a família precisava dentro de casa. Os quartos tinham treliches, com armários ao lado, embaixo, gavetas sob a cama, e, do outro lado, mesas desmontáveis para as crianças fazerem a lição. Enfim, uma casa compacta. Contudo, para entender a casa e morar nela seria preciso fazer vestibular. Cheguei de viagem determinado a fazer uma pesquisa sobre a casa popular, visitando e levantando casas autoconstruídas. Fui pedir apoio na Fundação de Amparo à Pesquisa do Estado de São Paulo – Fapesp, recém fundada. A pesquisa está integralmente na biblioteca da FAU USP, toda a documentação.

Já usavam esse termo: autoconstruída?

Sim. E assim eu transformei o projeto em uma disciplina chamada Habitação Popular Paulistana. Era uma disciplina optativa e fiz um trato com os alunos. A primeira regra era usar os sábados e domingos entrevistando moradores de casas autoconstruídas. Eu dividi o mapa da cidade, subúrbios, periferias, onde proliferavam essas casas, sorteei as ruas, as casas, e nossa equipe era eu e os alunos, vinte, 25 alunos. Pouca gente se interessou pelo tema. Não senti que eu havia chegado a uma conclusão; algumas coisas que me interessavam ficaram claras, mas percebi a necessidade de aprofundamento. Foi então que a Maú [Maria Ruth] entrou na FAU USP e eu a convidei para desenvolver comigo o projeto. Fizemos outras duas ou três pesquisas de campo, e ela passou a se interessar pelas favelas e depois disso tocou as suas pesquisas nesse sentido. Eu larguei mão, só sugeri ao Condephaat o tombamento de casas operárias, vilas de fábrica, de aluguel, os tais Sobradinhos Ford que menciono em *Alvenaria burguesa.*[9]

Desde o início dessa pesquisa, o seu interesse era tanto pelo espaço, pelas plantas, pelos materiais, como pelo uso e o cotidiano das famílias?

Sim, também. Afinal, o operário construía a casa ao longo da vida, o que frequentemente levava anos, começando pela compra do térreo. Aliás, um escritor suíço descreveu todo o processo já no começo do século 20, fim do século 19. Ele falava do imigrante que então chegava em São Paulo e se instalava em cortiços. Morando em cortiço, ele economizava para dar entrada em um terreno; aí hipotecava o terreno e com o dinheiro fazia uma casa no próprio terreno hipotecado. Depois que a casa estivesse toda pronta e o terreno pago, ele hipotecava a casa completa, com terreno e casa, de modo a reunir um capital para montar um negócio próprio. Esse era, segundo ele, o raciocínio que predominava entre os imigrantes do período. E essas casas sempre foram feitas assim. Quanta gente sofria porque não sabia quando começar a construir! Comprava mil, dois mil tijolos e os depositava lá no terreno, e quando voltava na semana seguinte descobria que tinham roubado os tijolos. Faziam a casa às vezes com muito sacrifício.[10]

E seu interesse pelas ciências sociais à época? Porque Maria Ruth é socióloga, seu orientador de doutorado, o Juarez Brandão Lopes, também, e é visível em seus trabalhos sobre habitação um deslizamento entre o enfoque arquitetônico ou histórico, e o enfoque sociológico.

Havia esse contato. Bom, desde Gilberto Freyre. Aliás, no condomínio que projetei em Ibiúna, perto de São Paulo, onde tenho uma casa, vários sociólogos da USP eram meus vizinhos. Compraram casa lá uns quatro ou cinco, Fernando Henrique Cardoso, Gabriel Bolaffi, Lúcio Kowarick, Boris Fausto, o próprio Juarez e outros. Nos encontrávamos muito.

E o contato com Sérgio Ferro na FAU USP? Afinal, ele também estava se envolvendo com essa discussão sobre a casa popular?

Ele era de uma timidez total. Eu o conheci ainda menino, pois o seu pai, Armando Simone Pereira, trabalhava no Banco Nacional Imobiliário. Tive contato, portanto, quando eu ainda estava fazendo o Copan. Depois, quando o Sérgio entrou para a FAU, como estudante, seu pai foi lá um dia me apresentá-lo novamente: "Olha, esse é meu filho, e é muito estudioso". Anos depois, já professor, ele fez uma matéria sobre canteiros de obra – em paralelo às disciplinas que eu tocava com a Maria Ruth. Mas pouco depois ele se exilou na França. Afastou-se do projeto, virou professor e pintor. Pinta até hoje.

Ainda sobre o tema da habitação, gostaríamos de ouví-lo sobre sua tese de doutorado, que virou o livro *Cozinhas, etc*. Como o interesse mais geral sobre a habitação no Brasil, a história da casa brasileira, o leva a focalizar especificamente a cozinha, o fogão, os utensílios e trabalhos domésticos? Um tema afinal que só décadas depois viria a se tornar objeto da historiografia da arquitetura?

Acho que uma das primeiras evidências da importância do tema me chegou de um requerimento que encontrei nos *Documentos interessantes*. Era o requerimento de um padre prisioneiro ao governador dizendo que ele estava passando muito mal porque não tinha quem cozinhasse para ele, que toda vez que arranjava uma índia para cozinhar, ela ficava pouco tempo, ia embora e o largava, e ele vivia a comer de favor na casa de um e de outro. Ou seja, vêm das próprias fontes primárias: a centralidade da cozinheira, da cozinha na história e na sociedade, o aparecimento dos fogões, potes e moringas, a localização das cozinhas na casa, suas subdivisões, áreas de serviço, até o aparecimento da copa etc.

Bom, mas como você disse, você foi sempre um leitor do Gilberto Freyre, que em seus livros principais lançou inúmeras hipóteses sobre o universo da casa, e para quem a vida e os trabalhos domésticos, a cozinha, a alimentação e a culinária sempre foram valorizados como representativos da vida social brasileira. Você acha que teria vindo dele, ou de autores locais, como Ernani da Silva Bruno, a inspiração desses estudos?

Não. Freyre não me interessava. Só o conheci pelos livros, nunca pessoalmente. Para ele, no fundo, tudo no Brasil se resumia ao Recife. Esse interesse me veio diretamente das fontes, inventários, testamentos, que desde os anos de faculdade eu consultava no Arquivo do Estado durante as férias. Da carta do padre dizendo que não tinha o que comer porque a índia que cozinha para ele fugiu, até a pesquisa na periferia. Quanto ao Ernani da Silva Bruno, um amigo fraterno, o seu livro para o Quarto Centenário, o *História e tradições da cidade de São Paulo*,[11] é um magnífico trabalho de história urbana. Ele não deixou escapar nada. Mas seus levantamentos sobre o equipamento das casas são posteriores e derivam de minha pesquisa. Ele havia se tornado diretor do Museu da Casa Brasileira, do qual eu era conselheiro. Ele era jornalista e eu o conheci quando escrevi na *Folha de S.Paulo* aqueles artigos sobre Iguape, sobre o sobrado dos Toledos.[12] O Ernani ficou muito interessado nos pormenores do assunto e bateu na porta de meu escritório na rua 7 de abril. Eu expliquei e nunca mais nos separamos.

Você diria que a sua prática historiográfica é principalmente baseada em documentos e fontes primárias?

No meu caso, sempre.

E se percebe que você gosta de escrever. Porque é visível a elaboração de um estilo narrativo próprio, de uma maneira de contar a história.

É, aliás, sempre me criticaram porque eu não escrevo difícil. Que eu escrevo fácil. Todo mundo falava: "Pô, esse negócio, a gente nem lembra que leu, porque é tão fácil!". De fato, o meu jeito de escrever é quase coloquial.

Voltando às cozinhas, nos anos 1980, dez anos após a publicação de seu livro, o tema da cozinha, da casa como lugar de trabalho feminino, começou a entrar na história da arquitetura. Não tanto no Brasil, mas nos Estados Unidos, na França, onde começa a aparecer um tipo da história da arquitetura atenta a essas questões. Em geral são trabalhos escritos em

perspectiva feminista, de história das mulheres ou de gênero. Você tinha algum contato com isso?

Li um trabalho sobre essas duas escritoras americanas do século 19, Harriet Beecher Stowe e Catharine Beecher, duas irmãs. Catherine se tornou feminista, resolveu fazer pesquisas, escrever sobre como organizar uma casa com o mínimo de trabalho para que sobrasse tempo para viver na rua, e também viver a política. Porque a mulher naquele tempo era consagrada como a mãe, a mãe que cozinha, que lava urinol, que lava penico, que limpa bunda de criança, enfim, que não tem tempo para nada, senão costurar, remendar roupa etc. Ela então passou a defender que a indústria produzisse bens que facilitassem a vida doméstica. Ela dizia que o impulso nessa direção veio de uma viagem de trem cruzando os Estados Unidos. Uma viagem de vários dias, onde almoçavam e jantavam, tudo no espaço de um vagão, e ela foi visitar o vagão onde havia um fogão e várias prateleiras, e alimentos semipreparados, que facilitavam o trabalho do cozinheiro, que não precisava descascar batata etc. Ela começou a comparar as cozinhas de trens com as de navios e seu maquinário, e a se perguntar porque as casas não tinham uma organização semelhante. Foi assim que ela se tornou a grande porta-voz dos artefatos, utensílios e equipamentos de habitação, máquinas de lavar louça, máquinas de moer carne, máquinas de lavar roupa. Essa casa sonhada por ela só viria a surgir depois da guerra de 1914, da década de 1920 em diante.

Em 2010, o Museu de Arte Moderna de Nova York fez uma exposição inteiramente dedicada à história da cozinha moderna, chamada *Counter Space: Design and the Modern Kitchen* (entre 15 de setembro de 2010 e 2 de maio de 2011). Você no fundo lançou um tema que se tornou um tema central na história da arquitetura, inspirado no feminismo. E ao trabalhar com o universo da cozinha no Brasil rural e urbano, histórico e contemporâneo, você não apenas toca nos papéis sociais femininos, mas também nas relações raciais, as escravas domésticas, as cozinheiras indígenas e suas contribuições em termos de cultura material e alimentação...

Estou terminando agora um livro sobre a Marquesa de Santos. O livro é composto de três ensaios: a cidade caipira, que é São Paulo até por volta de 1850-1860, e que se torna uma outra cidade mais adiante, como se vê nas fotografias de Militão, que fotografou São Paulo em 1962-1963 e 25 anos depois, em seu Álbum comparativo.[13] Militão fotografou 170 sobrados feitos entre o final do século 18 até 1860. Todos iguais. O seu mentor primeiro foi o arquiteto português João da Costa Ferreira, que era engenheiro-militar a serviço do reino na Capitania de São Paulo, ainda no ciclo do açúcar. Foram todos destruídos. O café exigiu a presença do tijolo não só nos terreiros de secagem, mas nos dutos de água para a lavadora. Vieram os pedreiros alemães, e logo os italianos assumiram e a cidade foi reconstruída toda de tijolos. No ano de 1900, a população de italianos natos era 41% do total. Agora veja, você tem alemães, húngaros, espanhóis, portugueses, e cada um faz a sua padaria dentro da cidade, os italianos fizeram escola, fizeram hospital, tiveram imprensa em italiano, seus clubes e associações variadas, levando suas vidas a seu modo. De modo que o terceiro ensaio trata da desmemória paulistana, da ausência de uma tradição paulistana. A cidade é um palimpsesto: raspa-se e faz outra, raspa e vai fazendo, vai fazendo. Agora eu estou raspando a terceira fase.

Mas você não acha que, puxando um pouco para a ideia do patrimônio ambiental urbano e essa discussão que depois virá a constituir o Departamento de Patrimônio Histórico – DPH, não existe a possibilidade de entender alguns vestígios dessa memória ainda no meio dessa cidade residual?

Vestígio da cidade colonial só tem um que é a Casa da Marquesa, que trato no segundo ensaio. Ela é a única taipa de pilão residencial que sobrou.

Mas você não acha que a cidade contemporânea também destrói essa cidade dos imigrantes?

Sim, claro. E não é interessante ver como não se fala de uma tradição negra em São Paulo? A memória negra foi apagada. Inclusive religiosa. E o café trouxe centenas de milhares de negros. Nesse livro que eu estou fazendo agora, trato de Santo Antônio de Pinho, um amuleto que os negros usavam. Como eles eram proibidos de praticar a sua religião original, cultuar os seus deuses antigos, eles deram o nome de Santo Antônio brasileiro. Então o Santo Antônio de Pinho dos escravos nas paredes de Vassouras era um amuleto referente a Exu. Trata-se de um amuleto, e de uma devoção tipicamente paulista. Refiro-me à tradição como uma coleção de memórias, uma fixação de coisas da vida a partir de certas circunstâncias, a uma memória da sociedade que guarda coisas comuns a todos, lembranças comuns, que, reunidas, transformam-se em uma tradição.

Falemos um pouco também do livro *Arquitetura brasileira*,[14] de 1979.

Esse livro nasceu de uma encomenda da editora Melhoramentos. Havia uma legislação oficial que limitava publicações sobre conteúdos estrangeiros sem que houvesse um volume nacional sobre o tema. Então o reitor da USP à época me perguntou se eu poderia escrever, num prazo relativamente pequeno, menos de um semestre talvez, uma história da arquitetura brasileira para ser publicada em uma coleção. Metade do livro eu escrevi de memória. O restante envolveu certa pesquisa. Afinal, o que eu poderia saber de memória sobre a arquitetura de Manaus no tempo da borracha? Da arquitetura de Santa Catarina etc.? Fiz uma miscelânea ali e a Melhoramentos publicou. Foi usado como livro didático, fazendo parte da bibliografia básica que o Ministério da Educação – MEC distribui anualmente pelas bibliotecas do Brasil.

E por que o mesmo título de Lúcio Costa? O opúsculo *Arquitetura brasileira* publicado pelo MEC no começo dos anos 1950?[15]

Mera coincidência.

Quais então as suas inovações em relação à síntese produzida por Lúcio Costa? Uma das novidades é a periodização adotada, a valorização da produção paulista, bandeirista, na estrutura narrativa. E você menciona também o fato dele ser o primeiro livro sobre o tema com enfoque ao mesmo tempo histórico e utilitário. O que isso quer dizer em relação a títulos precedentes como os de Lúcio Costa, Paulo Santos, Nestor Goulart ou outros?

Eu comecei a escrever sobre história da arquitetura em fascículos da Editora Abril. Eram vendidos em separado nas bancas de revista. Depois a Abril encadernou e virou livro.[16] A atenção à produção bandeirista se dá por vários motivos. Em que pese o isolamento daquelas construções, a adoção da taipa de pilão em uma vasta região do país durante alguns séculos é algo que me pareceu importante enfatizar. A taipa de pilão era a única técnica conhecida que se mostrou factível. Porque para fazer casa de pedra, de tijolo, era necessária uma argamassa de cal e não tinha cal disponível. Então o máximo que o paulista conseguia fazer era o adobe para coisas utilitárias, jamais em construções. Ora, a taipa oferecia muitas limitações. Não dá para fazer coluna, não dá para fazer chaminé, mas eles perceberam que a taipa era muito eficiente na conservação do calor do sol, que ela era um bom isolante térmico, que o interior das construções era sempre fresco. Por isso a predominância naquelas casas de grandes panos de taipa, com poucas janelas e nenhum alpendre, jamais. Porque o alpendre brasileiro, adotado do Rio de Janeiro para cima, é indiano, diretamente proveniente da Índia, tornando-se um recurso de moderação da temperatura nas casas tropicais do Brasil. Em São Paulo, ele só apareceria nas capelas, por conta da tradição religiosa. Nenhuma casa tinha alpendre. As plantas eram muito simples: um grande quadrado rodeado de cômodos, e esse cômodo central não tinha qualquer janela, às vezes tinha uma dando para a varanda de entrada, às vezes duas, na frente e atrás. Enfim, percebi que essas construções possuíam particularidades ainda não destacadas nos grandes panoramas nacionais. Particularidades colocadas pelas circunstâncias de isolamento. É isso o que chamo de uma peculiaridade nacional.

Esse interesse em livros didáticos é recorrente em sua produção, como os publicados pela Coleção Primeiros Passos, da editora Brasiliense, ou esse último *Como nasceram as cidades brasileiras*...

A Carla Milano, da Nobel, resolveu fazer uma coleção didática para colégio e me encomendou livros. Conversamos muito a respeito e, no fim, decidimos que iríamos publicar um livro chamado: *Histórias das cidades brasileiras*. Com a sua separação e consequente saída da editora, o título nunca foi publicado. Ficou na gaveta dela por doze anos. Um dia ela me procurou: "Olha, resolvi fazer livros didáticos por conta própria, livros de cozinha e livros didáticos". E fez este livro.[17] Caprichou, ficou um livro muito bonito. Infelizmente foi o primeiro e último da coleção.

Notas

1 FALCÃO, Edgar de Cerqueira. *Relíquias da Bahia*. São Paulo, Romiti Lanzara, 1940; FALCÃO, Edgar de Cerqueira. *Relíquias da terra do ouro*. São Paulo, F. Lanzara, 1946.

2 SAIA, Luís. Notas sobre a arquitetura rural paulista do segundo século. *Revista do Serviço do Patrimônio Histórico e Artístico Nacional*, n. 8, Rio de Janeiro, 1944, p. 211-275.

3 SAIA, Luís. *Morada paulista*. São Paulo, Perspectiva, 1972.

4 LEMOS, Carlos A. C. Januário Garcia, o "Sete orelhas". *Revista do Arquivo Municipal de São Paulo*, ano 14, n. 117, jan./mar. 1948, p. 61-80 <https://bit.ly/3RPTb2S>.

5 CORONA, Eduardo; LEMOS, Carlos A. C. *Dicionário da arquitetura brasileira*. São Paulo, Edart, 1972. Reedição fac-símile: CORONA, Eduardo; LEMOS, Carlos A. C. *Dicionário da arquitetura brasileira*. 2ª edição. São Paulo, Romano Guerra, 2017.

6 LEMOS, Carlos A. C. *Casa paulista. História das moradias anteriores ao ecletismo trazido pelo café*. São Paulo, Edusp, 1999.

7 LEMOS, Carlos A. C. *Cozinhas, etc. Um estudo sobre as zonas de serviço da casa paulista*. Tese de doutorado. São Paulo FAU USP, 1973. Edição em livro: LEMOS, Carlos A. C. *Cozinhas etc. Um estudo sobre as zonas de serviço da casa paulista*. 1ª edição. São Paulo, Perspectiva, 1976.

8 FREYRE, Gilberto (1933). *Casa-grande & senzala*. 51ª edição. São Paulo, Global, 2011.

9 LEMOS, Carlos A. C. *Alvenaria burguesa. Breve história da arquitetura residencial de tijolos em São Paulo a partir do ciclo econômico liderado pelo café*. Tese de livre docência. São Paulo, FAU USP, 1984. Edição em livro: LEMOS, Carlos A. C. *Alvenaria burguesa. Breve história da arquitetura residencial de tijolos em São Paulo a partir do ciclo econômico liderado pelo café*. São Paulo, Nobel, 1989.

10 O entrevistado não se recordou do nome do escritor suíço, mas tratou do cortiço e da habitação operária em livros por diversas vezes: LEMOS, Carlos A. C. *A república ensina a morar (melhor)*. São Paulo, Hucitec, 1999; LEMOS, Carlos A. C. *Alvenaria burguesa. Breve história da arquitetura residencial de tijolos em São Paulo a partir do ciclo econômico liderado pelo café* (op. cit.); LEMOS, Carlos A. C. *Cozinhas, etc. Um estudo sobre as zonas de serviço da casa paulista* (op. cit.); LEMOS, Carlos A. C. *História da casa brasileira. A casa colonial, casas urbanas e rurais, a habitação burguesa*. São Paulo, Contexto, 1989; LEMOS, Carlos A. C. Os primeiros cortiços paulistanos. In SAMPAIO, Maria Ruth (Org.). *Habitação e cidade*. São Paulo, FAU USP/Fapesp, 1998, p. 9-38; SAMPAIO, Maria Ruth Amaral de; LEMOS, Carlos A. C. *Casas proletárias em São Paulo*. São Paulo, FAU USP, 1993.

11 BRUNO, Ernani Silva (1950). *Histórias e tradições da cidade de São Paulo*. São Paulo, Hucitec, 1991.

12 LEMOS, Carlos A. C. Desastre anunciado em Iguape. Caderno Ilustrada, coluna Opinião. *Folha de S.Paulo*, São Paulo, 9 out. 2009, p. E-16.

13 AZEVEDO, Militão Augusto de. *Álbum comparativo da cidade de São Paulo 1862-1887*. São Paulo, PMSP/SMC, 1981.

14 LEMOS, Carlos A. C. *Arquitetura brasileira*. São Paulo, Melhoramentos/Edusp, 1979.

15 COSTA, Lúcio. *Arquitetura brasileira*. Rio de Janeiro, Ministério da Educação e Saúde/Serviço de Documentação, 1952.

16 LEMOS, Carlos A. C. *Arquitetura brasileira* (op. cit.).

17 LEMOS, Carlos A. C. *Como nasceram as cidades brasileiras*. São Paulo, Studio Nobel, 2016.

Por uma história das soluções de arquitetura

Geraldo Gomes da Silva

Entrevista concedida por Geraldo Gomes da Silva a Diego Inglez de Souza no Recife PE, Brasil, em setembro de 2007.

Conte-nos como foi sua formação e o despertar do interesse por história da arquitetura.

Formei-me em 1965 na Faculdade de Arquitetura da Universidade do Recife. Minha relação com a história da arquitetura começou um pouco antes. Quando me formei fui, de certa forma, forçado a ir trabalhar fora do estado, na Paraíba, porque eu fui preso em 1964 e na época era aluno de Ayrton Carvalho na disciplina de Arquitetura Brasileira, e ele foi o único professor que permitiu que eu fizesse as provas na cadeia. Ele dava o tema, eu fazia a prova e mandava para ele, que me mandava os livros para eu estudar, embora ele fosse um anticomunista ferrenho. Era um cidadão fantástico, era um brasileiro antigo, como diria o Darcy Ribeiro, dos bons. Quando eu fui libertado, fui procurá-lo para dizer que tinha gostado muito dos livros e que gostaria de estudar sistematicamente história da arquitetura brasileira. O Instituto do Patrimônio Histórico e Artístico Nacional – Iphan tinha uma biblioteca pequena, mas muito rica, e eu ia todo dia para lá, passei meses lendo o que ele indicava. Foi o meu orientador bibliográfico. E com isso foi aumentando a atração pela história da arquitetura. Devo a Ayrton Carvalho o despertar deste interesse.

Que livros eram esses?

Livros de história do Brasil. Porque ele me ensinou que a história da arquitetura não é um fenômeno desvinculado do momento social, histórico, econômico. E eu comecei a ler a *Formação do Brasil contemporâneo* de Caio Prado Jr.,[1] também o Pedro Calmon,[2] a coleção Brasiliana,[3] coleções e mais coleções que eu li para saber o que era o Brasil, para depois saber o que era a arquitetura do Brasil. Havia poucas publicações sobre história da arquitetura, havia a *Revista do Iphan*, que não era só sobre arquitetura, mas sobre história, arqueologia, cerâmica.

Que outros professores o marcaram?

O outro foi Antônio Bezerra Baltar, mais na área de urbanismo. E o próprio Acácio Gil Borsoi, que tinha sensibilidade para com a história, mas não era um erudito como Delfim Amorim. Amorim dava os dois primeiros anos do planejamento, composições de arquitetura, e Borsoi os dois últimos. Amorim era capaz de, antes de dar um tema, falar uma aula inteira sobre o que é uma igreja, por exemplo. Para que entrasse na sua cabeça qual era o tema que você ia desenvolver.

Tudo isso mobilizando questões da história? Ele trazia a história para o projeto?

Amorim, professor de composições e de planejamento, era do Porto, no norte de Portugal, onde é muito difícil ignorar a história. Ele era fruto desta consciência. Tanto que ele era consultor do Dr. Ayrton Carvalho para certas questões do Iphan. Às vezes, Dr. Ayrton convidava professores como se fossem peritos e Amorim fez vários pareceres para o Iphan sobre problemas do patrimônio, sobre construção de edifícios em sítios históricos, na proximidade de monumentos... Quando estávamos no Instituto de Arquitetos do Brasil – IAB, fizemos uma coletânea dos textos de Amorim e publicamos três destes pareceres.[4] Por sinal, Amorim também teve escritório no Iphan, antes de Borsoi. O Iphan era a mãe, como se fosse a galinha que abrigava os pintinhos debaixo da asa. O Iphan foi o mentor da arquitetura moderna em Pernambuco, um dos mentores.

Como entende o papel do historiador de arquitetura?

Há mais de uma maneira de ver o trabalho de um historiador da arquitetura. Eu tenho a pretensão de ser um pesquisador da história das soluções de arquitetura. Há quem veja de outra forma, há quem veja a história da arquitetura como a história dos arquitetos. Só que no Brasil, em muitos casos do passado, você não conhece os autores, só os produtos. Então não dá pra fazer relação direta. No trabalho que nós fizemos sobre 160 engenhos, em nenhum deles eu conhecia o autor dos projetos. Então a minha pretensão é muito mais estudar a história das soluções de arquitetura do que a história dos arquitetos. Arquitetura pra mim é isso. Estas soluções evidentemente são fruto de condições econômicas, tecnológicas, sociais. Estas são variáveis que definem a arquitetura em determinado momento, assim como os autores, que interpretam tudo isso.

Como arquiteto, acho mais fácil entender a história da arquitetura sob este aspecto. Um historiador puro provavelmente se valeria das referências bibliográficas, que nem sempre são de autoria de arquitetos. Não vejo nenhuma contradição no arquiteto tentar fazer história da arquitetura. Ele pode fazê-la bem. Agora, de maneira geral, projetar, como fazer pesquisa, tudo isso toma muito tempo. Eu mesmo já não projeto coisa nenhuma, só acompanho algumas obras de restauração, que dão mais trabalho para acompanhar do que para conceber. Como dizia Luís Saia, um projeto de restauração é uma hipótese inicial de trabalho. É totalmente diferente de um projeto novo. Quando você começa a intervir num edifício que sofreu várias modificações ao longo do tempo, você começa a retirar rebocos que estavam estragados e a descobrir vãos e aberturas onde achava que não existiam portas, janelas. Durante a primeira fase, de prospecção, o projeto pode mudar totalmente. Você se baseia em referências bibliográficas, nas raras peças iconográficas e faz a sua hipótese. Mas é um jogo no escuro. É uma pesquisa também e você só pode começar a descobrir quando começa a trabalhar, quando começa a obra. Isto difere francamente de qualquer outro projeto de arquitetura, no qual você prevê o que vai acontecer com materiais dos quais você conhece as resistências, as especificações. Não é isso o que ocorre numa restauração e as diferenças são substanciais.

Diria que neste caso os profissionais do projeto e da história trabalham lado a lado?

Ligadíssimos. Quando você vai mexer num reboco, até a própria composição dele vai lhe dar uma informação, se aquilo tem cimento, se tem cal, se tem barro ou saibro. A história lhe conta quando se utilizavam certos tipos de argamassa. Se você não souber disso, você pode estar destruindo um testemunho valioso ou conservando coisas que não valem a pena serem conservadas. Não há a possibilidade de fazer um trabalho de restauração sem a complementação histórica. Você se cerca de mais segurança se tiver conhecimento histórico. 90% do trabalho de intervenção em restauro praticamente está definido quando você faz a prospecção. Nós já tivemos no Brasil um número bem maior de experiências... O engenho Poço Comprido, do século 18 foi restaurado [mostra foto na parede de seu escritório]. Nós trabalhamos dois anos na obra.

Acha que este tipo de trabalho de restauro, por encomenda, diminuiu de lá pra cá?

Muito. A maior parte das restaurações é feita por empresas públicas, sem contratos, fora da empresa, os próprios funcionários fazem isso. Este foi um caso excepcional, eu já tinha alguma experiência e fui contratado. Toda semana nós íamos à obra fazer a fiscalização com o pessoal do Iphan e do órgão estadual de patrimônio. Todos os problemas que surgiam eram resolvidos nesse dia. Modificações do projeto podiam ser feitas semanalmente. Os problemas eram resolvidos na base do consenso. Nesse caso, o autor do projeto não tem autonomia, está subordinado à legislação nacional do Iphan. Acho que foi um período de felicidade, de realização profissional, um trabalho em conjunto. Não tenho dúvida de que um trabalho de restauração de monumentos deve ser multiprofissional, envolvendo historiadores, arqueólogos, engenheiros. No caso, eu tive a felicidade de o chefe do Iphan na época ser engenheiro. Aliás, Dr. Ayrton Carvalho também era engenheiro, tinha muito conhecimento de técnicas construtivas.

Para dar aula de história da arquitetura e pesquisá-la, o senhor acredita que o melhor profissional seja o arquiteto?

É melhor que seja. A história da arquitetura para mim é a história das soluções de arquitetura. Não é somente a solução técnica, existem várias maneiras de resolver um problema de programa, mas em todo caso o resultado é um espaço arquitetônico. E a criação de um espaço arquitetônico ou a recriação dele é algo que o arquiteto deve dominar, é arte, um espaço arquitetônico é um espaço artístico. Continuo achando que um arquiteto tem mais condições do que um historiador ou um engenheiro. Isso não quer dizer que eles não possam dar aulas de história da arquitetura.

Há todo um debate típico dos anos 1960, capitaneado por Manfredo Tafuri, sobre a criação de um curso autônomo de história da arquitetura, com uma orientação diversa... Você acredita nisso?

Não. Que se crie um curso destes, tudo bem, mas não se pode impedir que um arquiteto, mesmo sem este curso, tenha um entendimento claro da história da arquitetura. O maior exemplo disto é o Lúcio Costa. Quer melhor? Lúcio Costa é o maior historiador da arquitetura brasileira e é arquiteto, funcionário público. Pelo número de projetos, há arquitetos que produziram muito mais, mas não há dúvida nenhuma da autoridade do Lúcio Costa, que não fez curso de especialização ou pós-graduação para falar sobre a arquitetura.

A pesquisa então seria a base da formação do historiador de arquitetura?

Eu acho. Mas é a tal coisa: tem de gostar. Porque isso não dá dinheiro, não dá fama. É o prazer de conhecer. Quando você é apresentado a uma pessoa, diz-se: prazer em conhecê-lo, por hipocrisia. Mas conhecer pode ser um prazer, dependendo daquilo que você procurar saber. Você se sente pago ao conhecer. Se aquilo vai gerar uma publicação, se vai servir de subsídio para um projeto de restauração... Não há nada de mal em ser reconhecido, mas nada paga o prazer de conhecer, para quem tem prazer em conhecer.

Quais as perspectivas para o historiador da arquitetura no Brasil? Onde há campo?

Patrimônio é emprego, normalmente trabalha-se numa agência oficial, que tem seus historiadores, pesquisadores... Eu tenho sobrevivido profissionalmente como professor, dando aula, estudando pra dar aula, pesquisando. Não vejo outro caminho. Dar aula somente é muito chato, embora eu tenha de estudar sempre, mas a percentagem de resposta do outro lado é muito pequena, especialmente na área de história da arquitetura, pois os alunos estão pensando em projetar. Todo mundo quer ser Oscar Niemeyer, ninguém quer ser Lúcio Costa. As disciplinas de história, de formação, não são muito bem recebidas pelos alunos, eles aturam.

Você não vê ainda um mercado para o historiador da arquitetura?

Posso contar numa mão quem se dedica a isso no Recife. Eu acho que tive mais tempo dedicado à história pela própria condição de professor da universidade, pela própria natureza das disciplinas que eu ministro. Se eu não estudar, eu não sei dar aula. Tenho de estudar e pesquisar. Estou há quatro anos numa pesquisa sobre arquitetura moderna em Pernambuco. É incrível a quantidade de fatos que são de desconhecimento total. Nós estamos fazendo uma pesquisa nos escritórios da prefeitura, descobrindo projetos da década de 1910, de 1920, projetos do art nouveau, do art déco. São exemplares muito interessantes de um período de transição da arquitetura eclética para a arquitetura moderna. Eu já os considero arquitetura moderna. Não tem nada a ver com a arquitetura dita neocolonial. Mas é essa arquitetura moderna e recente que está sendo destruída, porque ela não tem nenhuma proteção. No consenso, monumento histórico é monumento antigo. No entanto, os exemplares da arquitetura moderna que têm cinquenta ou sessenta anos estão desaparecendo sem dó nem piedade. A especulação imobiliária é muito mais forte. Todo dia a gente percebe que este acervo está diminuindo. Muitos dos projetos que a gente está descobrindo nos arquivos da prefeitura não existem mais. Mas a gente está tentando resgatar isto pelo menos como história das ideias. Para nós, interessa muito a história dos projetos. Mesmo que um projeto não tenha sido executado, que tenha sido modificado, interessa do ponto de vista da história das ideias em arquitetura. Um projeto que foi aceito, aprovado na prefeitura, representa uma ideia que estava em voga. Isto a gente está perdendo todo dia.

E a prática, o trabalho com preservação, com patrimônio, como se relaciona com o ofício de professor e de historiador?

Hoje existe uma disciplina na faculdade criada por nós chamada intervenções em sítios históricos, sobre como fazer um projeto hoje num sítio com características do século 18, por exemplo. É uma disciplina nova e que representa uma postura diferente da que tinha o arquiteto modernista da década de 1960. Exige realmente do estudante um conhecimento de história da arquitetura, de morfologia da arquitetura. Para que você insira nesse sítio um edifício que não agrida, mas que se integre e, por outro lado, diga que é contemporâneo, que é de hoje, que não é do século 18. É muito difícil, mas é uma experiência muito rica, uma relação muito íntima que tem a ver entre quem trabalha em sítios históricos, com história da arquitetura, com a morfologia da arquitetura. Talvez seja o elo mais forte que liga o historiador com quem concebe o projeto.

E os alunos?

É uma disciplina obrigatória; como aqui em Recife e Olinda você tem uma série de sítios históricos protegidos por lei, não deixa de ser uma oportunidade, muito eventual, de trabalho. É um campo de trabalho que possa existir. Não posso dizer que haja um grande entusiasmo por parte dos alunos hoje, mas eles fazem, de algum jeito. Não vejo aqui um grande interesse por estas questões hoje, já tivemos melhores dias. Há um livro que a gente usa na disciplina, do Francisco De Gracia, que se chama *Construir no construído*.[5] Hoje só se constrói no construído. Ninguém constrói no deserto. Sempre que se constrói, qualquer coisa que você insere no espaço urbano, vai coexistir ou não, vai conviver com o que existe. Há a relação do que chega com o que já existe. Se ela for harmônica, melhor.

E quais são as relações ou quais seriam as relações entre a história e a crítica? Você acha que existe espaço para uma e para a outra no panorama do debate sobre arquitetura no Brasil?

Existe crítica de arquitetura no Brasil? É uma questão... Mas não se faz crítica sem história da arquitetura. Não posso imaginar um crítico dizendo: "Eu não gosto desta obra". Tem de dizer o que há de errado e sem conhecimento de história não dá, sem compreender as circunstâncias nas quais surgiu o projeto. O que aconteceu ontem também faz parte da história, não só o que aconteceu há 150 anos. Até porque todo projeto tem uma história própria, é uma realização, que teve uma ideia original, que teve uma série de fatores de dificuldade ou facilitadores, além da própria história da cidade, porque nenhum projeto se executa em terra de ninguém.

No seu entender, que historiadores formularam teorias relevantes capazes de explicar ou agrupar de maneira consistente a produção arquitetônica, ou antes, de organizar linhas historiográficas e formas de entender a arquitetura brasileira?

Carlos Lemos, em São Paulo, tem um trabalho interessante sobre a casa paulista; o Günter Weimer no Rio Grande do Sul; o Carlos Eduardo Comas, num plano muito mais teórico do que histórico; a Jussara Derenji no Pará... Tem um cearense também, o Liberal de Castro... Deve sair agora um livro que foi programado em Brasília e financiado pela Organização das Nações Unidas para a Educação, a Ciência e a Cultura – Unesco, que se chama *Arquitetura na formação da nação*.[6] Eu escrevi sobre o açúcar, uma arquitetura dos ciclos.[7] O Hugo Segawa escreveu sobre arquitetura moderna,[8] a arquitetura da industrialização. Augusto Silva Telles era o coordenador e consultor geral. O nome é muito sugestivo, embora o texto não corresponda muito ao título. Em que medida a arquitetura pode contribuir para a formação da imagem de uma nação? A gente já teve um período muito mais fértil, na década de 1940-1950, em que se podia falar de uma arquitetura moderna brasileira, com traços brasileiros. Hoje acho que não dá para falar nisso, se esses traços existiram já estão apagados, estão diluídos numa produção que passou pela aventura do pós-moderno. Não sei qual é a próxima aventura da arquitetura moderna brasileira. Não vejo nenhuma teoria nova sobre arquitetura moderna brasileira. Sobre a antiga, não há muito o que descobrir.

Como você vê a importância do estudo dos fatos arquitetônicos ditos pré-modernos ou protomodernos?

O que é o protomoderno? O que vem antes do moderno? O que está entre o ecletismo e o modernismo? Há uma série de projetos que estamos vendo nessa pesquisa sobre o Recife, a que me referi acima, na qual estamos descobrindo que o art nouveau e o art déco são arquitetura moderna, não mais eclética, e isso não tem a ver com a presença de Luiz Nunes na cidade. Na década de 1930, um arquiteto chamado Abelardo Gama tinha uma seção no *Diário da Manhã*, um jornal que não existe mais, chamada "Sua casa". Nela ele publicava sugestões para cada um fazer sua casa. Num determinado domingo de 1932, ele apresenta uma mesma planta com quatro opções de fachadas. Cada fachada num estilo diferente e o moderno era mais um entre eles. Não era uma coisa substancialmente revolucionária. O que era moderno para ele era diferente do que era para o Georges Monnier, um outro arquiteto que estamos estudando aqui, e tudo isto é anterior à chegada de Luiz Nunes na cidade. Estamos descobrindo coisas muito interessantes sobre as três primeiras décadas do século 20.

Qual é a importância destas arquiteturas e ideias menos célebres?

Elas eliminam esta impressão, que temos pela bibliografia que existe, que do eclético se passou ao moderno. Tem muita coisa entre um e outro, e mesmo esta definição da arquitetura revolucionária, como a do Luiz Nunes. Qual foi a importância do Luiz Nunes por aqui? Uma coisa isolada, meia dúzia de prédios públicos, acabou. O que estava se fazendo enquanto Luiz Nunes estava fazendo arquitetura moderna era arquitetura eclética. Ou estes outros exemplos de transição, de mudanças, interpretações diferentes do moderno.

Como entender estas transformações, senão por influências, referências? Qual seria a chave para o entendimento destas mudanças?

Isso é o que a gente está tentando escrever. Naturalmente vamos nos valer destes projetos, das crônicas contemporâneas, de como esta arquitetura foi recebida na sociedade, se é que há alguma referência. É pouco provável que se possa fazer um trabalho conclusivo sobre isso. Mas pelo menos estaremos levantando questões que não foram colocadas. Se não vamos resolvê-las, outros podem vir a resolver no futuro, alguém que faça um trabalho muito mais bibliográfico. Nós estamos fazendo essencialmente pesquisa iconográfica.

Então é importante estudar o periférico e não o célebre para entender estas transformações da arquitetura?

Se você for estudar arquitetura moderna e se focar somente no Oscar Niemeyer, estará pecando por omissão. Embora ele tenha uma influência muito grande, não se pode resumir a arquitetura moderna brasileira à sua obra. Da mesma forma que estudar a arquitetura neoclássica no Recife fechando-se simplesmente no Louis-Léger Vauthier, que esteve aqui e fez três obras, excelentes projetos, mas que não tiveram efeito multiplicador. É uma obra única, certamente emblemática, mas mais importante é estudar aquilo que fez a cidade. Ou a gente estuda arquitetura típica ou arquitetura excepcional. O tipo é um elemento muito importante do estudo da arquitetura, não a exceção. O tipo se reproduz naturalmente, pelo povo. Se você pega, por exemplo, o mocambo, ele reproduz uma planta que é historicamente conhecida no sobrado antigo, embora o sobrado esteja sozinho no lote e o mocambo esteja numa aglomeração. Quer dizer, o tipo se reproduz, é uma coisa que deu certo, o que a tradição vem ensinando.

Então existem dados muito importantes nestes tipos, nestas obras anônimas?

Por isso é que a arquitetura moderna vem revolucionar essa forma de conceber arquitetura. Você vai se preocupar com insolação, ventilação, layout, uma coisa que funcione. Na nossa pesquisa, encontramos um artigo de jornal de 1929, no *Diário da Manhã*, sobre uma *cozinha moderna*, em que se mostra o fluxo do alimento na cozinha. Preparação, cocção, tudo como se fosse um layout industrial. Um processo de racionalização da arquitetura que se reflete não somente na cozinha como na casa toda, que não existia até o século 19. Você tinha os tipos, carimbados.[9]

Qual é o peso histórico que você atribui à arquitetura moderna no Brasil? Mais um capítulo de uma longa história ou dá pra dizer que só com a arquitetura moderna se constituiu uma arquitetura genuinamente brasileira? Ela estava ligada a uma questão de identidade?

Eu acho que com a arquitetura moderna não se firmou uma identidade. Não foi a arquitetura que construiu isso sozinha, contribuiu também, mas eu não sou dos que acham que a arquitetura moderna brasileira foi revolucionária, fantástica, originalíssima, nada disso. Se você observar as ideias que surgiram com a arquitetura moderna, não surgiram somente aqui e surgiram de forma diferente em Porto Alegre, em Manaus, no Recife... O Brasil é um país continental. Mas não vejo que o Brasil tenha mudado com a arquitetura. Foi, durante muito tempo, digamos assim, um artigo de exportação, com todos os motivos para isso porque é uma arquitetura de boa qualidade, mas eu preferiria falar em arquitetura moderna *no Brasil*, seria mais próprio.

O que é a arquitetura brasileira, então?

Não acredito realmente que exista uma arquitetura brasileira. Talvez, em alguns casos muito específicos de um passado longínquo, como a arquitetura rural do Piauí. A casa rural e a casa urbana do Piauí já foram estudadas por Paulo Thedim Barreto, que era um teórico do Iphan.[10] Ali eu vi uma arquitetura que eu não conseguia vincular com nenhuma outra arquitetura, principalmente portuguesa, nossa origem maior. Uma arquitetura ligada à carnaúba e à criação do gado no Piauí, talvez seja o único episódio isolado de uma arquitetura brasileira.

Brasileira no sentido de uma arquitetura autóctone?

Exatamente. Não somente materiais e a planta, mas o próprio partido destas casas. O período moderno tem um papel especial na arquitetura, mas não somente no Brasil, porque os princípios que foram desenvolvidos aqui foram desenvolvidos praticamente no mundo inteiro. Até Brasília, eu não vejo uma grande importância no moderno brasileiro. Numa certa ocasião, quando eu estava fazendo um curso em São Paulo, saía todo domingo com um colega de Goiás para fotografar arquitetura moderna. É difícil achar arquitetura moderna em São Paulo. Ela está principalmente em bairros residenciais. Tínhamos uma lista com as casas de determinados arquitetos, de João Batista Vilanova Artigas e de outros. A gente passava por ruas inteiras só vendo casas ruins e achava lá uma casa isolada de Artigas. Não estou falando de Sérgio Bernardes, mas de Artigas, em São Paulo, na sua cidade. Não conheço nenhum trabalho pelo qual se possa avaliar a repercussão da arquitetura moderna por meio de seus exemplares exponenciais na arquitetura comum, do cotidiano.

Você acha que é sempre importante manter este foco na cidade, sem entrar nas exceções ou nas biografias particulares?

Trata-se de saber em que medida essa arquitetura teve um impacto na cidade. Veja, por exemplo, Copacabana, é uma avenida do século 20 e estão lá todos os edifícios coladinhos um no outro. Quer dizer, a mesma implantação de toda a arquitetura tradicional. Quando Borsoi veio para o Recife, conhecia o exemplo de Copacabana e foi um dos mentores da implantação moderna de Boa Viagem. Sugeriu que no código de obras se incluíssem os recuos laterais. Hoje, em Boa Viagem, você vê uma avenida moderna, com todos os edifícios soltos em relação aos limites do terreno e alguns bons exemplares de arquitetura moderna. Daí se vê realmente o que é Copacabana, que na década de 1920, 1930, já era famosa. Era uma avenida como outra qualquer. O próprio Copacabana Palace é de arquitetura eclética.

Essa sua preocupação tem a ver com o entendimento do Nestor Goulart Reis, que propõe olhar para o urbano, para a cidade e a ocupação dos lotes, e não só para as características dos edifícios?

Acho essa visão corretíssima. O trabalho dele sobre a arquitetura no lote é muito importante, um dado importantíssimo que ele levantou e que não havia sido levantado antes. Para você definir a arquitetura, você não pode ignorar a cidade e olhar só para um prédio, botar antolhos, viseira...

Como vê a contribuição de Lúcio Costa?

Acho que a maneira como Lúcio Costa encara e conceitua arquitetura continua válida. Quando ele fala da intenção plástica, distinguindo a arquitetura da mera construção, das considerações sobre o programa, das opções que você tem no projeto. Aquilo é muito importante e não conheço ninguém que tenha escrito melhor sobre a maneira de conceber arquitetura do que o Lúcio Costa. Como ele disse, a arquitetura é, antes de tudo, construção. Não é ficar divagando. Quando eu me formei e fui trabalhar na Paraíba, viajava pelo sertão fiscalizando obras, algumas que eu havia projetado, e o mestre de obras vivia me testando: "Doutor, qual é o traço de concreto que eu uso aqui?" Eu perguntava pra ele: "Qual você está usando?" Ele dizia um traço qualquer, eu concordava e ia embora. Não sabia nada. Nunca ninguém tinha me ensinado na escola o que era um traço de concreto, quanto tem de brita, de areia, fator de água, nada disso. Isso eu aprendi na obra e era uma informação que eu tinha de ter, senão era desmoralizado como autor e como fiscal. Então, quando Lúcio Costa dizia que arquitetura era antes de tudo construção, ele estava dizendo algo muito importante. Não são os programas de computador que vão nos dar informação sobre esta vivência, de jeito nenhum.

Mas concorda com a associação que ele faz entre a arquitetura do barroco e a moderna?

Eu não vejo esta ligação. Uma coisa é você ter uma arquitetura despojada, como no caso da casa paulista, por falta de recursos. Mas no caso da arquitetura moderna, ela é despojada por motivos diferentes. Qual é a relação de um interior de uma igreja do Aleijadinho com o moderno? Nenhuma. Ela é a arquitetura do ornamento, evidentemente. Não há nenhum mal nisso, é a arquitetura daquela época. Há um tipo de arquitetura antiga que podemos relacionar à arquitetura moderna, mas sem generalizar.

Como você vê a produção historiográfica sobre arquitetura brasileira?

É fundamental conhecer Henrique Mindlin, Philip Goodwin, Hugo Segawa e Yves Bruand. É importante saber as ideias destes autores sobre arquitetura, analisar as diferenças entre eles. Bruand não era arquiteto, como Philip Goodwin. Bruand era um arquivista, e a pesquisa dele é bibliográfica. O mérito do trabalho dele é ter juntado tudo e feito a primeira história da arquitetura moderna. Ele cita as fontes que consulta, mas é um trabalho que não se aprofunda, é um somatório de citações. Aí eu me arrisco a dizer: como ele não era arquiteto, ele não percebe realmente quanto poderia ir mais fundo nas questões.

Como vê o movimento de afirmação de uma escola pernambucana ou de uma escola do Recife de arquitetura moderna encampada por Borsoi, entre outros, e em distinção à escola carioca e oposição à paulista?

Para se falar em escola, temos de falar em corpo de doutrina. Há uma teoria... Lembro alguns episódios principais da arquitetura moderna em Pernambuco, a começar pelo inevitável Luiz Nunes e companhia, e depois dele Delfim Amorim, Acácio Gil Borsoi e Armando de Holanda, que considero os mais importantes. Escrevi um artigo sobre o tema: "Marcos da arquitetura moderna em Pernambuco".[11] Cada um com uma ideia totalmente diferente, com formações e realizações diferentes. Luiz Nunes, com aquela fase propagandística da arquitetura moderna; Amorim, com a forte tradição construtiva da arquitetura, pretendendo absorver o que existia de regional, muito mais em relação ao clima do que em relação à própria morfologia; Borsoi, com uma herança claramente carioca, confessa; e Armando com uma visão totalmente diferente dos anteriores, talvez mais ligada a Luiz Nunes, em sua preocupação com a padronização da arquitetura. Isso caracteriza uma escola? Acho que não. Os quatro nem coexistiram no tempo, somente Borsoi e Amorim, Armando vem depois e Luiz Nunes vem muito antes. Não sei se dá pra colocar tudo no mesmo saco. Claro, a arquitetura de qualidade que surgiu aqui se deveu à influência destes quatro arquitetos, talvez nem tanto à de Luiz Nunes, porque não houve muita repercussão de seu trabalho no período. Amorim e Borsoi talvez tenham sido os mais influentes na formação não de uma arquitetura, mas de arquitetos em Pernambuco. Essa formação não dizia respeito somente ao estado de Pernambuco, mas a todo o Nordeste, porque na época não havia escolas de arquitetura em todos os estados. Todos os estudantes de Alagoas, Paraíba e Ceará vinham estudar aqui, e o próprio Borsoi tinha projetos nesses estados. Aquela arquitetura muito bem cuidada, muito bem detalhada, de um apuro muito grande, era um ideal que todos os arquitetos perseguiam e nem todos conseguiam. Eu não acredito que possa se caracterizar uma escola do Recife. Realmente, a qualidade da arquitetura produzida nas décadas de 1950, 1960, 1970 em Pernambuco era muito boa. Você poderia acrescentar o Mario Russo, um italiano que veio pra cá, mas fez somente obras na universidade. Eu nem sei como caracterizar uma escola sinceramente. Talvez até outras pessoas me convencessem de que isso é uma escola. Se eu comparar a obra destes três arquitetos, elas são muito diferentes entre si.

Notas

1 PRADO JR., Caio (1942). *Formação do Brasil contemporâneo*. São Paulo, Companhia das Letras, 2011.

2 CALMON, Pedro. *História do Brasil*. 7 volumes. São Paulo, Companhia Editora Nacional, 1939 <https://bit.ly/3gLwcYU>; CALMON, Pedro. *História da civilização brasileira*. 3ª edição. São Paulo, Companhia Editora Nacional, 1933 <https://bit.ly/3TADkpE>.

3 Editada originalmente pela Companhia Editora Nacional no período de 1931 a 1993, a Coleção Brasiliana reúne 415 títulos (439 volumes) de autores brasileiros e estrangeiros. A Fundação Biblioteca Nacional, através do Projeto Brasiliana Eletrônica, digitalizou todo o acervo da coleção, que está disponível no website da instituição <https://bityli.com/AYxNBRIH>.

4 AMORIM, Luiz Manoel do Eirado; SILVA, Geraldo Gomes da; SANTOS, Paulo Sérgio de Souza; GONDIM, Djanira Oiticia; NASCIMENTO, Marcus Antônio Salles. *Delfim Amorim, arquiteto*. Recife, Instituto de Arquitetos do Brasil, 1981.

5 DE GRACIA, Francisco. *Construir en lo construído: arquitectura como modificación*. Madri, Nerea, 1992.

6 BICCA, Briane Elisabeth Panitz; BICCA, Paulo Renato Silveira (Orgs.). *Arquitetura na formação do Brasil*. Brasília, Unesco, 2006.

7 SILVA, Geraldo Gomes da. A arquitetura do açúcar. In BICCA, Briane Elisabeth Panitz; BICCA, Paulo Renato Silveira (Orgs.). Op. cit., p. 82-125.

8 SEGAWA, Hugo. Rumo à industrialização: arquitetura da primeira metade do século XX. In BICCA, Briane Elisabeth Panitz; BICCA, Paulo Renato Silveira (Orgs.). Op. cit., p. 310-343.

9 Possivelmente o autor se refere ao seguinte artigo: STOCKS, Norma. A eletricidade no lar. *Diário da Manhã*, Recife, 20 set. 1929, p. 7-9 <https://bityli.com/bYzZmTux>.

10 BARRETO, P. Thedim. O Piauí e sua arquitetura. *Revista do Patrimônio Histórico e Artístico Nacional*, n. 2, Rio de Janeiro, 1938, p. 187-224.

11 SILVA, Geraldo Gomes da. Marcos da arquitetura moderna em Pernambuco. In SEGAWA, Hugo (Org.). *Arquiteturas no Brasil/Anos 80*. São Paulo, Projeto, 1988, p. 19-27.

Entre arquivos e escolas

Monica Junqueira de Camargo

Entrevista concedida por Monica Junqueira de Camargo a João Sodré, Samira Chahin e Victor Próspero em São Paulo SP, Brasil, em setembro de 2019.

Quais eram suas principais referências teóricas nos últimos anos de sua formação na Universidade Presbiteriana Mackenzie? Um projeto acadêmico já se desenhava, tinha uma perspectiva clara de trabalho mais próximo à pesquisa e atividade docente?

Para mim, o caminho foi justamente o contrário, ele se deu pela operatividade, pela prática. Naquela época, a disciplina História da Arquitetura estava sob a responsabilidade dos professores Benedito Lima de Toledo e o Murilo Marx, mas no ano em que ia cursá-la eles saíram e a substituição deles foi demorada, deixando uma lacuna irreparável na minha formação. Eu tinha um vínculo maior com as disciplinas de Projeto e meus estágios sempre foram em escritórios de projeto, embora me interessasse pela história – lembro das aulas de história da arte com o professor Fábio Magalhães –, nunca imaginei me dedicar profissionalmente à história da arquitetura.

Nos dois últimos anos da faculdade, estagiei na Central de Projetos – uma associação de vários arquitetos, cada um com seus clientes, que faziam alguns consórcios para pegar projetos públicos, sobretudo da Companhia de Construções Escolares do Estado de São Paulo – Conesp, que exigia um certo volume de experiências. Eram quase todos colegas do Mackenzie: o casal Zeca [José Carlos Ribeiro de Almeida] e Mary Ann Paris Ribeiro de Almeida; Tito Lívio Frascino; Vasco de Mello; Flávio Marcondes; Sílvio Lancellotti (que na época ainda não era crítico de gastronomia, mas gostava de cozinhar). Eram também professores do Mackenzie. Mas os professores que mais marcaram minha formação foram: Aurélio Martinez Flores – mexicano que havia trabalhado com Mies van der Rohe –, Miguel Forte, Victor Reif e Joaquim Barreto.

Como muitos dos meus colegas, tinha apreço pela questão pública, achava que podia contribuir mais à cidade. Isso eu sempre tive como uma meta, embora meus estágios tenham sido na iniciativa privada. No último ano de graduação, a Prefeitura de São Paulo abriu um amplo concurso público para contratação de vários profissionais, inclusive arquitetos. Isso foi em 1977. Eu entrei nesse concurso bastante abrangente que contemplava diversos setores, Secretaria Municipal de Habitação de São Paulo – Sehab, Secretaria Municipal Planejamento – Sempla, Empresa Municipal de Urbanização – Emurb, regionais, a estrutura municipal na época. Num sistema randômico para preenchimento das vagas, caí no Departamento de Patrimônio Histórico – DPH que tinha acabado de ser aberto em 1975. Na época, o diretor era o Murilo Marx. A minha primeira reunião, cujo tema era a prospecção arquitetônica da Casa do Tatuapé, foi um choque com a minha formação. Estavam presentes a arqueóloga Margarida Andreatta, a historiadora Daisy Ribeiro, o próprio Murilo, outros historiadores e arquitetos do DPH. Quando terminou a reunião, estava perplexa com que havia escutado, não conseguia acompanhar o que estavam discutindo: estratigrafia, prospecção arquitetônica e arqueológica, termos que, durante toda minha graduação, nunca tinha ouvido falar. Pedi então ao Murilo para me transferir para outro departamento, para Sehab, Emurb ou alguma regional com uma rotina mais ligada a projetos. O Murilo, muito gentil, me acalmou, esclarecendo que era uma área nova no serviço público, onde todo mundo estava aprendendo e o quadro de funcionários estava se constituindo, precisando de gente. A generosidade e confiança do Murilo me conquistaram, acabei ficando e com isso abriu-se um novo campo de estudo. Fui fazer a pós-graduação na área de história. O Murilo que me incentivou, comecei a cursar as disciplinas de história da arquitetura da Faculdade de Arquitetura e Urbanismo da Universidade de São Paulo – FAU USP como aluna especial para a complementação da minha formação, não tinha a intenção de entrar para a vida acadêmica naquele momento.

Como foi o início da sua carreira no Departamento de Patrimônio Histórico?

Na Prefeitura, fui alocada na Seção de Iconografia e Museus que tinha sob sua responsabilidade as casas bandeiristas, o acervo de mobiliário e o acervo fotográfico. Trabalhei na conservação das casas, na montagem de exposições e na identificação do acervo fotográfico. Tinha a coleção do Militão Augusto de Azevedo, do Guilherme Gaensly, do Aurélio Becherini para serem trabalhadas. Havia uma equipe de jovens profissionais muito interessados na conservação do acervo e na continuidade de documentação da cidade, que tinha se iniciado com o Benedito Junqueira Duarte na época ainda do Mário de Andrade no Departamento de Cultura. Estavam lá naquela época: João Musa, Michael Alves de Lima, Ricardo Mendes. Havia a preocupação na constituição de fato de um acervo iconográfico. Reestruturamos a Casa do Bandeirante, antes montada como cenário de moradia de um nobre personagem histórico – o bandeirante, e como tal foi equipada com um mobiliário que nunca esteve ali. Sob a orientação do historiador Paulo Florençano, os móveis foram recolhidos de diversos lugares, muitos vieram das fazendas de café do Vale do Paraíba, outro momento histórico e econômico e dispostos segundo uma interpretação doméstica dos anos 1950. Enfim, era um falso histórico, uma interpretação da vida doméstica do século 18 aos moldes de Fred Flintstone de Hanna-Barbera, no ambiente da cozinha não tinha o liquidificador, mas o pilão. Com a criação do DPH, essa e outras cinco casas bandeiristas passaram a integrar o seu acervo e foi quando os historiadores resolveram desfazer o equívoco, valorizando a casa em si e deixando seu interior como espaço expositivo para mostras temáticas. Curiosamente, a população reagiu muito mal ao desmonte do cenário. Havia uma grande empatia com aquele ambiente criado, mesmo que falso. Foi uma experiência muito interessante para a compreensão da relação que se estabelece com os fatos históricos.

Outro trabalho importante para a leitura das fontes primárias foi o levantamento do Fundo Documental da Autarquia especialmente criado para as comemorações do 4° Centenário da fundação da cidade de São Paulo, que havia sido incorporado ao Arquivo Municipal Washington Luis.

A Regina Meyer estava.

Sim, ela era a diretora do DPH na época, quando foi constituída uma equipe para a organização de uma exposição comemorativa dos quarenta anos do 4° Centenário, que foi montada no Museu de Arte de São Paulo – Masp, sob a curadoria de Marta Rossetti Batista e da qual participaram as historiadoras Marta Amoroso, Deborah Faria e Camila Duprat, e eu que acabei mais envolvida na leitura dos processos. Levantamos 7.300 processos com as mais variadas documentações: projetos de arquitetura, de exposições, de cenários, cartas, contratos, relatórios, prestações de contas, fotografias, enfim um mergulho na diversidade de fontes. Sistematizamos em uma grande planilha o conteúdo de cada processo, identificando o assunto, os tipos de documentos, as pessoas citadas, e o possível interesse para a exposição. O trabalho no DPH me aproximou muito da documentação primária e da sua extroversão por meio de exposições, como as do Museu de Rua coordenadas pelo Júlio Abe Wakahara. Foi um momento fundamental para minha formação na história da cidade e da arquitetura. Praticamente conheci a história de São Paulo pelos acervos do DPH, sobretudo o iconográfico, quando tive a oportunidade de trabalhar com Ricardo Mendes numa pesquisa sobre a fotografia na cidade de São Paulo que resultou em um livro *Fotografia: cultura e fotografia paulistana no século 20*.[1] Meu primeiro livro. Meu interesse pela fotografia era como suporte para leitura da cidade.

Trabalhávamos no Solar da Marquesa de Santos, sede da recém-criada Secretaria Municipal de Cultura, que teve como primeiro secretário Sábato Magaldi. Além do DPH, o espaço era compartilhado com o Instituto de Documentação e Informação Artística – Idart. Apesar da proximidade do local de trabalho e da cultura paulistana como investigação, havia uma divisão muito clara dos recortes de pesquisa do Idart e do DPH. O Idart ficou com os temas contemporâneos e o Departamento de Patrimônio Histórico com o passado, demorou alguns anos para o patrimônio moderno ser incorporado. Quando o Centro Cultural São Paulo – CCSP foi criado, o Idart foi incorporado nessa estrutura como Divisão de Pesquisas, e Ricardo Forjaz Christiano de Souza, na época coordenador do setor de pesquisas em arquitetura, convidou-me para trabalhar com ele. Todas as pesquisas foram para lá e ficaram até meados dos anos 2000, quando a Divisão de Pesquisa foi encerrada porque se achava que esta seria função para a universidade e não para um órgão público – na minha opinião um grande equívoco. Tratava-se do levantamento da produção artística contemporânea nas diversas áreas, para subsidiar uma análise crítica que poderia orientar as diretrizes da Secretaria de Cultura, distinta, portanto, da acadêmica.

A aproximação com a arquitetura moderna começou a partir do trabalho com o Ricardo Forjaz, que já havia feito um exaustivo levantamento do debate sobre arquitetura moderna na imprensa – tanto a especializada como a diária – sobre arquitetura moderna de 1920 a 1968, recorte determinado pela primeira publicação e pela consolidação do movimento no meio arquitetônico brasileiro. Isso era para ter virado um livro, com prefácio prometido por Lúcio Costa, mas pelo perfeccionismo de Forjaz nunca foi publicado. Eu participei da organização e tombamento dos artigos, e desse levantamento Forjaz escreveu *Trajetórias da arquitetura modernista*,[2] abordando a obra de Rino Levi, Flávio de Carvalho, Jayme da Silva Telles e Gregori Warchavchik. É um levantamento precioso que infelizmente se perdeu, eu ainda tenho a listagem das centenas de artigos que, hoje, com muitos acervos digitalizados, é possível recuperá-los.

Quem era a equipe de vocês?

Quando fui trabalhar lá, estavam na área de arquitetura, além de Forjaz, Catherine Gatti, Dalva Thomaz e Waldir Arruda, mas já tinham trabalhado Jonas Malaco, Isaías de Almeida, Angela Maria Rocha, Glória Bayet. Pude compartilhar algumas das pesquisas por eles realizadas, como "Franz Heep" de Gatti,[3] a "Arquitetura do medo" de Isaías.

E foram pessoas que você conheceu no âmbito da Prefeitura, nenhum deles foi colega de faculdade?

Não, nenhum deles; a Glória Bayet era do Mackenzie, mas não foi minha contemporânea. Basicamente as pessoas dessa equipe de pesquisa eram todas formadas na FAU USP. Quase todos entraram no mesmo concurso de 1978.

Conta um pouco para a gente sobre o cotidiano das pesquisas no Idart.

Quem criou o Idart foi a Maria Eugênia Franco, em 1975, que tinha clareza sobre o papel da pesquisa dentro de um órgão público. Quando ela e os primeiros organizadores foram deixando o Idart, o projeto institucional foi se esgarçando. O cotidiano das pesquisas tinha muito a ver com o que foi o Departamento de Cultura, da pesquisa como subsídio para a administração pública. No Idart havia a edição dos Cadernos de Pesquisa, depois substituídos pela *Revista D'Art*, já no âmbito do CCSP. O Idart fez pesquisas inéditas em áreas que aqui ainda estavam se constituindo como campo de pesquisa científica, como cinema e televisão. A primeira pesquisa sobre garotas propaganda, sobre telenovelas, por exemplo. Lembro-me da discussão, ainda em meados dos anos 1990, sobre reality show, que eu não sabia do que se tratava. Uma diretora da administração Celso Pita, inconformada, chegou a dizer que recebiam para "assistir televisão". Ela não entendia. Na área de cinema (a de fotografia era vinculada à de cinema), Inimá Simões escreveu o livro sobre cinema em São Paulo.[4] Eu saí do Centro Cultural quando entrei como docente na FAU USP. O diretor era o Carlos Augusto Calil.

O Calil, em um dos editoriais da *Revista D'Art*,[5] de 2002, aponta para uma letargia no cotidiano do Idart na década de 1990, um local onde pesquisadores faziam muitas coisas interessantes, mas que poucas delas saíam à luz, justamente por não haver um projeto institucional claramente colocado. Ele comenta a importância da *Revista D'Art* como instrumento de diálogo e também sobre um seminário organizado para arquitetos funcionários da Prefeitura de São Paulo.

Ele acreditava que o papel do Centro Cultural não era pesquisa, era a extroversão do arquivo multimeios, depositário dos trabalhos de pesquisa. O projeto da Maria Eugênia Franco era levantar, documentar e registrar a arte contemporânea das diferentes manifestações artísticas. Os cadernos do Idart e depois a *Revista D'Art* se propunham justamente à extroversão das atividades de pesquisa, colocando-as para dialogar com a sociedade. O seminário "Delineando Nortes", em 2001,[6] comemoração aos vinte anos do CCSP, foi uma das iniciativas, quando cada área convidou profissionais de relevância naquele momento para um depoimento. Chamamos Paulo Mendes da Rocha e Ricardo Ohtake, que foi o primeiro diretor do CCSP. Os depoimentos foram publicados na *Revista D'Art*,[7] cujas capas eram projeto do Ricardo Mendes.

O Idart e depois a Divisão de Pesquisas do CCSP fizeram um trabalho de grande relevância para a cultura paulistana. Foi um núcleo de pesquisa para montagem de um banco de dados da produção artística contemporânea. Por exemplo, os anuários da área de teatro feitos por Maria Thereza Vargas e Maria Ângela Alves de Lima. Estes anuários são uma referência até hoje. Esse era o perfil da pesquisa no Idart: era promover anuários, balanços sobre produção cultural da cidade no ano, identificando-se o que havia sido feito no campo cultural. Para a arquitetura era sempre um desafio porque o prazo da arquitetura é outro, as pesquisas eram sobre temas relevantes naquele momento, como a revisão da arquitetura moderna, o projeto Cura vinculado à construção do Metrô, a arquitetura do medo, a arquitetura do circo etc. Eram pesquisas cujos temas eram contemporâneos, mas não exatamente a arquitetura, porque o tempo da arquitetura é outro. Havia essa discussão naquele momento.

Mônica, como aconteceu o início da sua atividade docente?

Também uma questão de oportunidade. Eu tinha uma colega no DPH que era professora do Mackenzie, Márcia Serra Viana. Ela era socióloga; na época, responsável pela disciplina de Sociologia na FAU Mackenzie. Foi ela quem me indicou para dar aula na disciplina de arquitetura brasileira. Havia um programa instituído por Eduardo Kneese de Mello, quando foi professor, inclusive uma coleção de slides, que semeou em vários cursos: Brasília, Guarulhos, lugares onde ele deu aula. Era um percurso da arquitetura brasileira, dos índios, colonial, barroca, eclética e terminava justamente em Brasília. Ou seja, não foi algo que eu planejei. A minha trajetória é resultado das oportunidades que foram surgindo e de como as aproveitei. Gostaria de ter estudado de fato história, filosofia. Estou sempre correndo atrás do prejuízo, sempre indo atrás, sempre tentando recuperar porque, de fato, a minha formação não foi nesse sentido.

Você começou a lecionar antes de entrar na pós-graduação?

Sim. O Mackenzie, na minha época, era uma escola que valorizava a experiência profissional, não havia a pesquisa acadêmica. Os professores ensinavam o que faziam, daí terem considerado minha experiência no DPH e no CCSP como currículo interessante. Foi lecionando que senti a necessidade de ingressar na pós-graduação. Fiz várias disciplinas na FAU USP como aluna especial, como já mencionei. Nos anos 1990, a FAU Mackenzie, sob a direção de Roberto Righi, abriu a pós-graduação, com uma primeira turma especial para os professores da casa, tendo como corpo docente professores da FAU USP. Eu me inscrevi, concluindo meu mestrado sob a orientação de Paulo Bruna, em 1995.[8] Mas durante o processo de mestrado na FAU Mackenzie passei no processo seletivo para o mestrado na FAU USP, e no exame de qualificação me passaram para o doutorado, com a proposta de estudar o Oswaldo Bratke.[9] E por que essa ideia da biografia? Em 1997, teve um número especial da revista *Projeto* para comemorar os cinquenta anos do curso de arquitetura. Eles me pediram um artigo sobre os formados em arquitetura pelo Mackenzie. Eu fiz esse trabalho, uma pesquisa absolutamente empírica.[10] O Fábio Penteado viu meu artigo na *Revista Mackenzie*, gostou e me convidou para escrever um texto sobre seu trabalho, quando comecei minha pesquisa sobre sua obra.[11] A ideia inicial do livro era uma coletânea de textos de vários autores, eu escrevendo sobre sua relação com a arquitetura paulista. Teria um artigo do Gilberto Dupas, outro do Paulo Markun. No fim mudou tudo.

Você fez essas pesquisas sobre Fábio Penteado ao mesmo tempo que o doutorado sobre o Bratke?

O doutorado defendi em 2000. A pesquisa sobre o Fábio foi em 1997. Tudo isso aconteceu antes do doutorado, inclusive o livro sobre Joaquim Guedes, lançado em 2000.[12] Olha que trajetória mais errante... A partir da minha participação no livro do Fábio Penteado, o Guedes me indicou para escrever o exemplar sobre sua obra na coleção Espaços da Arte Brasileira, da editora Cosac Naify. O Rodrigo Naves era o coordenador dessa coleção que visava difundir a obra de artistas para o grande público. Foi um grande desafio, mas para mim foi muito prazeroso, muito empírico.

Então foi do contexto da pesquisa sobre o Fábio Penteado que surgiu a proposta do doutorado sobre o Oswaldo Bratke.

Sim. O doutorado foi uma pesquisa absolutamente individual e quem me orientou foi o Paulo Bruna. Essa coisa de grupo de pesquisa é mais recente. Talvez a Maria Ruth Amaral de Sampaio tivesse um grupo dentro da área de fundamentos. Na área de história da arquitetura havia muitas diferenças. Benedito era o Benedito. Carlos Lemos era Carlos Lemos. Paulo Bruna era Paulo Bruna. Não eram grupos de pesquisa.

O Paulo Bruna, que te orientou no Mackenzie, lecionava nas duas instituições?

Sim. Na FAU USP tinha contrato de Regime de Turno Completo – RTC de tempo parcial. Naquele momento, no Departamento de História, havia vários que eram de tempo parcial. José Eduardo Lefèvre, Paulo Bruna, Lúcio Gomes. Acho que o Dácio Otoni chegou a ser tempo parcial.

Todos que de alguma maneira trabalharam com projeto.

Isso. Esse vínculo do professor de história com o escritório de projeto está mudando agora dentro do Departamento de História da FAU USP. Na sequência de história da arquitetura a gente sente claramente uma outra entrada profissional dos professores. Hoje em dia quase todos os professores são Regime de Dedicação Integral à Docência e à Pesquisa – RDIDP com vínculo à pesquisa. Uma outra relação com a docência.

Você deu aula no Mackenzie por quanto tempo?

Por dezesseis anos. Comecei a lecionar na Faculdade de Arquitetura e Urbanismo da Universidade Presbiteriana Mackenzie em 1987.

Como era lá?

Foi muito curioso, porque o programa da disciplina Arquitetura Brasileira era anual, e o trabalho era a análise de uma obra de arquitetura, por conta do meu vínculo com a área de projeto. Era um programa sequencial, cronológico. Todos eles escolhiam uma obra muito mais contemporânea para analisar. Passados dois anos, a FAU Mackenzie resolveu reestruturar o curso, que passou a ser semestral, foi quando tive a oportunidade de reorganizar a disciplina com muita liberdade. Baseada no interesse dos alunos, propus, no primeiro semestre, uma abordagem da arquitetura contemporânea por meio de análise crítica. No segundo semestre, eu retrocedi cronologicamente, e o conteúdo era arquitetura colonial, barroca e neoclássica. O primeiro semestre era século 20 e o segundo, os três primeiros séculos.

Tinham outros professores de arquitetura no Brasil?

Somente eu. Inicialmente para uma única turma, depois teve outra noturna, então passei a lecionar de manhã e à noite, um dia na semana. Depois abriram mais turmas e foi mudando, mas nesta disciplina era somente eu. Meus exercícios eram bastante focados na leitura da cidade: "Faça uma análise do seu percurso da escola à faculdade. O que você vê de interessante? O que te marca nesse percurso?". E era muito curioso porque alguns faziam o mesmo percurso, mas marcavam coisas muito diferentes. Eu tinha essa preocupação de fazer essa ponte com a vivência da cidade pelos alunos, ao invés de levar um discurso pronto. Também pedia para trazerem o projeto que estavam desenvolvendo, pois nada mais contemporâneo que o que estavam fazendo. Buscava despertar o interesse em fazer a análise de arquitetura contemporânea, apresentando questionamentos sobre o partido, a estrutura, a composição, os elementos do projeto: "Qual a relação com o entorno? Que referências você está usando? Qual a relação da fachada com a rua, vai ter muro? O que você acha do que está fazendo?". Buscava promover essa discussão sobre arquitetura contemporânea a partir da leitura que faziam do projeto deles mesmos.

Os historiadores da arquitetura, fui descobrindo aos poucos, Benedetto Croce, Leonardo Benevolo, Bruno Zevi, Nikolaus Pevsner, Giulio Carlo Argan foi uma grande referência para mim – é até hoje –, porque conseguia fazer uma aproximação entre uma análise mais formal e as questões mais marxistas, vamos dizer. Depois Kenneth Frampton, Colin Rowe, Peter Collins que me trouxe uma nova compreensão do ecletismo. Do ponto de vista da construção crítica, da arte e não exatamente da arquitetura, uma referência para mim foi Rodrigo Naves. Eu fiz o curso de história da arte do Rodrigo Naves e, metodologidamente, a leitura do quadro, da obra, que ele propunha, foi bastante importante como referência para minha prática docente. Depois me aproximei do Michael Baxandall porque ele vai justamente na análise do que é a obra. O meu foco é sempre esse, o que você pode perceber a partir da obra e partir dela levantar questões. É um movimento que sempre parte do objeto para a teoria e não da teoria para o objeto.

Depois, para estudar o barroco, eu aproveitava essa mesma experiência de análise de obra e os conduzia por uma leitura da arquitetura barroca. A partir dela, saía em busca de contextualizações. Era um pouco por aí.

E esses exercícios de visitar obras e falar com os arquitetos que vocês têm feito recentemente?

Esse era um exercício que também fazia. Havia três caminhadas que eu fazia com os alunos: centro histórico, Higienópolis e avenida Paulista. Passava a manhã toda com os alunos nesses três percursos e eles brincavam que queriam me arranjar um megafone. Já chamar arquitetos foi proposta que iniciei na FAU USP, no Mackenzie eu não fazia. Lá eu fazia essa atividade mais de percurso na cidade, quando podíamos entrar, entrávamos. Mas não focava tanto nas obras de arquitetura em si, e sim no percurso pela cidade. Minha aula começava às oito horas da manhã no centro da cidade. Juntava gente em volta, não sei se achavam que era uma pregação. Esses passeios eram de fato um marco, despertavam o olhar dos alunos. Alguns alunos levavam família, irmão, pai, mãe. A relação entre arquitetura e cidade sempre foi muito determinante nas minhas análises históricas. Henri Lefebvre, Robert Venturi, Aldo Rossi, Milton Santos foram decisivos na minha compreensão da complexidade dos espaços urbanos.

Sua descrição me fez lembrar a "estratégia da aranha",[13] proposta pelo professor Gustavo Rocha-Peixoto, que aponta para um ensino "meta-histórico" da arquitetura, pautado pela aproximação ao objeto, pelo projeto, mas também pela experiência do presente.

Isso, exatamente. Mas era algo muito empírico. Muito da minha vivência de projeto foi uma coisa muito dessa relação de ver a obra mesmo.

Você comentou sobre sua aproximação com as fontes primárias durante o período em que trabalhou na Prefeitura de São Paulo, gostaria de saber mais sobre essa relação com fontes nas suas pesquisas de mestrado e doutorado. Como foi o trabalho com o acervo do Bratke?

Oswaldo Bratke fechou o escritório nos anos 1960, quando Carlos Bratke se formou. Sentia que já tinha produzido bastante. Então fechou o escritório e só projetou para família, a sobrinha – a casa do Guarujá – ou projetos muito esporádicos porque não queria concorrer com o Carlos, seu filho mais novo. Quando desfez o escritório, devolveu os projetos para os clientes porque ele não queria ter problema e só ficou com os que lhe eram mais caros. Por isso, recuperar a trajetória do Oswaldo Bratke foi uma batalha. Eu fui levantando tudo que foi pesquisado, tudo que foi publicado. Foi neste movimento que, pesquisando na Companhia Paulista de Obras e Serviços – CPOS, encontrei um caderninho Plano de Ação do Governo do Estado – Page, do Carvalho Pinto, 1959 a 1963, que foi uma enorme surpresa para mim. Identifiquei projetos referenciais da história da arquitetura brasileira, que nunca foram relacionados a este programa. São as escolas do João Batista Vilanova Artigas, a FAU USP, a cidade universitária, todo o setor das humanas, a Universidade Estadual de Campinas – Unicamp, a Fundação de Amparo à Pesquisa do Estado de São Paulo – Fapesp. Tudo isso é resultado do Plano de Ação do Carvalho Pinto. O meu projeto de pesquisa, para entrar na FAU USP como docente, foi sobre este Plano de Ação.

Você foi por essas trajetórias individuais e, como resultado da pesquisa em acervos, desembocou em um estudo, um panorama mais geral, sobre o Page.

Isso. A partir daí eu entendi a ideia de uma arquitetura paulista da escola paulista, todas as obras identificadas como tal estão nesse período. Daí decorreu a noção de uma escola paulista, de fato a compreensão do que seria uma escola, lugar de troca de ideias, de debate e tem sido meu projeto de pesquisa. Escrevi para o último encontro do Docomomo o artigo "Escola paulista, escola carioca: algumas considerações".[14] É um tema muito polêmico, muitos colegas historiadores e mesmo os projetistas dessas obras têm dificuldade e mesmo temor em aceitar a ideia de uma escola paulista, porque acham restritivo, que pode ser identificado como uma cartilha de procedimentos etc. Eu não tenho medo de falar escola paulista, no sentido de haver um lastro comum, alguma coisa forte entre a obra desses arquitetos. Vocês certamente já me escutaram falar sobre isso. A "tradição viva", definida segundo Antônio Cândido, como "uma corrida de bastão, na qual para avançar você precisa receber o bastão do seu antecessor". Primeiro, a formação em uma escola politécnica ou a relação com as construtoras, todos eles eram construtores. Isso foi introduzido pelo Ramos de Azevedo em São Paulo que fez da construtora o campo profissional dos arquitetos. Rino Levi foi o primeiro a ter um escritório só de projetos, ou como disse Bratke: "Vender papel"; que quando soube dessa aventura de Rino, alertou-o: "Você vai morrer de fome. Ninguém compra papel, as pessoas compram uma obra, compram uma escola, uma casa, um hospital, como assim comprar um papel?".

O envolvimento dos arquitetos no Page, especialmente os mais ativos no Departamento de São Paulo do Instituto de Arquitetos do Brasil – IAB, significou uma conquista do campo profissional, uma difusão da arquitetura moderna e pode ser entendido também como uma reação ao protagonismo carioca na construção de Brasília: a contratação de mais de mil projetos, com a participação de mais de 156 arquitetos, por meio de um acordo entre IAB-SP e Page, pode ser entendida como uma resposta do protagonismo carioca nos projetos da nova capital. Esse acordo do Page foi intermediado pelo IAB para se cobrar uma porcentagem menor nos projetos dessas obras públicas.

A partir desta pesquisa sobre o Plano de Ação, como você encara a noção de brutalismo, você tem um posicionamento?

Eu brinco que o brutalismo é a revanche dos paulistas. Por quê? O neocolonial foi lançado em São Paulo, mas se desenvolveu como um movimento no Rio de Janeiro. Arquitetura moderna foi lançada em São Paulo e se desenvolveu como movimento no Rio de Janeiro, justamente pela falta de uma massa crítica. Até meados dos anos 1940, formava-se um ou dois arquitetos ao ano nos cursos da Politécnica e Mackenzie. Um núcleo de profissionais muito pequeno, insuficiente para fomentar um debate para o desenvolvimento das ideias. No Rio de Janeiro, havia mais profissionais, havia mais discussão sobre o modernismo. A primeira obra brutalista foi lançada no Rio pelo Reidy e acabou se desenvolvendo como movimento em São Paulo, porque aqui encontrou espaço para ideias florescerem, sobretudo por esse vínculo da arquitetura com a construção. Esta é uma leitura minha, sem querer cercear outros entendimentos, não é limitadora, mas eu acho que tem um lastro aqui de anos que vem desde o período colonial. É o percurso que discuto na minha livre docência, desde a taipa de pilão – uma técnica que vai determinar a questão plástica, vai determinar todos os lotes da cidade, esse vínculo com uma técnica construtiva que vai ser aguçado com a filiação do curso da arquitetura na Escola Politécnica, depois vem o brutalismo, que vai defender uma estética a partir dos elementos essenciais.

Voltando um pouco sobre o uso das fontes primárias, me questiono sobre como você vê a relação, diferenciação e aproximações do trabalho de história documental e o que se chama de crítica de arquitetura?

O documento é a base das narrativas construídas, exige, portanto, uma leitura muito cuidadosa de cada documento. O material gráfico não podemos nos ater apenas ao desenho, mas desde o carimbo, observar quem foi o desenhista, quando foi feito, entender qual foi o procedimento do projeto. Os projetos do Carlos Barjas Millan são documentos incríveis para se fazer essa leitura histórica, e tudo que está envolvido em cada detalhe, as decisões de projeto.

Aproveitando o tema do brutalismo, pensando sobre o artigo em que você faz um balanço historiográfico a partir das narrativas produzidas por manuais internacionais de arquitetura,[15] sobre o desafio de ler historiadores falando da história das ideias, falando do Brasil sem se ater de fato às fontes brasileiras; reproduzindo equívocos como você colocou em seu texto; tecendo narrativas ora equivocadas por ignorar pormenores.

Exatamente. Porque quando você parte da historiografia, da bibliografia existente sem se ater à leitura do objeto, o risco de ignorar pormenores relevantes é alto. O exercício que introduzi na minha disciplina de história, que me agrada e por isso mantemos até hoje, faz com que a gente perceba como é difícil para os alunos comparar a obra de dois autores sobre um mesmo tema. Eles sempre acham que é para fazer uma monografia bibliográfica a partir dos escritos de dois autores, quando na verdade o objetivo é analisar a construção das respectivas narrativas.

Neste mesmo artigo, você levanta a lebre da grande narrativa contada pelos manuais de arquitetura não ter necessariamente aderência com as realidades locais.

Os historiadores europeus e americanos, até muito recentemente, tinham uma narrativa consolidada da arquitetura moderna, a partir de suas experiências e vivências, às quais vão encaixando exemplos de arquiteturas periféricas. Mesmo os que abrem mais espaço para exemplos distantes de seus universos de trabalho, como William Curtis e Jean-Louis Cohen, ainda não conseguem se deslocar para os contextos das obras que estão analisando. São as revisões críticas que todo Docomomo vem fazendo. São arquiteturas modernas que dependem de lugar para alugar, não é mais possível falar de uma arquitetura moderna, não dá para ser. Porque todos os títulos, até então, não fogem da "história crítica da arquitetura moderna". E o Brasil, ou melhor, a arquitetura carioca, conquistou seu lugar nessa narrativa, presente em quase todos os manuais de arquitetura moderna, a ponto de se integrar nas reedições revisadas. O historiador que não mencionar, ainda que brevemente, o Ministério de Educação e Saúde – MES ou Brasília, pode ser considerado desinformado. O Pevsner, por exemplo, vai inserir o Brasil na sexta edição do seu panorama.

Quase nunca aparece nas primeiras edições.

No Zevi aparece. A primeira narrativa panorâmica a comentar a arquitetura brasileira é a do Bruno Zevi. Sartoris coloca as casas do Warchavchik, que depois somem dos compêndios posteriores. O Le Corbusier, que escreveu o prefácio do Sartoris,[16] tinha acabado de estar na casa do Warchavchik aqui em São Paulo. Essas casas serviam de demonstração da universalidade da arquitetura moderna, adequava-se a qualquer lugar. A difusão da arquitetura moderna brasileira também foi uma questão de oportunidade. Le Corbusier ter colocado no seu livro o Ministério,[17] certamente garantiu uma visibilidade para a produção carioca na história da arquitetura moderna, que ignorou a arquitetura latino-americana, de mesma qualidade, como a de Carlos Raúl Villanueva, de Luis Barragán, de Rogelio Salmona, e muitos outros brasileiros que poderiam enriquecer muito essas narrativas. A única produção latino-americana, até muito recentemente, comentada nos panoramas, é a carioca, majoritariamente o Ministério e Brasília.

Só na segunda edição revisada do Curtis que vão aparecer outros nomes latino-americanos. Como já comentei, depende das relações dos historiadores com os arquitetos, Dorfles, por exemplo, inclui a Lina Bo Bardi, que era sua conhecida, e também o Bratke, mas o Zevi mesmo não se lembra na sua *Storia dell'architettura*[18] da Lina, que era sua amiga *moderna*. Com exceção do Ministério e de Brasília, as outras citações são muito esporádicas e você percebe que tem alguma relação com o próprio arquiteto, ou algum fato oportuno. Não que essas obras não sejam paradigmáticas, mas há muitas outras que ficaram esquecidas. Uma das obras do Bratke, a casa da rua Avanhandava, que foi publicada na *Arts and Architecture*,[19] não foi publicada em nenhuma revista brasileira, o que o aproxima dos americanos da Costa Oeste.

Se a gente pensar os programas das disciplinas de história da arquitetura, como o ensino de história da arquitetura esteve, ou ainda está até hoje, fundamentado nas grandes narrativas desses manuais e como tal abordagem impacta a formação do arquiteto?

Isso é um problema de fato, que temos tentado enfrentar, buscando enfatizar sempre nosso olhar a partir da nossa realidade para fora. Por isso, as primeiras aulas são sempre sobre arquitetura brasileira. Estamos tentando incorporar outras visões, começar pela arquitetura nacional e daí puxar ganchos e associações com a produção arquitetônica internacional.

Vocês têm aberto mais espaço para América Latina também.

Também. O Hugo Segawa, com quem compartilho disciplinas e pesquisas, tem uma forte relação com a América Latina, construída quando era editor da revista *Projeto*. Para nossos trabalhos, Marina Waisman, Silvia Arango, Ramón Gutierrez, Jorge Francisco Liernur, Adrián Gorelik são referências bibliográficas importantes. Temos um Observatório de Arquitetura Latino-Americana Contemporânea – Odalc, cuja proposta partiu da Silvia Arango, em parceira com pesquisadores da Colômbia e do México, que temos trabalhado na nossa disciplina da pós fazendo um levantamento de obras de arquitetura do século 21.

Nós quem?

No Brasil, o Observatório começou com Hugo Segawa e comigo envolvendo nossos pesquisadores de pós-graduação e já tem dez anos de trabalho acumulado, com um levantamento significativo da arquitetura desses três países. Com nossos pesquisadores e convidados de outros estados fomos mapeando a arquitetura brasileira do século 21. Um orientando do Hugo Segawa pesquisou a arquitetura de Belém; outro do estado do Mato Grosso; a Juliana Suzuki, no pós-doutorado levantou as obras do Eladio Dieste no Brasil; Ivo Giroto também no pós-doc dedicou-se às obras culturais deste século. Nós abrimos também para núcleos de pesquisadores de outros estados, convidando historiadores a trazer suas contribuições. Do Rio Grande do Sul, veio o Flávio Kieffer; Nivaldo de Andrade da Bahia; do Rio, a Ana Luiza Nobre que estava organizando também a Bienal; Luis Amorim de Recife. Nós não queríamos ficar presos apenas às publicações, queríamos ampliar as referências. E constatamos que a presença paulista no país é impressionante. Muitos deles traziam destaques de obras de paulistas construídas nesses respectivos lugares.

A professora Nilce Aravecchia participou de alguns seminários, ela integra o Observatório, mas lidera também um outro núcleo de pesquisa de arquitetura latino-americana. De todo modo é uma parceira. Da Colômbia, participam: Silvia Arango, Jorge Ramirez, William Garcia Ramírez Nieto, Ingrid Quintana. E do México, partipam: Concepcíon Varga, Dulce Maria Garcia, Rodollfo Santa Maria, Alejandro Ochoa Veja, Gerardo Alvarez, José Angel Campos. Nós tentamos sempre diversificar o local dos nossos encontros, para incorporar outros pesquisadores, Bogotá (2009 e 2014), São Paulo (2011), Cidade do México (2013), Recife (2015), Oaxaca (2016) e Bucaramanga (2018).

Notas

1 CAMARGO, Monica Junqueira de; MENDES, Ricardo. *Fotografia: cultura e fotografia paulistana no século 20*. São Paulo, Secretaria Municipal de Cultura, 1992.

2 SOUZA, Ricardo Forjaz Christiano de. *Trajetórias da arquitetura modernista*. São Paulo, Secretaria Municipal de Cultura/Departamento de Informação e Documentação Artísticas/Centro de Documentação e Informação sobre Arte Brasileira Contemporânea, 1982.

3 A pesquisa sobre o arquiteto no Idart se desdobrou em ao menos dois artigos em revista especializada: GATTI, Catherine. Perfil de arquiteto – Franz Heep. *Projeto*, n. 97, São Paulo, mar. 1987, p. 97-104; GATTI, Catherine. Franz Heep. *AU – Arquitetura e Urbanismo*, n. 53, São Paulo, abr./mai. 1994, p. 79-91.

4 SIMÕES, Inimá Ferreira. *Salas de cinema em São Paulo*. São Paulo, Secretaria Municipal de Cultura, 1990.

5 CALIL, Carlos Augusto. Perguntas para a transição. *Revista D'Art*, n. 10, São Paulo, nov. 2002, p. 1.

6 Ver número especial da *Revista D'Art*, de novembro de 2002, sobre o seminário "Delineando nortes".

7 DENSER, Márcia; MARANI, Marcia. Ricardo Ohtake: antenado com a modernidade. *Revista D'Art*, n. 6, São Paulo, mai. 2000, p. 4-11; THOMAZ, Dalva. Paulo Mendes da Rocha: entre as águas e as pedras de Veneza. *Revista D'Art*, n. 7, São Paulo, set. 2000, p. 4-15.

8 CAMARGO, Monica Junqueira de. *Oswaldo Arthur Bratke – uma trajetória moderna*. Orientador Paulo Júlio Valentino Bruna. Dissertação de mestrado. São Paulo, FAU Mackenzie, 1995.

9 CAMARGO, Monica Junqueira de. *Princípios de arquitetura moderna na obra de Oswaldo Arthur Bratke*. Orientador Paulo Júlio Valentino Bruna. Tese de doutorado. São Paulo, FAU USP, 2000.

10 CAMARGO, Monica Junqueira de. Faculdade de Arquitetura Mackenzie – 50 anos. *Projeto*, n. 212, São Paulo, set. 1997, p. 34-49.

11 CAMARGO, Monica Junqueira de. *Fábio Penteado: ensaios de arquitetura*. São Paulo, Empresa das Artes, 1998.

12 CAMARGO, Monica Junqueira de. *Joaquim Guedes*. São Paulo, Cosac Naify, 2000.

13 Ver: ROCHA-PEIXOTO, Gustavo. *A estratégia da aranha: ou a possibilidade de um ensino metahistórico em arquitetura*. Rio de Janeiro, Rio Books, 2013.

14 CAMARGO, Monica Junqueira de. Escola paulista, escola carioca: algumas considerações. In *Anais do 13° Seminário do Docomomo Brasil*. Salvador, IAB-Bahia, 2019, p. 1-20.

15 CAMARGO, Monica Junqueira de. A presença brasileira na historiografia da arquitetura do século 20. *Desígnio*, n. 11/12, São Paulo, mar. 2011, p. 73-88.

16 SARTORIS, Alberto. *Gli elementi dell' architettura funzionale*. Prefácio de Le Corbusier. Introdução P. M. Bardi. 2ª edição. Milão, U. Hoepli, 1935.

17 LE CORBUSIER; BOESIGER, Willy. *Le Corbusier: oeuvre complète 1938-1946*. Zurique, Éditions d'Architecture, 1946.

18 ZEVI, Bruno. *Storia dell'architettura moderna*. Turim, Giulio Einaudi, 1950.

19 BRATKE, Oswaldo. House and Studio in Brazil. *Arts and Architecture*, v. 65, n. 10, Los Angeles, out. 1948, p. 32-33 <https://bit.ly/3Dyb8i9>.

3 Tecidos da história

Os rumos tomados pela historiografia da arquitetura nas últimas décadas, com a ultrapassagem dos cânones idealistas herdados da historiografia da arte, dão o eixo das trajetórias reunidas na seção. Se o trânsito por campos disciplinares diversos, ampliado desde a década de 1960, é visível em quase todas as entrevistas que constituem o volume, aqui parece florescer graças ao diálogo com os estudos culturais, a nova história e a história intelectual.

Interessada nos cruzamentos entre a produção da arquitetura e temas da economia, do sistema político e da vida intelectual, a norte-americana Gwendolyn Wright assume toda criação arquitetônica como produção necessariamente coletiva, necessariamente composta por diferentes agentes e agendas, anônimos e autorais, públicos e privados, locais e transnacionais. Inspirada na obra de Michel Foucault, no materialismo feminista e nos estudos pós-coloniais, seu trabalho complexifica as visadas a respeito de temas tão distintos como habitação, domesticidade, vida urbana, gênero, arquitetura moderna, urbanismo colonial e imperialismo. Também o francês Jean-Louis Cohen constrói grande parte de sua obra historiográfica ao redor das relações entre arquitetura, cultura e política. Focalizando as relações entre vanguardas, revolução, reformismo social, guerra e colonialismo, desde cedo se tratava de revisar as bases intelectuais do discurso histórico em arquitetura. Com ele, uma nova arqueologia da forma arquitetônica e urbanística viria a interpelar não somente os cânones, mas sua complexa emergência, fluxos e refluxos de Nova York a Moscou, de Paris a Casablanca, de Viena a Los Angeles.

A matriz tafuriana de Cohen é tão forte quanto em seus colegas latino-americanos aqui representados. Centrado na revisão da modernidade arquitetônica na América Latina, o argentino Jorge Francisco Liernur é figura central na atualização regional de coordenadas analíticas herdadas do marxismo, da sociologia da cultura, da história intelectual e da crítica literária no estudo de processos transnacionais em arquitetura. Seja ao focalizar o trânsito local de figuras centrais do modernismo europeu, seja ao examinar operações estratégicas de instituições globais do capitalismo econômico e simbólico no continente, o que está em jogo é ainda a afirmação mundial de cânones, com a revisão das hierarquias habituais entre matrizes metropolitanas e suas periferias de irradiação. Um de seus mais prolíficos colaboradores na região é o também argentino Adrián Gorelik, que na linha de revisão global dos impasses do modernismo e da modernização no continente, produziu aproximações decisivas das análises de arquitetura com a historiografia do urbanismo e a história cultural urbana, permanentemente interpelando as relações recíprocas entre arquitetura e cidade, cultura disciplinar e sociabilidade cultural na América Latina.

No Brasil, um de seus principais interlocutores dos colegas argentinos é o historiador da arquitetura Carlos Alberto Ferreira Martins. Como os argentinos, sua formação também foi atravessada pela enorme politização do debate arquitetônico em faculdades diretamente afetadas pelas ditaduras na região. Não por acaso, muito de seu esforço de revisão das tramas historiográficas dominantes no Brasil passa pelo exame, à luz da *nouvelle histoire* e do marxismo tafuriano, das relações entre vanguardas, Estado e ideologia no país. O contato em primeira mão com a história das mentalidades também foi decisivo no trabalho de Margareth da Silva Pereira, cujo trânsito pela história da arte, da cidade e do urbanismo, pela sociologia e a geografia urbanas, permitiram-lhe repensar, conforme o modelo das nebulosas, variados fluxos de indivíduos, instituições, ideias, conceitos e palavras na história da arquitetura e do urbanismo.

Atuando quase exclusivamente nos campos do ensino e da pesquisa, da escrita e da curadoria, as obras e trajetórias destes entrevistados são exemplares da profissionalização do ofício do historiador especializado, trazendo inúmeros rendimentos em termos de objetos, metodologias e interpretações.

Sobre o acontecer arquitetônico

Gwendolyn Wright

Entrevista concedida por Gwendolyn Wright a José Lira, João Sodré, Silvana Rubino, Raquel Schenkman, Mina Warchavchik Hugerth, Diego Inglez de Souza em São Paulo SP, Brasil, em agosto de 2012.

Em 1990, você organizou uma exposição no Buell Center em Colúmbia sobre *A história da história nas escolas de arquitetura americanas, 1865-1975.*[1] Como você avaliaria seu trabalho e sua contribuição enquanto historiadora nesse campo?

Minha abordagem da história arquitetônica tem sido a de uma historiadora cultural. Interessa-me como a arquitetura acontece, como ela responde a detalhes mínimos e a amplos padrões recorrentes, às circunstâncias específicas de um determinado momento, mas também a uma *longue durée*. A arquitetura é inevitavelmente afetada pela economia e pelo universo político de uma cidade ou país, pelas relações e conflitos entre grupos diferentes, pela vida intelectual e cultural de um determinado tempo e lugar – e não apenas no mundo dos arquitetos. Não se trata de desvalorizar a criatividade arquitetônica, mas, sim, de entender como a criatividade emerge.

As complexidades da história cultural tornaram-se cada vez mais centrais para o trabalho dos historiadores da arquitetura, mas bem menos para a forma como ensinamos história. Não obstante, o aspecto mais surpreendente de *The History of History* era como a representação que os arquitetos faziam de edifícios históricos mudava ao longo do tempo. Nossas ilustrações incluíam estudos e esboços de viagens cedidos à Biblioteca Avery de Arquitetura e Belas Artes da Universidade Columbia, incluindo itens de grandes nomes da arquitetura americana. Uma seção exibia esboços de três edifícios históricos icônicos, justapondo desenhos das décadas de 1880, 1930 e 1960. Cada época levava seus arquitetos a ver o mesmo edifício de um jeito diferente, quase como entidades díspares. Na década de 1880, enfatizava-se o conjunto dos detalhes ornamentais; nos anos 1930, a estrutura; nos anos 1960, o entorno mais amplo. Em vez de edifícios *atemporais*, os arquitetos viam realidades divergentes, como indivíduos e como geração. Então havia algo mais ali.

Essas variações parecem menos surpreendentes se lembrarmos que a palavra inglesa *happen* (acontecer) deriva de *hap*, palavra oriunda do inglês antigo ou do anglo-saxão, que significa sorte. Todo edifício, do passado e do presente, implica certa dose de sorte, boa ou má. Os indivíduos têm seus talentos e origens particulares. As circunstâncias variam consideravelmente em cada cidade ou nação, em cada época. Já não podemos isolar os desafios ambientais locais das mudanças climáticas globais. Clientes podem ser difíceis ou receptivos ao arquiteto, resistindo ou ajudando a esclarecer tanto as necessidades em questão quanto os possíveis problemas. O mesmo vale para as pessoas que vão usar um edifício ou que viverão nas comunidades do entorno. Os arquitetos mais sábios sabem ouvir cuidadosamente e observar com discernimento todas essas questões e partidos, propondo debates em vez de buscar simplesmente impor seus pressupostos – ou seu charme. Não há fórmula para como responder à miríade de circunstâncias culturais, no entanto, elas muitas vezes têm seu papel no fracasso ou no sucesso de um edifício.

Suas primeiras obras tratavam da história da arquitetura doméstica, do urbanismo colonial, das mulheres arquitetas.[2] Você poderia esclarecer como esses tópicos apareceram para você na década de 1970? Como você os reconectou à perspectiva da história cultural? Como eles se relacionam entre si e ao seu entendimento da arquitetura?

Como todo arquiteto e historiador, respondi, até certo ponto, às minhas circunstâncias. Terminei a graduação e fui estudar arquitetura em fins dos anos 1960 e começo dos anos 1970, uma época de grandes mudanças sociais, de grande agitação política no mundo todo, inclusive nos Estados Unidos, e também de grandes mudanças na arquitetura. Os velhos ideais do modernismo se esfacelavam. Os estudantes começaram a fazer perguntas fundamentais sobre o que os arquitetos fazem, sobre o que é a boa arquitetura, sobre como trabalhar com grupos comunitários e como se engajar nas grandes questões sociais do nosso tempo. Então eu me interessei pela área em um momento em que ela estava literalmente explodindo.

Quando estudante, vivi na França em meados dos anos 1960. A história cultural francesa teve um grande impacto sobre mim, ensinando-me a observar simultaneamente interconexões e conflitos diversos em um determinado lugar. Depois de visitar o Marrocos (que conquistara independência da França uma década antes, em 1956), eu quis escrever sobre as colônias francesas, especialmente sobre o que os franceses achavam que estavam fazendo ali. Uma questão recorrente veio a ser a dissonância entre as boas intenções dos arquitetos e sua incapacidade de levar a cabo de maneira plena o que eles querem fazer. Esse é um dilema onipresente, claro. Michel Foucault o destilou brilhantemente numa conversa que tivemos muitos anos atrás, dizendo basicamente o seguinte: "As pessoas sabem o que fazem; e, frequentemente, sabem também por que fazem o que fazem; o que elas não sabem é o que aquilo que elas fazem faz".[3] Esse dilema sempre me acompanhou.

Fiz meu mestrado em arquitetura em Berkeley, de 1971 a 1974.[4] Alguns colegas e eu começamos a pesquisar a presença de mulheres enquanto arquitetas, clientes e líderes reformistas, de orientação progressista. Intrigavam-me todas as pessoas que eram deixadas de fora da análise arquitetural: as mulheres, os construtores que erguiam a vasta maioria das moradias americanas; os artesãos especializados que trabalhavam nos canteiros de obras; os arquitetos e grandes talentos menos famosos. Não demorei a decidir escrever uma dissertação sobre como e por que cada um desses grupos buscou transformar a questão da moradia na década de 1890 e no começo da década de 1900. Meu foco era Chicago, onde as mudanças eram especialmente dramáticas e onipresentes. Alguns poucos arquitetos haviam começado a explorar formas mais simplificadas de interiores e fachadas. Ao mesmo tempo, empreiteiros criavam novos bairros suburbanos com casas pequenas e simples – produzidas em massa, basicamente – tendo como público-alvo uma parte do meio milhão de imigrantes que chegaram a Chicago naquelas décadas. Carpinteiros, pedreiros e encanadores, por sua vez, insistiam no uso de sistemas modernos de encanamento e aquecimento em moradias que suas famílias pudessem comprar. Já as mulheres de classe-média que tinham suas profissões demandavam inovações de design que dariam mais tempo para todas as mulheres trabalharem ou projetos de reestruturação para além do lar. Havia muitas coisas em comum, mas cada grupo tinha ideias muito diferentes sobre por que essas mudanças eram necessárias.

Nesse ponto, meu orientador e eu tivemos uma grande discussão quando falei da minha curiosidade em relação a essa passagem de casas muito ornamentadas para casas muito simples nos anos 1890. Ele insistia que aquilo se devia à influência de Frank Lloyd Wright. Argumentei que Wright estava apenas começando nessa época. Minha pesquisa envolvendo as primeiras palestras de Wright trouxera à tona várias declarações suas de que seus conceitos radicais de design tinham como referência certas mulheres que atuavam em prol de reformas progressistas, cujos conceitos ele posteriormente elevaria à condição de arquitetura. Isso estava absolutamente correto. Assim, eu me vi desenvolvendo uma abordagem da história da arquitetura que era diferente da abordagem de qualquer um dos meus professores. Insisti nesse caminho, concluí meu doutorado em 1978[5] e publiquei minha tese com o título de *Moralism and the Model Home* ("Moralismo e a casa moderna"), em 1980.[6] Meu orientador, Spiro Kostof, logo se voltou para a história cultural, desenvolvendo trabalhos brilhantes, e mais tarde disse que meu livro havia sido crucial tanto para ele quanto para a disciplina.

Então você estava fazendo história da arquitetura e história cultural da arquitetura...

Precisamente. Os dois campos são muito próximos. História cultural é muito mais do que uma ou duas páginas de recapitulação e contextualização de uma determinada mudança radical na arquitetura. Os arquitetos conversam entre si, claro, mas eles também absorvem as transformações que estão acontecendo no mundo ao redor, mesmo que de forma apenas subliminar, sobretudo no que diz respeito às inovações, seja no campo das moradias, dos escritórios, das fábricas, dos edifícios públicos ou do planejamento ambiental. Wright respondeu às mudanças no papel dos gêneros em todos os ambientes, embora certamente essa não fosse uma de suas preocupações essenciais. Quanto mais entendemos as mudanças na cultura, mais podemos respeitar as respostas inspiradas de certos arquitetos às grandes transformações sociais de seu tempo, bem como sua destreza em termos de design.

Tenho lido muito sobre ela. Na sua obra, na de Beatriz Colomina e de outros, vejo uma espécie de movimento de descoberta de arquitetas, um novo olhar, uma abordagem nova de suas biografias e obras. Você acha que é um movimento que se dá dentro da história da arquitetura ou entre os estudos feministas?

Essa mudança é forte nos dois campos, e agora se estende a tudo, embora com muitas tensões e alguns recuos recentes. A própria Bauer foi uma figura importante no contexto da reestruturação da habitação moderna, a começar por seu livro de 1934, que explicava a habitação social europeia para o público americano, equilibrando elogios e críticas legítimas.[7] Como ativista política em Washington, ela ajudou a delinear a regulamentação que criou a habitação pública nos Estados Unidos, embora mais tarde ela viesse a criticar duramente o modelo estéril das *torres-no-parque* que logo prevaleceria. Bauer compreendia os pontos fortes e os pontos fracos da arquitetura moderna. Sabia admitir quando algo estava errado ou mesmo quando ela própria se equivocava. Isso é extremamente difícil para todos os seres humanos, embora seja quase essencial para o verdadeiro progresso. Algo bem semelhante anima o trabalho notável de Lina Bo Bardi.

Incluí referências a arquitetas em todos os capítulos do meu livro *USA*.[8] Até então nenhuma mulher havia figurado em um livro canônico sobre a história da arquitetura americana, nem da arquitetura de outras nações. No entanto, muitos edifícios projetados por arquitetas foram publicados em revistas de arquitetura do século 20, muitas vezes recebendo grande aclamação. Um exemplo notável é a Universidade de Miami (1948-1949 e além), de Marion Manley, celebrada internacionalmente nas capas de inúmeras revistas como "a primeira universidade moderna". Mas ninguém discutiu esses projetos desde então.

Investigar essas arquitetas também me ajudou a levantar questões que dizem respeito a grupos, não apenas a indivíduos. Há um interesse paralelo na colaboração, tanto na arquitetura quanto entre historiadores. Hoje em dia, poucos doutorandos querem estudar indivíduos. Estão mais interessados em coletivos, como as agências governamentais e os escritórios de arquitetura, procurando entender como as pessoas trabalham juntas e como o poder opera. Alguns professores de história da arquitetura têm até realizado trabalhos na escala das regiões geopolíticas e ecológicas e do próprio território.

Voltando à sua *The History of History* nos Estados Unidos, noto que, logo no início, encontramos algo bastante notável. Você identifica uma tensão entre a história da construção e a história da arquitetura que acompanha o desenvolvimento da educação profissional. Parece que os profissionais da construção civil em fins do século 19 não apenas se valiam de livros de história da arquitetura, como também produziam eles mesmos tais textos, com ênfase nas tradições do ofício e nos processos de construção. Isso relativizava o controle dos arquitetos em relação à história que eles tinham em mente, mas também a própria distinção entre construtores/empreiteiros, carpinteiros e arquitetos? A história da construção será, assim, um caminho útil na história da arquitetura, que muitas vezes se mostra focada demais em repertórios, iconografias e estilos?

Devemos certamente explorar as conexões entre a história da arquitetura e a história da construção – e também seus conflitos. Os dois campos são profundamente interdependentes. Afinal, espera-se que a arquitetura moderna trate justamente das formas modernas de construção. Contudo, a maioria dos arquitetos modernos nutria pouco respeito pelos trabalhadores da construção civil, bem como pelos arquitetos que projetavam edifícios industriais, estando convencidos de que ambos os grupos não tinham qualquer consciência de suas inovações.

Você traz também a questão de quem fica com que tipo de trabalho...

Sim, carpinteiros leem John Ruskin e Gottfried Semper, mas não esperavam encomendas de prestígio. A questão das classes sociais tinha enorme relevância, e ainda tem. Aos arquitetos cabem principalmente projetos altamente individualizados e dispendiosos. Construtores raramente buscam projetar e construir habitações diferenciadas e originais. Contudo, nos anos 1880-1890, eles começaram, sim, a produzi-las em grandes grupos homogêneos. Tanto naquela época, como hoje, os carpinteiros trabalham nos três tipos de obras.

Com o tempo, cada grupo buscou expandir sua fatia de mercado, em parte criticando os demais. Construtores acusavam os arquitetos de só se importarem com clientes endinheirados, enquanto os arquitetos criticavam a baixa qualidade das casas construídas em série. Ambas as críticas estavam corretas. Até hoje os arquitetos projetam apenas uma pequena parte do que se constrói, algo entre 6% e 10% das habitações nos Estados Unidos. A maior parte das moradias é feita em larga escala por construtores, que dão apenas uma ilusão de qualidade e singularidade às residências.

Sua introdução, e provavelmente o livro inteiro,[9] tem por foco a educação arquitetônica, a educação histórica do arquiteto. Mas, vez por outra, você se refere às tradições do trabalho manual, aos ofícios e à grande influência que essas tradições exerceram nos Estados Unidos. Como esses artesãos, carpinteiros e construtores leigos eram tradicionalmente formados nos Estados Unidos? Como essa formação se transformou à medida que a educação profissional arquitetônica se desenvolveu durante o século 20? E, por fim, como você enxerga esse contexto em que outros agentes da construção – não apenas os arquitetos – vêm ganhando destaque na historiografia contemporânea?

Primeiro, a questão do saber profissional entre artesãos especializados tem origens remotas, com implicações significativas para o nosso tempo. Um trabalho recente de Anthony Grafton em parceria com outros estudiosos destaca "o mundo das coisas" na Europa do século 16.[10] Não incidentalmente, esses estudiosos trabalham em Departamentos de História, onde esse período é visto como o ponto de partida da idade moderna, enfatizando os novos saberes científicos e a passagem na literatura do latim para as línguas vernáculas; enquanto isso, as escolas de arquiteturas seguem falando em termos dos ideais estéticos da renascença, em um recorte mais estrito. Os historiadores reconhecem que os artesãos especializados aprendiam seus ofícios nos canteiros de obras, por meio do que agora chamamos de *conhecimento corporificado*, já que envolve nossos corpos e nossos sentidos, muito mais do que palavras e textos. Era um trabalho colaborativo que evoluía ao longo do tempo, dependendo de procedimentos de tentativa e erro, aprendendo com os sucessos e fracassos e experimentando novas possibilidades. Os grandes patronos da renascença também admiravam essas técnicas e muitas vezes enviavam seus próprios filhos para trabalhar com os artesãos especializados.

Isso é crucial para as importantes questões que você levanta, envolvendo arquitetura e construção. Os artesãos e operários envolvidos na construção civil, em épocas posteriores, também se orgulhavam da habilidade implicada no trabalho que realizavam, uma habilidade que também era aprendida e refinada na prática. A construção moderna trouxe muitos avanços, mas também uma crise para os trabalhadores da construção nos Estados Unidos, que perderam controle sobre o canteiro de obras no fim do século 19. Isso começou com os arranha-céus, mas logo se expandiu para outras esferas. Enquanto os artesãos especializados antes gozavam de uma autonomia considerável, agora eram as empreiteiras profissionais que controlavam os canteiros de obras, insistindo para que os trabalhadores seguissem suas ordens, o que muitas vezes implicava recorrer a saídas fáceis, sob uma orientação de trabalhar sempre mais rápido. Essas táticas logo se alinharam com a administração científica de Frederick Winslow Taylor, que enfatizava o controle dos peritos sobre os artesãos especializados. Como resultado, a qualidade do serviço decaiu. Ainda assim, os arquitetos muitas vezes culpam os trabalhadores, não compreendendo a mudança radical que se deu.

Devemos todos aspirar a níveis de construção tão elevados quanto os da Dinamarca e do Japão, onde as resenhas de jornal comentam tanto a qualidade da construção quanto o projeto arquitetônico. Também seria ótimo que os arquitetos insistissem em um engajamento maior. Meu amigo Will Bruder dá seu telefone celular para os trabalhadores envolvidos em seus projetos e os orienta a telefonar caso as empreiteiras tentem interferir. Nesse caso, ele vai até a obra imediatamente, intervém e diz: "Não é isso que eu quero". Isso acaba virando uma aliança muito interessante, já que tanto o arquiteto quanto o trabalhador especializado querem um acabamento de alta qualidade.

Quanto ao que você perguntou sobre a história recente da construção, um bom exemplo é o tema dos pré-fabricados. *Home Delivery: Fabricating the Modern Dwelling*, exposição de 2008 do Museu de Arte Moderna – MoMA de Nova York, com curadoria de Barry Bergdoll e Peter Christensen, justapunha mais de um século de tipologias pré-fabricadas, muitas delas assinadas por arquitetos, mas também por pequenos empreendedores, empresas locais e inventores individuais, como Buckminster Fuller. O MoMA também fez uma exposição sobre casas de painéis pré-fabricados da era comunista na Iugoslávia.[11] E a Columbia patrocinou uma série interessante de debates e livros, um deles sobre a história e os novos usos do vidro, outro sobre o concreto.

Fala-se muito frequentemente que Walter Gropius e a pedagogia da Bauhaus influenciaram muito essa ausência de história na educação arquitetônica nos Estados Unidos. É verdade?

Isso é, em grande parte, um mito. Quando Walter Gropius se tornou o diretor de arquitetura na Escola de Design de Harvard em 1938, ele não queria que os estudantes estudassem os estilos históricos do século 19. Ele era ainda mais intransigente quanto à história recente, temendo que os estudantes a copiassem. Mas ele queria, sim, que eles conhecessem a história do classicismo, a evolução da engenharia, até certo romanceiro sobre a história medieval, com suas guildas em que artesãos especializados trabalhavam juntos. Gropius queria que os arquitetos respeitassem os contextos históricos e os monumentos *atemporais*, rejeitando, contudo, referências historicistas a *pseudo-tradições*. Não obstante, ele também estava convicto de que os estudantes de arquitetura faziam parte de um ofício e de uma tradição de construção com histórias interconectadas e que era preciso acolher os dois legados. O livro *The History of History in American Schools of Architecture 1865-1975* tem um bom capítulo sobre isso, escrito por Winfried Nerdinger.[12]

Devo salientar também que a história da arquitetura sempre foi obrigatória nas escolas americanas de arquitetura. Na verdade, as universidades americanas justificavam a existência de escolas de arquitetura – a primeira data de 1865, no Instituto de Tecnologia de Massachusetts – MIT – em grande parte porque o currículo de história da arquitetura alinhava-se tão bem com o de outras disciplinas.

No texto, você também menciona que, nos anos 1930, antes de ir para os Estados Unidos, Rudolf Wittkower se esforçou para popularizar a disciplina histórica, especialmente no campo da arquitetura, da arte e da cultura...[13]

Esse é um tópico muito bom, em parte porque muita gente pensa a arquitetura hoje em termos de algumas poucas estrelas, ou celebridades. Será que podemos desmistificar a arquitetura, pelo menos um pouquinho, para tentar engajar um público mais amplo? A arquitetura também pertence a esse público. Todas as pessoas têm suas próprias impressões, coisas de que gostam ou não, mas muito frequentemente elas dizem que "não sabem nada de arquitetura". Elas se sentem intimidadas, o que faz com que suas opiniões sejam mais estreitas e paroquiais. No entanto, os arquitetos e os historiadores da arquitetura raramente escrevem ou dão palestras para não arquitetos, muito menos dão ouvidos a suas preocupações e associações. Em geral, o que querem é dizer ao público quem e o quê *deve* ser apreciado.

Quando você deu início a essas entrevistas em 2012, havia um grande debate em Nova York sobre Michael Kimmelman, que se tornara o crítico de arquitetura do *The New York Times* em fins de 2011. Muitos arquitetos ficavam irritados, pois ele não se limitava a promover o que os arquitetos gostavam, focando antes em um público geral bem informado. Kimmelman fez primeiro uma série sobre a nova arquitetura de Medellín, na Colômbia, tecendo algumas críticas, mas também celebrando a iniciativa dos arquitetos no sentido de construir uma cultura cívica forte. Escreveu sobre os desabrigados e sobre moradias acessíveis de sucesso; sobre trânsito e infraestrutura; sobre a desigualdade em Jerusalém e nos Hudson Yards de Nova York. Também escreveu bastante sobre as mudanças climáticas. Eu sempre aprendo alguma coisa com seus artigos.

Eu certamente aderi a essa ideia de popularização entre 2002 e 2012, como apresentadora de um programa de tevê chamado *History Detectives* ("Detetives historiadores"), na PBS. Nós tratávamos de todo tipo de questão sobre o passado do país, mostrando aos telespectadores como os historiadores procuram manter a mente aberta em relação ao que aconteceu e como. (Pressupor uma resposta muito apressadamente quase sempre leva as pessoas a tentarem provar sua pressuposição sem considerar outras possibilidades). No programa, explicávamos como analisar uma variedade de fontes: jornais, livros, cartas, objetos – desde mapas até saxofones –, casas, cinemas, depósitos de armas e outros edifícios. Era um desafio empolgante falar a um público bastante diverso e amplo. Algumas pessoas que eu conhecia diziam: "Bem, não é um programa sobre arquitetura, logo, não é importante". Mas aquilo era, acima de tudo, uma forma de engajar mais de um milhão de famílias, encorajando-as a fazer perguntas intrigantes e a lançar um olhar atento a todo tipo de coisa, incluindo aí edifícios e sua construção. Eu adorava fazer aquele programa.

Eu gostaria de saber mais sobre o que aconteceu depois daquele período tratado em *The History of History in American Schools of Architecture 1865-1975*, quando um forte debate conduzido por instituições como o Instituto para Arquitetura e Estudos Urbanos – Iaus de alguma forma imprimiu uma autonomia à disciplina em relação à prática profissional, aproximando-a das ciências sociais e da filosofia

e, com isso, situando a história da arquitetura em um campo intelectual mais vasto.

O Instituto (como todo mundo o chama) existiu de 1967 a 1984. Era uma organização de elite muito pequena, fundada por Peter Eisenman. Tendo acabado de ter recusada sua estabilidade em Princeton, Eisenman queria promover sua considerável inteligência e sua autoestima, criando para isso sua própria instituição independente, aparentemente autônoma. Com doadores particulares para subscrever a empreitada, livre de obrigações para com universidades ou supervisores profissionais, Eisenman e um pequeno grupo de membros estabeleceram-se em um sobrado no centro de Manhattan, onde esse grupo inteligente, espirituoso e com largo conhecimento do mundo patrocinou palestras, debates, encontros e grandes festas. Eisenman teve a astúcia de perceber que publicar fotos desses eventos criaria certo *buzz*.

A missão primordial do Instituto era promover a Teoria da Arquitetura enquanto abordagem particular, ainda que elusiva. O termo aparece sempre no singular, como se todos compartilhassem uma única posição teórica e não houvesse desacordo sobre quais são os textos essenciais. A Teoria da Arquitetura volta-se para a longa história da profissão (exclusivamente na Europa e nos Estados Unidos, sobretudo naquela época), apimentada com textos eruditos de linguística, filosofia e teoria crítica. O contexto significativo aqui é o fato de que a arquitetura não tem métodos sistemáticos para mediar a relação entre o conhecimento profissional – que é codificado, local e nacionalmente, mas difuso e frequentemente tedioso – e o processo de design, que é pessoal e bastante subjetivo. Essa circunstância a difere marcadamente do direito e da medicina, que partem dos precedentes sempre em evolução da lei comum e da Ciência Médica, ainda que sigam demarcando novos avanços e ponham em debate interpretações particulares. A subjetividade não é uma questão nesses campos.

Isso nos leva à quase obsessão de Eisenman com a *autonomia*. Em essência, o termo, por um lado, desdenha da arquitetura enquanto profissão que presta um serviço ao público e, por outro, celebra a liberdade do arquiteto enquanto artista, incluindo aí as provocações e transgressões dos artistas contemporâneos. Isso lhe permitiu renunciar a questões como o programa, as preferências dos clientes e a responsabilidade pública nas casas que projetou nessa época. Ele estava engajado em "um discurso independente, livre de valores externos, [...] a interseção no artificial de tudo que é livre de sentido, do arbitrário e do atemporal".[14] Ao mesmo tempo, Eisenman era e ainda é igualmente obsessivo em relação ao conhecimento dos arquitetos sobre a história e sobre os precedentes da arquitetura, como ideias e como formas. Mais tarde ele se inspirou nas arqueologias (em referência aos primeiros trabalhos, mais abstratos, de Foucault) dos canteiros de obras e de suas redondezas. Pessoalmente, eu admiro essas duas abordagens bem mais do que o ideal autoindulgente de autonomia.

Vale lembrar também que o Instituto, como todos os grupos exclusivistas, recorria a espantalhos retóricos em seus ataques e à exclusão. Os que não faziam parte do grupo eram ignorados ou menosprezados como comerciais, anti-intelectuais ou limitados, mesmo se em outros tempos tivessem sido amigos ou colegas. Eisenman se orgulhava alegremente de excluir Colin Rowe e outros que esposavam o que ele chamava de "a teoria errada".

E quanto ao momento contemporâneo? Ele não se relacionava tanto com essa tendência para a autonomia quanto com o pós-modernismo, se não com um grande afastamento em relação à prática?

A década de 1970 testemunhou uma sobreposição de crises, nos Estados Unidos e em outras partes do mundo, desde o crescimento da pobreza e da violência urbana a convulsões políticas de grande magnitude. Os americanos elegeram Richard Nixon, conservador convicto, como presidente em 1968, reelegendo-o em 1972, por uma enorme margem – embora ele viesse a renunciar para evitar o impeachment em 1974. A presidência de Nixon viu a economia quase colapsar graças à *estagflação*: inflação com alto índice de desemprego, com pouco ou nenhum crescimento econômico. Nova York quase faliu; 800 mil pessoas abandonaram a cidade nessa década. A arquitetura sofreu um declínio sem precedentes no número de encomendas, o que levou a demissões em massa. O *Paper Architecture* da década de 1970 tentou combater esses dilemas com desenhos brilhantes e textos teóricos.

O próprio modernismo se viu sob ataque nessa época, não apenas a estética modernista, como a própria alegação de que a arquitetura moderna poderia ajudar a resolver os problemas urbanos. Charles Jencks declarou categoricamente que: "A arquitetura moderna morreu em St. Louis, Missouri, no dia 15 de julho de 1972 às 15h32 (aproximadamente), quando o infame conjunto Pruitt-Igoe, ou vários de seus blocos, recebeu o golpe de misericórdia final pela dinamite".[15] Menos de um ano depois, o Presidente Nixon anunciou uma moratória nacional que envolvia *todos* os fundos federais para habitação social e empreendimentos comunitários. De forma bem significativa, a crítica altamente retórica de Jencks deu as caras em seu livro de 1977, intitulado *The Language of Post-Modern Architecture*. A maioria dos arquitetos americanos entrincheirou-se em um desses dois campos, então em guerra: os pós-modernistas e os modernistas, incluindo a neo-vanguarda.

Tentei capturar a intensidade dessa e de outras batalhas em meu livro de 2008, *USA*, parte de uma série chamada "Arquiteturas modernas na história", que questionava a ideia de um modernismo universal e autônomo. Cada volume examina atentamente as particularidades e variações em cada país. Um deles é sobre o Brasil.[16] O meu era um experimento, sem dúvida. Em vez da abordagem usual de repetir um cânone familiar de arquitetos e edifícios modernos famosos, procurei compreender como as mudanças tinham se dado. Avançando cronologicamente, cada capítulo delineia um novo conjunto de condições modernas presentes nos espaços de trabalho, nas residências e na vida pública, explorando em seguida como os arquitetos americanos responderam a esses desafios. Como o creme no café, os melhores arquitetos e edifícios sempre terminavam no topo. E o mesmo se dava com muitas novas descobertas, largamente celebradas à época, mas ignoradas por historiadores subsequentes, incluindo aí muitas arquitetas.

Voltemos para o seu livro de 1991, *The Politics of Design in French Colonial Urbanism*.[17] Em termos de enquadramento, esse livro passa dos Estados Unidos e de Chicago para países e cidades estrangeiras e arquiteturas coloniais, de um momento específico no tempo para um percurso histórico mais longo, da arquitetura para o urbanismo. Você poderia comentar essas escolhas temáticas e historiográficas?

Quando comecei minha pesquisa, quase não havia livros sobre arquitetura nas antigas colônias; o que havia eram três domínios idealizados. Primeiro, a arquitetura tradicional do Terceiro Mundo, que teria permanecido "imutável ao longo dos séculos" – um típico tropo colonial. Em segundo lugar, havia as fantasias exóticas sobre as glórias do Raj britânico na Índia ou o orientalismo francês no Vietnã, além das fantasias sobre arquitetura colonial espanhola (e portuguesa) e seus *revivals* então em andamento. Uma terceira categoria eram os peãs aos modernistas ocidentais, como Le Corbusier em Chandigarh ou Louis Kahn em Dhaka. Muitas vezes era como se o colonialismo nunca tivesse existido.

Como as colônias francesas me intrigavam há duas décadas, os anos 1980 me pareceram uma boa hora para levar a cabo uma análise detida de três colônias: Marrocos, Madagascar e Indochina (o estranho amálgama francês envolvendo Vietnã, Camboja e Laos). Também analisei detidamente atitudes e condições urbanas na própria França, movendo-me entre um mapa global, nações e cidades coloniais específicas, até chegar a uma análise minuciosa de ruas e edifícios específicos. Logo me pareceu claro que as autoridades nesses cenários díspares viam a arquitetura como uma ferramenta crucial para garantir três objetivos: colônias rentáveis, apoio político e financeiro da metrópole e súditos nativos dóceis. Os arquitetos franceses que essas autoridades arregimentaram miravam à época quatro setores: (1) as *villes nouvelles*, distritos de esmagadora maioria francesa com planejamento moderno e arquitetura contextual moderna, incluindo grandes complexos governamentais; (2) algumas intervenções nas áreas nativas, como os quartéis militares e os postos policiais, mas sobretudo setores industriais eficientes de grande porte, que processavam matéria prima e a escoavam para o estrangeiro; (3) algumas instalações exemplares pelas redondezas, como escolas e hospitais, dedicadas sobretudo a garantir trabalhadores nativos treinados e melhor assistência médica pública para as populações europeias, atestando com isso a *mission civilisatrice* francesa; e (4) o isolamento e a preservação de monumentos locais históricos, na expectativa de encorajar o turismo e aplacar as populações nativas subjugadas.

Essas três colônias tornaram-se *laboratórios* onde os franceses experimentavam abordagens diferentes para questões urbanísticas relacionadas ao aprimoramento da infraestrutura, à produção industrial crescente e à presença de distritos altamente especializados, envolvendo também desafios arquiteturais como o problema de como situar edifícios modernos dentro de um contexto estabelecido. Fazia-se isso, acima de tudo, para estabilizar o poder político e garantir lucros, controle e belos cenários. Os arquitetos franceses tinham plena consciência dessas expectativas múltiplas e complexas, mantendo, contudo, uma postura ingênua ou simplesmente indiferente em relação à violência estatal, ao autoritarismo e às desigualdades. Essa postura arrogante era bem mais extrema e visível nas colônias, mas era também onipresente em todas as cidades francesas.

***The Politics of Design in French Colonial Urbanism* é, de fato, um livro espetacular. Trata-se de uma obra visionária e arguta, conectando nosso campo à teoria pós-colonial, sensível à conexão entre arquitetura e planejamento, conhecimento e poder e às relações dinâmicas e desiguais entre a Europa e suas colônias e ex-colônias. Durante o tempo em que você esteve pesquisando na França, você se tornou próxima de Michel Foucault, chegando até a escrever, mais tarde, sobre os esforços do autor relacionados aos espaços coloniais, aos prazeres e preconceitos, às ambições**

e pressupostos sobre esses "outros espaços". Em várias situações, e em ensaios mais recentes, você também voltou a esse tópico. Poderia nos dizer como você vê os limites e as potencialidades das teorias pós-coloniais ou decoloniais na historiografia arquitetônica contemporânea? Como podemos reconectar diferenças e variações locais a processos transnacionais e globais, não apenas expandindo fronteiras empíricas, mas em termos epistemológicos? O caminho seria pôr à prova ou rejeitar conceitos como o moderno e o canônico, bem como o tropicalismo, o exótico, o vernacular e mesmo o conceito do "outro"?

Obrigada por esse resumo extremamente amplo e elucidativo dos meus objetivos nesses textos. Sim, podemos nos sair bem melhores como arquitetos e historiadores se tivermos a ousadia de levantar certas questões cruciais que dizem respeito à cegueira dos arquitetos em relação aos imensos problemas com os quais eles se depararam nesses "outros espaços" e também em relação aos problemas domésticos, na França e em outros lugares. O colonialismo revela uma esfera que é, ao mesmo tempo, local e particular, mas também muito ampla, sempre global – uma simultaneidade que segue presente em nosso próprio tempo. O colonialismo é um caso extremo, claro. Mas, de novo, ele ajuda a revelar preconceitos implícitos, pressupostos culturais e relações de poder que existem virtualmente em toda parte, mesmo sendo fenômenos muito mais extremos e conspícuos nas colônias.

Diante disso, é possível que essa perspectiva ajude alguns arquitetos a pensar mais atentamente sobre os benefícios, as dificuldades e as responsabilidades em jogo quando se trabalha em outros países – e também em casa? Uma estrutura moderna pode, claro, ressaltar os benefícios universais das melhorias na saúde, na educação e na infraestrutura, mas um edifício não pode abolir as classes sociais e as desigualdades raciais e regionais que atravessam uma nação ou mesmo uma cidade. Certa ideia romântica sobre as paisagens tropicais pode perfeitamente coexistir lado a lado com a degradação ambiental. Nesse mesmo sentido, o romanceiro fantasioso das tradições vernaculares não pode ser, a um só tempo, autêntico, exótico e imediatamente compreensível para um estrangeiro. Considere-se, a propósito, a palavra *exótico*, tão onipresente, que até hoje evoca algo que não é nativo do Ocidente, algo de uma cultura distante, especialmente nos trópicos – com insinuações justapostas que sugerem o bizarro ou glamouroso, o ingênuo ou estilizado, o erótico ou o simplesmente intratável. É uma combinação impossível de tropos para se resolver, seja o arquiteto estrangeiro ou nativo! Diante disso, é concebível que os arquitetos hoje analisem atentamente essa história multivalente e ainda pretendam alegar que não estão envolvidos em questões cruciais de poder e conhecimento?

O colonialismo afetou o Ocidente, bem como o Sul global. As ambições coloniais logo se estenderam aos Estados Unidos, ao Japão, à China e à União Soviética e, por fim, ao mundo geopolítico de hoje. Claro, é raro que qualquer fenômeno cultural seja inteiramente maligno ou benigno. Mas não podemos pôr entre parênteses a brutalidade, a exploração, o racismo e a arrogância implicada aqui. As repercussões do colonialismo são pertinentes para arquitetos e historiadores em todas as partes do mundo, talvez especialmente nas antigas colônias do Sul global, seja na Ásia, no Oriente Médio, na África ou na América Latina.

É sua segunda visita ao Brasil. Por que você nunca escreveu sobre o país? Quais são suas impressões sobre as cidades brasileiras, a arquitetura brasileira, o ambiente arquitetônico brasileiro, as universidades etc.?

Eu adoraria escrever sobre o Brasil, mas ainda há tanto a aprender e compreender. Fiquei extremamente impressionada com minha visita à Faculdade de Arquitetura e Urbanismo da Universidade de São Paulo – FAU USP, onde as conversas são profundas, respeitosas e positivas, com bases firmes em uma grande variedade de campos. Há muito pouco daquele exibicionismo que vemos nas universidades americanas e europeias. Em vez disso, o que encontrei foi uma avidez palpável, avidez para aprender, para trocar ideias, uma grande abertura entre professores e estudantes de diferentes níveis, e tudo isso é contagioso.

Também me impressionam bastante as cidades brasileiras, embora até aqui eu só tenha tido experiências com São Paulo, Rio de Janeiro e Brasília. Aprecio muito a atenção de vocês em relação aos problemas de moradia, infraestrutura, serviços sociais, sustentabilidade ambiental e paisagens naturais. Os arquitetos têm ficado cada vez mais intrigados com a criatividade engenhosa das favelas e das periferias, ainda que queiram ajudar a realizar melhorias nesses espaços. O sentimento de possibilidade é muito forte aqui, muito mais forte do que nos Estados Unidos e na Europa. As conversas que tive durante as palestras que dei na FAU USP – sobre moradia, pesquisa, as variedades de grupos étnicos e raciais e as questões de classe nas cidades americanas e sobre as cidades brasileiras – foram maravilhosamente energizantes. Além disso, há tanta arquitetura que fascina no Brasil e belezas naturais também. Os arquitetos e historiadores brasileiros me reconectam ao que de melhor caracterizou a história da arquitetura moderna. Ninguém é ingênuo, mas há uma enorme alegria em grande parte desse trabalho tão sério e esperançoso.

Minhas viagens ao Brasil têm sido extraordinárias para mim, sendo muitas vezes experiências esclarecedoras e bastante significativas. As discussões na FAU USP me abriram para pensar de forma mais criativa sobre como absorver novas ideias, como integrar o mundo natural na arquitetura – e sobre o potencial para uma arquitetura moderna solidária nas moradias e edifícios públicos. Bairros informais superlotados sempre foram um fator nas cidades – em geral, o uso descontrolado do espaço –, mas os arquitetos ou ignoraram ou desprezaram essas áreas fora de seu controle. A arquitetura não precisa ser tão exclusiva quanto foi no passado.

Eu também gostaria de ver muitos bons livros sobre o Brasil traduzidos para o inglês. Precisamos ir além do foco nos projetos de 1929 de Le Corbusier, além da obra de Oscar Niemeyer, como se nada mais tivesse acontecido aqui! Criação, criatividade e inovação não são a mesma coisa, mas todas elas coexistem aqui, junto com a esperança, o que é uma grande força. Então, obrigada a todos vocês, especialmente ao José Lira.

Notas

1 A exposição foi acompanhada de publicação com o mesmo nome: WRIGHT, Gwendolyn; PARKS, Janet (Orgs.). *The History of History in American Schools of Architecture 1865-1975*. Nova Jersey, Princeton Architectural Press, 1990.

2 Tais como: WRIGHT, Gwendolyn. On the Fringe of the Profession: Women in American Architecture. In KOSTOF, Spiro (Org.) *Chapters in the History of the Profession*. Nova York, Oxford University Press, 1977, p. 280-308; WRIGHT, Gwendolyn. *Building the Dream: A Social History of Housing in America*. Cambridge, MIT Press, 1983; WRIGHT, Gwendolyn. *The Politics of Design in French Colonial Urbanism*. Chicago, University of Chicago Press, 1991.

3 Uma referência posterior à afirmação de Foucault acima descrita pode ser encontrada em: DREYFUS, Hubert L.; RABINOW, Paul. *Michel Foucault. Beyond Structuralism and Hermeneutics.* Chicago, University of Chicago Press, 1982, p. 187.

4 WRIGHT, Gwendolyn. *A Woman's Place is in the Home. Women and American Domestic Architecture from 1865 to the Present*. Dissertação de mestrado. Berkeley, University of California, 1974.

5 WRIGHT, Gwendolyn. *Making the Model Home: Domestic Architecture and Cultural Conflicts in Chicago, 1873-1913*. Orientador Spiro Kostof. Tese de doutorado. Berkeley, University of California, 1978.

6 WRIGHT, Gwendolyn. *Moralism and the Model Home: Domestic Architecture and Cultural Conflict in Chicago, 1873-1913*. Chicago, University of Chicago Press, 1980.

7 BAUER, Catherine. *Modern Housing*. Boston/Nova York, Houghton Mifflin, 1934.

8 WRIGHT, Gwendolyn. *USA: Modern Architectures in History*. Londres, Reaktion, 2008.

9 WRIGHT, Gwendolyn; PARKS, Janet (Orgs.). *The History of History in American Schools of Architecture 1865-1975* (op. cit.).

10 GRAFTON, Anthony. *Inky Fingers: The Making of Books in Early Modern Europe*. Cambridge, Harvard University Press, 2020.

11 Exposição *Toward a Concrete Utopia Architecture in Yugoslavia, 1948-1980*, realizada entre 15 jul. 2018 e 13 jan. 2019 no MoMA de Nova York.

12 NERDINGER, Winfried. From Bauhaus to Harvard: Walter Gropius and the Use of History. In WRIGHT, Gwendolyn; PARKS, Janet (Org.). *The History of History in American Schools of Architecture 1865-1975* (op. cit.), p. 89-98.

13 WRIGHT, Gwendolyn; PARKS, Janet (Orgs.). *The History of History in American Schools of Architecture 1865-1975* (op. cit.), p. 36.

14 EISENMAN, Peter. The End of the Classical: The End of the Beginning, the End of the End. *Perspecta*, n. 21, 1984, p. 166 <https://bit.ly/3PFsaPa>. Republicado em: EISENMAN, Peter. The End of the Classical: The End of the Beginning, the End of the End. In HAYS, K. Michael (Org.). *Architecture Theory since 1968*. Cambridge, MIT Press, 1998, p. 530.

15 JENCKS, Charles. *The Language of Post-Modern Architecture*. Nova York, Rizzoli, 1977, p. 9.

16 WILLIAMS, Richard J. *Brazil: Modern Architectures in History*. Londres, Reaktion Books, 2009.

17 WRIGHT, Gwendolyn. *The Politics of Design in French Colonial Urbanism*. Chicago, University of Chicago Press, 1991.

Temporalidade e lugares da história

Jean-Louis Cohen

Entrevista concedida por Jean-Louis Cohen a José Lira, João Sodré e Diego Inglez de Souza, em São Paulo SP, Brasil, em novembro de 2007.

Conte-nos um pouco sobre a sua formação na França.

Minha formação inicial é de arquiteto. Iniciei meus estudos em 1967 na Escola Especial de Arquitetura em Paris, uma escola originalmente progressista, criada em 1865 por discípulos de Viollet-le-Duc, e que se tornou uma escola bastante conservadora, até mesmo reacionária. Antes de 1968, eu passei um ano desenhando aquarelas de arquitetura clássica. Em 1968, os estudantes tomaram o poder na escola, uma vez que o estatuto privado lhes deu muito poder. Esse foi um período de abertura extraordinária. Nós fomos procurar Marc Emery, que era diretor da revista *L'Architecture d'Aujourd'hui,* e que tinha uma boa experiência nos Estados Unidos. Ele chegou com um grupo formidável de professores, dentre os quais havia Paul Virilio, Anatole Kopp e arquitetos menos conhecidos, mas igualmente interessantes, e sociólogos da equipe de Henri Lefebvre em Nanterre. Dentre os arquitetos, Pierre Saddy trouxe um conhecimento de história que ia muito além dos clichês. A ausência de formação em projeto era compensada intensamente pelo aprendizado teórico e histórico.

Em seguida, passei pela Unidade Educacional Número 6, uma das escolas criadas sobre as ruínas da seção de arquitetura da Escola de Belas Artes, fechada em função da demanda geral de 1968. Em 1973, obtive um diploma com um trabalho essencialmente teórico, como muitos defendidos na época, intitulado *"Y a-t-il une pratique architecturale de la classe ouvrière?"* ["Existe uma prática arquitetônica da classe operária?"]. Tratava-se de uma reflexão sobre as relações entre arquitetura e política através de certas experiências francesas, russas, austríacas e alemãs.

Uma formação, portanto, eminentemente teórica. E quanto às suas primeiras publicações?

Logo em seguida, este trabalho foi publicado e comecei uma vida profissional na qual realizei projetos de urbanismo, concorri a alguns concursos, e também, progressivamente, me dediquei à pesquisa, à escrita e ao ensino. Comecei a lecionar em Nantes em 1975. Eu tinha 26 anos e me interessava seriamente por história, mas não tinha uma formação específica. Publiquei artigos, a princípio a partir da minha monografia, e em seguida de maneira mais livre. Nessa época, também comecei a me interessar pela vanguarda russa, eu falava a língua e fiz uma primeira viagem a Moscou em 1973 para ver os sobreviventes da vanguarda. Depois, no final dos anos 1970, encontrei Hubert Damisch na Escola de Estudos Avançados em Ciências Sociais, onde tinha frequentado vagamente o seminário do sociólogo Jean Lojkine. No começo dos anos 1980 me lancei sobre a tese de doutorado,[1] o que era raro para os arquitetos da minha geração.

Fale um pouco de sua tese.

Defendi esta tese em 1985. Tratava-se essencialmente de uma biografia de André Lurçat, arquiteto moderno francês dos mais interessantes e também dos mais contraditórios. Seu percurso permitia, de fato, mostrar as fraturas internas do "movimento moderno", suas ambiguidades e sua relação com a história e a cidade. No entanto, não consegui publicar a tese antes de 1995, devido à censura de parte da família do arquiteto.[2] A filha de Lurçat não estava de acordo com o que fiz e queria me punir, não me autorizando a reproduzir as imagens de sua obra. Tudo se resolveu após sua morte.

Você se refere ao contato com a sociologia urbana marxista francesa desde os anos 1970 e durante o curso de doutorado. Qual a recepção de seus trabalhos no meio acadêmico francês?

Desde o começo dos anos 1970 eu tinha contato com a equipe do Centro de Sociologia Urbana, formada por Francis Godard, Jean Lojkine, Edmond Préteceille e Christian Topalov, que se esforçavam em construir uma teoria marxista da cidade. Esse contato não se deu através das instituições acadêmicas, mas pelo grupo de estudos do Partido Comunista Francês, que eu frequentava com eles; era, então, uma relação de natureza política. Em 1973, participei do primeiro colóquio do Centro de Estudos e Pesquisa Marxistas intitulado "Urbanisme monopoliste, urbanisme démocratique" ["Urbanismo monopolista, urbanismo democrático"]. No ano seguinte, organizei com François Ascher um grande encontro em Grenoble chamado "Pour un urbanisme..." ["Por um urbanismo..."], no contexto da união da esquerda nascente na França. Esse título significava, com as reticências, que não estava em pauta definir o urbanismo *democrático*, e ainda menos o urbanismo *socialista*, mas que para fazer realmente urbanismo eram necessárias mudanças políticas. Mais de 1.200 pessoas participaram do encontro: arquitetos e pesquisadores de ciências sociais, mas também prefeitos e militantes associados; seu papel foi muito importante no reagrupamento deste meio. Além disso, esse evento deu-se em um momento preciso da história política dos anos 1970, caracterizado pelo surgimento do eurocomunismo, e uma convergência sem precedentes entre os partidos italiano, espanhol e francês; antes que esse último desse uma virada sectária em 1977.

O período coincide no campo da história da arquitetura com a emergência também de uma historiografia propriamente marxista da arquitetura com Manfredo Tafuri. Qual era sua relação com a Escola de Veneza?

Minha relação com o que se convencionou chamar de Escola de Veneza começou muito cedo. Em primeiro lugar, pela leitura de seus textos no começo dos anos 1970, quando ainda era estudante. Em 1973, comecei a estabelecer contatos mais concretos quando eles leram minha tese e quando Tafuri me chamou para conversar com ele, o que ocorreu em 1974. Ele estava particularmente interessado por meus contatos em Moscou. Tornamo-nos amigos rapidamente e assim me aproximei do Departamento de História de Veneza nos anos seguintes. Trabalhei em diferentes projetos com eles. Em 1979, organizei a publicação de um livro sobre arquitetura e urbanismo na Rússia, para o qual convidei Marco de Mechelis, que trabalhava com este tema, e Tafuri para o coeditar comigo.[3] Esse trabalho, no qual esgotei, de fato, o ponto em questão, conserva, em minha opinião, certa importância na história da pesquisa histórica sobre o tema. Depois de 1980, eu me envolvi em um projeto triangular entre a exposição *Unité Pédagogique d'Architecture* n. 8 de Paris,[4] Veneza e Hamburgo, sobre arquitetura e social-democracia, que foi conduzido por três colóquios, e cujos resultados foram publicados num número especial da *Cahiers de la Recherche Architecturale* em 1985.[5]

Em sua obra, destaca-se o olhar sobre a produção arquitetônica moderna dos séculos 19 e 20, sobretudo na Europa e nos Estados Unidos, mas há um trânsito entre história da arquitetura e história urbana, o que não é ainda muito comum na historiografia especializada. Você poderia falar um pouco dessa articulação do ponto de vista metodológico?

Não tenho ambição de ter teorizado seriamente esta questão. É de maneira natural, espontânea, ou seja, sem dúvida ideológica, que eu a abordo. Não consigo pensar os edifícios sem pensar as cidades nas quais eles se situam, assim como não consigo pensar as cidades e as tentativas desesperadas que são feitas para organizá-las sem pensar nos edifícios que elas contêm. É muito mais uma trajetória intuitiva do que racionalizada. Se volto aos textos que escrevi e às pesquisas que conduzi, sem dúvida diria que construí uma trajetória mais metódica. Considero que os projetos de arquitetura interiorizam, de alguma maneira, as condições urbanas. Salvo os casos excepcionais, não podemos interpretar os edifícios sem pensar que foram projetados como componentes do espaço urbano, ou, em todo caso, como objetos que reagem ao espaço urbano. Aliás, a história do urbanismo não se reduz à história dos projetos, é uma história de relações, de conflitos permanentes entre o ideal e a realidade; e nesses conflitos, o estatuto dos objetos que se tornaram possíveis através dos projetos é também muito significativo. O problema é, então, menos da escala dos projetos e mais das temporalidades específicas segundo as quais eles se formam, materializam-se e degradam.

Você poderia falar um pouco mais dessa ideia de sistema urbano e do lugar do planejamento e do projeto em seu interior?

Um exemplo dessa trajetória é o trabalho que conduzi sobre as transformações do limite de Paris entre a construção do cerco de Thiers em 1840 e a conclusão da via periférica em 1973. Através de campanhas sucessivas de projetos e obras, este território anular funciona realmente como sistema. Também do ponto de vista da história dos edifícios: é sobre esta expropiação que são imaginados os *redan* (edifícios denteados[6]), de Eugene Hénard, e os *immeubles-villas* (edifícios-casa[7]), de Le Corbusier; e ainda, do ponto de vista da forma do todo da metrópole parisiense, que continua, ainda hoje, marcada pela oposição entre os territórios situados no interior da via periférica e aqueles situados no seu exterior. No jogo entre projetos ideais e mediações concretas, entre terrenos à procura de programas e programas à procura de pontos de aterissagem, um sistema autêntico se revela.

Você diria que sua abordagem da forma material da arquitetura e da cidade difere do foco sugerido por Tafuri na dialética entre trabalho concreto e trabalho abstrato? Como pensar as articulações entre desenvolvimentos ideológicos, culturais ou discursivos no campo da arquitetura, e os modos e relações de produção em cada momento da história?

Esta distinção entre trabalho concreto e trabalho abstrato é central na teoria do valor de Karl Marx. Tafuri apenas tentou aplicá-la no campo da arquitetura. Na verdade, as pesquisas de Tafuri e de sua equipe ajudaram-me, contrariamente a muitos dos meus contemporâneos, em certa medida a desligar-me de certo marxismo, isto é, ir para além da transposição mecânica dos conceitos do marxismo para o campo do urbano e da arquitetura. A tese de Walter Benjamin,[8] fazendo do autor um produtor, permitia de certa forma escapar destes estreitamentos na medida em que ampliava o conceito de produção, o que certos teóricos como Pierre Bourdieu souberam fazer. Foi trabalhando em torno das diferentes dimensões da produção que se tornou possível repensar a arquitetura, sem apagar, portanto, sua dimensão artística.

Voltando a Tafuri, seu propósito foi muito esclarecedor, a despeito do fato de que certas intenções proclamadas por ele não eram conduzidas a uma verdadeira passagem ao ato. De fato, acabei navegando entre Tafuri, cuja prosa por vezes obscura era extremamente sedutora, e Hubert Damish, que se deu à tarefa de identificar "objetos teóricos", ou seja, componentes da arquitetura interrogando-se a todo momento sobre sua constituição e sobre sua transformação na teoria. A coluna, a parede, ou ainda a estrutura são exemplos disso. Este movimento entre Itália e França tinha como pano de fundo a leitura assídua de Michel Foucault e de historiadores dos Anais, como Georges Duby ou Jacques Le Goff. Isso me reconduziu à Itália, onde eles tinham correspondentes como Carlo Ginzburg.

Não diria que minha educação em história tenha tido qualquer coisa de sistemático, me definiria mais como um autodidata organizado. Operei assimilando diferentes camadas do discurso metodológico e tentando construir, sobre esta base, objetos frequentemente binários ou bipolares, pois sua criação foi orientada pelo intercâmbio de noções, de formas, ou de duas identidades territoriais, políticas ou culturais. Não penso na relação entre Paris e Berlim, entre Rússia e América do Norte, e evidentemente, entre Itália ou França, ou a quaisquer dispositivos fronteiriços. Alguns dos meus trabalhos são mais monográficos, mas em geral, me interesso mais por sistemas do que por objetos isolados.

Mas como você avalia a recepção da historiografia italiana na França?

Abordei este problema em 1984, em uma das minhas primeiras publicações cujo título é abominavelmente longo: *La coupure entre architectes et intellectuels, ou les enseignements de l'italophilie* ["A separação entre arquitetos e intelectuais, ou os ensinamentos da italofilia"].[9] O objeto de estudo, que era a atração de parte do meio de arquitetura francês pela Itália, acabou se confundindo com minhas aventuras do outro lado dos Alpes. Via essa atração como o sintoma de uma condição mórbida da arquitetura francesa. Os italianos eram muito mal lidos na França, ou eram tomados como reféns em debates de outra ordem. Se olharmos para o caso do que se chama de Escola de Veneza, as trajetórias dos membros da equipe de Tafuri, como Francesco Dal Co, Donatella Calabi, Giorgio Ciucci ou Giorgio Piccinato, para citar apenas alguns, eram muito mais paralelas do que convergentes. A equipe só conseguiu "evoluir em formação" (évoluer en formation), como se diz na aviação, em certas ocasiões, nos canteiros coletivos como os da América do Norte, da vanguarda russa e da social-democracia. Uma vez que Tafuri voltou-se para o estudo da renascença, essas operações coletivas foram desfeitas. O que fica de mais forte desse episódio é, por um lado, o questionamento da narrativa então dominante do "movimento moderno", termo que pede sempre o uso de aspas,[10] e de outro, a liquidação de qualquer tentativa em instaurar uma relação direta entre arquitetura e política. No fundo, o que aprendi com os venezianos foi considerar as coisas de maneira muito mais complexa, mas também com certo rigor filológico, confinado, por vezes, à preciosidade de alguns deles. Sua leitura me permitiu ultrapassar as simplificações da análise de Anatole Kopp sobre a aquitetura russa e de me engajar em um trabalho diferente. O efeito das ideias italianas também foi muito sensível na França sobre Bernard Huet e os jovens arquitetos de seu meio. As teorias de Aldo Rossi ou Saverio Muratori sobre morfologia urbana também tiveram um grande impacto – termo que prefiro infinitamente ao de influência – sobre Jean Castex, Philippe Panerai e os pesquisadores de Versailles. Enfim, muitos círculos de pessoas trabalharam com análise das cidades a partir de um *input* italiano. Também poderia falar das relações estabelecidas por historiadores da cidade, como Bernard Lepetit, com a Itália. As relações são muito diferentes hoje, evidentemente.

É interessante notar esse aporte italiano, da filologia à morfologia, em um país como a França, onde os desenvolvimentos em história da arquitetura não parecem ter acompanhado o ritmo intelectual da história em geral ou da historiografia urbana em particular. Tanto mais quando em contraste com outras historiografias da arquitetura, como a inglesa, a italiana, a norte-americana.

Isso é absolutamente incontestável. Creio que a história dos séculos 19 e 20 – e, sobretudo, a do segundo – é de uma certa mediocridade na França, onde a cena acadêmica foi dominada por colegas como Bruno Foucart, erudito mas reacionário, ou Gérard Monnier, que nunca se distanciou de interpretações heroicas do "movimento moderno". E as interpretações da geração anterior não são minimamente mais inspiradoras: Michel Ragon era mais publicitário que historiador, e René Julian apenas propagou as representações míticas da modernidade francesa. Assim, a França ficou com uma visão, se posso dizer, pré-tafuriana da modernidade. Hoje, a produção dos discípulos destes colegas é com frequência extremamente minuciosa, interessante sobre o plano factual, mas em geral singularmente desprovida de ideias. A França é dominada por um tipo de positivismo tão evidente, como o de pessoas como Damish, que teve uma trajetória completamente diferente, não ensinando mais desde então. Considero, então, sua análise justa, e eu lamento que a história da arquitetura na França seja marcada por uma certa fraqueza intelectual hoje e também por um tipo de fechamento nacionalista muito preocupante. Alguns trabalhos invalidam, evidentemente, essa visão talvez bastante pessimista. No campo realmente da história, penso nas pesquisas de Jacques Lucan, de Joseph Abram, de Anne-Marie Châtelet ou de Jean-Louis Violeau, entre os mais jovens. Esta doença constitutiva não está sendo resolvida com as nomeações recentes nos departamentos de arquitetura e de arte nas universidades. As escolas de arquitetura, que originalmente poderiam ter tido outras abordagens, são estruturalmente incapazes de consolidar as pesquisas históricas que se desenrolam no momento. A tentativa que obteve mais êxito, da qual participei foi, a partir de 1991, o programa do Diploma de Estudos Avançados – DEA: *Le projet architectural et urbain, théories et dispositifs* ["O projeto arquitetônico e urbano, teorias e dispositivos"], que chegou a acolher cerca de cinquenta teses de doutorado. Entretanto, essa experiência foi interrompida, pois não tinha apoio das escolas, que na verdade a sabotaram, e menos ainda da administração, ao passo que creio termos começado uma escola de uma nova dimensão, uma escola de pesquisa teórica e crítica que prometia bastante, como mostram os trabalhos encabeçados por Monique Eleb, Philippe Panerai, Pierre Pinon ou Yannis Tsiomis, entre outros.

E quanto ao papel das revistas de arquitetura, como *Contropiano*, *Casabella*, *Architecture d'Aujourd'hui*, *Oppositions*, *Architeses* e outras, como lugar da discussão histórica e do debate crítico?

É preciso, sobre este ponto, relembrar diversos episódios, que tiveram todos um fim abrupto. O primeiro deles ocorreu entre 1974 e 1977 com a direção de Bernard Huet na *Architecture d'Aujourd'hui*, três anos apenas, marcados porém por uma autêntica trajetória crítica. Como por acaso, neste período, Huet fazia diversos convites aos venezianos, muitos números tinham textos de Tafuri, e George Teyssot participou da redação desta revista que permanece até hoje marcante.

Outro episódio ocorre entre 1974 e 1981, com a revista *Architecture, Mouvement, Continuité*, dirigida por Jacques Luca e Patrice Noviant, na qual publiquei meus primeiros artigos. Essa revista tinha uma perspectiva genuinamente crítica. Ela era também muito ligada à Itália e realmente contribuiu na transformação da maneira de projetar e na cultura arquitetônica. Jong-Woo Lee, um excelente jovem pesquisador coreano, está escrevendo sob minha orientação uma tese sobre esta revista que esclarece, a partir de conversas apaixonantes, sua gênese e trajetória.

Depois disso, dentre os episódios mais recentes, houve a excelente revista *Le Visiteur*, criada em 1995 pelo filósofo e teórico da paisagem Sébastien Marot, com uma equipe de redatores brilhantes e que infelizmente parou de ser publicada após oito números. Esta revista publicou traduções e textos importantes dos Estados Unidos e teve um papel estratégico na rearticulação histórica e crítica das reflexões sobre projeto e sobre a paisagem.

Todos esses episódios concluíram-se negativamente: por mudança de direção, suspensão de títulos ou troca de equipe. Essa condição não é absolutamente uma exclusividade francesa, todas as revistas passam por flutuações cíclicas quando não têm esperança de vida claramente limitada.

A *Oppositions* durou apenas de 1974 a 1982, na mesma época. *Casabella* teve episódios bem diferentes, com a direção memorável de Ernesto R. Rogers, a direção brevíssima de Tomás Maldonado, ou a de Vittorio Gregotti, da qual participei. Essa revista foi intensa durante uma quinzena de anos e é ainda hoje significativa como sistema de informação sobre aquele período. A *Casabella,* de Francesco Dal Co, é hoje mais orientada à difusão de imagens, de fato muito bonitas. Uma revista como a *Daidalos*, que publicou durante uma quinzena de anos artigos sólidos e sobre um campo vasto que ia da arte à ciência, foi encerrada; *Lotus* prossegue sua estratégia sistemática, às vezes de maneira esporádica, e na Espanha *Arquitectura & Vivienda* oferece pareceres sólidos sobre a produção contemporânea. Deixo de lado evidentemente uma infinidade de outras publicações, mas o panorama geral não é muito estimulante.

Voltando ao universo acadêmico francês, qual a sua leitura da experiência de Grenoble, do ponto de vista de sua aproximação à história, em especial a partir do laboratório Dessin-Chantier?

Certamente esta é uma outra questão. Trata-se de uma história franco-brasileira muito particular, centrada na personalidade de Sérgio Ferro, que conheci bem e encorajei quando era responsável, entre 1979 e 1982, pelo programa de pesquisa arquitetônica do Ministério da Habitação, então denominado Comitê para a Pesquisa e o Desenvolvimento em Arquitetura – Corda, que depois se tornou o Escritório de Pesquisa Arquitetônca, Urbana e Paisagística – Brau. A equipe constituída por Ferro contava notavelmente com Cyrille Simonnet e Philippe Potié. Ela propunha análises únicas na paisagem intelectual francesa, em torno da dupla desenho/canteiro. As hipóteses de Ferro eram apaixonantes, pois seu interesse pela história do trabalho o conduzia a pensar rigorosamente no lugar que poderia ocupar um arquiteto no processo produtivo. Tenho em mente os trabalhos sobre o convento de La Tourette e outras obras de Le Corbusier. Em seguida, esse pequeno grupo, inicialmente composto mais por pesquisadores do que por professores, obteve menos impacto sobre as gerações seguintes. Simonnet trabalhou de maneira interessantíssima sobre o concreto, mas ele parece ter esquecido uma parte do discurso de Ferro, que às vezes, é verdade, girava um pouco no vazio. Isto é apenas um exemplo, dentre tantos outros, desta doença da memória, desta transmissão sempre ruidosa, característica do sistema francês no qual as experiências não são cumulativas.

E quanto a outras abordagens da produção arquitetônica na França, como a de Jean-Pierre Epron, por exemplo?

Epron realmente não pertencia a este grupo e sua produção se liga a uma outra história. Arquiteto e professor, ele começou a interessar-se por teoria e por história no final dos anos 1960, participando da criação da *Architecture, Mouvement, Continuité*; depois, nos anos 1970, junto a Philippe Boudon, fazendo da Escola de Nancy um lugar aberto a novas questões de pesquisa. Ele formou em Nancy uma geração de professores-pesquisadores ativos e competentes, como Jean Claude Vigato, André Vaxelaire, Joseph Abram e Anne-Marie Crozetière, que estão hoje entre os melhores professores historiadores franceses. Voltando à questão das pesquisas desenvolvidas na França sobre o trabalho material, é claro que os trabalhos de Abram estão, desde há muito tempo, entre os mais notáveis. No campo do desenho industrial, penso também nos trabalhos de Raymond Guidot, que tinha como base o Centro de Criação Industrial.

No seu artigo da *Zodiac* "Da afirmação ideológica à história profissional", que estamos publicando neste número de *Designio*,[11] você se refere a um claro processo de profissionalização do trabalho do historiador da arquitetura a partir dos anos 1970. Mas você também sugere que o divórcio entre historiadores e projetistas não se completou inteiramente. Como você avalia a situação hoje, dez anos depois?

As coisas são de fato mais complexas do que pude dizer ou escrever. Dois fenômenos podem ser vistos sob esta questão. O processo de profissionalização dos historiadores conduziu a trajetórias autônomas, orientadas pelo ensino e pela pesquisa, pois o dispositivo de pesquisa pública continuou a funcionar até este dia. Ao mesmo tempo, posso constatar que muitos doutorandos e doutores recentes são homens e mulheres que levam paralelamente um trabalho de projeto e um trabalho de pesquisa. Observo também um fenômeno da mesma ordem nos Estados

Unidos. Não diria que eles fazem tudo com a mesma intensidade, mas esse processo de profissionalização dos historiadores nem sempre levou ao isolamento dos pesquisadores, que acabam por vezes envolvidos em parcerias ou em trabalhos de equipe com seus colegas profissionais de projeto. Muitos jovens doutorandos também continuam a ter uma prática profissional e pretendem mantê-la durante suas carreiras. A partir do momento em que a prática da história foi suficientemente definida, nos anos 1970 e 1980 – pois tenho a impressão que hoje as coisas são mais confusas –, os jovens profissionais conseguiram, frequentemente, escapar à esquizofrenia e conscientemente saber ser ao mesmo tempo pesquisador e criador.

Se não me engano, você concorda que esse processo de autonomização tem representado avanços importantes no campo intelectual da arquitetura. Mas também salienta o risco de insularização, inoperância...

É evidentemente uma questão interessante, e é importante que a história continue a aplicar seus critérios de veracidade e de cientificidade sem se deixar contaminar pelas construções ideológicas dos profissionais de projeto. As pessoas ligadas à prática escrevem livros sobre suas atividades e se utilizam de outras modalidades discursivas. É o seu direito mais estrito. Do seu lado, os historiadores podem chamar a atenção de um meio profissional: é, por exemplo, o que Manfredo Tafuri fez na sua época, denunciando o que ele chamava de "história operativa", ou seja, uma história posta a serviço de uma posição de projeto particular.

E quanto ao ensino de história em escolas de arquitetura? Apesar da diversificação dos lugares de trabalho dos historiadores de arquitetura, novas formas de legitimação, identificação, reconhecimento, você acha que os professores de história deveriam estar mais próximos das questões práticas do projeto?

Creio que o ensino de história nas escolas de arquitetura deve ser uma preocupação geral, permanente e comum a muitas pessoas diferentes. A presença da dimensão histórica no ensino de projeto, que é indispensável, não deve tornar a história igualmente instrumental. No que eu imaginaria ser minha escola ideal, os professores de projeto seriam formados em história e capazes de historicizar seus pontos de vista. Mas haveria também historiadores profissionais capazes de ajudar os estudantes a adquirir uma formação *pela* pesquisa. Faço alusão aqui a uma expressão frequentemente usada na França, que acrescentava à formação *em* pesquisa, destinada aos pesquisadores profissionais, a formação *pela* pesquisa. A hipótese é que os profissionais pudessem se tornar projetistas melhores tendo adquirido certas experiências de pesquisa.

As mudanças recentemente introduzidas pelo sistema dito "de Bolonha", no programa das escolas de arquitetura na França, conduziram a um retorno à produção de dissertações por todos os estudantes, e me felicito com isso. Certos arquitetos franceses contemporâneos, como Christian de Portzamparc, Christian Devillers ou Patrick Berger, citando apenas alguns deles, tiveram uma experiência de pesquisa em ciências sociais, e tornaram-se, penso eu, arquitetos melhores, pois encontraram-se num determinado momento sob uma postura científica. Creio então ser importante ter, mesmo em escolas mais orientadas para a prática profissional, cursos iniciando os estudantes na pesquisa. Pude verificar essa posição, por exemplo, na escola de arquitetura de Princeton, que não tem muitos estudantes, mas cujo nível, a qualidade do ensino teórico e histórico é bastante elevada. Os estudantes envolvidos no mestrado participam de seminários de pesquisa nos quais realizam trabalhos, do meu ponto de vista, úteis para a construção de sua identidade de arquiteto.

Como você avalia o papel de instituições como o Docomomo na preservação da arquitetura moderna? Você acha que a abordagem preservacionista ali promovida tem levado em conta a especificidade de seu objeto? Como você avalia a relação entre preservação e as perspectivas historiográficas contemporâneas no enfoque da arquitetura moderna?

Sou muito favorável à ação do Docomomo, que considero uma organização formidável, se bem que, como já disse, a noção de "movimento moderno" não me encante. A migração da sede dessa organização dos Países Baixos para Paris, que ocorreu em 2003, foi acompanhada por uma abertura ao mesmo tempo temática e geográfica. A força do Docomomo é não ser uma organização monodisciplinar, mas um lugar onde podemos encontrar historiadores da arquitetura, conservadores do patrimônio, pessoas que atuam na prática e arquitetos apaixonados. As situações nacionais são muito diferentes. Em alguns países o Docomomo é muito forte no plano organizacional, mas não tem nenhum efeito tangível sobre a realidade; em outros países, o Docomomo é fraco como instituição, mas exerce efeitos tangíveis na realidade. A presença do Docomomo é essencial para o estímulo de pesquisas sobre arquitetura moderna no sentido mais amplo – eu diria mais sobre a arquitetura da modernização do que sobre arquitetura moderna, esse é o primeiro aspecto. O segundo aspecto, num mundo delirante, agitado por um frenesi de construção, de desenvolvimento urbano, conduzindo ao apagamento dos traços históricos, é a importância em conservar o testemunho de episódios experimentais, o que é no fundo a questão do Docomomo. Uma questão necessariamente combativa, pois em muitos países a definição de patrimônio permanece restrita, limitada a apenas alguns edifícios monumentais, ou limitada a períodos históricos precisos, ou ainda, incapaz de incluir os edifícios que não são conforme os esquemas da época. As realizações experimentais dos modernos tornam-se, não é preciso esconder, extremamente difíceis à compreensão das elites culturais, frequentemente as mais refinadas, e o papel do Docomomo na sua divulgação é significativo.

Você se envolveu em diversas exposições de arquitetura, museus, galerias. Mas você também chama a atenção para os males de uma era exibicionista. Como você avalia hoje o crescimento e o papel dessas exposições? Como aproximar as conquistas da pesquisa especializada com os objetivos de publicização e ampliação das discussões contemporâneas em arquitetura e urbanismo?

Trata-se de um problema bastante complexo. Minha primeira observação é que de duas décadas pra cá houve uma proliferação sem precedentes de exposições de arquitetura de todo tipo. Elas vão de bienais, trienais e quadrienais muito genéricas, ou às vezes temáticas, a exposições de pura propaganda profissional, passando por exposições questionadoras que apresentam problemas históricos ou críticos, e são essas as exposições que prefiro – e as que sei fazer melhor. Podemos dizer que hoje as exposições tendem a tornar-se um dos modos de produção de conhecimento histórico. Por vezes, elas simplesmente desempenham o serviço de tradução, de transposição de uma tese legível para uma proposta acessível. Por vezes também, uma exposição permite, se assim posso dizer, *coagular* uma pesquisa que não poderia ter sido feita sem esta ocasião. Muitas questões, arquivos e problemas revelam-se, pois a tentação da exposição desencadeia uma série de decisões que os pesquisadores mais sérios do mundo não poderiam desencadear sozinhos: as famílias dão acesso aos arquivos, os museus abrem os porões, os proprietários de edifícios os deixam fotografar. Fora isso, a exposição é uma experiência artística e cultural muito rica, a experiência de uma espacialidade ou de uma narrativa. Eu diria que uma exposição é uma narrativa colocada no espaço, uma narrativa constituída por materiais históricos originais ou interpretações dispostas no espaço. É então, um "meio muito quente", para usar o termo de Marshall McLuhan, que permite falar de arquitetura contestando as representações dominantes, por meio de novas sequências de imagem. O prazer que tenho em conceber as exposições tem a ver com estas novas relações estabelecidas entre objetos que nunca se encontraram e que através de seu encontro produzem sentido. É um meio que conduz não apenas à revelação do conjunto de fatos empíricos, mas também à construção de novas problemáticas e sua difusão para o público.

Quais as ideias principais que estruturaram a idealização do Museu de Arquitetura de Paris?

O museu de arquitetura é uma das construções mais difíceis. Existem, aliás, muitos gêneros de museu de arquitetura. Essencialmente, por um lado, eles surgem na história como resultado de duas estratégias distintas para expor arquitetura: a apresentação de objetos em tamanho natural em museus a céu aberto, apresentando casas rurais – como o Museu ao Ar Livre Skansen, em Estocolmo, que inclui um conjunto de 150 construções características de diversos pontos do território sueco –, ou modelagens – como o Museu de Escultura Comparada, criado por Viollet-le-Duc em 1882 no Palácio do Trocadéro em Paris, hoje integrado ao Cité de l'Architecture et du Patrimoine –, dando a ilusão do edifício, e por outro, os museus de representações – desenhos, fotografias e maquetes. Encontramos em Paris, durante a época da Revolução e do Império, lugares representantes destas duas linhagens. O Museu de Monumentos Franceses de Alexandre Lenoir é um museu de fragmentos de edifícios salvados das destruições da Revolução. E a Galeria de Maquetes de Louis-François Cassas é um museu de representações em escala reduzida.

Eu diria, arriscando ser banal, que o problema dos museus de arquitetura reside no jogo entre o objeto e sua representação. Contrariamente a um museu de pintura, onde a obra encontra-se no espaço expositivo, é um museu no qual a obra está ausente, visto que apenas encontramos indícios, fragmentos ou destroços. Os museus de arquitetura devem convencer e educar seus visitantes comunicando emoções, devem também enviá-los ao campo, criando neles o desejo de ver as verdadeiras obras que estão do lado de fora, a céu aberto.

No discurso sobre a arquitetura na França, há uma distinção esclarecedora entre *l'ouvrage* – a obra construída, que é o edifício propriamente dito –, e *l'oeuvre* – a obra projetada, que é o projeto, a criação intelectual que permite fazer a obra construída. O *maître de l'ouvrage* – dono da obra construída – é o cliente, aquele que comanda o edifício e o utiliza uma vez construído. O *maître d'œuvre* é o arquiteto ou o engenheiro que a concebe. Um dos desafios dos museus de arquitetura é não estar apenas do lado da obra projetada, dos projetos, desenhos, representações, intenções, sejam elas as mais belas, mas estar igualmente ao lado da obra construída, levando em conta também o processo de edificação e utilização. Meu museu de arquitetura ideal não é apenas uma sala de exposição de desenhos ou maquetes, mas um lugar que também informe sobre os modos de edificação.

O que você achou da 7ª Bienal de Arquitetura de São Paulo, de 2007?

Não passei mais de uma hora na Bienal de São Paulo, que, de um modo geral, não me pareceu excepcional. Sua identidade temática não aparece claramente, e o que eu retive de mais interessante foi a descoberta de um conjunto de projetos urbanos inscritos no espaço da Grande São Paulo, aquele relacionado com a atividade de diversos jovens profissionais brasileiros,[12] e também uma pequena exposição memorável sobre as casas modernas do período entre-guerras.[13] São episódios pontuais em uma exposição caleidoscópica, na qual percebemos o dinamismo da profissão e o rigor de certos projetos. O efeito da Bienal é positivo, porque ele permite ver no interior de uma caixa experimental objetos difíceis de reconhecer sobre o terreno destas cidades tão dinâmicas e bastante confusas, que são as cidades brasileiras hoje.

Notas

1 COHEN, Jean-Louis. *L'architecture d'André Lurçat (1894-1970): l'autocritique d'un moderne*. Orientador Hubert Damisch. Tese de doutorado. Paris, École des Hautes Études en Sciences Sociales, 1985.

2 COHEN, Jean-Louis. *André Lurçat (1894-1970), autocritique d'un moderne*. Paris, Institut Français d'Architecture/Liège/Pierre Mardaga, 1995. Edição em italiano: COHEN, Jean-Louis. *André Lurçat (1894-1970): autocritica di un maestro moderno*. Milão, Electa, 1998.

3 COHEN, Jean Louis; DE MICHELIS, Marco; TAFURI, Manfredo (Orgs.). *URSS 1917-1978, L'architecture, la ville*. Roma/Paris, Officina Edizioni/L'Équerre, 1999. Texto em francês e em italiano.

4 UNO. *Unité Pédagogique d'Architecture n. 8: une année d'enseignement 1982-1983*. Catálogo de exposição. Paris, École Nationale Supérieure d'Architecture de Paris-Belleville, 1984 <https://bit.ly/3F7I2oK>.

5 *Les Cahiers de la Recherche Architecturale*, n. 15-17 (Architecture et Politiques Sociales 1900-1940), Marselha, 1985.

6 Na edição em português, *redan* é traduzido como "edifícios denteados": LE CORBUSIER. *Por uma arquitetura*. Tradução Ubirajara Rebouças. 5ª edição. São Paulo, Perspectiva, 1998.

7 Idem, ibidem.

8 BENJAMIN, Walter. O autor como produtor. Conferência pronunciada no Instituto para o Estudo do Facismo, em 27 de abril de 1934. *Magia e técnica, arte e política: ensaios sobre literatura e história da cultura. Obras escolhidas, volume 1*. Tradução Sérgio Paulo Rouanet. 1ª edição. São Paulo, Brasiliense, 1985, p. 120-136.

9 COHEN, Jean-Louis. *La coupure entre architectes et intellectuels, ou les enseignements de l'italophilie*. Coleção In Extenso, volume 1. Paris, École d'Architecture Paris-Villemin, 1984.

10 NE – Conforme indica a norma de padronização da Romano Guerra Editora, "o uso de aspas deve ser comedido, evitando-se seu uso para destacar palavras e conceitos. Os principais usos previstos são: a) para destacar letras que funcionam como metáforas de formas (exemplos: as vigas de seção em "I", "O", "H" ou "V"); b) títulos de artigos, quando aparecem no corpo do texto e nas legendas; c) citações inseridas dentro do parágrafo; d) provérbios e ditados populares citados dentro do parágrafo". Diante do argumento do entrevistado, abre-se aqui a exceção para o uso das aspas no termo "movimento moderno".

11 COHEN, Jean Louis. Da afirmação ideológica à história profissional. *Desígnio*, n. 11/12, São Paulo, mar. 2011, p. 45-51. Edição original: COHEN, Jean Louis. De la affirmation idéologique a l'histoire professionnel. *Zodiac*, n. 21, Milão, jul./dez. 1999, p. 34-45.

12 O entrevistado se refere à mostra *Post-it Cities*, organizada pelo Núcleo de Pesquisa da Escola da Cidade, sob a coordenação de Newton Yamato e Pedro Salles.

13 O entrevistado se refere à mostra *Casas Brasileiras do Século 20*, organizada por Beatriz Oliveira.

O cânone como construção

Jorge Francisco Liernur

Entrevista concedida por Jorge Francisco Liernur a José Lira, Jonas Delecave, Paula Dedecca e João Sodré, realizada em São Paulo SP, Brasil, em maio de 2014, e em São Carlos SP, Brasil, em setembro de 2016.

Você poderia comentar um pouco sobre a sua formação na Faculdade de Arquitetura da Universidade de Buenos Aires, e particularmente sobre a formação em história da arquitetura?

Eu ingressei na universidade em 1965 e me formei no fim de 1973. Era um desastre. Em síntese, era uma repetição do que, mais ou menos, diziam Nikolaus Pevsner, Leonardo Benevolo e essas pessoas. Depois me dei conta de que havia um setor que vinha fazendo algumas pesquisas interessantes, como o trabalho de Jorge Gazaneo e sua mulher, Mabel Scarone, sobre a revolução industrial na Argentina. Havia também uma coleção de livros feita no interior do Instituto de Arte Americano – IAA, que era muito interessante. Eram publicados livros sobre o Estúdio Sepra, sobre Mario Roberto Álvarez e sobre algumas figuras externas, como o Skidmore Owings & Merrill – SOM.[1] Uns livrinhos pequenos, mas nada bobos. O primeiro livro sobre Eladio Dieste foi feito por Juan Pablo Bonta para esta coleção.[2] Bonta, que foi meu professor, depois se foi aos Estados Unidos e teve um papel importante na historiografia geral da arquitetura moderna com o seu trabalho sobre o pavilhão de Barcelona de Mies van der Rohe.[3] Mas, como aluno, eu acessava isso muito pouco. Eu não tinha a cabeça ali. Por um lado, porque o ensino era um horror. Mas, por outro lado, era uma situação muito efervescente politicamente. Eu era vermelho e se supunha que tudo isso era burguês. A história da arquitetura era burguesa. As pessoas eram burguesas. Entendia também que estava na ditadura e, portanto, aquilo era o que ensinavam os professores que haviam ficado na universidade durante a ditadura. Os bons professores, entre aspas, já haviam saído, então eu recusava tudo o que vinha das pessoas que estavam lá. Eu tratava de buscar outras coisas e, de fato, comecei a ensinar antes de me graduar.

Na própria Universidade de Buenos Aires?

Não. Creio que em 1972, um amigo me apresentou a Alberto Sato, que estava ensinando na Universidade de La Plata. Sato era uma pessoa muito interessante e, neste momento, estava trabalhando no Centro Editor de América Latina, que era um editorial alternativo formado sobre a base da editora Eudeba, da Universidade de Buenos Aires – UBA. Este contexto era muito efervescente e Sato havia editado dois livrinhos sobre arquitetura contemporânea em geral, do mundo.[4] Eram livrinhos com um ponto de vista diferente, com um grau de originalidade. Tudo era muito precário, mas, de todo modo, muito interessante. Sato era apenas um par de anos mais velho do que eu e estava casado com Beatriz Sarlo, que era uma pessoa interessante, já nessa época. Ele era assistente em uma cátedra de La Plata, de González Capdevila, e me perguntou se eu não queria ajudá-lo. Meu primeiro passo no ensino foi nesse ano, que ainda não havia me formado, e que fui como assistente do assistente de história [risos]. Ele também tinha uma origem marxista, se alinhava ao peronismo e eu estava em uma militância mais comunista, mas ambos estávamos descobrindo Antonio Gramsci e com isso coincidíamos. Era tudo muito vago e o assunto era: o que fazer?

Nos anos 1960, em várias universidades pelo mundo, inclusive no Brasil, na Faculdade de Arquitetura e Urbanismo da Universidade de São Paulo – FAU USP, na Universidade de Brasília – UnB, estava sendo empreendida uma discussão curricular sobre ensino de arquitetura. Na Itália, mas também nos Estados Unidos, estava se discutindo sobre o papel da história e a defesa de uma maior integração entre história e projeto, que foi um tema importante naquele período. Essas discussões curriculares, sobre o papel da história, o seu ensino e a relação entre as diversas disciplinas do curso de arquitetura, aconteceram em Buenos Aires?

Eu diria que há uma história com o seu próprio ritmo em Buenos Aires e na Argentina. Depois do golpe contra Juan Perón, em 1955, houve um grande progresso universitário na Argentina, particularmente na UBA. Foi uma espécie de florescer de muito alto nível, em todos os campos. Nas humanas, criou-se, pela primeira vez, a carreira de sociologia e, em meados dos 1950, de psicologia. No campo da história, havia gente impressionante trabalhando, como Halperín Donghi. O mesmo no campo científico, na matemática. Foi um momento realmente muito importante. Então, nos princípios dos anos 1960, não havia, absolutamente, nenhum espírito de reforma. O que havia era um olhar a frente e uma ideia quase de orgulho dessa situação que se via como muito avançada. Foi o mesmo no caso da arquitetura. Em 1966, isso se quebra com o golpe militar, porque todos os professores adotaram uma tática de renúncia e a universidade praticamente se esvaziou. Por outro lado, a partir de 1966, começa a haver um vínculo com [o Maio de] 1968 e com [os movimentos estudantis e sindicais argentinos de] 1969. Um espírito que deu uma grande sacudida nas escolas de arquitetura de todo o país e surgiu, das esquerdas, uma ideia que se chamou de Taller Total. A experiência mais completa do Taller Total foi a da Universidade de Córdoba, e a ideia era que tudo deveria confluir. Era um conceito, em última instância, de hegemonia do projeto, do meu ponto de vista, porque tudo deveria confluir a serviço do projeto. Não era integração no sentido de que o importante, ou a novidade, poderia surgir da área da tecnologia, por exemplo, ou da história. O ateliê de projeto era o importante, e o papel da história deveria ser, imagino, ajudar o projeto. Por exemplo: se vão fazer um projeto em frente à prefeitura ou ao mercado, os historiadores vão explicar aos alunos sobre a importância da arquitetura eclética, ou do que fosse. Entendo que era uma ideia desse tipo.

Mas isso não chega à UBA? É algo que se restringe a Córdoba?

Em Buenos Aires não chega do mesmo modo. Mas, no ano de 1971, ocorre algo interessante na UBA: os estudantes tomaram – ou tomamos – a faculdade, que se paralisou. Os estudantes se fizeram donos do ensino, da gestão. Era um poder paralelo, mas era um poder real, porque chegou a uma situação tal em que os ateliês eram organizados por um corpo de delegados estudantes. Funcionou assim nos anos 1971 e 1972. Estava autogerido. Os professores ensinavam aquilo que os estudantes diziam que deveriam ensinar [risos]. E também trouxeram professores que haviam renunciado. Era assim [risos]. Por sua vez, isso foi o germe do que se chamou de Taller Nacional y Popular – Tanapo, que ocorreu depois.

O que era exatamente o Tanapo?

Basicamente, era o ateliê vinculado à juventude universitária peronista e era o fundo de tudo o que estava emergindo, como os Montoneros. No ano de 1969, aconteceu uma espécie de antecedente disso, que foi o congresso da União Internacional de Arquitetos – UIA em Buenos Aires. Havia sido fundado, no congresso da UIA de Havana, em 1963, pela primeira vez, o congresso paralelo de estudantes. Então, em Buenos Aires, em 1969, havia também um encontro de estudantes que se realizava em paralelo, com sua própria inscrição e tudo mais. Em 1968, haviam assassinado Che Guevara, e estavam todos muito exaltados. Em 1969, com a presidência honorária de Che Guevara, nós, estudantes da faculdade de arquitetura, tomamos a faculdade e decidimos que íamos fazer um encontro paralelo ao encontro oficial. E o paralelo foi maior que o oficial. Os convidados se dividiram. Alguns iam ao oficial da UIA, no Teatro San Martín, e também iam ao encontro paralelo. Outros decidiram ir somente ao encontro paralelo como, por exemplo, Aldo Van Eyck e Ricardo Bofill, entre outros. Outros, claro, nunca foram ao dos estudantes. Era aprender na ação a exercer o poder: nós montamos uma imprensa, fizemos as gravações, organizamos os horários, realmente administramos tudo.

Parece-me que suas referências intelectuais não são nem a bibliografia que os seus professores mandavam – Benevolo, Pevsner etc. – nem a produção historiográfica argentina. As suas referências intelectuais parecem estar fora do campo arquitetônico, quais são elas? Você mencionou Gramsci, o marxismo, Che Guevara. E qual a importância das referências externas ao campo arquitetônico na construção da sua trajetória, de aí em diante? Como você acha que essas referências impactaram as escolhas dos objetos, as linhas de pesquisa, a ida para Itália?

Eu não venho de uma família letrada, em absoluto. Morávamos em um bairro periférico, modesto, e nem meu pai nem minha mãe se formaram no colégio secundário. Apesar disso, por algum motivo que desconheço, me mandaram para o melhor colégio público da Argentina, na Plaza de Mayo. É conhecido como "o colégio da pátria", lá se formaram presidentes da Argentina. Supõe-se que se entra neste colégio para ser da elite do país. É um colégio público, mas dependente da UBA. Eu não cheguei a Karl Marx pela militância, cheguei, primeiro, pela disciplina de história no colégio, com quinze ou dezesseis anos. O primeiro que li sobre Marx foi em um livro de Erich Fromm, sobre o Marx dos Manuscritos econômico-filosóficos.[5] Depois tive que contrapor isso com outras coisas, como o livro vermelho de Mao Tse Tung [risos]. Líamos partes de *A situação da classe trabalhadora na Inglaterra*, de Friedrich Engels,[6] não porque era marxista, mas porque era importante conhecê-lo, porque era o original. Nas aulas de história da Argentina, os professores nos colocavam em lados historiográficos distintos, a defender hipóteses historiográficas diferentes. Minha primeira relação com a semiologia foi no segundo ano do colégio secundário! Estudávamos Ferdinand de Saussure e fazíamos análises semióticas de textos literários, de Horacio Quiroga, por exemplo. Isso foi muito importante porque fez parte das coisas que estruturaram minha maneira de abordar os problemas. Depois, na universidade, a formação era horrorosa e me segurei à formação do colégio. Eu já militava e precisava ler marxistas, mais quem? Umberto Eco? A semiologia? Eu lia Gramsci, mas o que ele tinha a ver com a arquitetura? Também lia György Lukács, mas lia tudo muito mal, era péssimo! O que estou tratando de descrever é que era uma situação muito desesperadora. Eu não encontrava nada, nada juntava minha posição política e ideológica com meu interesse pela arquitetura. Como entender a arquitetura? Como avaliar a arquitetura?

Você buscava um estudo diretamente vinculado à militância? Como era essa relação entre militância e o estudo da arquitetura?

Eu militava muito, mas nunca perdi minha paixão pela arquitetura. Para muita gente, a arquitetura não importava muito, ou ia perdendo a importância. Até hoje, o que me interessa é a arquitetura. A história urbana, a sociologia urbana, a cidade latino-americana – estes temas não me animam, não estão no centro de meu interesse. Só me interessam se me ajudam a compreender a arquitetura. Tudo o que fiz foi para compreender a arquitetura. É fundamental estar próximo às ciências sociais e a certos protocolos das humanidades, se não o estudo da arquitetura se torna uma besteira, descritiva ou ideológica. Leviana, no melhor dos casos. Então estas coisas são importantes, mas existe um problema, porque este estudo tende a se separar da arquitetura. A arquitetura tem uma dimensão estética própria – que nem sei se é apenas estética, que é arquitetura, que é outra coisa, que não pode ser abordada por aí. E hoje, por mais que eu não faça arquitetura, fiz, com minha esposa, a casa onde vivemos há oito anos. Acho que é uma casa ótima, e acho que sou bastante bom como arquiteto. Ou seja, realmente adoro a arquitetura. Então, naquele momento, eu realmente militava, mas não queria deixar a arquitetura! Ao mesmo tempo, estava resistindo a explicações meramente técnicas, como Benelovo e Pevsner. Nesse contexto, quando estava preparando minha última prova para a matéria de história contemporânea, um amigo me disse: "Olhe, comprei este livro e não consegui entender", e isso foi em 1972, acho. Era *Teorias e história da arquitetura*, de Manfredo Tafuri.[7]

Já havia em espanhol?

Já. Eu não lia em italiano. Lia somente francês, por causa do colégio, e meu inglês era péssimo. Quando recebi o livro de Tafuri, foi muito impactante. Era uma maneira de olhar toda a história da arquitetura, até a contemporânea. Para mim, foi uma revelação espetacular. Li o livro umas quatro vezes, ou algo assim, porque obviamente a primeira vez não entendi a metade. Em parte, porque estava muito mal traduzido, mas provavelmente também estava escrito confusamente. Mas a essência era, e continuo achando que é, formidável. Pouco depois a Gustavo Gili editou um livro, *Da vanguarda à metrópole,*[8] no qual havia um texto de Massimo Cacciari, um de Francesco Dal Co e um de Tafuri. O texto de Tafuri era mais sobre o contemporâneo e reafirmou ainda mais o meu deslumbramento. Então eu pensei: "Tchau, eu quero ir estudar com esse sujeito!". Eu seguia militando, e escrevi uma carta para Tafuri absolutamente pedante. No outro dia, estava jogando papéis fora e encontrei o original da carta: "Adoro seu trabalho, quero ir trabalhar com você...". Paguei para uma mulher que traduzia ao italiano e, paralelamente, escrevi um ensaio em que discutia com ele do ponto de vista marxista. Dizia: "Você tem razão, mas você se equivocou em não sei o quê..." [risos]. Tinha 26 ou 27 anos. E a mandei, colocando como remetente o endereço de minha sogra, porque a militância não divulgava o próprio endereço. Um dia ela apareceu dizendo que tinha uma carta da Itália. Abri e era dele, era incrível. Tafuri dialogava comigo e dizia: "Venha, seja bem-vindo. Não tenho o que te oferecer, mas se vier te recebo". Isso em 1973.

Eu havia me casado, juntamos dinheiro e fomos a Roma, passei um mês lendo comics pornográficos para estudar italiano [risos]. Lia outras coisas, claro, mas adorei descobrir os comics pornográficos italianos [risos]! Consegui trabalho como projetista em um escritório pequeno em Roma e como desenhista no escritório de Paolo Portoghesi. Depois de um mês, me animei em ir encontrar Tafuri. Fui ao seu escritório e ele me disse que eu deveria trabalhar em uma das linhas de pesquisa que estavam desenvolvendo naquele momento. Haviam acabado de publicar o *Città americana,*[9] que eu havia comprado na Espanha, a caminho da Itália. Havia várias linhas de pesquisa, como a das cidades dos Estados Unidos, a linha soviética, a linha austríaca da cidade vermelha, a linha da social democracia alemã, e também a que estava iniciando com George Teyssot sobre a França de Napoleão. Giorgio Ciucci estava trabalhando o fascismo e a arquitetura italiana. Eu fui com o projeto de ficar um ano e voltar à Argentina e, para isso, pedi licença ao Comitê Central do Partido Comunista Revolucionário. Quando estávamos em Roma, a cada vez que os sujeitos do Comitê Central iam à China, a Pequim, ficavam na minha casa. Nesse plano e nesse contexto político, pareceu-me que o que deveria fazer era estudar o fascismo e me juntei a Giorgio Ciucci, que me disse: "Olhe, há um tema que pode ser muito interessante" – e para mim de fato foi –, que são as cidades do Agro Pontino, um projeto de Benito Mussolini de desmetropolização da Itália, de agrarização da cultura italiana. Um dos empreendimentos mais importantes, que foi um emblema do fascismo, foi recuperar a zona entre Roma e o mar, que era uma zona histórica de pântanos. Trabalharam toda essa zona, tratava-se de um projeto de cidade ideal, uma espécie de utopia agrária nos anos 1930. Sabaudia foi o experimento modernista mais conhecido, mas houve outras, como Aprilia. Eu nunca tinha feito pesquisa e Ciucci me disse: "Vá pesquisar! Como se pesquisa? Pesquisa-se pesquisando! Leia, busque livros, vá por onde puder". Jogaram-me na água e eu não sabia nada do fascismo, nada de história da Itália, nada de nada! Então tive que ler coisas da cultura do fascismo, a literatura do fascismo, o cinema do fascismo, a política agrária, tudo isso...

Você já tinha lido Gramsci nessa época?

Sim, mas tudo mal lido! De todo modo, já tinha algum sabor. Depois de pouco tempo lá, além de trabalhar com Portoghesi, consegui uma bolsa do Instituto Ítalo-Latino Americano, uma instituição nefasta, de direita, do pior da democracia cristã, mas não importa, era um dinheiro que por um ano me veio muito bem. E continuava trabalhando com Portoghesi, que passou a me pedir para projetar e fazer outras coisas que não vêm ao caso. Mas é interessante que eu comecei a trabalhar em um lugar maravilhoso, um palácio incrível do século 18, e comecei a trabalhar na sala principal onde estavam todos os desenhistas. Eu estava diretamente com Portoghesi, que tinha seu escritório e sua biblioteca, uma biblioteca barroca impressionante. Então, em minha primeira viagem de verão, com assessoramento de Portoghesi e Christian Norberg-Schulz, fomos à Áustria para ver todo o barroco austríaco, um a um, que eu adorava. Era interessante também que Tafuri e Portoghesi se odiavam. Então eu brincava e dizia a Portoghesi: "Estive no outro dia com Manfredo falando não sei do quê", de Giulio Romano, do que fosse, a brincadeira era essa. E Portoghesi comprava a provocação, e dizia: "O que ele sabe disso!?". E me argumentava. Depois, e eu ia a Tafuri e dizia: "Portoghesi disse não sei o quê" [risos].

E quanto a Veneza?

Neste primeiro ano, eu ia de Roma a Veneza quando podia. Os romanos que estudavam em Veneza iam a cada quinze dias e eu, quando podia, me juntava a eles. Ia a Veneza assistir as aulas de quem podia. Tudo foi completamente irregular e caótico, digamos. Depois de um ano, Ciucci me disse: "Olha, abriu uma possibilidade de um posto como assistente na escola, mas você teria que ir morar em Veneza". Eu disse que sim e fui, e aí começou um período muito difícil porque, quando você está como estudante no doutorado, no mestrado, o que for, você é considerado como um estudante e te exigem algo compatível. Mas neste caso... O primeiro ano foi fenomenal porque eu não estava lá, e me juntava com eles, fazia as viagens, ia ver Ciucci, que tinha um escritório com Mario Manieri Elia e conversava com ambos. Era tudo muito carinhoso, eu era o argentino [risos]. E o mesmo com Tafuri, que comentava, me criticava, me orientava. Mas quando fui morar em Veneza, os debates eram como mísseis que me passavam a vários quilômetros de altura. Eu não entendia nada. E havia todo um tema de discussão política interna do Partido Comunista Italiano – PCI – a maioria pertencia ao PCI. Eu já tinha uma confusão imensa na cabeça, porque eu vinha de uma coisa maoista e eles estavam, na realidade, totalmente contra. Já existia a *Contropiano*, que é uma revista extraordinária, onde estava Cacciari e Antonio Negri, por exemplo. Era algo muito baseado no austromarxismo – marxista, mas muito crítico do stalinismo, do populismo. E eu chegava maoísta. Retiraram-me o cérebro, pisotearam e atiraram no canal de Veneza. Tive que ir buscá-lo de novo. Foi muito forte, minha cabeça deu um nó! E supunha-se que eu era um parceiro! Imagine isto! Eu, um par de Cacciari! Cacciari já era Cacciari nesta época! Um cara que estava escrevendo sobre Friedrich Nietzsche, sobre Viena, sobre Ludwig Wittgenstein, já estava lá em cima! Eu me lembro de quando comprei *Krisis*: *Saggio sulla crisi del pensiero negativo da Nietzsche a Wittgenstein,*[10] de Cacciari, que acabara de sair. A metade do livro era em alemão, eu não entendia nada! Não entendia o que dizia! Também havia outros, e o nível era impressionante! Em 1974 ou 1975, Tafuri e Dal Co estavam escrevendo o livro *Arquitetura contemporânea*;[11] Marco de Michelis estava escrevendo sobre a social democracia alemã e Mario Manieri Elia ia publicar o livro sobre a interpretação de Pevsner sobre Morris.[12] Antonio Foscari, que se dedicava mais a temas do Renascimento, vivia na Malcontenta de Andrea Palladio! O cara vivia na maldita Malcontenta! Ou seja, eu vinha de onde vinha e isso passava por cima de mim, uma situação muito desesperadora, terrivelmente desesperadora. Não entendia nada.

A estrutura era muito hierarquizada?

Sim. Eu sentia que era um estúpido! Um débil mental que não entendia nada. No final, quando já havia escrito meu trabalho, queria que Tafuri me desse sua opinião, e ele nunca a dava. Realmente, eu pensava que era péssimo. Depois, ao final, encontrei outros a quem passava o mesmo, mas, ainda assim, foi tremendamente doloroso.

E quanto ao seu retorno, o que se deu logo a seguir?

Voltei a Buenos Aires, e voltei com tudo mudado. Em Veneza, eles haviam me perguntado se eu não queria ficar, que eu poderia continuar trabalhando com Georges Teyssot no tema das transformações urbanas do século 19 como produto pós-napoleônico. Mas aí descobri algo que para mim sempre foi muito importante. Por um lado, você pode cultivar orquídeas em uma estufa muito refinada. Mas a outra possibilidade é colher laranjas no deserto. De fato, escolhi ir ao deserto colher laranjas. Então voltei a

Argentina, no meio da ditadura, que havia se instalado em março de 1976. Voltei em dezembro de 1976 com um medo espantoso.

Eram os anos mais violentos da ditadura...

Sim, estava com muito medo. Um ano antes de ir à Itália eu descobri dois futuros pais, digamos assim, duas figuras de referência: Horacio Baliero, um excelente arquiteto argentino; e Ernesto Katzenstein, que era um sujeito muito culto e também excelente arquiteto. Ambos eram da Organização de Arquitetura Moderna – OAM, e aí eu comecei a ouvir de Francisco Bullrich, por exemplo. Também haviam criado o editorial Nueva Visión. Quando voltei, três anos depois, me reconectei com eles, e Katzenstein me disse: "Olha, estamos nos reunindo com Justo Solsona, Rafael Vinõly e Tony Díaz, porque estamos querendo fazer uma coisa pedagógica privada. Você não quer me ajudar?". Katzenstein foi tremendamente generoso. Entrei nessa experiência, que depois se chamou La Escuelita e que se tornou um espaço alternativo muito importante. Além da La Escuelita, tentei começar a ensinar história na universidade. Aproximei-me de um professor da UBA, mas não deu certo. Não sei exatamente o que aconteceu, mas imagino que tenha havido alguma interferência da universidade. Era o período da ditadura e esse professor sabia perfeitamente quem era Tafuri. Então fui à Universidade de La Plata trabalhar com Capdevila, com quem já havia trabalhado antes de ir a Veneza. Neste momento, Sato já estava exilado na Venezuela. O currículo era de história da arquitetura do renascimento ao século 19. Capdevila me recebeu, mas fiz a exigência, entre aspas [risos], de não trabalhar o currículo geral, mas apenas o barroco britânico. Estava interessado em Nicholas Hawksmore, Sir John Vanbrugh, Christopher Wren, e os lia tafurianamente. Eu entendia, e sigo entendendo, que os ingleses haviam interpretado de uma maneira muito particular os códigos renascentistas e o que fizeram foi brincar com uma espécie de *compositum* desordenado, sem harmonia. Mas este tema me interessava enquanto arquitetura contemporânea. Neste momento, estava muito interessado no grau zero da escritura, muito baseado na leitura de Tafuri dos New York Five, particularmente sobre Peter Eisenman. Eu era muito eisenmaniano neste momento. O tema da falta, da ausência da unidade, me atraia, me parecia importante.

No meio disso, passou o seguinte, que interessa mais à historiografia: eu voltei com a tese, que nunca consegui fazer com que Tafuri lesse. Meu texto se chamava "La città della terra".[13] Ciucci achava bárbaro. Mas voltei à Argentina achando que Tafuri me achava um perfeito estúpido. Pouco tempo depois de voltar a Buenos Aires, em abril de 1977, ou algo assim, Renzo de Felice, que foi o principal pesquisador do fascismo da Itália, visitou a Argentina. Quando eu estava em Veneza, ele já havia publicado uma série de livros e havia acabado de publicar o terceiro volume de sua biografia de Benito Mussolini, um revolucionário que se chamava *Gli anni del consenso, 1929-1936.*[14] Soube que ele vinha e fui ao Instituto Italiano de Cultura em Buenos Aires, na sala em que estava dando aula. Quando a aula terminou, eu disse: "Professor, gostaria que você lesse o meu texto sobre as cidades do Agro Pontino, que desenvolvi em Veneza". Dei o trabalho para Felice ler e me encontrei com ele alguns dias depois, no hotel, e o sujeito disse que tinha gostado muitíssimo e me perguntou se eu não gostaria de publicá-lo em sua revista de estudos sobre o fascismo. Não publiquei, mas foi muito importante porque pensei: "Então não é uma bosta!". Foi uma primeira recuperação de minha autoestima. Mas a crise era tão grande que eu não queria publicar nada! Parecia-me que não tinha nada a dizer. De todo modo, enquanto os outros trabalhavam com ensino de projeto, na La Escuelita, Ernesto e eu começamos a fazer coisas mais ligadas à história.

Quais eram as atividades que vocês realizavam em relação à história? As suas primeiras publicações são deste período?

Em 1979, eu dei um curso no contexto da La Escuelita chamado Arquiteturas da década de 1970, em que discutia coisas que havia visto em Veneza, como Aldo Rossi, Carlo Aymonino, Carlo Scarpa. Lembro que na Bienal de Veneza de 1976, antes de voltar a Buenos Aires, também conheci as coisas dos New York Five, por exemplo. O curso foi sobre essas e outras mudanças ocorridas na arquitetura naquela década. Em 1980, por insistência de Mario Sabugo, publiquei um artigo sobre os arranha-céus de Buenos Aires na revista *Nuestra Arquitectura,*[15] muito influenciado pelo *Città americana* de Tafuri. O assunto deveria ter sido desenvolvido por um aluno da Escuelita, mas, como ele não o fez, eu o fiz. Parecia-me um tema de grande importância. Pouco depois, a revista *Summa* publicou uma entrevista com Solsona feita por Alberto Petrina. A entrevista era absolutamente acrítica e laudatória. Eu fiquei indignado! Então escrevi o que foi a minha primeira publicação a sério, uma carta aberta na *Summa.*[16] Foi uma bomba! De fato, não havia trabalho crítico. Eu me atrevi a escrevê-lo porque conhecia muito bem o trabalho do escritório, pois até recentemente tinha colaborado na organização de um livro sobre a sua obra.

Então, Lala Méndez Mosquera, a diretora da *Summa*, me chamou e me perguntou se eu não gostaria de escrever algo sobre o pós-modernismo, no final de 1980. Eu me coloquei a fazer um trabalho que era complexo, e que o título era "¿Post?:modernismo".[17] Apostei que o pós-modernismo era uma bobagem, uma estupidez, uma banalidade. Para entender o que estava acontecendo, começava por Leon Battista Alberti, Giovanni Battista Piranesi, passava por tudo isso. E apareceram as referências que lia na Itália, como Walter Benjamin e Michel Foucault. Administrava com muita precisão a discussão internacional que estava acontecendo, ao menos para o contexto argentino. Justamente aí, soube que Jorge Glusberg, que tinha um lugar chamado Centro de Arte e Comunicação – CAyC, onde estava sediada a Escuelita, havia convidado Tafuri a Buenos Aires. Havia passado três ou quatro anos e não tive nenhuma relação com Tafuri nesse período. Zero. E nesta condição péssima que comentava, imaginando que ele me achava um estúpido. Mas escrevi para ele, que me respondeu. Ao menos me responde, pensei, já era um alívio! Então organizamos um seminário e lemos todas as suas coisas para extrair perguntas específicas, coisas que valessem a pena perguntar. Tafuri era um sujeito tremendamente duro, duríssimo, e não poderíamos perguntar coisas genéricas. Então armei uma espécie de *L'armata Brancaleone* com pessoas diferentes, amigos, um pouco de tudo. E pessoas como Anahí Ballent e Fernando Aliata, que conheci no curso de 1979 e que haviam acabado de se graduar.

Tafuri veio, ficou uma semana, mais ou menos, e organizamos um seminário. Ele deu um curso de várias aulas, e as pessoas ficaram absolutamente boquiabertas, fascinadas. Ele era como um mágico que tirava várias coisas da cartola, leões, coelhos. Era maravilhoso. Com esse entusiasmo, armou-se um grupo que depois começou a trabalhar com coisas específicas de história na Escuelita. Isso foi em 1981. Em uma reunião na Escuelita, com Solsona, Viñoly, Katzenstein, e os outros que estavam lá, Solsona perguntou a Tafuri que coisas o interessavam em Buenos Aires, e ele respondeu: "falar com Pancho". Isso mudou minha vida: então eu não era tão estúpido para ele. Eu não era tão estúpido e, daí em diante, tive uma relação magnífica com ele, muito próxima. Eu o escrevia, ele me respondia e discutia comigo! Escrevia para mim dizendo que estava se interessando por tal tema no medievo, e não sei o quê. Eu não conseguia acreditar. Ele me mandava seus livros, pedindo que eu lhe desse minha opinião. Eu não podia acreditar.

E como continuaram as atividades deste grupo de trabalho?

Continuamos com algumas atividades na Escuelita e, pouco tempo depois, já no processo de redemocratização, passamos à Sociedade Central de Arquitetos. Primeiro, chamava-se Departamento de Análise Crítica e Histórica e, depois, Programa de

Estudos Históricos da Construção do Habitar. E fizemos uma série de atividades, como seminários. Nós colocávamos dinheiro e pagávamos a alguém de Tucumán para que viesse falar de arquitetura moderna de Tucumán, alguém de Córdoba, de Rosário. Também dissemos: "Não sabemos nada sobre Foucault!". Já havíamos lido algumas coisas, mas porque não o estudar mais a sério? Convidamos as pessoas que pensamos que podiam trabalhar isso conosco. Fizemos um de literatura argentina com Beatriz Sarlo, por exemplo. Fizemos diferentes leitura de Foucault com Hugo Vezzetti; de Nietzsche com Oscar Terán; nos aproximamos de coisas mais duras da filosofia com Jorge Dotti, todas estas pessoas estavam lá. Paralelamente, neste contexto, pensamos: "Como publicamos isso? Onde?". Então fizemos uma publicação, que chamamos de *Materiales*, que eram fotocópias encadernadas com os cursos, traduções, coisas que nos pareciam interessantes.[18] Sobreviveu cinco números. A ideia era que chegasse a quem chegasse e pronto. Naquele momento, estávamos muito próximo *ao A esfera e o labirinto* e *O "projeto" histórico*, de Tafuri,[19] e as distintas coisas foucaultianas ao redor dos venezianos, mas também havia um pouco de Martin Heidegger, a noção de habitar... Neste contexto, estavam Fernando Aliata, Anahí Ballet, Mercedes Daguerre, que depois foi para a Itália. Adrián Gorelik e Graciela Silvestri chegam um pouco depois. Em 1984, ganhei a bolsa Humboldt e fui para Bonn, na Alemanha, estudar arquitetura industrial com Tilmann Buddensieg. Minha intenção era estudar as relações da arquitetura latino-americana com a alemã no período do entre-guerras. E ficamos dois anos lá, 1984 e 1985. O momento de Alemanha foi, novamente, uma situação muito complicada e eu estava mais perdido que turco na neblina. Não sabia como começar com esse universo, ia de arquivo em arquivo... Não voltei com algo forte, voltei com muito material, mas não com algo forte.

Como assim? Eram problemas metodológicos? Problemas relativos ao próprio tema?

Uma das coisas que me parecem fundamentais é que o que deve ser feito na pesquisa é construir hipóteses, e a construção de hipóteses é a construção de um problema! Mas se alguém me diz: "Eu vou investigar os congressos não sei do quê". Qual é o problema que se vai estudar? É o problema que organiza a pesquisa, e não as fontes. Esse foi justamente o problema que eu tive na Alemanha. Por que estava perdido? Porque eu não tinha um problema! A pesquisa era aberta. O que significa fazer um trabalho sobre a companhia de eletricidade? O que tiro disso? E em relação às coisas modernas, existe esse problema, porque tem muita documentação. Como recortar a documentação? É isso, inclusive, que diferencia uma dissertação de mestrado de uma tese de doutorado. Creio que a dissertação de mestrado não deveria ser uma tese problemática, não deveria haver nenhum problema. Deveria ser uma demonstração de conhecimento e de como se trabalha em pesquisas históricas, que alguém me mostre que sabe buscar, juntar, organizar, ou seja, as operações básicas de uma pesquisa em história, e nada mais! A tese doutoral não. Ela tem que estar organizada por um problema.

Como foi seu regresso à Argentina?

Voltando, na Argentina, fui convidado a dirigir o Instituto de Arte Americano. Ali estávamos todos juntos. Nos anos de 1986-1988, havia a ideia de trabalhar juntos, de fazer um projeto em comum. E tinha um bloco peronista forte, Nacional Popular, com o qual tínhamos que conviver e disputar. Paralelamente, Adrián, Graciela, Anahí, Fernando e Mercedes começaram seus doutorados, e eu era o orientador deles. Também fizemos a Cátedra de Arquitetura Contemporânea, na UBA, que depois passou a ser sobre América Latina. Mas depois começa um período de mais autonomia, de maior dispersão. Eu deixei o Instituto no final dos anos 1990.

Como se deu o trabalho na Universidade Torcuato di Tella – UTDT? E como foi o início da revista *Block*?

Na UTDT chamaram-me em 1995 para propor um programa para iniciar a carreira de arquitetura. Em 1996, o clima de hostilidade na Fadu UBA em relação a nós levou-me a renunciar ao meu cargo e, simultaneamente, propor às autoridades da UTDT iniciar de alguma forma atividades preparatórias para a carreira futura. Foi assim que criamos o Centro de Estudos de Arquitetura Contemporânea. Já era um momento de maior maturidade, e eu tinha a ideia de que era possível gerar um lugar onde o que estava disperso se juntasse. Por isso, montamos o programa de história e o mestrado, que foram as primeiras coisas, e depois a revista *Block*. Mas as coisas não funcionaram assim. A *Block* funcionou, apesar das dificuldades de tipo operativo. Mas se todos tínhamos um papel no mestrado, minha expectativa, talvez ingênua, era ter um lugar onde pudéssemos ensinar o que nos interessava, do modo que acreditávamos, sem condicionantes. Suponho que, também por razões estruturais, isso não coalhou, não funcionou deste modo. As pessoas já estavam mais velhas, já tinham as suas teses, publicações, seus lugares de trabalho. Existe um período que é mais romântico, na Escuelita ninguém cobrava nada, o IAA também não pagava muito. Não era mais possível que as coisas funcionassem assim, principalmente em uma universidade privada.

Passando para uma pergunta talvez mais teórica: um tema recorrente em seu trabalho é a recusa à operatividade da história. Ao mesmo tempo, a noção de crítica é construída com o objetivo de impedir a consolidação de representações do ambiente construído que se coloquem como obstáculo à melhor qualidade de vida, como está registrado na *Materiales* número 3.[20] De alguma forma, isso me parece envolver algum tipo de operatividade – talvez associada à militância, sobre a qual conversávamos mais cedo. Eu me pergunto sobre essa fronteira entre uma história que evita ser operativa; e uma crítica que busca, de alguma forma, talvez operativa, separar representações com possibilidades de mundos diferentes.

Neste momento, da *Materiales*, nós pensávamos que a crítica deveria ter um papel destrutivo, negativo, e é importante ver isso em paralelo ao momento mais intenso da onda pós-moderna. Tínhamos asco daquelas coisas, nos parecia uma grande estupidez, um grande equívoco. A operatividade tinha uma expressão direta no pós-modernismo e nós éramos fanaticamente tafurianos [risos], deste momento de Tafuri. Pessoalmente, acho que essa negatividade deveria existir, e deveria ter certa radicalidade. Mas, ao mesmo tempo, parece que existe algo como um registro duplo. Ou seja: existe um registro onde podemos ser radicalmente negativos, que é um registro histórico *tout court*, específico. E, depois, existe outro registro que é disciplinar, no qual me parece que a negatividade é insuficiente. Creio que este foi um dos problemas que Tafuri teve.

Como assim? Você poderia explicar melhor?

Acho que esta foi uma das aporias de Tafuri, para dizer assim. Ele construiu a negatividade absoluta, extremamente dura, a partir dos anos 1960 e 1970, e ficou sem nada, sem poder dizer nada sobre nada. Penso que sua negatividade radical e absoluta teve apenas um momento de ilusão, ao olhar sobre Eisenman. Depois, nos anos 1980, ele escreve *História da arquitetura italiana*[21] e é um desastre. É um livro péssimo e penso que é porque ele não tinha mais instrumentos, não tinha mais nada para dizer. Só poderia repetir-se *ad nauseum*, como ele mesmo gostava de falar. Tafuri estava muito convencido sobre a morte da arquitetura, mas a morte é uma tendência, um processo. Eu concordo com isso: uma disciplina que tem a ver com o tempo, o artesanal, o trabalho concreto etc., como outras disciplinas assim, tende a desaparecer, se não o sistema não muda. Creio que isso faz parte da crise contemporânea. Mas, enquanto isso não ocorre, segue existindo arquitetura e segue existindo uma produção disciplinar com distintos valores. Existem coisas que são irrelevantes e existem coisas que têm densidade, entende? Isso para mim é uma questão. Há pouco tempo, fui jurado no Prêmio Mies Crown Américas – MCHAP, promovido pelo Colégio de Arquitetura do Instituto de Tecnologia de Illinois. Foi uma experiência impressionante. Eu fazia parte de um jurado com outras quatro pessoas de muito prestígio, mas completamente diferentes entre si. Em uma única rodada de votações, em que cada jurado tinha dez votos, reduzimos uma base de 250 ou 270 projetos para apenas trinta! Ou seja, havia uma coincidência total sobre o valor dos projetos. Isto implica que existe uma maneira de olhar a arquitetura que é própria, particular. Que há um código pelo qual, apesar das diferentes linhas, é possível dizer o que é bom e o que não é bom.

Então, neste drama da separação entre história e arquitetura, creio que o que articula as duas coisas é a crítica, e o modo em que a crítica é capaz de acionar um mundo de valores. Neste sentido, me parece que não basta aquilo que Tafuri deixou. Ele foi colocando tudo em questão, a ideia de um renascimento, a ideia de uma arquitetura do humanismo... Quando ele fala em maneirismo, é porque pensa que existe algo que não é maneirista. Mas, depois, descobre que tudo é maneirismo. Depois, descobre que o que chama de ciclo do humanismo é algo muito mais complexo. Um ciclo pressupõe uma origem e um final, mas, como ele mesmo postula, não existe um princípio e nem existe um final. Se a ideia de um ciclo exige um princípio, e não se pode falar de princípio, então não existe também nem ciclo nem final. São contradições. O que é preciso aceitar é que estamos em uma situação de transição para algo que não se sabe o que é, mas, enquanto isso, existe a realidade da transição. Depois, uma transição para outra coisa, e depois para outra... Não sei. O que quero dizer é que os instrumentos de Tafuri para lidar com algo tão complexo e tão difícil chegam até certo ponto, eles têm o seu limite. Também o entendo criticamente.

Por isso, separo: acho que existe uma crítica radical que é possível e necessária. Criticar uma obra implica em ir ao fundo e mostrar suas debilidades e tudo mais, com independência de tudo. Conhecê-la, julgá-la. Seja uma obra atual ou o que for, em seus distintos planos. Agora, o que é interessante é que certas obras, ainda que você vá com luvas de boxe, com metralhadoras, com uma bazuca e com quatro equipes ninjas, a tal obra deixa uma pilha de mortos e fica vigorosa no centro do ringue. Existem obras que suportam tudo e ainda te desafiam. Outras não, são fáceis de destruir. O que significa isso? Que crítica negativa se pode fazer da Galeria Nacional de Berlim, de Mies? Como destruí-la? Ela é indestrutível! A crítica negativa se quebra e se desfaz. Como não entender que aí existe um núcleo de valores? E são valores operativos, obviamente. São inevitáveis e necessários. É assim que a disciplina trabalha. Por isso, te digo: a crítica é parte da ponte com os arquitetos. Eu tenho que ser capaz de dizer algo, como no MCHAP. Tenho que ser capaz de ajudar os arquitetos neste sentido, de poder orientar aqueles que trabalham com arquitetura e dizer o que está bom e o que está ruim. Simples assim. Um trabalho em que tratei de ser propositivo foi feito a pedido de Ignacio Dahl Rocha, que foi aluno da Escuelita, sobre a obra de seu escritório. Essa obra me parece muito valiosa, muito importante. Eu me identifico com muitas coisas que eles colocam e tratei de explicar o porquê. Foi o mais importante que fiz neste sentido. Tratar de ser propositivo em relação a valores.

Ao longo da sua carreira, você trabalhou com uma diversidade enorme de referenciais teóricos. Já no tempo da *Materiales*, havia referências a autores tão diferentes quanto Tafuri, Raymond Williams, E. P. Thompson e Ginzburg, com aportes da sociologia da cultura, da escola de Frankfurt, da semiologia, do formalismo russo – matrizes de pensamento de diferentes lugares, períodos e origens disciplinares. E isso tudo movimentado com muita liberdade, quase como *bricoleurs*, em um contexto argentino, que se reconhecia periférico. Eu gostaria de saber como se dava essa conjugação de autores tão distintos, naquele momento, e se essa postura é revisada ao longo dos anos.

Sim, sim, sim [risos]. Por um lado, tem algo de pensamento selvagem, como você comentou, de cruzar as coisas, do *bricoleur*. É realmente um pouco antropofágico... A pergunta é boa, e por isso não tenho uma resposta. Não tinha pensado nisso antes. Tenho a impressão que até certo momento, e não sei ao certo qual, esses componentes se juntavam de um modo que conservavam efetivamente suas diferenças. Não se fundiam entre si. Se tivesse que colocar uma data, diria que estes distintos inputs teóricos tiveram um lugar na minha preocupação até a segunda metade dos anos 1990. Diria também que a última onda de problemas teóricos que me enriqueceu, desta maneira que você comentou, como uma soma, tiveram a ver com os estudos culturais e subalternos, e centralmente com a figura de Edward Said. Não porque eu seja partidário, ao contrário! Muitas coisas me parecem totalmente equivocadas. Mas foram importantes, neste momento. Depois, sinceramente, as coisas foram se incorporando de modo mais parcial, sem a mesma força estrutural que tinham antes. Isso não quer dizer, claro, que deixei de me interessar por outras coisas. Há alguns dias, estava dando uma aula sobre a casa de Wittgenstein em Viena, e pensei: "Caramba, preciso voltar a ler Wittgenstein!". Há coisas que evidentemente não entendi, ou que seria importantíssimo que eu voltasse a estudar. Eu não sou deleuziano por uma razão geracional. Mas, como parte de outras coisas que venho fazendo, me vi obrigado a entender melhor Heidegger, ou partes específicas do estruturalismo. Insisto: não é que não me interessam. Mas são coisas de borda, não são mais estruturantes, não amarram mais a forma que eu tenho de olhar, como haviam até aquele momento. E comecei a encontrar problemáticas minhas, que me interessavam especificamente. Sobretudo uma.

Em 1996, eu tinha cinquenta anos. Não quero parecer presunçoso, mas me parece que naquele momento fui em uma direção que não era referencial, e dei início ao que estou trabalhando agora, que é colocar em questão a maneira como está construída a historiografia da arquitetura moderna, e a história da arquitetura moderna *tout court*. O programa disto que estou trabalhando está publicado no artigo "Es el punto de vista, estúpido".[22] A ideia é que a história da arquitetura moderna está construída, como não poderia ser de outra forma, desde um ponto de vista que chamo de norte-atlântico-cêntrico. Este ponto de vista vê um pequeno mundo que está na frente de seu nariz, que é muito importante, porque dele sai esse mundo hegemônico, o coração hegemônico do mundo global, de modernização e tudo mais, mas que não deixa de ser pequeno. Na realidade, a globalização é maior e, se desejamos entender efetivamente como se dá a modernização, temos que ter em conta esse mundo maior. E com a clara postura de que existe um cânone, no sentido que existe um conjunto canônico, e que não se trata de agregar figuras ao cânone – que podem ser agregadas –, mas de explicar o cânone tendo em conta o mundo global. Há o tema da alteridade, da relação centro-periferia e, na casuística, tenho trabalhado com um monte de temas modernistas que têm articulações com o mundo global. Não se trata de uma contra-explicação, mas algo que se deva ter em conta. Operários, ferro, vidro e artistas modernos, para dizer assim, não bastam para explicar a arquitetura moderna. Este é um recorte muito parcial, e o imperialismo, o conjunto de fatores globais, também são importantes.

Trata-se de uma forma de olhar o mundo especificamente argentina?

Os argentinos, ou digamos os rio-platenses, o que somos? É muito difícil. Eu não tenho nada a ver com a população Jujuy.

Nada! Tenho mais a ver com as pessoas de São Paulo. Entende? A cultura de São Paulo não é a cultura do Brasil. No Brasil há muitas outras coisas, que introduzem outras complexidades com muita força. Os polos Bahia, Rio, São Paulo, e inclusive Porto Alegre, são diferentes. Por outro lado, na Argentina, claramente existe a cultura rio-platense e o resto. Mas a cultura rio-platense é composta, ou seja, quando alguém se pergunta sobre problemas locais – e isso é o que quero lhe dizer – é inevitável que os olhe como parte de um cruzamento global. Isso me parece importante. Reivindicando minhas raízes marxistas: para mim, existem problemas, e eu estou mais próximo de certo tipo de problema se posso olhar as coisas com alguns privilégios que outros não têm. Nesse sentido, eu sou muito ambicioso. Quero dizer que tenho plena consciência de que vou morrer brevemente [risos], todos vamos. Mas eu mais brevemente [risos]. Então, para que estou neste mundo? Para estudar uma estupidez de não sei o quê? Não me interessa! Frente a um mundo que tem tal riqueza, e frente à arquitetura que tem tal riqueza, eu gosto de arquitetura! Gosto da arquitetura moderna! Os temas que me interessam são esses. Eu, que moro em Buenos Aires, vivo em Buenos Aires, tenho uma filha em Buenos Aires, uma história em Buenos Aires, esse é o meu ponto de vista. A Adrián Gorelik e a mim, nos interessa Hannes Meyer, a vanguarda nos interessa, temos a possibilidade de mirar o limite da vanguarda, e as sombras da vanguarda, em uma situação complicada. Mas, ao olhar Hannes Meyer, estávamos olhando a nós mesmo, digamos. O que significa a relação entre vanguarda e nós? Que relação temos com a vanguarda?

O que quero dizer é isso: faz dez anos que eu estudo mandarim. Em algum momento comecei a ver: não sei nada desse mundo! É mais da metade da humanidade! É o futuro da humanidade! E eu não sei nada, não tenho ideia, nada! O que ocorre lá? O que informa? Eu me interesso por esse tipo de coisa. A China me interessa, o que está passando lá, e é claro, como aconteceu com o alemão, com o italiano, com o inglês etc., se eu não estudo chinês, não vou poder fazê-lo. Não posso me meter no tema. Obviamente, não vou estudar um tema da arquitetura chinesa em si mesma, que seria um absurdo! Então, novamente, vou colocar em termos de articulação, o lado que me parece que se pode articular, que se pode fazer coisas interessantes para se ter cruzamentos. Tem uma frase que diz: "Pinte sua aldeia e entenderás o universo". E eu digo: "Pinte o universo e entenderás a sua aldeia".

Que pesquisas você tem realizado nesta perspectiva? Você pode dar um exemplo como isso se concretiza?

Escrevi um trabalho sobre o tema da cobertura plana, que é uma chave da arquitetura moderna. Ser moderno significa que qualquer coisa que faças, tens que ter uma cobertura plana, genericamente. É fundamental. Isso é um quadrado abstrato, e essa é uma casa; um quadrado e uma casa, a abstração passa por aí. Eu, neste tema do cânone, intuí que a questão das coberturas planas tinha a ver com os contatos Europa-África. E fiz uma pesquisa e um trabalho sobre isso.[23] Uma das primeiras obras com a cobertura plana na história da arquitetura moderna europeia é casa projetada por Mart Stam na costa da Holanda, e é uma casa africana. O dono vinha da África e pediu a ele, que nem havia se formado ainda, que lhe fizesse uma casa africana. É uma casa africana! Claro, não é só isso. É sobre estes temas que tenho me interessado. E isso nem é América Latina, nem é latino-americano.

O tema da modernidade, da modernização, é um tema global, que tem problemas globais, então o que se pode fazer é estudar quando um problema global tem uma particular ênfase em um lugar ou em outro, ou o que for, mas é global. Não me interessam as coisas somente locais! Os arquitetos modernos da cidade de Paraná, da cidade de Calamuchita na província de Córdoba na Argentina. Tudo bem, se alguém quiser estudar a arquitetura moderna da cidade de Calamuchita, que estude! Mas não me interessa! É isso que ocorre comigo, porque estudar a arquitetura moderna da cidade de Calamuchita, os três comércios e as duas casas que fizeram nessa cidade, que ninguém sabe onde fica [risos], implica não se interessar, marxisticamente, pelo mundo. E é isso que me interessa.

Dou outro exemplo: uma pessoa que respeito muito, Mary Méndez, estava fazendo sua dissertação de mestrado sobre o arquiteto uruguaio Walter Pinto Risso.[24] Não é um tema que me interessa particularmente, mas havia o tema do arquiteto como operador comercial, que é interessante e, além do mais, era um arquiteto muito bom. Em todo caso, o que eu lhe perguntei foi: como ninguém jamais foi capaz de explicar porque, justamente no Uruguai – um país em que a separação entre Igreja e Estado é muito mais radical do que nos outros países da região –, existem três obras que são absolutamente surpreendentes, a Igreja de Soca, de Antonio Bonet, a Igreja [de Cristo Obrero, em] Atlântida, de Eladio Dieste e a Igreja de seminário arquidiocesano, de Mario Payssé Reyes? São três templos da arquitetura moderna de transcendência global, são ótimos trabalhos. E não fazem nada sobre isso! E, além do mais, em um país definido como laico, o país mais laico dessa região. Que estranho [risos]! O país mais laico da região que tem três igrejas extraordinárias, como não existe na Argentina nenhuma desse nível. E lá tem três, em um país laico! Isso é um problema interessantíssimo! E é um problema geral, porque tem a ver com o concílio, com muitas coisas... Não é um problema simplesmente uruguaio, é muito mais, tem um significado internacional.

Outro exemplo é um doutorando que está trabalhando sobre Amancio Williams. Sugeri que ele não se baseasse exclusivamente no Arquivo Williams, que é uma coleção muito rica e altamente ordenada. Não se deixar envolver por isso, ou seja, pelo que o próprio Williams queria que soubessem sobre sua obra. É perigosíssimo. Além do mais, como se constrói o tema? Ele está trabalhando sobre os hospitais, e o que é interessante do sistema de hospitais de Williams é que ele coloca o tema dos *mat-buildings* antes dos *mat-buildings*. Porque esses hospitais são dos anos 1940, e os *mat-buildings*, mesmo o hospital de Veneza [de Le Corbusier], vêm depois dos hospitais de Williams. Antes de Veneza, vieram os hospitais de Williams! E de uma qualidade arquitetônica incrível, com materiais incríveis. Faça isso! Isso me parece fantástico, é discutir o cânone sem medo. Parece-me que aqui existem materiais ótimos, o Brasil é uma mina de ouro para trabalhar! Se for me perguntar sobre a origem dessa posição, acho que é uma origem dupla, argentina por um lado, do cosmopolitismo argentino, que se pensa assim. E, em minha formação particular, acho que tem a ver com essa coisa de formar-se estudando as dinâmicas do capitalismo, e dos intelectuais em relação ao capitalismo.

E isso é muito tafuriano, o trabalho intelectual e a modernidade nesse sentido cosmopolita...

Sim, exato. Totalmente! Agora, eu tive que brigar muito com Tafuri. Porque Tafuri, como comentei anteriormente, não se importava nem um pouco com a América Latina. Ele me disse, uma vez: "O que importa é o mundo protestante, calhou de você ter nascido no lado equivocado do mundo [risos]. A quem lhe importa o catolicismo?". Eu passei trinta anos para tirar esse peso, para pensar que vale a pena estudar a América Latina. Isso não foi gratuito, automático.

Notas

1 ORTIZ, Federico. *Sepra*. Buenos Aires, IAA, 1964; TRABUCCO, Marcelo. *Mario Roberto Alvarez*. Buenos Aires, IAA, 1965; BUSCHIAZZO, Mario. *Skidmore, Oweings y Merrill*. Buenos Aires, IAA, 1958.

2 BONTA, Juan. *Eladio Dieste*. Buenos Aires, IAA, 1963.

3 BONTA, Juan. *Anatomía de la interpretación en arquitectura: reseña semiótica de la crítica del Pabellón de Barcelona de Mies van der Rohe*. Barcelona, Gustavo Gili, 1975.

4 SATO, Alberto. *Arquitectura del siglo XX: de la revolución rusa a la década del sesenta*. Buenos Aires, Centro Editor de América Latina, 1972; SATO, Alberto. *Ciudad y utopia*. Buenos Aires, Centro Editor de América Latina, 1977.

5 FROMM, Erich. *Conceito marxista do homem*. Rio de Janeiro, Zahar, 1962.

6 ENGELS, Friedrich. *A situação da classe trabalhadora na Inglaterra: segundo as observações do autor e fontes autênticas*. São Paulo, Boitempo, 2015.

7 TAFURI, Manfredo. *Teorías e historia de la arquitectura*. Barcelona, Laia, 1970.

8 TAFURI, Manfredo; CACCIARI, Massimo; DAL CO, Francesco. *De la vanguardia a la metrópoli: crítica radical a la arquitectura*. Barcelona, Gustavo Gili, 1972.

9 CIUCCI, Giorgio; DAL CO, Francesco; ELIA, Mario Manieri; TAFURI, Manfredo. *La città americana dalla guerra civile al new deal*. Bari, Laterza, 1973.

10 CACCIARI, Massimo. *Krisis: saggio sulla crisi del pensiero negativo da Nietzsche a Wittgenstein*. Milão, Feltrinelli, 1976.

11 TAFURI, Manfredo; DAL CO, Francesco. *Architettura contemporanea*. Milão, Electa, 1976.

12 MANIERI ELIA, Mario. *William Morris e l'ideologia dell'architettura moderna*. Bari, Laterza, 1976.

13 O texto foi publicado parcialmente em espanhol: LIERNUR, Jorge Francisco. Las ciudades de la tierra. *Materiales*, n. 3, La Plata, mar. 1983, p. 68-95.

14 DE FELICE, Renzo. *Mussolini il duce: gli anni del consenso, 1929-1936*. Volume 1. Turim, Collana Biblioteca di Cultura Storica/Einaudi, 1974.

15 LIERNUR, Jorge Francisco. Rascacielos de Buenos Aires. *Nuestra Arquitectura*, n. 511/512, Buenos Aires, 1980, p. 75-88.

16 LIERNUR, Jorge Francisco. Correspondencia. *Summa*, n. 156, Buenos Aires, 1980, p. 96-97.

17 LIERNUR, Jorge Francisco. ¿Post?:-modernismo. *Summa*, n. 160, Buenos Aires, 1981, p. 45-67.

18 Os quatro primeiros números são de setembro e novembro de 1982 e de agosto e dezembro de 1983. O quinto e último número da revista, o único com diagramação profissional (desenvolvida pela editora La Unión) e exclusivamente dedicado ao departamento de história da arquitetura do Instituto Universitário de Arquitetura de Veneza – IUAV, é de março de 1985. De tiragem reduzida, a revista nunca teve distribuição comercial.

19 TAFURI, Manfredo. Il progetto storico. *Casabella*, n. 429, Milão, 1977, p. 11-18; TAFURI, Manfredo. *La sfera e il labirinto: avanguardie e architettura da Piranesi agli anni '70*. Turim, Einaudi, 1980.

20 LIERNUR, Jorge Francisco. Buenos Aires del centenário: en torno a los origenes del movimento moderno em Argentina. *Materiales*, n. 3, La Plata, dez. 1983, p. 62-73 <https://bit.ly/3RW2sX4>.

21 TAFURI, Manfredo. *Storia dell'architettura italiana, 1944-1985*. Turim, Einaudi, 1986.

22 LIERNUR, Jorge Francisco. It's the Viewpoint, Stupid! Nine Points on Positions. *Positions*, n. 0, Mineápolis, set./dez. 2008, p. 62-71. Edição em espanhol: LIERNUR, Jorge Francisco. ¡Es el punto de vista, estúpido! *Arquitectura, en teoría: escritos 1986-2010*. Buenos Aires, Nobuko, 2010, p. 273-287.

23 LIERNUR, Jorge Francisco. Orientalismo y arquitectura moderna: el debate sobre la cubierta plana. *RA – Revista de Arquitectura*, n. 12, Pamplona, jul. 2010, p. 61-78 <https://bit.ly/3DAY1N8>; LIERNUR, Jorge Francisco. Orientalismo y arquitectura moderna: el debate sobre la cubierta plana. Block, n. 8, Buenos Aires, UTDT, mar. 2011, p. 10-27 <https://bit.ly/3lyKxdT>.

24 MÉNDEZ, Mary. *Divinas piedras. Arquitectura y religión católica en Uruguay, 1950-1965*. Orientador Jorge Francisco Liernur. Dissertação de mestrado. Buenos Aires, Universidad Torcuato Di Tella, 2013 <https://bit.ly/3W51Il1>.

Trama historiográfica e objeto moderno

Carlos Alberto Ferreira Martins

Entrevista concedida por Carlos Alberto Ferreira Martins a José Lira, Julyane Pereira Poltronieri e Maíra Piccolotto Issa em São Paulo SP, Brasil, em dezembro de 2008 e complementada por escrito em março de 2019.

Fale-nos um pouco de sua experiência com história da arquitetura, ainda em seus anos de formação na Faculdade de Arquitetura e Urbanismo da Universidade de São Paulo – FAU USP.

Quando eu entrei na FAU USP ela estava no fundo do poço. 1970 era o primeiro ano sem Vilanova Artigas, Paulo Mendes da Rocha e Jon Maitrejan, afastados compulsoriamente no ano anterior; era a primeira turma de 150 alunos; havíamos mudado para a cidade universitária um ano antes; no ano seguinte, sairiam Rodrigo Lefèvre e Sérgio Ferro. Toda a discussão do Fórum de 1968 estava anulada pelo endurecimento pós-AI5. Os professores não sabiam muito bem o que fazer com a turma. Lembro-me que era algo como dezoito professores que se revezavam e que tinham como estratégia pedagógica declarada lançar-nos em uma tempestade de informações, com a qual esperavam que montássemos um mosaico da vida profissional. Não precisamos de muito tempo para perceber que esta era uma maneira sofisticada de dizerem que não tinham a menor ideia do que fazer com a gente. Lembro-me que, no começo de abril, fizemos uma barricada com as pranchetas, com um cartaz dizendo que eles só entrariam no estúdio quando tivessem uma proposta de ensino. De modo que a FAU USP, nesse momento, era sobretudo uma escola pautada por esta crise política, pela incerteza pedagógica, por um embate contra a ditadura e por uma polarização interna muito forte, que para nós aparecia muito mais como uma questão político-ideológica do que propriamente arquitetônica: não era Artigas contra Sérgio Ferro, mas sim os artiguistas contra os ferristas. É esse momento que explica o surgimento das duas revistas da FAU USP: *Desenho* e a outra, que tinha o significativo nome de *Ou...* Este jogo entre os dois títulos tem um sentido talvez não evidente para quem não tenha vivido esse período. Na verdade, a questão girava, para nós, em torno do que significava fazer arquitetura, o que era arquitetura e, sobretudo, como empreender a luta contra a ditadura e transformar a sociedade. De uma maneira muito primária, o que parecia para nós, ingressantes, era que havia um grupo que dizia que a sociedade se transforma pelo desenho e um outro que dizia que para se transformar a sociedade precisava-se de "instrumentos mais contundentes que a lapiseira", para usar uma expressão do Rodrigo... A *Ou...* tinha um pouco esta dimensão.

Algo similar ocorria desde 1968, em distintas escolas de arquitetura do Brasil e do mundo. Evoca, aliás, os termos do artigo de Manfredo Tafuri em *Contropiano*, de 1969, o "Por uma crítica da ideologia arquitetônica",[1] base de seu *Projeto e utopia*.[2] Tinha-se acesso a essa polêmica internacional? Como ela se refletia no modo de ensinar história da arquitetura na FAU USP?

Durante minha formação na FAU USP, os professores que foram de fato importantes e se tornaram referências para mim não eram os de história da arquitetura, embora no primeiro ano eu tenha feito uma disciplina que foi muito marcante, a cargo de Flávio Motta, Julio Katinsky e Sérgio Ferro: história da arte e arquitetura no século 19 e 20. As referências mais importantes eram alguns professores do Departamento de História, como Juarez Brandão Lopes, Gabriel Bollaffi, Chico de Oliveira, que foi professor nosso durante um período curto, e Galvão, na área de sociologia. Acho que em parte foi essa ausência de referências fortes em história da arquitetura que acabou me levando a fazer o mestrado na Faculdade de Filosofia, Letras e Ciências Humanas da Universidade de São Paulo – FFLCH USP, quando já ensinava história da arquitetura e já estava em Campinas e em São Carlos. Se eu tivesse entrado em alguma escola como docente logo após a formatura, o que não era uma exceção naquele momento, certamente teria optado por trabalhar na área de planejamento, onde aquelas referências intelectuais faziam mais sentido. O debate arquitetônico internacional vinha por fora das disciplinas. Era pautado pelos grupos de estudos de alunos ou por uma intensa troca de bibliografia entre nós.

Como esta sua opção de seguir carreira como historiador da arquitetura relaciona-se com as discussões acadêmicas e políticas da sua geração, ou com sua relação com a faculdade e a atuação na revista *Ou...*?

Em termos genéricos, a polarização era esta, mas culturalmente nós mesmos não tínhamos muita clareza do que significava esta polarização. Ela aparecia, mais fortemente, como uma divisão entre o Partido Comunista Brasileiro – PCB e um conjunto heteróclito de posições, englobando as várias dissidências do Partidão. Mas também já estavam presentes outras forças políticas, com formulações menos simplistas, como a Política Operária – Polop ou, mais ao final do meu período como estudante, a Organização Socialista Internacionalista – OSI, organização trotskista clandestina que se expressava pelo braço estudantil da Liberdade e Luta, a famosa Libelu. E o divisor de águas era uma crítica ao que se via como expressão arquitetônica de uma política geral de concessão, uma política de alianças e frente única ou, pós-1964, de entrismo, que tentava manter uma perspectiva nacional-desenvolvimentista, que para a gente já não tinha mais como ser recuperada. Então, na verdade, dizer que a revista *Ou...* era uma revista ferrista tinha pertinência apenas relativa, no sentido de que esta era a clivagem aparente da FAU USP. Tanto do ponto de vista da arquitetura, quanto do ponto de vista político, de modo geral, a revista situava-se neste leque das dissidências do Partido Comunista, ou mesmo de outros setores particularmente progressistas, coisa que na FAU USP nos anos seguintes acabou sendo muito forte. A FAU foi um dos núcleos centrais das tendências estudantis do momento, entre as quais o Liberdade ou Luta, movimento muito forte nacionalmente que tinha na USP, na verdade nas Ciências Sociais e na FAU, seus focos principais de aglutinação.

Em termos de arquitetura, isso expressava ideias muito gerais, mais diretamente relacionadas à reflexão do Ferro, à crítica do canteiro, à discussão das condições de trabalho, do processo de trabalho e, por outro lado, uma certa visão romântica, por exemplo, das experiências cubanas. Então um livro importante para nós, naquele momento, como referência, foi o de Roberto Segre, *Cuba: arquitectura de la revolución*, editado pela Gustavo Gili em 1970. Naturalmente, olhando agora, você nota que a questão era menos esta ou aquela opção por distintas linguagens de arquitetura e mais a tomada de posição perante a maneira pela qual esta poderia ser um instrumento de transformação social.

Transformação social era uma espécie de senha genérica que queria dizer alguma coisa como redemocratização e socialismo, mas que em última instância passava por uma defesa da industrialização como chave da aprendizagem, por parte dos artiguistas. A revista *Desenho* número quatro, por exemplo, dedicada ao Conjunto Zezinho Magalhães,[3] reafirma essa aposta no tipo de arquiteto a ser formado, para revisar o que eu chamei de uma "arquitetura industrializável", ainda que nem a indústria nem o Estado a sustentassem por ora. Era a defesa de que os arquitetos deveriam começar a se formar para trabalhar nas condições que existiriam depois da transformação social na sociedade. Como uma espécie de tradução, para o âmbito da arquitetura, daquela famosa estrofe da nossa Música Popular Brasileira – MPB que versa sobre "o dia que já vem vindo, quem tem fé vai esperar".[4]

Há também um texto que saiu não na revista, mas em um folheto publicado pelo grêmio de estudantes da FAU USP – Gfau, em 1973, que eu chamei "Arquiteto: de demiurgo a burocrata".[5] Eu estava no quarto ano da graduação. Ali, de maneira muito precária, apontava essa divisão. E isso ainda não era o que de pior, da nossa perspectiva, se podia esperar da esquerda tradicional.

Lembro de um pequeno texto do Luís Saia no catálogo da Bienal de Arquitetura de 1973, que aproveitávamos, graças à cumplicidade do Osvaldo Correia Gonçalves, para realizar o primeiro Encontro Nacional de Estudantes de Arquitetura – Enea, depois do AI-5. Cito de memória, mas o texto dizia algo como: "Não será o operário, nem o advogado, nem mesmo o sociólogo ou o economista quem vai liderar o processo de transformação social. Será o arquiteto, pela natureza de sua formação, quem exercerá esse papel".[6] O arquiteto liderando o processo de transformação social era demais para nós.

De outro lado, nós dizíamos: "Bom, mas quando ela vai acontecer? Nós vamos nos formar para trabalhar numa sociedade que não existe e não sabemos se existirá. Não é mais pertinente discutirmos como mudar isso que existe?". O que passava claramente pelas ideias do Ferro, do canteiro, com a mão de obra de que dispúnhamos, uma arquitetura mais artesanal etc. Mas passava também pela adoção dos tais instrumentos mais contundentes que a lapiseira, que era a fórmula não tão cifrada da luta armada.

Você se refere à importância formativa das revistas estudantis: a *Ou...*, por exemplo, foi pioneira na publicação de textos de Walter Benjamin, Henri Lefebvre, Jean Baudrillard em português. O que estava em jogo ao traduzi-los para um público de arquitetura? Qual teria sido o seu impacto?

Em primeiro lugar, é necessário lembrar que estávamos num momento de censura aberta e o mercado editorial de arquitetura em português era muito limitado. Arquitetura internacional chegava, como disse, em língua espanhola. Os textos que nos interessavam, de posições políticas mais à esquerda do que o Partidão, circulavam em traduções mimeografadas, em textos soltos, editados pelos grêmios, da FAU USP, da FFLCH, da Física, e nas revistas estudantis. A *Ou...* também cumpria esse papel. O que não significa que não houvesse um desabrido ecletismo e uma certa ingenuidade aí. Lembro-me, por exemplo, da tradução do *Autor como produtor*, de Benjamim,[7] que foi editada tendo na página de rosto do artigo uma foto em branco e preto da famosa lamparina (se bem lembro era a foto da lamparina do Flávio Motta) feito com o bulbo de uma lâmpada queimada. Ou então, da leitura de que as ideias benjaminianas poderiam ser uma justificativa para os silk screen de resistência do movimento estudantil.

O que estava em jogo era a divulgação de uma literatura de esquerda não stalinista que não chegava pelas editoras comerciais. Difícil avaliar o impacto, mas havia uma grande circulação, inclusive para outras escolas da USP e fora dela. Os primeiros textos do Ferro ou os textos do Flávio Motta circulavam assim.

Mas voltando a Sérgio Ferro, até que ponto ele teria lhe influenciado como historiador?

Na polarização que se formou na FAU USP, eu estava do lado do Sérgio, na revista *Ou...* e não na *Desenho*. Não creio que isso tenha repercutido diretamente em minha formação posterior como historiador. A meu ver, não há no trabalho do Sérgio Ferro, do Arquitetura Nova, ou do Rodrigo, uma visão de historiografia ou acerca de história da arquitetura, embora evidentemente fossem arquitetos cultos e conhecessem a história. Mas havia uma certa resistência, ou pudor, se pensarmos na explicitação posterior da concepção do Ferro em discutir a arquitetura. É um olhar culto, erudito, mas eu diria que mais importante do que o debate com Ferro, o que marcou muito o tipo de olhar que eu busquei construir sobre a história da arquitetura brasileira foi a leitura de Manfredo Tafuri e da Escola de Veneza, e suas posições mais atentas e, ao mesmo tempo, mais críticas do ponto de vista ideológico, em relação a Le Corbusier e à Bauhaus. Eu diria que para minha geração, e pessoalmente para minha formação como historiador, foi esta a referência fundamental. É possível que o peso da recepção de Tafuri em São Paulo não tenha paralelo no Rio de Janeiro, nem em Porto Alegre. Por outro lado, teve uma influência muito forte na Argentina. Todo o pessoal da revista *Block* tem muito claramente esta formação. E se ela não veio através dos professores, e a obra de Tafuri não estava na bibliografia de nenhuma disciplina, a questão é: por que na FAU USP, entre os estudantes, ela foi tão forte? Talvez por conta da política, afinal, o trabalho dos venezianos, nesse momento, também estava conectado a uma crítica pela esquerda do Partido Comunista Italiano – PCI. Então nossa principal referência em termos de história não era um professor, nem uma disciplina, mas foi a própria FAU USP. Fazíamos grupos de estudo, seminários, discussões em torno dos textos de Tafuri, especialmente os primeiros textos da *Contropiano* que nos chegavam pela tradução da Gustavo Gili. Meu exemplar do *De la vanguardia a la metrópoli,*[8] que trazia o tentador subtítulo de "crítica radical a la arquitectura" foi editado em 1972 e eu o recebi de presente da Clara Ant.

Nossos professores de história da arquitetura estavam, para nós, em outra galáxia. Eu até lembro com certo carinho do Eduardo Kneese de Mello, que ficava contando história da arquitetura brasileira com as fotos das obras que ele tinha visitado, em geral com sua esposa servindo de escala. Mas, de modo geral, o ensino de história da arquitetura era mais fraco, nem sequer havia – creio que a rigor não podia haver – uma história da arquitetura moderna brasileira. Até porque a FAU USP era um instrumento de um ensino moderno, mais preceptivo. Não havia como, naquele momento, a FAU assumir a arquitetura moderna como objeto de reflexão histórica. Já história da urbanização, com Nestor Goulart Reis Filho, Maria Irene Smrenczani, Maria Ruth Amaral de Sampaio, eram cursos mais estruturados. Mas era a área de sociologia, o debate sobre desenvolvimento e subdesenvolvimento, a crítica ao dualismo e, via Anibal Quijano ou Gunder Franck, o tema da revolução latino-americana, que nos seduzia. Esses eram os seminários que nós preparávamos com afinco.

Interessante que, salvo Roberto Segre, então um jovem professor argentino em Havana, e agora Manfredo Tafuri, você não se refira a outros autores como Sigfried Giedion, Giulio Carlo Argan, Bruno Zevi, Renato De Fusco, tão presentes na formação de seus professores, a começar por Motta e Katinsky, que você citou. Sem contar que, nesses anos, a editora Perspectiva vinha investindo em arquitetura, traduzindo Reyner Banham, Gropius e Le Corbusier, e publicando primeiras edições de livros de referência, como os de Luís Saia, Carlos Lemos, Nestor Goulart, Paulo Bruna, esses últimos seus professores na FAU USP. Você poderia situar um pouco melhor o panorama de leituras históricas que então circulavam nesses anos 1970?

Sim, é verdade. Gropius e Corbusier estavam publicados em português e eram lidos. Mas sempre em perspectiva, sem trocadilho, dos debates daquele momento. Lembro de uma polêmica interna com outros membros da Libelu sobre o *Le Corbusier e o imperialismo,* do Artigas.[9] E isso me levava a ler o Corbusier. Não sei aonde possam ter ido parar esses textos, que eram circulados clandestinamente. Curioso, agora que você pergunta, lembrar que Artigas e Corbusier fossem objeto de polêmica no interior de uma organização clandestina. Mas vale lembrar a atração que exercia o León Trotsky, não só pela revolução permanente ou pela crítica da burocracia, mas também pelo extraordinário manifesto *Por uma arte revolucionária independente*, escrito com André Breton no exílio mexicano.[10] Uma das coisas interessantes da Libelu era exatamente oferecer uma visão mais aberta da cultura, longe do realismo socialista ou dos malabarismos retóricos do Artigas para se haver com ele.

Quadro da arquitetura, do Nestor Goulart,[11] era uma referência. Em parte, porque o Nestor era uma espécie de herói. Como se sabe, ele foi o primeiro arquiteto diretor da FAU USP, pondo fim ao longo reinado dos catedráticos da Politécnica que nós, evidentemente, odiávamos, o que se expressava nos carinhosos apelidos que recebiam: Cabrão, Cachorrão e outros que já nem me lembro. Parênteses: o ódio não era generalizado aos engenheiros. Mario

Franco era um professor extraordinário e até hoje me arrependo de não ter sido melhor aluno dele. Mas me lembro, por exemplo, de sua explicação sobre o desastre da Gameleira. Era um dos nossos heróis.

Talvez o apelo do *Quadro da arquitetura brasileira*, que é de 1970, se não me engano, fosse explicado pela articulação entre arquitetura e urbanização, a relação entre a casa e o lote. Eu cheguei a trabalhar como pesquisador na pesquisa do Carlos Lemos e da Maria Ruth Sampaio, mas suas perspectivas como historiadores não tinham para mim o apelo dos textos – e esses eram estrangeiros – que tentavam articular arquitetura e política. O *Arquitetura, industrialização e desenvolvimento*, do Paulo Bruna,[12] creio que foi publicado depois que saí da FAU USP. Foi a Otília Arantes que introduziu Tafuri na FAU, até onde me lembro, mas isso foi depois que eu saí. O que não quer dizer que alguns professores não acompanhassem esse debate. Soube tempos atrás que o Paulo Mendes da Rocha tem um exemplar do Tafuri que lhe foi dado pelo Flávio Motta nos anos 1970. Mas nós tivemos que descobri-lo por conta própria. O que talvez não tenha sido tão mau assim.

Por que você optou por realizar seu mestrado na História? Não havia espaço para a historiografia no campo da arquitetura a despeito do que a geração de professores de história anterior à sua vinha praticando?

Na FAU USP eu não encontrava orientação nem instrumentos conceituais e metodológicos para construir efetivamente uma visão da história da arquitetura moderna no Brasil, que era o que realmente me interessava. Não me interessava o século 1, nem o renascimento; minha questão era a arquitetura moderna. Então fui fazer história onde se fazia história, no Departamento de História da Faculdade de Filosofia. E lá, naturalmente, descobri que tinha muita gente interessada em discutir como se faz história, ainda que ninguém estivesse interessado em discutir como se faz arquitetura. E não foi à toa que, no doutorado, eu voltei para a arquitetura. Mas essa passagem foi fundamental para minha formação. Pelos professores, pelas leituras e pelos colegas que frequentaram disciplinas junto comigo. Maria Helena Capelato, Daniel Aarão Reis, acho que o Foot Hardman, que eu já conhecia, foram alguns dos que eu ouvia com muita atenção. Lembro-me de uma aula com meu orientador, Arnaldo Contier, em que timidamente e pedindo desculpas por não ser da área, manifestei minhas inseguranças sobre a distinção entre fato e narrativa, a partir de minhas próprias leituras, sobretudo de François Chatelet e Paul Veyne e, ao final, ouvi algo como: "Você não é da área, mas entendeu tudo certo". Também era importante a proximidade com a Filosofia: assisti, encantado, uma disciplina com Maria Sylvia. Enfim, esse período, concomitante à minha prática como professor de história da arquitetura, na PUC Campinas e já em São Carlos, foi fundamental para distinguir com clareza história de historiografia, estudar o processo de construção das narrativas, no caso acerca da arquitetura, de fato acabou se tornando o objeto de minha dissertação de mestrado. Não que isso fosse uma novidade em termos internacionais, mas foi o caso em termos da história da arquitetura brasileira. E, certamente, eu não teria podido fazer isso se não fosse a passagem pela História.

De fato, seu mestrado, defendido em 1987,[13] foi dos primeiros, senão o primeiro a enfrentar a história da arquitetura enquanto discurso, interpelando sua genealogia e condições de possibilidade. Mas ao mesmo tempo em que você tomava distância, à maneira tafuriana, das tramas legitimadoras do movimento moderno, seu trabalho não parece contentar-se com a crítica ideológica. Parece nele haver uma atitude mais otimista, mais empática, senão mais complacente com relação à produção nacional do pós-Segunda Guerra. Ainda que guardasse distância de qualquer formalismo e da saudação do regionalismo crítico a seu pioneirismo. Como isso se ajusta à sua crítica, na década anterior, do nacional-desenvolvimentismo e das utopias de transformação social pelo projeto?

Bela questão. Avaliando retrospectivamente, eu diria que talvez o meu tafurianismo, algo intuitivo, fosse contrabalançado por Argan. No sentido, para mim fundamental, do princípio arganiano de que não há história da arte sem leitura de obra de arte. Essa era uma convicção que compartilhava com alguns colegas e que creio poder dizer que foi uma marca do trabalho de pesquisa em São Carlos. A tentativa de entender as aporias de uma arquitetura moderna sobrevivendo à perda do seu solo ideológico nacional-desenvolvimentista não significava a negação de sua contribuição à cultura arquitetônica internacional. Estar – ou tentar colocar-se – fora da crença, num determinado papel da arquitetura no processo de desenvolvimento nacional, não significava ignorar ou me desinteressar pela sua qualidade. Creio que devo a Sophia Telles, com a qual mantinha intermináveis interlocuções, essa persistência em não obscurecer a obra frente a seu contexto ou de seus pressupostos. E a constatação de que afinal, São Paulo, o Rio de Janeiro e, mais tarde, a América Latina como um todo eram, para usar uma expressão dela, extraordinários "museus a céu aberto" da arquitetura moderna. Da arquitetura moderna *tout court* e não de um derivativo regional ou de qualquer modalidade de apropriação. E certamente foi por intermédio de Sophia e de José Rezende que me aproximei de Ronaldo Brito e dos seus alunos cariocas, ou seja, da perspectiva de não considerar a análise ideológica e a leitura da obra como perspectivas antitéticas. A partir daí, não acho que minha atitude com a produção do pós-guerra seja complacente. Acho sim, como de resto dizia Giedion, que ela apresenta não apenas algumas obras excepcionais de arquitetos excepcionais, mas um alto nível de qualidade média na produção de um número muito grande de arquitetos. Isso continua me fascinando. De resto, o *dilema tafuriano*, que o leva a abandonar a história da arquitetura moderna, assim como o *dilema ferriano*, que o leva a abandonar a prática de arquitetura, sempre me intrigaram, mas nunca me seduziram. Creio que isso é decorrente da assunção inicial da arquitetura moderna como objeto de reflexão histórica. Assumida como tal, não me cabe, como historiador, ser contra ou a favor, nem me cabe negar sua existência e sua importância. Os historiadores da arte não têm que se posicionar contra ou a favor de Diego Velázquez, nem lhes ocorre determinar que este, ou Michelangelo ou Pablo Picasso estejam superados. É verdade que, de vez em quando, se anuncia a morte da arte, mas ela parece resistir aos necrológios. Eu acredito, ou espero, que a arquitetura também.

Como as visões de Philip Goodwin, Henrique Mindlin e Yves Bruand, que você estudou em sua dissertação, teriam influenciado a consolidação da arquitetura moderna e da historiografia da arquitetura moderna no Brasil?

Bom, em minha dissertação, o ponto não era exatamente este. O que eu disse ali – e trinta anos depois não encontro razões para mudar de opinião – é que as tramas narrativas do Goodwin, Mindlin e Bruand têm uma matriz em comum, e esta matriz é a interpretação do Lúcio Costa. Portanto, Goodwin, Mindlin e Bruand exerceram, com diferenças entre si, um papel importante de reforço à hegemonia da visão de Costa acerca da arquitetura brasileira, que, segundo ele mesmo, se estruturaria a partir do episódio da Escola Nacional de Belas Artes. Mas o fato é que a reforma do ensino não se implantou naquele momento, mas foi algo como um bomba de efeito retardado. E a narrativa de Costa diz que só voltaria a acontecer alguma coisa importante depois disso com o Ministério da Educação e Saúde – MES. Na verdade, a produção arquitetônica moderna brasileira entre 1930 e 1936 é muito rica e diversificada, com muitos projetos e vertentes distintas da defendida por Lúcio Costa. Basta lembrar de Luís Nunes no Recife, ou mesmo na experimentação com a pré-fabricação de Paulo de Camargo. Naquele momento, a arquitetura moderna no Brasil era um feixe de possibilidades, dentre as quais uma linguagem, apoiada na particular leitura da vanguarda construtiva de extração corbusiana, veio a se formalizar a partir de 1936, com Lúcio Costa e Oscar Niemeyer. Mas aquela que nesse momento era apenas uma das possibilidades, acaba nos anos 1940 e 1950, por ser considerada *a* arquitetura brasileira. Isso ocorre, certamente em grande medida, devido ao impacto internacional da narrativa de Goodwin e, na sequência, de Mindlin e Bruand, que desenvolvem e consolidam essa visão. Particularmente o Bruand, que já a formula como narrativa histórica, em sentido profissional. Goodwin está falando principalmente da história do presente em 1943; Mindlin já fala de certa perspectiva, de qualquer maneira teleológica, segundo a qual tudo teria que acontecer como aconteceu para que chegássemos no que chegáramos em 1956. De qualquer forma, as narrativas de Goodwin, Mindlin e Bruand operam como instrumentos de consolidação desta hegemonia que toma uma visão e um projeto como o todo. Uma das possibilidades da arquitetura moderna no Brasil se transformou na arquitetura moderna brasileira. Na minha leitura, eles são a expressão historiográfica da chave interpretativa de Lúcio Costa. O grande historiador da arquitetura brasileira é Costa, apesar de ele não poder sê-lo efetivamente, até porque ninguém faz história de si mesmo. Embora certos personagens (vale para Le Corbusier como vale para Costa) conscientes do papel que desempenharão – ou esperam desempenhar – se dediquem a cuidar dos documentos e versões que devem perdurar.

Mas passados todos esses anos, é preciso notar que se a revisão historiográfica de alguma maneira já foi realizada no Brasil, ela hoje corre o risco de se tornar mais um chavão. Porque se ela foi absolutamente decisiva para a área ao alertar para a necessidade de se constituir entre nós uma historiografia crítica, eu diria que neste momento o desafio que nós temos é o da construção de uma outra frente. Nosso desafio agora é escrever uma outra narrativa. E isso é uma tarefa coletiva.

Que relação poderíamos estabelecer entre o tratamento do discurso sobre o moderno em Lúcio Costa durante o mestrado e os temas da natureza e cidade em seu doutorado sobre Le Corbusier?[14]

Na verdade, como eu digo na introdução da tese, ela surgiu como uma continuidade da dissertação de mestrado. Não como uma continuidade de tema, mas como uma decorrência direta de um processo de reflexão. Toda a introdução da tese tenta dar conta disso. Eu cheguei a Le Corbusier para tentar entender algumas coisas que ao final da dissertação continuavam me incomodando. É relativamente consensual que dentre as várias escolas nacionais de arquitetura, se a gente quiser chamar assim, ou nas muitas variantes da arquitetura moderna entre os anos 1930 e 1940, a arquitetura brasileira é a mais fortemente atacada como formalista. Ela seria uma das, senão a mais formalista das arquiteturas de extração moderna e construtiva. Também é consensual afirmar que esta arquitetura é fortemente influenciada por Le Corbusier e, ao mesmo tempo, que sua obra constituía o próprio paradigma do funcionalismo. Algumas coisas, portanto, não se encaixavam. Tentando avançar sobre essa questão, eu encontrava na historiografia, inclusive na internacional, um Corbusier que na arquitetura era formalista e no urbanismo era funcionalista. Apareciam como que dois Corbusiers completamente distintos, um arquiteto formalista e purista, e outro um urbanista funcionalista. Bem, é claro que Corbusier tinha uma personalidade bastante peculiar. Mas para que o sujeito que afirmava que arquitetura e urbanismo eram um só sistema pudesse ser formalista na arquitetura e funcionalista no urbanismo seria necessário algo próximo da esquizofrenia. Ou havia alguma coisa muito complicada nessa leitura. E foi a partir daí que construí o foco da pesquisa: qual a relação entre a estética purista e seu urbanismo.

E como entra a questão da natureza em suas hipóteses?

Bom, a questão da natureza surgiu porque uma das perguntas era: "Qual o papel da natureza e da paisagem nessa equação? Onde, em Le Corbusier, poderíamos encontrar uma aproximação entre arquitetura e paisagem, que era tão obviamente forte na arquitetura brasileira?" Meu interesse era saber quem seria este Le Corbusier que, na virada dos anos 1920 aos 1930, foi lido por Lúcio Costa e pelos arquitetos brasileiros. Hoje eu perguntaria qual era a recepção possível no Brasil de suas formulações em 1930, que certamente era distinta da que se poderia dar, e que efetivamente se deu, em outros países. No fundo o que eu estava propondo só poderia ter sido feito depois de minha passagem pela História. Lembro que quando cheguei em Madri, em 1989, dois anos depois do centenário de Corbusier, ou seja, dois anos depois da realização de centenas de exposições e a publicação de centenas de catálogos, livros etc.; quando lá cheguei e manifestei meu interesse em fazer uma tese sobre Corbusier, alguns colegas olharam para mim e perguntaram: "Mais uma? O que mais você pode inventar para uma tese sobre Corbusier?" E eu disse que achava que ninguém havia feito o que eu queria fazer; que o que interessava para mim não era Le Corbusier ele mesmo, mas qual a recepção possível de sua obra a partir do Brasil.

A historiografia, não só a brasileira como a internacional, coloca com muita tranquilidade que Le Corbusier passou aqui no ano de 1929, fez várias conferências no Rio de Janeiro e daí brotou uma arquitetura. A questão que eu colocava era: se a vida toda ele viajou fazendo conferências, por que não brotou uma arquitetura corbusiana ao redor do mundo? Então, por que no Brasil algumas conferências tiveram esse efeito, inexistente em outros lugares? A resposta obviamente não está em Corbusier, mas no Brasil. Quais eram as questões, qual era o quadro ideológico, político, estético e cultural que fizeram com que as formulações corbusianas, em um momento muito preciso, tenham tido o impacto, os desdobramentos que tiveram neste país. E neste ponto, a tese também me ajudou a entender melhor o quanto isto foi importante para o próprio Le Corbusier, porque em 1928-1929 ele se sentia absolutamente isolado, perdido, sitiado pelos funcionalistas propriamente ditos no interior dos Congressos Internacionais de Arquitetura Moderna – Ciam's, coisa de que a historiografia mais geral também só mais recentemente passou a dar conta. Acho que *Precisões* é um livro-chave,[15] e em certo sentido, a leitura de *Precisões* é um momento fundamental da minha tese de doutoramento, porque é o que me ajuda a voltar com as questões iniciais da dissertação. Em uma palavra, eu diria que a tese demonstra duas coisas: primeiro, que o urbanismo de Corbusier não tem nada de funcionalista, mas é uma aplicação dos conceitos puristas e, mais do que isso, que os problemas que as propostas urbanísticas de Corbusier carregam, que são muitos, não são decorrentes da visão funcionalista, muito ao contrário. Em segundo lugar, que a viagem à América do Sul, para essas capitais remotas e de certo modo exóticas na perspectiva europeia, teve um impacto fundamental em sua trajetória; pois a partir dela modifica-se a visão que ele tem da natureza quando começa a trabalhar (como depositório de leis ocultas que cabe à ciência ou à arte explicitar), e que conceitualmente eu localizaria como uma transição para a ideia de paisagem. Há um deslizamento da ideia de natureza para a ideia de paisagem e de território. Para isso não ficar tão abstrato, se compararmos o plano de uma cidade contemporânea com os croquis do Rio de Janeiro, se os olharmos do ponto de vista estritamente formal, veremos que há uma certa tendência a dizer que entre eles há uma ruptura enorme. Em um artigo de 1987, chamado "O outro Corbusier",[16] que é anterior à minha tese, Kenneth Frampton, por exemplo, diz que o projeto da cidade contemporânea é purista, enquanto os esboços feitos na América Latina são de um Corbusier que não é mais purista. Para mim, não é um outro Corbusier, é o mesmo Corbusier, só que um Corbusier que se deu conta de que a natureza não é pura abstração, não é aquele mistério dentro do qual se desvenda uma ordem, expressa na tradição francesa, mas ela se expressa como uma paisagem. E a América do Sul é onde ele encontra isso, onde ele encontra uma escala, que para ele é completamente espantosa, a escala continental, na qual a manifestação da paisagem é exuberante e, nas suas palavras, épica.

Essas suas pesquisas coincidem com um momento importante de revisão crítica do modernismo arquitetônico no Brasil. De fato, todo um conjunto de trabalhos como o seu, o da Sophia Telles, do Carlos Comas, da Margareth da Silva Pereira, do Hugo Segawa, da Otília Arantes e de outros, inclusive os argentinos, cada um à sua maneira, estão às voltas com o tema. O que ao seu ver estava em jogo? Uma postura historiográfica específica? Uma nova agenda crítica? A possibilidade de reconexão com um passado recente em seus dilemas constitutivos e irresolvidos?

Acho que os trabalhos a que você, com razão, se refere têm muitas diferenças entre si. Diferenças de abordagem, de pressupostos metodológicos, de escolha de objetos. Por isso não me parece que se tratasse de uma nova agenda, no sentido preciso. E certamente não havia uma postura historiográfica específica ou comum. Difícil caracterizar o trabalho – para mim importantíssimo – da Sophia Telles como um trabalho historiográfico. Acho que ela trouxe uma contribuição do âmbito da crítica que enriqueceu muito o ambiente intelectual em que eu, particularmente, me movia. E claro que me beneficiei muito da interlocução direta com ela. Continuo convencido de que foi a potência da leitura crítica da Sophia que nos fez olhar com atenção para o trabalho de Mendes da Rocha, antes que ele se transformasse em unanimidade. Otília sem dúvida trouxe uma contribuição historiográfica, especialmente por animar o grupo que com ela publicou a *Arte em Revista*. Mas seus trabalhos diretos tampouco são historiográficos. Margareth, Segawa e Comas, com suas substantivas diferenças, sim, realizaram uma contribuição historiográfica relevante. E eu acho importante agregar aqui o grupo da PUC Rio, João Masao Kamita, Otavio Leonidio e Ana Luiza Nobre, um pouco mais jovens, mas seguindo trilhas preciosas de sua formação com Ronaldo Brito, fizeram com que esse momento, como você define, ficasse menos paulista e gaúcho. Estou lembrando que, naquele momento, Margareth estava em São Paulo. Mas eu diria, para responder mais diretamente à sua pergunta, que a chave não estava numa postura historiográfica comum senão no reconhecimento de que o projeto moderno brasileiro já era objeto de reflexão histórica. Não mais tradição normativa, nem tampouco episódio encerrado pelo juízo negativo do aqui incipiente pós-modernismo.

Não sei se isso chega a configurar uma agenda, mas certamente constituiu uma plataforma comum.

Você acha que a tomada de distância crítica em relação ao objeto arquitetura moderna por si mesma assegura objetividade no processo de revisão historiográfica?

Eu acho que hoje, no âmbito da história da arquitetura, nós assumimos algo que em outros âmbitos já se sabe há muito tempo: não existe objetividade, não existe neutralidade. Uma pessoa escolhe um objeto de estudo porque tem algum nível de identificação, de interesse. Você escolhe aquele objeto, e quem está ao seu lado escolhe o mesmo objeto e ainda assim os pontos de vista são bem distintos. Portanto, o distanciamento não significa objetividade. O professor Celso Lamparelli me fez esta observação em minha banca de defesa do mestrado: que eu devia explicar por que era difícil, naquele momento na FAU USP, aceitar que arquitetura moderna no Brasil já era um objeto histórico. Porque se o distanciamento não é condição suficiente, ele é necessário para que o observador possa dizer: "Este é meu objeto e não mais a minha causa, meu partido, minha militância". É claro que podemos tratar o objeto com maior ou menor empatia, o que não se colocava na FAU USP naquele momento, pois o moderno ainda era o partido, a causa e a militância dos professores ou da maioria deles, assim como o inimigo a combater por outros.

Uma situação muito diferente da de São Carlos, quando implantamos aqui o curso de arquitetura na metade dos anos 1980 [Instituto de Arquitetura e Urbanismo da Universidade de São Paulo – IAU USP]. Para nós, a arquitetura moderna já era história, e não na perspectiva do pós-moderno, que nunca nos atraiu. Não se desejava fazer uma caricatura da arquitetura moderna, mas entendê-la como parte de nossa formação. Claro que sem este distanciamento é impossível fazer um trabalho historiográfico, embora mesmo com ele não haja garantias de objetividade. Não se pode cobrar do narrador uma verdade objetiva, e ele jamais pode dizer "esta é a verdade". Ele deve tentar nos convencer de que, a partir da análise de todos os dados e fontes validados, de todas as versões disponíveis, o seu discurso é o mais verossímil, até que alguém descubra outros documentos ou elabore uma outra narrativa mais amarrada que a sua. Creio que é por isso que hoje se fala cada vez mais de historiografia do que de história: para lembrar que a narrativa é algo em constante reconstrução.

No contexto brasileiro, como você vê a crise da arquitetura moderna?

A gente ouve falar em crise da arquitetura moderna, supondo em princípio que alguma coisa aconteceu por volta dos anos 1950 ou 1960 (arquitetura depois dos modernos, crise dos Ciam's etc.). Eu disse há pouco que uma das maiores referências na minha formação foi Tafuri. De uma maneira provocativa, eu lembraria que, para Tafuri, a crise da arquitetura moderna se dá em 1929, o que não é simplesmente uma frase de efeito. O ideário da arquitetura moderna supunha em última instância que a arquitetura conseguisse se afirmar como um saber técnico, competente, como um saber neutro do ponto de vista político e social, que se oferecia para organizar o espaço e, portanto, para organizar o funcionamento da sociedade para além do embate entre as classes. Este é o núcleo do ideário dos famosos heróis dos anos 1920. No livro do Tafuri, o que acontece é que, com a crise de 1929, a chamada "ideologia do plano" entra em crise, porque a realidade do plano (econômico) se sobrepõe à ideologia do plano (arquitetônico). E não é por acaso que a reação dos Estados Unidos e da União Soviética no pós-1929 tenha seguido a mesma direção, e o planejamento tanto na vertente norte-americana como na vertente soviética tenha sido assumido pelo Estado não mais como disciplina do espaço, mas como planejamento econômico. O que, em suma, nos coloca a curiosíssima questão de que a arquitetura moderna brasileira, e em boa parte a latino-americana, surge já em plena crise da arquitetura moderna internacional, em plena crise de ideário e, em certo sentido, na ausência de manifestações rivais. Sim, porque naquele período não se estava construindo em lugar algum, nem na Alemanha, nem na Itália, nem na França, países então em plena economia deprimida entre a primeira e a segunda guerras.

Portanto, falar em crise da arquitetura moderna no contexto brasileiro, adotando a periodização internacional, pode nos induzir a equívoco, pois nos anos 1930 e 1940 a *crise* foi o próprio solo no qual ela se desenvolveu. Para pensar em crise da arquitetura moderna brasileira, eu diria que ela coincide com o momento em que ela perde o seu solo ideológico específico que é o projeto nacional-desenvolvimentista. Na verdade, eu chamo atenção na minha dissertação para o fato de que o projeto e o discurso da arquitetura moderna canônica no Brasil têm uma curiosa sobrevida em relação ao momento em que o terreno nacional do desenvolvimentismo já não existe mais, porque a partir de 1964 o desenvolvimentismo já não carrega mais o sentido nacionalizante de transformação social e anti-imperialismo. Portanto, eu diria que não se trata de uma ruptura de estilo, ou de crítica pós-modernista aos supostos males da arquitetura moderna. Os valores da arquitetura moderna já não correspondiam ao contexto, já tinham perdido a sua âncora nos valores e projetos sociais.

Em um artigo para a revista *Block*, de 1999,[17] você se refere à importância das obras de arquitetura como rastros documentais diretos. Qual seria exatamente o lugar das obras singulares na consolidação da postura historiográfica que você defende?

Sim, eu me refiro ali à importância da obra como um rastro documental direto, lembrando que ela, em seu sentido físico, é apenas um dos documentos. Mas há também o projeto, o croqui, o memorial, textos sobre a obra. O que me interessava naquele artigo, retornando a uma questão já desenvolvida na dissertação, era justamente pensar a obra de arquitetura como algo irredutível à sua dimensão física construída. E não há nenhuma originalidade nisso. Aliás, o texto do Sérgio Ferro começa exatamente pela afirmação de que a obra de arquitetura esconde e revela o projeto. Eu estou absolutamente convencido de que há obras de arquitetura extremamente decisivas para o desenvolvimento da arquitetura que nunca foram construídas, até porque estamos aqui falando de arquitetura erudita. Uma obra de arquitetura sempre está falando de outras obras de arquitetura, construídas ou não. Como uma música ou um livro estão sempre falando de outras músicas ou livros. São, portanto, duas as questões de que trato naquele artigo: qual é o papel das obras na consolidação da historiografia e qual o papel da historiografia na consolidação de uma obra. O que eu defendo ali, retomando a dissertação, é que o projeto, o croqui e as interpretações que se fizeram de uma obra se agregam a ela e a constituem. Nosso olhar, o que em arquitetura significa nossa intelecção, está sempre marcado – e essa é uma ideia do Giulio Carlo Argan que eu acho muito bonita – pelo fato de que entre a obra e seu olho há sempre uma mediação cerebral, não uma relação pura, abstrata, não-contaminada entre aquela obra e seu olho. E qual é essa mediação cerebral? São as várias interpretações prévias que informam o seu olhar antes mesmo de você se deparar com a obra, aquilo que Argan comparou a uma espécie de pátina. O trabalho do historiador é, portanto, reconhecer que entre a obra e o seu olhar há sucessivas camadas de interpretação, que ele não pode jamais ignorar, e que terão que ser tensionadas se ele pretender construir uma nova interpretação. Não tem sentido falar de historiografia sem obras, mas não podemos esquecer que a obra não subsiste por si mesma, que a historiografia é um dos elementos que lhe dão valor. Pois é sempre o presente que permite a percepção de uma situação do passado.

Até pouco tempo atrás, as obras de Niemeyer aqui em São Paulo tinham um papel secundário no entendimento da obra de Niemeyer. Hoje isso está sendo modificado. Em alguns anos, talvez, dirão que as obras mais importantes de Niemeyer são as que ele fez em São Paulo. As obras são as mesmas que estão aí há cinquenta anos, o que muda são os nossos problemas, as nossas questões e a nossa história. A percepção que a gente tem delas, de sua inserção social etc., é que está em contínua mudança.

Nesse mesmo artigo, você evidencia a ausência de uma preocupação com a inserção urbana das obras, o fato de se privilegiar o objeto arquitetônico isolado de seu contexto.

Eu diria que essa questão hoje se impõe talvez com maior ênfase do que quando eu escrevi esse artigo. Porque hoje é muito mais forte a percepção de que a cidade, ou uma certa imagem da cidade, está em crise. E eu diria que é mais forte hoje também a compreensão de que é impossível ao historiador continuar a proceder dessa maneira. Acho significativo que, fora do âmbito da historiografia, arquitetos de ofício, tão importantes e diferentes entre si como Rem Koolhaas e Paulo Mendes da Rocha, entre tantos outros, estejam hoje nos alertando para a dimensão decisiva da cidade no projeto de arquitetura. Eu continuo achando problemática a separação entre história da arquitetura e história do urbanismo, e eu diria que enfrentá-la é um dos nossos grandes desafios conceituais e metodológicos. Porque, ao longo do tempo, não só se formaram saberes distintos e, portanto, especialistas distintos, arquitetos e urbanistas, mas também historiografias e historiadores distintos da arquitetura e do urbanismo, com muita dificuldade de olhar por cima da cortina que os separa. No caso do Brasil, nos últimos vinte ou trinta anos, a gente vê muito claramente essa distinção. Não se trata de afirmar que arquitetura e urbanismo ou história da arquitetura e história do urbanismo são a mesma coisa, mas que uma história da arquitetura que não leva em conta a cidade não é mais satisfatória, assim como não me parece satisfatória uma história da cidade que não leve em conta a história da arquitetura. Entre os europeus, essa última questão é mais forte até porque a incidência do trabalho dos arquitetos no campo do construído é muito mais alta. Nem por isso podemos dizer que São Paulo seria a mesma com ou sem o Copan, o Museu de Arte de São Paulo – Masp, o parque do Ibirapuera, o Sesc Pompeia, o Museu Brasileiro de Escultura e Ecologia – Mube. Eu acho que não. Então, quando eu olho para o Copan, eu não posso ignorar a cidade em volta, ocupando-me apenas da obra de Niemeyer. Não se trata de anular a distinção entre arquitetura e urbanismo e nem de anular a distinção entre história da arquitetura e história do urbanismo, mas de propor algum tipo novo de articulação que nos faça pensar o que os distintos momentos da história da cidade colocam como demandas novas e desafios novos para a arquitetura. O Conjunto Nacional é de um autor que não tem nada a ver com Niemeyer [David Libeskind], e o edifício Itália também é de um outro autor que não tinha nada a ver com a sua formação [Adolf Franz Heep]; no entanto, o Copan, o Conjunto Nacional e o edifício Itália têm muita coisa em comum. O que é esse algo em comum? É a cidade, o processo de metropolização, colocando para a arquitetura novos desafios em termos de programas, de escalas, de tipologias. E apesar desse algo em comum, são distintos arquitetos e distintas obras, tentando responder a questões colocadas por esta cidade, por este momento particular da história da cidade.

E qual seria hoje o papel da história para a formação do arquiteto?

Eu continuo acreditando que o estudo da história e da historiografia é importante para o arquiteto, mas não num sentido diretamente operacional. A história não é um conjunto de eventos ou, pior ainda, um repertório de soluções, que o arquiteto utiliza quando ele projeta. Há autores para quem a história se define por essa dimensão operativa. Para mim, o texto histórico tem uma dimensão fortemente ativa, não-operativa. Porque o texto da história conforma a cultura do arquiteto, e essa cultura do arquiteto é acionada no momento em que ele enfrenta um projeto. Como ela é acionada é uma enorme discussão. Eu acho formidável, pela síntese, a formulação do Alan Colquhoun a esse respeito. Convidado para participar de um seminário que resultaria num número da *Harvard Architectural Review* sobre o tema "Precedent and Invention" (precedente e invenção),[18] na metade dos anos 1980, ele se recusou dizendo que não teria nada a dizer além de que "sem precedente não há invenção". É que sem repertório, sem tradição, sem história, não há o novo.

No 15° Congresso Brasileiro de Arquitetos Oscar Niemeyer, em 1997, você falou sobre os grandes êxitos da arquitetura moderna brasileira, que não se deixou limitar por fatores econômicos. Mas qual seria o lugar da economia na história da arquitetura?

No 15° Congresso eu chamava a atenção para o fato de que quando falamos de arquitetura estamos tomando-a como um aspecto da cultura.[19] E não devemos aplicar um raciocínio mecânico acerca da produção cultural como reflexo da condição econômica. Dizendo isso de outra maneira, há uma tendência muito forte, com sólidas raízes conceituais e filosóficas, que pensa a arte e a cultura como superestrutura, e como tal, reflexo de uma estrutura econômica. O que nos levaria a pensar o seguinte: um país dependente, atrasado, subdesenvolvido ou qualquer denominação nesse sentido, tem inevitavelmente uma cultura dependente ou subsidiária. O que a arquitetura brasileira, assim como a bossa nova, nos mostra é que não existe essa relação de determinação. Nem Oscar Niemeyer, nem João Gilberto são dependentes ou atrasados. Tampouco Kazimir Malevich era periférico porque a Rússia onde ele se formou era periférica do ponto de vista econômico. Não dá para continuarmos pensando nossa arquitetura como reflexo ou resultado de influências. Nem de Le Corbusier nem de quem quer que seja. Até porque a própria obra de Le Corbusier mudou no contato com a arquitetura brasileira, assim como mudou a arquitetura internacional. E se a gente não compreende que não se aplicam os critérios de dependência, de periferia, de atraso na produção cultural, não há revisão historiográfica possível. Continuaremos a repetir que porque éramos subdesenvolvidos nossa arquitetura não exprimia o ideário, mas apenas a forma da *verdadeira* arquitetura moderna feita na Alemanha ou na França. Não seremos capazes de perceber que na história da arquitetura moderna, justamente por ser um processo global, muitas vezes as coisas ocorrem nos lugares mais inesperados. Porque se precisa sobretudo de informação cultural, intuição, talento, que não estão diretamente relacionados à estrutura econômica, produtiva. Isso eu acho que é chave. Na verdade, eu colocava de maneira algo intuitiva o que mais recentemente se formaliza nas perspectivas de uma epistemologia Sul-Sul, nos debates do pós-colonialismo, do decolonialismo ou de suas variantes.

Onde entraria a sua leitura de Karl Marx, uma figura tão presente em autores que você destaca como Sérgio Ferro e Manfredo Tafuri? Que outras matrizes teóricas você destacaria em seu modo de compreender a história?

É preciso ter em mente que Marx, ele mesmo, não é um determinista. Lembro-me de um de seus ensaios, sobre Victor Hugo,[20] em que a posição de classe do autor, um representante da burguesia ascendente e herói nacional, não é um entrave ao que, para Marx, é o retrato mais extraordinário e revolucionário do proletariado parisiense da época. Para minha geração, ou parte dela, certa visão do universo marxista é absolutamente constitutiva. Só que há duas maneiras hoje, depois do desmoronamento do chamado socialismo real, de se olhar para Marx. Ou a gente olha para Marx e para suas previsões quanto ao futuro de maneira cética, mais ou menos como a gente olha para os supostos fracassos da arquitetura moderna; ou a gente se pergunta: mas afinal de contas, o que na história deu certo? Ou nós olhamos para as respostas, e perguntamos se elas deram certo ou não; ou olhamos para as perguntas, e discutimos se elas continuam sendo válidas ou não para nós. Acho que as questões colocadas por Marx são as mais interessantes do ponto de vista da capacidade de compreensão do desenvolvimento capitalista. Não se trata, portanto, de julgar profecias, mas de notar que Marx, assim como Friedrich Engels, fizeram perguntas pertinentes, isto é, nos deram instrumentos para continuar pensando uma realidade que obviamente eles não tinham como prever. Então, como vamos cobrar deles que tivessem a capacidade de prever exatamente o mundo em que nós vivemos? Interessa-me muito pouco entrar na discussão se as respostas foram acertadas ou não. Interessa-me o potencial da pergunta, e eu acho que a pergunta continua válida, inclusive para o estudo da arquitetura moderna como lócus da abstração: é possível afinal qualificar espacialmente uma sociedade onde a qualidade está abolida? Ou em perspectiva simmelliana, sobre as possibilidades da arte em um espaço marcado pela hipertrofia dos estímulos sensoriais e pela consequente redução da acuidade dos sentidos, pela quantidade infinita de informação visual, acústica etc., da qual é preciso se proteger, deixar de ver, ouvir, cheirar. E perguntar se é possível ainda ser artista? E que sentido faz continuar pintando em uma sociedade em que, por medidas fisiológicas de autoproteção, as pessoas têm que deixar de ver? Eles, os artistas e arquitetos modernos, deram suas respostas a tais questões anos atrás, mas eu acho que é uma perda de tempo ficarmos discutindo se acertaram ou erraram. Acho mais interessante nos questionarmos se as perguntas ainda fazem sentido.

Sobre as outras matrizes, é evidente, creio, a importância que tiveram para mim Chatelet e Paul Veyne. Mas também não posso deixar de registrar que, em história da arquitetura, fui essencialmente autodidata, para bem e para mal. No sentido de que teria dificuldade para estabelecer uma filiação clara. Há autores que me ofereceram chaves de leitura para questões que me preocupavam em determinado momento. Tafuri foi, certamente, uma dessas chaves, o que não me leva absolutamente a concordar com as poucas e rasas avaliações que ele fez da arquitetura brasileira ou latino-americana. Argan foi outra, embora me considere muito em dívida com uma compreensão mais plena da totalidade de sua obra.

Interessante a recorrência da expressão "nossa arquitetura" em sua crítica a certo dependentismo arquitetônico, à dependência quanto a determinações econômicas ou a tais ou quais matrizes estrangeiras. Não há, contudo, aí uma armadilha nacionalista, que continua a impedir que os historiadores da arquitetura brasileiros se interessem, por exemplo, por enfoques transnacionais, conectados, fechando-se em suas próprias fronteiras, inclusive em relação à América Latina?

Curioso você alertar para isso. Acho que tenho que rever esses textos. Talvez haja aí um excesso de coloquialismo. Certamente não há, ou pelo menos eu não gostaria que houvesse, alguma espécie de chauvinismo, que era, em tese, algo contra o que eu pretendia me colocar. Por outro lado, estava, e continuo, convencido de que se constituiu, sim, uma *arquitetura moderna brasileira*, que se afirmou hegemonicamente como valor na sociedade brasileira e que se consolidou como cânon. A constituição de uma narrativa dominante da arquitetura brasileira, que eu identifiquei na dissertação, não foi pura e simplesmente uma invenção, no sentido de Eric Hobsbawn. Ela se apoiou em um conjunto grande de obras que representaram uma contribuição original à cultura arquitetônica internacional.

Usando novamente o paralelo com a bossa nova, lembro que alguém uma vez me perguntou se eu acreditava na existência de uma arquitetura brasileira e minha resposta foi que eu acreditava na existência de uma música brasileira e apoiava minha convicção no fato de que a música norte-americana tem um antes e um depois do célebre concerto de 1962 no Carneggie Hall. A bossa nova era indiscutivelmente brasileira. E o jazz americano nunca mais foi o mesmo.

Não acredito que a identificação dessas características específicas tenha constituído, ou devesse constituir, um entrave à aproximação de outros trabalhos que vinham sendo realizados no âmbito hispano-americano. Ao contrário. Quando desenvolvi a reflexão sobre arquitetura e estado no Brasil, não conhecia ainda o trabalho de Adrián Gorelik e Jorge Francisco Liernur sobre as vanguardas na América Latina. Foi o trabalho que me aproximou deles. E, como você sabe, fomos pioneiros, em São Carlos, em trazê-los como professores visitantes. Questionar os mitos da *originalidade* da arquitetura brasileira foi uma chave para abrir as possibilidades de pensar as aproximações – mas também as diferenças – da produção moderna na América Latina. Pensar a arquitetura na América Latina e não uma suposta arquitetura latino-americana passa exatamente por identificar as similaridades e as particularidades de culturas arquitetônicas que oscilaram entre a busca de universalidade e de identidade. Algo como a dialética entre localismo e universalismo como chave de leitura que propõe Antônio Candido. Para mim, resta em aberto pensar as diferenças e implicações de pensar a arquitetura brasileira como "fenômeno", para usar o mote que Liernur propôs para a organização da *Block* número quatro, ou como "planeta", como faz Jean-Louis Cohen.

Notas

1 TAFURI, Manfredo. Per una critica dell'ideologia archittettonica. *Contropiano*, n. 1, 1969, p. 31-79.

2 TAFURI, Manfredo. *Progetto e utopia: architettura e sviluppo capitalistico*. 1ª edição. Bari, Laterza, 1973.

3 *Desenho*, n. 4 (Conjunto Habitacional Zezinho Magalhães Prado), São Paulo, FAU USP, mai. 1972.

4 Geraldo Vandré, *Aroeira*, 1968.

5 O folheto do Gfau – uma folha A4 mimeografada, comum na época – comentava um número especial da revista *Visão*, de Henry Maksoud, sobre o crescimento das empresas de consultoria e o papel dos arquitetos nesse processo. O autor mantém um exemplar em seu acervo pessoal.

6 No memorial de livre docência do entrevistado a passagem está transcrita assim: "não será o sociólogo, nem o economista, nem mesmo operário, quem irá conduzi o processo de transformação social. Pelo caráter abrangente de sua formação, pela sua dimensão humanista, caberá ao arquiteto – e só a ele – esse papel". SAIA, Luiz. O papel do arquiteto. In *I Bienal de Arquitetura*. Catálogo de exposição (São Paulo, 18 jun./15 jul. 1973). São Paulo, Fundação Bienal de São Paulo/IAB/BNH, 1973. Contudo, o texto de Saia não foi localizado na versão do catálogo que consta no website da Fundação Bienal <https://bit.ly/3t2vLwx>.

7 BENJAMIM, Walter (1934). O autor como produtor. *Ou...*, n. 4, São Paulo, Gfau, jun. 1971.

8 TAFURI, Manfredo; CACCIARI, Maximo; DAL CO, Francesco. *De la vanguarda a la metrópoli: crítica radical a la arquitectura*. Barcelona, Gustavo Gili, 1972.

9 ARTIGAS, João Batista Vilanova. Le Corbusier e o imperialismo. *Fundamentos – Revista de Cultura Moderna*, n. 18, São Paulo, mai. 1951, p. 8-9; 27.

10 BRETON, André; TROTSKY, Leon. *Por uma arte revolucionária independente*. São Paulo, Paz e Terra/Cemap, 1985.

11 REIS FILHO, Nestor Goulart. *Quadro da arquitetura no Brasil*. São Paulo, Perspectiva, 1970.

12 BRUNA, Paulo Júlio Valentino. *Arquitetura, industrialização e desenvolvimento*. Orientador Nestor Goulart Reis Filho. Tese de doutorado. São Paulo, FAU USP, 1973. Edição em livro: BRUNA, Paulo Júlio Valentino. *Arquitetura, industrialização e desenvolvimento*. São Paulo, Perspectiva, 1976.

13 MARTINS, Carlos Alberto Ferreira. *Arquitetura e Estado no Brasil elementos para uma investigação sobre a constituição do discurso moderno no Brasil: a obra de Lúcio Costa 1924-1952*. Orientador Arnaldo Daraya Contier. Dissertação de mestrado. São Paulo, FFLCH USP, 1987.

14 MARTINS, Carlos Alberto Ferreira. *Razón, ciudad y naturaleza: la génesis de los conceptos en el urbanismo de Le Corbusier*. Orientador Adolfo González Amézqueta. Tese de doutorado. Madri, Universidade Politécnica de Madri, 1992.

15 LE CORBUSIER. *Precisões. Sobre um estado presente da arquitetura e do urbanismo*. Coleção Face Norte, volume 6. São Paulo, Cosac Naify, 2004.

16 FRAMPTON, Kenneth. El otro Le Corbusier: la forma primitiva y la ciudad lineal 1929-1952. *Arquitectura*, n. 264-265, Madri, jan./abr. 1987, p. 30-37. Tradução a partir do original em francês publicado na revista *L'Architecture D'Aujourd'Hui*, n. 249, Paris, fev. 1987, p. 2-6.

17 MARTINS, Carlos Alberto Ferreira. Hay algo de irracional... *Block*, n. 4, Buenos Aires, UTDT, dez. 1999, p. 8-22.

18 *Harvard Architectural Review – HAR*, n. 5 (Precedent and Invention), Cambridge, jan. 1986.

19 MARTINS, Carlos Alberto Ferreira. Conferência. Mesa temática "O controle da produção". In *XV Congresso Brasileiro de Arquitetos Oscar Niemeyer*. Curitiba, 1997.

20 MARX, Karl (1852). O 18 Brumário de Luís Bonaparte. *Manuscritos econômico-filosóficos e outros textos escolhidos*. Coleção Os Pensadores. 2ª edição. São Paulo, Abril Cultural, 1978, p. 323-404.

Cidade, cultura e historiografia na América Latina

Adrián Gorelik

Entrevista concedida por Adrián Gorelik a Ana Claudia Veiga de Castro e Joana Mello de Carvalho e Silva, realizada por e-mail entre agosto e novembro de 2019.

Você estudou arquitetura na Faculdade de Arquitetura, Desenho e Urbanismo da Universidade de Buenos Aires – Fadu UBA entre 1975 e 1982, justamente os anos da ditadura militar argentina. Em que medida esse contexto marca sua formação?[1]

Meus anos de universidade coincidiram com o ciclo de terrorismo de Estado na Argentina, uma fase não só trágica do ponto de vista político e social, mas muito penosa em termos acadêmicos. A intervenção na universidade, realizada pelo governo, foi pautada pela mediocridade: criou uma ordem militarizada sem qualquer conteúdo intelectual, na medida em que tinha como único objetivo desativar a agitação política. Os grandes professores que haviam marcado a Fadu na década de 1960 já não faziam parte dos quadros universitários, salvo uma ou outra honrosa exceção. Mas a despeito, ou talvez justamente por ser irrelevante do ponto de vista acadêmico, a faculdade acabou sendo extremamente importante para minha formação intelectual e política. Desde 1979, quando a frente ditatorial começa a mostrar fissuras, ela é palco de diferentes mobilizações de alunos e professores, que resultam na formação de grupos de estudo e na minha própria militância política. No mesmo período, eu havia começado a viajar pela América Latina – a típica viagem iniciática de esquerda – e fiquei impressionado com a situação efervescente do movimento estudantil chileno, que possuía publicações e organizações de grande vitalidade e me sugeriu a forma clássica de intervenção intelectual: editar uma revista. Com um grupo formado por colegas da Fadu, fiz então minha primeira revista, a *Azul*, editando três números entre 1980 e 1982. Essa revista – hoje certamente ilegível – era bastante ingênua na sua tentativa de elaborar uma atitude crítica em face da arquitetura e da política, mas cumpriu uma função-chave ao permitir a definição de um coletivo, algo como uma identidade geracional, que organizou a plataforma a partir da qual pudemos reconhecer as mais ricas redes culturais e políticas que surgiam em Buenos Aires. Funcionávamos como um grupo paralelo à faculdade, participando de uma casa-ateliê-comunidade (La Truxa). Organizávamos, além de cursos de arquitetura, eventos culturais e políticos, capitalizando toda a efervescência desse momento final da ditadura. Graças a essa iniciativa entrei em contato com uma figura que seria responsável por minha orientação dali para frente, Pancho [Jorge Francisco] Liernur, que, em 1977, havia regressado de Veneza, onde estudara com Manfredo Tafuri. Pancho logo se integraria à La Escuelita, uma instituição privada formada dois anos antes por alguns dos arquitetos mais destacados dos anos de 1960, criando ali um grupo, sob o nome Programa de Estudos Históricos da

Construção do Habitat – Pehch, que iria editar a revista *Materiales* (1982-1985). Nesse momento, eu acabava de conhecer Graciela Silvestri, com quem decidi ler o jovem Georg Lukács, que era um terreno *neutro*, havia a possibilidade de tornar nossas diferenças produtivas: ela vinha do comunismo e eu estava imerso em uma militância raivosamente trotskista. Como parte dessa busca, juntamo-nos ao grupo de Pancho, em 1983, que havia deixado La Escuelita para integrar a Sociedade Central de Arquitetos (uma usina de atividades antiditatoriais nos anos precedentes). Pancho não só construiu o ambiente no qual iria se dar nossa formação como historiadores, como nos colocou em contato com dois grupos político-culturais chaves na transição argentina e determinantes na minha trajetória futura: o grupo da revista *Punto de Vista* e o grupo de exilados que estavam voltando do México que, juntos, criariam o Clube de Cultura Socialista. Esses intelectuais nos deram uma base teórica mais sólida, uma rede de relações com as figuras que estavam refundando as ciências sociais e as humanidades no país e um vínculo inestimável com a experiência político-intelectual dos anos 1960, por meio de cursos privados e semiformais. Entre eles, vale mencionar Beatriz Sarlo (que estava desenvolvendo sua revisão da vanguarda literária argentina, interessada nas pontes com os temas da cultura urbana e arquitetônica), Carlos Altamirano (que nos apresentava a autores como Pierre Bourdieu e Raymond Williams, ou dava cursos sobre Theodor Adorno), Hugo Vezzetti (responsável por aulas sobre Sigmund Freud e Michel Foucault) e Jorge Dotti (professor de filosofia). Entre os que retornavam do México, merecem destaque Pancho Aricó (criador da revista e da mítica editora do marxismo latino-americano, *Pasado y Presente*, com quem tínhamos lições de Karl Marx, Antonio Gramsci e Walter Benjamin) e Oscar Terán (responsável por cursos sobre Friedrich Nietzsche e Michel Foucault). Essa formação coletiva e, em boa medida autodidata, teve um conteúdo fundamentalmente político-intelectual. Na velha tradição de cultura da esquerda, esses seminários formavam parte de uma experiência de conhecimento que não tinha nenhuma aspiração acadêmica, já que era inimaginável na Argentina desses anos, 1982-1984, que esses saberes pudessem confluir em uma carreira. Nenhum de nossos intelectuais-guia havia feito um doutorado nem mesmo estavam na universidade (ainda que alguns deles rapidamente se convertessem em pilares da sua reconstrução), nem nos parecia que pudesse ser de outro modo. A formação era vista como uma parte essencial da militância intelectual e política. No entanto, já em fins da década de 1980 começava a ficar evidente que estavam surgindo vias institucionais para consolidar trajetórias de pesquisa. Foi a partir daí que pudemos seguir uma carreira acadêmica, e não tenho dúvida de que ela ficou marcada de modo indelével por essa formação ampla, que nos dava uma ideia aberta sobre nossos objetos de estudo, a cidade e a arquitetura, vistos como um universo de fronteiras extensas, no qual os mundos da história, da crítica cultural e política, da literatura, da sociologia e da filosofia se mesclavam com muita naturalidade.

Desde a publicação da sua tese sobre Buenos Aires em 1998,[2] você abriu o leque de interesses e publicou uma série de artigos sobre a cidade latino-americana, buscando pensar os sentidos da categoria América Latina e os seus rendimentos analíticos dentro da perspectiva da história cultural urbana. O texto "A produção da 'cidade latino-americana'",[3] publicado na revista *Tempo Social* em 2005, ou ainda "A aldeia na cidade: ecos urbanos de um debate antropológico",[4] versão reduzida de um artigo publicado na Argentina que saiu em 2011 na coletânea São Paulo, os estrangeiros e a construção da cidade organizada por Ana Lanna, Fernanda Peixoto, José Lira e Maria Ruth do Amaral Sampaio, são ambos ensaios que caminham no sentido de pensar a cidade latino-americana, como ideia e como prática, dentro de um período circunscrito historicamente, o segundo pós-Guerra. Neles você defende que a categoria cidade latino-americana tem sentido entre os anos de 1950 e 1970, vinculando-a a uma intensa circulação de arquitetos, planejadores urbanos, sociólogos, técnicos e especialistas interessados na questão urbana em geral, entre os diversos países do continente, em meio à constituição de agências e instituições supranacionais, como a Comissão Econômica para a América Latina – Cepal ou a Sociedade Interamericana de Planejamento – Siap. Estes trabalhos fazem parte de uma pesquisa que você vem desenvolvendo desde então e que vai resultar em um livro.[5] Você poderia comentar um pouco os caminhos dessa pesquisa e se você nota uma ampliação do interesse pela América Latina nos diversos países que você percorreu estes anos?

Com efeito, quando a entrevista que fizemos em 2009 foi publicada pela *Novos Estudos Cebrap*, eu já tinha começado a desenvolver um projeto de investigação sobre a construção da ideia de *cidade latino-americana*, que partia de uma pergunta chave, que ainda hoje me inquieta: como pensar a cultura urbana latino-americana? Na verdade, desde as pesquisas para a tese, já tinha decidido que não queria me afirmar como um especialista em uma única cidade – Buenos Aires. O primeiro trabalho que fiz depois da tese foi o estudo sobre Brasília, graças ao convite de Wander Melo Miranda para integrar o projeto Modernidades Tardias,[6] desenvolvido na Universidade Federal de Minas Gerais – UFMG. E quando voltei de Belo Horizonte, organizei, em Buenos Aires, um grupo de debates com os poucos pesquisadores argentinos que estavam tentando aproximações renovadas sobre a América Latina a partir de diversos campos da cultura (e que acabaram produzindo obras referenciais, como Claudia Gilman, Andrea Giunta, Gustavo Sorá, Florencia Garramuño ou Gonzalo Aguilar, entre outros). Claro que este desejo de não ficar preso a uma especialidade e a um local não me impediu que, ao longo de todos estes anos, eu voltasse a escrever vez ou outra sobre Buenos Aires, tanto motivado pela curiosidade do historiador que descobre novos caminhos e novos problemas em um tema que o apaixona, como pela necessidade do cidadão e intelectual que busca intervir nos debates sobre os rumos de sua cidade. E, a rigor, devo confessar que depois dessa longa jornada pela América Latina urbana – que já leva quase vinte anos – cheguei a uma conclusão um pouco decepcionante: posso estudar muitas cidades, mas só conheço de verdade Buenos Aires, a única cidade com a qual desenvolvi um tipo de relação intensa, de entendimento íntimo e distância crítica, algo que a minha própria definição de história cultural urbana reivindica como requisito para um trabalho interpretativo denso. (Não digo que que não poderia desenvolver essa relação com outras cidades, ao menos em teoria. Não acredito que, como historiadores culturais, estejamos presos à nossa própria cidade. Apenas sei agora que precisaria de uma enorme quantidade de tempo de imersão empática em qualquer outra cidade para que esse tipo de relação pudesse amadurecer).

Como se vê, esta forma de pensar a prática da história cultural da cidade, que supõe uma aproximação intensa a múltiplas dimensões da vida urbana, tensiona o projeto de abordar a escala latino-americana. E não só por razões instrumentais: o novo tipo de interrogação cultural do qual me considero devedor, que surgiu na década de 1980 em diálogo com os debates internacionais sobre a modernidade, em sua modulação latino-americana, foi também uma reação ao *momento clássico* (como gosto de chamá-lo) do pensamento urbano latino-americano, que se desenvolveu entre os anos 1950 e 1980 por meio de uma rede de instituições (os vários centros que se formaram nesses anos, referindo-se ao *desenvolvimento* ou ao *planejamento*, e que abrigavam estudos urbanos e regionais, em sua maioria com recursos de fundações norte-americanas ou canais pan-americanos de financiamento); de tipos específicos de pesquisador (que combinavam os perfis de analista crítico com os de planejador atuante); e de estilos de pensamento (formados por disciplinas como a sociologia ou a demografia, que impulsionaram estudos sobre os processos de urbanização, que se não eram comparativos, ao menos se apoiavam em uma espécie de pressuposto metodológico pelo qual toda a cidade era estudada como um *caso* de uma cidade latino-americana típica, cujos traços genéricos eram o verdadeiro objeto a se definir).

A transformação que se produziu nos anos 1980 pensou a cidade através de uma série de novas questões culturais e políticas (imaginários, memória, espaço público), como resultado do programa intelectual que emergiu dos processos de transição democrática, e para isso se apoiou em um novo conjunto de disciplinas e de instrumentos de análise urbana (crítica literária, história cultural, antropologia cultural). O nível de conhecimento sobre nossas cidades se tornou muito maior, proporcional à amplitude dos temas estudados, em boa medida graças aos novos enfoques monográficos, que não só se voltaram a cada uma das cidades, buscando entendê-las em suas especificidades, mas que tenderam a enfatizar, quase que reativamente à tendência tipificadora anterior, seus traços excepcionais. Nesse novo contexto, seria impossível, por exemplo, usar o México de Carlos Monsiváis ou a Buenos Aires de Beatriz Sarlo ou ainda a São Paulo de Nicolau Sevcenko, para falar de uma hipotética cidade latino-americana. De fato, os enfoques culturais da cidade fizeram parte de uma conjuntura intelectual muito maior, que supôs uma virada radical em relação ao pensamento urbano latino-americano.

Fui entendendo todo esse jogo de contrastes na medida em que crescia meu incômodo diante do que comecei a ver como a grande limitação da voga monográfica. Nesse momento, minha atitude apriorística contra toda a especialidade se somou a uma conclusão mais ideológica e conceitual: essa virada radical que mencionei antes havia impedido a percepção da riqueza com que a *questão urbana* havia interpelado o conjunto das ciências sociais e do mundo intelectual e político durante o momento clássico, assim como a recriação da dimensão latino-americana que lhe fora tão inata (ainda que sob novas coordenadas ideológicas e disciplinares, é claro). Desde então, meu problema foi pensar como capitalizar todo o ganho de conhecimento e pluralismo metodológico neste novo estágio do estudo cultural da cidade, para uma recuperação daquela escala continental.

Este projeto sobre a produção da cidade latino-americana é justamente a primeira resposta que elaborei. E creio que sua posição historiográfica se resume assim: não estudo uma cidade existente na realidade, mas uma ideia, um conceito, que teve efeitos poderosíssimos durante boa parte da segunda metade do século 20, e não só no pensamento latino-americano, já que a *cidade latino-americana* foi uma figura do pensamento social do século 20 em escala internacional. Ou seja, flagro, na construção desta ideia, uma chave central do momento clássico do pensamento urbano latino-americano e, através dela, faço desse momento o meu objeto de estudo, embora não nos termos de uma história cultural urbana (algo impossível pelas razões já expostas), mas de uma história intelectual do pensamento sobre a cidade, capaz de reconstruir a trama de conexões específicas, contatos pessoais e institucionais, viagens e transculturações de pessoas e ideias que converteram as cidades latino-americanas durante todo esse ciclo em um território de experimentação transnacional. No caminho de superar as perspectivas comparativas habituais, encontrei-me com toda uma série de propostas historiográficas (história transnacional, conectada, cruzada etc.) que me deixaram a sensação de dèjá-vu, porque há toda uma tradição de trabalhos na América Latina que já havia levantado o problema. E isso talvez tenha a ver com o fato de que nosso continente é um campo muito fértil para esse tipo de histórias, pelo modo como se combinam as fortes diferenças regionais e nacionais com alguns importantes elementos em comum (históricos e culturais), tudo isso atravessado pelos contatos muito estreitos (intelectuais, políticos, econômicos) com o resto do Ocidente. Não estou sugerindo que esses traços expressem uma espécie de essência latino-americana, sempre disponíveis. Não. Eles aparecem em conjunturas específicas. E o período que estudo é um desses momentos em que as dinâmicas entre regional, nacional e continental, assim como as interações com correntes de ideias e práticas internacionais, foram mais intensas. É claro, há boas histórias escritas sobre esse período que vai do segundo pós-Guerra até a década de 1970, um dos mais ricos e produtivos da América Latina. Mas o que estes anos de trabalho me demonstraram é que colocar no centro de sua dinâmica a cidade, como a chave perdida que então reestruturou as agendas culturais, políticas e também acadêmicas, permite dar uma nova inteligibilidade a todo o período.

Claro que este não é o único caminho para estudar as cidades na América Latina. Porém, o estudo da cultura urbana latino-americana é uma empresa que, do meu ponto de vista, segue sendo muito complicada, e não apenas pela dificuldade em se encontrar arquivos adequados, ou pela endêmica dispersão bibliográfica de nossos países, ou ainda pela forte falta de comunicação entre as diferentes culturas historiográficas nacionais, mas também – e muito especialmente – por razões de escrita, de registro. Ou seja, como abordar estas temáticas que requerem fortes gestos de sínteses frente à massa de documentos e literaturas secundárias que não só são numerosas, mas, ainda por cima, representam demasiadamente algumas zonas do problema ou algumas regiões do continente, em detrimento de outras. Dito de outra forma, como captar um território geográfico e conceitual tão vasto e revelado de modo tão díspar, sem cair em um ensaísmo que desconsidere tudo isso, ou seja, que construa, da maneira tradicional como se faz em um ensaio, suas próprias perspectivas analíticas quase olimpicamente, sem dialogar com o que existe e com o que falta (um pouco à maneira deste grande livro de José Luis Romero, *Latinoamérica, las ciudades y las ideas,*[7] de 1976, cuja capacidade de síntese é proporcional a seu ensimesmamento)? Ao mesmo tempo, como não cair na aridez estética e intelectual do *paper*, que dá conta de tudo pagando o alto preço de se despojar de interesse?

Nesse sentido, busco construir uma trama com conexões específicas (de ideias, de pessoas, de instituições), contatos, viagens, transferências, em que cada caso estabelece um nó evidente dentro das hipóteses gerais, que nunca se perdem de vista, incluindo nelas a própria possibilidade de definir o latino-americano do caso. Talvez o modelo mais próximo seja o de um ensaísmo costurado com debates intelectuais e ideológicos, mas também acadêmicos, como os textos de Tafuri, ou, para tomar um caso latino-americano extraordinário, de Carlos Real de Azúa, cujos ensaios estão atravessados de reflexões, diálogos e polêmicas que se resolvem na forma de notas de rodapé, às vezes mais largas que o próprio texto e que cumprem o papel inverso das notas bibliográficas dos *papers*, que só buscam mostrar que o autor fez o dever de casa e conhece toda a bibliografia. As notas de Tafuri e de Real de Azúa, pelo contrário, são um mapa crítico do pensamento do autor, de seu modo de eleger interlocutores, de construir problemas. Como disse, não é o único caminho, mas é o que tem me resultado fascinante e ao mesmo tempo quase impossível de resolver de modo satisfatório, a tal ponto que este livro que deveria estar pronto há muito tempo ainda tem me dado muito trabalho.

Esse interesse pela América Latina e pelas suas cidades se materializou também no livro *Ciudades sudamericanas como arenas culturales*,[8] que você organizou com a antropóloga Fernanda Peixoto e que foi lançado no Brasil pelo Sesc em 2019. Em vários dos textos de Richard Morse, e não apenas em "As cidades periféricas como arenas culturais" (1982),[9] que inspira o título da coletânea, o pesquisador norte-americano insiste que a cidade moderna pode ser mais

compreensível pelas vozes de seus produtores culturais, dos literatos, dos artistas, pois eles seriam capazes de captar de maneira mais precisa as imprecisões da própria modernização, sobretudo na periferia, onde a aplicação de conceitos centrais tenderiam a não dar conta das explicações. O livro *Ciudades sudamericanas* assume essa provocação e busca construir um panorama latino ou sul-americano a partir de episódios culturais – momentos determinantes – que seriam capazes de iluminar a história urbana do continente de uma maneira distinta, "pensando rotinas e também disparidades", mas sobretudo deslocando perspectivas ao colocar umas cidades em relação às outras. Na apresentação, vocês afirmam que a linha diacrônica que define a organização dos textos no livro – escritos por pesquisadores de diversos países – é "atravessada por outras, verticais e transversais, projetadas por comparações variadas que os ensaios sugerem ao leitor, incitando-o a se mover em diversas direções: uma cidade termina por funcionar como espelho através do qual outra se apresenta em novos ângulos, transformada, deslocada".[10] Você poderia comentar sobre essas transformações por espelhos, descobertas ao longo do debate entre os autores, ângulos e questões que teriam aparecido por conta desse cruzamento de olhares que dentro de uma perspectiva nacional ou monográfica não teriam surgido?

O que realizamos neste livro poderia ser pensado como uma tentativa de chegar à América Latina pelo caminho inverso que acabo de descrever: seguir testando as possibilidades de uma história cultural urbana que se aprofunde em casos singulares, elegendo para isso episódios, objetos, lugares ou figuras que permitam captar a riqueza de matizes de uma cultura urbana determinada – uma cidade e um momento –, mas no contexto ampliado de um coletivo de trabalhos sobre diferentes cidades do continente e diferentes momentos do século 20, de modo que os problemas de cada caso comecem a reverberar e a produzir reflexos em outros casos, diálogos e conexões inesperadas. A ideia da cidade como *arena cultural*, que tomamos em princípio de maneira ligeira, apenas como um mote inicial para esta tarefa difícil de definir quando falamos de cultura urbana, resultou em algo crucial como horizonte intelectual e emocional para todo o grupo, como emblema de uma espécie de desafio assumido por todos: eleger cada tema e suas formas de abordagem por sua capacidade potencial de servir como experimento de indagação e escrita, tornando evidente o núcleo mais enigmático da cultura urbana, ou seja, algo que sabemos que está ali, com toda a sua potência, porém cujo acesso não está ao alcance de fórmulas simples de investigação, e que para revelar alguns dos lampejos que nos oferece é necessário forçar os hábitos interpretativos e produzir algo novo. É como se o espírito brincalhão de Morse nos tivesse enviado, através de uma fórmula um pouco hermética que poderia facilmente se tornar um clichê, uma caixa de ferramentas muito poderosa e inspiradora para multiplicar as abordagens. E para nós, que sempre admiramos a sua inteligência crítica, embora sem compartilhar tantas vezes com as premissas que a mobilizavam, foi um modo de render-lhe uma homenagem, mostrando o quão cedo ele atinou sobre a questão que também nos interessava: se a cultura moderna na América Latina é um evidente produto da cidade, Morse se perguntava em meados dos anos 1950 como fazer o caminho interpretativo inverso, como revelar a cidade através do estudo de sua produção cultural, mostrando de algum modo que a própria fragmentação de seu trabalho sobre as cidades latino-americanas foi resultado direto da complexidade intrínseca de seu modo de pensar.

Agora, seria muito ingênuo – como reconhecemos na introdução – supor que uma reunião de trabalhos como esta, por melhor que fosse, pudesse resolver a encruzilhada atual do pensamento urbano latino-americano. De modo que, como disse na resposta anterior, quanto mais nos aprofundamos no conhecimento da cultura de cada cidade, mais longe estamos de sequer imaginar uma história cultural urbana latino-americana stricto sensu. A chave do trabalho foi colocar em diálogo um grupo de pessoas conscientes desta encruzilhada – um grupo de pessoas, convém recordar, com origens disciplinares das mais diversas (antropologia, sociologia, história, arquitetura, crítica literária) –, que estava disposto a colocar seus estudos pontuais em sintonia com o tipo de perguntas que as cidades suscitam, buscando novas formas de convocar a atitude comparativa.

No prefácio do livro *Correspondencias: arquitectura, ciudad, cultura*[11] você afirma que a sua contribuição para o estudos do objetos da cultura material é "reestabelecer as conexões, trazê-las à superfície, recuperando a complexidade da trama histórica na qual arquitetura [cidade] e cultura se produzem mutuamente". Mais adiante, você esclarece que seu interesse pelas correspondências entre arquitetura [cidade] e cultura não podia ser resolvido "em resposta simétrica à tradição ensimesmada da disciplina arquitetônica – através de leituras sociológicas ou políticas, nas quais os feitos urbanos ou arquitetônicos fossem apenas ilustrações de uma dinâmica cujas chaves últimas se encontram em outra parte [...], ou, no melhor dos casos, só cenários nos quais a vida social

e cultura transcorre". E aí, parafraseando Erich Auerbach a partir da leitura de Carlo Ginzburg, você afirma que "os feitos arquitetônicos não podem ser pensados como documentos históricos, mas como objetos impregnados de história".[12] Em primeiro lugar, por que você optou por colocar o termo cidade entre colchetes e, em segundo, por que a noção de documento histórico, se pensarmos na definição clássica de Jacques Le Goff em seu texto "Documento/monumento",[13] por exemplo, não lhe pareceu adequada ou suficiente à sua proposição historiográfica?

Os prefácios de livros que reúnem textos escritos ao longo do tempo (como é o caso de *Correspondencias*), que responderam a objetivos diferentes e a encomendas de tipos muito distintos, têm a tendência de forçar certo caráter programático para contrapor o efeito de miscelânea, dando um sentido retrospectivo a coisas que não estiveram pensadas a princípio em relação. E este prefácio me parece que não é uma exceção. Mas, certamente há interesse quando nos vemos obrigados a refletir sobre certas direções implícitas dentro de uma massa mais ou menos caótica do que se tem escrito; ou melhor, quando fazemos uma primeira seleção dentro dessa massa, e a partir desse recorte, descobrimos recorrências, temas que reaparecem uma e outra vez, e que exigem um salto na reflexão sobre o nosso próprio trabalho. Então, fazendo essa ressalva, quer dizer, apontando que esses prefácios são mais significativos como momentos de reflexão do autor, do que exemplos de precisão conceitual ou metodológica, retomo as duas perguntas.

A primeira tem uma resposta simples: *Correspondencias* foi o primeiro livro que publiquei em uma coleção específica de arquitetura (meus outros livros foram publicados em coleções de história, ciências humanas ou estudos culturais), e não queria referir-me às relações entre *cidade e cultura*, como costumo fazer, mas explicar a incorporação da arquitetura na concepção da cultura urbana. Mudei a expressão para *arquitetura e cultura*, apontando que se algo tem sido um objetivo básico desde o início do meu trabalho, é a busca de uma dupla restituição das relações entre os dois termos, de modo que a arquitetura, como disciplina, recupere uma dimensão cultural que havia sido fundamental para definir seus melhores momentos na Argentina, e a cultura se conscientize de sua própria dimensão material, das formas decisivas pelas quais a arquitetura a conforma, algo que não é usual na cultura do meu país, muito centrado na literatura. Há muitas outras maneiras possíveis de pensar a arquitetura, mas justamente por isso me pareceu necessário precisar deste modo a que eu assumi: a identidade da arquitetura como parte essencial da cultura urbana.

A segunda pergunta é um pouco mais complexa. Em primeiro lugar, porque envolve vários autores de peso – Auerbach, Ginzburg, Le Goff – e uma corrente de metáforas... Vejamos primeiro o que Ginzburg dizia naquele texto:[14] falando dos capítulos sobre as *Cartas filosóficas* de Voltaire[15] e o romance *O vermelho e o negro* de Stendhal em *Mimesis*,[16] Ginzburg afirma que Auerbach analisou estes textos não como documentos históricos, mas como textos impregnados de história. Recusar a leitura de textos como "documentos históricos" é um clássico dentro das discussões habituais entre a crítica literária e a história (ou as disciplinas sociais), e neste contexto costuma-se apontar a necessidade de atender à própria matéria formal da literatura como o único modo de calibrar adequadamente a sua densidade significativa (e já os termos que usamos apresentam o problema de modo maniqueísta, opondo forma e conteúdo, quando para falar destes termos deveríamos ter sempre presente aquela magnífica observação de Susan Sontag em *Contra a interpretação*[17] – um livro dedicado a combater essa disjunção: "nossa maneira de nos expressar é a maneira de ser. A máscara é o rosto".[18] Mas, como historiador, Ginzburg diz algo mais, sobretudo porque, diferentemente de ao menos uma parte da crítica literária, sua recusa à redução da literatura a documento não implica nunca perder de vista sua importância vital como fonte para o trabalho histórico. De fato, sua afirmação se produz em um quadro muito paradoxal, uma vez que o que ele está discutindo neste texto não é tanto o redutivismo documental, mas, pelo contrário, a tendência cética imposta pelo pós-moderno ao pensar que não há diferenças entre relatos históricos e relatos de ficção, permitindo ler tudo o que é escrito como narração ficcional. Deste modo, o que Ginzburg diz sobre Auerbach é algo diferente, e está precedido pelos debates que ele trava em duas frentes contra os ceticismos opostos que desafiaram a empresa historiadora: o positivista, dos finais do século 19, e o antipositivista, de finais do século seguinte. Para isso, propõe um modo de leitura capaz de extrair informação dos textos indiretamente, não apenas tomando o que dizem aqueles que o produziram, mas revelando as pegadas que eles deixaram de maneira involuntária. É assim que Auerbach lê Voltaire e Stendhal, diz Ginzburg, mobilizando uma concepção muito complexa do realismo, e é assim também que podemos ler o próprio Auerbach – como se vê em um dos capítulos do livro[19] –, usando os textos não por sua capacidade referencial (da qual um bom historiador deve sempre desconfiar), mas pelas tramas históricas que os atravessam e os conformam, cifradas na própria escritura. Esse, para mim, é o significado da frase "impregnados de história". É certo que, em algum sentido, não é muito diferente do que diz Le

Goff, eu não havia pensado nisso. Pois de fato, ambos consideram o pensamento de Marc Bloch como um momento fundamental na criação de uma consciência historiográfica da necessidade de suspeitar criativamente da literalidade dos documentos, observando que eles falam mais daqueles que os produziram ou os legaram, do que aquilo a que se referem. Mas, ao menos neste texto, Le Goff parece ter como oponente principal certa ingenuidade na leitura de documentos e, fundamentalmente, não inclui a questão do tratamento da literatura como fonte, tão central em Ginzburg. E tão central para nós, porque a literatura, como a arquitetura, constitui tipos de *documentos* muito particulares para o historiador, de grande formalização, inscritos em tradições, em gêneros, e cuja altíssima densidade significativa, e as complexas formas que encontram para falar de seu próprio tempo, impossibilitam qualquer uso instrumental das mesmas.

Por isso, esta metáfora me ajuda a pensar a cidade. A oposição aqui é proposta contra duas tradições de leitura: a mais habitual na história da cidade ou da arquitetura, que se ensimesma sobre as formas materiais e seu processo de construção (sobrepondo às vezes uma leitura *ideológica*, que atribui a certos estilos convencionais uma série de significados diretos, como ecletismo: cidade burguesa, ou arquitetura do liberalismo, por exemplo), ou, pelo contrário, as histórias que tomam a cidade e a arquitetura apenas como pano de fundo da vida social e política (e às vezes como uma espécie de superestrutura dela). Por caminhos diversos, ambas cancelam a matéria propriamente histórica da cidade e da arquitetura como artefato que é, ao mesmo tempo material, social, político e cultural: usar a cidade como *documento histórico* neste caso significa deixá-la como dado da história, mas fora dela, como um cenário no melhor dos casos. A frase de Ginzburg sobre Auerbach, pelo contrário, permite marcar o papel ativo da cidade na história, suas íntimas correspondências com a cultura, construindo-a e sendo construída ao mesmo tempo por ela. E reforça algo que busquei na palavra *correspondências*: a enorme heterogeneidade espaço-temporal desta trama que forma a cidade e a arquitetura impede que as diferentes dimensões (sociais, culturais, políticas, materiais), que entram em contato neste processo de impregnação histórica, tenham entre si uma comunicação transparente. Não há possibilidade de recompor uma relação direta e complexa entre cidade e sociedade, por exemplo, ao mesmo tempo que não há nenhuma possibilidade de imaginar uma sociedade que não viva em uma relação tão íntima quanto desajustada com a sua cidade. Aqui estou parafraseando uma formulação que sempre me pareceu fascinante, de um texto de Carlo Olmo e Bernard Lepetit que também cito neste prefácio:[20]

seu incômodo com a metáfora (tão comum nas obras de história urbana) da *articulação* entre cidade e sociedade, como se a sociedade pudesse ser coerente com seu espaço e consigo mesma, dizem eles; como se aquela trama histórica formasse uma extensão uniforme que se reconstruísse como um quebra-cabeças, encaixando peça por peça até formar uma paisagem perfeita. A cultura urbana, como trama histórica da cidade e sociedade, não forma uma paisagem perfeita.

No ensaio "Sobre la imposibilidad de [pensar] Brasília",[21] publicado neste livro *Correspondencias*[22] (artigo que você escreveu para a revista Serrote em 2012, salvo engano), você retoma seu interesse por Brasília explicitado no livro *Das vanguardas à Brasília* e afirma que "o bom da história é que cada presente demanda uma nova seleção sobre o passado e, em especial, nos obriga periodicamente a reorganizar o vasto universo de fontes, os comentários e as representações, para fundar cada vez uma nova compreensão".[23] Será que esta afirmação, que no limite serve para qualquer objeto histórico, faz ainda mais sentido no caso da arquitetura e da cidade em função do fato, alertado por Giulio Carlo Argan, de que o objeto artístico (e a cidade), realizado no passado, se apresenta sempre no presente, ou seja, se faz presente de maneira contínua, abrindo espaço para outras formas de uso e de representação?

Deste ponto de vista, sem dúvida, é assim. Nesse parágrafo eu estava pensando nesta qualidade tão particular da história (e que ativou dezenas de interpretações epistemológicas) que, ao mesmo tempo que produz leituras do passado, ou seja, de algo que se supõe que deveria estar em algum lugar remoto, é, na realidade, sempre mobilizada por cada situação presente (pela agenda de temas e problemas que o presente nos coloca, mas também pela luz singular que sua radical novidade lança sobre os eventos que já ocorreram). Portanto, não há nada imóvel no passado, desde que ele se mova conosco. Neste caso, o desafio para quem faz história é estar consciente da produtividade deste presentismo, sem se deixar levar pela tentação – típica de todo historicismo – de buscar as chaves do presente disfarçadas no passado: embora partamos – consciente ou inconscientemente – com um punhado de perguntas obtidas em nosso próprio tempo, a simultânea consciência de que o passado tem suas próprias lógicas, e que o trabalho em boa medida é descobri-las, gera algo muito enriquecedor. E o que é encontrado acaba sendo muito diferente do que se acreditava procurar, o que não significa que não vá também iluminar, à sua maneira, o presente – uma vez que devemos recordar, como disse Tulio Halperin, que o presente não existe separado da história, que encontra nela um resultado sempre provisório; em suma, que a história em curso faz parte de uma história mais longa na qual é possível finalmente encontrar um significado.

Contudo, a qualidade presentista dos objetos artísticos e da cidade, que Argan assinala, coloca para a história um desafio muito diferente, quase oposto. Porque enquanto os aspectos da sociedade ou da política que se estudam no passado estão entrelaçados de modos diversos com o presente, e sem dúvida levaram a ele (e por isso o presente permite ressignificá-los continuamente) ao mesmo tempo em que eles se manifestam de modo diferente e distinto (o passado, com se diz, é um país estrangeiro), a cidade, por sua vez, segue sendo a mesma. Assim, não só o historiador está sempre no presente, como neste caso também seu objeto parece estar no presente. Claro que não se trata da mesma cidade, como tampouco é possível banhar-se duas vezes no mesmo rio, mas lembrar disso nem sempre é fácil. E a cidade não nos ajuda a fazê-lo. Por sua permanência; por seu caráter de obra de arte coletiva produzida ao longo de gerações; pela sua tendência à estabilidade ou que ao menos assim nos parece; pelo modo como o cotidiano nos amortece através de suas estruturas estáveis que fazem mais suportável a mudança; pelos hábitos com que, de algum modo, domesticamos a enorme tensão cultural que procede dela; pelas rotinas que nos fazem crer que a conhecemos e que não envolve riscos... Por isso, esquecemos e lembramos de maneira caprichosa, pouco linear: eludimos as transformações e a cidade parece estar sempre lá, por uma coisa ou por outra. Georg Simmel captou muito bem a impossibilidade de os habitantes urbanos capitalizarem o choque metropolitano, resultando na atitude *blasé*. De modo similar, é impossível suportar a acumulação de trabalho, dor e experiência passada e presente em cada pedra: se isso se atualizasse a cada passo, a cidade se converteria num monumento de si mesma. Em lugar de uma atitude *blasé*, esta densidade do passado no presente gera atitudes reconciliadas com a história, o que explica porque as duas formas mais habituais de conhecimento sobre a cidade sejam o colecionismo e o preservacionismo, duas buscas diversas para recompor os hiatos históricos Por isso, qualquer intento de conhecimento crítico da cidade deve, antes de tudo, produzir formas de estranhamento, ou seja, romper a naturalização.

Recentemente você organizou o livro *Tafuri en Argentina*[24] com Pancho Liernur, Graciela Silvestri, Fenando Aliata, Anahí Ballent, Mercedes Daguerre e Alejandro Crispiani. O livro é uma homenagem a Manfredo Tafuri (referência importante desde os seus anos de formação), com esse grupo de amigos e intelectuais que de algum modo acompanharam a sua trajetória – ou tiveram trajetórias paralelas – e que seguiram como seus interlocutores privilegiados. Você poderia falar um pouco sobre o livro, o que significa hoje retomar esse interesse de juventude, digamos assim, e em que medida a proposta historiográfica tafuriana se mantém atual?

Este foi um projeto bem especial para nós, integrantes desta espécie de brigada perdida de arquitetos-historiadores: formamo-nos juntos nos anos 1980, chegamos a articular um projeto de renovação da história da arquitetura na revista *Materiales*, compartilhamos alguns projetos institucionais até meados dos anos 1990 (na Universidade de Buenos Aires e na Universidade Di Tella: a revista *Block*), mas desde então nos distanciamos não só institucionalmente, mas também na maneira de encarar o trabalho intelectual, nos diferentes objetos e temas, nas distintas afinidades teóricas, no pertencimento a diversos grupos etc. E, no entanto... a forte marca dos momentos formativos, com a épica construtiva que caracterizou a época e o caráter da empresa coletiva que sempre demos à nossa prática intelectual, a amizade que todos seguimos tendo e talvez, mais especialmente, o gosto renovado pela interlocução que praticamos de maneira esporádica, mas com grande intensidade, tudo isso fez com que, ao longo do tempo, seguíssemos nos reconhecendo como um grupo. E, como assinalamos no prólogo do livro, na base de todos os possíveis motivos para este reconhecimento como grupo se destaca, sem dúvida nenhuma, a própria figura de Tafuri. Porque, apesar do importante distanciamento que o trabalho de todos nós reconhece em relação às abordagens tafurianas, sua compreensão crítica da história da arquitetura nos deixou uma marca indelével. Portanto, não é estranho que a figura de Tafuri tenha sido a razão pela qual nos reencontramos em um projeto coletivo, como há muitos anos não acontecia.

O projeto surgiu a partir de uma ideia meramente documental, ou seja, de reunir em uma publicação os textos que a visita de Tafuri à Argentina em 1981 tinha deixado: fundamentalmente, as duas extraordinárias entrevistas publicadas na revista *Materiales* em 1983 e 1985[25] (não há muitas entrevistas com Tafuri tão extensas e completas como estas, e quase nenhuma em castelhano), a conferência que ele deu em Rosário (que sintetiza os temas do curso que ele ministrou no Centro de Arte e Comunicação – CayC de Buenos Aires, do qual não restou nenhum registro); e também as várias e interessantes reportagens que se realizaram durante a sua estadia, nos suplementos de arquitetura dos principais diários nacionais. Contudo, assim que começamos a trabalhar a ideia de que esses materiais deviam ser acompanhados por uma série de reflexões sobre Tafuri, pensamos ser importante produzir um balanço não exatamente sobre ele, mas sobre os usos que fizemos de seu trabalho. E nos pusemos a trabalhar, realizando reuniões de discussão sobre os avanços dessa reflexão, em um processo coletivo que levou mais de quatro anos. O livro, portanto, é "Tafuri na Argentina" e "Tafuri a partir da Argentina" ao mesmo tempo.

Os trabalhos, obviamente, são muito diferentes, seja porque atribuímos aspectos e enfoques distintos, seja porque nem todos coincidimos de modo pleno em nossos balanços sobre Tafuri. Mas há algo que se destaca como nota comum quando se vê o livro inteiro: se compararmos o impacto de Tafuri no campo da crítica da arquitetura norte-americana, que crescera nas últimas décadas, frente ao que houve entre nós a partir dos anos 1980, parece evidente que, enquanto no Norte se recuperou o Tafuri crítico da ideologia como suporte para uma teoria marxista da arquitetura, no Sul prevaleceu o Tafuri historiador, cujo marxismo, muito presente, é claro, já havia passado pelo filtro de visões propriamente historiográficas, com o genealogismo foucaultiano ou o filologismo *à la* Ginzburg. Não se esqueçam que o Tafuri que chega na Argentina é o que acaba de publicar *A esfera e o labirinto*,[26] sua última grande obra sobre a modernidade arquitetônica, que abre com "O 'projeto' histórico", uma espécie de manifesto, muito mais útil para entender o momento crítico que cruzou o pensamento de Tafuri no final dos anos 1970, do que como guia teórico-historiográfico para entrar na história da arquitetura. De todo modo, o que quero dizer é que "O 'projeto' histórico" supõe uma revisão muito profunda da confiança anterior na produtividade da *crítica à ideologia*, com a consequente abertura a outras incitações ideológicas, filosóficas e historiográficas que continuarão se aprofundando em todos os seus trabalhos posteriores, já dedicados quase exclusivamente ao Renascimento. A entrevista que Tafuri dá em Buenos Aires está atravessada por este ânimo revisionista, e nos marcou a todos. As visitas um pouco anteriores de Tafuri aos Estados Unidos (em meados dos anos 1970) não deixaram marcas em nenhuma corrente historiográfica, mas foram recuperadas nos anos 1990 por correntes neomarxistas, quando voltaram a ser dominantes no pensamento acadêmico de esquerda: as geografias radicais de David Harvey e Edward Soja, a crítica cultural de Fredric Jameson, as interpretações de Antonio Negri e Michel Hardt etc.

De todo modo, continuo tocado pelo que Tafuri realizou durante o seu período de estudo sobre as vanguardas arquitetônicas, que coincidiu com suas posições politicamente mais radicais. Resulta-me muito produtivo seguir frequentando estes textos, embora várias vezes o exercício suponha estabelecer permanentes distinções entre as fabulosas iluminações, que abrem zonas completamente novas para a reflexão historiográfica sobre as vanguardas – que figuram entre o que de mais original se fez até hoje sobre o tema – e a rigidez dogmática ou os pressupostos ideológicos – não tanto pelas premissas marxistas gerais, mas pela perspectiva específica dentro do marxismo que ele assumiu nestes anos (junto com o grupo da revista *Contropiano*), que condenou em bloco setores da experiência vanguardista (da produção intelectual em geral) que merecem novas revisões. Agora, a coincidência entre a radicalidade do objeto (as vanguardas) e o ânimo radical com o qual ele o abordou foi puro azar da agenda temática que ele implantou? Um dos seus principais aportes foi colocar as vanguardas não como ruptura, mas como realização da crise de todo um larguíssimo ciclo da modernidade arquitetônica, e essa hipótese já está presente em *Teorias e história da arquitetura,*[27] uma obra que, como bem demonstra Liernur em seu artigo no livro,[28] foi concebida antes de sua imersão no grupo da revista *Contropiano* em 1968 (isso era difícil de entender aqui nos anos 1970, porque a edição em castelhano de *Teorias e história da arquitetura* se fez sobre a segunda edição em italiano, a que Tafuri introduz com o famoso prólogo que muda o modo de ler o livro, colocando-o retrospectivamente como parte de uma empresa da crítica à ideologia). Ainda deve ser feito um balanço específico sobre o que resta do trabalho de Tafuri, passado tanto tempo, para uma história atual das vanguardas, que, creio, é muito. Mas algo disto foi tratado na nossa entrevista anterior, então não vou me repetir. Em todo caso, a meu juízo, essa tarefa segue pendente e me entusiasma a ideia de poder encará-la em algum momento.

Notas

1 Esta primeira pergunta faz parte de uma entrevista realizada em 2009 e publicada em revista: CASTRO, Ana; MELLO, Joana. A cultura urbana sob novas perspectivas: entrevista com Adrián Gorelik. *Novos Estudos*, n. 84, São Paulo, Cebrap, jul. 2009, p. 235-249 <https://bit.ly/3Pi8Eac>. As demais perguntas foram realizadas em 2019, como uma espécie de continuação daquela conversa, para este livro.

2 GORELIK, Adrián. *La grilla y el parque: espacio público y cultura urbana en Buenos Aires, 1887-1932*. Orientador Jorge Francisco Liernur. Tese de doutorado. Buenos Aires, Universidade de Buenos Aires, 1998. Edição em livro: GORELIK, Adrián. *La grilla y el parque: espacio público y cultura urbana en Buenos Aires, 1887-1932*. Bernal, Universidade Nacional de Quilmes, 2010.

3 GORELIK, Adrián. A produção da 'cidade latino-americana'. *Tempo social*, v. 17, n. 1, São Paulo, USP, jun. 2005, p. 111-133 <https://bit.ly/3SmYlhG>.

4 GORELIK, Adrián. La aldea en la ciudad. Ecos urbanos de un debate antropologico. *Revista del Museo de Antropología*, v. 1, n. 1, Córdoba, UNC, out. 2008, p. 73-96 <https://bit.ly/3Rt08FY>. Edição em livro: GORELIK, Adrián. A aldeia na cidade: ecos urbanos de um debate antropológico. In LANNA, Ana Lucia Duarte; LIRA, José Tavares Correia de; PEIXOTO, Fernanda Arêas; SAMPAIO, Maria Ruth Amaral. *São Paulo, os estrangeiros e a construção das cidades*. São Paulo, Alameda, 2011, p. 133-164.

5 GORELIK, Adrián. *La ciudad latinoamericana. Una figura de la imaginación social del siglo XX*. Buenos Aires, Siglo XXI, 2022.

6 GORELIK, Adrián. *Das vanguardas a Brasília: cultura urbana e arquitetura na América Latina*. Belo Horizonte, Editora UFMG, 2005.

7 ROMERO, José Luis. *Latinoamérica: las ciudades y las ideas*. Buenos Aires, Siglo XXI, 1976.

8 GORELIK, Adrián; PEIXOTO, Fernanda Arêas (Orgs.). *Ciudades sudamericanas como arenas culturales: artes y medios, barrios de élite y villas miseria, intelectuales y urbanistas: cómo ciudad y cultura se activan mutuamente*. Buenos Aires, Siglo XXI, 2016. Edição em português: GORELIK, Adrián; PEIXOTO, Fernanda Arêas (Orgs.). *Cidades sul-americanas como arenas culturais*. São Paulo, Sesc SP, 2019.

9 MORSE, Richard M. As cidades "periféricas" como arenas culturais: Rússia, Áustria, América Latina. *Revista Estudos Históricos*, v. 8, n. 16, Rio de Janeiro/São Paulo, jul./dez. 1995, p. 205-225 <https://bit.ly/3E1en1B>.

10 GORELIK, Adrián; PEIXOTO, Fernanda Arêas (Orgs.). *Cidades sul-americanas como arenas culturais* (op. cit.), p. 19.

11 GORELIK, Adrián. *Correspondencias: arquitectura, ciudad, cultura*. Buenos Aires, Nobuko, 2011.

12 Idem, ibidem, p. 15-17.

13 LE GOFF, Jacques. Documento/monumento. *História e memória*. Campinas, Editora Unicamp, 2003, p. 525-541.

14 Refere-se ao prólogo de: GINZBURG, Carlo. *Il filo e le tracce: vero, falso, finto*. Milão, Feltrinelli, 2006. Edição em português: GINZBURG, Carlo. *O fio e os rastros: verdadeiro, falso, fictício*. São Paulo, Companhia das Letras, 2007.

15 VOLTAIRE. *Cartas filosóficas*. Tradução Márcia Valéria Martinez de Aguiar. São Paulo, Martins Fontes, 2007.

16 AUERBACH, Erich (1946). *Mimesis: The Representation of Reality in Western Literature*. Nova Jersey, Princeton University Press, 2013.

17 SONTAG, Susan (1964). Contra a interpretação. *Contra a interpretação e outros ensaios*. São Paulo, Companhia das Letras, 2020.

18 Idem, ibidem, p. 35.

19 GINZBURG, Carlo. *O fio e os rastros: verdadeiro, falso, fictício* (op. cit.), p. 112-138.

20 OLMO, Carlo; LEPETIT, Bernard. E se Erodoto tornasse in Atene? Un possibile programma di storia urbana per la città moderna. *La città e le sue storie*. Turim, Einaudi, 1995.

21 GORELIK, Adrián. Sobre a impossibilidade de (pensar) Brasília. *Serrote*, n. 10, São Paulo, mar. 2012, p. 213-239.

22 GORELIK, Adrián. *Correspondencias: arquitectura, ciudad, cultura* (op. cit.), p. 173-203.

23 GORELIK, Adrián. Sobre a impossibilidade de (pensar) Brasília (op. cit.), p. 239.

24 TAFURI, Manfredo; ALIATA, Fernando; CRISPIANI, Alejandro; DAGUERRE, Mercedes; GORELIK, Adrián; LIERNUR, Jorge Francisco; SILVESTRI, Graciela. *Tafuri en Argentina*. Santiago, ARQ, 2019.

25 TAFURI, Manfredo (1981). Entrevista. *Materiales*, n. 3, La Plata, ago. 1983, p. 7-22 <https://bit.ly/3dRyC7g>; TAFURI, Manfredo (1983). Entrevista. *Materiales*, n. 5, La Plata, ago. 1985, p. 17-27 <https://bit.ly/3dTVDXa>.

26 TAFURI, Manfredo. *La sfera e il labirinto: avanguardie e architettura da Piranesi agli anni'70.* Turim, Giulio Einaudi, 1980.

27 TAFURI, Manfredo. *Teorie e storia dell'architettura*. Bari, Laterza, 1968.

28 LIERNUR, Jorge Francisco. Para entender la mirada de Tafuri sobre la arquitectura en América Latina: un estudio de sus posiciones en torno al paradigma centro-periferia. In TAFURI, Manfredo; ALIATA, Fernando; CRISPIANI, Alejandro; DAGUERRE, Mercedes; GORELIK, Adrián; LIERNUR, Jorge Francisco; SILVESTRI, Graciela. *Tafuri en Argentina* (op. cit.), p. 148-173.

A escrita da história e suas construções

Margareth da Silva Pereira

Entrevista concedida por Margareth da Silva Pereira a José Lira, Samira Chahin e Jonas Delecave, realizada por e-mail em outubro de 2019.

Como foi sua aproximação à história da arquitetura, da cidade, do urbanismo, nos anos iniciais de sua formação? Quem foram os professores que mais te influenciaram e incentivaram nesse sentido, quais referências de leitura te atraíram para este tema nos anos 1970 e 1980?

A minha aproximação com a história não se deu de imediato. Pode-se dizer que três eixos me interessavam na minha formação ainda como estudante da Faculdade de Arquitetura e Urbanismo da Universidade Federal do Rio de Janeiro – FAU UFRJ e alguns professores são referenciais nesse período. Professores que bem mais que me influenciar, deixaram marcas nesse processo. Primeiro, José Carlos Serran que foi um urbanista que desapareceu muito cedo aqui no Rio de Janeiro, embora tenha sido um professor excepcional da UFRJ nos anos 1970. Com ele e Luís Paulo Conde, esse já mais conhecido porque viria a ser secretário de urbanismo e depois prefeito do Rio, comecei a me interessar pela cidade e a compreendê-la, sobretudo com Serran, como território político.

Um eixo também muito forte na minha graduação foi sobre a forma e o uso da faculdade de imaginar, o estímulo à imaginação. Nesse sentido, uma figura também importante foi o Stélio Alves de Souza. Outro professor notável dessa época, que também merece que um dia se escreva sobre ele, foi o José Resnik. Ele nos lembrava constantemente sobre o que poderia ser um arquiteto e sobre a forma não como uma exterioridade, um objeto, mas como processo de formalização engendrada de modo interno, íntimo e ao mesmo tempo plural. Stélio e Resnik, talvez, tenham sido os que mais me marcaram nessa direção.

A vertente da história vem com três figuras. A primeira foi o Donato Melo Junior, que foi professor de projeto, mas era um historiador que empregou a vida ao estudo do passado. Donato tinha uma biblioteca excepcional e era membro do Instituto Histórico e Geográfico do Brasil – IHGB. Você o encontrava sempre solitário, fazendo pesquisa no Arquivo Nacional, na Biblioteca Nacional, no IHGB, no Arquivo da Cidade. Do jeito dele, dedicou a vida à tentativa de preservar uma certa memória da profissão de arquiteto e só estudava e lia sobre arquitetura. Donato Melo Junior se comunicava com acervos alemães, com acervos franceses, mas nunca saiu do Brasil. Creio que uma vez foi a Washington, porque me lembro de discutirmos sobre o plano da cidade e o neoclassicismo. Não tinha uma escrita elegante, mas tinha respeito às fontes. E, para mim, isso é capital na medida em que a atenção e a abertura que o pesquisador demonstra às fontes falam de seu respeito às diferenças.

Ainda que um pouco mais distanciada, devo mencionar também a professora Dora Alcântara que foi professora de arquitetura no Brasil na FAU UFRJ. A Dora era voltada para o patrimônio, para o desenho tipo-morfológico e uma grande especialista na questão da azulejaria portuguesa dos séculos 17 e 18 e, assim, levava-nos a olhar também a arquitetura com delicadeza e a pensar no que a história significa de ruptura, conservação, desvio.

Agora, a pessoa que mais me marcou ao longo da minha formação foi Alfredo Britto. Foi para ele que liguei quando recebi a primeira homenagem como professora na Pontifícia Universidade Católica – PUC de Campinas, na década de 1990. Alfredo foi a pessoa que nos estimulou a ter o primeiro projeto de iniciação científica na FAU UFRJ, que era a montagem de um "Quadro da arquitetura do Brasil". Era uma lista cronológica onde se buscava ver as realizações, as ideias, as obras construídas desde o século 19 que se encaixavam naquelas obras e questões que estudávamos no resto do mundo. Participei desse projeto já no último ano da faculdade com outros três colegas: Pedro Lessa, estudioso e professor até hoje na FAU UFRJ; Roberto Prata, maranhense inteligentíssimo já falecido; Gauss Laubenbarcher Sampaio, que se tornou um arquiteto muito bom, hoje aposentado e morando em Brasília. Além de Felícia Krumholz e Roberto Houaiss, exímio desenhista, professor também da FAU UFRJ, com os quais, e com outros colegas, criávamos cineclubes em escolas, em favelas, em igrejas. Lógico que o quadro da arquitetura no Brasil, que íamos elaborando, apoiava-se primeiramente nos brasileiros e, além de Paulo Santos, apoiava-se em Nestor Goulart; mas, nesse momento, da literatura internacional, líamos Henry-Russell Hitchcock, Louis Sullivan, Nikolaus Pevsner, Banister Fletcher, sempre em inglês porque não havia tradução. Tenho a bibliografia que usávamos naquela época: um conjunto de livros que íamos tabulando e organizando, tentando entender como situar o esforço do Manuel de Araújo Porto-Alegre num panorama internacional, por exemplo. Apesar de haver sempre uns vazios porque não conseguíamos articular os acontecimentos.

Nada de italianos?

Com certeza estava na lista o *Saber ver a arquitetura*, de Bruno Zevi.[1] Leonardo Benevolo veio um pouquinho depois, teria que ver de quando são minhas edições de seus livros. Manfredo Tafuri tenho certeza que não. Os italianos chegaram mais tarde entre nós no Rio, talvez no início dos anos 1980, com a presença da Giovanna Rosso del Brenna, mas, nos anos 1970, esses autores não foram lidos a partir de uma perspectiva teórico-metodológica. Não se discutia tampouco na graduação os seus diferentes matizes ideológicos. Em compensação, tínhamos um certo conhecimento da história da arquitetura no Brasil. A herança de Paulo Santos, criador da cadeira arquitetura no Brasil na FAU UFRJ, sobre uma nova geração de estudiosos da tradição disciplinar no Brasil como Dora Alcântara e o próprio Alfredo Brito era muito forte. Mas também o trabalho do Instituto do Patrimônio Histórico e Artístico Nacional – Iphan. E aqui, além da Dora, penso em Augusto Carlos da Silva Telles.

Logo recém-formada, por que a decisão de ir para a França?

Comecei a acalentar a decisão de ir para a França por uma insatisfação muito grande com o pouco acesso a informações, livros ou possibilidades de debate que tínhamos durante a ditadura. A França, após maio de 1968, significava um país democrático e de liberdade. Para minha geração era um país também de solidariedade, de crítica e de inovação na literatura, na filosofia, na antropologia, na sociologia, no cinema... Mesmo sendo curiosos, mesmo tendo uma ação cultural com vários colegas para sair do deserto daqueles anos difíceis da ditadura militar, acho que eu desejava mais liberdade intelectual... O que tínhamos era muito pouco. Deve-se dizer que, naquela época, nós vivíamos também uma tensão quanto à valorização da forma construída, uma tensão e uma visão negativa quanto à arquitetura, por parte dos próprios estudantes de arquitetura. Por um lado, achávamos que a arquitetura havia morrido e que precisávamos nos dedicar à questão social, à questão política, criticar a especulação imobiliária, ir para o urbanismo... Mas também, ao mesmo tempo, havia um interesse pelo passado quase como uma forma de resistência e a história entrava por essa fenda, inclusive para buscar subsídios para a própria crítica. Nesse período, eu transitava entre urbanismo e história.

A ida para a França, então, decorreu dessa insatisfação cultural, social e política, mas também com o que víamos ser chamado de *arquitetura* ou campo profissional da arquitetura. Fui para a França para ficar três meses. Fiquei três anos. No começo, as pessoas eram nomes. Escrevi para o Centro Universitário de Vincennes pedindo para ser inscrita no curso de urbanismo. Mas pensei: "Vou mandar também uma outra candidatura para a Universidade de Paris 1, para o Instituto de Estudos de Desenvolvimento Econômico e Social – Iedes", que era um instituto de formação de sociologia urbana e onde Milton Santos lecionara. Foi maravilhoso esse primeiro período na França em que eu estava no urbanismo e na sociologia urbana, porque arredondou a minha formação do ponto de vista de certa literatura de matiz neomarxista e pós maio de 1968, que não tínhamos tido acesso no Brasil e era dominante nas universidades francesas naqueles anos.

Somos inúmeros os professores de universidades brasileiras que passaram pelo Iedes, no mesmo período que eu ou depois: Wrana Panizzi, no Rio Grande do Sul; Ivone Salgado, de São Paulo; Amadja Henrique Borges, que havia sido minha amiga de escola no Rio e com Vera Lucia Tajra Torres, que eram do Rio Grande do Norte e do Piauí; Sônia Marques, de Recife; Vera Silva Telles e Cibele Rizek, de São Paulo; Ana Fernandes, da Bahia, estas têm aproximação com o Iedes mas não foram minhas contemporâneas.

Os dois cursos que fiz entre 1978 e 1981 foram em Vincennes (graduação em Urbanismo) e no Iedes (Diploma de Estudos Avançados – DEA em *Aménagement urbain*). Foram, assim, um choque e um realinhamento para a minha formação. A ambiência intelectual talvez tenha impactado mais a minha formação do que meu contato com Anatole Kopp, meu orientador em Vincennes. por exemplo. Embora seja impossível não mencionar nesse processo minha aproximação com a filósofa Françoise Choay que era minha professora de história do urbanismo. Choay tinha um rigor e uma precisão no tratamento de fontes, além de uma acuidade do olhar para o passado que eu nunca tinha visto. Com ela comecei a ser levada a interrogar o sentido das palavras e a entender também que olhar para o passado não era sinônimo de história, nem de operação historiográfica. Esses anos de Vincennes foram fantásticos. Principalmente pela subversão de qualquer hierarquia em relação aos *cânones*. Vincennes, com o estímulo da crítica, tinha sempre um claro traço insurgente, difícil de explicar.

Você está falando do ambiente de graduação?

Sim. Da graduação e da pós em urbanismo. Em Vincennes, por exemplo, Anatole Kopp, um ex-comunista, dava aula com Jane Chase, ligada a uma família de banqueiros da altíssima burguesia nos Estados Unidos. Jane, excelente professora, ensinava sobre processos de urbanização. Tinha um pensamento liberal e reformista e dava aula em Vincennes porque achava que tinha que participar e estar atenta para os prenúncios de mudanças políticas fortes. Então, herdeira ou não de banqueiros, ela dava aula ali. A Françoise Choay idem. Vinha dar aulas em Vincennes elegantíssima em uma BMW e vestindo *tailleur* Chanel, sentava-se diante de uma mesinha de fórmica toda craquelenta, minúscula, no meio de uma sala imensa com poucas cadeiras e os alunos esparramando-se no chão.

Choay tinha acabado de defender seu doutorado em 1978, *A regra e o modelo*,[2] não é?

Ela defendeu entre a época que foi minha professora e a época que voltei para o Brasil. Foi por aí, 1978. Vincennes foi essa experiência de comportamentos sociais insólitos que acabam se impregnando em um modo de viver, de pensar, e Françoise Choay foi, pra mim, aquilo que os franceses chamam um *maître à penser*. Alguém que te inicia. Alguém que te ensina não o conteúdo de um livro, mas te ensina a se perguntar sobre a atitude e o desejo do autor naquilo que o move e o faz escrever e a sua parte como leitor na leitura de cada página.

Fale um pouquinho da sua pesquisa no Iedes.

No Iedes, a minha pesquisa foi com o Michel Rochefort que era um excelente geógrafo. Embora eu tenha tido outros professores, Pierre Salama, Yves Gussault, Nikos Poulantzas e jovens professores engajados como Christine Meunier, por exemplo, que tinha acabado de voltar do Chile... O Rio de Janeiro começou a aparecer como tema de pesquisa entre a proposta de mestrado com o Anatole Kopp e o primeiro ano do doutorado no Iedes: a história da cidade entre 1850 a 1910 foi o primeiro recorte do que eu viria a estudar com Rochefort.

O Iedes tinha essa abertura para história, então?

Sim. Mas, no Iedes, havia uma clara politização da atividade intelectual ou um pensamento mais tecnocrático, sobretudo porque era um espaço de debates sobre as ideias de desenvolvimento, de descolonização de diferentes países. Melhor dizendo, a politização é sempre desejável e estava presente também em Vincennes. Mas, no ambiente institucional, as práticas de leitura dos textos ou da escrita e dos meios e fins da história eram bastante diferentes.

No Iedes os autores, mesmo quando debatidos, eram lidos com uma certa reverência, quase religiosa: Manuel Castells, Alain Lipietz, Anibal Quijano Balibar, Alain Touraine, Louis Althusser... Nesse turbilhão de experiências novas, fui percebendo que me faltava também a forma, a materialidade da cidade, a discussão sobre a dimensão estética. Essas dimensões da experiência da cidade que já me faltavam com Anatole Kopp em benefício da política ou com Françoise Choay em benefício da cultura e da filosofia, estava totalmente ausente das salas de aula do Iedes.

Falava-se do passado e da cidade no Iedes, mas mesmo em Michel Rochefort, geógrafo, o discurso era de um nível de abstração muito alto, muito marcado pelo neomarxismo e, portanto, por uma visão de cidade em termos, sobretudo de classes sociais, onde a relação com a história era operativa. Com Françoise Choay, creio que por conta de sua antologia do pensamento urbanístico, por conta de seus interesses em Leon Battista Alberti, em Albrecht Dürer e em uma série de tratadistas – e, talvez, até por seu diálogo estreito com Michel de Certeau – chegávamos a uma forma de observação do passado muito mais próxima de algo tangível e da vida daqueles que se passou a chamar de *atores*. No Iedes, as ações sociais acabavam vistas como que guiadas por um certo determinismo. Falávamos de *agentes*. Finalizei o primeiro ano do doutorado no Iedes e os créditos de mestrado em Vincennes e voltei para o Brasil, deixando incompletos os dois cursos.

Como foi essa volta? O que havia mudado nas ciências sociais e humanas, e nos estudos históricos no Brasil?

Havia algumas opções quando voltei para o Rio de Janeiro. Uma era me matricular no Instituto de Pesquisa e Planejamento Urbano e Regional – Ippur da UFRJ. Eu fui fazer entrevista, mas fui percebendo que o Ippur ia reproduzir o que eu tinha tido, de certa forma em primeira mão, no Iedes. Eu achava que não era bem por aí o caminho. Por outro lado, tentei ir para a antropologia urbana. Naqueles anos, tinha toda uma movimentação em torno de Gilberto Velho, no Museu Nacional, mas que ainda era periférica. Os estudos sobre cidades começavam a mudar suas formas de abordagem e se deslocar do campo da geografia e da sociologia para a história, mas no fim dos anos 1970 não tinham muita força nem no Rio, nem em Paris. Então vi no jornal um anúncio sobre a abertura de um curso de história de arte e de arquitetura do Brasil na PUC do Rio e optei por abandonar ideias de diploma e continuar minha formação. O curso da PUC, criado pelo Carlos Zilio, foi uma segunda revolução para muitos de nós que se tornaram professores, curadores, artistas. Além do mais, ele havia sido aluno de Vincennes e, portanto, o curso me recolocava na atitude reflexiva de Paris VIII. Esse é um ciclo importante que se estende de 1978 a 1988, quando se dá essa primeira grande passagem pela França com Choay e a primeira volta para o Brasil, os cursos da PUC do Rio, a volta à França e o meu doutoramento na École des Hautes Études en Sciences Sociales, com Marcel Roncayolo e, enfim, meu retorno definitivo ao Brasil.

Voltei para a França para terminar o doutorado que estava fazendo no Iedes, estudando a modernização da cidade: o Rio de Janeiro de Francisco Pereira Passos (1902-1906). Mas resolvi insistir na dimensão da forma construída das cidades. Então, na França, mudei de orientador, e de universidade. Busquei quem trabalhava com a construção material da cidade, projetos urbanos e com a renovação do tecido urbano e descobri Marcel Roncayolo.

Ele fazia o que se chamava geografia cultural. Então me inscrevi com esse geógrafo-historiador fabuloso, um dos grandes estudiosos e historiadores da cidade de Marselha. O que para mim era excelente porque, além de ser estudioso da história do urbanismo, ele estudava a haussmanização fora do contexto parisiense. Foi também aí um outro momento de grande experiência, porque na École também estava Hubert Damisch e eu já sabia o que era a revista *Macula*, o que era a revista *October*, quem era Pierre Francastel, Erwin Panofsky, Giulio Carlo Argan, Meyer Schapiro e cheguei lá de outra maneira.

A importância da École nesses anos foi de outra ordem, um espaço muito mais formal que o espaço de Vincennes, onde se encontrava Roger Chartier no elevador ou se esbarrava com Pierre Bourdieu na cantina. Um ambiente de respeito, mas não de sacralização. Uma das maiores contribuições da École na minha formação foi a possibilidade de claramente assentar a história em um presente encarnado, como se debateu intensamente nos anos 1980. Além de Roncayolo, não havia ninguém estudando ou falando da forma de cidade. Mas, com ele, passava-se a considerar as culturas citadinas em sua diversidade social, as discordâncias e as concordâncias dos tempos, voltando-se para uma história dos diferentes atores que constroem essa experiência coletiva que chamamos cidade.

Com ele também travei um diálogo que é muito revelador de modos diferentes, em relação ao Brasil, de se pensar a formação de um historiador. Tornamo-nos muito amigos, mas lembro-me da primeira vez que lhe pedi uma bibliografia com uma lista dos autores com os quais deveria dialogar. Ele me disse: “A senhora escolhe e depois que estiver trabalhando com os seus autores, e não com os meus, passamos a interagir”. Bem, mas de onde começaria a falar do Rio de Janeiro? Até perceber um começo para falar em nosso chamado “Haussmann tropical”, como era considerado Pereira Passos, tive que começar por aprender a dar voz aos próprios atores, pensar suas obras, sim, mas também suas biografias, as condições de possibilidade de suas ações e da legitimidade que alcançaram, as situações e condições nas quais haviam agido, com e para quem falavam e o que mantinham, instauravam, subvertiam. Uma bibliografia cheia de idas e vindas e que evidentemente tinha a ver com meu próprio amadurecimento de cada assunto.

Os livros das pesquisas de Jaime Benchimol[3] e Maurício de Abreu[4] já tinham saído, não?

Não. Em um texto do início dos anos 1990 respondi a essa questão, situando o processo de construção do passado do Rio de Janeiro como objeto de estudo e, assim, como os estudos *históricos* passaram a ocupar um espaço central no campo acadêmico entre 1978-1992. Apresentei anos depois em um encontro da Associação Nacional de Pós-graduação em Planejamento Urbano e Regional – Anpur em Belo Horizonte.[5]

Maurício Abreu havia feito um relatório de pesquisa para o Instituto Brasileiro de Administração Municipal – Ibam, em 1978. Um dos primeiros trabalhos, depois das publicações do 4º centenário da cidade em 1965, sobre a história longa do Rio de Janeiro, desde o século 20. O fato é que os que falaram sobre o Rio nos anos 1950 e 1960 tinham sido sobretudo geógrafos. Mas na década de 1970 isso havia mudado e, agora, eram sobretudo os sociólogos. Sobre arquitetura, havia um ou outro artigo escrito, um ou outro autor circulando. Maurício era também geógrafo, mas seu gesto contemplando uma longa duração, embora ainda manifestasse essa importância da geografia, trouxe uma interpretação mais ampliada de certos processos do passado. Com as teses do Jaime Benchimol e do Oswaldo Porto Rocha[6] também foi um pouco assim. Na cronologia que fiz, pude constatar como foi essa aceleração dos estudos de história, quase ano a ano e, no caso do Rio, quais foram os lugares institucionais que, a partir de meados dos anos 1980, começaram a impulsionar trabalhos mais reflexivos, isto é, manifestadamente sublinhando e problematizando suas abordagens. Na França, eu acompanhava esse movimento de crescimento do interesse sobre o *antigo* e os trabalhos que iam emergindo, ano a ano, no Rio ou sobre o Rio. Meu próprio trabalho se inseria nessa tendência, mas ao mesmo tempo, desde Vincennes, eu tinha tido a oportunidade de ampliar meus conhecimentos sobre a história do urbanismo.

Em 1983, quando voltei à França pela segunda vez para dar continuidade ao doutorado, eu já sabia da existência de um Pereira Passos de 1870, e de um outro de 1903, e não conseguia mais manter a ideia de *transferência de modelo* – que aprendera a questionar com Choay – ou a comparação de ambos os Pereira Passos com um Barão de Haussmann de 1850. Entre 1903, 1870 e 1850 o campo cultural e institucional exigia atenção às suas dessemelhanças. Os momentos tecnológicos, estéticos, políticos eram muito diversos e os atores em cena também, embora o movimento de reorganização do mundo do trabalho e do capital pudessem ser vistos como similar. Entre o prefeito de Paris, Haussmann, e o do Rio de Janeiro, Pereira Passos, cinquenta anos de debates sobre cidades haviam se passado, instituições haviam desaparecido, outras haviam ganhado forma e força. Será que, no século 19, nada disso havia atravessado o campo disciplinar e profissional brasileiro? O que havia permitido a obra do Pereira Passos?

Como cada cidade secreta as suas próprias intervenções e o que faz com que elas sejam executadas?

A oscilação entre a França e o Brasil é constitutiva do entendimento do campo na historiografia da nossa arquitetura, desde Grandjean de Montigny, Lúcio Costa, Le Corbusier etc. Por que, num certo momento, você resolveu enfrentar o modernismo arquitetônico como objeto?

Primeiro, talvez, deva se dizer que eu não enfrentei o modernismo. Eu não utilizo essa palavra. Não falo em modernismo. Busco enfrentar situações nas quais atores – que mesmo tomados individualmente estão no interior de sociedades e culturas – tentam propor um desvio crítico no que parece já não ser adequado, bom, justo, belo... E defino esse momento crítico como a-tópico, porque se vive uma crise. Falo assim muito mais em atitude *moderna* e penso a modernidade como sinônima dessa consciência a-tópica. Mas a pergunta me é generosa porque permite que eu explicite duas ideias. Primeiro que com essa minha formação sinuosa, mas marcada por pensadores que enfrentaram o tema da democracia, do liberalismo, do marxismo, da construção política permanente e da cidade, não existe a arquitetura como objeto isolado. A questão do Le Corbusier foi um pouco fortuita, mas nem tanto, já que nesse período a ideia de estilo deixou de ser um problema relevante para mim, quando tive que pensar, inclusive, se utopia era um lugar ou um desvio. A pesquisa toma forma na França com um grupo de estudos com três colegas brasileiros. Abordávamos em nossas pesquisas mais de 150 anos da prática da arquitetura no Brasil e começamos a estudar profissionais franceses que haviam atuado aqui, uma vintena deles. Começava com Grandjean de Montigny, que era o tema da tese da Cecília Rodrigues dos Santos. Outros arquitetos apareciam nas pesquisas do Vasco Caldeira. Romão da Silva Pereira estudava o Alfredo Agache. Nossas pesquisas somadas chegavam até Jacques Pilon e os anos 1960. Meus levantamentos praticamente pegavam todo o século 19, passando por Grandjean, Louis Vauthier e Araújo Porto-Alegre, pela desqualificação da arquitetura na segunda metade daquele período até Alfredo Agache, passando por Auguste Glaziou e o paisagismo nascente.

Estávamos fazendo esses levantamentos pensando a difundi-los como ferramentas de pesquisa quando houve um edital do Ministério de Relações Exteriores da França e fizemos uma proposta em cima desse universo de arquitetos que estávamos estudando. Escolhemos dez arquitetos por meio dos quais poderíamos contar um pouco da história da interlocução França-Brasil. O Ministério selecionou a proposta, mas sugeriu que focássemos a pesquisa em Le Corbusier por conta do centenário em 1987. Então começaram nossas pesquisas na Fundação Le Corbusier que resultaram na exposição e no livro-catálogo,[7] do qual escrevi a introdução, parte do capítulo 1 e alguns outros trechos pontualmente.

Nesses anos em torno do centenário do nascimento de Le Corbusier percebemos dois movimentos distintos. Por um lado, com os livros de Pietro Maria Bardi[8] e Elizabeth Harris[9] sobre este diálogo entre Le Corbusier e o Brasil, há um interesse mais celebratório. Por outro, um movimento de atualização historiográfica que vai marcar o entendimento da arquitetura moderna no Brasil, esse encenado por Carlos Martins, Carlos Comas, Sophia Telles. Como você avalia essa produção crítica em torno da arquitetura moderna brasileira na passagem dos anos 1980 para os anos 1990?

Acho que, em certos períodos, a história intelectual de um campo de saber ou de um país deve ser analisada, como falei a propósito de Mauricio de Abreu e Jaime Benchimol e da década de 1980, quase que ano a ano. Evidentemente, o livro *Le Corbusier e o Brasil* se inseriu no contexto de seu centenário, que é sempre uma celebração, mas tem-se que imaginar que estávamos vindo de anos de silenciamento sobre a arquitetura e vivendo, enfim, uma abertura política. Antes da exposição de 1987 sobre Le Corbusier, contávamos nos dedos as exposições dedicadas à arquitetura que tinham ocorrido no Brasil. Além de São Paulo e do Rio, a exposição viajou o país e temos que pensar esse dado lembrando ainda que não existiam Bienais de Arquitetura, nem internet. O próprio sistema de arte e com ele a crítica, a curadoria, movimentos tão intensos nos anos 1950-1960, havia sido rompido com a ditadura. A exposição circulou e foi para o Recife, Belo Horizonte, Porto Alegre, Brasília e Salvador, permitindo que discutíssemos Le Corbusier, que se começasse a rediscutir o movimento moderno em outras bases. Vamos falar que esse momento foi demarcador de uma certa profissionalização do campo. Mas teríamos que percorrer quase ano a ano para entender exatamente como esse debate aconteceu, foi recebido, entendido. Recentemente, tive uma conversa boa com Carlos Martins que me lembrou que eu mesma o convidei para o seminário que realizamos no Museu de Arte de São Paulo – Masp em 1987, por ocasião da Exposição do Le Corbusier.[10] Acabávamos de nos conhecer e ele me confessou que foi uma das primeiras vezes, senão a primeira, em que ele falava sobre arquitetura, Lúcio Costa, Le Corbusier... O Carlos não era o Carlos formador de gerações de estudiosos. Ele estava acabando de fazer o mestrado, e começando a fazer o doutorado.

Estávamos dispersos... O Carlos Comas estava lá no Rio Grande do Sul fazendo um trabalho magnífico, formando uma outra geração de professores como o Edson Mahfuz, ou o Fernando Fuão, por exemplo, mas não era o Comas tampouco... Em Pernambuco, estavam Luiz Amorim mas não existiam atuando Guilah Naslavsky, Fernando Diniz e sequer Sônia Marques como professores deles. Na Paraíba, também não estava ainda Nelci Tinem. Nem o alentado trabalho de Sylvia Fischer sobre os engenheiros politécnicos estava publicado.[11] Podemos contar nos dedos as pessoas envolvidas com o fazer de uma história da arquitetura no Brasil e que se mantiveram em uma área que estava sendo instaurada, e creio que mesmo internacionalmente. Eu cheguei doutora em 1987, mas na nossa área não existia pós-graduação organizada. O campo de debates era difuso, como discutimos inúmeras vezes com Sophia Silva Telles. Nós tínhamos, naquele momento, a revista *Projeto* que tinha feito um papel maravilhoso ao longo dos anos 1980, de não deixar morrer o debate sobre arquitetura. Trabalho também de abrir espaço para a arquitetura feita ou pensada em São Paulo para o campo latino-americano. Isso vinha sendo feito, devagarzinho, com o Vicente Wissenbach. Nesses anos, Ruth Verde Zein e Hugo Segawa tiveram um papel superimportante na *Projeto* e, mais tarde, na revista *AU – Arquitetura e Urbanismo*, para os que escreviam sobre o passado. Temos que pensar que nem Ruth nem Hugo estavam na pós-graduação, eram jovens em início de carreira e ninguém havia se formado na área de história. Nem Comas e nem mesmo Sophia Telles. Esta, embora tendo uma frequentação na história, se sentia mais próxima da filosofia e, em relação à prática discursiva de muitos historiadores, mantinha uma ideia da autonomia da arte e de positividade e universalidade do discurso crítico. Enfim, cada um de nós chegava, no final dos anos 1980, com percursos muito diferentes e esse estado de coisa dificultava a conversa e o entendimento sobre a própria historiografia e como ela vinha se ressignificando nos anos 1970-1980.

Mas, de qualquer forma, tivéssemos ou não avançado na profissionalização, na lenta construção de um campo da história e da arquitetura no Brasil, havia nos anos 1980 e começo dos anos 1990 uma insatisfação com as narrativas que tinham se cristalizado. Havia um esforço em rever aquilo que nós dispúnhamos enquanto história da arquitetura brasileira. Ao mesmo tempo, é possível ver que há uma abertura para outros referenciais analíticos, como, por exemplo, as análises de Manfredo Tafuri, Colin Rowe, Giulio Carlo Argan, autores que começavam a circular através de Carlos Martins, Sophia

Telles e Carlos Comas. Como é que você avalia a sua intervenção em história da arquitetura moderna nesse momento, levando em conta esse cenário?

Se tento ver a posição historiográfica dos meus colegas – e teríamos que fazer uma mesa redonda sobre o assunto – a do Carlos Martins, por exemplo, me parece muito mais construída em função de uma reação a uma narrativa totalizante e que se tornara hegemônica sobre a história da arquitetura no Brasil no período de 1930 a 1960 do que de análise de poéticas e modos de fazer. Isto é, havia uma espécie de defesa de uma prática historiográfica em seus trabalhos aqui também atenta à dimensão das culturas. Somente neste caso, parece-me que colocando a ênfase mais nos atores políticos e sobre o Estado do que muitas vezes nos sujeitos individuais e em seus modos de subjetivação e ação. É muito mais uma crítica sobre certa narrativa totalizante, que silenciava outras arquiteturas, outras manifestações no campo da cultura. Sophia Telles, por sua vez, parece-me que não lhe interessava essa discussão sobre o papel do Estado como cliente ou promotor da arquitetura e de afirmação de identidades nacionais ou do peso delas ainda hoje como exterioridade, muitas vezes, na concepção. Embora lhe interessasse a dimensão pública e política, como Carlos e eu mesma, ela não se fixava na arquitetura como prática colaborativa, citadina, e que exige saberes e competências múltiplas de vários atores individuais ou institucionais. Parece-me que moviam suas análises as questões de concepção elas próprias; o momento de síntese que o desenho realiza; o método de cada arquiteto e o que era arquitetura ou método para Lúcio Costa, para Oscar Niemeyer, para Lina Bo Bardi ou Paulo Mendes da Rocha. Enfim, Comas, como também era um arquiteto de projeto, como se dizia, ficava mais próximo também dos métodos de concepção, da história deles, quase como que estudando com eles para seu próprio fazer e com uma capacidade muito fina de entender o projeto e a obra em suas análises. Nos textos a partir do fim dos anos 1980, voltamos, de certa forma, para trás, porque criamos categorias que – mesmo aproximando o olhar das situações e condições de projetos e canteiros – atrapalharam muito, como as de arquitetura da escola carioca e da escola paulista. O uso dessas expressões, dessa terminologia, essas adjetivações, devolveram as análises mais complexas que se tentava empreender sobre a arquitetura ao problema de estilo. Usá-las para analisar a arquitetura feita no Rio de Janeiro ou em São Paulo acabou por silenciar processos históricos e políticos, silenciar atores, silenciar as condições de possibilidade e, por isso, falei em um retrocesso no que estávamos tentando começar a discutir naqueles anos. Esse *nós* designa um conjunto de atores e de autores e, como você os mencionou, aí estavam Sophia Telles, Carlos Martins, Carlos Comas entre eles.

Embora eu não tenha feito uma biografia de Le Corbusier, usei e continuei a usar a palavra mestre, por exemplo, em algumas das minhas análises. Talvez até usasse hoje, se não soubesse, como passei a constatar, o ruído que uma palavra como essa pode causar. Fui formada com a ideia que pensamos com o outro – arquitetos, urbanistas, os autores que lemos... Tem-se *maîtres à penser* e continuo achando que existem. Ainda hoje releio certos autores e, às vezes, volto ao mesmo livro porque tenho coisas a aprender nele. O que quero dizer é que o uso deste termo, para mim, não tem qualquer conotação justamente subserviente. Mas eu, como historiadora, tenho que estar atenta para isso e assim deveria, portanto, avaliar como se comportam as forças no próprio campo dos meus pares se quiser continuar a conversar com eles. São coisas que se aprende...

Você está fazendo essa crítica do uso tradicional da biografia, dos gênios etc., você nos traz a necessidade de pensar esses autores em redes ou em colaborações, em práticas de produção mais coletivas. Como é que entra essa noção dentro dessa sua perspectiva da biografia como história?

A biografia não é uma única história. Ela diz respeito a indivíduos no interior de culturas. Uma biografia é feita de situações que quem a escreve imagina, identifica, intui, busca sustentar e compartilhar. Como uma vida, não segue um curso único linear e obras manifestam inúmeras desconexões, acumulações, rumos, desvios. Estuda-se a biografia para interpretar e tecer interpretações sobre fluxos de gestos, de tempos, de possíveis e de pensáveis e impensáveis. É uma atitude de respeito para com outras vozes e para que se possa vagamente interpretar as culturas que existem no interior de um mesmo fazer. Nesse jogo, às vezes, certas figuras são mais afirmativas que outras, mas não significa uma anulação e não significa, necessariamente, uma hierarquização. Melhor seria dizer que se analisa as composições, as coimplicações. Mas também há outras competências que entram em jogo e que potencializam ou despotencializam o projeto. Isso percebo tanto na obra de Le Corbusier quanto na obra de Lúcio Costa e de Oscar Niemeyer ou de qualquer um. Nenhum homem é uma ilha e em cada um há um *modus operandi* nas formas que com o campo – difuso ou não – projetam e, ao mesmo tempo, definem o que é a arquitetura ou a escrita da história.

Estudar uma dessas figuras não é falar sobre uma dessas figuras, é falar sobre um campo ampliado (esse também é um outro termo que não queria usar, porque depois da Rosalind

Krauss virou uma dessas expressões que se repetem...). Mas a arquitetura acontece num campo ampliado, sempre aconteceu. Oscar Niemeyer não teria sido o arquiteto que é, ou foi, se Joaquim Cardozo não tivesse ensinado a plasticidade do concreto a ele. E, entretanto, de quem é a assinatura da Igreja da Pampulha? Quem das novas gerações sabe quem foi Joaquim Cardozo? Quem sabe da nebulosa intelectual frequentada por Joaquim Cardozo e que deu a ele uma densidade de reflexão e que, evidentemente, foi benéfica para o próprio impulso imaginativo e de realização de Oscar Niemeyer? São poucos. Continua-se estudando e falando de arquitetura em termos de estilo. Sem tentar ver quem estava sentado ao lado de quem, com quem um arquiteto estava interagindo, imaginando que perguntas ele se fazia, quem estava ali ajudando-o, não em segundo plano, mas fazendo com que sua obra acontecesse. Continuamos escrevendo uma história da arquitetura de figuras isoladas. Acredito na figura de um arquiteto que *colabora*, que interage, trabalha e leva em conta os saberes do seu próprio tempo e que faz seus. Assim, ele é também alguém que apresenta, instaura e reinstala o pensado e o impensado, o passado e aquilo que pede para ser *projetado*, no duplo sentido da palavra, para uma outra dimensão temporal que chamamos futuro. E nós ainda estamos num discurso extremamente fenomenológico em relação à arquitetura, então silenciam-se os atores, esvaziam-se as situações de embate, as situações de produção da obra, de concepção da obra, os dramas, as noites mal dormidas, as angústias, o sonho. Isso tudo é silenciado.

Margareth, especificamente sobre a ideia de nebulosas, temos algumas questões. Uma primeira, mais do ponto de vista de sua formulação inicial, o diálogo desta ideia com a estrutura da Enciclopédia Einaudi organizada por Ruggiero Romano,[12] na década de 1970, em que as palavras estão organizadas numa nuvem de nexos. Uma segunda questão seria sobre os rendimentos de pensar as biografias por nebulosas, um pouco na direção do que você falava agora mesmo sobre o pensar a história por meio de biografias.

O pensar por nebulosas nasce de uma ideia de pensar de forma conectada, aberta e em constante recomposição, mas situada historicamente. Acho que o problema é sempre o mesmo. Pensar o que Pierre Bourdieu demorou anos para designar como campo e que designa um lugar de conflito, de aderência, de choques, de acomodações, de disputa. A nebulosa é uma espécie de campo ainda mais instável e mais aberto do que a noção de rede induz. Christian Topalov foi mais do que uma referência para que eu começasse a pensá-las. Nesse sentido, aquilo que o historiador busca interpretar são os gestos situados de indivíduos que nunca são absolutos e os quais ele identifica em meio a tantos outros gestos – dentre os quais o da arquitetura. A ideia de nebulosas me ajudou a diminuir a ideia de abstração tão forte nos anos 1970, onde a noção de subjetividade não podia nem emergir. Permitiu-me também pensar na transubjetividade e no esforço enorme que estamos fazendo e eu agradeço mais uma vez a vocês, de tentarmos falar mais ou menos a mesma língua aqui nessa entrevista. Isso é um esforço enorme, porque tem variações de biografia, tem variações de diferentes naturezas em qualquer interlocução. Não se dá conta de como é grande esse esforço de atravessamento dos corpos, de objetivação das próprias subjetividades e de seus modos de construção para poder alcançar alguma comunicabilidade com o outro. Para mim, essas questões são centrais. Enfim, a ideia de nebulosas me ajudou a pensar por metáforas, por figuras de linguagem e por imagens de pensamento e a pensar de uma maneira muito mais evocativa do que assertiva.

A Silvia Arango, que aprecio muito, me disse: "Você chegou às nebulosas porque as montou". Certamente. Elas não são uma configuração a priori. Pode ser ou não... Há um processo de identificação intuitiva de certas situações que se quer ou deslocar ou melhor circunscrever e, portanto, as nebulosas decorrem de movimentos de construções, desconstruções e reconstruções sucessivas de interpretações. É a consciência do processo de montagem que leva a que se possa inferir que há uma configuração ou uma forma passível de ser pensada sobre determinado problema sobre o qual se deteve. Isto é, há uma nuvem, formada de muitas nuvens e, portanto, uma nebulosa que se forma em torno das montagens de sentidos e de nexos que se fez. As nebulosas não são só de obras, de autores de obra ou de cidades. São estéticas, de conceitos, de visão de tempo ou de mundo... Faz-se recortes para montar ou desmontar e remontar nebulosas, mas este recorte é um arbítrio, uma decisão e a narração sobre ele se dá em um espaço intelectual, reflexivo e que se sabe movente e movediço.

Discuti muito com Paola Berenstein, outra boa amiga e parceira, por causa disso. Paola dizia: "Vamos defender esse raciocínio como um método". Mas penso que não se trata nem mesmo de um "método desviante", como na perspectiva benjaminiana que ela defende com Jeanne Marie Gagnebin. Montar e desmontar nebulosas e pensar com as configurações que dela se depreendem não é algo que se aplique como um caminho. Salvo entendê-las como metáfora do próprio movimento do pensamento – transversal, compósito, efêmero, intuitivo, surpreendente – onde as imagens se acumulam e se adensam até que provoquem uma situação de tensão e mudança. Isto é, como toda metáfora, elas são *figuras de linguagem* que lembram o próprio caráter fantasmático das figuras, das imagens e das memórias em sua rebeldia de construir, no presente, histórias comuns.

Notas

1 ZEVI, Bruno. *Saber ver a arquitetura*. 5ª edição. São Paulo, Martins Fontes, 1996.

2 CHOAY, Françoise. *La cité du désir et la ville modele: essai sur l'instauration textuelle de la ville*. Tese de doutorado. Nanterre, Université de Paris X, 1978.

3 BENCHIMOL, Jaime L. *Do Pasteur dos micróbios ao Pasteur dos mosquitos. Febre amarela no Rio de Janeiro (1880-1903)*. Orientador Ciro Flamarion Cardoso. Tese de doutorado. Niterói, Universidade Federal Fluminense, 1995; BENCHIMOL, Jaime L. *Dos micróbios aos mosquitos: febre amarela e a revolução pasteuriana no Brasil*. Rio de Janeiro, Editora Fiocruz/Editora UFRJ, 1999.

4 ABREU, Maurício de Almeida; BRONSTEIN, Olga. *Políticas públicas, estrutura urbana e distribuição de população de baixa renda na área metropolitana do Rio de Janeiro*. Rio de Janeiro, IBAM, 1978; ABREU, Maurício de Almeida. *Evolução urbana do Rio de Janeiro*. Rio de Janeiro, Iplanrio/Jorge Zahar, 1987.

5 PEREIRA, Margareth da Silva. A arte de interrogar o passado: perfis da historiografia sobre o Rio de Janeiro, temas e problemas. In *Anais X Enanpur*. Belo Horizonte, Anpur, 2003.

6 ROCHA, Oswaldo Porto. *A era das demolições: cidade do Rio de Janeiro, 1870-1920*. Orientador Victor Vincent Valla. Dissertação de mestrado. Niterói, PPGH UFF, 1983; ROCHA, Oswaldo Porto. *A era das demolições: cidade do Rio de Janeiro, 1870-1920*. Rio de Janeiro, Secretaria Municipal de Cultura/ Departamento Geral de Documentação e Informação Cultural, 1986.

7 PEREIRA, Margareth da Silva; PEREIRA, Romão Veriano da Silva; SANTOS, Cecília Rodrigues dos; SILVA, Vasco Caldeira da. *Le Corbusier e o Brasil*. São Paulo, Tessela/ Projeto, 1987.

8 BARDI, Pietro Maria. *Lembrança de Le Corbusier: Atenas, Itália, Brasil*. São Paulo, Nobel, 1984.

9 HARRIS, Elizabeth Davis. *Le Corbusier, riscos brasileiros*. São Paulo, Nobel, 1987.

10 Exposição *Centenário de Le Corbusier*. São Paulo, Masp, 1987.

11 FISHER, Sylvia. *Os arquitetos da Poli: ensino e profissão em São Paulo*. São Paulo, Edusp, 2005.

12 Organizada por Ruggiero Romano entre 1977 e 1984, a Enciclopédia Einaudi possui dezesseis volumes compostos por diversos autores.

4 Cultura e materialidade

Trabalho manual e intelectual da arquitetura, participação da arquitetura na economia política, suas interfaces com a história dos canteiros de obras, da engenharia e do desenho industrial, as relações entre arte, ofício e indústria, e mesmo as relações entre o ensino e a prática profissional são temas ainda dispersos pela historiografia da arquitetura. Sem necessariamente convergirem para um método ou resultado únicos, posto que matizadas por trajetórias intelectuais e escolhas teórico-críticas muito distintas, as entrevistas reunidas nesta seção falam de perspectivas que contribuem para o adensamento desse amplo espectro de questões. Não somente ancoram novos crivos de análise e crítica da arquitetura, como expandem as possibilidades de articulação entre práticas e culturas de projeto e a produção social da arquitetura.

A história crítica da arquitetura exige do historiador não somente o recurso a outras disciplinas, mas exige também a ultrapassagem das fronteiras empíricas do saber arquitetônico, na busca dos elementos que constituem a práxis edilícia, suas apropriações e significados diversos.

A dialética marxista – enriquecida pela teoria estética de Adorno, a psicanálise, a linguística, a semiótica e a sociologia do trabalho – permeia a leitura crítica de Sérgio Ferro das oposições e contradições entre desenho e canteiro, trabalho intelectual e manual, autonomia e heteronomia, convocando o historiador ao exame das relações de dominação e exploração na base da produção arquitetônica. É evidente a atenção do analista às circunstâncias produtivas condensadas em toda a obra de arquitetura, sejam as que se ligam ao trabalho do arquiteto, com seus encargos, técnicas e linguagens, sejam as que operam no plano da construção propriamente dita, tecnologias, recursos materiais, mão de obra e capital.

O entendimento da arquitetura como modo de estabelecimento no mundo conduz a análise fenomenológica do inglês Kenneth Frampton da arquitetura como cristalização de gestos tectônicos. Para ele, a interface laboriosa das obras com o sítio, o trabalho com os recursos técnicos e materiais disponíveis e o diálogo com as culturas espaciais e construtivas em jogo, oferecem ao historiador e ao crítico categorias abrangentes de valor.

Com Sylvia Ficher, é sobretudo uma reflexão em torno das culturas profissionais que está no centro de suas atenções. As relações entre dimensões técnicas e estéticas da arquitetura, a divisão de competências entre arquitetos e engenheiros, entre os momentos do projeto e da construção, fornecem à historiadora a oportunidade de revisar historicamente espaços de formação e modos de atuação dos profissionais da arquitetura.

Se, para uns, o retorno ao século 19 sugere a reabertura da discussão sobre artesanato ou ornamento, interditada pela ortodoxia modernista; para outros, é a racionalização do trabalho de projeto, o design de componentes, a pré-fabricação, o que dá foco às interpretações. É o caso de Ana Luiza Nobre, cuja atenção dedicada à cultura arquitetônica moderna a leva a pensar os impasses e os paroxismos do projeto construtivo brasileiro.

A reunião de quatro perspectivas tão distintas, em suas interseções e vínculos eventuais, é também uma oportunidade para pensarmos a relevância de questões negligenciadas por uma historiografia que costuma privilegiar a arquitetura como saber autônomo, os arquitetos como criadores isolados e a forma dos edifícios – projetados ou não, construídos ou não – como dotada de valores estéticos a ela imanentes. É que, ao problematizar os nexos entre cultura projetual, forma edificada e processo de produção, os entrevistados aqui operam nos interstícios entre o artístico e o produtivo, o trabalho e o capital, o desenho e o discurso, a tectônica e o território, a manualidade e a invenção.

Da forma-lugar à prática reflexiva

Kenneth Frampton

Entrevista concedida por Kenneth Frampton a José Lira, em Nova York, Estados Unidos da América, entre maio e junho de 2009.

Você se formou pela Architectural Association – AA em 1956. Em entrevista a Hal Foster e Stan Allen (outubro de 2003),[1] você se incluiu numa "geração perdida" de arquitetos. Poderia explicar melhor a quem se referia?

Costumo achar que a conversa com Foster e Allen resultou numa das melhores entrevistas que já concedi. Quando falo em "geração perdida", refiro-me à minha turma da AA, ou seja, o grupo que se formou por volta de 1955 ou 1956. Estas são pessoas com quem ainda mantenho contato. O grupo inclui Neave Brown, que desenhou alguns projetos importantes de moradia em Londres, para a subprefeitura de Camden; e John Miller, de quem eu era bastante próximo quando estudante e de quem continuei próximo por mais de cinquenta anos. Miller depois criou uma parceria com Alan Colquhoun e projetou um ou dois edifícios bem interessantes na segunda metade dos anos 1950 e início dos anos 1960, em especial um laboratório de química para o Royal Holloway College, próximo de Londres. Havia igualmente Patrick Hodgkinson, que trabalhou com Leslie Marti, em Cambridge, e também abriu seu próprio escritório, mas parou de praticar arquitetura ainda cedo para se tornar professor. Ele projetou e realizou um complexo habitacional absolutamente decisivo na área de Bloomsbury, em Londres: o chamado Brunswick Center (1972), ainda hoje vital. Quando falo em "geração perdida", quero dizer que nenhuma dessas pessoas tornou-se conhecida mundialmente, como James Stirling, que conhecíamos e admirávamos, ainda que ele fizesse parte de uma geração diferente.

A Architectural Association era uma escola muito profissional quando você estudou lá?

Era razoavelmente profissional. Talvez não no nível das universidades técnicas alemãs, mas suficientemente profissional. E havia várias figuras interessantes dando aula lá, inclusive os renomados engenheiros Felix Samuely e Ove Arup, ambos ensinando estruturas na AA. Na época, não havia grandes escritórios de engenharia. Em 1956, depois de me formar, fui recrutado pelo corpo de engenheiros do Exército Britânico. Quando deixei o exército, em 1958, fui para Israel por um ano e trabalhei em Tel Aviv para os escritórios Karmi, Melzer, Karmi e Yashar/Eytan. Quando voltei à Grã-Bretanha, comecei com Douglas Stephen and Partners, onde trabalhei como arquiteto associado, e há um edifício no centro de Londres projetado por mim, realizado bem no início dos anos 1960. É chamado Craven Hill Gardens e situa-se logo ao norte do Hyde Park, em Leinster Terrace.

Mas como se deu a passagem para a teoria e a história?

Meu distanciamento da prática em direção ao ensino, à história e à teoria veio com minha migração para os Estados Unidos. Uma figura-chave neste episódio foi Peter Eisenman, que eu tinha conhecido em Londres. Eu havia publicado uma parte de sua tese na *Architectural Design*,[2] durante o período em que trabalhei como editor técnico da revista, de 1962-1965. Em troca, Eisenman convidou-me a dar aulas na Universidade de Princeton e então comecei a ensinar lá em 1965. Passei o primeiro semestre dando aulas e o segundo pesquisando, o que me levou à documentação da Maison de Verre, que eu havia medido em Paris, com um colega britânico, Robert Vickeri, e um arquiteto/fotógrafo armênio, Michael Carapetian, que vive atualmente em Veneza. Fizemos um estudo sobre a Maison de Verre, que foi publicado em seguida na *Perspecta: The Yale Architectural Journal* v. 12.[3]

Princeton passava por um momento muito especial, tanto institucional como academicamente. Novo diretor, nova faculdade, novo prédio...

Sim, Michael Graves e Peter Eisenman foram juntos para Princeton em 1964, que era uma faculdade jovem, para liderar uma mudança lá. Eles importaram um corpo de jovens arquitetos e intelectuais britânicos, além de mim, Anthony Vidler e Anthony Eardley. Este foi um primeiro influxo inglês em Princeton, seguido de uma geração ligeiramente mais velha. Tanto Alan Colquhoun quanto Robert Maxwell ensinariam em Princeton, a ponto de Maxwell vir a ser, mais tarde, diretor da escola depois que Robert Geddes se aposentou.

Fale mais sobre o seu trabalho lá?

Quando cheguei em Princeton, em 1965, dei quatro seminários livres sobre as vanguardas modernistas, isto é: futurismo, construtivismo russo, neoplasticismo e construtivismo internacional. Estes quatro seminários eram certamente inspirados em Reyner Banham, exceto por minha ênfase excepcional no construtivismo, que está ausente de seu *Theory and Design in the First Machine Age*.[4] Dividi meu tempo, no início, entre Londres e Princeton. Eu ensinava um semestre em Princeton e voltava e passava algum tempo em Londres.

Quando você se transferiu para a Universidade de Columbia?

Comecei a ensinar aqui em 1972. Na verdade, abri mão de meu posto vitalício em Princeton, o que foi uma decisão muito ingênua da minha parte. Mas eu acabaria adquirindo uma nova cátedra em Columbia. James Stewart Polshek era, então, o diretor da escola e eu estava indiretamente envolvido na criação dela, sob sua liderança. Gente como Klaus Herdeg, da Universidade de Cornell, já falecido, Richard Plunz e Michael Mostoller, do Instituto Politécnico Rensselaer – RPI, e Michael Schwarting, também de Cornell, foram trazidos para a faculdade, em parte, graças a mim. Naquela época, em minha opinião, só havia duas escolas de arquitetura realmente significativas nos Estados Unidos: uma era o Instituto Politécnico Rensselaer, em Troy, Nova York, e a outra era na Universidade de Cornell, na qual Colin Rowe era professor. O RPI tinha uma filosofia bem diferente da de Cornell, pois era influenciado pelo trabalho do Team 10 e, em particular, de Shadrach Woods. Embora Woods nunca tenha ensinado no RPI, havia alguns professores lá, como Robert Winney, que eram bastante influenciados por ele. Claro que a situação em Columbia acabaria mudando, mas por algum tempo essas duas escolas tiveram uma grande influência aqui.

Em Columbia, você atuava tanto em cursos de história como de projeto? Como esses campos do ensino se relacionavam?

Quando comecei a dar aulas na Universidade de Princeton, fui contratado para ensinar tanto projeto quanto história/teoria e atuei um pouco da mesma forma quando me mudei para a Escola de Pós-Graduação em Arquitetura, Planejamento e Preservação – GSSAP da Universidade de Columbia, em 1972. Ensinava projeto três tardes por semana, além de um curso teórico. Em 1970, recebi uma encomenda de Robin Middleton, que mais tarde também ensinaria em Columbia, para escrever o livro *Modern Architecture, a Critical History* para a editora Thames and Hudson.[5] Levei dez anos para escrevê-lo. Uma das razões é que ele faria parte da coleção "World of Art", que já tinha um padrão estabelecido (largura da coluna, extensão, tamanho de fonte etc.). Tive uma enorme dificuldade em adaptar meu texto a esse formato. Somente quando eles mudaram a formatação para duas colunas de texto por página, enfim fui capaz de terminar o livro que me definiu como historiador de arquitetura e confirmou minha inclinação para a história e a teoria. Enquanto dava aulas em Columbia, também me envolvi com o Instituto de Arquitetura e Estudos Urbanos – Iaus, que Eisenmann havia fundado, com o auxílio do Museu de Arte Moderna – MoMA de Nova York, em 1967. Logo depois que cheguei em Princeton, Eisenmann veio para Nova York e iniciou o Iaus. Por volta de 1972, comecei a me envolver bastante com o Instituto. Isso me levou, em 1974, a ser um dos editores fundadores do periódico do Iaus, o *Oppositions*, e a partir desse momento meu tempo se dividia entre Columbia e o Instituto.

Nos anos 1960 e 1970, há todo um debate internacional acerca das relações entre história e teoria, de um lado, e o ensino de projeto, de outro. Refiro-me ao movimento italiano da crítica operativa, por exemplo, ou ao seminário *The History, Theory and Criticism of Architecture*, realizado em 1964 pelo American Institute of Architects – AIA, na Cranbrook Academy of Art, e do qual participaram Reyner Banham, Peter Collins, Sybil Moholy-Nagy, Stanford Anderson, Bruno Zevi, entre outros. Há toda uma discussão sobre como tratar a história em cursos de arquitetura ou como conectar projeto e história sem cair em historicismos, nostalgias ou pastiches. Este também era um tema relevante em Princeton ou Columbia?

Sim, ouvi falar do seminário de Cranbrook, mas isso foi antes da minha vinda para os Estados Unidos. Muitos dos historiadores *autodidatas* que ensinaram comigo, em Columbia, eram originalmente arquitetos. Não tenho certeza quanto a Gwendolyn Wright, mas acho que isso também se aplica a ela, e certamente a Mary McLeod, que se formou em arquitetura por Princeton, antes de tornar-se historiadora. Na verdade, ela foi uma das primeiras diplomadas no programa de doutorado de Princeton, criado em 1967 e com o qual, aliás, inicialmente me envolvi. No começo, ele não foi concebido como um doutorado em história e teoria, pois era mais um programa de cunho metodológico, com orientação sociológica e behaviorista. Quando Tony Vidler envolveu-se como diretor, ele acabou se tornando um programa de história e teoria, com certa orientação política. Foi durante esse período que McLeod foi a Paris para trabalhar na Fundação Le Corbusier, em sua tese importante, infelizmente não publicada, sobre o sindicalismo e a posição política de Le Corbusier no final dos anos 1930. Assim, Mary foi um dos primeiros produtos dessa mudança de orientação acadêmica em direção à história. Devo acrescentar que havia em Londres figuras como Alan Colquhoun que, embora tivesse experiência como arquiteto, sempre cultivara um forte interesse por assuntos teóricos. Havia, então, um discurso intelectual em Londres entre arquitetos atuantes, como Colquhoun, que trabalhava para o London County Concil – LCC (Conselho do Condado de Londres) na mesma época que James Stirling. Toda essa cultura estava indiretamente relacionada com Colin Rowe, que era da mesma geração de Stirling. Ele também era um paraquedista do Exército Britânico, mas tendo se machucado num treinamento, ficou inválido e começou então a ensinar na Escola de Arquitetura de Liverpool. Assim, embora eles fossem da mesma geração, Rowe foi professor de Stirling antes de seguir para o Instituto Warburg, onde tornou-se pupilo de Rudolf Wittkower. Foram pessoas como Colin Rowe e alguém chamado Thomas Stevens que encorajaram esse discurso intelectual entre os arquitetos. Sou fruto dessa cultura, bem como Tony Vidler, que foi estudante de Rowe em Cambridge. Portanto, existe uma ligação entre mim, Mary McLeod e o discurso britânico em geral. Como você destacou, essa linha nos anos 1960 encorajaria a criação de programas formais de história e teoria dentro das escolas de arquitetura.

E de que modo você acha que esse influxo britânico nas escolas americanas, durante os anos 1960, distinguia-se do que era ensinado ou discutido nos Estados Unidos e em outros lugares, ou debatido em conferências e encontros internacionais como o realizado em Cranbrook?

Como disse, eu não estava nos Estados Unidos quando ocorreu o seminário de Cranbrook, então fica difícil comentar esse assunto. Se eu tentasse dar conta do que parece ter sido o cenário acadêmico americano antes dessa injeção de teoria e história, com base britânica, eu diria que ele era muito pragmático e a-histórico, vide a atuação de Walter Gropius em Harvard ou a de László Moholy-Nagy e Serge Chermayeff no Instituto de Design de Chicago. Havia, provavelmente, duas ou três situações pedagógicas muito influentes na América nesse momento: primeiro, essa ênfase funcional tardia, vinda da Bauhaus; segundo, uma certa ênfase nas formas neoplatônicas; e terceiro, uma ênfase em comportamento num sentido abstrato. Estes três aspectos – forma, função e comportamento –, no final das contas, eram todos a-culturais. Nos Estados Unidos, havia uma resistência em se considerar a história como manifestação de uma continuidade cultural. Quer dizer, ainda havia uma crença ingênua segundo a qual a arquitetura poderia ser uma espécie de ciência aplicada. Esta crença assumia várias formas: esteve presente no Instituto de Tecnologia de Massachusetts – MIT, nas aulas de Kevin Lynch e Donald Appleyard; foi de certo modo adotada por Serge Chermayeff no livro *Community and Privacy*,[6] escrito em parceria com Christopher Alexander em 1963, um importante trabalho que critica os subúrbios, em favor de prédios baixos com alta densidade. Em todo caso, não se trata de modo algum de uma crítica cultural. Não se levantam questões históricas ou teóricas acerca da arquitetura. Assume-se que a tarefa da arquitetura é objetivamente a-histórica. Isto nunca é explicitamente afirmado, mas certamente encontra-se ali.

E quanto ao debate italiano sobre os usos da história da arquitetura para a prática projetual?

O discurso italiano é muito variado, começando com Ernesto Rogers, em *Casabella*, e o chamado *centro-studi*, que envolveu Vittorio Gregotti, Guido Canella e Giorgio Grassi etc. Este era um discurso político-cultural que estava ligado a *Contropiano* e ao movimento Autonomia, que também seria a fonte na qual beberia Manfredo Tafuri. Há, claro, muitas diferenças interessantes entre, digamos, Bruno Zevi, por um lado, e Rogers, por outro. Com Zevi há uma obsessão por Frank Lloyd Wright e com a chamada arquitetura orgânica da democracia etc. Rogers teve, acredito, uma perspectiva histórica europeia bem mais abrangente que Zevi. Acho isso bastante evidente em seu trabalho de edição de *Casabella*, contrariamente ao de Zevi em *Architettura*. Claramente, esse discurso italiano é muito distinto do britânico. E o interessante, no que diz respeito ao Iaus, é que embora Eisenmann tenha sido aluno de Colin Rowe e estimulado por seus dois anos em Cambridge, ao trabalhar em sua tese de doutorado, ele também acabou sendo bastante influenciado pelos italianos. E se você observar bem em *Oppositions*, perceberá o momento em que essa guinada para Veneza acontece, com o interesse crescente no trabalho de Tafuri, Giorgio Ciucci, Francesco Dal Co, Georges Teyssot etc. Tudo isso começa a enriquecer o discurso teórico-histórico da Costa Leste americana. Daí, a figura altamente influente de Aldo Rossi, que também ensinará por um breve período nos Estados Unidos, envolvendo-se com o Instituto.

Bem, salvo engano, você vem se referindo aos periódicos de arquitetura – *Architectural Design*, *Oppositions*, *Casabella*, *Contropiano*, *L'Architettura* etc. – como veículos importantes na discussão historiográfica naquele tempo, mas também destacou o papel de instituições extra-acadêmicas, como o Iaus e o MoMA, na reformulação dessa abordagem histórica, teórica e crítica da arquitetura...

Acredito que *Oppositions* contribuiu para tudo isso de uma maneira um tanto ingênua, envolvendo *en route* Eisenmann, Kurt Foster, Tony Vidler, Mario Gandelsonas, Diana Agrest e eu na editoria. É importante salientar a influência argentina no Iaus, assim como no MoMA. Porque quando me mudei para Princeton, em 1965, e comecei a dar aulas, um de meus alunos era um argentino precoce, Emilio Ambasz. Ele viraria, de um dia para o outro, membro do corpo docente da faculdade e, logo em seguida, tornou-se assistente de curadoria do departamento de arquitetura do MoMA, onde era o braço direito de Arthur Drexler, uma manobra que teria sido elaborada, acredito eu, por Peter Eisenman.

Que também era muito próximo de Drexler.

O Iaus foi criado com o Drexler e sem ele teria sido mais difícil mantê-lo funcionando. Houve uma exposição no MoMA, em 1967, com o título "New Architecture in City Planning", organizada por quatro equipes, todas compostas por jovens membros da universidade: Michael Graves e Peter Eisenmann, de Princeton; Jack Robertson e Richard Weinstein, de Columbia; Stanford Anderson e Henry Millon, do MIT; e havia ainda uma equipe de Cornell, formada por Colin Rowe e alguns de seus alunos. Essas quatro equipes criaram projetos para diferentes partes de Manhattan, que foram expostos no museu juntamente com um pequeno catálogo. Baseado nessa exposição, começou o Iaus. Ambas faziam parte da primeira formação do Instituto e foi certamente ele que convidou Mario Gandelsonas e Diana Agrest para o MoMA. Em seguida, eles passariam ao Iaus. Ambos estiveram em Paris e foram influenciados pelo estruturalismo francês.

Parecia claro que a revista teria um papel fundamental no ensino formal de arquitetura? Não importava que o próprio Eisenmann não fizesse mais parte da universidade naquele momento?

Eisenmann era independente e Mario também não dava mais aulas. Naquele tempo, eu era o único que dava aulas, embora Vidler, quando juntou-se a nós, estivesse ligado a Princeton, e Kurt Foster, que viria mais tarde, lecionava em Stanford. Ele esteve antes na Universidade de Yale e, antes disso, em Zurique, e agora está novamente em Yale. Se olharmos o primeiro número da revista *Oppositions*, percebemos facilmente a variedade de posições políticas. Suponho que seja justo dizer que Mario e Diana eram politizados, na medida em que eram influenciados pelo estruturalismo francês e, até certo ponto, pelo situacionismo. Se tive um passado político, eu diria que foi de algum modo marxista, embora muito ingênuo. No primeiro número, publiquei um ensaio chamado "Industrialization and the Crisis of Architecture",[7] que já tem esse tom.

Essa perspectiva marxista também foi trazida da Inglaterra?

Acho que não. Eu meu politizei apenas quando vim para os Estados Unidos, ao me tornar consciente, pela primeira vez, do tamanho do poderio industrial e da convergência daquilo que o presidente Dwight Eisenhower chamou de organização industrial-militar. Tamanha potência era bem mais evidente nos Estados Unidos que na Inglaterra. O que me deixou bastante impressionado. Foi uma experiência subjetiva que me marcou muito. Foi quando li *A condição humana*, de Hannah Arendt,[8] que me havia sido recomendado por Thomas Stevens, pela primeira vez, nesse momento. Este livro mudou minha vida e posso dizer que nunca mais me recuperei, algo que se percebe ao ler meu artigo "Labor, Work and Architecture"[9] ("trabalho físico, trabalho mental e arquitetura")...

A arquitetura tomando o lugar da ação...

Sim, o título também era uma brincadeira com o *Espaço, tempo e arquitetura*, de Sigfried Giedion.[10] Encontrei Arendt num evento acadêmico e ela considerou minha extensão de sua tese à arquitetura plausível. Isso ocorreu na Universidade York, em Toronto, onde apresentei a primeira versão de "Labor, Work and Architecture", que seria então publicado na antologia de Charles Jencks e George Baird, *Meaning in Architecture*, de 1969.[11]

Pois bem, como você relacionaria esse foco no labor, no trabalho e na ação, partindo de uma perspectiva marxista e da crítica que Arendt fez de Karl Marx, com a história da arquitetura?

Bem, essa é uma contradição construída na própria tese de Arendt. Acho que escrevo sobretudo do ponto de vista de um arquiteto. Escrevo sobre arquitetura de dentro, para arquitetos e não para historiadores da arquitetura. Tampouco escrevi muita crítica, no senso estrito do termo. Tenho uma atitude crítica, mas não me considero um crítico. Por isso concluo, na introdução à minha coletânea de ensaios, afirmando ser um escritor de arquitetura. Embora o discurso da arquitetura nos conduza novamente ao dilema da modernização, à política evidentemente, e ao desejo humano em relação à modernização e à necessidade. Acredito que aí se encontra a força de minha abordagem a despeito das escolas de arquitetura ou dentro delas.

Esta é uma questão importante: a relevância da história da arquitetura dentro e fora das instituições de ensino, dentro ou fora da disciplina.

O problema da profissão na Inglaterra, no final dos anos 1950, devia-se ao fato de ela ser extremamente pragmática, além do impulso para transformar a arquitetura numa ciência aplicada. Ela não estava ligada a questões culturais e filosóficas mais profundas. Uma vez enfatizado o aspecto teórico-histórico, somos levados a questões fundamentais acerca da natureza do edifício e sua relação com a sociedade. As tendências opostas, positivistas, das escolas americanas, hoje em dia, certamente derivam do advento das ferramentas digitais, o que provocou a negação dessa dimensão cultural.

Esse é um importante debate hoje: como reconectar e quais as vantagens de se manter uma certa distância entre história e projeto? Quer dizer, existe um apelo de ambos os lados para se restabelecer uma ligação, tanto para os arquitetos recuperarem certa perspectiva histórica, quanto para que os historiadores não percam de vista os dilemas profissionais, projetuais e institucionais do presente.

Uma das coisas que não se pode ignorar totalmente é o fato de que há pessoas entrando nas universidades para desenvolver uma carreira acadêmica, cujas ambições, afinal de contas, são eminentemente intelectuais. Arquitetos profissionais possuem uma relação com a realidade que é diferente da dos acadêmicos. Alguém como Vittorio Gregotti (que é subestimado no mundo anglo-saxão) é, por outro lado, uma raridade: ou seja, um arquiteto com uma capacidade intelectual e crítica significativa. Ele foi editor de *Casabella* por oito anos e escreveu editoriais bastante perspicazes, introduzindo a cada mês questões acerca de história e teoria e a respeito da autonomia relativa da disciplina arquitetônica. Esse tipo de discurso, que estabelece relações entre determinadas questões filosóficas, históricas, políticas e a prática da arquitetura, é algo incomum nos escritórios...

É verdade. Mas retornemos a seu próprio discurso, a partir de seu livro sobre a arquitetura moderna. Acho que há algumas questões, não exatamente a respeito do conteúdo do livro, mas de seus modelos, sua estrutura e suas estratégias...

O último adendo à edição recente de *História crítica da arquitetura moderna* termina com uma referência a Paulo Mendes da Rocha, pois acredito que seu trabalho revela uma dimensão pública/política bastante forte. Como você sabe, ele também possui uma maneira única de trabalhar coletivamente.

Sim, sim. Podemos voltar a isso adiante. Em seu livro, você menciona o peso da informação em empreendimentos históricos como o seu, na busca de uma visão global sobre todo o século 20. Você se refere à dificuldade em se preservar neles o trabalho de interpretação. Mas exceto por Banham, você não discorre muito sobre a historiografia especializada. Fico me perguntando o que você acha das várias gerações de autores e livros que pretenderam apresentar/interpretar a história da arquitetura moderna. Especialmente agora, que a quantidade de informação tornou-se tão densa, graças à disseminação de material editado pelo mundo todo, juntamente com a internet, a nos fornecer novos casos, materiais, informações, dados... Ainda é possível e/ou válido escrever livros como o seu? Qual a utilidade de livros assim numa

sociedade da informação que já disponibiliza sua biblioteca babélica na rede?

Quando meu livro foi publicado na França, Jean-Louis Cohen não via o porquê de se escrever mais uma história compreensiva. Porém, mais tarde, quando começou a lê-la, ele compreendeu que, afinal de contas, havia uma razão. Mas o diálogo entre nós foi truncado, e nunca mais demos continuidade à conversa... Todavia, a explosão de informação, o número de revistas que são publicadas, a quantidade de novos materiais, tudo isso levanta questões difíceis. Uma coisa que podemos dizer é que várias revistas entraram numa espécie de decadência, por sua recusa em tomar uma posição crítica em relação à prática. Acho que o único país que ainda possui revistas de verdadeira qualidade é a Espanha. A *Arquitectura Viva*, de Luis Fernández-Galeano, mantém sua classe, enquanto a *Domus* está completamente decadente. A *Casabella*, de Dal Co, é uma exceção, mas não tem o mesmo foco documental e de registro da *Arquitectura Viva* de Galeano. O que me parece estranho é que há poucos editores com estamina espiritual e inteligência suficientes para tomar uma posição em relação à prática. Poderíamos argumentar que diante da produção contemporânea, que é tão rica e variada, ainda é possível fazer escolhas bastante precisas no que tange à edição. Nem tudo é igualmente relevante. Ao mesmo tempo, há trabalhos no mundo inteiro, hoje em dia, de qualidade muito refinada. A esse respeito, a explosão de informação teve tanto um efeito negativo, quanto positivo. A disponibilidade de informação significa que pessoas em partes remotas do planeta são capazes de julgar sua própria produção em relação aos padrões mundiais, e produzir, em escala local, trabalhos bastante sofisticados. O problema com as revistas é que os editores não são capazes de reconhecer qualidade regional quando a veem, pois sentem-se compelidos a publicar tudo. Esta é a crise do espetacular. No final de *Studies in Tectonic Culture*,[12] cito *A sociedade do espetáculo,* de Guy Debord, num trecho em que ele diz: "É lamentável que a sociedade humana encontre tão graves problemas no momento em que se tornou materialmente impossível fazer ouvir a mínima objeção ao discurso mercantil, momento em que a dominação – justamente porque o espetáculo a protege de toda reação a suas decisões e justificativas fragmentadas ou delirantes – acha que já não precisa pensar; na verdade, já não sabe pensar".[13]

Da forma-lugar à forma tectônica, o embate com o tema da produção parece ser uma constante em sua obra – a produção pensada do ponto de vista do trabalho do arquiteto no embate com o terreno, as condições e necessidades locais,

os materiais e as técnicas, a forma construída etc. Porém, algo que raramente encontramos na história da arquitetura é uma abordagem que enlace esses diferentes níveis de produção à produção mais geral da arquitetura, que envolve outras categorias de trabalho, no canteiro ou na fábrica, em suas relações com o trabalho do arquiteto na construção.

Este comentário me faz pensar, primeiramente, no fato de que a arquitetura, como o cinema, é uma empreitada coletiva, não apenas no nível do projeto, mas também por envolver outras áreas além da sua. Claro que isso implica engenheiros de vários tipos e especialistas em materiais, além de, no nível da fabricação, as diversas equipes envolvidas na criação propriamente dita de um edifício. Nesse sentido, acredito que uma forma construída, ao contrário de outras formas artísticas, encontra-se inevitavelmente mesclada ao que Edmund Husserl chamou de "mundo da vida" (ou *lebenswelt*), distinguindo-se, de certo modo, de qualquer outra prática artística.

No entanto, enquanto a história social da arquitetura elabora diferentes níveis de intervenção e coloca em cena outros tipos de conhecimento e trabalho, além do projetual, acho realmente muito curioso não vê-los incluídos, com maior regularidade, no espectro de temas estudados pela história da arquitetura.

O modo pelo qual a história é escrita pela maioria dos historiadores da arquitetura, incluindo eu mesmo, é muito concentrada no resultado final, num sentido espacial e plástico. E suponho que, em níveis variados, diferentes historiadores levarão em conta muito mais as implicações socioculturais da obra que as forças produtivas, ações ou movimentos sociopolíticos – os quais precisam existir para que a construção venha a surgir. É um ponto fraco da historiografia da arquitetura que esses outros fatores – sociais, culturais e políticos – sejam desenvolvidos de maneira tão inadequada. Gostaria de acreditar que minha própria compilação histórica, por exemplo, tenta corrigir essa carência, compreendendo fatores sociais, culturais e políticos.

Se não me engano, uma das principais ideias contidas em *História crítica da arquitetura moderna* deriva de uma leitura frankfurtiana do iluminismo, visto como confluência constitutiva entre razão e desrazão, entre funções emancipatórias e instrumentais da razão. Creio que, segundo seu livro, desde o século 18, a história da arquitetura foi marcada pela oscilação entre vanguarda e nostalgia, posições neoclássicas e anticlássicas, racionalismo e antiutilitarismo, planejamento

total ou utopia industrializante e a negação da realidade material da produção industrial. Em sua obra, você se refere frequentemente à possibilidade de reconciliação dessas forças, mas já foi dito que sua abordagem de temas como labor, ofício, forma construída, consciência construtiva, perda de proximidade etc., apela para um humanismo romântico anti-industrial. Como você reagiria a isso?

Gosto do conceito de Martin Heidegger do sujeito humano lançado na história. Assim, não podemos repudiar o momento histórico no qual existimos; por outro lado, é muito difícil compreendê-lo totalmente. Eis uma reação à sua pergunta. A outra tem a ver com a ideia de cultura concebida como uma espécie de operação de conservação, relacionada com o conceito de "esperança projetada" de Ernst Bloch. Creio que a arquitetura, vista como uma operação de conservação, tem a responsabilidade de manter certos valores humanos diante da instrumentalização, do consumo e da transformação maximizados do mundo material de um ponto de vista técnico. Suponho que esta posição seja essencialmente romântica, já que ela tenta constantemente manter o espaço da aparência e da experiência humanas dentro de condições técnico-científicas impostas pela sociedade moderna tardia. A arquitetura é um campo, por definição, fragmentário, visto que mais de 90% das construções não possuem absolutamente nenhum arquiteto trabalhando nelas. Neste sentido, a arquitetura é, por definição, uma atividade quixotesca. Daí a importância do conceito de Bloch do "ainda não", no que se refere a um futuro utópico não especificado.

Ao mesmo tempo você também se refere e faz apelo à produção em massa, ao projeto industrial como uma espécie de força motriz. Você enxerga uma abordagem conscientemente híbrida entre essas suas posições?

Construir é algo inevitavelmente híbrido. As técnicas disponíveis podem ser empregadas de diferentes maneiras e combinadas para fins completamente diversos. Uma das coisas mais interessantes a respeito da construção é o seu aspecto anacrônico: por exemplo, quando você começa a trabalhar no canteiro, cavando o chão, o modo de escavação é mais ou menos o mesmo empregado em tempos remotos. Há o mesmo tipo de encontro brutal com a realidade da terra. Aqui, os modos requintados de produção racionalizada que associamos à industrialização não se aplicam. Neste sentido, construir é inevitavelmente uma atividade híbrida e pode-se argumentar que justamente este aspecto cultural torna possível adotar uma posição mais sutil no que se refere a técnicas cada vez mais dominantes.

Isso me lembra o seu argumento a respeito de uma arquitetura da resistência, em "Towards a Critical Regionalism", no qual você retorna à reavaliação da modernização, elaborada por Paul Ricoeur, a fim de propor novamente o dilema cultura x civilização como uma passagem às ideias de "sítios de resistência" ou "formas de resistência descentradas". Diante da rediscussão contemporânea, pós-estruturalista ou pós-colonial de dicotomias ocidentais (tais como moderno/primitivo, natureza/cultura, razão/sentimento), como você hoje posicionaria a ideia de um regionalismo crítico?

Ricoeur afirma que nem toda cultura consegue suportar o ataque da civilização – definindo esta última como tecnológica e a primeira como tendo uma dimensão ética e mítica. Quando vemos o que acontece agora e vem acontecendo desde o início da descolonização, percebemos que sociedades tribais tradicionais vêm sendo traumatizadas pelo impacto da civilização global, correndo o risco de não sobreviver a esse confronto. Pode-se citar, como exemplo, o impacto do poderio militar americano no Oriente Médio: o Iraque já possuía um tipo de sociedade moderna, mesmo que relações tribais subterrâneas ainda existissem. Se passamos do Iraque para a África, a situação é ainda mais dramática: por exemplo, num país como a Nigéria, havia cerca de quinhentos idiomas diferentes; estes desapareceram numa rapidez inacreditável, porque estavam ligados a um período de pouca mobilidade de tribos individuais para além de seus territórios físicos. O desaparecimento de idiomas é, seguramente, uma prova da afirmação de Ricoeur. Costumamos pensar que o impacto da civilização global corre por fora do mundo desenvolvido, afetando somente aquele que costumávamos denominar Terceiro Mundo. Mas penso que mesmo num país como os Estados Unidos, a suburbanização pode ser vista como um distúrbio de modos de vida mais tradicionais. Há um escritor americano interessante, chamado Wendell Berry, que escreveu um livro intitulado *The Unsettling of America*,[14] que fala da destruição da zona agrícola do continente americano por causa do subúrbio, do consumo etc. Então essa condição que parece, em princípio, aplicar-se apenas ao Terceiro Mundo, também se aplica às chamadas sociedades desenvolvidas. Aliás, lembro-me de Hamilton Harwell Harris, que nos anos 1950 criou o conceito de *regionalismo libertário*. Numa aula intitulada "Regionalismo e nacionalismo", no Instituto Americano de Arquitetos, em Eugene, Oregon, em 1954, ele o contrasta com um *regionalismo restritivo*. Como ele afirma, a primeira é expressão de uma região em total harmonia com o pensamento da época. "Só a chamamos de regional por não ter surgido ainda em nenhum outro lugar. Este regionalismo é extraordinário por ser mais raro, mais inabitual, e as qualidades desta forma de expressão têm significado para o resto do mundo. San Francisco foi feita por Bernard Maybeck; Pasadena pelo escritório Greene and Greene", e assim ele prossegue. Ele tem a ideia segundo a qual o que é produzido num lugar pequeno tem importância para o que se encontra fora dali. O que implica uma proliferação de centros contrária ao sentido antigo de centro único, já fora de moda. Ainda considero o regionalismo um conceito crítico válido.

Certo, mas recentemente, quero dizer, na terceira edição de seu livro, você introduz a ideia de uma "prática reflexiva" e eu gostaria de ouvi-lo falar da gênese desse tema. Até porque, na América Latina, pode ser muito eloquente considerarmos esse trabalho, a que você se refere, nos quais podem-se encontrar, ao mesmo tempo, um elemento de pesquisa e um componente participativo dentro da prática projetual.

Isso me lembra algo que Álvaro Siza disse sobre a moradia dos trabalhadores do Serviço de Apoio Ambulatório Local – SAAL, que ele construiu em Portugal, durante a primavera de 1974: "Certamente, o arquiteto precisa aprender com o povo, mas também o povo precisa aprender com o arquiteto, mas geralmente eles encontram-se mal informados e isso cria uma situação bastante tensa". É um olhar de certo modo pessimista e irônico, mas, apesar disso, ele não deixa de ser razoavelmente realista. Não pode haver apenas uma aceitação passiva da parte do arquiteto diante *do que o povo quer*. O processo como um todo precisa ser reciprocamente ativo e passivo. Acho que foi isso que eu quis dizer com "prática reflexiva".

Então a ideia de uma prática reflexiva surgiu do seu contato com a obra de Álvaro Siza?

Ele não utiliza o termo, mas creio que sua prática está relacionada com o conceito. O termo vem, de fato, de Donald Schon, um professor do MIT, que escreveu um livro sobre o praticante reflexivo. Seu exemplo principal é a medicina,[15] mas a ideia da prática reflexiva leva paradoxalmente a uma desmistificação da expertise profissional.

Mais recentemente, você vem escrevendo sobre as condições urbanas e ecológicas contemporâneas, e temas como enclave, projeto ambiental e sustentabilidade tornaram-se muito comuns em seus escritos. Pergunto-me como você relacionaria a ideia de enclave com a de sítio de resistência. É uma nova afirmação política ou um novo parâmetro para a prática projetual e arquitetônica?

A ideia de enclave é certamente um tanto problemática; acima de tudo, por causa da proliferação das comunidades fechadas (ou *gated communities*) que representam normalmente os domínios paranoicos, defensivos dos ricos, que se aprisionam atrás de muros para fugir do caos urbano que os rodeia.

Mas, de acordo com Peter Marcuse, enclaves e guetos não são a mesma coisa. O gueto é uma imposição externa a um grupo considerado inferior. Enclaves são normalmente adotados de livre e espontânea vontade por aqueles que se isolam de seus vizinhos como uma espécie de estratégia coletiva. Ele buscava entender um tipo de enclave ou concentração espacial na qual membros de um determinado grupo social, definido pela etnicidade, religião etc., voluntariamente convergiam a fim de proteger-se a si mesmos, intensificando assim seu desenvolvimento social, econômico, político e cultural. É claro, ele nos lembra que há um tipo de enclave excludente, referindo-se à concentração de um grupo definido por sua superioridade em termos de riqueza, poder, status, criado para proteger tal situação.

A distinção que Marcuse propõe em relação ao gueto é sutil e estimulante, ainda que não seja tão simples definir um enclave. Claro que ele depende da coesão social, mas se a intenção é atingir algum conteúdo progressista, deve-se também buscar uma identidade coletiva progressista.

Sim, exatamente. Acima você se referiu ao trabalho de Paulo Mendes da Rocha. Considerando que, desde os anos 1980, você tem se voltado para a arquitetura moderna brasileira quase como um paradigma para essas possibilidades fora dos principais centros de produção, como você relacionaria a obra de Paulo à de Oscar Niemeyer? Você não acha difícil combiná-las, tanto historicamente quanto em termos de prática projetual?

Pode-se dizer que eles representam duas tradições diversas na cultura arquitetônica brasileira e dois momentos históricos bem diferentes. O que continua poderoso na obra inicial de Niemeyer – isto é, a obra anterior a Brasília – é o caráter libertário de sua visão espacial, evocando um modo de vida hedonista, que eu comparo ao ethos de *Eros e civilização* de Herbert Marcuse.[16] Enquanto o trabalho de Mendes da Rocha me parece libertário numa escala mais heroica. Muitas de suas melhores obras criam espaços que demandam uma presença pública. Assim, o Museu Brasileiro da Escultura e Ecologia – Mube é intensamente público e político. Mendes também estabelece um retorno à escala heróica de planejamento territorial, enorme ausência na obra de Niemeyer. Sua obra pode estar ligada ao livro seminal de Gregotti, *O território da arquitetura*,[17] embora eu não queira com isso afirmar que Gregotti tenha influenciado Mendes. Gostei particularmente de seus projetos para os Jogos Olímpicos de Paris em 2008, uma inserção monumental que desafia o caos urbano do entorno, estabelecendo um corte definitivo no tecido urbano. Suponho que o edifício Copan, de Niemeyer, em São Paulo, aproxima-se disso. Eles pertencem obviamente a dois momentos distintos, mas nestes exemplos pode-se verificar como existe uma certa escala heróica comum. O projeto para a universidade no Rio de Janeiro, de Corbusier e Niemeyer, também poderia ser comparado ao de Mendes.

Embora a abordagem de Mendes da Rocha, da técnica construtiva, seja muito distinta da de Niemeyer, no uso do concreto, do aço e outros materiais.

Uma das coisas que é particularmente forte na obra de Mendes da Rocha é o uso marcante do aço em relação ao concreto, uma justaposição que é totalmente ausente na obra de Niemeyer. Essa é a dimensão tectônica da obra de Mendes. Outra coisa que acho impressionante, no projeto de sua própria casa, é que ele cria um domínio público manifesto dentro de uma residência privada. Assim, você tem esta longa sala de estar, com quartos suspensos no meio, seguida de uma varanda pública; dois espaços em cada lado da área de dormitório que são tratados como territórios públicos dentro de uma residência privada.

Sim, às vezes, trata-se do piso da casa como uma extensão da pavimentação urbana, o mesmo material seguindo em direção à cozinha e à sala de estar ou subindo aos dormitórios ou por escadas externas para terraços-jardim; às vezes, é a disposição da luz nessas áreas que remete ao questionamento da privacidade. É uma espécie de manifesto cultural que afronta o universo da vida burguesa no Brasil, e no interior de uma casa burguesa.

Isso me lembra o aforismo de Tomás Maldonado: "A pergunta correta a se fazer sobre um intelectual burguês não é se seu trabalho é reacionário ou não, mas se a dimensão reacionária é um domínio em expansão ou contração".

Notas

1 ALLEN, Stan; FOSTER, Hal. A Conversation with Kenneth Frampton. *October*, v. 106, Cambridge, mar./jun. 2003, p. 35-58.

2 EISENMAN, Peter. Towards an Understanding of Form in Architecture. *Architectural Design*, n. 33, Londres, out. 1963, p. 457-458.

3 FRAMPTON, Kenneth. Maison de Verre. *Perspecta: The Yale Architectural Journal*, v. 12, New Haven, 1969, p. 77-128.

4 BANHAM, Reyner. *Theory and Design in the First Machine Age*. Londres, The Architectural Press, 1962.

5 FRAMPTON, Kenneth. *Modern Architecture, a Critical History.* Londres, Thames and Hudson, 1980. Edição em português: FRAMPTON, Kenneth. *História crítica da arquitetura moderna*. 2ª edição. São Paulo, Martins Fontes, 2008.

6 CHERMAYEFF, Serge; ALEXANDER, Christopher. *Community and Privacy: Toward a New Architecture of Humanism*. Nova York, Doubleday, 1963.

7 FRAMPTON, Kenneth. Industrialization and the Crisis in Architecture. *Oppositions*, n. 1, Nova York, set. 1973, p. 57-82.

8 ARENDT, Hannah. *A condição humana*. Rio de Janeiro, Forense Universitária, 2016. Edição em inglês: ARENDT, Hannah. *The Human Condition*. Nova York, Doubleday, 1958.

9 FRAMPTON, Kenneth. Labour, Work and Architecture. In JENCKS, Charles; BAIRD, George (Orgs.). *Meaning in Architecture*. Londres, Barrie & Jenkins, 1969.

10 GIEDION, Sigfried. *Espaço, tempo e arquitetura: o desenvolvimento de uma nova tradição*. São Paulo, WMF Martins Fontes, 2004. Edição em inglês: GIEDION, Sigfried. *Space, Time and Architecture*. Cambridge, Harvard University Press, 1941.

11 JENCKS, Charles; BAIRD, George (Orgs.). *Meaning in Architecture* (op. cit.).

12 FRAMPTON, Kenneth. *Studies in Tectonic Culture: The Poetics of Construction in Nineteenth and Twentieth Century Architecture*. Cambridge, MIT Press, 1995.

13 DEBORD, Guy (1967). *A sociedade do espetáculo*. Rio de Janeiro, Contraponto, 1997, p. 196. Edição em inglês: DEBORD, Guy (1967). *Society of the Spectacle*. Detroit, Black & Red, 1970.

14 BERRY, Wendell. *The Unsettling of America: Culture and Agriculture*. São Francisco, Sierra Club, 1977.

15 Ao comentar a emergência do tema da prática reflexiva durante a entrevista, Frampton formulou uma longa digressão acerca do recurso à homeopatia, à acupuntura ou de práticas alternativas por médicos formados no sistema alopático como exemplo de uma prática híbrida.

16 MARCUSE, Herbert. *Eros and Civilization*. Boston, Beacon Press, 1955.

17 GREGOTTI, Vittorio (1972). *Território da arquitetura*. São Paulo, Perspectiva, 1975.

História da arquitetura e projeto da história

Sérgio Ferro

Entrevista concedida por Sérgio Ferro a Felipe Contier, em Itaparica BA, Brasil, entre janeiro e fevereiro de 2008.

Sérgio, como foi seu primeiro contato com a história da arquitetura na Faculdade de Arquitetura e Urbanismo da Universidade de São Paulo – FAU USP? Havia um método claro de ensino?

Não me lembro de cursos marcantes de história da arquitetura no meu tempo de estudante (1957-1961). Só tenho uma vaga lembrança de algum professor mostrando pirâmides, templos gregos etc., coisas sem muito interesse.

E a situação da história da arte era diferente?

Sim, era diferente. Havia um excelente curso de história da arte do Flávio Motta. Mas o método dele não era o de um historiador comum. Em vez de uma exposição linear, ele organizava seus cursos por temas: luz, cor, forma etc. Ele os apresentava com obras de pintores de vários períodos. Na mesma aula falava de Diego Velázquez, Vicent van Gogh ou Pablo Picasso. Suas aulas pareciam improvisadas – e por vezes eram: certo dia faltou luz na FAU USP e ele se adaptou e discorreu de forma brilhante sobre o preto e a sombra na pintura. Era leitor assíduo e nos indicava textos e tratados a consultar. Mas, ao mesmo tempo, nos punha em contato direto com as obras de arte. Íamos ao Museu de Arte de São Paulo – Masp desenhar, decompor, reestruturar as obras. Sua máxima era semelhante à de Mao-Tse Tung: para conhecer uma maçã, há que comê-la em algum momento. O curso do Flávio Motta foi essencial para mim.

Que historiadores da arquitetura eram lidos naquele tempo?

Autores clássicos hoje, que interessavam aos debates da arquitetura na FAU USP: Sigfried Giedion, Nikolaus Pevsner, Bruno Zevi e companhia. Naquele tempo, havia uma grande divergência – quase uma hostilidade – entre os corbusianos e os wrightianos. O time do Giedion, o nosso, contra o do Zevi. Os professores de ateliê, ao discutirem um projeto, frequentemente recorriam à história da arquitetura, mas sem programa. Nenhuma organização pedagógica em torno da história. A história era usada como um tesouro de exemplos à disposição do que surgisse na prancheta.

Você chegou a ver isso mudar? Quando mudou?

Mudou bastante com a fundação do Departamento de História, iniciativa do Nestor Goulart Reis. A partir de então, os cursos dispersos se organizaram em torno de um programa comum: história da arquitetura, da arte, sociologia, economia etc. Logo foi possível contratar assistentes: Benedito Lima de Toledo e Rodrigo Lefèvre para o Nestor, Julio Katinsky e eu para o Flávio Motta,

Maria Ruth Amaral de Sampaio e Gabriel Bolaffi para o Juarez Brandão Lopes etc.

Quando você começou a estudar história?

Logo que entrei na FAU USP me pus a ler os clássicos já mencionados, e outros como, por exemplo, Pierre Francastel. Eram leituras, evidentemente superadas hoje, que me formaram e me introduziram na história da arquitetura. Em seguida, eu fiz pesquisa em história da arte sob a orientação do Flávio Motta, que criou, num certo período, um grupo de pesquisas sobre vários pintores e artistas brasileiros. Estudei o Victor Brecheret.

Depois de formado, você chegou a fazer um curso de pós-graduação?

Na década de 1960 não havia ainda cursos de pós-graduação verdadeiramente estruturados na área de arquitetura. Segui um deles, sobre museologia, no qual Umberto Eco ministrou algumas palestras, quando de sua passagem por aqui. Escrevi um trabalho final comparando o realismo do Honoré Daumier e do Gustave Courbet, inteiramente apoiado na teoria do romance do György Lukács, que separa o realismo do naturalismo. O que eu dizia do Daumier era praticamente o que ele dizia do realismo, e o que eu dizia do Courbet era o que ele dizia do naturalismo. Não era um curso de pós-graduação que pudesse ser comparado com os de hoje.

Foi nessa época que você entrou em contato com o segundo seminário sobre Karl Marx? Qual foi a importância deste grupo para você?

O seminário foi um pouco posterior. Logo que entrei na FAU USP aderi ao Partido Comunista Brasileiro – PCB e começaram as leituras de Marx e dos marxistas. Aconselharam-me a começar pelo Gueorgui Plekhanof e pelo *Anti-Düring* do Friedrich Engels:[1] péssima iniciação. Logo me pus a ler o Marx: o *Manifesto comunista*,[2] *A ideologia alemã*,[3] e *O capital*,[4] nessa ordem. No seminário, quase dez anos depois, discutíamos *O capital* e algum texto de atualidade. Então, quando iniciamos o seminário, todos nós já tínhamos lido esse livro. Nossa intenção era discuti-lo, mas sempre com atenção ao que ocorria na época. Por exemplo: a caracterização por Marx da classe operária se aplicava, tal qual, no Brasil? Creio que nosso seminário permitiu que pudéssemos abandonar o esquematismo primário do PCB, coisas como as etapas da revolução, a aliança com a burguesia nacional etc.

Segundo Roberto Schwarz, o primeiro seminário deu pouca atenção aos aspectos do fetiche da mercadoria e à crítica da Escola de Frankfurt. Como o segundo seminário lidou com essas críticas?

A questão do fetiche da mercadoria teve destaque no segundo, pois tinha relação com a crítica da divisão do trabalho, tema que teve destaque então. Basta lembrar o impacto da coletânea organizada por André Gorz, intitulada justamente *Crítica da divisão do trabalho*.[5] Saíamos do Marx obcecados pelo desenvolvimento das forças produtivas e passamos ao Marx das relações de produção: a crítica da divisão dentro do processo de produção, do fetiche da mercadoria, do esquecimento, da forclusão, da negação da presença do trabalhador no resultado, da produção no produto. Criticar as relações de produção que levam ao desaparecimento, no produto, da mão que o fez, é criticar a fetichização da mercadoria. É preciso também lembrar que os *Grundrisse* vinham de ser editados, e lá, Marx é muito mais atento às questões ligadas à divisão *técnica* do trabalho – há passagens maravilhosas sobre o que seria o trabalho livre, a realização humana pelo trabalho autônomo.

Em *O canteiro e o desenho*[6] podemos notar uma presença também dos estruturalistas. Como você vê o trabalho deles em relação ao marxismo?

Os estruturalistas dominavam quando cheguei na França: Jacques Lacan era um semideus e Claude Levi-Strauss, um papa. Era impossível desconhecê-los na universidade. E havia o Louis Althusser, com um pé no estruturalismo e outro em Marx. Todos lemos *Lire le capital*[7] e *Pour Marx*,[8] sem esquecer o Regis Debray do *Guerra de guerrilhas*,[9] ex-aluno de Althusser.

E como você avalia a crítica de marxistas aos estruturalistas?

A crítica do estruturalismo foi, a meu ver, deformada por disputas por hegemonia cultural. As maiores acusações – descuidar da história, paralisar os conflitos etc. – vinham do grupo da revista *Temps Modernes*, do Jean-Paul Sartre. Mas convém recordar que havia pontes sólidas entre o marxismo e o estruturalismo. O próprio Lévi-Strauss dizia que Marx já havia feito tudo em economia, e que por isso ele estudava as trocas simbólicas e matrimoniais, não analisadas por ele. Não há nenhum antimarxismo em Levi-Strauss. A crítica à perda da dialética é a mais comum ao estruturalismo. Talvez o fato de o Lévi-Strauss ter se dedicado mais ao estudo de sociedades ditas primitivas justifique isto. Entretanto, é preciso reconhecer que suas análises das estruturas são fundamentais. Por outro lado, os textos do marxismo oficial sobre história, com suas etapas e saltos qualitativos, não são o melhor contra-argumento.

A dominação estruturalista na França de então contou ainda com o quase desaparecimento da Escola de Frankfurt. As principais traduções são bem posteriores. Entretanto, não sei se isso bastaria para contrabalançar o estruturalismo. Há em Theodor Adorno e Max Horkheimer um certo esquecimento da luta de classes e da necessidade da revolução. O descarado Jürgen Habermas de hoje é o desenvolvimento de algumas sementinhas que podemos encontrar em Adorno e Horkheimer, e não podemos nos surpreender que Walter Benjamin possa servir tanto à direita como à esquerda.

E qual é seu interesse na Escola de Frankfurt?

Marx primeiro, Max Weber depois, e Adorno e Horkheimer em seguida, fazem a crítica da *razão instrumental*, da razão estreita e funcional. Ela corresponde grosseiramente ao *entendimento* em Friedrich Hegel – e não ao que ele chama de *razão*. É a razão parcial, ocupada em certa área e esquecida do resto. A dita organização científica do trabalho é racional dentro de uma perspectiva de rendimento e de exploração do trabalho. Na construção, várias *razões instrumentais* dão conta de áreas separadas: cálculo estrutural, política de empregos, logística, sequência produtiva etc. Internamente, podem até ser *lógicas*, mas no conjunto, dada a heteronomia imposta pelo capital, tais *lógicas* se chocam e as razões funcionais entram em contradição.

Não há duvida de que a razão efetiva, que implica e impõe liberdade e autonomia totais, pareça quase irracional para a *razão instrumental*. Ela será bem menos *produtiva*. A liberdade custa tempo e paciência.

Qual é a importância do ensino da história da arquitetura e da arte nas escolas de arquitetura?

É fundamental, sob vários ângulos. Em primeiro lugar, de um modo mais evidente: o restauro e a conservação que hoje, na Europa, representam a metade do mercado de trabalho. Ora, como intervir corretamente numa edificação antiga, com sua história e estrutura construtiva, sem estudar o seu passado? Ainda na Europa, há dois extremos para a intervenção: o pastiche (cópia do que está feito), ou seu inverso (oposição entre o que sobrou e a linguagem moderna). Deveria e poderia haver mais nuances, mais flexibilidade entre o respeito cego e a oposição franca.

Outro uso da história: não deveríamos tentar descobrir o "ovo de Colombo" a cada dia. Há soluções brilhantes de questões arquiteturais acumuladas pela história e não há razão nenhuma para não nos apropriarmos delas. A história da arquitetura desde o renascimento até o art nouveau foi uma história de apropriações (infelizmente não por boas razões). O ecletismo é fundamentalmente feito de empréstimos históricos (algumas vezes, por boas razões). O pós-modernismo adora citações (agora, por péssimas razões). O arco e a abóboda foram usados milhares de vezes desde os gregos e os romanos. Cada vez que eu vejo uma abóboda chegando verticalmente no chão, me irrito. É um absurdo técnico e estético. Conhecer Antoni Gaudí ou as ginásticas do gótico ajuda. A história, portanto, conta também para a prática construtiva, como um reservatório de experiências positivas ou negativas de inestimável valor.

Mais intimamente, todavia, a arquitetura é uma atividade que vive do projeto e da antecipação. Traça uma história ao contrário. O que ela propõe para o futuro tem que estar ancorado no presente – e num presente que é o momento de uma história cuja dinâmica o transformará quando o futuro projetado tiver sido executado. O bom projeto funda-se na história à qual responde de modo crítico ou não, continuando ou transformando o momento histórico que ancora. O tempo e a história integram a arquitetura. Projetar (esse jogar adiante) contém uma dimensão histórica por definição.

Os exemplos que você deu estão ligados à operacionalidade da história para o projeto. Como você vê a pesquisa em história da arquitetura?

Certo. A história sob o aspecto de uma coleção de fatos é insuficiente – e, aliás, mesmo então carrega uma opção teórica. Se examinarmos a maioria das histórias da arquitetura, sobretudo as que parecem neutras, elas raramente falam sobre a produção. Aliás, como o canteiro não conta, esta aproximação *neutra*, que é dominante e tida curiosamente como científica, teve um resultado bem prático: quase toda a documentação sobre a produção foi perdida ou deixada de lado. Por isso nós, do laboratório Dessin/Chantier, tivemos que proceder como arqueólogos, investigando somente alguns vestígios. É por isso também que eu recorro a uma adaptação de Charles Sanders Peirce, para ver pegadas da produção.

Há sempre uma tese por trás da história, explícita ou latente. Para Zevi, arquitetura é espaço interior e desemboca no Frank Lloyd Wright. Para Pevsner, o modernismo resulta de novos programas, materiais e questões sociais, o que lhe permite partir de William Morris e chegar ao apogeu com Walter Gropius. Raramente, entretanto, as teses são anunciadas claramente. Não é o meu caso. Comecei expondo uma tese sobre a arquitetura atual (há quarenta anos). Só depois fui investigar sua validade histórica para o período capitalista. Sem ela, por exemplo, seria impossível notar algumas recorrências históricas de estruturas semelhantes como a que estabelece uma continuidade entre Jacques-Germain Soufflot, Mies van der Rohe e Renzo Piano, tão distantes e tão próximos.

E qual é sua crítica à historiografia clássica da arquitetura?

O modelo de Giorgio Vasari é o seguinte: ele escolhe alguns artistas (sua escolha, em geral, é bem-feita) e os articula em uma linha evolutiva, construída em *feed back,* isto é, alinhavada desde o começo com o propósito de chegar a tal resultado – no seu caso, o alvo desta linha evolutiva é Michelangelo, o *divino*. Este tipo de história é intrinsecamente deformante, pois pressupõe ou uma *mão invisível* ou um *geist*, um espírito, que arruma a profusão dos acontecimentos com uma perspectiva teleológica. Lendo estes autores temos a impressão que, segundo suas versões, a história começa com proto-Gropius, proto-Corbusiers ou proto-Wrights.

E seu trabalho não conduz a nenhum herói? Algo de que Manfredo Tafuri também se afastou.

Exatamente. É interessante comparar historiadores com outros, posteriores, como o Tafuri e o Leonardo Benevolo. Vou fazer uma analogia, mas que não é muito correta. Na lógica tradicional, o centro é o sujeito, que se articula com os complementos; um polo no qual são pendurados os atributos. Gottlob Frege e Giuseppe Peano propõem outra lógica, a de relações entre atributos sem polarização. Com esta lógica, tudo fica mais ou menos no mesmo plano. As relações se tornam infinitas – mas some o sujeito da história. Acho que há um parentesco desta lógica com o pós-modernismo e com autores recentes. Há atualmente uma grande massa de livros que escolhem um tema, por exemplo, os dois de Umberto Eco sobre o belo e o feio,[10] e constroem em torno dele uma rede de relações em que a tensão da história desaparece. O pós-modernismo achata o mundo da arte, pois quase tudo se torna equivalente. Na França, esse tipo de livro domina. Basta selecionar uma qualidade, atributo etc., e depois dançar com ele numa linguagem enfeitada (isso eles sabem fazer). São trabalhos úteis do ponto de vista da informação, pois seus autores adoram o exótico, o marginal. São também profundamente ideológicos, pois não descem além da teia de relações.

Qual era a situação do ensino e da pesquisa quando você chegou em Grenoble?

Quando eu cheguei na França, em 1972, o ensino tradicional de arquitetura havia sido destruído completamente pela revolta estudantil de 1968. Era um sistema arcaico, ainda aos moldes da Beaux-Arts do século 19. Quando eu cheguei, portanto, a escola estava tentando reelaborar algum projeto pedagógico. Eu me encontrei numa situação privilegiada, pois acabava de assistir e participar na FAU USP de duas reformas do ensino lideradas pelo João Batista Vilanova Artigas. Logo ganhei o melhor contrato da escola e me tornei uma espécie de diretor pedagógico informal.

O ensino se organizou então em torno de ateliês que podiam ser verticais, cada um estruturado em torno de uma posição teórica sobre a arquitetura. Cursos foram organizados em função de suas temáticas, alguns servindo a vários ateliês, outros a um só. Esta organização, a meu ver bastante positiva, foi relativamente destruída pelas dezenas de reformas impostas por Paris, mas deu origem a vários laboratórios de pesquisa. A escola de Grenoble possui até hoje a maior quantidade de laboratórios na França – e os de melhor qualidade. As reformas ministeriais suprimiram a verticalidade possível. Foi imposta também a criação de cursos obrigatórios. Foi então que surgiram cursos formalizados de história da arte e da arquitetura. Bruno Quesanne, Nicolas Ragnos, eu e outros professores dividiam os cursos.

Nosso laboratório criou cursos optativos vinculados à nossa problemática. Philippe Potié ficou responsável pelo classicismo francês, Cyrille Simonnet pelo século 19. Houve uma boa produção em história da arquitetura em Grenoble. O laboratório de história, dirigido por muito tempo por Bruno Quesanne, publicou e reeditou várias obras, bem como o laboratório Cresson, que desenvolve pesquisas interessantes sobre a história do som, sob a orientação teórica de Jean François Augauyard. Finalmente, o laboratório Craterre, dirigido por Patrice Doat, é hoje a maior autoridade mundial em arquitetura de terra e é responsável pela cátedra da Organização das Nações Unidas para a Educação, a Ciência e a Cultura – Unesco para o patrimônio em terra.

Como começou sua pesquisa no laboratório Dessin/Chantier?

A pesquisa sobre o convento de La Tourette foi uma das primeiras que fizemos. Foi um dos primeiros testes para *O canteiro e o desenho* fora do Brasil. Para isso, escolhemos voluntariamente uma obra fetiche: todo mundo comentava e muitos copiavam o Convento Sainte-Marie de La Tourette, de Le Corbusier. Apesar de se tratar de um convento, a lógica da mercadoria, do valor, imperava. O que primeiro nos surpreendeu foi a irregularidade do desenho, que só em alguns momentos seguia o Modulor, apesar de fingir o contrário. Logo Le Corbusier, que gostava de se chamar *bâtisseur*, mentia, jogava com as aparências, mostrando formas que sugeriam uma estrutura totalmente diferente da real. Foi surpreendente. O convento era considerado o principal monumento do brutalismo que, em teoria, procura exaltar, até exagerar, a construção real, mas há muita maquiagem no convento. O mesmo mascaramento da renascença, que segue uma arquitetura fictícia, exatamente o que havia sido denunciado com veemência pelo modernismo.

E o que vocês usaram de base documental para estas conclusões?

Além da documentação da Fundação Le Corbusier, algumas coisas que conseguimos com os dominicanos do convento e bastante com a empresa que havia feito a concretagem. Foi nestes desenhos de execução, dosagem, ferragem etc., que pudemos verificar, em detalhe, a diferença entre o discurso e a prática de canteiro. Além desta documentação gráfica, relatórios, cartas entre Le Corbusier e os padres, entre seu escritório e as empresas, contas, fotos de obra, além de várias entrevistas com Iánnis Xenákis e André Wogenscky que conduziram a obra – Le Corbusier se ocupava então muito mais de Chandigarh –, e com alguns poucos operários. Quase todos os documentos deste último tipo eram duvidosos: os operários estavam fascinados pela glória do mestre, enquanto Xenakis e Wolgenky se detestavam e atribuíam sempre a si o que achavam bom e, ao outro, as mazelas. Eu particularmente me interessava pelas relações entre o pintor Le Corbusier e o arquiteto Le Corbusier, e verifiquei outra coisa curiosa: projeta como se pintasse, como se só dispusesse de um material (o óleo) apto a todas as transformações; e pinta como se tivesse numa manufatura, com a divisão das tarefas e das especialidades.

E qual a consequência dessa dicotomia entre o Le Corbusier arquiteto e o Le Corbusier pintor?

Como construtor, construía como nenhum bom construtor construiria. Pensa como pintor. O pintor parte de uma matéria-prima quase amorfa, na qual, pouco a pouco, introduz oposições, diferenças. Le Corbusier projetava assim. Isso me ajudou muito na crítica que faço do mito que, desde Vasari, une as três artes plásticas, todas filhas do desenho. O próprio Adorno cai nessa, citando Adolf Loos ou Wassily Kandinsky como iguais. Como quase todo mundo, ele não atenta para as condições de produção, a coletividade manufatureira em arquitetura e o artesanato normalmente solitário em pintura. Isto conduz a resultados opostos. Desde John Ruskin talvez, passando pelo art nouveau, pelo Deutscher Werkbund e a Bauhaus, corre a mania da *síntese das artes*. Ela pode ser meta revolucionária, mas é absurda atualmente: talvez, por isso mesmo, foi pregada pelo modernismo, hábil manipulador de miragens. A leitura isotópica e superficial da eventual proximidade formal apaga a questão da produção.

Em geral, a arquitetura e as artes plásticas reagem mais ou menos ao mesmo tempo às mudanças fundamentais no mundo do trabalho. Só que suas respostas são opostas. A arquitetura reage se acomodando, interiorizando a mudança, procurando mesmo, por exemplo, sucedâneos para acompanhar a submissão real do trabalho industrial e diminuir a submissão formal que é própria de sua constituição manufatureira, o que é uma das molas que fundam o modernismo. A pintura reage no sentido oposto, tentando valorizar tudo o que a produção passa a negar ao trabalho submetido. Foi o que ocorreu, por exemplo, quase ao mesmo tempo em que surgiu o modernismo: jamais a pintura se aproximou tanto do trabalho realmente livre. As semelhanças formais, duvidosas se bem consideradas, podem ocorrer, mas como efeitos secundários de moda ou má pintura.

De qualquer modo, a arquitetura que sob o capital necessariamente mascara a produção, pode perfeitamente emprestar formas à pintura, já que a máscara não tem compromissos com nenhuma coerência. Quanta arquitetura foi revestida com a plástica de Piet Mondrian... Mas daí a confundir adesão e repulsa, servidão e revolta... A cegueira que, desde Vasari, confunde arte e arquitetura, desserve à arte, mas serve à arquitetura, que ganha assim aparência digna. Arte é manifestação de trabalho livre (mesmo se corrompida pelo serviço ao poder e pelo mercado). A arquitetura é a manifestação do trabalho submetido, por enquanto.

As pesquisas do Dessin/Chantier trouxeram outras descobertas para sua teoria?

Sim. A questão do ornamento, por exemplo (que não deve ser confundida com a máscara que os arquitetos usam para recobrir a manifestação do canteiro). Em *O canteiro e o desenho* não há quase nada sobre o ornamento. Conhecíamos a defesa de William Morris, mas só verificamos sua pertinência com a pesquisa de Philippe Potié sobre Philibert de l'Orme. Lá vimos como o ornamento é uma expansão, a expressão do trabalhador com seu trabalho, uma espécie de comentário satisfatório ao gesto técnico feliz.

Outro aprofundamento na história que nos ajudou foi o estudo da evolução do desenho: vimos como o desenho se alterou, primeiro com a submissão formal do operário – o desenho da cooperação simples do primeiro gótico, desenho ainda do canteiro não é semelhante ao do arquiteto contemporâneo da submissão formal da manufatura. Depois, com a submissão real, que na arquitetura se faz de modo especial, quando surge o desenho exaustivo – o que hoje parece inofensivo e normal, detalhar o projeto até o último parafuso, começou para transformar a submissão formal em real – ou seja, uma dominação maior sobre o trabalhador que impede qualquer dinâmica no canteiro.

Qual é o seu interesse na obra de William Morris?

Tenho grande admiração por Morris. Foi completamente deturpado por seus seguidores e pela história da arte. Defendia o trabalho livre, o oposto do trabalho mascarado pelo capital. Mas, como Ruskin, via mais mal na indústria que no capital, sem que desconhecesse seu papel. Achava, com razão no seu tempo, que somente o artesanato poderia se abrir para a liberdade. Entretanto seu artesanato, minucioso, cuidadoso e sem economia de tempo, produziu coisas lindíssimas, mas por preços fora do alcance do povo, seu destinatário teórico. Resultado deste paradoxo: foi criticado e, sua mensagem, principal, esquecida. Ninguém lembra que o núcleo de sua crítica era o trabalho submisso ao qual opunha o trabalho livre. Hanry van de Velde, que se dizia seu discípulo, foi o principal responsável por esta inversão. Os escritos de Morris não foram mais publicados e circulou somente seu artesanato de luxo. O esquecimento do traço essencial de Morris, o trabalho livre, cuja reivindicação era a mola do movimento operário continental, portanto atualíssimo, permite a Pevsner declarar que Charles Francis Annesley Voysey é mais próximo de nós do que de Morris, pois só desenha e nada sabe fazer com suas mãos. Ora, o perfil de Voysey já estava pronto no século 15.

Você considera que a análise da produção é sempre necessária para uma boa crítica de arquitetura? A luta de classes do passado está presente nos registros materiais da arquitetura?

Minha resposta é sim. Uma das consequências da luta de classes na arquitetura é que o desenho toma formas determinadas por esta luta. Mesmo que não haja consciência disso, o desenho tem papel ativo nesta luta e se posiciona ao lado do capital, qualquer que seja a escolha teórica do projetista. O projeto, tal como nós o conhecemos, é o que é porque, no canteiro, há venda da força de trabalho. Pode em parte atenuar a ferocidade do capital, tomar algumas medidas na defesa do trabalhador, o que é sempre desejável, mas na estrutura, seu lugar é ao lado do capital. Hegel diz que toda forma tem conteúdo. Ele e Marx afirmaram também que o produto conta a produção. Acho que derrapamos quando falamos de formalismo pensando em forma gratuita, vazia. Toda e qualquer forma é o desenrolar do conteúdo. E o conteúdo é a condensação da forma. Produto e produção, forma e conteúdo são inseparáveis. Hoje, com a semiótica e a psicologia da forma (não somente a *gestalt*) estamos mais preparados para provar isso. Por outro lado, como usuários de arquitetura, consumindo a forma do produto acabado, não podemos escapar de fazer o caminho inverso, de fazer a experiência, seguramente inconsciente, do conteúdo da produção. É inevitável. Em *O canteiro e o desenho* dou algumas provas disto. No discurso do consumidor, hoje o mal-estar se exprime como reclamação contra o concreto, ou contra as sujeiras do promotor, ou contra a incúria do arquiteto, contra a frieza do modernismo etc. Dou só um exemplo rapidamente, sem desenvolver. Peirce mostrou que só o índice, no nosso caso, a marca, o vestígio do trabalho, representa o sujeito. Ora, um dos requisitos do capital é fazer desaparecer o trabalho no produto. Ou seja, o espaço arquitetônico é des-subjetivado, ou sugere o sujeito emudecido. Daí a *frieza* que muitos veem na arquitetura e o amor pelo antigo, pela ruína: os vestígios do tempo tomam o lugar. São *ersatz* (ou *substituto*) do vestígio apagado da produção.

Como pensar o movimento moderno em termos de luta de classes?

Na virada para o século 20, um feixe complexo de causas provoca a formação do modernismo. Todas são conhecidas, mas são mal articuladas ou postas de lado pelas teorias em voga, penso eu. As causas mais comumente citadas são: o prestígio que a engenharia ganhou no século 19; os *novos* materiais; a crítica estética; os novos programas arquiteturais; e necessidades sociais. As postas de lado ou mencionadas superficialmente são: a constituição de um simulacro de submissão real na construção, que só é roçada por alusões genéricas à segunda revolução industrial, e o clima revolucionário que, salvo erro meu, nunca é levado em consideração.

Você pode detalhar cada um desses pontos, a começar pelo papel dos engenheiros?

O prestígio dos engenheiros cresceu durante o século 19 – e com pertinência. É impressionante, para ficar somente no campo da construção, a quantidade e a qualidade de suas invenções, sobretudo em ferro, desde o fim do século 18, o progresso do cálculo, do detalhamento técnico, do conhecimento dos materiais. Suas estruturas ousadas, que logo abandonam as referências clássicas, expõem um desenho claro, exato, que exprime as tensões de cada elemento – a lógica do cálculo e a economia de meios. Embora o ferro tenha sido empregado em igrejas, bibliotecas e algumas obras civis, ele foi principalmente utilizado em obras que têm vínculo com o capital constante (usinas, depósitos etc.) ou com a circulação de mercadorias (estações ferroviárias, pontes etc.). Seu exemplo, na construção fascina por sua eficácia e pelo modelo operatório que fortalece muito o polo prescritivo, e por sua capacidade de cálculo, de previsão, representada por uma massa de desenhos técnicos, detalhados, indiscutíveis no canteiro.

E os novos materiais?

O êxito dos novos materiais – o ferro e o concreto – é devido, a meu ver, em grande parte, à ausência de um *savoir faire* (ou o *saber fazer*) e de conhecimento empírico sobre eles no canteiro. Esta ausência possui várias vantagens: impede discussões sobre a correção de seu uso no canteiro, o que não ocorria com a madeira ou a pedra, cujo saber fazer e conhecimento empírico davam enorme poder a carpinteiros e pedreiros, geralmente contestatórios, e retira destes o poder de barganha e de luta de tipo ação direta: foram numerosas as greves neste período que se apoiaram neste quase monopólio prático do métier. Já escrevi textos sobre isto, não vou repetir.[11]

Finalmente, qual o papel da crítica estética na historiografia da arquitetura moderna?

A crítica estética é corriqueira entre os arquitetos, mas o modernismo a radicaliza. Pevsner chega a fazer crítica da estética doentia da art nouveau, à qual o modernismo opõe uma arte honesta e sã. O alvo principal é a ornamentação, tida como crime por Loos. Assim ataca não somente a art nouveau, mas também o neobarroco de Charles Garnier da Ópera de Paris e seus herdeiros e, muito injustamente, os ecléticos. O que é curioso no caso destes últimos: raramente a arquitetura foi tão *honesta*, explicitando todas as passagens construtivas, e tão *sã*, adotando sem preconceitos estilistas, as melhores soluções para cada detalhe. Para bem marcar seu território, o modernismo recorre a uma linguagem geométrica despojada, baseada sobretudo na horizontal e na vertical e nos sólidos primários. Ora, esta plástica contraria a dos engenheiros tomados como exemplo que, por razões técnicas de estrutura e de comportamento dos materiais, promoviam as diagonais e raramente utilizavam as horizontais (salvo como tirantes) em suas estruturas. O teto plano, um dos lemas do modernismo, jamais comparece em suas obras: é um absurdo técnico até hoje, salvo em terraços. Além do mais, os novos materiais não se dão bem com o diedro, sobretudo o concreto.

Essas três causas do modernismo são contraditórias entre si?

Exatamente. A cultura construtiva dos engenheiros (sobretudo no que concerne ao ferro) não informa realmente a nova arquitetura; seu imaginário prefere de longe buscar suas formas numa industrialização fantasiosa da construção que, não se sabe por quê, privilegiaria o ortogonal, o liso e os volumes simples. Do engenheiro, sobrou o aumento considerável da prescrição, tido como sinal de seriedade. Somem as maravilhosas coberturas das estações de trem, dos mercados. Nenhuma estrutura construída do primeiro modernismo pode ser comparada com a dos engenheiros do século 19. O regresso técnico é notável, inclusive em relação ao ecletismo. O caso do concreto é mais complicado porque seu primeiro grande divulgador, François Hennebique, homem de negócios, preferiu trabalhar com formas ortogonais, mais *econômicas* em força de trabalho imediato. Mas já em 1905, Robert Maillard, seu aluno, na ponte Tavanasa, na Suíça, mostrava o uso mais adaptado às características do concreto armado.

Em resumo, o modernismo adora engenheiros, mas detesta suas realizações e abandona o progresso efetivo pela divagação prospectiva; usa seus materiais, mas na contramão. Contra suas melhores características, impõe como linguagem sã uma arbitrária austeridade plástica que contradiz a linguagem construtiva dos engenheiros e as tendências naturais do material que põe como seu fundamento.

E como essas narrativas contribuem para omitir a luta de classes em arquitetura?

A construção continua manufatureira, não se industrializou. Ora, uma das principais transformações que a industrialização provoca é a substituição da submissão formal pela submissão real do trabalho, da submissão que guarda os antigos procedimentos de produção por outra que revoluciona estes procedimentos. Sem entrar em detalhes, isto aumenta muito a *mais-valia relativa*, o que era essencial no momento em que havia muita pressão pela redução do tempo de trabalho, isto é, da *mais-valia absoluta*. Em quase toda a extensão da produção, a submissão real substitui duramente o século 19, e em particular com a segunda revolução industrial e o começo da organização do trabalho, a submissão somente formal. Menos no caso da construção e outras áreas *atrasadas* da produção.

Entre outras consequências da industrialização, há uma que nos interessa de perto aqui: com ela cresce significativamente a amplitude da prescrição, da determinação exógena do trabalho. Se não me engano – mas é uma das minhas principais hipóteses – a significação maior do primeiro modernismo foi tentar, por meio do aumento do poder prescritivo, compensar a ausência de industrialização da construção – evidentemente nem de modo programado, nem conscientemente talvez. Isto explicaria por que o modelo do engenheiro só foi adotado no que implica de desenvolvimento da prescrição e não no que diz respeito às suas realizações, ainda manufatureiras. No lugar destas, entrou a antecipação da maquinaria de *vanguarda*, de uma industrialização que até hoje esperamos. A substituição é sintomática, no sentido preciso do termo. Por outro lado, a incorreção técnica no uso de seus materiais fetiches, prova que não foi por suas reais qualidades que foram endeusados: aqui também a análise tem que sair da consideração do *em-si* deles e pensar suas relações com o que constituem a madeira, o tijolo, a pedra. Estes últimos são os materiais da manufatura até então, nos quais se encarna o saber fazer e o saber empírico que não podem ser transferidos para o polo prescritivo, e se mantêm, quase hostilmente, nas mãos do operariado. A alteração da plástica é recurso constante de dominação. Nas passagens cruciais – como do gótico à renascença, da cooperação simples à manufatura – a mudança tem que ser parcial. Se a plástica clássica tomou o lugar da gótica, agora, voltada não mais para o passado, mas para um futuro imaginário, a plástica geométrica, quase totalmente nova, toma o lugar das conhecidas pelo canteiro. Nas épocas menos turbulentas, bastam alterações menores mas constantes do paradigma dominante. O objetivo, com dosagem diferente, é sempre o mesmo, no que se refere ao canteiro: se a coisa fica parada muito tempo, há risco de apropriação operária, o que é profundamente indesejável pelos prescritores. Vistas assim, as *causas* do modernismo, incoerentes entre si, se ficarmos no seu plano, tornam-se compatíveis.

Faltou mencionar as causas sociais do modernismo.

Entre o fim da comuna e o início da Primeira Guerra Mundial, particularmente entre 1893 e 1913, a França viveu um período de grande efervescência revolucionária. Socialistas, mas sobretudo marxistas e anarquistas, não só pregavam a revolução, mas esta lhes parecia possível. Muitos esquecem, presos à teoria das etapas propagadas pelo Partido Comunista – PC, que Marx e Engels consideravam que a revolução já era possível nos países dominantes – e, com eles, muitos outros. Quase toda a juventude se dizia socialista e muitos poetas e artistas colaboravam com periódicos anarquistas (Étienne Mallarmé, Paul Signac etc.). A enorme superioridade numérica da classe operária fazia tremer a burguesia: sozinha poderia eleger seus representantes de esquerda – o sistema eleitoral, como hoje, foi arranjado para afastar esta possibilidade concreta. O sindicalismo revolucionário, dominantemente anarquista, lutava por autogestão, gestão participativa e o fim da sociedade de classes. Organizou numerosas e duras greves por volta de 1900. Na construção, carpinteiros e pedreiros (os homens da madeira, da pedra e do tijolo) organizavam greves setoriais que paralisavam o negócio da construção – para as quais contavam muito, dentro da estratégia da ação direta, os laços de métier, a comunidade de um saber fazer. Em uma palavra, a burguesia vivia, não sem razão, amedrontada.

Foi essa efervescência concentrada que marcou a hora para o nascimento do modernismo, efervescência que não foi somente francesa. O modernismo não nasceu sozinho: faz parte de uma série de transformações que visavam ao controle da classe operária – da legislação eleitoral à formação de caixas secretas de industriais, destinadas a ajudar os patrões em caso de greve, ou a corromper as lideranças sindicais e construir sindicatos *compreensivos*, da organização *científica* do trabalho ao aprofundamento da sua submissão real etc. O modernismo não foi o fruto de planejamento consciente, mas foi carregado pela reação à efervescência revolucionária.

O que a reação do capital castrou na prática foi a autogestão e supressão das classes sociais, acentuando, ao contrário, os mecanismos de controle e dominação sobre o operariado. O discurso ideológico se transformou em promessa longínqua, dependente de um indeterminado progresso das forças produtivas. Se o operariado se comportasse direitinho, lutasse somente pelo que não ameaçasse a hegemonia do capital (salários, férias, condições melhores para a submissão assumida), se os trabalhadores aceitassem de vez como definitivamente instaurada sua condição operária, o modernismo transferiria a reivindicação de classe para um discurso abstrato-humanista, chegando a projetar casas e cidades operárias e mesmo a construir algumas. O avanço do colonialismo e do imperialismo permitia alguns favores ao trabalhador metropolitano. A preocupação social do modernismo é um engodo – mesmo se muitos acreditaram nele. A dominação estava já inscrita na estrutura das relações de produção da construção, o que dispensava a adesão consciente e tornava inofensivas as posições políticas dos arquitetos. O próprio fato de adotarem uma plástica que pensavam de *avant-garde*, importada do futuro luminoso imaginário, já denuncia a renúncia por um hoje diferente. E, por isso mesmo, renegaram toda plástica anterior ou a presente: todos conheciam seu fundamento na desigualdade. Para que a promessa vã adquirisse um verniz de credibilidade, a plástica tosca, com perfumes de primitivismo propiciatório de outra aurora, deveria se apresentar como prenúncio já provindo de um futuro fantasmagórico. Mas repito: a tartufice do modernismo é estrutural, e fora alguns casos, creio na boa fé de muitos modernistas e em várias contradições reais de projeto.

Reyner Banham foi crucial para a conceituação e divulgação do brutalismo, que em certo momento apareceu como crítica ao racionalismo da primeira geração de arquitetos modernos. Como você vê o brutalismo de Banham?

Gosto de seu livro *Teoria e projeto na primeira era da máquina,*[12] em que demonstra que o desenho de arquitetura falsificava a construção real para parecer produto industrial ou produto de prefabricação. Depois, quando ele defende o brutalismo, o modernismo já começara a dar sinais de desgaste. Começou a aflorar sua fraqueza teórica, seu formalismo enganoso e, sobretudo na Europa, seu fracasso nas construções apressadas para repor o que a Segunda Guerra Mundial havia destruído. Diante desta crise, o brutalismo se apresentou como volta à *verdade estrutural*, à *verdade construtiva*, quase como linguagem do canteiro. Muita gente ficou entusiasmada com ele, até mesmo eu. Basicamente o brutalismo força uma isotopia de interpretação: com o exagero do desenho, que insiste nas diferenças dos componentes, faz com que vejamos a obra como um gigantesco jogo de montagem de peças. Isto é positivo quando tais diferenças remetem à real divisão do trabalho no canteiro e às diferenças funcionais, o que é raro. Em geral, o brutalismo cria falsas diferenças estruturais e funcionais, como vimos rapidamente no caso de La Tourette. Então ele nos mostra uma *racionalidade* construtiva plausível, mas que não é a do canteiro real. Neste sentido, continua o modernismo: transfere para a ficção uma exigência presente em seu projeto.

Como você enxerga as análises de Philippe Boudon ou Zevi de categorias que se pretendem objetivas, como ritmo, escala, espaço, proporção etc.?

Sou frequente discípulo de Michelangelo, e ele dizia que a regra está no nosso olho. Eu não gosto de nenhum dos dois, portanto a minha crítica é um pouco parcial. Acho a monomania do Zevi com o espaço interior muito chata. Puxando para o meu lado, é um argumento excelente para não vermos o trabalho.

Deve-se ver, saborear o que não foi feito, vazios, ocos, buracos etc. Para ele, o arquiteto se ocupa com o imaterial, no máximo com a aparência exterior do invólucro: as baixezas da operação construtiva não o interessam. Com Boudon é a mesma coisa. Não consigo entender sua noção de escala e seu metro elástico. As categorias que mais preza (ritmo, escala, proporção etc.) passam a valer por si, sem considerar que são categorias totalizantes que procuram encobrir as múltiplas formas de divisão que caracterizam a produção. Conheci bem o Boudon. É afável e simpático – o que não impediu que eu quase fosse linchado por toda a escola de arquitetura de Nancy, seu feudo, quando critiquei suas teorias num júri.

E qual o propósito do método semiótico que você utiliza para analisar uma obra?

Comecei a utilizar o Peirce por uma razão prosaica. Quando iniciamos a pesquisa sobre a história da arquitetura com a intenção de testar nossa teoria, nos deparamos com um obstáculo grave: praticamente todos os documentos fundamentais sobre a produção desapareceram. Plantas de construção, memoriais, orçamentos etc., são jogados fora, destruídos. Há exceções, mas raríssimas. Então de duas uma: ou desistia de analisar obras antigas a partir de nossas hipóteses, ou tentava uma leitura direta delas, a partir dos vestígios de sua produção – o que, segundo estas mesmas hipóteses, não é fácil, pois uma das funções do projeto é esconder a produção. Para poder ler diretamente é preciso interpretar a obra como conjunto de signos, portanto deveríamos adotar alguma semiologia entre as disponíveis. Ela deveria permitir a interpretação de signos plásticos, o que praticamente excluía Ferdinand de Saussure, Algirdas Greimas e companhia. Além disso, deveria conter categorias bem delimitadas que possibilitassem comparações entre obras e períodos históricos – o que afastou aproximações fenomenológicas. O Peirce é chatíssimo, ilegível, mas algumas de suas categorias me serviram muito. Eu o utilizo de modo heterodoxo, não sou peirciano de jeito nenhum. Sei que mesmo assim cometo alguns pecados. Um deles é o pecado do filtro: eu só posso utilizar o que passa por estas categorias, devo perder muita coisa. Outro, que é mais grave: uso o mesmo método para estudar coisas diferentes. Pecado mortal para Hegel e Marx. E ainda, estas categorias eliminam o movimento, a dinâmica. Entretanto, utilizo Peirce no momento da coleta de material. Depois eu construo minha hipótese sobre a obra articulando estas categorias, redinamizando este material. Sei que este procedimento não é ideal, mas não encontrei outro. Sem ser perfeito, me ajuda. No meu livro sobre a capela Médici de

Michelangelo,[13] em Florença, deixo bem claro o uso que faço com o que roubei de Peirce.

Sua história da arquitetura dá mais espaço à história dos materiais e das técnicas de construção e representação que aos arquitetos. Você considera que ela seja mais interessada pela técnica do que pelas rupturas operadas no plano formal?

Isso é uma consequência de minhas teses sobre arquitetura. Quando escrevo, tento me limitar àquilo que tem relação com elas. Nunca escrevi nada, por exemplo, sobre urbanismo. Mas, considerando bem as coisas, devo acrescentar o seguinte: nos meus cursos, sobretudo nos de iniciação, eu não me limitava à temática de *O canteiro e o desenho*; em segundo lugar, a maior parte do material que utilizo, mesmo para testar a teoria, provém de análises formais. As grandes rupturas formais são, para mim, sintomas fundamentais de transformações estruturais. A propósito do Mies, por exemplo, uma de minhas vítimas preferidas. Há poucos anos analisei o Pavilhão de Barcelona. Tinha tomado conhecimento de alguma documentação técnica sobre sua reconstrução e foi possível confrontar os desenhos de Mies, da reconstrução e, finalmente, a própria obra. É impressionante a quantidade de conflitos entre forma e construção. A cobertura para parecer horizontal e fina obriga fazer malabarismos na sua parte superior não visível. O chão, que Mies quis absolutamente horizontal, teve que ser corrigido para evitar as poças de água por ausência de escoamento possível. A nova versão introduziu astúcias nos materiais e juntas. A lista destas coisas é enorme. Evidentemente falei de planta livre, relação interior/exterior etc. Só que o Wright já havia inventado tudo isso 24 anos antes de Mies, e sem falsidade técnica. E já que estava lá, falamos da célebre cadeira Barcelona, o chuchu dos decoradores. Sua forma, dois traços que se cruzam, é de realização dificílima e dá ilusão de falsa continuidade. Mais uma vez, contraste entre forma simples e realização acrobática. Como aprendiz de Hegel, não acredito em forma sem conteúdo, e creio que na forma do produto se espelha sua produção. O conteúdo hegemônico da forma arquitetônica é sua produção, do projeto à realização. É a análise da forma e sua realização que, em Mies, permite dar outro sentido à sua máxima: "menos é mais, mais é menos". Menos desenho (purismo formal) é muito mais trabalho e fingimento. Mais cuidado com o projeto, envolvendo mais considerações que a elegância gráfica do traçado, é menos cretinice na produção. Nos meus dois livros monográficos sobre arquitetura – o Convento de La Tourette, de Le Corbusier,[14] e a Capela Médici, do Michelangelo – é visível o modo quase maníaco, detalhado, que tenho de ficar atento à forma.

A pesquisa em história da arquitetura é uma ciência?

Houve um período em que nos preocupávamos muito em aproximar a teoria da arquitetura com a ciência. Isto porque queríamos fazer bonito diante do ministério e obter critérios para a experimentação em arquitetura, o que não é fácil. Não há experimentação válida sem uma teoria sólida. Entretanto, se adotarmos um critério simples de ciência, creio que é possível incluir a teoria da arquitetura. Simplificando Karl Popper, ciência é um corpo de hipóteses sobre um determinado objeto que procura demonstrar sua fertilidade explicativa. É ciência, se suas hipóteses explicarem mais fatos que a hipótese vizinha, se aumentar a extensão das explicações e, finalmente, se não for tautológica. São quatro os critérios de base para dizermos que uma certa teoria é científica: um corpo teórico de hipótese; um campo de experimentação delimitado; uma capacidade explicativa superior à de outras teorias; e não conter na hipótese a resposta procurada. O que interessa à prática de arquitetura é o cuidado que se deve ter com a noção de experiência: não é inventar qualquer coisa e ver se funciona. Só há real experiência se for respaldada por uma teoria consequente. Acho que nossa teoria pode pretender ser qualificada como científica, mas eu penso que não há que exagerar: ela é ainda muito tosca.

Você acredita que a perspectiva política por trás de sua tese pode deformar a sua percepção dos objetos e descaracterizar sua pesquisa como científica?

Não creio em neutralidade. É evidente que há um projeto político. Ele até pode me levar a forçar um pouco a barra, exagerar uma leitura ou uma interpretação. É exatamente por isso que não procuro ter o carimbo de ciência colado à nossa teoria. Um projeto político é intrínseco a qualquer aproximação séria da arquitetura: penso que, em qualquer caso, ele deve ser explícito. Quando participava do conselho administrativo da escola de Grenoble, eu pedia aos professores que explicitassem sempre a posição a partir da qual ensinavam. Acho que isso é uma obrigação na universidade para que o aluno possa reagir ao que está recebendo com liberdade para aceitar ou recusar.

Notas

1 ENGELS, Friedrich (1878). *Anti--Dühring*. São Paulo, Boitempo, 2015.

2 MARX, Karl; ENGELS, Friedrich (1848). *O manifesto comunista*. São Paulo, Boitempo, 2017.

3 MARX, Karl; ENGELS, Friedrich (1845-1846). *A ideologia alemã*. São Paulo, Boitempo, 2007.

4 MARX, Karl (1867). *O capital*. Livro 1. 2ª edição. São Paulo, Boitempo, 2011; MARX, Karl (1867). *O capital*. Livro 2. São Paulo, Boitempo, 2014; MARX, Karl (1867). *O capital*. Livro 3. São Paulo, Boitempo, 2017.

5 GORZ, André. *Crítica da divisão do trabalho*. São Paulo, Martins Fontes, 2001.

6 FERRO, Sérgio. *O canteiro e o desenho*. São Paulo, Projeto, 1979. Publicado originalmente em duas partes, nos números 2 (1976) e 3 (1977) da revista *Almanaque*.

7 ALTHUSSER, Louis; BALIBAR, Étienne; ESTABLET, Roger; MACHEREY, Pierre; RANCIÈRE, Jacques. *Lire le capital*. Paris, François Maspero, 1965.

8 ALTHUSSER, Louis. *Pour Marx*. Paris, François Maspero, 1965.

9 Provavelmente se refere a: DEBRAY, Régis. *La guérilla du Che*. Paris, Seuil, 1974.

10 Respectivamente: ECO, Umberto. *Storia della bellezza*. Milão, Bompiani, 2007; ECO, Umberto. *Storia della bruttezza*. Milão, Bompiani, 2007.

11 Ver: FERRO, Sérgio; KAPP, Silke; THOMAS, Katie Lloyd; LOPES, João Marcos de Almeida. Concrete as Weapon. *Harvard Design Magazine*, n. 16, Cambridge, dez. 2018, p. II-VI. Versão ampliada de: FERRO, Sérgio. O concreto como arma. *Projeto*, n. 111, São Paulo, jun. 1988, p. 128-129; FERRO, Sérgio. Le béton comme arme. *Dessin/Chantier*, n. 1, 1980.

12 BANHAM, Reyner. *Teoria e projeto na primeira era da máquina*. São Paulo, Perspectiva, 1975. Edição em inglês: BANHAM, Reyner. *Theory and Design in the First Machine Age*. Londres, The Architectural Press, 1960.

13 FERRO. Sérgio. *Michelangelo: arquiteto e escultor da Capela Médici*. São Paulo, Martins Fontes, 2016. Edição em francês: FERRO. Sérgio. *Michel-ange, architecte et sculpteur de la Chapelle* Médicis. Paris, Éditions de la Villette, 2002.

14 FERRO, Sérgio; KEBBAL, Chérif; POTIÉ, Philippe; SIMONNET, Cyrille. *Le Couvent de La Tourette*. Marselha, Parenthèses, 1987.

Por uma taxonomia do ambiente construído

Sylvia Ficher

Entrevista concedida por Sylvia Ficher a José Lira e Felipe Contier em São Paulo SP, Brasil, em outubro de 2019.

Sylvia, vamos começar pela sua formação.

Desde muito nova, eu já fazia cursos de história da arte e da música, havia muitos oferecidos em São Paulo. Depois, segui vários dos cursos livres da Fundação Armando Alvares Penteado – Faap: aulas com o Flávio Motta, com um dos filhos do Oswald de Andrade – creio que o Nonê de Andrade –, com o Sérgio Ferro. Porém o que mais me fascinava eram os ateliês: frequentei o ateliê de gravura com o Marcelo Grassmann, com o Darel Valença Lins e o Mário Gruber. E o ateliê de escultura do Cassiporé Torres. Essa formação me levou a escolher a arquitetura, pois eu também tinha muito gosto por matemática e física.

Entrei na Faculdade de Arquitetura e Urbanismo da Universidade de São Paulo – FAU USP em 1968, no último ano na rua Maranhão. Mas já frequentava a FAU desde muito antes, porque namorava um estudante de lá, o Eduardo Homem de Melo. Daí minha ligação até hoje com o pessoal de turmas bem anteriores à minha. Era um lugar maravilhoso, ali pertinho da rua Maria Antônia, da rua Dr. Vilanova, fervilhando com os estudantes das outras faculdades, com livrarias, restaurantes, bares. Uma lembrança vívida e terrível foi assistir à batalha da Maria Antônia de um apartamento de frente para o Mackenzie. O pessoal do Comando de Caça aos Comunistas – CCC encarapitado no telhado de um dos prédios do Mackenzie, armados com fuzis e atirando no prédio da Filosofia.

Aí em 1969 veio aquele desastre que foi a mudança para a Cidade Universitária. Todo mundo odiava a mudança, apesar de admirarmos o prédio da FAU USP nova. Nem ônibus tinha para a Cidade Universitária. Mal começaram as aulas e veio a cassação do João Batista Vilanova Artigas e tudo ficou ainda pior. O ambiente ficou muito ruim após o AI-5.

Você participou do Fórum de 1968?

O Fórum de 1968 foi naquele clima *soixante-huitard* que dominava o ambiente universitário em todo o mundo. Acho que foi associado a ele que alguns alunos apresentaram uma lista de professores *indesejados*, num gesto de extrema arrogância. E muitos desses indesejados pediram demissão, foi uma grande perda para o ensino, uma vitória da patrulha ideológica de então. Outro exemplo triste e lastimável de radicalizações simplistas foi a ida do Gilberto Gil e do Caetano Veloso à FAU USP. Mal eles chegaram e começou a maior vaia, nem cantaram, foram praticamente escorraçados de lá. Nunca esqueci esses episódios, me marcaram...

Como eram as disciplinas de história?

A minha predileta foi a do Flávio Motta. Não era um curso estruturado, não tinha programa, no máximo sugestões de leitura. Era mais um seminário... O Flávio era uma pessoa adorável: ele abordava um assunto, aí o Sérgio dava uns palpites, o Julio Katinsky dava outros. E não se falava de arquitetura, falava-se mais de estética, porém como algo inefável, quase sagrado. Já o Eduardo Kneese de Mello, que dava arquitetura no Brasil, era mais uma história oral – Brasil Colônia, Gregori Warchavchik, Lúcio Costa, Le Corbusier, o sucesso do Ministério da Educação e Saúde Pública – MES e do Oscar Niemeyer.

E se falava de ecletismo?

Não, jamais. Ou melhor, falava-se apenas pela negação: não é arquitetura; não é algo digno de ser estudado e, por extensão, de ser preservado. Tudo o que veio antes do moderno, à exceção do colonial, era considerado um equívoco, isso não só pelo Kneese, era o senso comum.

Como era o ensino em geral?

Vocês têm que entender que o clima de censura e, por conseguinte, o medo, era muito pesado. Falta de notícias, ausência de crítica e muito medo... Havia a conjuntura política difícil, mas acho que não se deve colocar os problemas de então só na conta dessa conjuntura. Na minha opinião, havia uma crise do próprio ensino. Eu vislumbrava o fato, mas não entendia o porquê. Hoje vejo como resultado da perda de uma didática de projeto tradicional, acadêmica, sem a substituição por outra equivalente. A minha sensação era que ninguém sabia exatamente o que estava fazendo, professores não sabiam o que ensinar, isso em todas as áreas. Um pouco menos, talvez, nas disciplinas técnicas.

Tão pouco eu era uma estudante muito assídua, bem pelo contrário... Nem sei como consegui me diplomar com a minha turma em 1972, porque a partir do terceiro ano mal frequentei a escola. É por isso que eu sou uma péssima informante sobre o ensino de lá.

Penso que o que ficou da formação na FAU USP foi muito mais o ambiente intelectual, a abertura de perspectivas, o enriquecimento da visão de mundo, do que a educação formal. Flavio Motta e Sérgio Ferro, o Abrahão Sanovicz, a Renina Katz e o Flávio Império, e o convívio com os colegas. A FAU USP era um celeiro de colegas inteligentes, talentosos. Alguns, amigos até hoje, alguns perdidos para a repressão ou pela vida...

Fale de sua experiência com projetos.

Em algum momento em 1969, por aí, fui estagiar no escritório do Fábio Penteado. No ano seguinte, ele me levou para o Escritório Técnico da Caixa Estadual de Casas para o Povo – Cecap, onde estava sendo desenvolvido o projeto do conjunto de Guarulhos. E da Cecap, fui para o escritório do Artigas. Imagine só, eu tinha um emprego incrível, com o profissional mais admirado de todos, porém distante, porque tinha sido aposentado compulsoriamente. Daí o meu afastamento da escola.

Formada, continuo trabalhando com o Artigas até 1974. Por que até 1974? Naquele ano havia feito uma longa viagem pela América Latina, que me colocou muitas dúvidas sobre o que eu queria para a minha vida. E também porque já vinha percebendo que simplesmente não gostava de escritório de arquitetura. Achava a atividade de projeto intelectualmente pouco desafiadora, pouco gratificante. Tanto que o meu Trabalho de Graduação Integrado – TGI nem foi um projeto, já foi uma primeira tentativa de crítica de arquitetura, sobre os pavilhões do Brasil em feiras internacionais: o pavilhão de Nova York, o pavilhão do Sérgio Bernardes e o pavilhão de Osaka.

Resolvi sair do escritório, e conversei com o Artigas sobre essa mudança de rumo. Como não sabia bem o que queria, ele me aconselhou a conversar com o Flávio Motta. O que não tinha nenhuma dificuldade porque todos nós frequentávamos muito a casa dele. Eu morava bem pertinho e muitas vezes servi de motorista para ele...

O que você estava pensando em fazer?

Um primeiro interesse seria museologia, queria trabalhar com restauração, não de arquitetura, mas de peças de museu. Queria fugir da dimensão estética, artística, que era muito valorizada na FAU USP e com a qual nunca me identifiquei. O que eu sempre tive é um fascínio pela materialidade das coisas, queria trabalhar com os materiais: madeira, couro, vidro, cerâmica, tecidos. O Flávio me mandou conversar com um cara que era diretor do Museu de Arqueologia e Etnologia – MAE, o Ulpiano Bezerra de Menezes.

O MAE tinha uma coleção muito interessante pré-colombiana e fiquei uns meses trabalhando, participando da organização do seu laboratório de restauro. Foi o Ulpiano que me apresentou para as questões da cultura no sentido antropológico do termo, foi quando li o James Deetz, o Bruce Trigger. Li também um manual fantástico sobre restauração, o Plenderleith,[1] que consulto até hoje. E foi ele quem me alertou para o curso de especialização em patrimônio na FAU USP. Eram três organizadores: o Nestor Goulart Reis, o Luis Saia e o Ulpiano.

Foi quando você foi trabalhar com o Nestor?

O Nestor era diretor da FAU USP e tinha um projeto para a FAU – que hoje eu posso entender, mas então não entendia muito bem –, que era transformá-la em um centro de pesquisa. O Nestor criou a FAU USP. Essa é uma história muito bonita e que sempre ficou escamoteada. Para tanto, ele organiza uma estrutura muito complexa de apoio à pesquisa, com laboratórios, pool de datilografia etc. Ele amplia o escopo da biblioteca para centro de documentação; ele incentiva a coleta de acervos profissionais – eu achei o acervo do Jacques Pilon abandonado e avisei para a biblioteca. Dá força no laboratório de fotografia com o Cristiano Mascaro; o Lúcio Gomes Machado cuidava das publicações.

Foi o Nestor quem realmente ocupou a FAU USP nova e deu uso para a FAU Maranhão. Para tanto, contratando pesquisadores, como a Cecília Naclério Homem, a Hilda Castello Branco, o Edeival Bolanho. Eu era uma dessas pesquisadoras contratadas, e pude fazer o curso de patrimônio. Dentre os professores, veio gente do Instituto do Patrimônio Histórico e Artístico Nacional – Iphan e, inclusive, do exterior. Desses, quem mais nos marcou foi o Hugues Varine. Além disso, como assistente do Nestor, colaborei com ele na elaboração do projeto do mestrado. Também participei, com o Carlos Lemos, no projeto de criação do Departamento de Patrimônio Histórico – DPH. Entrei para a FAU USP em 1974 e fiquei até o fim do mandato do Nestor em 1976.

Então você foi fazer o mestrado na Universidade Columbia?

Resolvo dar continuidade na minha formação e em 1976 vou para a Columbia. A Escola de Pós-Graduação em Arquitetura e Planejamento (hoje foi acrescentado Preservação) oferece o mais antigo programa na área de patrimônio nos Estados Unidos. Fui muito bem recebida porque o seu criador, o James Fitch, era homem do Partido Comunista, ele e o Artigas haviam se conhecido na década de 1940.

Como era o curso da Columbia?

Um Master of Science, com muito mais disciplinas do que nos nossos mestrados. Algo como umas quinze disciplinas, afora um curso de verão na França e a dissertação, tudo isso em dois anos. Tive aula com excelentes professores. Além do próprio Fitch, o Adolf Placzek – o bibliotecário da Avery Architectural & Fine Arts Library e organizador da *Macmillan Encyclopedia of Architects*[2] –, David De Long, William Foulks, Theo Prudon, entre outros.

O Fitch, como era do Partido Comunista, nas suas aulas trazia informações do que estava acontecendo na União Soviética, na Polônia e nos demais países da cortina, uma experiência preservacionista bem mais variada do que havia conhecido no curso de 1974.

Na disciplina do Bill Foulks, a primeira leitura foi justamente o *Linguagem clássica da arquitetura*, do John Summerson,[3] livro que traduzi logo que cheguei no Brasil. O Foulks é daqueles caras que gostam de fotografar, e fazia slides das obras raras da Avery. As edições originais dos tratados do Sebastiano Serlio, do Giacomo Vignola, do Hans de Vries, do Andrea Palladio, coisas que eu nem tinha ideia que existiam... De modo que suas aulas eram todas ilustradas. Aulas perfeitas, com muita informação, bibliografia e exigências de leituras e exercícios, e a obrigação de escrever um artigo no final.

Tínhamos uma disciplina de conservação, voltada para técnicas laboratoriais, dada pelo Norman Weiss, que é um químico famoso hoje e então jovem, mas já de grande experiência. Cursei também uma disciplina sobre restauração museológica nos laboratórios do Museu de Arte Metropolitan com um professor de lá cujo nome não me recordo.

As disciplinas optativas, essas eu fiz no Departamento de História da Arte e Arqueologia. Lá fiz um curso sobre alta renascença com o Milton Lewine, um especialista em Rafael Sanzio, arquiteto. Com o Stephen Gardner, participei de um seminário fechado com cinco ou seis alunos sobre arquitetura gótica. E mais um seminário com o George Collins, mais teórico-metodológico. Aí sim é que eu entro na história da arquitetura pra valer.

Você conheceu o Kenneth Frampton na Columbia?

Conheci, sim. Em 1977 a Columbia oferece um curso de verão de um mês em sua sede de Paris, o Reid Hall. Fizemos uma cobertura do que estava acontecendo em termos de patrimônio na França. Visitamos laboratórios de museus, arquivos, obras de restauração, como a da Catedral de Senlis, e muito mais. Sempre acompanhados de profissionais franceses. Aproveitei a ocasião, estive novamente com o Varine e visitei o Ecomuseu do Creusot.

E teve também uma sequência de palestras. Eu nem lembrava mais dos detalhes, mas quando estava preparando o memorial para titular achei o roteiro das palestras de Paris. E quem é que organizou? Kenneth Frampton, junto com o Antoine Grumbach. Só então descobri que fui aluna dele; mas, naquela época, o Frampton não era o Frampton. Pierre Bourdieu também deu uma palestra, mas também ainda não era o Bourdieu. Entre os demais: Françoise Choay, Paul Chemetov, Bernard Huet. Eu não só assisti palestras de todos esses caras, como não tinha a menor ideia de quem eles eram, e eles também ainda não eram esses nomes todos em 1977. Na Columbia assisti a uma série de palestras do Henri-Russel Hitchcock. O Hitchcock, sim, já era o Hitchcock.

E o Vincent Scully?

Na Columbia, uma vez por ano, era feita uma série de conferências sobre arquitetura gótica. Um ano foi o Hitchcock, ele era um homem grande, um homem forte, mas já era um senhor. No ano seguinte quem veio da Universidade Yale foi o Scully, que era muito histriônico, muito coreográfico e simpático, porém com bem menos conteúdo. Ele tem o *Modern Architecture*,[4] mas importante para nós era o *Shingle Style*.[5]

O diferencial naquela bibliografia que conheci na Columbia é a valorização do século 19. O Hitchcock tem, além do *Arquitetura, séculos 19 e 20*,[6] o livro sobre o Richardson,[7] que nós lemos para as aulas de história da arquitetura americana dadas pelo Fitch. O livro *American Building*,[8] do Fitch, tem dois volumes e é uma história da arquitetura americana, não uma história seletiva da arquitetura moderna americana, entende? E olha que o Fitch era modernista de raiz. É da geração do Artigas, portanto defensor intransigente do moderno, inclusive tendo sido colaborador da revista *House Beautiful* e publicado um livro sobre o Walter Gropius naquela série "Masters of the World Architecture",[9] aquela mesma que inclui o Niemeyer do Stamo Papadaki.

Na verdade, esse alerta começou com a leitura ainda em São Paulo do seu *Architecture and the Esthetics of Plenty*,[10] exemplar que achei na biblioteca da FAU USP. Ou seja, estou me deparando com uma literatura panorâmica que traz relações entre arquitetura e economia, técnica, meio ambiente, moda, enquanto eu não conhecia nada semelhante sobre arquitetura brasileira. Ai, o meu encantamento com a possibilidade de uma historiografia inclusiva, que não despreze o ecletismo ou o art déco. Desse ponto de vista, o Geroge Kubler, que me recebeu em Yale e foi extremamente gentil comigo, me influenciou muito com seu livro *The Shape of Time*.[11]

De atividades extras, segui como ouvinte em um curso do Marvin Harris, assisti também a umas palestras interessantíssimas do Spiro Kostof sobre a medievalização de Roma. E o curso que o Celso Furtado deu no Centro de Estudos Latino-americanos. Pude ter na Columbia, na década de 1970, uma formação muito sofisticada.

Você teve contato com a produção do Instituto de Arquitetura e Estudos Urbanos – Iaus?

Naquele momento, eu não quero saber do Iaus, nem teria tempo para isso. Estou interessada em história, estou interessada particularmente nessa questão de que existe uma história da arquitetura americana que não se resume a Frank Lloyd Wright. Uma influência central importante para a minha tese de doutorado foi o Tom Wolfe; li todas as suas coletâneas de matérias jornalísticas, ele que é um dos criadores do *new journalism*. Seu enfoque é uma etnografia da cultura extremamente requintada, o que os americanos chamam de *cultural studies*, tão reveladora quanto a sociologia do Bourdieu. Curiosamente dois contemporâneos perfeitos que desenvolvem ideias muito semelhantes em ambientes intelectuais bastante diversos. Bourdieu produto das *grandes écoles* francesas e, Wolfe, doutor por Yale.

O contato com os pós-modernos estava no seu horizonte?

Aí, sim. A Nova York que eu conheci e pude curtir era muito intensa culturalmente: museus, galerias, teatros, publicações... Tanto que escrevi um artigo, o "Anotações sobre o pós-modernismo",[12] devido aos meus anos observando o que estava acontecendo na cena nova-iorquina. Como já me incomodava com uma redução da arquitetura brasileira ao modernismo, o pós-modernismo – com seu resgate da história, sua defesa do ornamento, sua preocupação com a inserção urbana – me parecia uma saída crítica valiosa. Daí eu fiquei rotulada – de maneira pejorativa, lógico – de pós-moderna.

Fale sobre sua dissertação.

Para a minha dissertação, quis fazer algo em tecnologia, o que eles chamam *conservation*. *Preservation* é a disciplina geral e *conservation* é a questão técnica, como se interfere fisicamente em um objeto, em uma edificação. Minha intenção era aprender algo com esse tipo de estudo que poderia ser útil aqui.

Na dissertação, *Conservation of Plaster*[13] é o título, estudei a feitura e a consolidação de tetos de estuque ornamentados. Como ela tem duas partes, tive dois orientadores. Na primeira, o William Foulks me ajudou com os aspectos históricos, de como se prepara o *plaster*, de como se produz cada tipo de ornamento, uma cornija, um *caisson*, uma roseta. Minha fonte principal foi um manual técnico de fins do século 19: *Plastering, Plain and Decorative.*[14]

O Norman Weiss me ajudou na formatação da segunda parte, que é de aplicação, é laboratorial. Produzi amostras de *plaster* de diferentes composições e usei diferentes resinas acrílicas para fazer a sua impregnação. Eu tinha um laboratório só para mim, um laboratório desocupado no segundo subsolo da Biblioteca Low Memorial, que me foi cedido sem a menor burocracia. Do outro lado da parede, havia uma piscina de água aquecida, se ela não aguentasse o empuxo, eu ia morrer afogada... E passei dias e mais dias trabalhando sozinha lá. Até tenho algumas fotos...

Você pensou em fazer o doutorado lá?

Sim, em 1978 mesmo faço a inscrição, mas não na arquitetura. Fui aceita pelo Peter Collins no Departamento de História da Arte e Arqueologia, que era onde se fazia pesquisa histórica de fato. Mesmo assim resolvi que tinha que vir para o Brasil.

Como foi o seu retorno para o Brasil?

Enquanto eu estou em Nova York, o Lemos estava organizando um segundo curso de patrimônio na FAU USP, para o qual convida o Fitch. E me chama para ser assistente dele. No seu curso, o Fitch seguiu um livro dele que ainda estava no prelo, *Historical Preservation: Curatorial Management of the Built World*,[15] cujos capítulos eu resumi para uma publicação da FAU, *Preservação do patrimônio arquitetônico.*[16]

Quando você começou a dar aulas?

Logo depois, em 1979, em Santos, sobre o período colonial. Foi quando li o Germain Bazin inteiro[17] e dei o curso todo em cima dele. Em seguida fui para a Belas Artes, cujo curso de arquitetura tinha sido reaberto pelo Jorge Caron. Mas não permaneci na Belas Artes porque em 1982 vou para Brasília.

O livro *Arquitetura moderna brasileira*[18] é antes de Brasília?

Sim, ele foi escrito ainda aqui. Primeiro em inglês, como capítulo de um manual muito interessante, o *International Handbook of Contemporary Developments in Architecture.*[19] Eu não estava afim de estudar arquitetura contemporânea, mas veio essa oportunidade...

O original do nosso livro é que cobrimos a década de 1970. Ou seja, os dez anos depois da tese do Yves Bruand, *L'Architecture contemporaine au Brésil*, que vai até 1968 e foi defendida em 1973. O livro dele saiu – atrasadíssimo – em 1981,[20] o nosso foi escrito em 1980, saiu como um capítulo em inglês em 1981 e em português em 1982. A experiência está contada em impiedoso detalhe em um artigo nosso, "A quatro mãos: 'arquitetura moderna brasileira', 1978-1982",[21] que se acha fácil na internet.

Salvo engano, é uma das primeiras construções do moderno que estabelece a produção paulista como uma nova hegemonia.

Não creio. Não se esqueçam de que o Bruand e o Lemos já haviam tratado do brutalismo em São Paulo. O nosso propósito era mapear a produção daquele momento. Nem tanto uma revisão historiográfica, mais um alargamento cronológico e territorial. Já apontávamos a importância do Artigas e da Lina, e mesmo a geração seguinte, Joaquim Guedes, Paulo Mendes da Rocha, Pedro Paulo de Melo Saraiva. Porém, a ideia da Marlene Acayaba era irmos além do eixo Rio/São Paulo e estivemos com o Sérgio Bernardes, o Luiz Paulo Conde, Severiano Porto, o Borsoi, o Assis Reis. Falamos também em Fayet, Delfim Amorim, Lelé, Galbinski, Zimbres. Porto Alegre vai ter um perfil próprio, Recife vai ter um perfil próprio, Ceará vai ter um perfil próprio e assim por diante. Ou seja, há uma autonomia desses desenvolvimentos que entendemos fosse uma regionalização da arquitetura moderna Brasil afora. Pode ser que tenhamos sido as primeiras a falar, isso sim, em um processo de regionalização; algo que não difere consideravelmente do regionalismo crítico do Frampton. Essa talvez seja a nossa contribuição.

O que te levou à Universidade de Brasília – UnB naquele momento?

Já dava aula em Santos e no Centro Universitário Belas Artes de São Paulo quando fui contratada pelo Banco Nacional da Habitação – BNH. Aí eu tenho um emprego no qual aprendo muito, com excelente salário como fiscal de obras, que me permite conhecer em detalhe a política habitacional em curso em todo o estado. Dou aulas, trabalho no BNH, estou fazendo doutorado na Filosofia, publicando artigos e com um livro no prelo. Evidentemente, gostaria de ir para o Departamento de História. Na época não tinha concurso, tinha apenas seleção de currículo. Aberta uma vaga, foi constituída uma comissão, acho que com o Carlos Lemos, o Lúcio Gomes e o Julio Katinsky. Conforme o próprio Lemos me relatou, os outros dois preferiram o Carlos Faggin, contra o voto dele a meu favor.

Lógico que eu fiquei chateada. E muito... Nesse meio tempo, fico sabendo que está havendo uma seleção de currículos em Brasília e tinha uma vaga para a área de história. Isso foi em 1982; fui aprovada e cedida pelo BNH. E é lá que eu vou montar a minha disciplina predileta sobre arquitetura brasileira.

Como você montou essa disciplina?

Até hoje o meu jeito de dar aula é igualzinho a como aprendi com o Foulks, com o Lewine. É uma disciplina com aulas expositivas e ilustradas – antes com slides, agora com PowerPoint –, organizadas em diferentes blocos. E tem programa, tem bibliografia, textos para ler, fichar e debater, exercícios práticos – por muito tempo, maquetes; depois, análises de implantação urbana e acessibilidade. Tem trabalho final. Só não tem prova; tenho horror de prova. Os assuntos vão do Brasil para Europa e Estados Unidos e depois voltam pro Brasil. É sempre um vai e vem, conforme há rupturas ou transições.

Começo pelo Brasil de fins do século 18 a fins do 19. Nem tanto um aprofundamento dessa produção, mais uma introdução aos valores do ecletismo por meio de exemplos brasileiros, tão adequados quanto os europeus. Numa primeira ruptura, trato o *fin de siècle* indo até meados da década de 1930 já pela Europa e mesmo Estados Unidos, pontualmente introduzindo novamente o Brasil. Começando com o art nouveau, o Sezession, o Liberty, inclusive apresentando o Victor Dubugras como um de seus representantes.

Nesse bloco discuto como vai se dando uma geometrização da linguagem decorativa do art nouveau, um *continuum* do art nouveau, algo que chamo de *art déco avant la lettre*. O que busco ressaltar é que há uma estética que tem características art déco desde o início dos 1900 – Otto Wagner, Auguste Perret, novamente o Dubugras, até o Adolf Loos e inclusive o Wright –, mas que só recebe esse rótulo em 1925.

E incluo o movimento moderno como uma vertente, digamos uma vertente minimalista – para usar um termo que voltou à moda –, dessa estética desse *art déco avant la lettre*. Nela entrando o Werkbund, o expressionismo, o construtivismo, a Bauhaus, o neo plasticismo, o purismo, toda essa riqueza de *ismos* que caracteriza o primeiro pós-guerra, integrando nesse panorama o Warchavchik. Tendo que fechar, para nossa tristeza, com a arquitetura totalitária...

Evidentemente, há também aulas sobre habitação popular e, aproveitando a deixa, já alguma discussão sobre questões de forma urbana. Entra de novo o Brasil, nesse que é o meu período predileto, coincidente com a República Velha, contando, além do neocolonial, com o Garcia Moya, o Rino, o Warchavchik, o Flávio de Carvalho, até o fecho com a presença do Lúcio Costa em 1930...

Daí em diante, são aulas dedicadas ao racionalismo carioca, isso sob a influência dominante do Le Corbusier, influência essa detalhada através de uma longa exposição da sua obra da década de 1920. Vai da Associação Brasileira de Imprensa – ABI e do Ministério da Educação e Saúde – MES até seu desenvolvimento formalista, tão bem exemplificado pela arquitetura palaciana do Niemeyer. Porém, não abordo Brasília pelo viés urbanístico, esse é um assunto tratado em outra disciplina, sobre os paradigmas urbanísticos do Plano Piloto.

Na sequência, o brutalismo – não só o paulista, afinal temos Affonso Eduardo Reidy muito antes, e o próprio Niemeyer. Mais uma ruptura, de volta para a Europa e Estados Unidos para tratar do pós-modernismo. Encerrando o curso com algo que chamo de *permanência do moderno* já em pleno século 21.

É importante alertar que muitas dessas aulas iam variando em função de novas pesquisas e mesmo interpretações. Algumas deram origem a artigos escritos em diferentes momentos, alguns deles até bem recentes, porém expondo ideias que foram sendo formuladas ao longo de décadas, justamente por consequência do metiê da docência.

Na sua tese você mostra que a pesquisa tecnológica dos engenheiros é seminal para os modernos.

Sem François Hennebique, sem Perret, não teria Bauhaus ou Corbusier, porém essa é uma discussão já devidamente resolvida e que nunca esteve no foco do meu interesse. Nunca me preocupei em traçar antecedentes para o modernismo – os tais proto-modernismos. Não é do meu feitio imaginar que uma época não é nada além de uma preparação, de um ensaio para um tempo adiante. Foi o Lúcio Costa quem legou para a historiografia brasileira essa sua visão determinista da arquitetura moderna, como expressou em "Razões da nova arquitetura".[22] Um belíssimo artigo e excelente testemunho da época em que foi escrito: 1934... E que findou por deixar esse viés determinista em nossa disciplina.

Não me agrada essa procura de dar pedigree para uma produção artística, ou mesmo técnica, porque teria *prenunciado* ou *anunciado* algo, como se ela não tivesse valor por si mesma, como se seu valor dependesse de algo que lhe sucedeu, mas que não lhe é necessariamente superior...

Sob o enfoque da história da técnica, o que estudei – apoiando-me e valendo-me muito do Augusto Carlos Vasconcelos – foi a contribuição pioneira em escala mundial dos paulistas – e não só dos paulistas, dos cariocas também – no desenvolvimento da tecnologia do concreto armado. No caso da Escola Politécnica da Universidade de São Paulo – Poli USP, um Hyppolito Pujol Júnior ou um Heribaldo Siciliano, por exemplo. Esse assunto está mais explorado em alguns subprodutos da tese, como os artigos "O ensino da construção no domínio da arquitetura"[23] e "Edifícios altos no Brasil".[24]

O seu mote foi buscar essa arqueologia do que é ser arquiteto?

Você quer ver a loucura? Em 1969, eu escrevi um texto intitulado "FAU histórico"[25] para a revista *Desenho*, que era uma publicação dos estudantes da FAU USP. O interesse pela história da formação já estava lá e aflora desde o começo da tese, que não é apenas sobre a Poli. Tanto que a ênfase do título é *ensino e profissão*. A tese é sobre como a profissão se reconstituiu em São Paulo em função da introdução do ensino institucional na Escola Politécnica, na Escola de Engenharia Mackenzie e na Belas Artes. Esse ponto esclareci na apresentação de um material antigo só recentemente divulgado, *O curso de arquitetura da Escola de Engenharia Mackenzie, 1917-1947*, que se pode encontrar no site da FAU do Mackenzie.[26]

O que me incomodava era que seria preciso ir muito além daquilo que já tínhamos sistematizado. Há um livro do Summerson, o *Victorian Architecture*,[27] que foi importantíssimo para que eu definisse a estratégia da tese, em especial a varredura das revistas especializadas para melhor entender cada momento do contexto profissional, inclusive as inflexões estéticas. Outro livro que me inspirou foi o *Born under Saturn*,[28] do Rudolf Wittkower, em que faz trajetórias de artistas considerando não a sua qualidade artística, mas o caráter pessoal deles. Os europeus têm as *Vite*,[29] do Giorgio Vasari; e nós não tínhamos um Vasari. Na verdade, o que eu pretendia fazer era um modesto Vasari paulistano, tendo como recorte quem se formou arquiteto em São Paulo antes da criação dos cursos autônomos. Sem julgamento de gosto, sem engajamento neste ou naquele movimento. E vocês não devem se esquecer de quem é o meu orientador: Paulo Emílio Vanzolini.

Explica melhor essa orientação. Você escolhe o Departamento de História e vai fazer a tese com um zoólogo. Não tinha historiador na USP que pudesse lhe orientar? O Ulpiano, por exemplo...

É um tanto complicado... Lembrando que eu já tinha decidido ficar aqui, e que naquela época ainda nem havia doutorado na FAU USP. De modo que a única alternativa era a Filosofia. A Faculdade de Filosofia, Letras e Ciências Humanas da Universidade de São Paulo – FFLCH USP não foi uma escolha, foi uma contingência, foi um expediente. Bem, quanto ao Ulpiano, tínhamos um problema pessoal porque nós havíamos namorado, não daria certo...

O Departamento de História era aquele horror, estreito, pelo menos na minha perspectiva mais cosmopolita. Nem creio que me aceitassem. Felizmente havia o recém-criado Núcleo de História da Ciência e da Técnica, dirigido pelo Shozo Motoyama.

Foi nesse núcleo que o Ruy Gama fez seu brilhante doutorado sobre os engenhos de açúcar.[30] Eu era muito amiga do Ruy, e fui aceita pelo Shozo por recomendação do Ruy. Só que já conhecia o Vanzolini através do Ulpiano. Ambos diretores de museus da USP e amicíssimos, se encontravam duas, três vezes por semana para jantar, e eu sempre ia junto. Como também havíamos ficado muito amigos, o Vanzo articulou para ser credenciado nesse núcleo, para ser meu orientador. Nem sei se chegou a orientar mais alguém lá...

E qual foi o papel dele como orientador?

De certo modo, eu nem precisava de um orientador para questões de arquitetura, estava muito segura do que estava fazendo. O que aprendi no convívio com o Vanzo foi sobre o processo científico, foi sobre como pensa um cientista. Inclusive, uma desmistificação da ciência, uma desmistificação do cientificismo da ciência.

O que faz um zoólogo? História natural. Ou seja, eles são historiadores da natureza; nós somos historiadores do artificial. O que veio do Vanzo é a disciplina do zoólogo sistemata, aquele que faz classificações e organiza coleções sistemáticas: todos os bichos são descritos do mesmo jeito, cada bicho recebe a mesma atenção, o roteiro é sempre o mesmo. E tem também a teoria do refúgio ou enclave, desenvolvida pelo Vanzo e por ele denominada de teoria quasi-histórica. Para entender a especiação, essa teoria considera o conjunto de características de um determinado território, geológicas, topográficas, climáticas, sua economia de água e, obviamente, sua flora e fauna. Isso tudo na dimensão temporal. Ou seja, não é possível pensar algo sem considerar seu contexto amplo e as mudanças a que esse contexto está sujeito, de longo como de curto prazo. Meu doutorado é um esforço de entender o ambiente profissional paulistano como um enclave e de sistematização de sua fauna e flora. Por isso é que tive que fazer a biografia de todos os professores e diplomados e não só a dos bacanas.

Seu doutorado é sobre as instituições formadoras e a profissão do arquiteto, o ator especializado, que você analisa em minúcia. Nesse sentido sua tese é um contraponto à historiografia existente.

Espero que sim. Ou melhor, é um contraponto à tradição oral que eu havia recebido na FAU USP. Porque em fins da década de 1970, ou mesmo inícios da década de 1980, não tínhamos ainda uma produção historiográfica expressiva pra chamar de nossa. Não há a menor dúvida de que quem fez o devido serviço historiográfico daqui foram dois franceses – o Germain Bazin e o Bruand. Sem esquecer dois americanos – o Robert Smith e o John Bury. Cuidado, estou falando de uma época quando mal estava iniciada a nossa pós-graduação, quando quase não há uma produção de pesquisas constante, assente, a não ser um Paulo Santos, um Donato Mello Júnio e o pessoal do Iphan no Rio e o nosso pessoal da FAU USP, Lemos, Aracy Amaral, Nestor, Benedito Lima de Toledo. Talvez houvesse algo também em Minas, em Salvador, em Porto Alegre, não saberia precisar assim de cabeça.

No caso do século 20, não tinha quase nada antes do Bruand, afora o *Brazil Builds*[31] (prefiro "Brasil constrói", afinal é uma edição bilíngue) e o Henrique Mindlin... Praticamente só artigos avulsos, quase sempre tendo como objeto privilegiado o modernismo. E que, ao considerar apenas uma fatia da produção arquitetônica e descartar o resto, perdia de vista o panorama mais amplo do que está acontecendo no campo profissional, no qual tal produção modernista se insere. Findando, por causa desse preconceito, a sequer entender bem seu próprio objeto, até mesmo para melhor valorizá-lo.

Muitos questionaram porque eu estava fazendo a trajetória daqueles caras. Só que ao estudar aqueles olvidados, surgiram trajetórias surpreendentes. Foi um grande prazer. Pegue a publicação ilustrada da tese, esse livro *Os arquitetos da Poli*,[32] e esquece a Poli, leia as histórias profissionais. Dá para seguir uma amostragem de todo o percurso de um século da arquitetura paulista: da década de 1880 à década de 1980.

Eu queria entender a inserção da atividade profissional, como se dá a gestão urbana de São Paulo, como são as secretarias estaduais e municipais, as legislações urbanísticas. Pouco se falava disso. Além do Nestor, havia a tese pioneira da Marta Dora Grostein sobre legalização urbana em São Paulo,[33] que me auxiliou muito. E fui das primeiras pessoas a dar destaque para a questão da regulamentação profissional, ao Conselho Regional de Engenharia e Agronomia – Crea; não era dada muita atenção para essa dimensão mais burocrática da profissão.

Não só isso. Acho que você é a primeira a tratar de uma divisão do trabalho entre o arquiteto e o engenheiro a partir dos anos 1940 e da reivindicação por remuneração e reconhecimento do projeto como trabalho autônomo.

Sabe como que eu percebi a importância disso? Porque durante toda a pesquisa eu estava alerta para a questão do projeto e da construção. Estava entrevistando profissionais formados na década de 1920, de 1930, o próprio Artigas, o Oswaldo Bratke foi muito esclarecedor... Sempre perguntava sobre como se trabalhava e pude perceber que, até certo período, projeto e construção iam juntos. E por que eu fazia essa pergunta? Está aí uma influência interessantíssima...

Sérgio Ferro?

Isso, Sérgio Ferro. Não nego a influência de *O canteiro e o desenho*,[34] ainda que não concorde integralmente. Acho sua tese fruto de uma mauvaise conscience burguesa, de uma visão insustentável frente à realidade do que é a construção civil, que conheci de primeira mão enquanto fiscal de obras no BNH, talvez a experiência profissional que foi a minha melhor escola. Mas é um texto importante, que respeito muito pelo alcance crítico.

Essa minha preocupação foi a responsável pela tentativa de esclarecer a questão. Pensei: "Ah, é? Vamos ver como é que era essa distinção". E aí me deparo com o Rino Levi, justamente pelas conversas com aqueles arquitetos que estava entrevistando. Perguntava sempre: "O senhor projeta e constrói? Ou só constrói? Ou só projeta?" E os depoimentos afunilam na personagem do Rino, como sendo aquele profissional que é o primeiro a se propor com firmeza a parar de construir, para só projetar. Expus essa postura com maior ênfase em um artigo sobre ele,[35] justamente para chamar a atenção para a importância que lhe era atribuída pelos demais arquitetos para além da qualidade da sua própria produção arquitetônica. Ao parar de construir para só projetar, o Rino passa a ter que entregar o projeto de execução completo, porque será um outro profissional que irá se encarregar da obra. Daí sua fama de detalhista. Afinal, quando se é responsável pelo projeto e pela construção não se faz necessário o mesmo nível de detalhamento do projeto, resolve-se muita coisa na própria obra. Uma escada, por exemplo, é executada por um construtor especializado no ramo. Em geral, com melhor resultado do que uma desenhada na prancheta por um projetista.

Daí, devemos tomar muito cuidado com essa ideia de que o trabalho no canteiro é alienante, como se o trabalho manual não pudesse ser criativo e gratificante. Esse é um viés elitista que vê apenas o trabalho intelectual como digno, que identifica o trabalho manual com o pecado original, que aceita como justa a posição subalterna do escravo.

Uma questão central para Bourdieu. E nas tuas referências bibliográficas, você cita o Antonio Gramsci e o Bourdieu.

Citei o Bourdieu, que eu nem tinha lido até então, de picareta, de enxerida. Quem eu havia conhecido foi o José Carlos Durand, autor de um livro excelente que aprecio, *Arte, privilégio e distinção*.[36] Foi por essa leitura que comecei a ter um vislumbre do pensamento do Bourdieu, com o qual logo me identifiquei.

Defendi meu doutorado em 1989, e em 1990 fui fazer um pós-doc na Escola de Altos Estudos em Ciências Sociais (École des Hautes Études en Sciences Sociales – EHESS), no *labô* dirigido pelos assistentes do Bourdieu, a Monique de Saint-Martin e o Jean-Claude Combessie, porque ele já estava no College de France. Porém, como eu era uma *bourdivine*, como éramos chamados, além de assistir às conferências públicas no College, participava de seus seminários fechados. Ai, lendo e ouvindo o próprio Bourdieu, descobri que ele colocava de uma forma extremamente clara, com muito mais elegância e profundidade, o que eu pensava. Foi como se ele me explicasse o que eu intuía.

Passei dois anos em Paris, porém, o pós-doc não foi só Bourdieu, também fiz um estudo aprofundado dos bancos de dados digitais franceses e dei continuidade às pesquisas sobre ensino e profissão, agora no caso da Europa e dos Estados Unidos. Inclusive, passei três meses como *visiting scholar* na Columbia, aí totalmente centrada nessas problemáticas.

E o Gramsci?

Eu tenho duas críticas ao Bourdieu, tendo lido vários de seus livros com grande atenção. Primeiro, ele não dá o devido crédito ao Gramsci na questão da gênese do campo intelectual. Ainda tenho os cinco volumes publicados pela editora Civilização Brasileira.[37] Li todos, porém central para mim foi *Os intelectuais e a organização da cultura,* em que o Gramsci faz a famosa distinção entre intelectuais tradicionais e orgânicos. Em minha opinião, uma proposição que já tem muito do que o Bourdieu vai deixar bem mais elaborado, mas era com o que eu contava naquela época.

Segundo, tem outro autor ao qual Bourdieu pouco se refere e ao qual também não dá o devido crédito – e que estava faltando nessa minha genealogia intelectual, o Thomas Kuhn. Foi o Vanzolini quem me apresentou ao Tom, como ele se referia ao Kuhn, que fora seu contemporâneo em Harvard. Na *Estrutura das revoluções científicas*,[38] ao desenvolver o conceito de paradigma, ele está tratando de como se organiza o campo científico, de capitais simbólicos, do prestígio de uma teoria, de como uma teoria se reproduz, do ensino como inculcador de *habitus*. Tendo sido, inclusive, apropriado por historiadores da arte americanos, como o James Ackermann e o Kubler. Aplicando o feitiço contra o feiticeiro, trata-se um pouco de um francês que, a partir de sua posição hegemônica no campo acadêmico, não consegue dar o devido reconhecimento à contribuição de um italiano ou de um americano.

Você cita também os historiadores: o Marc Bloch, o Fernand Braudel, o Edward Thompson.

Muitos desses historiadores comecei a ler já em Nova York. O livro do Marc Bloch[39] tenho em inglês, ganhei de um amigo americano. Thompson, Braudel, Moses Finley, Eric Hobsbawm, Edward Carr, Paul Veyne, mesmo os mais jovens, o Carlo Ginzburg e o Peter Burke, são leituras obrigatórias no metiê... Minha diferença maior é com o Jacques Le Goff. Acho um absurdo essa tal de "nova história", como se até o seu advento não existissem outros objetos estudados pelos historiadores afora a *grande* história política. Falar em "nova história" é, para mim, prova de incultura historiográfica. Tanto que só pra contrariar fiz um levantamento – talvez algum dia vire um artigo, quem sabe? – de historiadores do século 19 que abordam as mais variadas temáticas, desde histórias do vestuário, dos armamentos, dos ornamentos ou do tabaco, até os usos e costumes. Histórias do cotidiano e da vida privada, como se diz...

Eram referências da FFLCH?

A FFLCH, no geral, não me trouxe nenhuma referência importante. Como parte dos meus créditos da Columbia foi reconhecida, não fiz mais do que duas ou três disciplinas para o doutorado. E essas foram no Núcleo de História da Ciência. Que me lembre, com seus professores, dois físicos, o Shozo e a Maria Amélia Dantes. Aí sim, teve leituras da maior importância para a minha formação, porém sobre filosofia da ciência e método científico. A lista é longuíssima: o John Bernal e o David Landes, Alexandre Koyré e Karl Popper, Mario Bunge, o próprio Jürgen Habermas. Gosto muito do Paul Feyerabend, do Ivan Illich, dos italianos da antipsiquiatria, do Ronald Laing.

E suas pesquisas posteriores, já em Brasília?

Perguntam-me: "depois de todos esses anos, você é candanga, você é brasiliense?" Não, de jeito nenhum. Sou o que sempre fui, uma paulistana nascida em Curitiba. A tradição cultural é judaica, a arquiteta é FAU USP, a historiadora é Columbia, a socióloga é École, e a instituição é a UnB. Eu não perdi São Paulo, eu ganhei Brasília.

Vim para Brasília simplesmente porque me foi oferecido uma posição que eu preferia, aquela de professora universitária em tempo integral. Inclusive, deixei um emprego do qual gostava muito e que até pagava melhor... De cara, assim que cheguei, eu gostei demais da UnB, do seu campus. E achei muito agradável, diria muito conveniente, como acho até hoje, morar em Brasília. Só faz falta o mar, meu signo é Câncer. Costumava dizer pros amigos de São Paulo que Brasília é o paraíso dos *workaholics*. Dá pra trabalhar muito mais...

Outra coisa bacana de ter ido morar lá foi na minha vida pessoal. Bem ou mal, em São Paulo eu tinha um círculo fechado de amizades, que pôde se ampliar muito nesses quase quarenta anos. Gente que pude conhecer de todo canto, de todo o Brasil... Se não fosse Brasília eu não teria a amizade fraterna que tenho com o Carlos Eduardo Dias Comas e com o Andrey Schlee, sem contar tantos alunos e orientandos, todos parte essencial, parte indispensável do meu universo afetivo.

Quanto às pesquisas, eu estudo arquitetura, eu não sou uma admiradora dessa ou daquela arquitetura. Não fui para Brasília por sua arquitetura ou urbanismo, mas pela sua universidade. É obvio que naquela época quase ninguém era de Brasília, nem os estudantes eram brasilienses... Os professores tinham origens diversas, principalmente gaúchos devido às circunstâncias políticas da UnB. E vários deles tinham ido para lá muito pelo apelo do urbanismo do Lúcio Costa e da arquitetura do Oscar Niemeyer, pela epopeia, pelo heroísmo de Brasília. Esse não foi o meu caso, sempre tive certo distanciamento em relação a esse entusiasmo pelo Plano Piloto, o que é um traço marcante na minha produção acadêmica sobre a urbanização do Distrito Federal.

Claro que ia fazendo minhas observações desde quando cheguei. Ai, com as visitas do Philippe Panerai, ampliou-se o meu interesse. Juntos exploramos tudo que é canto do Distrito Federal, cidades satélites, invasões, sempre que possível íamos a Goiás Velho. Porém uma produção mais focada vai começar pra valer em fins da década de 1990. E muito devido à demanda em função do meu local de moradia, algo assim: "Sylvia, você tá aí em Brasília, escreve uma coisinha pra mim".

Acho que o primeiro artigo que publiquei foi a pedido da Cristina Leme, para o seu livro sobre urbanismo no Brasil.[40] Daí pra frente, lascou... Já no ano 2000 preparamos, Geraldo Nogueira Batista e eu, um guia de arquitetura para a Editora Abril.[41] Imagina só, era vendido em banca de jornal! De lá pra cá, é uma quantidade meio descabida de artigos, muitos em coautoria, nem sei dizer quantos...

Tem todo tipo de trabalho, sobre a metropolização de Brasília, sobre o urbanismo do Plano Piloto, números especiais, sessões temáticas pra congressos. Foram participações em conselhos, muitas entrevistas. Tem até um guia das obras do Niemeyer,[42] quem diria, esse com o Andrey Schlee. Além da orientação de mestrados e doutorados. Um dos meus primeiros mestrados desvela o processo de transferência do risco do Lúcio Costa para o chão, para a escala 1:1.[43] Tenho um orgulho danado da minha primeira doutora, ela fez uma pesquisa primorosa mapeando os cinquenta anos da expansão da mancha urbana do Distrito Federal.[44] Enfim, meio que sem querer, meio que contra a minha vontade, Brasília, enquanto objeto de pesquisa, também entrou na minha vida.

Quanto aos recursos tecnológicos atuais, qual sua opinião?

Meu primeiro computador comprei em 1987, quando percebi que não daria para escrever a tese pelos meios tradicionais da máquina de escrever Mas não pude usar ilustrações, não daria conta de um universo tão extenso com os recursos com que contava no prazo que eu tinha. Isso só foi possível quando da publicação quinze anos depois. Seja como for, desde sempre sou uma apaixonada pelos recursos digitais e pela internet. Arquitetura e urbanismo pedem, exigem, informações visuais e é um privilégio termos esses recursos. A loucura que é poder visitar qualquer cidade do mundo com o Street View do Google Maps. Logo eu, que nem gosto muito de sair de casa...

Se costumo trabalhar com um volume bastante extenso de fontes, a internet só fez agravar a mania. Já a minha escrita talvez seja excessivamente sintética, desconfio que por culpa do computador que nos permite infinitas revisões. Daí minha produção ficar quase que restrita a artigos. Alguns deles são bastante densos e até merecessem um desenvolvimento para livro. Mas cadê o tempo para isso? A logística de preparar um livro toma um tempo que não tenho mais, e que inviabilizaria outros interesses. Deve ser por consolo que sempre gostei de participar da publicação dos livros dos outros, de fazer traduções. É bem mais rápido, e talvez até mais útil...

Fale sobre suas atividades editoriais.

Bem, isso sempre foi um gosto meu, fazer traduções. Entre traduções e revisões, foram muitas, nem sei quantas. E quase sempre de bons livros. Há algumas exceções, né? Para a UnB, como ela tem uma editora universitária, propus uma coleção[45] e deu para publicar títulos excelentes, infelizmente todos esgotados. Com o Andrey, fizemos um esforço brutal predatório para 2010 e publicamos uma meia dúzia de livros de diversos autores na comemoração dos cinquenta anos de Brasília.[46]

Salvo engano, você nunca trabalhou na perspectiva do vernáculo, da autoconstrução. Sempre estudou a atuação de profissionais.

Essas problemáticas entram quando o objeto é a cidade. Esses temas, como as favelas, por exemplo, são temas urbanos. Faltou falar um pouco mais de uma pessoa importante nessa arqueologia intelectual, o Philippe Panerai. Eu o conheci em 1986, ele faz parte da minha vida amorosa, que é muito divertida, mas não cabe falar dela aqui. Fizemos inúmeras viagens, tanto no Brasil como no exterior, verdadeiros reconhecimentos de campo. O Philippe foi quem me sensibilizou para a dimensão urbana, ouvindo suas palestras, passeando com ele por diferentes cidades. E em longas conversas sobre o território e a paisagem, os caminhos, como a cidade surge, como a cidade cresce, e nela, a rua, o quarteirão, o parcelamento, o construído.

É no urbano que se pode abrigar o vernáculo, o espontâneo, todo o imenso universo das infraestruturas. Eu fiquei mais atenta para a forma da cidade, as suas lógicas, as consequências das localizações, as especificidades da economia urbana, do que apenas para o design ou para o urbanista, graças ao Philippe.

Eu gostaria de finalizar com as suas posições teóricas sobre historiografia.

Escrevi alguns artigos que discutem questões mais teóricas. O primeiro deles apresentei em 1983 no Congresso Latinoamericano de Escolas e Faculdades de Arquitetura – Clefa, "Ensino, documentação e pesquisa".[47] É puro Vanzolini: precisamos fazer coleções sistemáticas; precisamos ter plantas de cadastro das cidades; precisamos fazer levantamentos de prédios; precisamos ter acervos de projetos; precisamos conhecer a trajetória dos profissionais e das firmas construtoras. E, por consequência, o ensino deve contribuir para a constituição de uma *cultura arquitetônica*, uma cultura específica, especializada, própria daqueles do ramo.

Um deles foi para aquele seminário sobre ensino de história, realizado na FAU USP daqui, acho que está publicado na *Pós*.[48] Recentemente, fiz para um encontro em Belo Horizonte um artigo intitulado "Historiografia e documentação".[49] Nele deixei muito clara a minha posição: não estou interessada em *arquitetura* e *urbanismo*, estudo *cidades* e *edificações*. Meu objeto é a produção material da sociedade, na grande escala. Mais recente ainda, tentei discutir questões de método no memorial para professor titular. Nele tentei detalhar alguns dos artifícios historiográficos de que me valho. Enfoques monográficos, matrizes algorítmicas, referências legislativas, panoramas na longa duração, integração de diferentes disciplinas, por exemplo misturando história da arquitetura com história da técnica com história do urbanismo... Ultimamente, estou tentando aproximar história da arquitetura e história da literatura, ainda não sei no que vai dar...

Na minha cabeça, à minha moda, eu misturo a maneira de fazer história do Summerson, a teoria do refúgio e a sistemática do Vanzo, estendo a preocupação para incluir as cidades por causa do Panerai. E com isso posso falar, como prefiro, em *cidades* e *edificações*, para destacar que o objeto, para mim, é sempre a cultura material. As intenções, lógico, fazem parte da cultura material, induzem e são induzidas pela cultura material. Porém, não são suficientes, é necessário entendê-las na perspectiva dos determinantes próprios do universo material: restrições ambientais, físicas, legais; substratos técnicos, materiais disponíveis, convenções e práticas locais; tendências teóricas, demandas programáticas, preferências estéticas, possibilidades formais. São tantas variáveis...

Meus estudos são como exercícios que servem para me esclarecer sobre as preocupações, as ambições, as obsessões mesmo e os limites da minha curiosidade. E são conduzidos como crítica historiográfica – buscando sempre "uma postura crítica frente à realidade", como nos orienta Artigas, de modo a rever/reverter interpretações estabelecidas. Trata-se de uma tentativa para que as pesquisas encetadas se traduzam, de fato, em ação política. Ação política que se manifesta na escolha de temas, no tipo de fontes e de literatura privilegiadas, e que se expressa no tratamento de conjunto, seja do conteúdo, seja da forma, dado ao material selecionado, às vezes insolente e petulante.

Notas

1 PLENDERLEITH, Harold J. *The Conservation of Antiquities and Works of Art: Treatment, Repair and Restoration*. Londres, Oxford University Press, 1956.

2 PLACZEK, Adolf (Org.). *Macmillan Encyclopedia of Architects*. Nova York, Free Press, 1982.

3 SUMMERSON, John. *The Classical Language of Architecture*. Londres, Thames and Hudson, 1963. Edição em português: SUMMERSON, John. *A linguagem clássica da arquitetura*. São Paulo, Martins Fontes, 1982.

4 SCULLY, Vincent. *Modern Architecture: The Architecture of Democracy*. Nova York, George Braziller, 1961.

5 SCULLY, Vincent. *The Shingle Style Today: Or, the Historian's Revenge*. New Haven, Yale University Press, 1955.

6 HITCHCOCK, Henri-Russel. *Architecture: Nineteenth and Twentieth Centuries*. Baltimore, Penguin Books, 1958.

7 HITCHCOCK, Henri-Russel. *The Architecture of H. H. Richardson and his Times*. Nova York, MoMA, 1936 <https://mo.ma/3MqCFVe>.

8 FITCH, James Marston. *American Building: The Historical Forces that Shaped it*. Boston, Houghton, 1975.

9 FITCH, James Marston. *Walter Gropius*. Coleção The Masters of World Architecture Series. Nova York, George Braziller, 1960.

10 FITCH, James Marston. *Architecture and the Esthetics of Plenty*. Nova York, Columbia University Press, 1961.

11 KUBLER, George. *The Shape of Time: Remarks on the History of Things*. New Haven/Londres, Yale University Press, 1962.

12 FICHER, Sylvia. Anotações sobre o pós-modernismo. *Projeto*, n. 74, São Paulo, abr. 1985, p. 35-42.

13 FICHER. Sylvia. *Plaster Conservation*. Orientadores William Foulks e Norman Weiss. Dissertação de mestrado. Nova York, Columbia University, 1978.

14 MILLAR, William. *Plastering, Plain and Decorative: A Practical Treatise on the Art & Craft of Plastering and Modelling*. Londres/Nova York, BT Batsford/Truslove, Hanson & Comba, 1899 <https://bit.ly/3EzmwL5>.

15 FITCH, James Marston. *Historical Preservation: Curatorial Management of the Built World*. Charlottesville, University of Virginia Press, 1982.

16 FICHER, Sylvia. *Preservação do patrimônio arquitetônico*. São Paulo, FAU USP, 1981.

17 Para citar alguns exemplos: BAZIN, Germain. *Barroco e rococó*. Tradução Álvaro Cabral. São Paulo, Martins Fontes, 1993; BAZIN, Germain. *História da história da arte: de Vasari a nossos dias*. Tradução Antônio de Pádua Danesi. São Paulo, Martins Fontes, 1989; BAZIN, Germain. *A arquitetura religiosa barroca no Brasil*. Tradução Mário Barata. Rio de Janeiro, Record, 1983.

18 FICHER, Sylvia; ACAYABA, Marlene Milan. *Arquitetura moderna brasileira*. São Paulo, Projeto, 1982.

19 SANDERSON, Warren (Org.). *International Handbook of Contemporary Developments in Architecture*. Londres, Greenwood, 1981.

20 BRUAND, Yves. *Arquitetura contemporânea no Brasil*. São Paulo, Perspectiva, 1981.

21 FICHER, Sylvia; ACAYABA, Marlene Milan. A quatro mãos: arquitetura moderna brasileira, 1978-1982. *MDC – Revista de Arquitetura e Urbanismo*, Belo Horizonte/Brasília, 29 mar. 2011 <https://bit.ly/2wFdjNh>.

22 COSTA, Lúcio. Razões da nova arquitetura. In XAVIER, Alberto (Org.). *Depoimento de uma geração: arquitetura moderna brasileira*. 2ª edição. São Paulo, Cosac Naify, 2003, p. 39-52.

23 FICHER, Sylvia. O ensino da construção no domínio da arquitetura. *Projeto*, n. 112, São Paulo, jul. 1988, p. 129-130.

24 FICHER, Sylvia. Edifícios altos no Brasil. *Espaço & Debates*, v. 1, n. 37, São Paulo, 1994, p. 61-76.

25 FICHER, Sylvia. FAU / Histórico. *O Desenho*, n. 1, São Paulo, 1971, p. 43-60.

26 FICHER, Sylvia. *O curso de arquitetura da Escola de Engenharia Mackenzie, 1917-1947: os professores assistentes de Christiano Stockler das Neves & seus 89 egressos*. São Paulo, FAU Mackenzie, 2018 <https://bit.ly/3rKyZ72>.

27 SUMMERSON, John. *Victorian Architecture. Four Studies in Evaluation*. Nova York, Norton, 1971.

28 WITTKOWER, Rudolf; WITTKOWER, Margot. *Born under Saturn: The Character and Conduct of Artists. A Documented History from Antiquity to the French Revolution*. Nova York, Norton, 1969.

29 VASARI, Giorgio (1550). *Le vite de' più eccellenti architetti, pittori, et scultori italiani, da Cimabue insino a' tempi nostri*. Organização Luciano Bellosi e Aldo Rossi. Turim, Einaudi, 1994.

30 GAMA, Ruy. *Engenho e tecnologia: contribuição à história da técnica no Brasil*. Orientador Shozo Motoyama. Tese de doutorado. São Paulo, FFLCH USP, 1978.

31 GOODWIN, Philip L. *Brazil Builds: Architecture New and Old, 1652-1942*. Nova York, MoMA, 1943 <https://mo.ma/3JEeXp6>.

32 FICHER, Sylvia. *Os arquitetos da Poli: ensino e profissão em São Paulo*. São Paulo, Edusp, 2005.

33 GROSTEIN, Marta Dora. *A cidade clandestina: os ritos e os mitos: o papel da irregularidade na estruturação do espaço urbano no Município de São Paulo*. Orientador Cândido Malta Campos Filho. Tese de doutorado. São Paulo, FAU USP, 1987.

34 FERRO, Sérgio. *O canteiro e o desenho*. São Paulo, Projeto, 1979.

35 FICHER, Sylvia. Rino Levi: um profissional arquiteto e a arquitetura paulista. *Projeto*, n. 189, São Paulo, set. 1995, p. 73-82.

36 DURAND, José Carlos. *Arte, privilégio e distinção*. São Paulo, Perspectiva, 2009.

37 GRAMSCI, Antonio. *Os intelectuais e a organização da cultura*. Rio de Janeiro, Civilização Brasileira, 1968; GRAMSCI, Antonio. *Cartas do cárcere*. Rio de Janeiro, Civilização Brasileira, 1966; GRAMSCI, Antonio. *Concepção dialética da história*. Rio de Janeiro, Civilização Brasileira, 1966; GRAMSCI, Antonio. *Literatura e vida nacional*. Rio de Janeiro, Civilização Brasileira, 1968; GRAMSCI, Antonio. *Maquiavel, a política e o estado moderno*. Rio de Janeiro, Civilização Brasileira, 1968.

38 KUHN, Thomas (1962). *A estrutura das revoluções científicas*. Coleção Debates. 13ª edição. São Paulo, Perspectiva, 2019.

39 BLOCH, Marc. *The Historian's Craft*. Nova York, Vintage, 1953.

40 FICHER, Sylvia. Brasília e seu Plano Piloto. In LEME, Maria Cristina (Org.). *Urbanismo no Brasil: 1895-1965*. São Paulo, Fupam, 1999, p. 230-239.

41 FICHER, Sylvia; BATISTA, Geraldo. *Guia arquitetura Brasília*. São Paulo, Empresa das Artes/Abril, 2000.

42 FICHER, Sylvia; SCHLEE, Andrey Rosenthal; FRANÇA, Joana. *Guia de obras de Oscar Niemeyer: Brasília 50 anos*. Brasília, Câmara dos Deputados, 2010.

43 LEITÃO, Francisco das Chagas. *Do risco à cidade: as plantas urbanísticas de Brasília, 1957-1964*. Orientadora Sylvia Ficher. Dissertação de mestrado. Brasília, FAU UnB, 2003.

44 BRITO. Jusselma Duarte de. *De Plano Piloto a metrópole: a mancha urbana de Brasília*. Orientadora Sylvia Ficher. Tese de doutorado. Brasília, FAU UnB, 2009.

45 Coleção Brasília Histórica 50 anos: PEREIRA, Miguel. *Arquitetura, texto e contexto: o discurso de Oscar Niemeyer*. Brasília, Editora UnB, 1997; MARTINEZ, Alfonso Corona. *Ensaio sobre o projeto*. Brasília, Editora UnB, 2000; ROMERO, Marta Adriana Bustos. *Arquitetura bioclimática do espaço público*. Brasília, Editora UnB, 2002; HOLANDA, Frederico. *O espaço da exceção*. Brasília, Editora UnB, 2002; STEVENS, Garry. *O círculo privilegiado: fundamentos sociais da distinção arquitetônica*. Brasília, Editora UnB, 2003; PANERAI, Philippe. *Análise urbana*. Brasília, Editora UnB, 2006.

46 RIBEIRO, Gustavo Lins. *O capital da esperança: 1956-61*. Brasília, Editora UnB, 2008; VIDAL, Laurent. *De Nova Lisboa a Brasília: a invenção de uma capital*. Brasília, Editora UnB, 2009; BRITO, Jusselma Auxiliadora Duarte de. *De Plano Piloto a metrópole: a mancha urbana de Brasília*. Brasília, Sinduscon, 2010; HOLANDA, Frederico de. *Brasília: cidade moderna, cidade eterna*. Brasília, FAU UnB, 2010; LEITÃO, Francisco (Org.). *Brasília 1960 2010, passado, presente e futuro*. Brasília, Seduma/Governo do Distrito Federal, 2010; FICHER, Sylvia; SCHLEE, Andrey Rosenthal; FRANÇA, Joana. Op. cit.; TAVARES, Jeferson. *Projetos para Brasília: 1927-1957*. Brasília, Iphan, 2015.

47 FICHER, Sylvia. Ensino, documentação e pesquisa. In *Anais do X Congresso Lantinoamericano de Escolas e Faculdades de Arquitetura*. São Paulo, FAU USP, 1983. p. 5-13.

48 FICHER, Sylvia. Profissão de arquiteto e ensino de arquitetura: mitos e perspectivas. *Pós*, v. 2, número especial, São Paulo, FAU USP, 1996, p. 117-121.

49 FICHER, Sylvia. Historiografia e documentação. In CASTRIOTA, Leonardo (Org.). *Arquitetura e documentação: novas perspectivas para a história da arquitetura*. Belo Horizonte, Annablume, 2011, p. 251-259.

O risco da história

Ana Luiza Nobre

Entrevista concedida por Ana Luiza Nobre a José Lira e Michelle Nakazato Mikaro no Rio de Janeiro RJ, Brasil, em dezembro de 2007, e complementada por escrito em março de 2019.

Fale-nos de sua formação e de seus primeiros trabalhos no campo da história da arquitetura.

Comecei a me interessar por história por conta das aulas de arquitetura no Brasil do Alfredo Britto, na Faculdade de Arquitetura e Urbanismo da Universidade Federal do Rio de Janeiro – FAU UFRJ. Também foi no seu escritório, o Grupo de Arquitetura e Planejamento – GAP, que comecei a desenvolver trabalhos de pesquisa. Primeiro organizei o arquivo de slides e a biblioteca do Alfredo, que reunia um material precioso. Depois trabalhei com ele no segundo volume do *Inventário da habitação popular no Brasil*, um levantamento histórico das ações governamentais no campo da habitação popular no Brasil, tanto em termos de legislação quanto de programas, projetos e obras. Minha função era coletar os dados e preencher fichas para cada uma dessas ações, o que resultou num trabalho bastante rigoroso em termos de metodologia de pesquisa. Depois disso, Alfredo foi convidado por Alberto Xavier para organizar o livro *Arquitetura moderna no Rio de Janeiro*,[1] dentro da série publicada pela editora Pini que já incluía São Paulo, Curitiba e Porto Alegre. Fui então chamada para fazer a pesquisa e coordenar a produção dos desenhos e fotografias, mas me envolvi tanto com o texto também que eles acabaram me incluindo como autora. Foi um grande estímulo para alguém que estava começando. Mas esses dois trabalhos foram basicamente de levantamento de dados. No caso do *Arquitetura moderna no Rio de Janeiro,* isso significava localizar fontes e arquivos, contatar arquitetos, verificar datas, produzir imagens e redigir textos curtos. A pesquisa sobre habitação popular era diferente, mas também consistia basicamente em levantar e coligir dados. Ou seja, em nenhum dos dois trabalhos tive condições de desenvolver uma reflexão.

E como se deu a passagem para uma atuação mais autoconsciente do ponto de vista da história e da crítica de arquitetura?

Durante o *Inventário da habitação popular* eu pensava: "e agora, como é que eu junto essas coisas, que sentido isso tudo tem ou pode ter para mim?" Por isso procurei o curso de especialização em história da arte e arquitetura no Brasil da Pontifícia Universidade Católica do Rio de Janeiro – PUC-Rio, cujo corpo docente reunia um time brilhante de críticos de arte e filósofos (como Carlos Zilio, Ronaldo Brito, Paulo Sérgio Duarte, Fernando Cocchiarale, Gerd Bornheim e José Tomaz Brum), além de historiadores e arquitetos (como Jorge Cjakowski e Margareth Pereira). E os alunos não eram só arquitetos, mas também artistas ou jovens críticos de arte (como Eduardo Coimbra, Ricardo

Basbaum, Carla Guagliardi, Francisco José Cunha Borges, Luiz Camillo Osório e Cecilia Cotrim). Esse ambiente foi crucial na minha formação, porque me colocou em contato, pela primeira vez, com a produção artística, a estética e a crítica de arte. No final do curso, quando estava terminando também o *Arquitetura moderna no Rio de Janeiro*, comecei a colaborar com a revista *AU – Arquitetura e Urbanismo*, ainda do Rio. E quando o livro foi concluído, fui convidada para trabalhar na redação da revista em São Paulo, então sob comando da jornalista Haifa Sabbag, que tinha passado antes por outras revistas, inclusive pela *Módulo*. Naquele momento, bem no início dos anos 1990, havia uma certa rivalidade entre as revistas *Projeto* e *AU*. A *Projeto* tinha um longo histórico, estava bem mais sedimentada, e a *AU* estava começando, com uma linha editorial que se queria mais intelectualizada e provocadora, inclusive do ponto de vista do projeto gráfico. A *Projeto* era feita basicamente por arquitetos, enquanto na *AU* predominavam os jornalistas. O diretor de redação da editora era um arquiteto (Mário Pini). Mas a redação da *AU* contava com apenas duas arquitetas: eu, como assistente editorial, e Madalena Faccio, responsável pelo design gráfico. Foi um período rico que me colocou em contato com várias obras e arquitetos de fora do Rio. E claro, com obras fundamentais da arquitetura paulista e com o próprio meio em que elas surgiam. Um dos meus primeiros trabalhos na revista foi cobrir o concurso do Pavilhão do Brasil na Expo 92 em Sevilha. Eu nem entendia muito bem a polêmica em torno do projeto vencedor, concebido por um grupo de jovens e até então desconhecidos arquitetos (Angelo Bucci, Alvaro Puntoni e José Oswaldo Vilela). Mas fiquei fascinada por aquele ambiente de discussão, incomparavelmente mais vibrante que o carioca. Já havia um cansaço em relação ao que se apresentava então como pós-moderno no Brasil, representado pelo edifício do Citibank, de Croce, Aflalo & Gasperini, num extremo, e noutro pelos coretos de Éolo Maia em Ipatinga. E a arquitetura de Paulo Mendes da Rocha começava a ganhar reconhecimento mais amplo com o Museu Brasileiro de Escultura e Ecologia – Mube, cuja obra pude acompanhar, pelo menos em parte. Acompanhei também a produção desencadeada no período da Luiza Erundina na Prefeitura de São Paulo, com toda aquela efervescência na área de habitação social, o surgimento das assessorias técnicas... E ainda cobri o 13° Congresso Brasileiro de Arquitetos, quando Lúcio Costa voltou a São Paulo depois de sessenta anos e Lina Bo Bardi foi celebrada, talvez pela primeira vez em escala nacional.

Meu trabalho na *AU* incluía visitar obras ainda em construção e escrever artigos em ritmo jornalístico, o que era muito diferente de um trabalho acadêmico. Por isso tudo considero que a revista também foi um ambiente de formação para mim. Aprendi muito com jornalistas como Haifa Sabbag e José Wolf. Só que, depois de dois anos e meio, eu já estava cansada, inclusive de São Paulo, e por isso não hesitei quando surgiu uma bolsa de estudos para um curso de especialização no Instituto Politécnico de Turim. O curso era voltado para o que naquela época, na Itália, era chamado de "países em vias de desenvolvimento". Metade dos alunos eram provenientes de países como o Brasil, Argentina, Colômbia, Jordânia, Irã e Guiné-Bissau. Não atribuo maior importância a esse curso do ponto de vista acadêmico, embora tenha desenvolvido uma monografia sobre manuais de autoconstrução que fez sentido para mim, porque me permitiu cruzar algumas das primeiras experiências da Usina (também conhecida como Centro de Trabalhos para o Ambiente Habitado) com coisas que estavam acontecendo na Índia, por exemplo. Ao mesmo tempo, aproveitei a oportunidade para seguir como ouvinte as aulas sobre Renascimento do Manfredo Tafuri na Universidade Iuav, em Veneza, que me marcaram profundamente. E como continuei colaborando com a *AU – Arquitetura e Urbanismo* como correspondente internacional, também tive acesso facilitado à produção que estava surgindo no Ticino, em Berlim, em Barcelona; entrevistei Vittorio Gregotti e o próprio Manfredo Tafuri... Enfim, pude acompanhar de perto uma produção teórica-crítica e projetual da qual me sentia distanciada no Brasil.

Trata-se, portanto, de um trabalho inicial mais próximo à editoria, ao jornalismo, à crítica, e principalmente centrado na produção mais recente. O que te fez optar pela história e pela vida acadêmica?

Jornalismo não é crítica, e eu continuava com vontade de estudar. Por isso, quando voltei ao Brasil, voltei ao Departamento de História da PUC, agora para fazer o mestrado. Ali reencontrei pessoas que também vinham da arquitetura e haviam passado pelo curso de especialização em História da Arte e da Arquitetura no Brasil, como o Roberto Conduru, o João Masao Kamita e a Maria Cristina Cabral. O programa de pós-graduação em História Social da Cultura era considerado uma espécie de continuação do curso de especialização, e reforçava a perspectiva interdisciplinar que norteou todos os nossos trabalhos. Com uma figura-chave, desde o curso de especialização, que é o Ronaldo Brito, uma referência intelectual fundamental, que nos fez compreender o valor estético como valor histórico, e sempre nos provocou para o embate sensível com as obras. Minhas referências bibliográficas anteriores eram basicamente ligadas à arquitetura. Foi decisivo de repente entrar em contato com autores de outras áreas.

A leitura de Giulio Carlo Argan, sobretudo do *Arte moderna*,[2] no qual mergulhei ainda no curso de especialização, foi especialmente marcante para mim. Não só por sua erudição e força poética, mas pelo modo como ele se permitia passar da arte para a arquitetura, a música, a escultura, e tornar tudo inteligível como produção de um determinado ambiente cultural. Com Argan a história deixava de ser uma coisa pontual – risco que sempre se corre em arquitetura – e incorporava sem receios a imaginação. Isso me indicou uma possibilidade de fazer história com base em deslocamentos disciplinares, a partir desse lócus de produção situado no Departamento de História da PUC. Onde havia também professores como Luiz Costa Lima, mais alinhado com a história dos conceitos (*Begriffsgeschichte),* segundo uma tradição historiográfica desenvolvida por Reinhart Koselleck com base no mapeamento das origens e transformações dos conceitos no tempo. Aos poucos comecei a pensar na história como problema, uma história crítica, mais investigativa que descritiva, de muitos riscos. Isso me encanta. A história é um risco que não se esgota.

É possível situar uma contribuição peculiar das pesquisas em arquitetura produzidas pelo grupo da pós-graduação em História da PUC do Rio? Que diferenças você veria com o trabalho crítico e historiográfico da geração imediatamente anterior a de vocês?

Se há uma contribuição que nosso grupo da PUC pode ter dado é justamente a de colaborar, inicialmente por meio de estudos de caráter monográfico, para aproximar a arquitetura de campos discursivos afins, assumindo uma perspectiva interdisciplinar, e problematizar a ideia, muito forte ainda na minha graduação, de que existia uma arquitetura moderna como um todo indiviso, sem fissuras ou contradições. No meu mestrado, desenvolvido sob orientação da historiadora Berenice Cavalcante, estudei a obra de Alcides da Rocha Miranda, um arquiteto bastante singular no quadro da arquitetura moderna no Brasil.[3] Foi aí que comecei de fato a enxergar diferentes versões do moderno, justamente no momento em que, no campo da arquitetura, abria-se uma discussão sobre a *trama narrativa* desencadeada por um texto do Carlos Martins,[4] que aliás esteve na minha banca de defesa. Hoje pode parecer óbvio, mas àquela altura era um grande esforço intelectual pensar uma história da arquitetura moderna no Brasil fora dos limites que até então correspondiam, antes de tudo, à narrativa produzida por um dos seus protagonistas. Protagonista do qual acabei me sentindo relativamente próxima e que visitava sempre que possível, fosse para entrevistar, conversar ou mesmo ouvir um chorinho.

Você acha que isso é um problema específico para os cariocas?

No Rio, a espantosa longevidade dos grandes protagonistas da arquitetura moderna e a própria proximidade da minha geração em relação a eles acabou criando relações às vezes um pouco ambíguas. Lúcio Costa morava a poucas quadras da minha casa, Oscar Niemeyer vivia circulando por Copacabana... Eles estavam muito presentes no cotidiano da cidade. E se isso, por um lado, enriqueceu nossa experiência do moderno, por outro lado, talvez, tenha dificultado um pouco. Porque não é fácil estudar alguém com quem você cruza na esquina, toma um café... E ao mesmo tempo, são personagens muito grandes, a quem nos acostumamos a chamar de *doutor*: era *doutor* Lúcio, *doutor* Oscar, *doutor* Alcides... Em São Paulo ninguém falava *doutor* Artigas, e Paulo era Paulinho... Mas no Rio, naquela época, ainda se usava muito o *doutor*, o que talvez tenha criado também um certo afastamento, sobretudo por parte dos mais jovens.

Como você vê a permanência desse projeto carioca, ou dessas distintas linhagens do modernismo no Rio na arquitetura contemporânea?

A arquitetura no Rio de Janeiro foi muito importante até Brasília, inclusive; mas Brasília foi também o canto do cisne, que consagrou a dobradinha entre Niemeyer e Lúcio Costa ao mesmo tempo em que mostrou o limite daquilo. Porque naquele momento já havia uma discussão avançando na Europa e nos Estados Unidos, a partir sobretudo dos questionamentos do Team X, que coincidiu com o deslocamento da capital para Brasília. Quando o Rio de Janeiro perdeu a condição de capital, perdeu junto uma série de investimentos. Mas logo depois da transferência, Carlos Lacerda, primeiro governador da Guanabara (1960-1965), realizou uma série de obras importantes: criou o Parque do Flamengo, abriu o túnel Rebouças, construiu duas centenas de escolas projetadas pelo Francisco Bolonha, criou a Escola Superior de Desenho Industrial – Esdi. Enfim, houve ainda muito investimento na área cultural e nos espaços urbanos nos anos 1960 no Rio. Mas é inegável que o eixo de referência, a partir dos anos 1970, já está em São Paulo. Isso se deve muito à ação de Vilanova Artigas, que não estava sozinho, claro, mas teve papel-chave na criação de uma escola de referência em São Paulo. Já no Rio de Janeiro, os arquitetos mais brilhantes se afastaram do ensino da arquitetura. O esforço de Lúcio Costa como diretor da Escola Nacional de Belas Artes – Enba, em 1930-1931, mexeu com o sistema acadêmico, mas foi bastante limitado do ponto de vista do currículo. Ele desafiou o tradicionalismo da escola com a reforma do Salão de Belas Artes e a contratação de professores como Gregori Warchavchik, mas a experiência foi muito curta e até traumática, porque ele acabou sendo expelido pelo sistema acadêmico e se sentiu fracassado. O ensino na Escola Nacional de Belas Artes voltou para a mão dos acadêmicos e quem assumiu a direção foi o Archimedes Memória, que àquela altura era um dos seus maiores opositores de Lúcio Costa. Isso explica um pouco porque Niemeyer nunca deu aula no Rio, e o próprio Lúcio Costa não teve mais que uma curtíssima passagem na Universidade do Distrito Federal – UDF, sem maior repercussão. Alcides Rocha Miranda foi para a Universidade de São Paulo – USP e depois para a Universidade de Brasília – UnB; Affonso Eduardo Reidy passou pela escola no Rio por pouco tempo; e mesmo o Jorge Machado Moreira, que foi autor da Cidade Universitária na Ilha do Fundão, nunca foi professor. Ou seja, toda essa geração brilhante se manteve distante da escola de arquitetura no Rio. E o ensino de projeto acabou seguindo a estrutura acadêmica, com um currículo baseado em pequenas composições e grandes composições até 1969, quando foi criada a disciplina de planejamento de arquitetura.

Enquanto em São Paulo houve um grupo extraordinário de arquitetos bastante atuante na esfera do ensino, como Artigas e Rino Levi, os arquitetos de proa no Rio envolveram-se mais com o Serviço do Patrimônio Histórico e Artístico Nacional – Sphan, e mesmo ali não pensaram muito na formação de jovens, fosse através de programas de ensino, contratação de estagiários ou cursos de extensão. O Sphan se concentrou em ações de preservação, e mesmo os cursos de história da arte ministrados pela historiadora alemã Hanna Levy, ainda nos anos 1930, permaneceram voltados para o próprio corpo técnico do Sphan.

O caso de São Paulo é bem diferente, e a produção dos arquitetos reunidos na exposição *Coletivo* (realizada no Centro Maria Antonia, São Paulo, em 2006) mostra como uma geração mais jovem é marcada, para o bem e para o mal, por uma concepção de arquitetura que passa inclusive pelo edifício da escola. Claro que existem obras contemporâneas de qualidade no Rio, assim como em outras regiões do país, mas isso não chega a constituir um corpo como em São Paulo.

Como você acha que esse cenário pós-1930, do Sphan à Faculdade Nacional de Arquitetura (atual FAU UFRJ) e à reforma de 1969, reverberou no ensino e na escrita da história no Rio de Janeiro?

Na minha graduação, tive alguns bons professores de história, como Alfredo Britto, Sandra Alvim e Dora Alcântara. Mas a história era um apêndice. A espinha dorsal era o projeto. E projeto era desenho. Essa concepção tem a ver com a raiz acadêmica do ensino da arquitetura no Rio de Janeiro. Mas é claro que contribuiu também a força do desenho de Niemeyer, cujo traço espantoso resolve tudo. O problema é que essa concepção parece facilitar a produção de arquitetura, mas resseca a crítica e reduz a história a um lugar subalterno.

O que é hoje o ensino da história na FAU UFRJ, com professores como Gustavo Rocha-Peixoto, Margareth Pereira, Lais Bronstein, Maria Cristina Cabral e Fabiola Zonno, é muito diferente do que era nos anos 1980, quando me formei. O próprio Alfredo Britto se ressentia de um grande isolamento dentro da escola, embora tivesse assumido o lugar de Paulo Santos na disciplina de história da arquitetura no Brasil e fosse muito querido pelos alunos. E o Núcleo de Pesquisa e Documentação – NPD, que veio a assumir um papel central na preservação de arquivos de arquitetura no Rio, era bem incipiente e, na minha formação pelo menos, não chegou a ter ressonância.

E quanto à PUC, como vocês trabalham esses rebatimentos entre história e projeto, entre pesquisa e prancheta no campo do ensino?

O curso de graduação em arquitetura na PUC teve início em 2002. A proposta pedagógica, de cuja formulação não participei, manteve o projeto como disciplina central, mas procurou entrecruzá-lo com outras disciplinas, no próprio espaço do ateliê. Então, apesar da carga horária das disciplinas de história ser bastante restrita, a ideia era que os professores de teoria e história realizassem inserções nos ateliês que poderiam assumir o formato de exercícios analítico-conceituais ou discussão crítica de projetos em andamento. No Rio isso foi uma experiência nova, que só poderia surgir numa escola isenta do peso da tradição acadêmica. Por outro lado, esse modelo se tornou o calcanhar de Aquiles da escola. Porque mantê-lo envolve enormes problemas de gestão e exige uma articulação entre os professores que é praticamente inviável quando o corpo docente é majoritariamente composto por professores horistas. E sem essa articulação, fica difícil vencer os tradicionais isolamentos das áreas: estrutura que não conversa com história, história que não conversa com representação, e projeto que não conversa com ninguém... Ainda espero que seja possível trabalhar nessas interseções, superar a ideia de que arquitetura é igual a projeto e projeto é igual a desenho. Começar um projeto na oficina de maquete ou na aula de história, por exemplo.

Outra coisa importante com relação à diferença Rio/São Paulo, em termos pedagógicos, é a relação que se criou com design na FAU USP, onde o design foi, desde o começo dos anos 1960, uma sequência dentro do curso de arquitetura. No Rio de Janeiro nunca houve essa integração. Pelo contrário, o que predominou foi o divórcio entre uma coisa e outra. Quando surgiu no Rio uma escola de design de caráter pioneiro na América Latina (a Esdi), havia alguns arquitetos no seu corpo docente, mas sua concepção de projeto, que vinha da raiz alemã, batia de frente com a concepção de projeto de raiz acadêmica da Escola Nacional de Belas Artes. Então, se houve alguma tentativa de aproximação, não vingou. Nunca, na minha formação, tive um curso de design. Não havia ninguém que falasse de design; e vice-versa: no design não havia ninguém que falasse de arquitetura. Era como se fossem dois campos completamente distintos, quando ambos são, no fundo, projeto. Acho que isso é também muito importante na FAU USP, pois bem ou mal, ali se tem uma visão mais alargada de projeto.

Tratei desse tema na minha tese de doutorado,[5] desenvolvida no Departamento de História da PUC sob orientação do Ronaldo Brito e co-orientação do Renato Anelli. O que tentei fazer, basicamente, foi estudar a relação entre arquitetura e design no Rio de Janeiro nos anos 1950 e 1960, problematizando uma concepção de projeto que tem raiz na Escola Nacional de Belas Artes, e sua relação com o momento em que o design se estrutura no Brasil. O design como projeto industrial, tal como os arquitetos modernos lidaram – e particularmente aqueles sediados no Rio de Janeiro –, e como pensaram sua produção projetual em termos de uma lógica industrial. A tese tem um capítulo sobre Sérgio Bernardes e outro sobre Henrique Mindlin. Mas abordo a produção de outros arquitetos como Arthur Licio Pontual, Sérgio Rodrigues, João Filgueiras Lima, Lelé... Além de designers como Goebel Weyne e Karl-Heinz Bergmiller.

Trata-se, então, de uma tentativa de aproximar a discussão em arquitetura da discussão de design?

Sim. Ao menos no Rio isso continua irresolvido. O próprio curso de arquitetura da PUC nasceu de uma iniciativa conjunta entre os Departamentos de Engenharia Civil e de Design, mas essa aproximação acabou se mostrando bem limitada. Não existe ainda disciplina de design na arquitetura, nem de arquitetura no design, por exemplo.

Bom, mas em sua tese, *Fios cortantes*, você se detém na busca de um certo projeto construtivo na arquitetura feita no Rio, e em um momento de crise de hegemonia da vertente carioca e de aprofundamento das perspectivas de industrialização no país. Uma das coisas mais impressionantes em seu trabalho é justamente como você articula o debate cultural e estético com os impasses produtivos do projeto, com distintas concepções de projeto postas naquele contexto, com a passagem do projeto ao produto em uma arte dirigida a fins. Gostaríamos de ouvi-la um pouco mais sobre tais apostas na produção por você enfatizada. Qual o valor que você reconhece em uma tal ênfase na produção para a história da arquitetura? É possível tratar esse momento produtivo – quer se dê na fábrica, ou no canteiro, num canteiro industrial ou manufatureiro – como algo externo ao projeto? Externo à prancheta? Que atritos, que ruídos, que cortes, para aludir ao título de sua tese, haveria entre uma coisa e outra, entre projeto e produção?

Do ponto de vista do meu objeto de estudo na tese – basicamente uma vertente projetual que se define no Rio de Janeiro entre os anos 1950-1960, com base em referências germânicas – a prancheta está, necessariamente, envolvida no momento produtivo. Essa pode ser considerada uma de suas etapas. Mas não é nem pode ser externa a ele, porque o que está em jogo ali é uma concepção bastante abrangente de projeto, que envolve uma ideia de continuidade e talvez até circularidade entre projeto e produto, que busca incorporar a lógica da indústria nos termos de uma produção em série ilimitada, cuja dimensão horizontalizante não é esquecida. E evidentemente não corresponde necessariamente ao modo de produção capitalista. Como mostra a arquitetura de Claude Schnaidt – um dos professores mais destacados da Hochschule für Gestaltung, a assim chamada Escola de Ulm –, por exemplo, a referência básica na qual me apoio para construir a argumentação da tese. Mas também se mostra claramente na obra de Lelé, para a qual o trabalho aponta também. Cada um a seu modo, ambos tomam para si o desafio de *projeto de produzir* uma arquitetura seriada de qualidade e com elevado grau de compromisso social no contexto do segundo pós-guerra. E o que vemos naquele momento, no Brasil, é que a pauta da produção seriada passa, ao mesmo tempo, por Brasília e por Cajueiro Seco. Ou pelo Banco Nacional da Habitação – BNH e a Casa de Lota Macedo Soares. Foi isso que me interessou. Esse é o *corte* do titulo da tese. Um descolamento deliberado da vertente francesa, enraizada no desenho e tão arraigada na arquitetura carioca naquele momento. Mas também de uma concepção de projeto que coloca a prancheta – ou o desenho autoral – de um lado e o canteiro de outro. Porque projeto não é sinônimo de desenho, nem de autor. E pode começar muitas vezes no protótipo, no fazer experimental e coletivo da oficina.

Ampliando o foco, ou deslocando-o para questões do fazer história de um modo geral, o que, para você, significa falar em história crítica? E por que no Brasil ainda nos ressentimos de tão pouca relação entre história, teoria e prática em arquitetura, ou antes entre práticas históricas, práticas teóricas e práticas projetuais?

Não vejo distinção entre história e crítica. Toda história é crítica e toda crítica faz história. Embora os arquitetos hoje estejam muito ocupados com questões imediatas de sobrevivência, sobretudo os mais jovens, que são aqueles que, em princípio, deveriam se beneficiar mais do contato com a crítica. Por outro lado, acho que a nossa dificuldade de pensar criticamente também está ligada ao sucesso da nossa arquitetura nos anos 1940-1950. Um ponto importante na minha tese é justamente a postura do Lúcio Costa com relação à crítica de Max Bill à arquitetura brasileira em 1953, quando ele esteve aqui pela primeira vez. Naquele momento, Lúcio Costa já era uma autoridade, como o enunciador por excelência da arquitetura brasileira. E a postura dele com relação à leitura de Max Bill mostra uma grande dificuldade de lidar com o embate crítico: "Nós somos construtores de igrejas barrocas, não fazedores de relógios; ele não é nem arquiteto, é um simples designer".[6] Lúcio Costa descartou a crítica de Max Bill assim, muito rapidamente, e com uma ironia meio enfurecida. E não foi o único: Carlos Leão, Jorge Moreira, Joaquim Cardoso, Eduardo Corona também se manifestaram quase em uníssono contra Bill. E bem ou mal, Bill era ex-aluno da Bauhaus, estava construindo uma escola inovadora na Alemanha, será que nada do que ele estava dizendo fazia sentido? Será que não havia nada a ser extraído do próprio enfrentamento entre concepções distintas de arquitetura? Mas claro, a arquitetura brasileira estava sendo exposta no Museu de Arte Moderna de Nova York – MoMA; Oscar

Niemeyer era convidado para projetar a Organização das Nações Unidas – ONU em Nova York... Essa geração teve um poder como os arquitetos nunca haviam tido no Brasil e nunca voltaram a ter. E isso gerou certa acomodação e fez com que a crítica vinda de fora fosse muito mal recebida. Lúcio Costa teve um papel crítico fundamental nos anos 1930. Mas nos anos 1950 ele operou num sentido contrário, quase conservador, a fim de sustentar uma conquista que tinha sido muito dura. E isso colocou um limite para a nossa reflexão, justamente no momento em que, no plano internacional, o moderno começava a ser repassado criticamente.

Então, de fato foi uma oportunidade perdida, mas para ambos os lados. Porque a crítica arquitetônica até hoje é exercida com muita dificuldade no Brasil. Quando ela existe, tende a ser tomada de um ponto de vista pessoal. E acredito que a produção de arte e de arquitetura só avança quando há uma relação orgânica entre prática e crítica. De novo, o *Coletivo* foi positivo nesse sentido, porque alguns arquitetos se uniram e decidiram se expor. Queriam divulgar seus trabalhos, claro, mas decidiram fazer isso por meio de uma exposição e um livro, chamando críticos da sua geração para escrever sobre projetos selecionados por eles próprios. Não tive nenhuma participação na seleção dos arquitetos nem dos projetos, fui chamada para escrever sobre aquilo que me foi dado e acho falsa a ideia do *coletivo* que acabou dando título ao livro.[7] Mas estabeleceu-se ali um diálogo. Com alguma dificuldade de parte a parte, mas se não for assim, como podemos avançar? Projeto é crítica, por natureza. Não vejo como dissociar uma coisa da outra.

Nesse sentido então, ao que parece, há muita distância entre o campo da arquitetura e o campo da arte.

No campo da arte convivemos desde Marcel Duchamp com um questionamento aberto acerca da própria definição de arte. Porque definir o que é arte implica definir o que não é arte, e isso desencadeia todo um debate no século 20. Já a arquitetura manteve-se mais afirmativa. Embora vários arquitetos já venham problematizando esse dado afirmativo do projeto, desde Rem Koolhaas pelo menos.

É possível uma continuidade do moderno no Brasil hoje?

Parece mentira, mas ao longo de toda a minha graduação, nunca li nem ouvi falar de autores imprescindíveis para o pensamento arquitetônico contemporâneo, como Aldo Rossi e Robert Venturi, cujos livros-chave já estavam publicados há pelo menos vinte anos. Minhas leituras na graduação foram, no máximo, até Le Corbusier. Talvez isso explique, pelo menos em parte, meu interesse atual pela arquitetura contemporânea portuguesa. Acho que temos muito a aprender com os portugueses, do ponto de vista da leitura extremamente produtiva que eles souberam fazer e têm feito da arquitetura moderna brasileira. É uma lição e tanto para nós a maneira como Álvaro Siza digere, quase antropofagicamente, Niemeyer e Alvar Aalto, Lúcio Costa e Fernando Távora, Venturi e Rossi. Para Siza, nem história é inibição, nem moderno é limite. Tudo é referência. Por isso, olho para a Fundação Iberê Camargo e não consigo deixar de pensar na maneira equivocada pela qual tomamos o pós-moderno nos anos 1980, como uma espécie de revanche contra o autoritarismo, e na dificuldade que sentimos hoje de avançar para além de linhagens bem estabelecidas. É uma obra ainda insuficientemente estudada, que não encontra muito lugar nem no conjunto mesmo da obra de Siza. Mas pode ser uma chave. Tenho a impressão de que muito da história da arquitetura moderna, em seus impasses, ambiguidades e potência, está nesse edifício.

Uma frente em que você vem militando há muito tempo é a atividade curatorial, inclusive à frente da 10° Bienal de Arquitetura de São Paulo, isto é, atuando na publicização da arquitetura, no enfrentamento de públicos externos, senão indiferentes à profissão. Como para você esse campo se relaciona com seu trabalho como historiadora, professora e crítica de arquitetura?

A primeira exposição que fiz foi "O Rio jamais visto", no Centro Cultural Banco do Brasil – CCBB, com Alfredo Britto e Lídia Kosovski, em 1998. A última foi a 10ª Bienal de Arquitetura de São Paulo, em 2013, com Guilherme Wisnik e Ligia Nobre. Entre uma e outra, o que se manteve, para mim, é a vontade de pensar a exposição de arquitetura como plataforma de pesquisa. E o desejo de fazer algo que não seja o que chamo de "livro em pé". Mesmo porque, hoje, com os meios que temos, é muito mais confortável folhear um livro sentado na sua casa, ou na biblioteca, ou ver no computador, imprimir... Acho extremamente improdutivo e cansativo forçar uma leitura trabalhosa em pé. O prédio da Bienal funciona maravilhosamente bem para desfile de moda, por exemplo, que se assume como espetáculo e maneja teatralmente a arquitetura. Mas se numa obra daquela escala e potência você dispõe alguns painéis com algumas plantas em escala 1:100... Por mais que o projeto exposto seja interessante, ele some. Para fazer exposição é preciso levar em conta também um certo tipo de prática que é bem diferente de fazer um livro, por exemplo. Até a hora da inauguração você está ali, colando legenda, vendo se a luz acende... Já com o livro, quando você vai para a noite de autógrafos, o texto já está encerrado há muito tempo, você está tranquilo... Ambos podem ser frutos de pesquisa, mas os métodos, tempos e procedimentos nem de longe se equivalem. Além disso, a exposição tem outra escala de complexidade, envolve muitos agentes e instâncias, e meu processo de trabalho, ou pelo menos de escrita, costuma ser bem mais solitário. Por isso, já não gosto tanto de fazer exposição. Embora a exposição tenha um lado desafiador porque envolve um público mais amplo e diversificado, que não sabemos quem é. "O Rio jamais visto", por exemplo, foi visitado por 33 mil pessoas em dois meses. É um número espantoso para uma exposição de arquitetura no Rio de Janeiro. E isso dá ao trabalho uma dimensão pública, numa escala que nem o artigo nem o livro tem, mesmo que estejam na internet.

Retomando alguns pontos da entrevista de 2007. Quando tratou de seus anos de graduação, você mencionou seu envolvimento na pesquisa sobre habitação popular, publicada pela Finep, através de Alfredo Britto, que também lhe chamaria a integrar a equipe responsável pelo volume sobre arquitetura moderna no Rio de Janeiro, na coleção do Alberto Xavier. Queria te ouvir não tanto em relação a essas experiências em si, mas sobre esse esforço de inventário e documentação que foi muito forte nos anos 1980. Considerando que de lá pra cá muito mudou no conhecimento histórico em arquitetura, e não só sobre a habitação e a arquitetura moderna, qual o valor de iniciativas e metodologias como essas? Que tipo de inventário faria sentido hoje, em plena era dos bancos de dados e enciclopédias digitais, online?

Hoje dou mais valor aos inventários. Não só porque tanta coisa se perdeu e tem se perdido. Mas também porque há tanta informação disponível quanto pouco conteúdo. Além disso, hoje não tenho dúvida de que os inventários envolvem um trabalho de seleção e edição que nada tem de neutro. E certamente as discussões mais recentes sobre as práticas de arquivo no campo da arte, e até uma certa aproximação da fotografia, me colocaram novas questões sobre o fazer historiográfico. Tenho tentado desenvolver algumas experiências na PUC nesse sentido. A mais recente é o Atlas do Chão,[8] que estou desenvolvendo com o David Sperling, do Instituto de Arquitetura e Urbanismo – IAU da USP, e consiste num mapeamento de pontos críticos que revelam diferentes dimensões, sentidos e disputas pelo chão, e permitem remontar narrativas a partir de relações novas e muitas vezes inesperadas entre eventos, agentes, contextos etc. Basicamente, é um experimento cartográfico-historiográfico que persegue a ideia de escrever e reescrever histórias com base num arquivo aberto, expansível e infinito, como o atlas warburguiano, e as escritas constelares de Walter Benjamin.

Em 2007, você chamou atenção para uma diferença entre o Rio e São Paulo no modo de se relacionar com o legado moderno. Pensando desde São Paulo, confesso que pra mim não é clara essa distinção. Também aqui foi e é central o legado das narrativas hegemônicas. Basta olhar para os escritos de Luís Saia, Flávio Motta, Carlos Lemos, Geraldo Ferraz, Nestor Goulart, Aracy de Almeida, Julio Katinsky e outros, ainda que cheios de especificidades regionais (o bandeirista, a Semana de Arte Moderna, Warchavchik, a herança politécnica, o peso do artesão imigrante, dos estrangeiros etc.). Ou para pesquisas mais recentes, como as de Carlos Martins, Sophia Telles ou Otília Arantes, que também foram levadas a se embater com a obra de Lúcio Costa. No que consistiria essa tal especificidade carioca no exame do moderno no Brasil? Você diria que se trata de uma dissonância analítica pra valer?

Claro que há narrativas hegemônicas em São Paulo também, mas em termos historiográficos nenhuma delas é tão hegemônica quanto a de Lúcio Costa. O que explica inclusive por que os intelectuais que você citou, todos sediados em São Paulo, tomaram justamente Lúcio Costa – e não Carlos Lemos ou Julio Katinsky – como objeto de estudo. Além disso, nunca disse que há uma *especificidade carioca* no exame do moderno, mas que no Departamento de História da PUC-Rio surgiu, nos anos 1990, um locus de produção de história e crítica da arquitetura que se distinguiu pelo enfrentamento das obras dentro de uma certa tradição da história da arte mais interessada em questões estéticas e culturais que ideológicas. Esse grupo, que teve formação simultânea em historiografia, história e crítica de arte, se reuniu basicamente em torno de um crítico de arte e poeta (Ronaldo Brito) que nunca escreveu sobre arquitetura nem foi professor em escola de arquitetura. Já falei tanto sobre isso que acho até engraçado você me perguntar de novo. Mas vale a pena recuperar aqui – até porque está inacessível hoje – a celeuma provocada por uma resenha que escrevi e publiquei em 2001 na revista *Arquitetura.Crítica* do então jovem portal Vitruvius,[9] sobre dois livros publicados pela Cosac Naify dentro da coleção organizada por Rodrigo Naves: *Vilanova Artigas*, do João Masao Kamita,[10] e Álvaro Vital Brazil, do Roberto Conduru.[11] O que começou com uma reação minha a um e-mail de Carlos Eduardo Comas dirigido ao editor geral do site, Abilio Guerra, e por deslize tornado público, acabou explicitando diferenças significativas dentro do quadro até então pouco nuançado da historiografia da arquitetura brasileira.[12] Em meio a réplicas e tréplicas, a polêmica ganhou uma escala da qual desconheço precedentes, em função das possibilidades abertas pelas nascentes redes sociais eletrônicas, bem como de um certo descontrole com relação ao seu uso profissional. Constituiu-se ali, em todo caso, um registro da diversidade do nosso panorama historiográfico àquela altura. Pelo menos ficou evidente que tampouco a historiografia da arquitetura brasileira poderia ser considerada um bloco único. E que seria preciso dar mais atenção a suas diferentes linhagens e vertentes, sem buscar uma falsa *irmandade*, como chegou-se a sugerir então. A tese de livre-docência do Renato Anelli[13] começa por aí. Mas outros trabalhos acadêmicos também já tomaram essa discussão como momento deflagrador. Talvez então a resenha tenha servido para fazer emergir diferenças no campo da historiografia da arquitetura no Brasil e evidenciar a necessidade de mapeá-las, como vocês estão fazendo agora.

Queria ouvi-la um pouco sobre o programa de pós-graduação da PUC: o que do projeto original se preservou? Como vocês têm conseguido assegurar a interdisciplinaridade, o contato com as artes e as humanidades, com a história social e da cultura, que você tanto enfatizou em sua própria trajetória de formação?

O programa de pós-graduação em arquitetura da PUC-Rio foi criado em 2013 e, portanto, está em maturação. Mas os trabalhos iniciais têm indicado que há muito potencial a ser explorado, justamente nas áreas de interseção entre a arquitetura e campos afins. O programa nasceu dentro do Departamento de Artes e Design e procurou garantir um viés interdisciplinar desde a composição do seu corpo docente, integrado também por professores dos Departamentos de História e Engenharia Civil. Procurou-se também estimular as trocas disciplinares ao se incluir na grade curricular pelo menos uma disciplina a ser feita noutro programa. Mas esse é um desafio permanente. Minha atuação se concentra na linha de pesquisa de teoria e história do projeto, integrada também pelos professores João Masao Kamita, Otavio Leonidio e Marcos Favero. Nossas práticas de ensino e pesquisa são bastante abertas e temos orientado trabalhos que levantam questões contemporâneas e buscam operar transversalmente entre arquitetura, artes visuais, fotografia, cinema, literatura e filosofia. É claro que essas fronteiras já não são tão rígidas hoje. E ainda é cedo para avaliar que peso isso pode ganhar em termos historiográficos mais amplos. Mas seguimos apostando nisso, dentro dos limites de um programa jovem, ainda bastante enxuto e por ora restrito ao mestrado. É importante esclarecer, em todo caso, que o programa de pós-graduação em História Social da Cultura da PUC-Rio, onde fiz meu mestrado e doutorado, é muito anterior ao programa de pós-graduação em Arquitetura da mesma universidade, e pertence a outro departamento. Há um certo diálogo entre os programas, mas são estruturas distintas e autônomas. Por outro lado, o programa se beneficia da matriz de interdisciplinaridade que é um dos fundamentos da própria universidade, cujo campus, por si só, já estimula cotidianamente as trocas entre diferentes áreas e disciplinas, em todos os níveis.

Esse investimento pedagógico parece também coincidir com mudanças significativas em seu trabalho, não só em termos de padrões de pesquisa, mas também no surgimento de novos temas e enfoques. Como você situaria essas mudanças nos últimos dez anos em seu trabalho?

Fui me afastando dos meus primeiros objetos de estudo acadêmicos, entre outros motivos, pela vontade de me abrir para novos desafios intelectuais e historiográficos, mais ligados a temas contemporâneos e às discussões contemporâneas sobre cidade. Um dos trabalhos mais ricos para mim, neste sentido, foi a pesquisa que coordenei sobre os megaeventos sediados recentemente no Rio, culminantes com os Jogos Olímpicos e Paralímpicos de 2016. A investigação começou com um blog caseiro (posto12.blogspot.com) e ganhou fôlego na 10ª Bienal de São Paulo, com uma exposição ("Rionow") montada no Centro Cultural São Paulo – CCSP, onde foi apresentado o único documento original de toda a Bienal: uma pequena pedra de concreto da marquise demolida do estádio do Maracanã, oferecida numa caixinha de joias a jornalistas estrangeiros como um souvenir macabro do Rio. Esse trabalho cresceu e se intensificou muito nos três anos seguintes com uma equipe de alunos da PUC-Rio. A ideia foi acompanhar e tornar visível criticamente o processo de transformações do Rio de Janeiro em função dos megaeventos internacionais sediados na cidade entre 2009 e 2016. Para isso concebi esse trabalho como um campo de experimentação gráfica e historiográfica. De novo, me vi diante do desafio de escrever no calor da hora, sem qualquer perspectiva histórica. E no meio de uma avalanche de eventos e notícias simultâneas, muitas delas desencontradas e em confronto entre si, o que exigiu uma operação cotidiana de levantamento, seleção, desmontagem e remontagem. Optei então por uma escrita diagramática, concebida como uma cronologia, na qual o fio cronológico é perturbado por muitas outras linhas e convive com múltiplas camadas, permitindo uma leitura em vários sentidos e tempos, sequencialmente ou em saltos. Assim, apesar da sua linearidade intrínseca, o trabalho tomou uma estrutura constelar, assumida a partir de uma consciência benjaminiana da história. Ou seja, sem construir necessariamente uma concatenação entre passado, presente e futuro, mas oferecendo correlações espaciais e temporais. Além da cronologia, criamos vários outros produtos gráficos, independentes, mas articulados entre si. Como um jornal a ser distribuído em ações de rua durante os jogos. Tudo isso foi extremamente produtivo do ponto de vista pedagógico, inclusive. E gerou não um livro, mas um site: rionow.org.

Como você bem notou, uma frente em que você vem militando há muito tempo é a atividade curatorial, vista talvez como parte de um esforço de valorização do caráter público da arquitetura, de aproximação a públicos leigos, externos, senão indiferentes à profissão. Um exemplo foi o trabalho com Ligia Nobre e Guilherme Wisnik na 10ª Bienal de Arquitetura de São Paulo.[14] Pensando a longa história das bienais paulistas e o mapa gigantesco de eventos similares que se montou mundialmente nas últimas décadas, qual a singularidade do projeto de vocês? Como você enxerga esse tipo de iniciativa no Brasil? Qual a sua relevância do ponto de vista da profissão, do ponto de vista da cultura, da sociedade? Como foi possível fugir ao hermetismo e ao didatismo, e aproximar questões profissionais do arquiteto e questões leigas, mundanas, urbanas, políticas?

A 10ª Bienal foi uma experiência e tanto. Pela primeira vez definiu-se uma curadoria, de fato – o Guilherme foi convidado a ser curador geral, e chamou Ligia e eu para compor a equipe, como curadoras adjuntas. E talvez o maior mérito da 10ª Bienal tenha estado em apostar numa reorientação geral, que além da definição da curadoria, envolveu o descarte das premiações e a redefinição dos espaços e formatos expositivos – com o objetivo ambicioso de fazer da Bienal não uma exposição, mas uma plataforma capaz de oferecer o mesmo estatuto a mostras, debates, encontros, residências, oficinas etc. E isso com base numa estrutura em rede que conectaria dezenas de espaços pela cidade, acessíveis por meio de transporte público. Alguns mais tradicionais, como o Centro Cultural São Paulo, o Museu de Arte de São Paulo – Masp e o Sesc Pompeia. E outros bastante improváveis para um evento de arquitetura, como um vagão de metrô, uma vaga de estacionamento ou um cemitério.

A ideia era alargar o público da Bienal – e consequentemente da arquitetura – por meio de uma chamada ética, implicada na dupla dimensão do fazer e do usar a cidade. Mas até hoje tenho dúvidas sobre a ressonância da 10ª Bienal, para além do público de sempre. E acho cada vez mais insano realizar um evento dessa escala e complexidade sem uma estrutura institucional da qual o meio da arquitetura no Brasil não dispõe. Embora a Bienal também possa ser vista como um sucesso em vários sentidos: ativou espaços, pessoas e discussões numa escala surpreendente, deu visibilidade a espaços públicos, testou e divulgou práticas colaborativas, valorizou a pesquisa e o pensamento crítico. E indicou que de fato há muitas formas de fazer exposição que merecem ser exploradas, para além do formato já exaurido da apresentação cronológica das obras e das representações de projetos por meio de desenhos, maquetes e fotos. O que vale também para a história, claro. Com todos os riscos aí envolvidos.

Notas

1 XAVIER, Alberto; BRITTO, Alfredo; NOBRE, Ana Luiza. *Arquitetura moderna no Rio de Janeiro*. São Paulo/Rio de Janeiro, Pini/Fundação Vilanova Artigas/RioArte, 1991.

2 ARGAN, Giulio Carlo. *L'arte moderna, 1770/1970*. Florença, Sansoni, 1970. Edição em português: ARGAN, Giulio. *Arte moderna*. São Paulo, Companhia das Letras, 1992.

3 NOBRE, Ana Luiza. *O passado pela frente: a modernidade de Alcides Rocha Miranda*. Orientadora Berenice Cavalcanti. Dissertação de mestrado. Rio de Janeiro, PUC-Rio, 1998.

4 MARTINS, Carlos Alberto Ferreira. "Hay algo de irracional...:" apuntes sobre la historiografia de la arquitectura brasileña. *Block*, n. 4, Buenos Aires, UTDT, dez. 1999, p. 8-22. Edição em português: MARTINS, Carlos Alberto Ferreira. "Há algo de irracional...": notas sobre a historiografia da arquitetura brasileira. In GUERRA, Abilio (Org.). *Textos fundamentais sobre história da arquitetura moderna brasileira: parte 2*. São Paulo, Romano Guerra, 2010, p. 131-168.

5 NOBRE, Ana Luiza. *Fios cortantes: projeto e produto, arquitetura e design no Rio de Janeiro (1950-70)*. Orientador Ronaldo Brito Fernandes. Tese de doutorado. Rio de Janeiro, PUC-Rio, 2008.

6 A citação refere-se ao contexto do rebatimento feito por Lúcio Costa à fala de Max Bill em entrevista concedida a Flávio de Aquino. Ver: COSTA, Lúcio. Oportunidade perdida. *Revista de Arquitetura e Engenharia*, n. 24, 1953, p. 20-21.

7 MILHEIRO, Ana Vaz; NOBRE, Ana Luiza; WISNIK, Guilherme. *Coletivo: arquitetura paulista contemporânea*. São Paulo, Cosac Naify, 2006.

8 Atlas Chão <www.atlasdochao.org>.

9 NOBRE, Ana Luiza. Arquitetura moderna no Brasil – enfim, uma nova história. *Arquitetura.Crítica*, n. 002.1, São Paulo, Vitruvius, fev. 2001 (indisponível).

10 KAMITA, João Masao. *Vilanova Artigas*. Coleção Espaços da Arte Brasileira. São Paulo, Cosac Naify, 2004.

11 CONDURU, Roberto. *Vital Brazil*. Coleção Espaços da Arte Brasileira. São Paulo, Cosac Naify, 2000.

12 Esclarecimento sobre o episódio se encontra no seguinte texto: GUERRA, Abilio. Historiografia da arquitetura brasileira (editorial). *Arquitextos*, São Paulo, ano 01, n. 010.00, Vitruvius, mar. 2001 <https://bit.ly/3WeJEoE>.

13 ANELLI, Renato. *Interlocução com a arquitetura italiana na constituição da arquitetura moderna em São Paulo*. Tese de livre docência. São Carlos, Escola de Engenharia de São Carlos, 2001.

14 Informações gerais e link para catálogo e programação da 10ª Bienal Internacional de Arquitetura de São Paulo, com o tema "Cidade – modo de fazer – modo de usar", ocorrida em 2013, podem ser encontrados em: IAB/SP. Bienal Internacional de Arquitetura de São Paulo: edições anteriores <https://bit.ly/3Z3G8P4>.

5 Entre projetos e propósitos

Os entrevistados reunidos nesta seção não se aproximam por seus métodos de fazer história. Partem, com efeito, de referências teóricas e propósitos operativos significativamente diferentes. Aproximam-se, contudo, pelo destino crítico que atribuem a sua produção, ao empenho de análise do produzido e intervenção nos rumos do projeto contemporâneo. Enquanto tal, é também sintomático que, entre eles, predomine uma aposta na difusão do conhecimento para além dos canais convencionais de divulgação científica. Se a relação entre jornalismo, edição, curadoria, crítica e história da arquitetura é por eles construída de modos diversos, em todos é flagrante a preocupação com a inteligibilidade, a comunicação, a atualidade e o alcance públicos de suas ideias.

Formado em um momento de contestação da historiografia canônica da arquitetura moderna brasileira, a ênfase na pluralidade funciona com Hugo Segawa como antídoto às tendências interpretativas e operativas predominantes, filtrando localmente o aquecido debate internacional sobre os modernismos, pós-modernismos e regionalismos. Se é verdade que as pesquisas do autor avançam em outras direções – o paisagismo colonial e imperial, as obras e planos públicos proto-republicanos ou as arquiteturas disciplinares – o interesse pelo moderno e o contemporâneo dá o eixo central de sua escrita, contribuindo ainda para diluir a oposição entre a perenidade da pesquisa acadêmica e a intempestividade do jornalismo.

Assim como Segawa, Ruth Verde Zein entrelaça a reflexão histórica sobre a produção arquitetônica com uma atuação crítica regular na revista *Projeto* ao longo dos anos 1980 e 1990. Partindo de um cotidiano do jornalismo arquitetônico, que frequentemente supõe uma rotina de seleção e enfrentamento de obras quase ao mesmo tempo que sua execução, com as ferramentas e categorias então disponíveis, a autora também se destaca pelo extenso repertório de realizações consideradas. E, de fato, a importância do olhar para a pluralidade do ambiente construído, a defesa de um lugar específico do arquiteto e da arquiteta na escrita histórica como ponto de vista intensivo e extensivo a seu respeito, a atenção dedicada aos documentos de projeto, são traços recorrentes em sua obra escrita.

Por meio de espaços e estratégias diversas, a atuação de Abilio Guerra também converge para a ultrapassagem das fronteiras acadêmicas de discussão da arquitetura. O interesse pelos processos que viabilizam a passagem de um projeto a sua realização surge não apenas como oportunidade de investigação da gênese da forma, mas, esclarecida por um ideário ou situação urbana, permitem colocá-la em uma arena discursiva mais ampla. Oscilando entre publicações de forte compromisso com a reflexão acadêmica, como a revista *Óculum* ou os livros da Romano Guerra, e o novo espaço aberto à comunicação de massas em arquitetura, como as exposições e os meios eletrônicos, é evidente em seu trabalho a reivindicação de elos mais fortes entre arquitetura, arte e cultura urbana.

A questão da circulação cultural da arquitetura também está presente no trabalho de Fernando Lara. Se, em certo momento, para além do estudo da produção autoral, impunha-se pensá-la pelo prisma da popularização de valores eruditos, mais recentemente o alcance histórico da arquitetura vem sendo avaliado pelo autor em sua capacidade de reagir na esfera do ambiente construído aos dilemas socioambientais contemporâneos, em especial na América Latina. É nesse registro também que se pode compreender a aposta do autor na revisão das fronteiras disciplinares da arquitetura no sentido de dar conta também daquilo que não foi projetado ou que foi (e há por muito tempo de ser) produzido a despeito do saber tradicional do arquiteto.

Em todos eles, um propósito público da arquitetura é reivindicado ao historiador, visto como agente importante de alerta e sensibilização de públicos leigos a respeito da condição e do impacto inevitavelmente social e ambiental da disciplina.

A pluralidade da arquitetura

Hugo Segawa

Entrevista concedida por Hugo Segawa a José Lira, Victor Próspero e Luiz Florence em São Paulo SP, Brasil, em abril de 2019.

Desde a sua graduação já é possível ver uma aproximação aos temas históricos. Não é à toa que o seu Trabalho Final de Graduação – TFG[1] foi um trabalho de história orientado pela Aracy Amaral. Então, primeiro, gostaríamos de saber até que ponto ali já estava definido que o seu campo principal de militância seria a história da arquitetura. Este trabalho final era sobre o urbano e você estava sendo orientado por uma professora de história da arte, considerando o fato de que essa relação entre arte, arquitetura e urbano – por incrível que pareça – não é uma recorrência na historiografia de arquitetura, apesar dos trabalhos de Benedito Lima de Toledo e Nestor Goulart, que sempre trouxeram questões da cidade para esse enfoque da arquitetura. Como você foi enveredando por essa linha de trabalho?

Na realidade, Aracy Amaral não foi minha orientadora do Trabalho de Graduação Interdisciplinar – TGI, como se chamava em 1979 o atual TFG ou Trabalho de Conclusão de Curso – TCC. Naquele ano não havia a necessidade de um(a) orientador(a). Como mantínhamos um escritório de desenho de arquitetura e comunicação visual com colegas, não frequentei muito a Faculdade de Arquitetura e Urbanismo da Universidade de São Paulo – FAU USP, porque o TGI era a última e quase única atividade no 5º ano do curso (para quem não estava *pendurado* em matérias dos anos anteriores), e não se configurava como uma disciplina, como hoje. Os professores do TGI com que eu conversava eram Eduardo Corona e Alberto Xavier. Mas, sem dúvida, a vivência com Aracy Amaral foi fundamental na construção do TGI. Em todo caso, primeiro gostaria de fazer uma pequena digressão sobre o que era ser estudante na segunda metade dos anos 1970, na FAU USP, onde ingressei em 1975 e terminei em fins de 1979. Estávamos em plena ditadura – acho que esse contexto não precisa ser explicado – e havia uma certa discussão sobre o que era ser profissional liberal e o que era ser empregado. O Sindicato dos Arquitetos do Estado de São Paulo – Sasp era recente, foi fundado em 1971 como forma de amparo da categoria profissional. Também havia discussões um tanto quanto ferozes, embora não tão explícitas, a partir do mal-estar provocado pelas ideias do Sérgio Ferro a respeito do canteiro e do desenho, e de uma suposta acusação de que trabalhar com projeto, da forma tradicional, seria colaborar com o regime ditatorial. Claro que havia muita distorção nesse tipo de posicionamento e declarações, mas no fim éramos todos estudantes ingênuos, recém-chegados na escola. Não havia propriamente uma expectativa de ser um profissional liberal para seguir o exemplo do Oscar Niemeyer, esse tipo de coisa. Ao contrário, em minha geração os colegas queriam estagiar em planejamento, que era a grande área atraente para os estudantes dentro desse contexto político. A gente não falava apenas em arquitetura e urbanismo, a gente falava que o arquiteto era aquele profissional que operava nas várias escalas da cidade. Entrávamos nessa expectativa de ter um curso com design, comunicação visual, planejamento, paisagismo e arquitetura. E, por outro lado, o fato de ser uma escola com tudo isso também abria oportunidades de – ainda estudantes – ganharmos a vida fazendo trabalhos em comunicação visual e ilustração, por exemplo.

Ou seja, estávamos em uma escola em que tudo era interessante, até fazer arquitetura de modo convencional. Aí a história da arquitetura e a teoria eram campos que figuravam talvez não como futuros campos profissionais – ninguém iria viver de escrever história – mas a discussão que emergia se tornava atraente, e naquele momento era uma novidade a questão do patrimônio histórico. Ninguém falava em patrimônio, ninguém conhecia. O Luís Saia, que morreu em 1975 quando estávamos entrando na escola, era uma figura desconhecida entre os alunos. O Departamento do Patrimônio Histórico – DPH não existia.[2] Não existia organismo de patrimônio municipal. O Conselho de Defesa do Patrimônio Histórico, Arqueológico, Artístico e Turístico – Condephaat foi criado alguns anos antes, em 1968. Em 1975, Benedito Lima de Toledo e Carlos Lemos fizeram uma lista, dentro do que – na lei paulistana de zoneamento – chamou-se Z8-200, a pedido da Coordenadoria de Gestão de Pessoas – Cogep, que identificava bens culturais arquitetônicos para proteção mediante o mecanismo de zoneamento, e não do tombamento.[3] Depois o Benedito, para justificar melhor aquela relação, para além das escolhas intuitivas que fizeram inicialmente a partir do repertório que tinham como historiadores da arquitetura, montou uma equipe de estudantes para trabalhar na depuração daquela lista – eu, Helena Ayoub Silva, Felipe Crescenti, José Carlos Serroni entre outros, liderados por Alexandre Luiz Rocha – para o desenvolvimento desse projeto, que era basicamente sair em campo, fazer levantamentos, conhecer, conversar com as pessoas etc. Daí vem meu contato com a história da arquitetura de uma forma mais consistente. Isso não quer dizer que eu deixei de desenhar, que eu não tenha colaborado em outros escritórios de arquitetura, participado de concursos de arquitetura, que não tenhamos feito comunicação visual etc. Fizemos aquela coisa clássica de jovens estudantes: montar um escritório entre amigos e sair em busca de trabalho.

Voltando a esse campo que você seguiu na história, seu mestrado e seu doutorado foram desenvolvidos com Aracy Amaral e, sobretudo no mestrado, tem uma coisa que eu queria que você desenvolvesse, como o interesse pelo tema da disciplina e os equipamentos disciplinares. Porque, da década de 1970 para 1980, é que de fato aparecem as traduções da obra de Michel Foucault e as primeiras pesquisas de corte foucaultiano na área de história aqui no Brasil – o pessoal da Universidade Estadual de Campinas – Unicamp, o próprio mestrado da Raquel Rolnik, a Margareth Rago – há trabalhos sendo desenvolvidos sobre essa cidade disciplinar, sobre as vilas cidadelas e essas formas de controle social através do espaço. Como você se relaciona com isso? Naquela época você já tinha contato com essas pesquisas? Como isso se relaciona com o seu interesse pela história da arte?

Eu acho que é uma confluência de fatores: o Z8-200 – a partir de debates que vinham sendo levados por gente como Lemos e Benedito na FAU USP – pioneiramente estabeleceu que o patrimônio era formado não só pelos monumentos tradicionais. Naquele momento essa percepção não era tão evidente. Naquela lista incluíram coisas que eram então inusitadas, como vilas operárias, casas de imigrantes etc. Algo que o Carlos Lemos e a Maria Ruth Sampaio também desenvolveram em suas disciplinas optativas de habitação social na FAU USP. A habitação popular comparecia em trabalhos como o da Eva Blay, *Eu não tenho onde morar*.[4] O mestrado da Raquel Rolnik tem a ver com esse tema.[5] Esse tipo de aproximação era inédita naquele momento. Mas outro tipo de aproximação que estava emergindo era a necessidade de superar aquilo que o Flávio Motta tinha chamado a atenção: de que o patrimônio nacional olhava para o barroco e pulava para o moderno. Que importância tinha o ecletismo? Na lista do Benedito Lima de Toledo e do Carlos Lemos para o Z8-200 era quase tudo ecletismo, exceto algumas poucas obras modernas pioneiramente indicadas, como o Copan, o edifício Esther e a sede do IAB. Predominantemente, era arquitetura eclética e arquitetura popular.

E as escolas, presídios, hospitais, coisas desse tipo?

Nesse momento nem tanto. Escolas sim, mas muito poucas. Era o reconhecimento de um universo de repertórios tipológicos que não era usual. Hoje pode parecer a coisa mais banal do mundo chamar atenção desse universo. Ao mesmo tempo, no mundo todo havia uma retomada ou uma revalorização do ecletismo, da arquitetura da virada do século 19 para o século 20. Isso é algo que comento no posfácio do *Prelúdio da metrópole*,[6] que foi meu TGI transformado depois em livro, que foi fruto de uma série de coisas que aprendi a partir de pesquisas nas quais participei com esses professores. Indiretamente, também prepararam o campo para minha dissertação, que trata do século 19, do ecletismo.[7] São tipologias. A palavra *eclético* não aparece na dissertação, porque não se tratava de estudar arquitetura pelo estilo, como seria usual na história da arte, mas sim estudar do ponto de vista tipológico funcional, e claro – caía como luva nesse momento – as discussões que estavam em voga com Foucault. Havia as traduções de seus livros nesse período, como *Vigiar e punir*, *História da loucura*, e *Microfísica do poder*.[8] Foucault estava em alta do ponto de vista da historiografia, como aquele que estava contestando a historiografia francesa junto com discussões sobre mentalidades, da escola dos Annales. Havia uma certa efervescência que a gente não via propriamente na discussão dentro da nossa escola. A escola de arquitetura não tinha esse viés, a gente tinha que buscar isso fora.

Não se lia Foucault na FAU USP?

Naquela época, eu era casado com a historiadora Celina Kuniyoshi, que foi uma ponte importante com a área de história e ciências sociais para mim. Mas, na FAU USP, nada disso. O Foucault veio da discussão de uma certa imprensa um pouco mais intelectualizada, e do lançamento desse conjunto de textos e livros, sobretudo porque ele morreu mais ou menos naquela época – então havia uma certa atenção mundial. Havia outra discussão, que se fazia na Inglaterra – e que o Eric Hobsbawm relativizava[9] – sobre a volta da narrativa. Essa é uma discussão central que está na introdução de meu livro *Arquiteturas no Brasil 1900-1990*[10] sobre as várias possibilidades de se ver um objeto na história. Como ele dizia, pode se ver um objeto com telescópio ou com microscópio, é uma questão de método. Tudo isso vinha de um conjunto de referências da historiografia francesa, um pouco da historiografia britânica – porque o Hobsbawm era outro autor que circulava bem nessa época –, o que gerava um certo universo de discussões e a busca por alternativas a um modo como se fazia história por aqui. O século 19 na arquitetura no Brasil era a história da Missão Francesa, e não de tipologias como hospitais, escolas, penitenciárias. Mas sim, essa questão da tipologia funcional do controle foucaultiano alimentou a dissertação.

Em paralelo a essa carreira acadêmica, nos anos 1980, você manteve uma atuação intensa na revista *Projeto*. Até então, suas pesquisas não se voltavam à produção contemporânea, ou seja, você se formava um historiador do século 19 e atuava como um crítico do contemporâneo. Como isso afetava suas visadas? Ao mesmo tempo, e a partir disso, como você pensa a relação entre jornalismo, crítica e história da arquitetura?

Eu comecei a escrever para a revista *Projeto* em 1981. Antes disso, meu primeiro artigo publicado foi na revista *Módulo*, que era um capítulo do meu TGI sobre um concurso de habitações operárias em São Paulo em 1914.[11] Foi circunstancial, porque no momento em que saiu esse artigo na *Módulo*, eu já estava trabalhando na *Projeto*. Na época, o Vicente Wissenbach, que havia feito o boletim *Arquiteto* do Sindicato dos Arquitetos do Estado de São Paulo – Sasp e estava começando a *Projeto*, precisava de alguém para fazer uma pesquisa iconográfica para um texto do Edgar Graeff que se transformou em um número dos Cadernos Brasileiros de Arquitetura: *O edifício*.[12] Ele ficou contente com meu trabalho e perguntou se eu não queria escrever algo. Naquele momento, surgiu a hipótese de se realizar um concurso para o Vale do Anhangabaú, e ele falou que já que eu estava com a mão na massa, se não queria fazer um apanhado histórico sobre o Vale do Anhangabaú, e esse foi o primeiro artigo que eu publiquei na revista *Projeto*.[13]

Mas é interessante pensar que os dois primeiros artigos que você citou, o da *Módulo* e esse, são dois de história, não são artigos sobre a produção contemporânea. Quando isso foi aparecendo?

No momento em que o Vicente percebeu que arquiteto não escreve. Escreve, claro, mas o Vicente era jornalista e tinha que editar uma revista e textos de arquitetos. E estava claro que a grande dificuldade era, primeiramente, achar arquitetos que escrevessem. Depois, que escrevessem inteligivelmente. Não havia também nenhuma dimensão acadêmica nos escritos dos arquitetos. O mestrado em arquitetura na FAU USP começou em 1972. O que era fazer pós-graduação nessa época? Do ponto de vista profissional, não havia o menor interesse. Não havia gente interessada. Não fazia parte da mentalidade dos arquitetos em escritórios de arquitetura fazer pós-graduação, porque se dava aula – e se ganhava muito bem dando aula de projeto ou do que quer que fosse – independente de títulos acadêmicos, porque não havia essa obrigação. Então os arquitetos não escreviam, como até hoje, em certo sentido, não escrevem. Claro que mudou muito em quarenta anos.

O Vicente começou a me pedir artigos. Sobre uma série de assuntos. Foi quando comecei a escrever sobre moderno, sobre *Brazil Builds*,[14] contemporâneo etc. Rigorosamente, naquele tempo, estava-se começando a contestar certa historiografia canônica. Porque precisamente em 1981 saía a primeira edição do *Arquitetura contemporânea no Brasil* de Yves Bruand.[15] Não havia essa clareza como temos hoje. Por exemplo: o que era o Bruand? Era uma tese depositada na biblioteca da FAU USP, que estava na prateleira, esquecida, ninguém dava bola. E foi afinal publicada pela Editora Perspectiva. Na sequência, em 1982, a Sylvia Ficher e a Marlene Acayaba propõem ao Vicente – quando a *Projeto* estava se consolidando como revista e como editora de arquitetura – um livro a partir de um verbete que escreveram para um dicionário norte-americano. Era um texto curto, mas como verbete era longo e que, se publicado, ia dar um folheto. O Vicente me chamou para ilustrar o livro, e disso saiu o *Arquitetura moderna brasileira*.[16] Era algo novo, elas falavam de Severiano Porto, do pessoal de Fortaleza, falavam de gente que ninguém tinha a menor ideia aqui em São Paulo. Esse livro introduziu elementos que, embora na parte inicial fosse uma reiteração do Bruand, contribuiu com uma parte sobre a arquitetura dos anos 1970 e 1980 muito importante.

Mesmo a produção paulista ganha mais força ali, ao menos em relação a Bruand.

Sem dúvida, mas eu acho que ganha mais força por falar de arquitetos que não eram do eixo Rio-São Paulo. Havia arquitetos, mesmo no Rio de Janeiro, que não eram conhecidos aqui, porque não havia revistas de arquitetura que fizessem esse papel. O Vicente notou esse nicho.

O contemporâneo entra com o moderno, que não era conhecido exatamente. O que era o moderno naquele momento? No fundo, basicamente, o *Modern Architecture in Brazil* do Henrique Mindlin.[17] Porque no livro do Carlos Lemos, *Arquitetura brasileira*, de 1979, proporcionalmente são poucas as páginas sobre o moderno.[18] Ele faz um panorama do colonial até aquele momento. Assim como o Paulo Santos, em *Quatro séculos de arquitetura*,[19] outro livro de caráter panorâmico que, quando chega perto, não toca no assunto. Então, não se falava de moderno. Não se falava sobre o que se fazia naquele momento. E à medida que o Vicente foi desbravando esses territórios do Brasil, tornava-se necessário um olhar para isso.

Mas como você vê a relação entre seu trabalho acadêmico que estava sendo feito nesses anos 1980 e o trabalho na revista? Em sentido mais amplo: como vê a relação dessa atuação operativa, mais ligada à formação de projetistas, à produção recente, coisas que estavam em curso naquele momento, e essa pesquisa acadêmica, histórica, inclusive sobre séculos anteriores, como você viria a fazer em suas pesquisas de mestrado e doutorado?

Do ponto de vista epistemológico, é claro que há uma discussão entre o que é jornalismo e o que é história, ou qualquer disciplina científica nas ciências humanas. A questão fundamental é como você transmite esse conhecimento. Existem jargões na cartilha do jornalismo: escrever para a imprensa é escrever algo que seja inteligível, e o que foi escrito no jornal amarela no dia seguinte. Isto é, a notícia morre logo, é consumida e acaba, e o trabalho acadêmico teria uma perenidade. Eu acho que em arquitetura não é bem assim. E é isso que dava para perceber, sobretudo com a visão de um jornalista – o Vicente teve esse mérito – que a revista tem caráter de documento. Então, ele chama dois jovens desconhecidos recém-formados – Ruth Verde Zein e eu – porque ele conversou com professores, com gente mais madura, que não deu o retorno que esperava. Devo dizer que o Vicente investiu em gente nova.

O Abrahão Sanovicz sempre dizia com um tom meio pejorativo: "esses jornalistas de arquitetura". Olha, hoje quando a gente pesquisa uma *Acrópole*, uma *Módulo* ou uma *Habitat*, são revistas. E o que está lá virou documento primário. No fundo, o Vicente sabia o que eram essas revistas. E o modelo dele era a revista *Summa* da Argentina. A revista *Projeto* nasceu derivada desse modelo.

Da Marina Waisman.

Exatamente, dela e de outras pessoas, que davam consistência àquilo que tendia a ser menosprezado pelos acadêmicos. Porque nos anos 1970 ou 1980, houve o grande escândalo da produtividade: a *Folha de S. Paulo* trouxe um levantamento mostrando que os professores da Universidade de São Paulo não produziam, não escreviam e não publicavam.[20] Foi um baita escândalo.

Saiu a lista dos nomes dos professores.

Então imagina isso aqui na FAU USP. Essa improdutividade também era um claro sinal de que os acadêmicos não escreviam. E o Vicente inventou uma sessão na revista chamada Ensaio & Pesquisa, que era um espaço dedicado à publicação de artigos mais elaborados e sofisticados, um contraponto dessa visão um pouco maniqueísta entre jornalismo e academia: com nota de rodapé, regras da Associação Brasileira de Normas Técnicas – ABNT, essas coisas todas.

Essa é a interface de trabalhar com a imprensa, com a velocidade que a imprensa exige, de uma revista mensal. Aconteceu o concurso do Pavilhão do Brasil em Sevilha, a gente tinha que escrever a respeito em dois dias. E aquele artigo que eu escrevi, que foi tão polêmico, foi nessas condições.[21] Por isso que a imprensa tem algo de muito encantador. Por um lado, porque você não tem tempo para ficar meses refletindo sobre aquilo que tem que enfrentar, e, por outro, porque você está captando uma essência do momento. Aquele artigo que deu tanta celeuma, por exemplo, é hoje um dos poucos documentos daquele evento, e pelo qual eu sou crucificado pelo que eu disse. A arquitetura paulista naquele momento me condenou – claro que hoje eu sou amigo de todas essas pessoas que me odiaram – mas significa o quão duro era escrever, e o quão refratário eram os arquitetos em relação à crítica. E o mundo acadêmico não deveria ser isso.

Então, eu desenvolvi esses dois caminhos paralelos porque eu acho, e isso é uma opinião pessoal, que a questão é: para quem se escreve? E escrever *para quem*, significa ter uma escrita ao mesmo tempo rigorosa do ponto de vista de sua fundamentação e com uma legibilidade de modo que ela seja entendida tanto por um acadêmico, quanto por uma pessoa de formação e repertório cultural medianos.

Ou seja, o público de seu trabalho de história também é esse público médio, ou você diria que, quando você escreve um livro, seu mestrado, seu doutorado, você está pensando realmente no leitor historiador, arquiteto?

Eu penso em todos os leitores, eu entendo que a escrita acadêmica não precisa ser inacessível. Claro que há graus de acessibilidade, mas eu entendo que a produção científica em ciências humanas significa devolver à sociedade aquilo sobre o que você refletiu. E devolver à sociedade significa também que ela seja assimilada, compreendida pelo governador, pelo vereador, pela pessoa que está andando na rua e vê um prédio e se encanta, ou por um grande filósofo.

Fechando esse ciclo de sua trajetória, e retomando um pouco da sua narrativa inicial, gostaríamos de entender qual a importância para você do trabalho de campo, do embate direto e presencial com as obras, e a relação que tem principalmente com as viagens e a fotografia, além da relação disso também com o trabalho de arquivo e pesquisa documental.

De novo eu acho que é preciso juntar uma série de fatores. Primeiro em relação à Aracy Amaral: ela é uma crítica de arte e historiadora que entende que o trabalho da crítica da história, esse universo das artes, implica no enfrentamento com a obra. Então *vá ver a obra*. Ela é dessa posição de que o entendimento de uma obra de arte, ou de qualquer coisa que seja objeto de apreciação, implica em conhecer e estar presencialmente nessa realidade. Não é diferente na arquitetura. Eu acho que transpõe em um certo sentido, uma visão que é muito pragmática, de que o objeto arquitetônico deve passar pelo escrutínio da sua percepção material.

Decorre um segundo fato de que, ao alinhar a pesquisa empírica em documentos – sejam manuscritos do Arquivo Histórico Municipal, ou buscar nos jornais e nas revistas, artigos e matérias sobre um determinado assunto –, o fato de cotejar o objeto e a realidade concreta da obra arquitetônica e da obra artística, com essa dimensão abstrata, impalpável e intangível que você acaba recolhendo na leitura, é um casamento muito importante.

No fundo, para entender arquitetura, deve-se perguntar: por que aquela obra está lá? Por que aquilo foi feito? Existe uma compreensão da arquitetura dentro dos parâmetros tradicionais da arquitetura desde Vitrúvio, e o entendimento de que aquilo existe porque existe alguma relação com o mundo, com a sociedade. E essa documentação de imprensa e tudo mais é muito importante para isso.

Há um outro cruzamento que eu acabei não comentando. Eu estagiei com o Júlio Abe Wakahara,[22] que era um professor do Departamento de Projeto, de comunicação visual, e tinha um estúdio de fotografia. Ele fazia fotografia para os arquitetos, para o Décio Tozzi, para o Eduardo de Almeida, entre outros professores da casa. Eu trabalhei com ele fazendo fotografias de arquitetura. Disso vem uma cultura de interpretação visual e fotográfica, a cultura de operar e olhar através de um visor, uma pequena janela. Conhecendo todo esse universo, eu comprei uma câmera com objetiva com correção de perspectiva. Por isso que eu facilmente resolvi o problema da Sylvia Ficher e da Marlene Acayaba.

A partir do que você nos contou sobre o livro da Sylvia Ficher e da Marlene Acayaba, e entrando no seu livro *Arquiteturas no Brasil 1900-1990*, nele você se propõe a pensar a pluralidade da arquitetura brasileira no século 20, e essa amplitude regional para além do eixo Rio-São Paulo. Como você define essa visão de pluralidade, interna ou externa ao moderno, e o que isso implica em termos metodológicos?

Eu acho que dado o fato de a Marlene Acayaba e a Sylvia Ficher terem ampliado um pouco essa geografia – e o Vicente Wissenbach com a cobertura das realizações em curso em todo o país – a revista consequentemente começou a estabelecer cada vez mais contatos com arquitetos de outras regiões. Foram poucos os momentos em que eu trabalhei *full time* na revista *Projeto*. Eu dava aula em Santos, era arquiteto do Condephaat, e depois fazendo mestrado fui bolsista da Fapesp, e no doutorado também. Na revista *Projeto*, a gente era consultor, mas consultor que estabelecia uma frente de contato que os jornalistas não conseguiam, vamos dizer, não tinham o vocabulário e o diálogo com o arquiteto para pedir as coisas, para conversar, para entender o que eles achavam e pensavam. Conhecer esse universo de arquitetos que não pensavam como os paulistas, era, por exemplo, ter conhecido e conversado com Éolo Maia, com Luiz Paulo Conde, com Severiano Porto, essas pessoas que obviamente não faziam parte de um universo tão próximo ao meu também, como aluno da FAU USP. Falar com o João Filgueiras Lima, Lelé, que apesar de ser uma vertente do Niemeyer, consagrada e reconhecida, não era a mesma coisa.

Na medida que o Vicente foi fazendo esse mapeamento, ele fez uma coisa que foi muito temerária na época, mas extraordinária. Ele tinha contato com o Jorge Glusberg, do Centro de Arte e Comunicação – CAyC – lembrando que a Argentina também estava em uma ditadura –, que era uma galeria de arte um pouco alternativa, contra a ditadura etc. O Vicente acertou com o Glusberg para fazer uma exposição de arquitetura brasileira, e chamou alguns arquitetos para organizar a exposição.[23] Acho que ele teve uma grande decepção.

Foi dentro da Bienal?

Não, a partir disso que surgiu a Bienal de Buenos Aires. Em 1983, o Vicente convidou uns arquitetos para organizarem a exposição, mas todo esse pessoal falava para chamar o Vilanova Artigas, levar para Buenos Aires a escola paulista. Ele não gostou disso, chamou a Ruth e a mim e falou: "vamos fazer outra coisa?" Isso resultou em uma convocação pela revista, para os arquitetos de todo o Brasil mandarem os projetos. Foi uma loucura. A gente não tinha a menor ideia do que se fazia no Brasil. E todo mundo mandou! Foram centenas de pranchas, do Brasil inteiro, coisas que nunca tínhamos visto, arquitetos que nunca tínhamos ouvido falar.

Vinha muita coisa desinteressante também?

Sabe que nem tanto? Porque eu acho que quem lia a revista *Projeto* tinha uma certa avidez de ver coisas que não estavam na revista *Módulo*, por exemplo. Os leitores entendiam que a revista *Projeto* era um outro campo de circulação de ideias, de propostas, que não se prendia aos cânones.

Veio essa quantidade enorme, e o Vicente teve a coragem de levar tudo. Claro que chegou uma ou outra coisa ruim, mas de maneira geral era uma amostragem impressionante. Muitas obras que se faziam naqueles anos que nós não sabíamos que eram feitas, e isso nos obrigou cada vez mais a repensar esse universo e a nossa própria historiografia. Pensar que o nosso modelo acadêmico naquele momento consagrava cânones, uma visão ortodoxa de fazer arquitetura. Quanta gente como Éolo Maia estava vendo o Louis Kahn? O Luiz Paulo Conde estava vendo outras coisas, o Severiano Porto estava fazendo coisas no seu espaço amazônico, os nordestinos, os baianos, estavam fazendo coisas que tinham seus próprios universos, como o Francisco Assis Reis, que ninguém conhecia aqui no Sul. Ele, por exemplo, estava muito alinhado com Joaquim Guedes, que se entendia mais com esse pessoal de fora de São Paulo. A gente foi descobrindo esse universo, e essa exposição foi uma loucura. Os argentinos ficaram espantados de que se construía tanta coisa no Brasil, numa produção de aproximadamente dez anos, dos anos 1970 até aquela época.

A partir da percepção do Vicente de que esse campo precisava ser explorado, percebemos duas questões: nós tínhamos um mapeamento razoável, embora casual, do que se fazia no Brasil, e por outro lado, um trabalho de documentação pela frente. Uma coisa era juntar obras com essa aproximação empírica a partir do material que mandaram; outra era inverter a situação: agora nós vamos para campo achar mais coisas. O livro *Arquiteturas no Brasil/Anos 80*[24] fez parte disso. Ali nós saímos em campo, procuramos arquitetos, fizemos reuniões. A partir dos primeiros contatos, fizemos essas reuniões e os arquitetos começaram a dizer o que eles achavam. Esse mapeamento tem uma importante razão de ser do ponto de vista jornalístico e de divulgação.

E dada essa amplitude da produção abordada, não haveria uma diluição ou fragmentação do cânone moderno? Como você tratou disso na economia do livro em diálogo com essa pluralidade? E qual a validade dessas grandes categorias que organizavam não só a historiografia, mas a reflexão sobre o século 20 moderno, carioca, paulista, essas noções tão fortes de escolas?

Essas noções já estavam em crise, talvez não para a academia, mas já estavam em crise. O livro do Charles Jencks, por exemplo, *The Language of Postmodern Architecture*, é de 1977.[25] E estamos falando dos anos 1980. Então a revista *Projeto* tinha clara consciência de que havia uma leitura hegemônica do moderno, e que isso não correspondia mais a uma realidade de percepção do que acontecia no Brasil contemporâneo para falar dos anos 1980. Isso mudava completamente, porque a própria discussão pós-moderna – não só no campo de arquitetura – detonava as totalizações. Isso para nós era muito claro e levava a uma fragmentação, que era a própria essência do pós-moderno. O Éolo Maia, todo esse pessoal, fazia parte desse universo de fragmentações e de contramodernismos, era evidente que eles faziam essas coisas como reação a uma certa modernidade ortodoxa à de Niemeyer, Artigas. Fragmentou!

Eu acho que a academia não estava muito a par do que estava rolando. Eu não estava na FAU USP, mas claro que eu sabia um pouco, eu era professor em Santos e alguns professores de lá também eram professores na FAU, eu sabia que o pós-moderno não era levado a sério: "eram os mineiros fazendo aquelas coisas lá".

O Fernando Peixoto na Bahia.

Isso, "pintando fachada", fazendo "aqueles coloridos". Havia uma profunda ironia, ao mesmo tempo um profundo alheamento sobre que se fazia no mundo.

Agora tem uma coisa que me parece importante nas revistas desde os anos 1960, falando internacionalmente, que é o lugar da crítica, do juízo de valor. A revista não é simplesmente uma vitrine da produção contemporânea, com a capacidade de acolher o que estava aparecendo, mas também de orientar caminhos para a profissão. Há a importância dos editores dessas revistas, desses colaboradores mais regulares, porque eles estão apontando caminhos e selecionando o que vale a pena olhar e o que não vale, os motivos, o que é atual, o que não é atual. Eu fico pensando, como conciliar ao mesmo tempo uma abertura para essa fragmentação, para

essa pluralidade do real – e que eu acho que a revista *Projeto* foi tão feliz nessa possibilidade – com a capacidade dela intervir? Ainda mais pensando que se trata de uma revista para o público profissional, de intervir com posições claras acerca das questões a serem resolvidas ou enfrentadas pelos projetistas.

Eu escrevi um artigo sobre revistas de arquitetura que está republicado no portal Vitruvius,[26] em que eu comento, entre outras coisas, que na trajetória das revistas de arquitetura no mundo, desde que elas surgem no século 19, algumas nasceram como *revistas de tendência*. Uma revista como *L'Architecture d'Aujourd'Hui*, nos anos 1930 e 1940, nasceu como uma revista de tendência, que defendia uma certa modernidade. Naquele momento, era meio art déco, meio Le Corbusier. O Jayme Fonseca Rodrigues,[27] por exemplo, era um leitor dessa revista e fez uma arquitetura alimentada por isso. Assim como a *Domus* em certo momento, a *Casabella Continuità* com Ernesto Nathan Rogers, foram revistas de tendência. Como a *Architectural Design* quando publicou os ensaios sobre pós-moderno do Jencks, vai fundo, não em defesa, mas no proselitismo do pós-moderno. A *Módulo* seria uma revista de tendência, na medida que ela circulava em torno de Niemeyer e seu grupo; na arte e na poesia eram Joaquim Cardozo e Ferreira Gullar que lá publicavam – se circunscrevia a certo universo. A revista *Projeto*, ou mais precisamente o Vicente Wissenbach, nunca quis fazer uma revista de tendência, nesse sentido. Porque ele entendeu que o modelo de revista que ele deveria seguir, da forma mais pragmática, teria que sobreviver comercialmente. Como uma revista sobrevive comercialmente? A revista *Módulo* vivia porque o Niemeyer bancava. A *Acrópole* sobreviveu por um tempo como uma revista pluralista, sem viés ideológico, que publicava de tudo, mas em um certo momento ela começou a assumir uma posição, e por isso fechou em 1971. Por que as nossas revistas de arquiteturas são efêmeras? Porque não têm patrocínio, ou não sabem fazer o negócio dentro de uma perspectiva de sobrevivência mínima. O Vicente sabia disso, porque ele tocou o boletim *Arquiteto* primeiro, bancado pelo sindicato. Mas quando ele se desprendeu, ele estava solto no espaço. O Oswaldo Bratke dizia que nunca uma revista de arquitetura deu certo quando esteve dentro de um grupo. E o Vicente se desvinculou do grupo, com todos os ataques que ele recebeu por estar fazendo uma revista que é "uma colcha de retalhos", que é uma "confusão", que "publica de tudo", da "pior porcaria possível" etc. Vamos relativizar: "pior porcaria" porque não estava de acordo com os cânones de um certo grupo que entendia que boa arquitetura era só uma coisa. Ao adotar o padrão *Summa*, vocês vão ver a referência na pauta: o editorial da revista, as notícias, projetos, depois trazia tecnologia, construção e propagandas, obviamente. A revista *Projeto* soube se viabilizar, não por assinatura, que não cobre nada. A revista chegou a ter uma tiragem de vinte mil exemplares com propaganda, quando na época uma revista tipo *L'Architecture d'Aujourd'Hui* não passava de mil ou dois mil exemplares.

Era um número similar ao de uma revista, por exemplo, como a *Construção São Paulo*, que também girava em torno de patrocínio?

Sim, mas a diferença era que uma revista como a *Construção São Paulo* era uma tabela de custo de construção com meia dúzia de notícias. A revista *Projeto* partiu para essa pluralidade – e essa palavra talvez dê a entender uma certa dimensão ideológica –, partiu para essa diversidade de projetos de arquitetura e de posições, primeiro porque o Vicente não queria fazer uma revista de tendência; segundo pelo entendimento de que essas tendências são várias e de que uma vai desagradar a outra, sempre. Então havia na revista a afirmação de posições, ideias, atitudes? Sim, quando a gente fazia números especiais. Nós fazíamos onze números por ano, alguns a gente chamava "minestrone", entrava de tudo. Outros eram temáticos, havia uma lógica que talvez os leitores não percebessem. O que a gente tinha como retorno era muito curioso, porque um número podia não ter repercussão em São Paulo, mas era um sucesso no Nordeste. Havia esse universo de que o Brasil não era só São Paulo e Rio de Janeiro. Nós percebemos isso: no Rio Grande do Sul a revista tinha uma alta repercussão, precisamente porque ela operava em uma chave que não era de São Paulo, e que operava no universo do Sul, do cone Sul, às vezes do Uruguai, Argentina. É uma questão de percepção. Claro que a revista *Projeto* foi uma revista muito diversificada na sua pauta, e pode-se dizer que foi uma revista comercial, senão ela não teria existido de 1977 até hoje. Mas é difícil dizer ou achar que uma revista como a *Projeto* sobreviveria no Brasil se ela fosse como uma *Casabella Continuità* ou uma *Habitat*.

Agora sem querer recair na coisa colonizada, esse período de 1970, desde a década de 1960, de fato o Brasil deixa de interessar aos países vizinhos, aos outros países, até a década de 1970 de fato isso fica mais claro: que o Brasil, por mais que tenhamos uma enorme vitalidade da produção – e na Argentina eles têm ficado abismados com a quantidade de coisas que estão fazendo no Brasil nessa exposição em 1983 – se compararmos ao interesse internacional a partir dos anos

1940, essa arquitetura brasileira canônica que a gente está dizendo ser redutora, e eu concordo com você, mas de qualquer modo tem um juízo de valor operando e funcionando interna e externamente no país, que dá uma capacidade de organizar as ideias dos arquitetos, e de iluminar caminhos possíveis para os arquitetos, seja a favor ou contra, mas de organizar o campo, que talvez nos anos 1970 e 1980 a gente tenha perdido. E eu acho que isso não se deu em relação ao pós-moderno de uma maneira geral, pelo menos aos anos 1970 e 1980, a gente vê como figuras de outros países que estavam operando para além, fora, contra ou em paralelo ao cânone modernista, continuaram a ter grande audiência, despertar grande interesse na crítica e funcionar como catalisadores de ideias mundialmente, e aqui no Brasil nem tanto. Continuo a me perguntar se essa posição anticanônica vem de uma avaliação negativa da produção paulista, carioca e da produção brasileira consagrada, ou se vem de uma vontade de expandir a percepção do que estava se fazendo no país naquele momento. É uma posição anticanônica? Não tem valor essa produção que está sendo feita aqui em São Paulo? Ou é uma forma de pensar outros cânones? A questão do cânone estava em jogo?

A revista *Projeto* não foi anticanônica. Ela continuou a publicar os grandes mestres paulistas e cariocas ao lado de uma produção não canônica. Ela apenas não queria ser veículo de um cânone e essa convivência leva a esse resultado pluralista, diversificado.

Outros cânones, será que surgiram?

Eu diria que o pós-moderno, justamente, detonou o cânone. Naquele momento esse era o mote do pós-moderno. Inclusive dos pós-estruturalistas, e mesmo de Foucault: destruir o sentido redentor da modernidade. E vários desses heróis dos anos 1960 e 1970 sumiram nas revistas estrangeiras. A revista *Projeto,* sobretudo nesses anos 1980, até onde Vicente esteve à frente, mantinha convênios com as principais revistas europeias, japonesas – como *A+U*, *Arquitectura Viva, Spazio e Società*, entre outras –, isto é, nós mandávamos revistas e eles nos retribuíam. Nós tínhamos o termômetro do que rolava no mundo, porque nós recebíamos essas revistas. Então não foi uma substituição de cânone. O cânone foi questionado. Isso até os anos 1990, quando há um recrudescimento do pós-moderno e vamos dizer que o minimalismo foi o primeiro passo para algo que hoje estamos vivendo. A nossa revista *Projeto* acabou nesse momento.

Mas ao mesmo tempo o New York Five, essas exposições do Museu de Arte Moderna de Nova York – MoMA, o deconstrutivismo, o high-tech, o regionalismo crítico, estavam construindo novos cânones lá fora.

Fizemos edições sobre eles, mas eu não diria que o New York Five, o regionalismo crítico, o deconstrutivismo foram cânones. A gente percebeu em 1993, ou 1994, uma série de revistas fazendo números dedicados ao minimalismo. E esse momento coincidiu com a inauguração do Museu Brasileiro da Escultura e Ecologia – Mube do Paulo Mendes da Rocha. O museu é de 1988, completamente fora do pós-moderno, vamos dizer, *démodé*. Em 1995, com o Museu da Escultura e essa percepção que a gente lia nas revistas internacionais, vimos que algo estava acontecendo e fizemos um número sobre minimalismo com textos de Josep Maria Montaner, Otília Arantes, entre outros.[28]

Cânone é o movimento moderno dos anos 1940, que tem suas ramificações, como a finlandesa, a brasileira, a japonesa. Esse cânone que se desdobrou em árvores. Do deconstrutivismo, por exemplo, não se constituíram cânones tão poderosos. Muitos desses movimentos morreram com três ou quatro anos de idade e o moderno renasceu.

Voltando ao *Arquiteturas no Brasil 1900-1990*, seu livro foi publicado em 1998. É uma década, talvez, dos últimos manuais. A partir dos anos 2000, há todo um ceticismo em relação a isso e a possibilidade dos manuais começa a ser discutida. Por um lado, pelo fato da enorme expansão da pesquisa especializada, todo conhecimento se torna efêmero muito rapidamente, se questiona a possibilidade de a gente cristalizar uma narrativa tão ampla, tão abrangente em um único autor, às vezes um período de tempo, um país, recortes muito vastos. Ao mesmo tempo, estão começando a surgir a internet, redes, bancos de dados, bancos de documentos, de informação visual, enciclopédias online, toda essa realidade que hoje é o que abastece boa parte da curiosidade por arquitetura de uma parte expressiva do público, e não só leigos, muitos estudantes de arquitetura também. Então como você vê que seria o papel de um manual de arquitetura? Que formato ele poderia adquirir de modo a dialogar tanto com esse acesso massivo a informações, quanto ao refinamento da pesquisa especializada?

Eu acho que o manual não morreu, só pelo fato do Jean-Louis Cohen ter feito esse último livro (*O futuro da arquitetura desde 1889*),[29] ou a reedição do William Curtis (*Arquitetura moderna desde 1900*),[30] ou as constantes reedições de livros escritos nos anos 1980 e mesmo o meu livro, que está em terceira edição e foi publicado em inglês.[31] Eu acho que o manual não perdeu a sua vigência, porque esses manuais, bem ou mal, concordemos ou não com o que eles trazem, se constituem como referências, algo que a internet não consegue fazer. O que é uma referência? Acho que ainda hoje, faz falta a síntese. Com todos os defeitos, a síntese é uma virtude. Isso a gente faz um pouco na nossa disciplina de graduação, um exercício de comparação com os alunos: o que o Sigfried Giedion fala do Alvar Aalto; e o que o Henry-Russell Hitchcock comenta sobre o Alvar Aalto em seus livros? Há um embate das posições; eu acho que o manual tem esse caráter de referência. Como eu disse antes, a matéria do jornal amarela no dia seguinte; a do manual menos.

E a internet é atualizada o tempo inteiro, isso se perde.

É óbvio que tem coisas nesse meu livro (*Arquiteturas no Brasil 1900-1990*) que as teses, o desenvolvimento da pós-graduação, proporcionaram uma complexidade extraordinária. É aquela questão que está no início da conversa: você pode analisar um objeto por telescópio ou microscópio. O manual é observar, talvez não com o telescópio, mas com uma lente. Em uma escala que uma pessoa de outra área se introduza a um tema. Agora, se ela quiser saber das preferências do Eero Saarinen em usar um metal X ou Y, vá buscar. Não vai encontrar nem no William Curtis nem no Kenneth Frampton, e nem no Jean-Louis Cohen. O meu livro nasceu como um livro paradidático. Não é o tipo de livro para esgotar o assunto, para satisfazer os grandes intelectuais, para chegar às minúcias ou ter grandes interpretações filosóficas ou científicas, mas muito modestamente traz uma visão de mundo.

É interessante que, a partir dessa noção de síntese, ela mesma coloca em si o que nós estávamos discutindo em relação ao cânone: a construção dessa síntese, como vemos não só no seu trabalho, mas por exemplo, na geração do Reyner Banham, do Alan Colquhoun, que também escreveram manuais e questionaram sínteses feitas anteriormente. Nesse sentido, o seu trabalho se coloca, junto a todo o trabalho dessa geração da Projeto, como um questionamento.

É um momento, como você disse. Colquhoun escreveu aquele manual da história da arquitetura, e seguramente ele leu os anteriores.[32] Um pouco como o que falamos no início, o que existia na época? Yves Bruand, Sylvia Ficher e Marlene Acayaba, Paulo Santos e Carlos Lemos. O que eu posso contribuir em relação ao que já existe? Porque se você procurasse na revista *Projeto*, ia encontrar um monte de artigos; se procurasse nos bancos de teses e dissertações, mesmo naqueles anos 1990, já existia alguma coisa. Agora como você vai operar isso de uma forma rápida, direta e introdutória?

E isso caracteriza o momento. Meu livro foi escrito em 1992 e publicado em 1998. Eu escrevi esse livro ao mesmo tempo que eu escrevi a minha tese de doutoramento.[33] As minhas bases conceituais de historiografia, de escrita e narrativa, estão muito alimentadas pela bibliografia da minha tese de doutorado, que já não era mais Foucault, eram outros autores, outras visões.

Então, assim como o Frampton está datado, o Jean-Louis Cohen é criticado por seu francesismo, e o Carlos Lemos por seu paulistanismo, meu livro também está muito contaminado por essa diversidade da revista *Projeto*. E mesmo assim as pessoas cobram que esquecemos de obras, não falamos de alguém. Um manual não é uma Wikipedia que você vai juntando as coisas e engordando com verbetes e links. É a limitação do papel.

Considerando essa abertura das visadas, para você, qual seria a pertinência de discutir a produção brasileira no âmbito da América Latina, pensando até em uma certa escassez de livros sobre a América Latina e também das redes estruturadas entre Brasil e seus vizinhos? A gente gostaria de saber quais são as aproximações que se dão seja por comparação, sintonia, dissonância, conexão ou desconexão, e como você se propôs a refletir sobre isso em seu livro *Arquitectura latinoamericana contemporánea*.[34]

Eu acho que é possível uma inversão na questão: qual a perspectiva de ver a arquitetura, no Brasil, da América Latina? Porque a gente olha o nosso umbigo o tempo todo. No *Arquitectura latinoamericana contemporánea* eu faço uma citação do escritor paraguaio Augusto Roa Bastos mencionando algo que o Guimarães Rosa teria dito para ele: de que Brasil e o resto da América Latina são como irmãos siameses, grudados pelas costas, sem se enxergarem. Não se olham, não se relacionam, a América portuguesa parece que é um mundo e a espanhola, outro. Quando a gente entende a história da América Latina, essas conexões são muito fortes e as dissonâncias também. A história da Argentina não tem nada a ver com a da Colômbia, mas isso tudo se chama América Latina.

A Aracy Amaral havia proposto uma Bienal latino-americana de artes plásticas em 1981, que foi rechaçada. Por outro lado, houve os Seminários de Arquitectura Latinoamericana – SAL, que nasceram de uma reunião paralela à Bienal de Arquitetura de Buenos Aires, promovido pelo CAyC graças ao sucesso da exposição brasileira que fizemos em 1983. Acharam que se era possível mobilizar tanta gente com esse impacto na Argentina, era possível fazer uma bienal em 1985. Então percebemos – a exemplo da *Summa* – que a América Latina era um universo importante também para nós: se estávamos falando de arquitetura mineira, pernambucana, então tínhamos que falar de arquitetura colombiana, uruguaia – foi essa a lógica. A partir disso, o Vicente começou a enviar a Ruth Verde Zein para cobrir países hispano-americanos e ela foi ao primeiro e ao segundo SAL, eu fui ao terceiro, e fomos construindo essa rede.

Para mim, pessoalmente, isso se deve tanto à Aracy Amaral, que me apresentou esse universo de críticos e historiadores latino-americanos – que faziam parte de seu convívio –, quanto à revista *Projeto*, que se abriu para esse universo, a ponto de permitir que chegássemos a organizar o 7º SAL em São Carlos e na FAU USP em 1995.

A perspectiva é entender não a totalidade da América Latina como uma unidade, mas a América Latina em sua diversidade, com suas conexões e dissonâncias.

Notas

1 SEGAWA, Hugo. *Alguns aspectos da arquitetura e do urbanismo em São Paulo na passagem do século*. Trabalho de Graduação Interdisciplinar. São Paulo, FAU USP, 1979.

2 O Departamento do Patrimônio Histórico – DPH surgiu no âmbito da Secretaria Municipal de Cultura em 1975.

3 A Lei Municipal n. 8.328/75 instituiu as Z8-200 para a preservação de imóveis de caráter histórico, artístico, cultural e paisagístico. A Coordenadoria Geral de Planejamento – Cogep (mais tarde transformada em Secretaria Municipal de Planejamento – Sempla) contratou Toledo e Lemos, que produziram o relatório *COGEP Z8 200 – Programa de preservação de bens culturais arquitetônicos da área central de São Paulo* ou *Programa Toledo/Lemos para a preservação de bens culturais arquitetônicos da área central de São Paulo, 1975*. Foi a base do que hoje se denomina Zonas Especiais de Preservação Cultural – Zepecs, criada no Plano Diretor Estratégico – PDE de 2002.

4 BLAY, Eva Alterman. *Eu não tenho onde morar: vilas operárias na cidade de São Paulo*. São Paulo, Nobel, 1985.

5 ROLNIK, Raquel. *Cada um no seu lugar. São Paulo início da industrialização: geografia do poder*. Orientador Gabriel Bolaffi. Dissertação de mestrado. São Paulo, FAU USP, 1981.

6 SEGAWA, Hugo. Posfácio. *Prelúdio da metrópole: arquitetura e urbanismo em São Paulo na passagem do século 19 ao 20*. Cotia, Ateliê Editorial, 2000, p. 165-171.

7 SEGAWA, Hugo. *Construção de ordens: um aspecto da arquitetura no Brasil 1808-1930*. Orientadora Aracy Amaral. Dissertação de mestrado. São Paulo, FAU USP, 1987.

8 FOUCAULT, Michel (1975). *Vigiar e punir: nascimento da prisão*. Tradução Raquel Ramalhete. Petrópolis, Vozes, 1987; FOUCAULT, Michel (1961). *História da loucura: na idade clássica*. Tradução José Teixeira Coelho Neto. São Paulo, Perspectiva, 1978; FOUCAULT, Michel. *Microfísica do poder*. Organização Roberto Machado. Rio de Janeiro, Graal, 1972.

9 HOBSBAWM, Eric. A volta da narrativa. *Sobre história*. São Paulo, Companhia das Letras, 1998, p. 201-215. Li na época na revista *Past and Present*, n. 86, fev. 1980.

10 SEGAWA, Hugo. Alguma explicação. *Arquiteturas no Brasil 1900-1990*. São Paulo, Edusp, 1998, p. 13-16.

11 SEGAWA, Hugo. Anos 10: um concurso de habitação operária. *Módulo*, n. 64, Rio de Janeiro, mai./jun. 1980, p. 12-17.

12 GRAEFF, Edgar. *O edifício*. Cadernos Brasileiros de Arquitetura, n. 7, São Paulo, Pini, 1979.

13 SEGAWA, Hugo. Exclusivo: os primeiros estudos sobre o Vale do Anhangabaú. *Projeto*, n. 28, São Paulo, mar./abr. 1981, p. 14-17.

14 GOODWIN, Philip L. *Brazil Builds: Architecture New and Old, 1652-1942*. Nova York, MoMA, 1943 <https://mo.ma/3JEeXp6>.

15 BRUAND, Yves. *Arquitetura contemporânea no Brasil*. São Paulo, Perspectiva, 1981.

16 FICHER, Sylvia; ACAYABA, Marlene. *Arquitetura moderna brasileira*. São Paulo, Projeto, 1982.

17 MINDLIN, Henrique E. *Modern Architecture in Brazil*. Nova York, Reinhold, 1956.

18 LEMOS, Carlos A. C. *Arquitetura brasileira*. São Paulo, Melhoramentos/Edusp, 1979.

19 SANTOS, Paulo. *Quatro séculos de arquitetura*. Rio de Janeiro, IAB, 1981.

20 A série de artigos com subtítulo "A lista dos improdutivos" é a seguinte: FROMER, Ana. Pesquisa da USP mostra que 1/4 dos docentes nada produz. *Folha de S.Paulo*, São Paulo, 21 fev. 1988, p. A-28; LEITE, Rogério C. de Cerqueira. Produção norteia avaliação no mundo desenvolvido. *Folha de S.Paulo*, São Paulo, 21 fev. 1988, p. A-29; FRANCIS, Paulo. Nos EUA, acadêmico que não publica está morto. *Folha de S.Paulo*, São Paulo, 21 fev. 1988, p. A-30; FORGANES, Roseli. Na França, o relatório final é divulgado. *Folha de S.Paulo*, São Paulo, 21 fev. 1988, p. A-30; GOLDEMBERG, José. Avaliação visa melhor formação do pessoal qualificado. *Folha de S.Paulo*, São Paulo, 21 fev. 1988, p. A-31; SINGER, Paul. Todo funcionário público deve estar sujeito a avaliação. *Folha de S.Paulo*, São Paulo, 21 fev. 1988, p. A-32.

21 SEGAWA, Hugo. Pavilhão do Brasil em Sevilha: deu em vão. *Projeto*, n. 138, São Paulo, fev. 1991, p. 34-39.

22 A propósito, consultar: SEGAWA, Hugo. O porão e a rua: uma escola sem sala de aula. Em memória de Júlio Abe Wakahara. *Drops*, São Paulo, ano 21, n. 158.06, Vitruvius, nov. 2020 <https://bit.ly/3c6Wx1H>; COSTA, Eduardo Augusto. Júlio Abe e a fase de fotógrafo. *Entrevista*, São Paulo, ano 22, n. 086.03, *Vitruvius*, mai. 2021 <https://bit.ly/3QTH5Vt>.

23 Arquitetura brasileira atual. *Projeto*, n. 57, São Paulo, nov. 1983, p. 42-43. Catálogo da exposição do Centro Cultural São Paulo, derivada da exposição realizada no CAyC de Buenos Aires, 1983.

24 SEGAWA, Hugo. *Arquiteturas no Brasil/Anos 80*. São Paulo, Projeto, 1988.

25 JENCKS, Charles. *The Language of Postmodern Architecture*. Nova York, Rizzoli, 1977.

26 SEGAWA, Hugo; CREMA, Adriana; GAVA, Maristela. Revistas de arquitetura, urbanismo, paisagismo e design: a divergência de perspectivas. *Arquitextos*, São Paulo, ano 05, n. 057.10, Vitruvius, fev. 2005 <https://bit.ly/3c5sYh9>. Publicação original: SEGAWA, Hugo; CREMA, Adriana; GAVA, Maristela. Revistas de arquitetura, urbanismo, paisagismo e design: a divergência de perspectivas. *Ciência da Informação*, v. 32, n. 3, Brasília, 2003, p. 120-127.

27 Ver: SEGAWA, Hugo. *Jayme C. Fonseca Rodrigues – arquiteto*. São Paulo, BEI, 2016.

28 *Projeto*, n. 175, São Paulo, jun. 1994.

29 COHEN, Jean-Louis. *O futuro da arquitetura desde 1889: uma história mundial*. São Paulo, Cosac Naify, 2013.

30 CURTIS, William. *Arquitetura moderna desde 1900*. 3ª edição. Porto Alegre, Bookman, 2008.

31 SEGAWA, Hugo. *Architecture of Brazil*. Nova York, Springer, 2013.

32 COLQUHOUN, Alan. *Modern Architecture*. Oxford, Oxford University Press, 2002.

33 SEGAWA, Hugo. *Ao amor do público: jardins no Brasil 1779-1911*. Orientadora Aracy A. Amaral. Tese de doutorado. São Paulo, FAU USP, 1994.

34 SEGAWA, Hugo. *Arquitectura latinoamericana contemporânea*. Barcelona, Gustavo Gili, 2005.

Deslocamento da crítica

Ruth Verde Zein

Entrevista concedida por Ruth Verde Zein a Felipe Contier, Paula Dedecca e Victor Próspero em São Paulo SP, Brasil, em 2019.

Poderia começar falando do início de sua formação?

Estudei no ginásio e colégio vocacional Oswaldo Aranha, onde fui ensinada que a minha opinião era importante, ainda quando desinformada. A gente era incentivado a se exprimir e depois vinha o conhecimento mais estruturado do professor. Isso foi relevante na minha formação. Quando entrei com dezessete anos na Faculdade de Arquitetura e Urbanismo da Universidade de São Paulo – FAU USP, em 1973, achei tudo muito frustrante num primeiro momento. Numa das primeiras aulas, do professor Gabriel Bolaffi, era para ler "Salário, preço e lucro" do Karl Marx.[1] E eu pensei: "outra vez? Isso eu já sei. Eu vim aqui porque eu queria desenhar, projetar". Talvez eu tivesse sido inoculada muito precocemente com um senso crítico. Era diferente de um colega vindo de um colégio tradicional, que nunca havia aberto a boca na vida por ser proibido.

Eu tive excelentes professores na FAU USP. Os de história estavam no auge de sua carreira acadêmica, desenvolvendo suas teses. O Dácio Ottoni dava aulas brilhantes sobre a história da urbanização, com slides de praças francesas, italianas. Eu adorava as aulas de história da arte com o Flávio Motta e a Aracy Amaral, inclusive quando os dois batiam boca, no sentido intelectual. Era divertido perceber que discordavam, tinham ideias diferentes. Carlos Lemos andava de um lado para outro, falava baixinho, em aulas interessantes, informativas.

Mas nem tudo era tão divertido. Eu não gostava, por exemplo, das aulas de história da técnica do Julio Katinsky. Eu não entendia de onde saiam e para onde iam. A aula do Paulo Bruna sobre a industrialização da construção era chatésima para a Ruth de anos atrás. Eu achava tudo feio e pensava: "mas tem que industrializar com essas coisas horrorosas?". Ele mostrava com um entusiasmo que eu não tinha, porque eu não entendia, muitas coisas ainda me eram vagas. Ninguém tinha muita didática. Mas acho que tivemos uma formação em teoria e história muito boa. A formação de projeto foi nula, a gente aprendeu na vida. Eu entrei na faculdade porque eu queria desenhar. Mas a gente logo entendia que para isso o jeito era arranjar um emprego, fazer estágio.

Nesses anos de 1970, a FAU USP era muito polarizada. Qual foi sua experiência nesse sentido?

Eu não era muito de pertencer a grupos, porque estava vacinada contra fanatismos e sectarismos, até por conta desse espírito crítico imbuído em minha formação. Tinha a turma do partidão, depois veio a turma da Liberdade e Luta – Libelu. Era muita palavra de ordem e eu não tenho jeito para isso. Mas a gente se dava bem. Eu era do coral, que juntava todo mundo: de direita, de esquerda e de centro.

Um pessoal mais ligado ao partidão começou a visitar obras de arquitetura, casas. Uma amiga me convidou e eu fui. Eram casas de professores ou que haviam projetado. Eu não sei quem organizava exatamente. Talvez a Tânia Parma, o Newton Massafumi e outros mais. Lembro-me de ter ido à casa do Juarez Brandão Lopes, que foi meu professor, na casa do Paulo Mendes da Rocha, na casa do Millan, do Katinsky que fica ao lado.

O Rodrigo Lefèvre orientou o seu trabalho de conclusão de curso. Como foi o seu contato com ele?

Eu o conheci quando ele voltou da França e voltou a dar aulas, em agosto de 1976. Pouco antes, em julho, eu li a tese do Yves Bruand, no original, que estava na biblioteca com uma longa fila de espera. Fiquei fascinada. Eu era rata de biblioteca, não tinha nada na tese que eu nunca tivesse ouvido falar, seja nas aulas ou na revista *Acrópole*. Mas tudo era nebuloso e o Bruand criou uma narrativa, que a Ruth de hoje pode perceber que tem um monte de furos, mas que naquele momento era interessante. Ele faz generalizações, mas também fala de cada obra. Ele as descreve, bem ou mal. Quando notei que o livro terminava em 1965, 1966, eu tive uma ideia para o Trabalho Final de Graduação – TFG: continuar essa narrativa. Só consegui vir a fazer isso trinta anos depois, eu não tinha maturidade para fazer isso naquela época.

No segundo semestre apareceu esse senhor meio loiro, que dava projeto para o quarto ano. Era o Rodrigo. O exercício era numa grande área em São Miguel Paulista. Não entendíamos o que era para fazer e propusemos uns desenhos de projeto viário, para arrumar o nó que é a praça com a igreja. Era uma equipe grande de dez pessoas, e o trabalho ficou muito fraco. Fui escolhida para apresentar e tive que enrolar, porque eu sabia que não estava bom.

Em seguida, aquele senhor diz: "aqui está resolvido; aqui não está bom; porque vocês não pensaram isso; poderiam ter pensado aquilo; isso nem dá para considerar". Ele foi arrasando nosso trabalho de A a Z. E quando ele terminou eu estava completamente apaixonada. "Finalmente, um professor!". Os professores de projeto não orientavam assim, com exceção do Roberto Tibau que, no entanto, tinha uma fila de alunos para atender. Então eu fui conversar com o Rodrigo sobre o TFG, contando meus planos sobre o Bruand. Ele falou: "não precisa fazer isso. Vamos fazer um projeto?". E eu topei, eu queria esse diálogo, gostava da aproximação pedagógica dele. Ao longo de um ano nos reunimos regularmente, todas as sextas feiras, para discutir e estudar em grupo, com a orientação dele, muito focado na análise de obras.

Ao se formar, você foi trabalhar com projeto?

Ainda estudante trabalhei no escritório do Benedito Lima de Toledo em um programa de nomenclatura de rua. Eu tinha que ler e anotar os nomes, fazer fichas, ficar na biblioteca. Depois nos chamaram, eu e o meu marido, José Luiz Telles (Zé), para organizar sugestões para a nomenclatura das estações do metrô Leste. Lá fomos nós, e mais algumas pessoas, para a Biblioteca Municipal procurar em todos aqueles mapas antigos como eram os nomes dos bairros. Em meados de 1977, quando eu ainda era aluna, e durante 1978, já formada, trabalhei com projeto no escritório de Jorge Wilheim. Era um escritório pequeno, o Jorge estava como Secretário de Estado e aparecia muito pouco. Além de dois arquitetos mais experientes, éramos dois recém-formados, eu e Jonas Birger, e muitos desenhistas, com os quais aprendi muito por sua experiência prática. Quando um dos arquitetos mais experientes, o Nelson Yamaga, saiu e montou o seu próprio escritório, trabalhei com ele em projeto outro ano e meio. Em 1979, eu passei em um concurso para trabalhar na Prefeitura de São Paulo, onde fiquei, por incrível que pareça, quinze anos. Mas isso nem está no meu currículo, porque não tenho interesse no que eu fiz lá. Simultaneamente, comecei na revista *Projeto*, e saí da prefeitura quando eu me tornei editora-geral da revista.

Antes desse período, você ganhou o prêmio Henrique Mindlin, de monografia.

O prêmio era patrocinado pelo Instituto Roberto Simonsen, ligado à Federação das Indústrias do Estado de São Paulo – Fiesp. O tema em 1977 era "A paisagem recriada", no júri estavam João Batista Vilanova Artigas, Fábio Penteado, Zenon Lotufo. Eu e o Zé tínhamos acabado de nos formar, então concorremos na categoria profissional, e ganhamos. No ano seguinte (1978) o tema era "Arquitetura brasileira: tendências atuais", que se aproximava ao que eu queria ter feito de TFG. Nos propusemos a ver e organizar o que vinha sendo publicado em revistas. Fui para a Biblioteca Municipal, onde passei um mês comendo pó. Descia coleções, separava, xerocava projetos. O Zé, que desenhava à mão muito bem, fez os desenhos. O texto era mais meu, mas ele palpitava, assim como eu nos desenhos. Ganhamos o prêmio de novo. A Marlene Acayaba e a Sylvia Ficher ficaram em segundo lugar, com o texto que serviu de embrião para o livro delas *Arquitetura moderna brasileira*.[2] O prêmio era publicar as monografias. A primeira foi publicada, mas a segunda não, por alguma razão qualquer. Com esse artigo, eu descobri uma bolsa do Conselho Nacional de Desenvolvimento Científico e Tecnológico – CNPq de aperfeiçoamento, para a qual eu não precisava estar ligada a algum curso. Eu queria voltar à biblioteca e ampliar esse repertório. Ganhei a bolsa, pedi renovação e fiquei dois anos como pesquisadora.

Depois de formada, você teve uma passagem pela Filosofia?

Aos vinte e poucos anos a gente faz tudo, é uma beleza. O meu marido, que era meu colega de turma na FAU USP, resolveu fazer engenharia. Eu queria fazer outra graduação, porque achava que havia aprendido pouco na FAU. Entrei na Filosofia em 1979 e fiquei até 1982, 1983, mas não terminei. Nesse tempo eu trabalhava meio período em escritório, meio período na Prefeitura, fazia Filosofia de noite e já era casada. Fiz todos os cursos de estética. Foi onde conheci a Otília Arantes, que coordenava um grupo de estudos que eu frequentei um pouco, e que criou o *Arte em Revista*; o número quatro foi sobre arquitetura (organizado pela Maria Cecilia Loschiavo). E conheci a Marilena Chauí, cujas aulas eram uma beleza. Quando eu comecei a dar aula, eu não me imaginava em nenhum dos meus professores, eu queria era ser ela. O Gérard Lebrun também dava aulas incríveis.

Nesse meio tempo, você estava pensando no mestrado?

Eu tentei entrar no mestrado da FAU USP, mas fui recusada três vezes, sendo que eu já havia ganhado os dois prêmios e a bolsa do CNPq. Na minha cabeça, eu não estava estudando história, estava estudando os projetos contemporâneos. Então eu insistia que a pesquisa era na área de projeto, o que a comissão de seleção não aceitava. E não consideravam que não era uma pesquisa de história, pois meu orientador era o Sylvio Sawaya, com quem eu tinha trabalhado no escritório do Yamaga. Eu poderia ter sido mais esperta, mais estratégica. Mas há males que vêm para bem.

Como foi que você chegou à revista *Projeto*?

O relatório final da bolsa do CNPq tinha três grandes volumes. Não sabia o que fazer com aquilo, já que o mestrado não aconteceu, e algum amigo falou de mim para o Vicente Wissenbach. Ele queria fazer uma edição sobre os dez anos da revista *Arquiteto/Projeto*. Mostrei meu trabalho e ele decidiu publicar tudo: meu primeiro texto publicado ocupa cento e tantas páginas da revista.[3] Hoje eu posso achar que era uma coisa totalmente despreparada, desorientada. Mas havia um método: levantar tudo o que havia sido publicado nas revistas. Então fui inventando meio da minha cabeça, meio das minhas leituras, organizar por tipologias, ou por temas, identificar possíveis categorias e agrupamentos para as obras. Começamos a perceber, por exemplo, que a grande maioria dos edifícios era em concreto armado aparente, com tais e tais características, que alguns apresentavam estruturas metálicas e assim por diante. Era uma abordagem totalmente empírica e pragmática. Para essa publicação na *Projeto* a jornalista Denise Yamashiro ligou para os escritórios e pediu as fotos. Quando eu ligava ninguém me dava bola; mas para a revista respondiam – e isso abriu um mundo. Depois o Vicente me mostrou uma caixa de fotos e me pediu para arrumar, já que eu conhecia as obras, inventei um sistema de arquivo, organizei em ordem alfabética. A jornalista Silvia Penteado tinha entrevistado vários arquitetos e não sabia o que fazer com o material. Fiz a redação final do artigo e inventei o título: "Sete arquitetos não-alinhados".[4] Esse assunto até já virou um mestrado... Não sei de onde eu tirei "não-alinhados", talvez tivesse a ver com o Vocacional, quando os professores explicaram sobre os países não alinhados.

No fundo você estava fazendo uma revisão historiográfica. Você se perguntava sobre o que estava fora destas publicações, sobre o papel dessas revistas?

Minha consciência de então era que aquilo que estava ali era o que dava para eu saber, não queria inventar ou adotar narrativas. Eu tinha vontade de visitar todas essas obras e conheci, se não todas, boa parte delas. Trabalhando na revista pude passear pelo Brasil. Hoje talvez isso não seja mais possível, as fontes se ampliaram imensamente. Mas na época eu tinha lido tudo, ou pelo menos passado os olhos por tudo. Hoje eu preciso do Google, mas então eu tinha o panorama na cabeça. E as explicações do Bruand, que apesar de tudo, seguem úteis.

Então você começou a trabalhar na revista quase por acidente. Como se deu a opção pela crítica?

O Vicente ia me pedindo coisas. Chegou um dia em que eu falei para ele que tudo isso era trabalho, e que ele devia me pagar. Depois de um ano e tanto ele me contratou de maneira regular, e fui ficando. Então, quando vocês perguntaram da opção pela crítica, eu achei engraçado, porque eu não sei se eu optei. Eu queria mesmo era ser uma acadêmica, eu queria fazer pós-graduação, mas não rolou. O espaço que me foi oferecido, que eu consegui, foi esse. E era um espaço muito legal, que me satisfazia imensamente.

Qual era o papel do Vicente na revista?

O Vicente é um cara de tino, um jornalista da velha guarda que sente o cheiro das coisas no ar. Ele dava a pauta: "uma matéria sobre a avenida Paulista, inventa aí", e a gente fazia. Ele falou: "vai ter os cem anos do Le Corbusier, vamos fazer um número, vai vir uma moça lá do Rio que eu quero que você conheça". E assim eu conheci a Cêça Guimaraens. O Carlos Eduardo Dias Comas me falou de um pessoal no Chile, que estava escrevendo um livro sobre o Le Corbusier. Era o Fernando Pérez. Nesse número da revista tem o texto inicial dele, que depois virou *Le Corbusier y Sur América.*[5] E o texto do Jorge Francisco (Pancho) Liernur, que eu conheci quando ele voltava da Alemanha, e de outros. É uma edição imensa (*Projeto* n. 102, agosto 1987), para a qual passamos uns dez meses pesquisando. O Vicente dava muito espaço para a gente.

Você acha que a *Projeto* fazia uma abordagem mais ampla da produção arquitetônica em relação às revistas anteriores?

A revista não estava interessada em fazer abordagem mais ampla e sim em divulgar o que havia, de maneira saudavelmente indiscriminada, exceto pelo sutil filtro da qualidade, modulado pela quantidade de páginas. A restrição estava na academia e nos institutos profissionais, que faziam então patrulha ideológica. Eu presenciei essa patrulha algumas vezes. Por exemplo, quando o Vicente foi convidado para fazer uma exposição de arquitetura brasileira no Centro de Arte e Comunicação – CAyC de Buenos Aires, em 1983. A primeira ideia foi pensar a exposição junto com o Instituto de Arquitetos do Brasil – IAB. Vieram os representantes do instituto, entre eles o César Bergstrom. Ele chegou, deu umas porradas na mesa, com aquele estilo machão, e disse que não íamos botar "nada desse negócio de tijolinho e madeirinha, que aquilo não era arquitetura brasileira". Na reunião seguinte, ele não apareceu e eu combinei com o Hugo Segawa: "nós vamos botar tudo que aparecer". O Vicente concordou. Ele já tinha problemas com o IAB, por isso que ele tornou o jornal *Arquiteto* independente, e virou a revista *Projeto*. Porque o IAB censurava. Então, não é que a gente fizesse uma abordagem mais ampla. Ela parece mais ampla porque o espaço que havia era restrito. A intenção da abordagem era mapear o que estava acontecendo. A ideia do Vicente é a de um jornalista: você não discrimina notícias. Um jornal não deveria ter um viés ideológico e publicar só o que interessa à sua linha editorial. Publicava-se tudo e qualquer coisa, e isso tinha a ver com o método que eu vinha usando. E como saber o que era importante e o que não era? Com o tempo fui desenvolvendo a capacidade de filtrar, de ver o que é bom antes de estar consagrado.

Como se deu as conexões da revista com a produção de outras regiões do Brasil e da América?

Conexão Vicente, Jorge Glusberg, CAyC, e outras. Por exemplo, um belo dia o arquiteto chileno Enrique Browne, que estava preparando o livro *Otra arquitectura en América Latina,*[6] passou na revista, não havia ninguém da redação, o diretor comercial me ligou e eu o convidei para jantar; ficamos amigos. Eu me divertia e aprendia muito com pessoas esquisitas e diferentes, que ninguém por aqui sabia quem era. Quando fomos a Buenos Aires com a exposição, em 1983, havia passeios para ver a arquitetura argentina, dois ônibus de arquitetos brasileiros. Os comentários dos paulistas eram os piores, olhavam aquelas obras incríveis, o Banco de Londres do Clorindo Testa, por exemplo, e diziam: "não gostei, não é assim que o Artigas faz". Ali conheci Severiano Porto: era outra coisa, olhava interessado e comentava os detalhes, achei isso muito legal e grudei nele. A arquitetura argentina do começo dos anos 1980, em termos de propostas tecnológicas, estava a anos-luz do que se fazia aqui. Mas não havia entre os colegas daqui sensibilidade para essa outra arquitetura, nem prazer de se ver o que está se vendo. Para mim isso era espantoso. Já com os argentinos eu me divertia, a gente falava dos assuntos que eu gostava. Trabalhando na revista fui ao fórum de Porto Alegre, em 1984, onde conheci o Mariano Arana, o Rogelio Salmona, o próprio Comas, um monte de gente. Eram pessoas interessantes, com quem eu me identificava muito. Por aqui eu não tinha interlocutores.

Você acompanhou o surgimento dos Seminários de Arquitetura Latino-Americana – SAL?

A *Summa* é também um ponto importante para a construção dessas conexões. Quando a revista *Summa* organizou o primeiro SAL, durante a primeira Bienal de Buenos Aires, eu não estava convidada. O SAL aconteceu numa chácara, da Lala Mendes Mosquera, num dia que não tinha Bienal porque era Yom Kipur. O Browne e o Joaquim Guedes estavam num hotel fino e me convidaram para tomar café da manhã lá. Depois me levaram junto para o SAL. A partir do segundo SAL eu estava convidada, e dali em diante.

Mas foi um momento importante para a construção de uma rede, não?

Sim, muito. O Enrique Browne estava com a ideia dessa *outra arquitetura*, de outros relatos diferentes. A *outra*, para ele, era Eladio Dieste, Rogelio Salmona, Carlos Mijares. Ele veio com essa ideia meio binária e que não fechava muito, pois no Brasil não tinha ninguém muito *outro* no esquema que ele tinha montado. O Brasil sempre é um problema nesses esquemas simplistas.

Você acha que o Severiano Porto não se enquadra nessa categoria?

Pode ser. Mas o Severiano Porto é um arquiteto moderno fazendo alguma coisa diferente porque está em um lugar que tem materiais diferentes. Ele não é um Salmona, com uma crítica ao que estava sendo feito, é outra coisa. Mas tudo bem, pois todo mundo estava conversando, havia forças variadas. Sobre o tema, sugiro a leitura da tese e do livro da Gisela Barcellos,[7] é uma excelente pesquisa que explica esses embates.

Fale um pouco mais dessas conexões. E o cone Sul?

A conexão com o cone Sul foi também através do Comas, que eu conheci naquele fórum de 1984. Ele foi lá dar uma palestra sobre Lúcio Costa, e eu tinha lido tudo o que havia disponível sobre o Lúcio Costa. Achei que ele ia chover no molhado, mas não, ele falou das mesmas coisas, porém de um modo totalmente diferente. Ele olhava as obras com um nível de erudição incrível, com um entendimento impressionante sobre as relações daquela obra com a cultura arquitetônica. Se ele ia falar sobre o Cassino de Pampulha, começava falando da cidade de Cassino na Itália, sobre os primeiros cassinos de jogos, e ia ampliando e costurando até mostrar como naquele cassino, específico, comparecem repercussões da ideia geral de *cassino*. É um método de pensar as coisas que vai muito além das primeiras aparências. Exige conhecer muito bem a obra e ter um grau de erudição enorme. Ao final, fui falar com ele e, logo de cara, ouvi uma reclamação: "vocês publicaram uma obra que também é de minha autoria, o Ceasa de Porto Alegre, mas não puseram o meu nome". Enfim, não era um problema meu, mas de quem não informou isso à revista. Mas a gente virou amigo depois disso.

Nessa época, ele tinha acabado de voltar dos Estados Unidos, onde foi fazer o mestrado. No ano seguinte, antes do congresso de Belo Horizonte, em 1985, ele ofereceu e eu participei de um curso sobre arquitetura moderna brasileira. Ainda tenho as anotações, e ele faz variações desse curso até hoje. Quando ia acontecer o SAL de Manizales, na Colômbia, os organizadores me pediram para convidar mais alguns brasileiros, até então era só eu. Convidei uma dúzia de pessoas, o Hugo não foi, acho que, do Brasil, só tinha Comas e eu. Lá ele fez uma apresentação ótima sobre identidade nacional e caracterização arquitetônica, na qual mostrava como as noções de caráter e de identidade têm raízes do século 19 no ensino acadêmico, a ideia de caracterização adjetiva ou substantiva etc. A erudição do Comas me incentivou muito a ampliar meus conhecimentos.

Retomando a questão das conexões da revista. A primeira Bienal do Chile, em 1985, quem coordenou foi o Cristian Fernandez Cox. Traduzi e publiquei sem pedir permissão um texto dele. E depois o conheci e ficamos amigos. Com esses amigos a conversa não era só sobre arquitetura, era sobre o processo do pensar, sobre a ideia de crítica.

Nesse momento já estava mais claro para você esse seu lugar de crítica?

Na revista, passavam para eu fazer os textos sobre os projetos. Eu lia o memorial dos arquitetos, que quase nunca explicava nada, vinha muito seco, muito pobre. Eu separava as plantas, as fotografias, visitava a obra quando podia, com ou sem o autor, e fazia um texto no qual eu tentava explicá-la. Ou seja, não acho que fiz uma escolha pela crítica. Eu escolhi ser arquiteta e queria entender como se projetava. De algum modo a reflexão sobre a produção é que levou à crítica.

O artigo "O futuro do passado ou as tendências atuais",[8] de 1987, republicado na coletânea "Textos fundamentais sobre história da arquitetura moderna brasileira",[9] é representativo desse olhar que você foi desenvolvendo no cotidiano da revista?

Eu já estava há quatro anos na revista e parei para pensar o que era esse período após Brasília. Eu achei que tinha que pensar em categorias. Uma delas também incluímos no meu livro com a Maria Alice Junqueira Bastos,[10] quando falamos da arquitetura da especulação imobiliária: como é que a gente pode pensar essa arquitetura do banal que está aí. Até então, por ser horrível, não se podia pensar seriamente sobre isso. Mas, se a gente não pensar sobre o assunto, nunca vai aparecer outra coisa. Em 1980, dizer que arquitetura da cidade especulativa podia haver alguma coisa interessante era muito mal-visto, porque os grandes prédios bacanas de Higienópolis já estavam esquecidos, a revalorização foi posterior, e talvez algo desse debate tenha repercutido. Tem algo de Rodrigo nisso. Ele falava que arquiteto que fizesse meia era arquiteto. Não importa o que você estiver fazendo, o seu aparato como arquiteto, o seu conhecimento, vai trazer uma contribuição para aquele campo, que é diferente do que o sociólogo, do que um historiador, do que um economista pode aportar. Você como arquiteto pode contribuir para aquele campo de outra maneira, nem que seja para o campo de fazer meias. A gente tem que parar de achar que só a grande obra magnífica, maravilhosa é legal.

Existe um empenho muito evidente na sua escrita de descrever a obra, algo que é muitas vezes visto como um fator menor. Fale um pouco mais da descrição como método.

Muitos dizem que eu faço uma *mera descrição*. Mera descrição? É muito difícil descrever uma coisa bem. E é muito satisfatório quando você faz isso bem. Eu ficava olhando as obras que estudei, na revista, no mestrado, no doutorado,[11] olhava por dias às vezes, e pensava por onde começar. Onde é a ponta do fio da Ariadna para entrar no labirinto? Começo sempre do geral para o particular.

Apesar de você falar bastante do banal, das pluralidades, no seu mestrado você foi estudar o brutalismo paulista, que já tinha reconhecimento na história da arquitetura. Como essas questões se articulam? O que você pensa sobre o uso da ideia de identidade pela história da arquitetura?

Meu trabalho acadêmico, de mestrado e de tese, tinha que ter algum recorte geográfico e escolher São Paulo era o óbvio. Entretanto, não tenho o menor interesse de trabalhar com a noção de identidade, exceto para questioná-la. Eu acho que não existe identidade telúrica que brota da terra. Identidade é uma construção interessada que vai variando a cada momento. E o brutalismo paulista não estava reconhecido quando eu comecei a estudá-lo, isso veio depois (e por causa...). Mas minha tese não é o título. Tem um capítulo que discute se a escola nasce da escola ou se nasce fora dela. Tudo indica que, no momento que essa arquitetura acontecia, não; embora já houvesse características do que, em história da arte, se denomina uma escola, ou seja, certa unidade formal. Escola pode ser proximidade de pensamento em filosofia, mas em arquitetura uma escola é uma questão formal. As primeiras opiniões registradas de que algo diferente acontecia em São Paulo foram dos cariocas, nos depoimentos de 1975 no IAB do Rio. E os paulistas como Abrahão Sanovicz e Ruy Ohtake negavam. Mas não o Marcello Fragelli, um carioca importado, que vivia os dois mundos e via as diferenças. A ideia da escola não nasceu com ela, é uma construção posterior ao fato, como qualquer construção historiográfica.

O brutalismo é um nome besta, mas enfim, é como isso ficou conhecido na história, e eu uso porque não quero criar outro nome, São Paulo não era diferente, o brutalismo estava acontecendo no mundo inteiro. A linha do tempo sobre o brutalismo não é considerada pelas historiografias inventadas no Hemisfério Norte, porque não convém a eles. O brutalismo não começou na Inglaterra, há um monte de prédios brutalistas muito precoces no México, nos Estados Unidos, na Argentina e em outras partes do mundo, inclusive anteriores à inauguração da Unité d'Habitation de Marseille. É um fenômeno que acontece em toda parte ao mesmo tempo.

Então, respondendo à questão sobre identidade, só me interessa a identidade quando eu posso questioná-la. Quando você cria uma identidade generalizante, ela só se sustém por ignorância do que está acontecendo em volta. Porque se você olhar para o lado, vai ver que aquilo não é isolado, não é único, não é separado.

Como foi a decisão de estudar a obra do Paulo Mendes da Rocha?

Desde essa primeira monografia, *Arquitetura brasileira, tendências atuais*,[12] eu sempre estava falando sobre tendências atuais. Quando eu pensei no mestrado, achei que tinha que fazer um trabalho academicamente mais consistente. Quando entrei no mestrado no Programa de Pesquisa e Pós-Graduação em Arquitetura da Universidade Federal do Rio Grande do Sul – Propar UFRGS, em Porto Alegre, em 1997, resolvi rever a minha formação: aquela arquitetura toda dos anos 1960, o brutalismo. Comas, meu orientador, sugeriu que eu começasse recortando algo menos amplo e mais homogêneo, que foi estudar as casas do Paulo Mendes da Rocha. Mas já tem umas partes do mestrado que são um ensaio mais panorâmico, que eu prossegui e completei no doutorado.

Em 1997, o Paulo me chamou para preparar seu memorial de professor titular. Eu o conhecia desde a série de palestras no IAB de 1983-1984. Assisti à palestra dele anônima, sentada em um canto, e escrevi um texto para a *Projeto*, chamado "A poesia em concreto".[13] O Paulo me mandou uma carta agradecendo. Quase nunca recebi cartas de arquitetos agradecendo. Encontrava ele de vez em quando, por aí. Quando ele resolveu chamar alguém para ajudar a montar o memorial, me escolheu. Eu sugeri fazermos digital, na época era novidade. Não havia nenhum computador no escritório do Paulo. Eu levei meu Mac G3 novinho, comprei uma Scanner A3. Foi uma maravilha abrir aquelas gavetas do escritório dele. No dia em que achei os desenhos do Pavilhão de Osaka eu quase chorei. Ele conversava, "aqui eu pensei assim, aí eu imaginei que a modulação ficava melhor assim", falava de arquitetura. Era outro discurso, muitas vezes melhor do que aquela conversa ampla sobre salvar a América Latina, que é muito vaga.

Um dia, eu escaneei o projeto da Cidade Tietê e o azul não ficou com a cor certa. Eu estava mudando no Photoshop e ele falou: "não é esse azul, é aquele azul do Le Corbusier". Ele foi à prateleira, pegou um livro, abriu exatamente na página: "esse aqui". A conversa que esses arquitetos são todos intuitivos é mentira. Eles são ávidos leitores, passaram anos da vida estudando, pondo papel manteiga em cima e copiando. E isso não tem nada demais. Quem vai dizer que o Paulo não é o Paulo? Ele é ele. E isso só ajudou ele. Eu quero ensinar o caminho das pedras para os alunos. Eu não quero guardar para mim o que eu sei. O mito da genialidade fez e continua fazendo um mal horrível para o nosso ensino. É um monte de gênio: Paulo é um gênio, Oscar Niemeyer é um gênio, agora é a Lina Bo Bardi que está santificada. Além disso, tem uma mitologia de que não é para o arquiteto mostrar o próprio projeto em aula. Mas todos aprendem quando um autor fala de sua obra, e eu aprendi muito ouvindo o Paulo, e todos os arquitetos com quem visitei junto suas obras.

Ao fazer seu mestrado e doutorado em Porto Alegre, você entrou em um ambiente propriamente acadêmico. Isso exigiu que você mobilizasse outras referências de método?

Em Porto Alegre, quando eles abriram a pós-graduação no stricto sensu em 1991, 1992, o Comas me perguntou se eu não queria fazer. Era um momento complicado, com três filhos, sendo um ainda bebê. Anos depois, quando eu saí da revista, eu senti que lá eu teria lugar, as pessoas gostavam do que eu pretendia fazer. Eu ia umas duas vezes no semestre, participava de algum seminário, conversava com os professores das disciplinas, e cumpria todos os créditos. O Comas eu encontrava com muita frequência, ele também viajava muito. Fiz reunião em sala de aeroporto, no Uruguai, no Chile, na Espanha. Ele me dizia "estou indo viajar para os Estados Unidos, vou ficar cinco horas em Guarulhos". E eu me encontrava com ele. Por orientação dele, li os clássicos, todos os de Colin Rowe, tudo em inglês, eu sempre prefiro ler no original quando posso.

Poderia nos contar um pouco como foi o seu ingresso na experiência docente e como você pensa essas questões na FAU Mackenzie?

Tem a ver com a minha saída da revista *Projeto*. Com a crise do governo Fernando Collor, a revista quase fechou e o Vicente se associou ao Arlindo Mungioli, que entrou com capital. Deu certo por um tempo e depois o Vicente acabou saindo. Por um tempo ainda conseguimos continuar fazendo o que a gente fazia. O Hugo era o editor-geral e eu a editora de internacional e de ensaio e pesquisa. Depois o Hugo assumiu em tempo integral na USP de São Carlos e eu passei a editora-geral. Isso durou mais uns dois anos, até que o Arlindo passou a achar que ocupar espaço da revista com textos era besteira. Eu discordava, achava que as pessoas que estão trabalhando no mercado queriam ver aquele último resquício de utopia na vida delas. Um belo dia eu pedi demissão. Isso foi no final de 1996. Com três filhos, eu precisava trabalhar. Eu já estava dando aulas na Universidade Paulista – Unip de arquitetura contemporânea e de projeto. Quando eu saí da revista eu fui fazer mestrado e tentei dar mais aulas. Onde mais eu podia dar aula? Legal seria no Mackenzie. Nem consegui conversar com o chefe do Departamento de História. Mas o diretor, Valter Kneese, primo do Eduardo Kneese de Mello, me contou de uma vaga para professor de projeto no quinto ano. Eu topei. Estava morrendo de medo daquele bando de senhores com quem fui dar aula e por quem eu tenho um enorme respeito. Tito Lívio, Sami Bussab, Telésforo Cristófani, Francisco (Chico) Petracco. Eles têm uma enorme trajetória. No começo eles ficaram meio ressabiados comigo, mas logo depois a gente já se deu bem.

E como você começou a dar aulas de teoria e história?

Foi quando eu comecei a lecionar na pós. Eu defendi o doutorado em 2005 e postulei uma vaga no curso de doutorado que o Mackenzie estava abrindo (já havia o mestrado). Para se estar no corpo permanente da pós, no Mackenzie, a regra é diminuir a carga horária na graduação. E, em projeto, eu excedia a carga horária permitida. Então migrei para as aulas de teoria. Depois eu fui para a disciplina de arquitetura no Brasil, a mesma que o Abilio Guerra dava.

E como você fez essa mudança, do ponto de vista do método?

O plano de estudos criado pelo Abilio já estava estruturado, partia do começo do século 20. Eu dava mais ênfase nos anos 1950 e 1960, onde eu fico confortável. O Abilio já tinha um sistema de avaliação através de maquetes, e a gente foi trabalhando para esse sistema ficar mais azeitado. No começo, inclusive, eu peguei emprestado algumas das aulas dele, depois fui criando as minhas. Mantive sempre o mergulho nos projetos. Eu não falava, por exemplo, de escola carioca apenas em termos genéricos. Em vez disso, mostrava várias obras, de vários arquitetos, os pontos em comum. Para falar do Ministério da Educação e Saúde – MES, por exemplo, eu começava com o desmonte do Morro do Castelo, o projeto do Alfred Agache, até chegar ao prédio, no detalhe do prédio, na estrutura do prédio, nas duas colunas que têm na ponta. Ou seja, em duas horas de aula, eu fazia uma introdução geral de quinze ou vinte minutos e o resto eu analisava obras.

Essa estratégia tem uma relação com o que você estava dizendo de os arquitetos não explicarem muito a lógica de seus projetos?

Eu me coloco no lugar dos alunos. Eu sempre fui, modéstia à parte, inteligente e estudiosa, mas eu não era genial, nunca fui genial, e sei como é não ser gênio em um ambiente em que todo mundo é gênio, em que ninguém precisa explicar nada porque todo mundo supostamente é gênio. Eu me identifico com o aluno que está perdido. Eu acho que ele está no direito dele de aprender sem ser gênio, e é para isso que a gente está ali. O aluno tem que aprender a enxergar. Eu não tenho interesse no projeto apenas como história e discurso. Se ele enxergar o prédio como projeto ele vai enxergar que, mesmo antiga, essa obra é bastante atual. Eu acho muito interessante como método o livro do Alejandro Aravena, José Quintanilla e Fernando Pérez, *Los hechos de la arquitectura,*[14] que começa no Parthenon e passa por vários edifícios, com textos explicativos bem compactos. História, mas é projeto.

Por exemplo, no caso da Igreja do Redentor, do Andrea Palladio, em Veneza, em vez de falar da vida do Palladio ou de Veneza, eles tratam do problema arquitetônico. A igreja está do outro lado do canal, olhando para Veneza, portanto a fachada dá para Norte, isso normalmente em uma igreja não acontece, as fachadas dão para Oeste, o altar pega a luz da manhã, como em San Giorgio Maggiore, que está um pouquinho depois. Palladio tinha um problema que era a ausência de sol naquela fachada e, portanto, não adiantaria aplicar grandes relevos porque não haveria sol e sombras para destacá-los. Ele tinha um terreno pequeno que não permitia fazer três naves, então simulou as três naves criando capelas laterais menores. É uma maneira interessante de apresentar o Palladio a partir de sua obra, a partir de um problema de arquitetura. Ao mostrar a questão dessa maneira, isso se torna um problema contemporâneo, como qualquer outro problema de projeto. Respondo à pergunta do aluno: "por que eu tenho que estudar o Palladio?" Porque ele tinha um problema de projeto que ele resolveu de uma maneira muito interessante, e que pode iluminar você também, no seu problema de projeto.

Recentemente você publicou *Brasil: arquiteturas após 1950*,[15] com a Maria Alice Junqueira Bastos. Como você vê a forma do manual de história tendo em vista a predominância do ensaio na sua trajetória? E o lugar do livro na sequência de manuais da arquitetura brasileira?

O lugar do nosso livro é assunto de vocês, não meu. Eu não tenho esse distanciamento crítico. Mas posso contar como a gente o produziu: trata-se de uma sequência de ensaios, não é uma narrativa única ou unificadora. Foi uma encomenda da editora Perspectiva à Maria Alice, que já tinha um livro publicado lá. Ela tinha lido tudo o que eu tinha escrito e me chamou para fazermos juntas. A intenção da editora era fazer uma continuação do Bruand. Aí a gente falou que não tinha a menor chance, não tem como continuar. Então fomos debatendo e inventando estruturas.

A primeira coisa que a gente entendeu é que tinha que começar no pós-guerra, e não de onde o Bruand parou, nos anos 1960. A parte mais fraca do Bruand é quando ele fala da arquitetura paulista, tem vários problemas. Tentamos começar em 1950 e não sei por que funcionou melhor dividir em décadas. Na parte final, percebemos que era difícil chegar no contemporâneo com o mesmo método, fizemos só três capítulos na última parte. Cada parte de década em década (1945-1955-1965 etc.) tem seis capítulos, cada um tratando de um tema que achamos ser relevante para aquela década. Um livro desse tipo não é para falar de assunto original, que ninguém pesquisou, mas para consolidar e rever os temas. Isso a gente também tinha claro e fomos distribuindo os assuntos meio que naturalmente. O foco era arquitetura, mas incluímos um capítulo por parte falando de temas de urbanismo e cidade. Nessa estrutura há trechos enfatizando uma obra, ou algumas tipologias funcionais, ou algumas questões troncais que geraram grandes debates. A estrutura do livro deliberadamente se recusa a ser uma narrativa linear encadeada e magnífica, embora o texto aconteça linearmente no tempo, porque não foi possível fazer outra coisa.

Mas eu acho que ele tem uma estrutura conceitual distinta dos livros anteriores, muito embora o Hugo Segawa, no começo do livro dele, faça uma estrutura semelhante, com três ou quatro histórias simultâneas da primeira modernidade, que é o assunto que ele tem mais trânsito. Mas na segunda parte, ele volta a ser linear, aquele capítulo "Episódios de um Brasil grande e moderno"[16] é vasto *pot-pourri*, que não diferencia as coisas porque está preso no discurso da unidade da arquitetura moderna brasileira. Tudo é mera continuidade, não haveria rupturas, que lindo, que magnífico, a arquitetura brasileira é essa coisa incrível e de fato, não dá mesmo para acreditar nisso. É um discurso pré-foucaultiano, mas tem gente que continua acreditando. É óbvio que não pode haver unidade que dure cem anos, exceto à força. Ou seja, exceto se você botar para fora tudo que não corrobora essa unidade.

A gente vê isso de novo na exposição "Infinito vão" (Portugal, Brasil, 2018-2019). Tudo o que não interessa para a tal mítica unidade da arquitetura brasileira é ignorado solenemente. Aparece um Severiano para fazer de conta que varia, mas toda a arquitetura mineira, todo o pós-moderno, parece que não houve. É o que acontecia quando eu era criança e não se falava daquela tia divorciada. É o mesmo nível de primariedade. Eu prefiro dizer que não faço história, se fazer história é ter que inventar uma narrativa triunfal, magnífica, maravilhosa, e na verdade, falsa. É claro que ainda hoje as arquiteturas repercutem as ideias modernas. Acho que estamos no grande período de longa duração da arquitetura moderna, que não acabou. Mas por exemplo, não tem mais brutalismo, porque essas definições estilísticas não podem se sustentar além de uma geração ou duas. Isso é básico de história da arte, mas se faz esse erro, frequentemente, em história da arquitetura. Pode ser parecido, mas é outra coisa.

Nosso livro tentou dar conta do que aconteceu, ou seja, olhar o passado respeitando o passado, mas olhar o passado a partir do presente. Sou eu que estou dizendo que parece que tal fato foi importante. Outras veriam outras coisas como mais importantes. Ou seja, não é um livro que tem uma narrativa que impede outras. Inclusive há coisas que não couberam, mas daria para incluí-las, pois é um livro que não tem uma estrutura fechada.

Você nos disse que está trabalhando com historiografia no curso da pós. Conte-nos um pouco dessa experiência.

A gente reformulou todas as matérias do curso da pós e eu repensei a disciplina que se chamava arquitetura moderna brasileira, e passou a se chamar arquitetura moderna e contemporânea no Brasil e Ibero-América. Assim, pudemos incluir Portugal e Espanha. Mas não é uma aula que fala, por exemplo, sobre a obra do Salmona. Eu estou ajudando a formar pesquisadores, ensinar como se pesquisa e como se cria a história. Então eu uso o método que eu sempre usei: eu vou olhar como as obras foram feitas. Nesse caso, os livros. Vou variando. Neste semestre, por exemplo (2019), estudamos os panoramas internacionais. Um dos alunos levantou todas as obras citadas no William Curtis, organizou em uma linha do tempo com as regiões e os capítulos e produziu um mapa, um gráfico.

Isso permite entender muito a trama do livro. Não basta ler um livro para entender o que o livro é, precisa considerar sua trama e estrutura. E qual é meu objetivo? Não é que o futuro docente não use o Bruand, ou o Curtis. Vai ter que usar esses livros, não são bons? Não são completos? Não são, mas *es lo que hay*. Porém, ao menos, os futuros professores precisam aprender a compreender as tramas, e os vazios, a situar os autores em seus *lugares de fala*, ao invés de usar aquilo como se fosse a expressão da verdade. Temos que aprender que o autor é um narrador interessado. Agora que eu dou aula sobre o processo de se fazer história, fui ler e estudar os historiadores. Eu entrei nesse mundo pela Marina Waisman, *O interior da história,*[17] um livro que eu tenho desde que saiu, em 1989. Insisti para que a Perspectiva publicasse em português, porque eu o acho muito útil, e muitos colegas vêm adotando-o.

Por vezes, você recomenda aos alunos que deixem de lado os discursos ou o que dizem os arquitetos?

É uma recomendação pedagógica, apenas. O aluno toma o que o arquiteto diz como verdade, como se não existissem outras lógicas, não se abre para outras perspectivas. Não se pode recomendar a eles, por exemplo, para ir logo de cara entrevistar autoridade, pois eles não têm músculo para resistir, eles não têm resistência para aguentar. Depois que o aluno fala com o Paulo Mendes, ele é incapaz de pensar alguma coisa sobre o Museu Brasileiro de Escultura e Ecologia – Mube que não seja o que o Paulo pensa, porque é uma figura de autoridade imensa. Pedir para esses alunos concretos e reais que eu tenho na minha frente, que não são o aluno ideal, falarem logo de cara com a autoridade é quase sempre criar pessoas que vão repetir os mitos que já existem.

Como você encara o trabalho de história com fonte primária?

As fontes primárias são fundamentais. E um livro é fonte primária, uma revista é fonte primária; mas a fonte primária mais importante para arquitetura é a obra construída e seu projeto. Para mim, os depoimentos de arquitetos não são fontes primárias, são opiniões e narrativas. Então, o aluno tem que entender que a opinião do arquiteto é uma narrativa, é aquilo que ele quis te contar, exceto o que ele não quis te contar ou te escondeu, exceto o que ele está inventando um pouquinho. A pesquisa que pergunta apenas ao autor tende a ser conservadora, reacionária, a reproduzir as mesmas velhas pseudoverdades e a não abrir espaço para novas ideias. Eu acho que ela é contraproducente, se não for feita com muito espírito crítico.

Há, sem dúvida, um diálogo entre a pesquisa de história da arquitetura com aportes metodológicos provenientes da história cultural, política, da cultura material. Muitas vezes elas se distanciam da análise da obra ou de um conjunto de obras. Qual espaço é possível dar, na pesquisa que faz a apreciação do projeto, para a política, para a cultura, por exemplo? Para esse universo que é externo, extrínseco à obra.

Eu acho que história cultural é absolutamente política. É fundamental, não para explicar a arquitetura, mas para perceber que as nossas explicações são muito semelhantes àquelas organizadas em outros campos do conhecimento. Quando eu vejo a história da arte, quando eu vejo a história da cultura, quando eu vejo a história do jazz, quando eu vejo qualquer história, é tão parecido com o que acontece no campo da arquitetura, com o que está acontecendo na arte, com certas manias que a gente acha que só na arquitetura acontecem. A gente perde essa ilusão de exclusividade e vê que nosso campo é uma das instâncias da cultura. Esse domínio é importante, no qual o aluno deve chegar se puder. Mas eu não acho que ele deve chegar nesse domínio em detrimento da arquitetura. Se está fazendo um mestrado em arquitetura, deve começar na arquitetura, assumir esse domínio, e eventualmente fazer relações com outros domínios. Se começar de fora para chegar à arquitetura, não chega.

Quanto à política eu repudio, a palavra é essa mesma, toda e qualquer relação biunívoca entre a arquitetura e a política, do tipo, "esse detalhe de projeto aconteceu porque o Artigas era comunista". Chega de dizer isso. Artigas era um cara inteligentíssimo, culto. Ele escreveu Le Corbusier e o imperialismo[18] em uma revista militante. Mas na hora de projetar, evidentemente, ele estava projetando e conversando com Le Corbusier, com Mies van der Rohe, com Josep Lluis Sert, com todo mundo. Conversando com a pop art. "A casa da Elza Berquó era uma casa pop"... Não tem nada de popular naquela casa, tem a ver com a pop art, que estava na Bienal em 1967 quando ele estava projetando a casa. E de onde ele tirou a menção aos pátios espanhóis para aquela casa? Eu escrevi sobre isso para o Docomomo.[19] Na introdução da sétima edição do *Espaço, tempo e arquitetura,*[20] de 1967, Sigfried Giedion fala que o Sert projetava pátios espanhóis. Aí você olha para a planta da casa Berquó e para a casa Sert de Cambridge e... não é muita coincidência? Será tudo coincidência? O Artigas ia na livraria, lia o livro, e resolvia fazer a versão dele. Melhorada!

Tem um texto do Artigas sobre a Odiléa Toscano no qual ele fala sobre isso. "Liberdade para Odiléa".[21] É ótimo. Ele fala sobre ela ser artista, livre, com liberdade para fazer o que quiser. Ele está respondendo a quem? Aos comunistas chatos do realismo socialista que achavam que ela não podia fazer o que fazia. O Artigas nunca assumiu uma postura assim. Uma coisa era ser militante, outra era ser arquiteto. Esses homens viviam duas vidas, eles não são da geração do Rodrigo, não são da geração posterior que viveu a revolução no corpo. As pessoas acham que, porque ele era de esquerda, ele vivia tudo de esquerda. Não, eles sabiam separar. Então não é que eu acho que não tem que falar de política. Eu acho que pode falar de política, deve falar de política, mas sem ingenuidade, por favor.

E como você pensa o uso da noção de influência pela pesquisa histórica, no sentido da circulação de ideias na produção de arquitetura?

A influência não é um raio que cai na sua cabeça, é uma escolha. Eu vejo dez coisas, escolho a que gostei, pego para mim, vou experimentar, vou tentar fazer melhor. Influência é estar imerso no campo da cultura. E a influência não respeita a posição política. Isso é cascata. Só respeita o prazer, e o interesse de cada criador que recria.

No seu novo livro *Revisões historiográficas: arquitetura moderna no Brasil*,[22] você toma os livros canônicos da historiografia da arquitetura moderna brasileira como objeto de estudo ao invés das obras de arquitetura que constituíram o seu foco inicial. A que se deve esse deslocamento? Qual é o intuito da análise quantitativa que você propõe?

Na verdade, o método é o mesmo: ver o que há, e a partir da constatação da realidade propor interpretações, categorias e análises críticas. Em vez de olhar os livros canônicos de maneira *subjetiva*, planilhamos quantas obras são citadas, de quais autores, sua localização geográfica, suas datas; e comparamos os dados de todos os livros, quais obras são citadas de maneira recorrente ou apenas uma vez em algum livro. Esses dados foram interpretados por meio de gráficos em duas e três dimensões, que ajudam a lidar com grandes massas de informação de maneira mais visual. Tudo isso para entender o que é, hoje, o *cânon*. Ou, pelo menos, como está configurado. A pesquisa trouxe muitas surpresas interessantes: nos oito livros pesquisados estão listadas quase mil obras. É uma variedade muito maior do que esperávamos. Em compensação, há umas cinquenta obras que são recorrentes, citadas sempre e várias vezes em todos os livros. Os gráficos mostrando como essas obras citadas se distribuem no tempo e no espaço ajudam a perceber como certos livros privilegiam autores, lugares e tempos, e até mesmo ignoram décadas inteiras. Enfim, a pesquisa ajuda a considerar toda essa literatura como importante e fundamental, mas também, como algo passado e cristalizado – e portanto, a ser usado com cuidado, considerando também suas fraquezas, ausências e vazios. Acho que pode tanto ajudar professores a darem melhores aulas – situando cada livro e seus autores no tempo – como a incentivar novas pesquisas – para considerar o que ainda não foi suficiente ou adequadamente considerado. Sem falar nos textos dos autores convidados, que são realmente excelentes.

Você considera que, ao longo de sua trajetória, migrou de uma atividade crítica para uma prática "mais consistente academicamente", te parafraseando?

Um tempo atrás Comas falou que eu era *outsider*. Eu respondi: "O que mais eu preciso fazer para que a academia me reconheça como par? Já fiz mestrado e doutorado, já ganhei prêmio Capes, já tenho um monte de livros publicados. O que preciso fazer para finalmente perder a aura de ser do contra?". Depois eu cheguei à conclusão que é muito bom ser *outsider*, porque quem está de fora enxerga tudo muito melhor, sabe? Quem está no centro, não enxerga além de um palmo. Lembra-me um texto da minha amiga Silvia Arango, "Do provincianismo de sentir-se centro",[23] que ela escreveu sobre os arquitetos de Manhattan, nos anos 1980. Porque o cara que está em Manhattan não sai daquela ilha e acha que aquilo é o mundo, e só fala a língua dele. Enquanto a gente que está na periferia, que é *outsider*, é levado a falar três, quatro línguas – e acaba enxergando outros lados. Na verdade, eu nunca quis ser *outsider* de nada. Mas me acontece.

Notas

1 MARX, Karl (1898). Salário, preço e lucro. *Obras escolhidas de Marx e Engels*. Moscou, Ediciones en Lenguas Extranjeras, 1953.

2 ACAYABA, Marlene Milan; FICHER, Sylvia. *Arquitetura moderna brasileira*. São Paulo, Projeto, 1982.

3 ZEIN, Ruth Verde. Arquitetura brasileira atual. *Projeto*, n. 42, São Paulo, jul./ago. 1982, p. 106-159.

4 LOEB, Roberto; FRASCINO, Tito; LONGO, Eduardo; AMPARO, Pitanga do; BRATKE, Carlos; MELLO, Vasco; NAVARRETTE, Arthur. É preciso sacudir a poeira, criticar, discutir, se encontrar. *Projeto*, n. 42, São Paulo, jul./ago. 1982, p. 78-89.

5 PÉREZ OYARZÚN, Fernando. *Le Corbusier y Sur América. Precisiones en torno a un viaje, unos proyectos y algo más*. Santiago do Chile, Escuela de Arquitectura/PUC Chile, 1987.

6 BROWNE, Enrique. *Otra arquitectura en América Latina*. México, Gustavo Gilli, 1988.

7 SOUZA, Gisela Barcellos de. *Tessituras híbridas ou duplo regresso: encontros latino-americanos e traduções culturais do debate sobre o retorno à cidade*. Orientador Paulo Bruna. Tese de doutorado. São Paulo, FAU USP, 2013 <https://bit.ly/3SJKOGt>. Publicação: SOUZA, Gisela Barcellos de. *Tessituras híbridas: encontros latino-americanos em arquitetura e o retorno à cidade*. Belo Horizonte, Incipit/ Editora UFMG, 2019.

8 ZEIN, Ruth Verde. O futuro do passado, ou as tendências atuais. *Projeto*, n. 104, São Paulo, out. 1987, p. 87-114.

9 ZEIN, Ruth Verde. O futuro do passado, ou as tendências atuais. In GUERRA, Abilio (Org.). *Textos fundamentais sobre história da arquitetura moderna brasileira: parte 1*. São Paulo, Romano Guerra, 2010, p. 117-162.

10 BASTOS, Maria Alice Junqueira de; ZEIN, Ruth Verde. *Brasil: arquiteturas após 1950*. São Paulo, Perspectiva, 2010.

11 ZEIN, Ruth Verde. *Arquitetura brasileira, escola paulista e as casas de Paulo Mendes da Rocha*. Orientador Carlos Eduardo Dias Comas. Dissertação de mestrado. Porto Alegre, UFRGS, 2000; ZEIN, Ruth Verde. *A arquitetura da escola paulista brutalista 1953-1973*. Orientador Carlos Eduardo Dias Comas. Tese de doutorado. Porto Alegre, UFRGS, 2005.

12 "Arquitetura brasileira: tendências atuais", ganhador do Prêmio Henrique Mindlin, Fiesp/Instituto Henrique Simonsen, 1979. Publicação: TELLES, José Luiz; ZEIN, Ruth Verde. Arquitetura brasileira atual. *Projeto*, n. 42, São Paulo, jul./ago. 1982, p. 106-159.

13 ZEIN, Ruth Verde. Paulo Mendes da Rocha, a poesia em concreto. *Projeto*, n. 57, São Paulo, nov. 1983, p. 44-45.

14 PEREZ OYARZÚN, Fernando; ARAVENA, Alejandro; QUINTANILLA, José. *Los hechos de la arquitectura*. Santiago do Chile, ARQ/PUC Chile, 2002.

15 BASTOS, Maria Alice Junqueira de; ZEIN, Ruth Verde. *Brasil: arquiteturas após 1950* (op. cit.).

16 SEGAWA, Hugo. Episódios de um Brasil grande e moderno. *Arquiteturas no Brasil 1900-1990*. São Paulo, Edusp, 2008, p. 159-189.

17 WAISMAN, Marina. *O interior da história: historiografia arquitetônica para uso de latino-americanos*. São Paulo, Perspectiva, 2013. A entrevistada se refere à edição original em espanhol: WAISMAN, Marina. *El interior de la historia: historiografía arquitectónica para uso de latino-americanos*. Bogotá, Escala, 1990.

18 ARTIGAS, João Batista Vilanova. Le Corbusier e o imperialismo. *Fundamentos*, n. 18, São Paulo, mai. 1951, p. 8-9.

19 ZEIN, Ruth Verde. Artigas Pop-Cult. Considerações sobre a cabana primitiva, a casa pátio e quatro colunas de madeira. In *Anais do 3 Seminário Docomomo Sul.* Porto Alegre, Propar UFRGS, 2010.

20 GIEDION, Sigfried. *Space, Time and Architecture: The Growth of a New Tradition.* Cambridge, Harvard University Press, 1967. Edição em português: GIEDION, Sigfried. *Espaço, tempo e arquitetura: o desenvolvimento de uma nova tradição*. São Paulo, Martins Fontes, 2004.

21 ARTIGAS, João Batista Vilanova. Liberdade para Odiléa. *Acrópole*, ano 28, n. 338, São Paulo, abr. 1967, p. 43-46.

22 ZEIN, Ruth Verde (Org.). *Revisões historiográficas: arquitetura moderna no Brasil*. Rio de Janeiro, Rio Books, 2022.

23 ARANGO, Silvia. Crítica da crítica: o provincianismo de sentir-se centro. *Projeto*, n. 118, São Paulo, jan./fev. 1989, p. 121-126.

Entre o ensaio e a difusão

Abilio Guerra

Entrevista concedida por Abilio Guerra a José Lira, Felipe Contier, João Sodré e Paula Dedecca em São Paulo SP, Brasil, em maio de 2019.

Poderia começar falando da sua formação?

Eu me formei em arquitetura em 1982 na Pontifícia Universidade Católica – PUC-Campinas e em história no Instituto de Filosofia e Ciências Humanas da Universidade Estadual de Campinas – IFCH Unicamp em 1987. Mestrado e doutorado eu fiz em História, também na Unicamp, com término em 1985 e 2002, respectivamente.

Você terminou o mestrado antes da graduação?

É, eu demorei. E durante um certo período, eu cursava graduação e mestrado em história ao mesmo tempo, fato que hoje eu acho que nem pode mais. Na verdade, eu nunca registrei o diploma em história, mas finalizei os créditos.

Vamos começar por aí... Abilio, seria interessante ouvi-lo um pouco sobre sua experiência de formação paralela em arquitetura e em história.

Temos a tendência em fechar as lacunas com explicações lógicas, mas foi um tanto por acaso. Eu tinha a ideia de fazer história ou arquitetura e, depois, por uma questão até financeira, por conta da família que achava que história não era importante, eu acabei indo fazer arquitetura, mas logo comecei a fazer história também. Na PUC, nós tínhamos período integral e as aulas começavam a partir das dez da manhã, e na Unicamp, as disciplinas começavam as oito da manhã. Como os campus são muito próximos, era possível fazer na Unicamp, em todos os dias da semana, as disciplinas oferecidas das oito às dez, evitando o encavalamento com as minhas disciplinas da PUC. Às vezes me atrasava um pouco, mas isso não era relevante, e foi assim que eu fiz as disciplinas do primeiro ano, depois eu fui fazer do terceiro ano na história, porque eu pegava as disciplinas que estavam na cabeça no dia. Depois cursei as disciplinas do segundo ano e assim por diante...

Na PUC, eu encontrei uma situação interessante. Nós tínhamos professores que estavam num momento muito legal, como é o caso de Rodrigo Lefèvre, José Resende, Sophia Telles, Fábio Magalhães, Carlos Martins e outros. Nós tínhamos um conjunto muito bom de professores. Na Unicamp, era um momento em que o Departamento de História estava despontando. Eu entrei no curso em 1980 e tínhamos lá Edgar de Decca, Stella Bresciani, Ítalo Tronca e Alcyr Lenharo, grupo do qual eu era mais próximo e que considerava o núcleo duro. Mas esse período correspondeu a uma certa crise na Universidade de São Paulo – USP e ocorreu uma migração muito grande de professores de lá para a Unicamp, como é o caso da Maria Silva de Carvalho Franco, Marilena Chauí,

Willi Bolle, Nicolau Sevcenko. Então todos foram os meus professores na graduação ou na pós-graduação. E a Unicamp funcionava em um espírito verdadeiramente universitário porque era uma escola muito nova quando eu cheguei lá – ela tinha pouco mais de uma década de existência –, então havia muita articulação entre os vários cursos e disciplinas. Hoje eu não sei como está essa questão. Então eu fazia cursos na educação, o Roberto Romano era professor lá e eu fiz alguns cursos com ele, fui aluno do Roberto Schwarz na teoria literária, então havia um cruzamento grande. E como eu estava com uma disponibilidade intelectual enorme, acabei fazendo esse cruzamento.

Agora a PUC também, no final dos anos 1970 e meados dos anos 1980, se destacou no cenário pedagógico de arquitetura. Era considerada uma das melhores escolas do Brasil. E especialmente o ensino de história por lá...

Eu não concordo muito. Quando eu estava lá, a escola era muito nova, eu entrei em 1978 e não tinha nenhuma turma formada, era uma escola muito nova, a primeira turma se formou no final de 1978, então eu conheci todos os alunos que estavam saindo e não tinha uma boa reputação ainda, mas tinham bons professores realmente. Essa reputação vai acontecer pelo menos uns quinze anos depois...

Quando eu fiz arquitetura nos anos 1980 era...

Era? Eu não tinha essa percepção... Talvez por conta dos professores, porque nós não tínhamos egressos, uma escola se fecha quando você tem os primeiros alunos se destacando. Então eu tinha um pouco essa percepção. E depois, sim, se formou um grupo muito forte na área de história: Sophia Telles, Margareth da Silva Pereira, Silvana Rubino, Áurea Pereira da Silva, Maíque (Mário Henrique D'Agostino), Luis Espallargas, Anne Marie Summer, Bia Aranha (Maria Beatriz de Camargo Aranha), Ricardo Marques de Azevedo, Rui Moreira Leite. Esse último realizou um dos primeiros estudos que nós temos sobre Flávio de Carvalho;[1] antes havia apenas o trabalho do Luiz Carlos Daher...[2] Então tínhamos também o Marcos Tognon, que depois virou professor na Unicamp, e a Beatriz Piccolotto Siqueira Bueno, que foi para a USP.

O Carlos Martins?

O Carlos foi meu professor, mas não foi meu colega... O Renato Anelli estudou comigo os cinco anos, nós fomos da mesma turma. O Carlos e o Renato foram para USP de São Carlos, onde formaram o curso de arquitetura.

E o currículo de disciplina de história apresenta um perfil tradicional de história da arquitetura ou também já tinha uma ênfase no urbano, na arquitetura moderna?

Olha, eu vou lhe falar com toda sinceridade, do meu tempo de estudante eu me lembro pouco, porque logo me vinculei à história da Unicamp, onde o curso era muito mais sistemático, então eu realmente não sei... A não ser evidentemente o curso da Sophia, que se destacava naquele momento, mas era uma visão mais da crítica da arquitetura do que propriamente de história da arquitetura. Recordo-me também do curso de Antônio Paulo Ribeiro, professor de perfil conservador, mas que chegou atualizado por algum curso que fez na Inglaterra.

E com foco no Brasil?

Foco no Brasil. A exceção foi Anne Marie Sumner, já quando eu era professor, que naquela ocasião tinha uma entrada significativa no meio arquitetônico. Foi ela que trouxe o Peter Eisenmann para o Museu de Arte de São Paulo – Masp no início dos anos 1990.[3] E quem realmente era um cara fantástico era o Fábio Magalhães, num curso de história da arte dado para o primeiro ou segundo ano. Ele era o diretor do Masp na ocasião, o Pietro Maria Bardi tinha chamado ele...

E continuando neste momento de formação: como se deu a opção por uma pós-graduação em história, pela Maria Stella Bresciani e pelo tema do modernismo?

Isso foi tudo muito, como eu diria, no moto-contínuo. Na graduação, fiz uma rápida iniciação cientifica, notem que eu entrei em 1980 e o Partido dos Trabalhadores tinha acabado de ser fundado... Nós tínhamos o acervo Edgard Leuenroth, com foco no movimento operário, em especial sobre os anarquistas. E nós tínhamos lá no arquivo um jornal que era do ABC, eu acho que se chamava *Movimento Operário*... E foi a primeira vez que eu trabalhei com um material primário e a Stella me orientou. Nós tínhamos duas linhas de pesquisas naquela época, uma era relacionada à escravidão e outra era antenada com as questões que a Stella já estava pontuando, que é a relação entre cultura e cidade. Como era cultura e tinha cidade, então alguns arquitetos acabaram passando por lá, caso do Agnaldo Farias, do Marco do Vale, o próprio Renato Anelli, e a Stella recebia o grupo dos arquitetos muito bem.

E como se deu esta tentativa de aproximação ao tema do modernismo e não tanto do movimento operário?

O movimento operário era uma questão de conveniência, a Stella ofereceu o tema para quem estava interessando em fazer aquele levantamento, pois interessava para ela, para algum tipo de pesquisa... Foi feito esse levantamento, eu estava começando, é um trabalho que não é muito qualificado, pelo contrário. Então, quando eu fui fazer o mestrado, meu foco já era o modernismo brasileiro. Eu não sei exatamente o porquê, mas eu tinha já uma leitura aprofundada, eu via ali coisas que não estavam sendo discutidas, alguns temas que me pareciam fulcrais – o entendimento da constituição da cultura brasileira, muito com a noção de formação –, e que são temas que depois estarão presentes na minha tese de doutorado. Em especial essa dupla agenda estava presente: o problema da identidade e ao mesmo tempo a atualização cultural em relação à Europa. Mas essa atualização se dava por alguns mecanismos que eu via no Mário de Andrade. Então eu fiz em duas etapas, a primeira, no mestrado, sobre Mário, Oswald de Andrade e Raul Bopp, que virou livro;[4] a seguir, sobre o Lúcio Costa.[5]

Havia já essa intenção porque eu via muita similitude... A "teoria do gênio", por exemplo, de Mário de Andrade, que está presente em alguns textos, em especial *Ensaio sobre a música brasileira*[6] afirma que a genialidade era a capacidade de expressar a própria seiva do povo, e que havia um método para fazer isso: em primeiro lugar, uma pesquisa horizontal da tradição popular, para a seguir, estabelecendo uma relação com a tradição culta, elevar a matéria bruta à condição de arte. E é exatamente o que Lúcio Costa fez! Então eu via outras similitudes, no ambiente moderno, entre as artes e a arquitetura, caso do tema "natureza", a partir da leitura de *A estética da vida*,[7] de Graça Aranha. Daí começou a fazer muito sentido para mim o que Paulo Prado falava em 1917, no *Retrato Brasil*,[8] sobre os três povos tristes que originaram o homem brasileiro, onde a natureza cumpre seu papel. Então isso tinha uma base que estava relacionada ao meio-ambiente também, e essas coisas foram ficando muito claras para mim. Hoje ficou um pouco batido, quase nunca sou citado por sinal. O meu trabalho é precursor, eu tenho consciência disso.

Eu também estudei modernismo por um tempo assim, transversal, ainda que Gregori Warchavchik tenha merecido uma reflexão mais atenta, mas quando eu estava lendo a biblioteca de arquitetura do Mário dá para perceber – claramente não só ele, mas todo um grupo de escritores, jornalistas, artistas da época – o entusiasmo dele com as primeiras manifestações

modernas. A sensação que se dá é que, primeiro, eles não têm uma posição clara em relação a que modernismo deveria ser esse, se era Warchavchik, Flávio de Carvalho, muito menos se é o carioca etc., não tem uma leitura, ainda que eles se alinhem e digam: "Não, a gente não sabe muito bem para onde a gente está indo, mas vamos apostar aí que uma hora isso aparece". Agora se pensarmos as querelas entre Mário e Oswald de Andrade e hoje todo esse interesse novo pelo Flávio de Carvalho, que vai numa direção muito diversa tanto daquela de Warchavchik quanto dos modernistas cariocas, como é que você situaria essa transposição de uma aposta num projeto moderno e a pesquisa arquitetônica?

Eu tenho um texto sobre o Warchavchik que tratou da relação entre ele e Lúcio Costa.[9] E é interessante que o Warchavchik, que era migrante, faz tal como Lasar Segall um esforço muito grande para se adaptar à realidade brasileira; ele tem uma série de textos publicada no jornal onde ele comenta isso,[10] mas creio que é numa carta para Sigfried Giedion que ele fala algo assim: estou fazendo umas casas no Brasil que são meio estranhas nesse clima diferente, mas a minha mulher está ajudando aclimatá-las com jardins tropicais.[11] Trata-se de uma chave interessante e se você olha as casas sem dono do Lúcio, que ele faz logo depois da associação, elas parecem ser de Gregori Warchavchik, assim como os jardins se assemelham aos de Mina Klabin. Então tem um vínculo ali. Eu tenho a impressão que o Lúcio descobre esta chave da questão na paisagem brasileira a partir do contato com Warchavchik. Nesse momento que ele convida também Roberto Burle Marx para realizar o jardim da Casa Schwartz. Então o meu texto é justamente sobre o encontro destes três: Lúcio Costa, Burle Marx e Gregori Warchavchik. Eu entendo que há uma fabricação de uma hipótese aí no campo da arquitetura, mas ela está presente já na literatura e está presente nas artes plásticas, que é esse encontro com a paisagem brasileira. A potência da natureza luxuriante e desse encontro do homem brasileiro com essa paisagem. Então nós temos uma coisa que está sendo gestada, não é de um só, mas tem um ambiente muito propício a colocar a paisagem brasileira como cerne. Tem outro sintoma também muito interessante no primeiro número da revista *Architecture d'Aujourd'hui* sobre arquitetura brasileira, onde há um texto do José Lins do Rego, que fala sobre a paisagem brasileira.[12] Ele era um regionalista, mas falava claramente que tudo aquilo que era um tanto quanto artificial em Le Corbusier passa a ser natural na arquitetura brasileira. Se a relação com a paisagem, uma natureza transformada, totalmente modificada, é o caso do quadro europeu, no caso brasileiro a arquitetura pode lidar de uma maneira direta, frente à natureza pouco tocada, sem a mediação do urbano. Eu acho que aí temos outro segredo, pois o nosso modernismo arquitetônico é instaurado sem a metrópole, sem a grande cidade, então ele tem um caráter rural, como se vê na Vila Monlevade de Lúcio Costa. Temos uma gênese da nossa arquitetura moderna em contato direto com o mundo rural, até Brasília tem um pouco disso. Os nossos pilotis usados em contato direto com a natureza, como se vê no Parque Guinle, no conjunto habitacional de Pedregulho...

É como se os modernistas tivessem dificuldade de lidar com as cidades brasileiras.

A cidade brasileira não existia de fato como ela viria a existir logo a seguir, então ela vai mudar bastante a nossa arquitetura, mas esta tem essa marca de nascença. Por isso as experiências de Warchavchik ficam mais evidentes, porque há uma certa idealização ou antecipação da metrópole, como se vê em alguns filmes da época, que também imaginam uma grande metrópole, que ainda não existia. Quando vemos as fotos das casas do Warchavchik, chama a atenção que elas estão no meio de bairros desocupados... Essa é uma circunstância brasileira que considero muito interessante e que nós soubemos operar, porque em outros países não se soube.

Você poderia comentar sobre sua experiência na revista *Óculum*? No primeiro número, de 1985, você era recém-formado e a revista tinha um corpo editorial mesclado, com parte de seus professores realizando suas pesquisas de mestrado e cujos trabalhos seriam desdobrados em formato de artigos e publicados no segundo número da revista, em 1992. Era uma primeira tentativa de compilação desta produção?

Veja bem, eu nunca pensei em ser editor na minha vida. A história do primeiro número da revista *Óculum* começa no final de 1982, quando eu e o Renato Anelli estávamos saindo da escola e o Paulo Diziolli, presidente do Centro Acadêmico e muito amigo nosso, nos convidou para fazer essa revista. Então, em 1983, após pensar sobre a questão e montar a Associação Cultural Óculum, começamos a preparar esse número. Ninguém sabia fazer uma revista, não tínhamos a menor ideia do que era fazer uma revista, ao contrário da USP onde se tinha uma tradição de publicações estudantis... Já começamos totalmente errado, com uma equipe de vinte ou trinta pessoas que fundou a associação, mas logo foi decantando até sobrarem sete pessoas – Paulo Diziolli, Renato Anelli, Francisco Spadoni, Luiz Fernando de Almeida, Tácito

Carvalho, Álvaro Cunha e eu –, que foram os realizadores do primeiro número da revista. O número inaugural já estava pronto no final de 1983, mas demorou para alcançarmos as condições de edição, e ele só foi lançado em 1985. E o que é que você tem na *Óculum* número um? Para além de alguns projetos publicados nesse momento do surgimento tardio do pós-moderno no Brasil, tínhamos uma parte mais teórica também, porque eu estava na Unicamp; caso de duas palestras que eu mesmo transcrevi, um texto do Nicolau Sevcenko sobre a metrópole e outro de Willi Bolle sobre Walter Benjamin. Logo, a *Óculum* número um tem um lado muito provinciano e outro super cosmopolita.

E porque demorou outros sete anos até sair o próximo número?

Entre 1985 e 1992 ocorre uma mudança brutal em minha vida. Quando eu assumi fazer a revista de novo, porque tinha gostado muito de ter feito, eu já era professor na PUC-Campinas. Então propus fazer na escola, mas eu não queria fazer o que eu sabia ser uma armadilha, uma revista para promover nossa faculdade; eu não queria fazer isso. Então eu fiz uma proposta de coedição da universidade com a Hollons, que era uma empresa da Silvana Romano. E com isso eu chamei pessoas da minha confiança para ajudar: Anne Marie Summer, Francisco Spadoni, Luis Espallargas, Paulo Diziolli, Marco do Valle, Beatriz Aranha, Renato Anelli, Sophia Telles, Carlos Martins... Era uma mistura entre o pessoal da PUC mais próximo de mim e os caras de fora, em especial alguns remanescentes do primeiro número da *Óculum*. O segundo número coincide com um momento onde a pós-graduação começou a se estruturar de forma mais sistemática na área de arquitetura, quando ninguém dentre nós tinha doutorado, então quase todo o conteúdo do primeiro número da revista é constituído por extratos dos mestrados de vários colegas, inclusive o meu. Eu fiz a seleção, recebi indicações, e é interessante porque todo mundo ficou gente grande, com trabalho reconhecido... É lógico que tinha gente mais à frente, caso do Carlos Martins, que tem um papel importante na minha trajetória, pois ele me orientou no trabalho de conclusão de curso. É alguém que gosto muito.

Agora eu vou fazer uma pergunta que dialoga um pouco com uma entrevista com a Ana Luiza Nobre. Lá no Rio eles têm a percepção, a sensação de que a passagem por Lúcio Costa é inevitável. Não só pela longevidade desses modernistas, a onipresença no ambiente cultural carioca dos arquitetos modernistas, enfim... Mas, no entanto, talvez algum dos

trabalhos mais potentes ou mais expressivos sobre Lúcio Costa foram desenvolvidos nessa geração, dos anos 1980 para os anos 1990, aqui em São Paulo.

Sim, a começar do Carlos Martins.

Sim, você citou o Carlos Martins, a Sophia Telles, o seu trabalho, do ponto de vista do patrimônio, o trabalho da Silvana Rubino foi muito importante. E mesmo Lúcio Costa, ainda que aqui em São Paulo a produção caminhasse dos anos 1950 para os anos 1960 no sentido mais polêmico em relação à matriz carioca de renovação, a gente vê a presença em autores como Carlos Lemos e alguns outros historiadores de outra geração, é inevitável. Você percebe uma diferença no approach carioca e paulista em relação a Lúcio Costa ou isso varia de autor para autor?

Olha, eu nunca estudei, eu nunca me debrucei para olhar isso com mais atenção, então a impressão que eu tenho – e você está falando da Ana Luiza... – é que há uma aproximação especial feita na PUC-Rio, principalmente na PUC, onde temos a revista *Gávea*, que é uma coisa fenomenal, uma ligação muito grande com o campo da arte. Originalmente a PUC não tinha um curso de arquitetura, então ocorre que a crítica de arte vai se expandindo até chegar à arquitetura, e isso me parece que é a grande diferença, porque aí você tem uma preocupação, uma visão hegemonicamente crítica da arquitetura, enquanto que a nossa entrada foi mais pela história da arquitetura, mais apegada ao documento. Mesmo que a crítica seja muitas vezes feita com certa visão impressionista, no caso dos cariocas, os textos são muito bem argumentados, eles acertaram muito. Então, em geral, eles acertam, mas também quando você prioriza a documentação, faz um trabalho mais filológico, preocupado com a genealogia das ideias – que eu acho que a gente fez, pegar, ler as coisas por completo, ir atrás, o que é que ele leu, entendeu, o que é que ele está fazendo aqui –, eu acho que a gente fez melhor. Tudo isso eu entendo ser um pouco de achismo, afinal um trabalho como o de Margareth da Silva Pereira, com lastro histórico enorme, desmonta um tanto o que estou falando. Mas as circunstâncias determinadas pelas origens distintas das escolas são importantes: eu estudei numa escola de história, eu não poderia fazer o mesmo tipo de *approach* crítico, pois não seria aceito, então não é nem desqualificar, nem nada.

É, mas a área de história social da cultura, onde eles todos estavam, estava cheia de historiadores também.

Também tinha, mas a entrada não era tanto pela arquitetura, pelas referências da arquitetura. Eu não sei, tem alguma diferença e talvez um pouco por isso, de onde estou falando, eu precisaria examinar melhor.

E nessa condição, talvez a Sophia seja quem mais se aproxima dos pesquisadores da PUC?

Sem dúvida alguma. Eu acho que ela e o Guilherme Wisnik têm uma sagacidade muito grande ao estabelecer as relações, as referências etc. E nós somos mais, vamos dizer assim, que nós somos mais formigas, mais trabalhadores braçais... E uma vez lá no ambiente carioca o Otávio Leonídio falou: "Não, o Abilio é da geração que se formou lendo Foucault", entendeu? Note que o trabalho do Carlos Martins é muito da interpretação do texto, como é também o meu. Então a gente está naquele campo de interpretação, exegese mesmo, quase bíblica, de pegar e ver o que é que está por detrás de cada parágrafo, o que é que está escondido ali. E isso tem a ver com o ambiente onde a gente estava se formando. E naquele momento, Michel Foucault é muito importante, em especial seu livro *A palavra e as coisas*.[13] Na Unicamp, mais do que em qualquer lugar, as coisas chegavam e a gente já lia de imediato, havia esse interesse muito grande, era um mundo que se abria. O Carlos faz seu mestrado na USP, mas ele tem essas conexões porque ele dava aula em Campinas. Nós trabalhávamos com os textos o Instituto de Estudos da Linguagem – IEL ao lado, com o Roberto Schwartz e toda aquela turma. E havia também o pessoal da Eni Orlandi que é a precursora no Brasil nessa questão da interpretação de texto – ou a "análise do discurso", como ela e seu time popularizou –, lá no IFCH. Então essa questão da interpretação do texto é a partir de Foulcault e dos métodos da análise do discurso. O texto como um artefato de comunicação com a realidade e de formatação da realidade, de construção da realidade, de normatização da visão, isso era super importante naquele momento. Então as leituras que a gente fazia eram muito controladas por isso. Por exemplo, a psicanálise – eu li vários textos de Freud, de forma não sistemática, principalmente aqueles que falam de arte e cultura – entra no balaio de teorias que passei a usar, pois o método psicanalítico é fundamentalmente exegético, ou indiciário, como diz Carlo Ginzburg. Alguns desses textos são importantes até hoje para mim, caso de "Totem y tabu".[14] Então essa questão do texto é sempre a entrada; por exemplo, quando a gente lê Karl Marx verificamos o que ele cita – Marx cita vários literatos e artistas... –, como é que ele constrói a narrativa, não é só entender o conceito, mas entender o autor tendo como base o próprio texto. Outro livro que me marcou profundamente é de Jean-Pierre Faye, *As linguagens totalitárias*.[15] Faye trata do nazismo do ponto de vista da construção da linguagem, da persuasão através das narrativas, do simbolismo que carrega. Eram coisas desse tipo que a gente discutia lá. As nossas leituras eram muito matizadas por essa questão do texto, que está também presente no trabalho do Carlos Martins.

Acho que tem uma passagem oportuna nessa questão da leitura do texto, da linguagem, da discussão textual para uma outra dimensão do seu trabalho e que também está na *Óculum*, e que está no grupo, na forma de estudar arquitetura, que é o interesse no projeto. E aí queria perguntar como é essa passagem do texto para a obra, quer dizer, a revista publica projetos, o interesse na produção projetual dos mineiros nessa época. Como é que a Anne Marie está fazendo essa ponte também com o projeto?

Veja bem, a gente está falando de um grupo, não sou eu sozinho. Nós tínhamos interesses diversos, a gente acabou fazendo coisas diversas. Eu fiquei amigo do Sylvio de Podestá, mais dele que do Éolo Maia, mas naquele momento o Chico Spadoni e o Renato Anelli eram mais próximos, são eles que vão entrevistá-los lá em Minas, eu não fui. Então tem essas nuances. Em relação ao projeto, tem a ver também com a minha formação de historiador na Unicamp, porque nós tínhamos aquilo que era quase que uma reza, o fato ontológico, quer dizer, o fato ocorrido, o fenômeno, e então todas as teorias, abstrações, elas deveriam sair e voltar para o objeto. Eu adoro, por exemplo, pegar uma casa, como eu já fiz em alguns textos, de pegar uma casa de Oscar Niemeyer[16] ou de Paulo Mendes da Rocha[17] e ir para um universo quase etéreo, já muito abstrato, e voltar para a casa, aquela casa. Trata-se de uma metodologia onde as abstrações, que eventualmente fazemos em relação ao funcionamento das coisas, têm que sair do fenômeno e voltar para o fenômeno, daí esse apego ao objeto de arquitetura. Eu me senti pessoalmente muito inseguro de falar de abstrações, como a *arquitetura paulista*, eu não costumo usar isso, as vezes escapa, mas eu prefiro falar sempre do fenômeno concreto por esse motivo de formação mesmo. Devido esse apego ao *documento*, eu me considero um historiador.

Mas de qualquer modo, na sua tese, você escolheu dois projetos do Lúcio Costa e não, como no caso do Carlos, sobre sua historiografia, sua escrita.

Sim, eu escolhi dois projetos, mas seriam três projetos e três capítulos. Entendo que meu mestrado é muito mais bem-sucedido que meu doutorado, que, para mim, é quase um fracasso. Eu pesquisei muito sobre Brasília, que seria o terceiro capítulo, mas que foi abandonado... Então, seriam três capítulos, uma trilogia, a partir de três projetos: Vila Monlevade, Parque Guinle e Brasília, em especial a área habitacional. Na minha cabeça ficaria muito mais bacana. A hipótese, que eu chamei de "Urbanismo Pau-Brasil", parte da ideia que a visão de Lúcio Costa surge a partir do Brasil agrário dos anos 1930 – a Vila Monlevade é de 1934 – até chegar no Brasil que já adentrou a industrialização em 1960, data de inauguração da nova capital, o projeto é de 1956. A ideia era pegar esse espaço de tempo de duas décadas, quando o Brasil mudou de ponta cabeça, só que eu queria esquadrinhar os liames culturais e estéticos mais largos, suas conexões com o modernismo mais geral, onde nós temos uma ideia que de repente se materializa no Parque Guinle, projeto imobiliário voltado para o mercado, mas um projeto incrível que guarda uma hipótese do que seria morar num país como o nosso. Então eu achava que tudo aquilo fazia muito sentido, mas eu não consegui escrever o terceiro capítulo. Por isso eu nunca me empenhei muito em publicar a minha tese, pois eu achava que ela não estava completa. Mas eu entendo que há algumas coisas ali colocadas que fazem sentido para mim até hoje; algumas eu acho que exagerei, mas têm coisas que fazem sentido. Agora estou preparando um livro que parte das ideias principais da tese, que se chamará *Cultura Pau-Brasil: o encontro de Lúcio Costa, Mário de Andrade, Oswald de Andrade e Tarsila do Amaral.*[18] Como na tese, falarei bastante da Vila Monlevade e do Parque Guinle, mas bem pouco ou quase nada de Brasília. Não sei se mudei de ideia ou se continuo incapaz de escrever sobre Brasília.

Vamos insistir um pouco mais nesta relação entre o discurso textual e o discurso projetual. De qualquer modo, como é que, na leitura de projeto, por exemplo, na maneira de fazer a leitura do projeto, você acha que essa dimensão escrita, textual, linguística comparece?

Isso é uma questão teórica com a qual me preocupo bastante, mas não sei se fica claro, pois não costumo falar sobre teoria nos meus textos, onde tento aplicar a teoria. Sempre me pergunto: o que é que movimenta as coisas? Por que é que as pessoas fazem o que fazem? Para mim, o fundamental é isso... Para explicar uma coisa que não seja apenas uma aplicação das minhas ideias ou das minhas hipóteses, ou da minha consciência em cima das outras coisas, tendo ela apenas como suporte para uma projeção, eu preciso trazê-la para mim. E a minha questão é como algo foi possível ser feito. Fala alto a minha formação, quer dizer, temos sempre que considerar o externo a nós. O externo a nós, do ponto de vista psicanalítico, seria todos os condicionamentos, juízos etc. que nós internalizamos, então é fundamental você conhecer a época muito bem para você falar sobre aquele caso específico, sobre um fenômeno. E, do ponto de vista marxista, temos que levar em conta as condições de produção, ou seja, como a coalisão entre as forças produtivas naquele momento estabelecem condições técnicas e econômicas que permitem uma coisa ser colocada em pé. Esses condicionantes externos para mim são fundamentais do ponto de vista da consciência e de uma quase inconsciência que está dentro da gente. E tem os laços que as pessoas estabelecem, os grupos por onde elas passaram, onde elas estudaram, o que leram. Isso me parece fundamental. Por exemplo, no texto que eu escrevi sobre a Casa da Canoas, que eu comparo ao pavilhão do Mies van der Rohe, faço uma descrição no primeiro parágrafo que serve para os dois projetos: é uma laje plana, tem oito pontos de apoio sobre um pódio, os vedos, o contraste entre o fechamento opaco e o transparente. E por que o projeto de Oscar é tão diferente? O que o condiciona a fazer tão diferente? Então condição de classe é importante, porque aquilo ali é uma casa de veraneio, não é que ele vai morar na casa. Mas também é o âmbito cultural mais abrangente, que determina afetos e predileções. Então, até as esculturas eu comparo. Essas várias circunstâncias, o que significa o cercamento da vegetação, aquela condição quase que uterina da sala de estar, e a pedra bruta, toda a casa se irradiando da pedra, a pedra como centro de gravidade, onde a escada está encrava, onde a piscina está encravada, o vidro está em cima... Onde é que estão as motivações dessas coisas? Interessa-me que a decisão de projeto é ancorada em desejos, em demandas intelectuais, no por que é que aquilo foi feito? Por que é diferente? Eu aprendi muito também no contato que eu tive com o Iñaki Abalos, que conheci há muitos anos quando ele estava concebendo o livro *La buena vida*,[19] procurando relacionar cada casa com uma potência filosófica, uma visão do mundo, quase que uma razão de estar no mundo.

Eu fico pensando que esse interesse no projeto, na forma como ele foi concebido, tem um ponto de vista, um olhar na concepção arquitetônica que me faz pensar muito na chave sobre a autonomia disciplinar da arquitetura, quer dizer

sobre a concepção. Mas não no sentido da produção da casa cotidiana da cidade, dessa arquitetura anônima, da massa de construção; estamos falando de uma arquitetura que tem uma autoria e estamos falando de um ponto de vista do arquiteto autor.

Eu entendo isso de maneira um pouco diferente. Eu entendo que o solo cultural é único e, por baixo da terra, temos vasos comunicantes, temos a água que é a mesma... Então a arquitetura tem a sua autonomia quando ela está sob a luz do sol, ela tem um autor que é quem a plantou e a cultivou, mas quando você olha no subsolo, está totalmente articulada com as outras artes e com os outros aspectos da cultura. Por isso que não é, para mim, muito complicado, na verdade é relativamente simples articular com outras artes, eu entendo que os caras bebem a mesma água, é o mesmo sol que está batendo... Agora é óbvio que tem essa coisa – que eu concordo – que a autoria é mais larga, porque é uma coisa do tempo, das circunstâncias, das conversas, dos entrelaçamentos dos valores, não é à toa que a gente olha e vê uma arquitetura paulista, porque quando você olha de forma panorâmica alguns fenômenos se assemelham muito e, por constatar a contiguidade, você acaba falando: "Isso aqui é arquitetura paulista". Agora, quando você vai ver com atenção um Décio Tozzi, um Paulo Mendes da Rocha, um Vilanova Artigas ou um Ruy Ohtake, o veredito é inescapável: são muito diferentes entre si. Mas eles seguramente têm esse lugar comum no subsolo, então basta dar dois ou três passos para trás e a gente olha e vê que eles são, em alguma medida, próximos. Então você tem essa interlocução entre os próprios projetos porque eles refletem a interlocução dos valores dos arquitetos envolvidos.

Ao ouvir sua defesa de abordagem da obra, mesmo a obra excepcional, a obra autoral, num campo mais largo da cultura e, pensando também em relação ao público, a gente vê que se trata de uma postura historiográfica diversa daquela típica da história da arte, da obra tradicional da história, da obra como objeto descolocado, isolado, do autor como um gênio. Porém também tem um outro aspecto muito forte na sua fala que é: por que ele chegou àquela solução, como é que ele chegou naquela solução, ou seja, a lógica interna do projeto. E considerando que o seu trabalho, como o de muitos de nós, historiadores e críticos da arquitetura, se centrou nas grandes realizações, nas grandes epopeias, nos grandes heróis, nas grandes tragédias da arquitetura moderna, no caso do Brasil, que de fato mobilizou uma energia enorme desde os anos 1980, intelectual, crítica, pedagógica e tal.

Você não se pergunta por que essas obras que a gente atribui tanta força, tanta energia criativa dentro de um cânone da história, de distinguir um valor excepcional àquela obra mais do que àquela massa das construções etc., por que essas obras são tão impermeáveis e, às vezes, hostis a opinião comum? Você não acha que o crítico e o historiador também precisam estar olhando por esse lado da recepção, não só da produção e do projeto, mas também do ponto de vista da recepção, da vida urbana do homem comum?

É, isso é um dado que me interessa bastante. Nós temos nas vanguardas construtivas, das quais derivou grande parte da arquitetura moderna, um problema de ter uma referência que é dada internamente, ao contrário de outras tradições nas quais temos normatização externa, como os tratados, os códigos e tal. A obra de arte desse tipo de vertente cria os próprios pressupostos. E me lembro também do aforismo de Franz Kafka, que li em algum lugar: "Eu não escrevo os meus textos, eles se escrevem sozinhos", então isso é uma pista boa para o pesquisador, porque assim você vai atrás do que seria esse fator genético da obra de arte, o que é que faz essa obra se desenvolver. Isso é uma das preocupações que eu tenho também, porque se você descobrir isso você explica a obra, tudo faz sentido; às vezes você não encontra, mas se você encontrar você dá sentido, porque foi o próprio autor, de uma maneira consciente ou inconsciente, que estabeleceu quais são os princípios para aquilo, portanto é a forma de você estabelecer esses princípios como regra para ver se o cara conseguiu ou não desenvolver o que ele próprio estabeleceu como regra. E isso cria um problema de interlocução, porque ele é pouco palatável ao externo, mas toda arquitetura que é baseada na percepção, que tem a questão fenomenológica como a mais estruturadora, funciona melhor; é o caso, por exemplo, da obra da Lina Bo Bardi. Porque a obra da Lina está tão em evidência hoje? Então você tem essa coisa que participa da vida, como você vê esses arquitetos que trabalham nessa cifra onde a materialidade, a questão tectônica, tanto a cor, o cheiro, a luminosidade, os fenômenos onde a obra é contaminada pelo que não é a obra. Ou seja, o que eu estou lhe dizendo é o seguinte: as obras mais intelectualizadas falam para poucos.

Você quer dizer talvez mais eruditas?

As mais construtivas no sentido de partir de pressupostos que são internos à obra, e isso vai acontecer na música também, o dodecafonismo é para poucos também, as pessoas gostam de melodia. Então eu entendo que não é um problema específico da arquitetura. E isso vai acontecer no cinema, um cinema mais cerebral. Eu entendo que isso faz parte do discurso que se chama genericamente de arte moderna, mas não acho que é toda não, é uma parte dela. Eu acho que é um pouco isso, e qual é o problema também ser assim, não é? Eu não vejo muito problema. Mas parte de sua pergunta eu não respondi: o quanto estamos aferrados ou não aos cânones. Aqui eu fico meio dividido. Em geral, nos meus textos eu trato dos cânones, mas sempre com a expectativa de ver o que ainda não foi visto, de encontrar ali liames quase invisíveis, mas verdadeiros e reconhecíveis, passíveis de uma reconstituição. Contudo, como editor tento abrir espaço para objetos e criadores de menor prestígio, que possam balançar o sistema de valores já estabelecido e estabilizado. Mas sempre, ou quase sempre, temos o efeito *calça jeans*: o antes prosaico se torna nobre. Veja o caso de Rino Levi, arquiteto maldito, vendido ao mercado segundo alguns, que foi admitido no panteão dos grandes arquitetos brasileiros após o livro que fizemos na passagem do milênio.[20]

Poderíamos voltar um pouco para a questão da docência? Você falou um pouco das suas pesquisas, falou um pouco da sua experiência editorial, evidentemente a gente pode retomar um pouco mais isso. Mas a sua experiência docente, você atuou sempre no ensino de história e fundamentos sociais, é isso?

Eu comecei a dar aula em Campinas em 1987 e me foi dada a disciplina estudos socioeconômicos, onde os alunos deveriam ler e discutir Karl Marx. Eu achei aquilo muito aborrecido e pensei: "Eu não sei dar aula e vou falar de Marx para o aluno de primeiro ano?". E constatei: "Fracasso na primeira aula". Eu tinha dado aula no ensino médio, uma experiência bem legal em um curso técnico de Valinhos; depois eu fui convidado para dar aula de história para o primeiro ano do ensino médio convencional e desisti porque eu não conseguia me fazer entender pelos meninos. Eu estava então meio receoso de começar a dar aula na universidade. E aí eu pensei: "O Marx adorava o Thomas Morus, cita como exemplo", e daí eu deslizei a questão, eu montei um curso sobre utopias no primeiro ano e os meninos liam Thomas Morus (*Utopia*),[21] Tommaso Campanella (*A cidade do sol*)[22] e o Francis Bancon (*Nova Atlântida*),[23] e é um arco de cem anos, cada um tem uma circunstância específica, histórica, e depois eles faziam uma cidade utópica e explicavam como é que era a cidade. Eles desenhavam, faziam uma maquete porque o curso era anual naquele momento, era muito tempo, e eles escreviam um texto explicando como se fosse uma narrativa de navegante, como é que era essa cidade, era uma coisa bem lúdica, e isso me pegou, porque até hoje eu uso maquete em ensino de arquitetura. Depois de tanto tempo eu continuo usando a maquete, o modelo. E depois eu dei aula de história da arte sem ter a formação mínima para fazer isso, mas foi pouco tempo, logo depois eu entrei em história que é a minha praia, história mais da arquitetura brasileira. Nesse princípio de docência, eu dei aula com Silvana Rubino, Cristina Peixoto (hoje Cristina Mehrtens) e Beatriz Aranha. Moderno quase sempre, uma ou outra vez eu era chamado para uma outra disciplina, também dei aula com meu grande amigo Marco do Vale, num período curto que ele deu aula na PUC. E já depois de uns dois, três anos eu comecei a dar aula no quinto ano, no Trabalho Final de Graduação – TFG, que se chamava Trabalho de Graduação Interdisciplinar – TGI na época, e bolamos uma metodologia baseada na orientação coletiva, com um grupo de trabalho com especialistas de áreas diferentes trabalhando em conjunto. Foi uma das coisas mais gostosas que eu já fiz na academia, porque nós tínhamos um ano inteiro para desenvolver um trabalho com os alunos. Então tinha uns quatro, cinco professores para 25 alunos, um grupo de trabalho, e a gente fazia o que queria, escolhia um terreno aqui em São Paulo, sempre próximo ao equipamento de transporte coletivo, o metrô, trem, e desenvolvíamos um trabalho de pesquisa desde a origem, propúnhamos um plano urbano coletivo para se chegar a uma edificação individual. Eu dei aula na PUC por dezessete, quase dezoito anos.

Na época ainda não tinha pós-graduação na PUC?

Quando se pensou estruturar a pós-graduação, nós tínhamos duas possibilidades de montar linhas de pesquisa, então foram organizados dois núcleos de discussão, um capitaneado pela Ivone Salgado, voltado para o urbanismo, outro pela Sophia Telles, focado em história da arquitetura. Ela era chefe do Departamento de História e Teoria, uma excelente chefe por sinal. Propostas incríveis que vieram dela ou que ela articulou tornaram nosso Departamento muito respeitado não só na escola, mas fora dela também. Um exemplo que me lembro é o enfrentamento que fizemos na estrutura tradicional do curso de história, que começava na antiguidade e avançava até chegar na contemporaneidade. Nosso aluno médio, oriundo do interior, quase sempre sem uma formação adequada, tinha arquitetura grega no primeiro ano, não funcionava. Invertemos, começando o curso pela modernidade, retroagindo ao longo dos anos. Isso funcionou muito bem, muito bem mesmo, e é uma ideia que a Sophia bancou. As nossas pesquisas de mestrado era ela que coordenava também. Não tínhamos computador, não tínhamos e-mail na época, então ela ligava para todo mundo antes das reuniões e falava: "A pauta é essa" e já discutia previamente com todo mundo e a reunião burocrática durava trinta, 45 minutos, afinal tudo já estava meio decidido. Sobrava uma hora, mais de uma hora para discutir as questões acadêmicas. Eu estou há mais de quinze anos na Faculdade de Arquitetura e Urbanismo da Universidade Presbiteriana Mackenzie e nunca tivemos discussão acadêmica em nenhuma reunião de pós-graduação. Mas a Sophia era mestre, a maioria do Departamento também, não tínhamos um grupo de doutores para implementar uma linha de pesquisa em história da arquitetura. Então a pós na PUC se estruturou em torno do urbanismo.

E no Mackenzie? Há visão de que a formação em história no Mackenzie sempre foi sacrificada em relação às questões mais práticas, o perfil do aluno é um perfil mais pragmático, o ensino de projeto sempre é mais valorizado do que da história. E, no entanto, você vem de uma experiência na PUC em que tem um caldo de reflexão teórico, critico, histórico muito denso, provavelmente com muita influência nos rumos da escola. Fale um pouco da sua inserção...

Eu estou há mais de quinze anos na escola. Primeiro eu vou dizer que eu quis dar aula no Mackenzie, prestei um concurso para dar aula na graduação, porque eu queria sair da PUC, pois havia mudado sua estrutura, todo mundo começou a ser mandado embora ou saindo, mas eu dependia disso para pagar as minhas contas. Então eu queria, eu prestei no Mackenzie, passei. Então essa entrada no Mackenzie me deu muita confiança, eu entrei pela pós-graduação e fiquei três anos só dando aula na pós...

Você poderia nos contar um pouco desta atividade de editoria que eu acho que é uma frente na qual você também se destaca, para além dessa trajetória acadêmica, intelectual, você tem essa frente de diálogo e de tomada do meio de produção, que é de relevo para pensarmos no campo historiográfico de produção.

É, eu tive essa experiência na PUC meio por acaso...

Mas que se avolumou assim.

É. Veja bem, a nossa editora é fundada em 2000 e o primeiro livro, que é sobre Rino Levi, é de 2001; o Portal Vitruvius também começou a funcionar em 2000, então tudo aconteceu mais ou menos ao mesmo tempo. Pouco tempo antes, em Campinas, eu ainda fazia a revista *Óculum* e ela começou a ficar cada vez mais difícil. O número 9, sobre as obras urbanísticas de Christian de Portzamparc, exemplar colorido, implicou em conseguir mais dinheiro; e a seguir o número duplo 10/11 sobre Jo Coenen era também colorido, e daí chega uma hora que eu não conseguia mais fazer a revista. E nesse interim, como começou a ficar mais espaçado, eu concebi o *Boletim Óculum*, impresso em uma máquina DocuTech, da Xerox, que a gente podia usar. Era uma máquina enorme, que imprimia ao mesmo tempo frente e verso no papel A3 e já dobrava ao meio, resultando em quatro páginas. Cada página era diagramada em três colunas, totalizando doze colunas; a primeira página eu usava sempre para divulgar alguma coisa interessante da PUC, algo que tinha acontecido, a gente na época estava muito internacionalizado, chegava gente de tudo quanto é lado, então a primeira página era para divulgar a escola. Sobravam três páginas, que comecei a ocupar com pequenos artiguetes, que podiam ter uma ou duas colunas. E começou a aparecer a internet e eu comecei a publicar textos dos correspondentes internacionais, o Paul Meurs na Holanda, o Eduardo Aquino que tinha se mudado para o Canadá, a Cristina Mehrtens, radicada nos Estados Unidos, o Marcos Tognon que estava na Itália, o Vittorio Corinaldi em Israel. E daí eu colocava o endereço de e-mail junto ao nome do autor, porque começamos a nos corresponder pela rede, que se desdobrou em conversas paralelas com leitores, que foi aumentando rapidamente. A novidade era a página web da PUC, uma página muito careta, mas nenhuma faculdade tinha. Consegui autorização do setor de informática, convidei um aluno que tinha destreza em softwares e, depois de um mês, o informativo estava no ar. A gente rodava dois mil exemplares do *Boletim Óculum*. Mas depois de dois, três meses nós tínhamos três vezes mais audiência na internet e eu fiquei fascinado. Foi assim que eu comecei a vida editorial na internet. Quando eu saí da PUC queria fazer um portal, eu e a Silvana Romano decidimos; nós tínhamos já o projeto e demoramos seis meses para colocar no ar porque a gente não tinha o nome. Quando chegamos ao título Vitruvius, registramos na Fundação de Amparo à Pesquisa do Estado de São Paulo – Fapesp. O portal entrou no ar só com a revista *Arquitextos*, mas já tínhamos o plano de tudo que iria acontecer, as outras revistas, o módulo informativo. E, ao mesmo tempo, eu tinha feito um projeto para a Fapesp de digitalização do acervo do Rino Levi, com mais de duzentos originais em vidro... Montamos uma equipe, já que tínhamos cerca de cinco mil imagens originais dos mais variados formatos, fizemos o escaneamento de tudo e somente um bom tempo depois resolvemos fazer o livro. Eu e a Silvana convidamos o Renato Anelli, que é meu amigo desde o tempo de faculdade.

E que fez um doutorado sobre a obra do Rino Levi...

Sim, e resolvemos fazer juntos, montamos a estrutura do livro e fomos atrás de uma editora. A primeira pessoa que conversamos foi o Marcelo Ferraz, que tinha organizado as publicações sobre a Lina Bo Bardi[24] e Vilanova Artigas.[25] Não deu certo e fui falar com o Charles Cosac, que estava editando o livro sobre Paulo Mendes da Rocha;[26] ele até topou editar nosso livro, mas não teria todo o dinheiro para investir e teríamos que ajudar na captação... Daí eu falei para a Silvana que, se era para arrumar dinheiro, que montássemos uma editora para fazer o livro do Rino Levi. Até então não tinha me ocorrido ter uma editora.

O catalogo tem hoje quantos títulos?

Nós temos em torno de uns cinquenta livros e alguns nem tem mais, que é o caso do livro sobre a Lina,[27] sobre casas de Eduardo de Almeida,[28] do próprio Rino Levi, esgotados há anos.[29] Quando vamos jogar nossa energia em um livro fica sempre a dúvida: priorizar um já publicado ou em um novo? A gente tem sempre optado por um novo.

Agora, essa seleção do catálogo, muita gente bate na sua porta, alguns projetos avançam, outros provavelmente não...

Vocês, organizadores desse livro, estão passando por esta experiência... São duas as condições necessárias que precisam ser cumpridas, a primeira sendo o interesse editorial, pois a publicação tem que que se ajustar bem ao nosso catálogo, caracterizado pela qualidade de texto e imagens. A segunda é a viabilidade econômica do negócio. A viabilidade é ter recurso, e também a gente fazer um livro que tenha possibilidade de circulação, porque eu gosto das coisas mais estranhas do mundo. Você vai fazer um livro, tem um baita de um desgaste, o livro vai demorar um, dois anos de produção... Se for ter uma circulação restrita, não vale a pena. Nunca coloquei na planilha, mas creio que para cada livro publicado temos uns cinco ou seis que naufragaram.

Ainda mais por esse caminho que eu comecei a pergunta, quer dizer, na curadoria, a seleção, o trabalho que você faz em exposições, essa também é uma atividade sua, então não sei se nos livros existe curador, mas são catálogos...

Tem duas situações. Em alguns casos a gente toma a iniciativa, somos proativos. Nós vamos atrás. É o caso, por exemplo, de um livro que a gente fez, que eu acho que é um acerto danado, sobre o João Kon, que não estava no mapa da arquitetura brasileira; a única vez que uma obra sua apareceu na revista *Acrópole* foi em uma publicidade de pastilhas. Então a gente resolveu fazer – não só por ser pai do fotógrafo Nelson Kon, porque amigo a gente tem muito –, pois eu realmente achava um absurdo ter uma obra desconhecida com essa qualidade, então viabilizamos o livro.[30] O de Pedro Paulo Melo Saraiva também. Ele foi uma das pessoas que me recebeu muito bem aqui no Mackenzie, a gente sentava, e ele era bom de papo, tinha uma memória incrível, e eu, logo que entrei na escola, falei que queria fazer um livro sobre o trabalho dele. Esse foi um livro[31] que eu quis fazer, da obra dele, que eu achava que merecia... Então a gente tem uma metodologia: nós fazemos muita pesquisa na editora, quando o autor chega lá, a gente avança muito na pesquisa. A segunda situação é mais convencional, quando avaliamos um livro oferecido por um autor ou organizador. Uma terceira está se configurando, com a publicação de novas edições de livros publicados originalmente por editoras extintas.

Eu não sei exatamente a cronologia, mas queria que você situasse, dentro desse campo da editora, por que vocês começaram pelo livro do Rino, mas a partir de um certo momento começaram a entrar num outro perfil de livro, que não é um livro de arquiteto, monográfico, super bem ilustrado, com projetos etc. – que são livros provavelmente mais caros, livros provavelmente com um público mais profissional –, e entraram um ensaismo mesmo, coletâneas ou monografias de caráter mais críticos, historiográficos, teóricos. Enfim, tem dois momentos, se eu não me engano, aqueles de textos fundamentais, que aí tem mais uns cinco ou seis livros, além desses dois volumes, e essa coleção mais recente, trilíngue, e que também já vai uns seis, sete volumes. Então eu fico pensando como que essas duas frentes se comunicam, entendendo que você vem da história, da arquitetura? Porque não que os textos de arquiteto não tenham pesquisa, não tenham reflexão, não tenham história. Têm. Vocês estão mobilizando a produção acadêmica, professores, críticos.

É uma questão de estratégia também editorial, da editora como empresa. Mesmo sendo microempresa, é uma empresa, ela precisa sobreviver. Então tem um pouco disso também. Mas veja bem, o ponto comum é a pesquisa universitária, porque o Rino Levi é bem diferente do doutorado do Renato. Ele foi reescrito completamente, tem a metade do número de caracteres do original; eu e minha equipe tínhamos feito a pesquisa iconográfica dentro da universidade, com apoio da Fapesp. E as fotos do Nelson Kon, quando a gente contou as páginas, quase um terço do livro era com fotos dele. Por isso aparecem os três como autores. Então essa questão da pesquisa está desde a origem.

Esse fato de eu ser professor universitário acaba marcando nossa editora. Às vezes a gente tem livros em que se desenvolveu uma relação com o autor, por exemplo, o Eduardo Subirats, que em certo momento estava muito presente no Brasil, eu publiquei muitos artigos dele no Vitruvius, e ele chegou com esse livro que publicamos, um livro que foi pouco lido.[32] Eu entendo que hoje é um dos livros mais contemporâneos que publicamos. Se ele for lido hoje, porque ele dá o recado do mundo, de um mundo indo à direita, um mundo com essa renovação do fascismo, com as experiências biológicas, genéticas, o problema da autoextinção da humanidade. É um livro muito sombrio, mas muito lúcido também. Então a gente arriscou em alguns títulos que não deram muito certo do ponto de vista mercadológico, mas eu não me arrependo porque eu acho que são livros que valeram a pena, que marcam uma posição, mas principalmente para a gente, por termos nos relacionado com os autores.

De qualquer modo, você não só reuniu esses textos fundamentais, mas de certo modo a produção dos anos 1980 ganhou um estatuto mais claro. Passou, a partir daquele momento, a reconhecer uma geração. Lógico, não tem uma geração apenas, tem umas três gerações. Mas, de qualquer modo, passou a ser, eu tenho a impressão, reconhecido como um momento de revisão historiográfica em relação ao que nós tínhamos até Yves Bruand, você reuniu ali muitas tendências representadas.

Sim, não há harmonia. É uma geração que se colocou perante a arquitetura moderna de uma outra maneira, mais crítica, de uma maneira menos laudatória.

Menos laudatória, menos descritiva inclusive, com um distanciamento em relação às obras, a maioria dos ensaios. Mais ensaística, mas transitando por outras disciplinas, pela arte, pela literatura, pela antropologia.

É, para os *Textos fundamentais*[33] eu fiz um texto de apresentação, um texto que me deixou frustrado. Eu penso que até é um bom texto, mas eu não queria ficar só na parte institucional, que eu acho que está boa, de mostrar um pouco os núcleos de pesquisa da PUC-Campinas, da PUC do Rio de Janeiro, da Universidade Federal do Rio Grande do Sul, da USP de São Paulo e de São Carlos. E eu acho que consegui fazer uma pesquisa boa e detectar de onde saíram os programas de pós-graduação. Mas a intenção original era apontar as bases teóricas, até mesmo dos textos publicados em revista comercial, via jornalismo, mas eu não consegui fazer essa parte da pesquisa, porque eram muitos autores, a complexidade era enorme e eu não desenvolvi uma pesquisa satisfatória, que pudesse abastecer essa segunda parte do texto. Na verdade, seria um segundo texto, que seria o posfácio do segundo volume. Entra na lista das coisas que não consegui fazer.

E aproveitando este balanço teórico, você poderia falar da contribuição da Otília Arantes?

A Otília tem uma interpretação da nossa arquitetura moderna, que eu entendo e aceito em grande medida, que sugere que nós somos pós-modernos *avant la lettre*. Não com esses termos, mas no fundo é a moral da história. Porque isso é visto, e foi visto pela crítica até de uma maneira correta, como um excesso de formalismo. Eu entendo, sendo o meu ponto de vista, que é uma questão de estrutura. O arquiteto brasileiro, para fazer modernismo, em alto grau de desenvolvimento, em um país com base artesanal, ele encontrou a melhor forma possível. Então é uma arquitetura que é feita com as mãos, praticamente. Uma arquitetura que foge da produção industrial. É essa a visão da Otília, e essa questão também de ser uma fala que vem de um lugar da nossa sociedade que é muito hierática, muito clivada por diferenças, quer dizer, a fala do arquiteto, num certo momento, é uma fala da elite. Ela não fala dessa maneira, é uma interpretação minha. Mas eu senti muito isso em relação a essa questão, porque eu me lembro de um livro do Paolo Portoghese quando eu era estudante ou recém-formado, onde ele faz um balanço sobre o pós-moderno. Então o pós-moderno nem tinha chegado ao Brasil, ele estava fazendo um balanço do que era o pós-moderno em geral, suas várias correntes e manifestações nos Estados Unidos, na Itália, na França. E daí ele afirma que os únicos dois pontos que elas têm em comum é a valorização da história e a consideração ao sítio. E, ao ler a Otília e me lembrar de Portoghesi, eu pensei que são duas características marcantes em Lúcio Costa: a valorização da história e do meio tropical. Então, quando eu li a Otília, pensei assim: "é o que eu gostaria de ter escrito", pois ela apresenta o paradoxo de ter a arquitetura moderna europeia se desenvolvido para chegar onde é o berço da nossa arquitetura moderna, uma arquitetura muito específica, muito enraizada na história, mas também muito formalista. Para a Otília, o pós-moderno é o desenvolvimento último do movimento moderno, e eu acredito nisso.

Na verdade, o Brasil não é uma exceção nem um exotismo. É, na verdade, a antecipação, é a vanguarda do moderno naquele momento.

A Otília está muito preocupada com a formação, bem na tradição uspiana. Sobre o Lúcio Costa, ela escreveu as mesmas coisas umas três ou quatro vezes. Quando foi lançado o livro *Urbanismo em fim de linha*,[34] eu fiz uma resenha.[35] Na época, eu escrevia com frequência na *Folha de S. Paulo*, e quando o texto foi publicado a Otilia ficou brava comigo. O texto era super elogioso, mas eu afirmava não entender por que os arquitetos liam seus textos. Afinal, ela fala tudo o que os arquitetos não querem ouvir. Para escrever a resenha eu li outros textos dela, fiz o serviço de casa, o que ela notou e comentou comigo. Foi aí que eu aprendi a gostar muito do trabalho dela, do texto perspicaz, da lucidez. Eu acho que ela foge muito da arquitetura, fala pouco de arquitetura, mas o que ela fala eu acho muito acertado. Em especial essa visão da arquitetura brasileira, quando ela fala do Lúcio Costa, da nossa formação, e desse caso, quando você fala dessa antecipação, que não é necessariamente um elogio. Eu acho que ela está certíssima.

Por fim, e considerando que você está sempre um pouco à frente do tempo, é a internet, é coisa editorial, como é que, diante dessas transformações que a gente está vendo hoje no ensino, na prática, na edição, no conhecimento, no interesse por arquitetura, como você vê o lugar do historiador?

O historiador eu não sei, não vou saber lhe dizer isso. Mas eu poderia falar um pouco da prática de professor. Eu acho que tem mudado, faz tempo que mudou, e eu vejo um abismo hoje que eu nunca tinha visto antes em relação ao que nós fazemos, com prática de ensino, e as necessidades que estão gritando. Porque tem realmente uma coisa diferente. Eu lembro, por exemplo, a importância que tinha o Congresso Brasileiro de Arquitetura, que acontece até hoje a cada três anos, ou mesmo das Bienais, porque era um momento que a gente se encontrava com as pessoas, conhecia as pessoas. Eu lembro de ter conhecido o Severiano Porto num congresso brasileiro em Cuiabá, por exemplo. Eu lembro até hoje, porque eu conheci ele num congresso. Como eu conheci o Clorindo Testa também, numa Bienal aqui em São Paulo. Então você conhecia as pessoas, ou as reencontrava, via obras que você nunca tinha visto. Essa mudança foi provocada pelas redes mundiais. Com a internet, você chega nos lugares remotos, você conhece tudo. Então não faz sentido você juntar as pessoas para isso. Não tem o menor sentido. Por isso que quando eu fui o coordenador do fórum de debates da 5ª Bienal, que foi sensacional, teve um grande impacto, e as pessoas lembram da

Bienal por conta do fórum, e não por conta da exposição. É lógico, o importante é a discussão, não é ver uma obra que pode ser vista nos mais variados lugares. Eu, passando essa questão para a sala de aula, penso que essa coisinha aqui, um *smartphone*, é mais potente, dez, quarenta vezes, cinquenta vezes, do que o computador que mandou o homem para a lua. Tem tudo aqui. Então qualquer informação que você possa dar para o aluno ele consegue verificar de uma maneira muito mais avançada, muito mais precisa. Quer dizer, a única coisa que você pode hoje fazer, e justificar sua presença em sala de aula, é facilitar as sinapses, articular as informações, discutir as questões, treinar o olhar dos alunos. E a gente está muito defasado nisso. Então eu entendo que aí talvez o professor de história tenha um papel, pois o professor de história também tem um pouco da intuição do futuro, pois ele tem a prática das coisas que aconteceram.

Notas

1 LEITE, Rui Moreira. *A experiência sem número: uma década marcada pela atuação de Flávio de Carvalho*. Orientador Walter Zanini. Dissertação de mestrado. São Paulo, ECA USP, 1988.

2 DAHER, Luiz Carlos. *Flávio de Carvalho: arquitetura e expressionismo*. São Paulo, Projeto, 1982.

3 Catálogo da exposição: SUMNER, Anne Marie (Org.). *Malhas, escala, rastros e dobras da obra de Peter Eisenman*. São Paulo, Pini, 1993.

4 GUERRA, Abilio. *O primitivismo em Mario de Andrade, Oswald de Andrade e Raul Bopp: origem e conformação no universo intelectual brasileiro*. Coleção RG bolso, volume 3. São Paulo, Romano Guerra, 2010.

5 GUERRA, Abilio. *Lúcio Costa, modernidade e tradição: montagem discursiva da arquitetura moderna brasileira*. Orientadora Stella Bresciani. Tese de doutorado. Campinas, IFCH Unicamp, 2002.

6 ANDRADE, Mário de (1928). *Ensaio sobre a música brasileira*. 3ª edição. São Paulo/Brasília, Martins/INL, 1972.

7 ARANHA, José Pereira Graça. *A estética da vida*. Rio de Janeiro, Livraria Garnier, 1921.

8 PRADO, Paulo. *Retrato do Brasil: ensaio sobre a tristeza brasileira*. 2ª edição. São Paulo, Duprat-Mayença, 1928.

9 GUERRA, Abilio. Lúcio Costa, Gregori Warchavchik e Roberto Burle Marx: síntese entre arquitetura e natureza tropical. *Revista USP*, n. 53, São Paulo, mar./mai. 2002. Publicação em livro: GUERRA, Abilio. Lúcio Costa, Gregori Warchavchik e Roberto Burle Marx: síntese entre arquitetura e natureza tropical. *Arquitetura e natureza*. Coleção Pensamento da América Latina, volume 1. São Paulo/Austin, Romano Guerra/Nhamerica, 2017, p. 46-83.

10 Os textos foram publicados na seguinte coletânea: WARCHAVCHIK, Gregori. *Arquitetura do século XX e outros escritos*. Organização Carlos Alberto Ferreira Martins. Série Fontes da Arquitetura Moderna, volume 2. São Paulo, Cosac Naify, 2006.

11 WARCHAVCHIK, Gregori. Apud FERRAZ, Geraldo. *Warchavchik e a introdução da nova arquitetura no Brasil: 1925 a 1940*. São Paulo, Museu de Arte, 1965, p. 51.

12 REGO, José Lins do. L'homme et le paysage. *L'Architecture d'aujourd'hui*, n. 42/43, Paris, ago. 1952, p. 8-14. Publicação em livro: REGO, José Lins do. O homem e a paisagem. In XAVIER, Alberto (Org.). *Depoimento de uma geração: arquitetura moderna brasileira*. Projeto Hunter Douglas. São Paulo, Abea/FVA/Pini, 1987, p. 300-304.

13 FOUCAULT, Michel. *As palavras e as coisas: uma arqueologia das ciências humanas*. São Paulo, Martins Fontes, 2000.

14 FREUD, Sigmund. Totem y tabu. *Obras completas de Sigmund Freud*. Tomo II, 4ª edição. Madri, Biblioteca Nueva, 1981, p. 1745-1850.

15 FAYE, Jean-Pierre. *Los lenguajes totalitarios*. Madri, Taurus, 1974.

16 GUERRA, Abilio. Oscar Niemeyer e il suo doppio: Mies van der Rohe / Oscar Niemeyer and his double: Mies van der Rohe. *Paesaggio Urbano*, n. 24, Milão, fev. 2015, p. I-XXIII. Publicação em português: GUERRA, Abilio. Oscar Niemeyer e seu duplo: Mies van der Rohe. *Arquitetura e natureza* (op. cit.), p. 154-197.

17 GUERRA, Abilio. Casa de la Estancia Cava, Cabreúva, Brasil: la casa binuclear de Paulo Mendes da Rocha. *Summa+*, n. 168, Buenos Aires, 2018, p. 98-109. Publicação em português: GUERRA, Abilio. A casa binuclear brazuca. In ZEIN, Ruth Verde (Org.). *Caleidoscópio concreto: fragmentos de arquitetura moderna em São Paulo*. Coleção RG bolso, volume 11. São Paulo, Romano Guerra, 2017, p. 129-162.

18 O livro foi lançado após a realização da entrevista: GUERRA, Abilio. *Cultura Pau-Brasil: o encontro de Lúcio Costa, Mário de Andrade, Oswald de Andrade e Tarsila do Amaral*. Coleção Pensamento da América Latina, volume 8. São Paulo/Austin, Romano Guerra/Nhamerica, 2022.

19 ÁBALOS, Iñaki. *La buena vida: visita guiada a las casas de la modernidad*. Barcelona, Gustavo Gili, 2000. Edição em português: ÁBALOS, Iñaki. *A boa vida: visita guiada às casas da modernidade*. Barcelona, Gustavo Gili, 2003.

20 ANELLI, Renato; GUERRA, Abilio; KON, Nelson. *Rino Levi: arquitetura e cidade*. 1ª edição. São Paulo, Romano Guerra, 2001.

21 MORUS, Thomas. *A utopia*. Coleção Os Pensadores, volume Erasmo, More. 4ª edição. São Paulo, Nova Cultural, 1988.

22 CAMPANELLA, Tommaso. *A cidade do sol*. Coleção Os Pensadores, volume Bruno, Galileu, Campanella. 3ª edição. São Paulo, Abril Cultural, 1983, p. 247-297.

23 BACON, Francis. *Nova Atlântida*. Coleção Os Pensadores, n. 13. São Paulo, Abril Cultural, 1973, p. 239-278.

24 FERRAZ, Marcelo Carvalho (Org.). *Lina Bo Bardi*. São Paulo, Instituto Bardi, 1996.

25 FERRAZ, Marcelo Carvalho; et al (Org.). *Vilanova Artigas*. São Paulo, Fundação Vilanova Artigas/Instituto Bardi, 1997.

26 ARTIGAS, Rosa (Org.). *Paulo Mendes da Rocha*. São Paulo, Cosac Naify, 2000.

27 OLIVEIRA, Olivia de. *Lina Bo Bardi: sutis substâncias da arquitetura*. São Paulo, Romano Guerra/Gustavo Gili, 2006.

28 GUERRA, Abilio (Org.). *Eduardo de Almeida*. Coleção Arquiteto Brasileiro Contemporâneo, volume 1. São Paulo, Romano Guerra, 2006.

29 Após a realização da entrevista foi lançada a segunda edição do livro: ANELLI, Renato; GUERRA, Abilio; KON, Nelson. *Rino Levi: arquitetura e cidade*. 2ª edição. São Paulo, Romano Guerra, 2019.

30 GUERRA, Abilio; SERAPIÃO, Fernando; ESPALLARGAS GIMENEZ, Luis (Orgs.). *João Kon, arquiteto*. São Paulo, Romano Guerra, 2016.

31 ESPALLARGAS GIMENEZ, Luis. *Pedro Paulo de Melo Saraiva, arquiteto*. São Paulo, Romano Guerra, 2016.

32 SUBIRATS, Eduardo. *A existência sitiada*. Coleção RG bolso, volume 5. São Paulo, Romano Guerra, 2010.

33 GUERRA, Abilio (Org.). *Textos fundamentais sobre história da arquitetura moderna brasileira – parte 1*. Coleção RG bolso, volume 1. São Paulo, Romano Guerra, 2010; GUERRA, Abilio (Org.). *Textos fundamentais sobre história da arquitetura moderna brasileira – parte 2*. Coleção RG bolso, volume 2. São Paulo, Romano Guerra, 2010.

34 ARANTES, Otília Beatriz Fiori. *Urbanismo em fim de linha: e outros estudos sobre o colapso da modernização arquitetônica*. São Paulo, Edusp, 1998.

35 GUERRA, Abilio. O véu e a mortalha. *Jornal de Resenhas*, n. 48, São Paulo, Discurso Editorial/USP/Unesp/Folha de S.Paulo, 13 mar. 1999, p. 5.

História e engajamento

Fernando Luiz Lara

Entrevista concedida por Fernando Luiz Lara a Paula Dedecca e Jonas Delecave em São Paulo SP, Brasil, em junho de 2017.

Você se formou em Arquitetura e Urbanismo pela Universidade Federal de Minas Gerais – UFMG em 1993. Em 1996, defendeu pela mesma instituição a dissertação "Belo Horizonte: da razão positivista à contaminação pelo cotidiano, uma visão através da literatura"[1] na área dos estudos literários, na qual questões como o contraponto entre plano e apropriação, razão e cotidiano pareciam ser centrais. Poderia nos contar um pouco sobre o início de sua trajetória acadêmica e esse interesse pela literatura?

Eu entrei no curso de arquitetura em 1987. A graduação foi muito transformadora e eu achei que iria trabalhar com projeto por toda vida. Quando eu estava indo para o quarto ano, colegas mais velhos montaram um escritório em uma casa alugada, em uma área degradada chamada Lagoinha, uma zona boêmia de Belo Horizonte. Começamos a fazer projetos, sobretudo pequenas reformas. Por isso eu demorei para me formar e, quando terminei o curso, já estava com saudade de estudar e entediado com o dia a dia da prática profissional, muito amadora. Então, eu resolvi estudar de novo e as federais tinham a opção de obtenção de novo título após a primeira graduação. Eu gostava de literatura e quando fui verificar a possibilidade de matrícula na Faculdade de Letras, uma professora, Vera Casanova, sugeriu que eu fizesse o mestrado. Para se ter uma ideia, naquele momento, na UFMG, quase não havia mestres, o primeiro doutor se formou quando eu já era aluno e eu estudei com os primeiros professores doutores somente no final do curso: Joel Campolina, Luiz Alberto do Prado Passaglia e Maria Lúcia Malard. De todo modo, eu acabei por me matricular na disciplina de mestrado de Vera Casanova, que trabalhava com literatura e espaço, e lá cursei o mestrado.

Foi também ao longo destes anos que Wander Mello Miranda e Eneida Souza da Faculdade de Letras desenvolveram um trabalho significativo na área dos estudos culturais, repensando as fronteiras disciplinares, o papel da crítica literária e revisando alguns pressupostos de sua história e teoria. Qual foi sua aproximação com tal perspectiva teórica? Houve alguma relação com a escolha do tema do mestrado?

A Eneida Souza já estava quase se aposentando, mas tive muitas discussões com o Wander Mello Miranda, com a Ivete Walty, a Vera Casanova e um professor da linguística, Julio Pinto, muito focado no pós-estruturalismo. Essa base teórica, sobretudo de Roland Barthes e Michel Foucault, foi importante para o meu estudo sobre a questão da significação. A dissertação do mestrado era justamente a comparação entre a Belo Horizonte dos anos de 1920 descrita por Pedro Nava no livro *Beiramar*[2] e a cidade real. Existem, é claro, discrepâncias, descrições que não existem na cidade real e a grande pergunta era: qual cidade é mais real? Essa geração, de Nava e Carlos Drummond de Andrade inventou uma Belo Horizonte que se tornou, eu diria, maior do que a cidade verdadeira. O Nava tem uma definição para isso, na qual ele fala que sua literatura navega entre a secura da memória e as possibilidades infinitas da ficção. É o que ele chama de literatura anfíbia, porque consegue sair da água, trabalhar na secura da memória, mas voltar para as possibilidades infinitas da ficção, que são dentro da água. Esse foi o eixo central do mestrado.

Foi ao longo do mestrado que iniciou a atividade docente, certo?

Sim. Nos anos 1990, ocorreu uma onda de expansão dos cursos de arquitetura particulares em Belo Horizonte, que por muitos anos só contava com o da UFMG. Essa situação ampliou a demanda por professores de projeto com pós-graduação. Assim, com 25 anos e ainda cursando o mestrado, eu comecei a dar aula na Pontifícia Universidade Católica – PUC. Dois anos depois de defender o mestrado, fui fazer doutorado nos Estados Unidos. Era um projeto de família: minha esposa foi primeiro e nós dois desenvolvemos nossas teses na Universidade de Michigan. Em 2000, voltamos e nos deparamos com a enorme crise dos últimos anos de gestão de Fernando Henrique Cardoso, com poucos concursos públicos sendo abertos. Em 2002, tornei-me professor da UFMG e, em 2005, retornamos aos Estados Unidos. Entre 2005 e 2015, mantivemos uma rotina anual de permanecer nove meses nos Estados Unidos e três no Brasil. Foi um período no qual eu produzi muito, tentando estar presente no Brasil na medida do possível, em seminários e bancas. Nesse momento, acabei de passar no concurso de professor titular na UFMG, mas pretendo manter essa ponte Brasil/Estados Unidos, que para mim é muito importante.

Voltando à sua aproximação com a história ao longo do mestrado. Ela se assemelha a abordagens assumidas pela historiografia argentina de arquitetura que, nestes anos, renova os estudos arquitetônicos e urbanísticos, combinando-os a uma leitura crítica da modernidade feita por intelectuais latino-americanos, incluindo os deste grupo mineiro. Adrián Gorelik, por exemplo, estava entre os colaboradores regulares desse círculo mineiro. Você teve alguma aproximação com esses visitantes que já se colocavam mais próximos da discussão da arquitetura e do urbanismo?

Não. Quando o Adrián Gorelik foi professor visitante na UFMG eu já estava nos Estados Unidos, desenvolvendo o doutorado que se desdobrou para a apropriação popular da arquitetura moderna.[3] Essa tese, que se tornou o meu primeiro livro publicado nos Estados Unidos,[4] analisou o fenômeno da disseminação e da apropriação da arquitetura moderna pela classe média brasileira, nos anos de 1940 e 1950. Um fato que talvez seja exclusivamente brasileiro.

O que o levou a esse objeto de estudo?

A minha leitura da arquitetura norte-americana era através das revistas de arquitetura e, quando cheguei nos Estados Unidos, não vi nenhuma daquelas casas maravilhosas e, sim, uma arquitetura residencial nostálgica, com cara de século 19, mas que eram novas. Onde estavam as casas modernas publicadas? Escondidas, pois são casas de uma elite que mora fora da cidade, em enormes propriedades que você não vê. Isso foi um gatilho para eu pensar que algo havia de diferente no Brasil, já que temos vários bairros, não desenhados por arquitetos, que absorveram o vocabulário da arquitetura moderna.

Mas você focou na cidade de Belo Horizonte?

A pesquisa de campo foi em Belo Horizonte. Mas eu estudei o discurso arquitetônico brasileiro nacional nos anos de 1950 através das revistas. Por um lado, analisei publicações especializadas: *Acrópole*, *Módulo*, *Arquitetura e Construção*, de São Paulo, Rio de Janeiro e Belo Horizonte, respectivamente. Por outro, pesquisei as revistas *O Cruzeiro*, *Manchete* e *Casa & Jardim*, buscando entender a assimilação do discurso dos arquitetos. *Manchete*, por exemplo, se colocou desde o início no campo progressista, abriu espaço para o modernismo, mergulhando de cabeça na aventura de juntá-lo à modernização ao longo da presidência de Juscelino Kubitschek. Por outro lado, *O Cruzeiro* assumiu uma postura inicial mais conservadora, dando voz aos críticos da arquitetura moderna. Mesmo assim, com a aproximação da inauguração de Brasília, a revista também se dobrou ao moderno. A tese dedica um capítulo inteiro para a discussão da visão dos arquitetos sobre essa apropriação popular da arquitetura moderna que, no geral, se mostraram extremamente refratários e críticos, entendendo-a como uma degeneração ou vulgarização. A exceção foi Vilanova Artigas, que entendia essa apropriação cultural como um elogio ao trabalho dos arquitetos, justamente quando clamava por mais ligação entre a classe trabalhadora e os arquitetos.

E como foi recebida a tese nos Estados Unidos?

No final dos anos de 1990, tive a oportunidade de conversar várias vezes com Kenneth Frampton, Stanford Anderson, um pouco mais tarde com Jean-Louis Cohen, e todos eles questionavam porque eu estudava arquitetura sem arquiteto – o que, para eles, era uma bobagem. Isso me colocou a seguinte questão: nós temos que expandir a definição de arquitetura. Não podemos trabalhar com a ideia de que arquitetura são só as obras projetadas pelos grandes arquitetos. Trata-se de uma postura muito autorreferenciada e redundante. Nós, professores e críticos de arquitetura, somos quem define, até certo ponto, quem são os bons arquitetos. Portanto, trabalhar com essa definição é muito redutora e elitista, um desserviço à profissão.

Qual seria a alternativa do seu ponto de vista?

Eu defendo que temos que trabalhar com uma definição muito mais ampliada: toda intervenção do ser humano no ambiente é arquitetura. A partir dela, criamos sistematizações, camadas, entendimentos de que o barraco da favela é tão arquitetura quanto o edifício da Faculdade de Arquitetura e Urbanismo da Universidade de São Paulo – FAU USP onde estamos agora. Colocando, é claro, todas as limitações e vulnerabilidades de uma arquitetura de baixa qualidade, que é feita na periferia das grandes cidades, comparada com esse monumento. Não se trata de nos desfazermos de um juízo de valor ou retirar essas construções de uma hierarquia, mas entender que existem permeabilidades nesse sistema da construção. Quem constrói esse edifício também constrói a favela. No doutorado, entrevistei pedreiros para entender a disseminação do conhecimento. Pois, na verdade, as mesmas pessoas que trabalhavam na Construtora Rabelo, que erguiam durante o dia os prédios de Oscar Niemeyer em Belo Horizonte, construíam suas próprias casas na favela de noite e no fim de semana.

Você desenvolveu essas questões em quais escritos?

Em vários artigos reunidos agora no livro *Excepcionalidade do modernismo brasileiro* de 2018.[5] O mais relevante destes textos, na minha opinião, é o "Modernism Made Vernacular: The Brazilian Case", publicado no *Journal of Architectural Education* em 2009.[6] Nele, busquei demonstrar que o sistema Dom-ino, de Le Corbusier, era o DNA das favelas. As favelas são filhas bastardas de Corbusier, ou melhor, talvez fossem sua primeira intenção, tendo em vista que o sistema proposto era altamente aberto e flexível, para ser armado de qualquer maneira e atender à demanda de habitação de qualquer lugar. Duas lajes e as colunas de concreto são o DNA das favelas. Claro, com várias deformações, como o fato de não existir independência entre estrutura e vedação. Quando eu apresentei esse trabalho em uma conferência no Canadá, em 2007, o Jean-Louis Cohen detestou.

A partir de quais argumentos?

Que você não pode falar que a favela tem ligação com Le Corbusier. Para ele, são dois mundos completamente diferentes. Nesse artigo eu discuto isso. Toda uma geração da Oppositions, em Nova York nos anos de 1970, fez uma leitura extremamente formal do Dom-ino. Peter Eisenman, por exemplo, faz uma leitura de proporção. Mas quando eu fui ver a obra original de 1915, Le Corbusier não estava preocupado com esses detalhes de proporção, as proporções variam segundo cada desenho. Essa é uma geração que define arquitetura como obra dos grandes arquitetos e que tem dificuldade de incluir o que está fora disso. A opinião de Cohen era também compartilhada por Frampton e por Anderson.

Você fala de uma hibridização muito maior entre os campos disciplinares, não só entre alta e baixa arquitetura, mas entre planejamento e literatura, como você fez no mestrado, e entre o trabalho de historiador e o de arquiteto. Como você atravessa todos esses campos disciplinares?

Atualmente, eu faço mais consultoria, mas tive uma prática de projeto de uma década. Acho que eu consegui ser bastante transdisciplinar na minha carreira. Interessa-me planejamento urbano, interessam-me questões de produção da cidade. A minha leitura da arquitetura pode se dizer que é até um pouco marxista. Aqui, na FAU USP, eu sou pouco marxista. Nos Estados Unidos, eu sou muito marxista. A minha leitura, no livro de arquitetura moderna da América Latina,[7] é muito socioeconômica, buscando analisar o que acontecia naquele determinado país, quais eram as condições políticas, quem contratou e quem pagou o projeto, de onde veio o dinheiro. Por outro lado, o Luis Carranza, que é o coautor deste livro, enveredou pelos conceitos artísticos e pelas ideias. Essa não é a minha praia. Eu não tenho muitos textos falando da relação de arquitetura com as artes, é um campo difícil para mim. Eu fico muito mais confortável em entender o jogo de poder entre o Assis Chateaubriand e a família Matarazzo, um construindo o Museu de Arte de São Paulo – Masp e o outro construindo o Museu de Arte Moderna – MAM, de onde vem o dinheiro, de onde vem o terreno. Eu sempre me pergunto na minha análise de qualquer obra de arquitetura: como é que foi essa contratação? De onde vem o dinheiro? Por que esse terreno? Por que esse arquiteto? Por isso, normalmente opto por uma entrada pelo planejamento urbano, pelas dinâmicas socioeconômicas da cidade, para poder entender o espaço. O espaço nessa definição sempre muito ampliada.

Essa perspectiva historiográfica ancorada em questões socioeconômicas surge em que momento na sua trajetória?

Boa pergunta, eu nunca me perguntei sobre isso. Mas acho que é uma pergunta relevante, considerando o momento no qual vivemos. Está muito difícil conversar com pessoas muito afetuosas, do circulo familiar ou de amigos que ficaram do outro lado do golpe do ano passado. Talvez seja o momento de fazer essa pergunta: por que eu tomei essa trajetória e penso o mundo desse jeito, e um grande amigo fez outra trajetória e hoje está do outro lado? É difícil precisar, mas acho que vem de uma propensão, de um certo deslocamento. Eu tive uma adolescência não muito feliz. Meus pais eram funcionários públicos, colocaram-me em um colégio de elite, no qual eu era o mais CDF e o mais pobre. Depois veio a arquitetura que, como eu disse, foi a grande transformação da vida. Acho que essa forma de ver a arquitetura é uma forma brasileira. Quando eu comparo os trabalhos de graduação das boas escolas brasileiras e dos Estados Unidos consigo perceber, aqui, uma presença forte do urbanismo. Nos Estados Unidos, onde o urbanismo é uma disciplina de pós-graduação, isso não existe. Grande parte dos alunos de *planning* são sociólogos, economistas, geógrafos. Enfim, é o desenvolvimento de uma forma de ver o mundo. Experiências familiares, de escola, de universidade e de leituras que vão te formando.

Retornando um pouco ao doutorado e ao confronto com essa perspectiva da arquitetura enquanto experimentalismo, enquanto vanguarda: você propunha, de certa maneira, um novo enfoque metodológico. Você consegue perceber um diálogo dessa abordagem com pesquisas posteriores?

Sim. Tanto no Brasil quanto nos Estados Unidos. A minha orientadora do doutorado, Linda Groat, dedicou sua carreira à questão da metodologia. Ao longo do meu doutorado, pude colaborar como bolsista no desenvolvimento do seu livro, *Architectural Research Methods*,[8] escrito conjuntamente com David Wang. São oito capítulos, oito processos metodológicos, desde simulação no computador até estudo de caso. Considero que um dos ganhos do meu doutorado foi a exposição a essa variedade de métodos de pesquisa de arquitetura e, mais do que isso, a intenção de trabalhar com esses métodos de maneira rigorosa. Tanto que minha tese inclui pesquisas de arquivo, entrevistas, análises formais, juntando, portanto, metodologias diferentes para estudar o objeto. A repercussão do trabalho nos Estados Unidos foi sobretudo a partir da questão metodológica. Ao longo do doutorado, eu mantive uma relação forte com o Brasil. Ao apresentar minha pesquisa no Docomomo, realizado em São Paulo em 1989, passei a estabelecer um diálogo com diversos pesquisadores brasileiros – como Hugo Segawa, Carlos Eduardo Dias Comas, Luiz Amorim, Ruth Verde Zein e Sonia Marques – sobre questões metodológicas, mas sobretudo pela defesa desse campo expandido, de tratar a periferia das grandes cidades como objeto de estudo. Sem dúvida, esse segundo aspecto repercutiu mais aqui.

Podemos pensar essa disseminação ampla do vocabulário e da técnica modernista também em outros países da América Latina?

Com a profundidade e a escala da disseminação do Brasil, não. No México, por exemplo, é possível notar a disseminação da tecnologia dos blocos de concreto de cinza vulcânica, que se espalharam no altiplano mexicano e virou a técnica barata das periferias. Mas eu não vejo lá a intenção estética modernista que pode ser percebida no Brasil e que revela uma vontade de participar dessa modernidade, de se mostrar moderno (mesmo que não fosse, como podemos notar muitas vezes nas plantas ainda referenciadas na estrutura familiar do século 19). Eu não consigo notar essa adesão ampla, dos anos de 1940 e 1950, em outros lugares do mundo, ao menos não com a mesma escala ou profundidade. Um diálogo entre arquitetos e classe média que, a partir de Brasília, e sobretudo com o Golpe de 1964, se perdeu.

Eu gostaria de falar agora sobre o livro *Modern Architecture in Latin America*, escrito com Luis Carranza. Porque escrevê-lo a quatro mãos? Como foi o processo de elaboração?

Eu conheci Carranza em 1998, assim que cheguei nos Estados Unidos. Naquele momento, trabalhávamos com objetos de análise parecidos e guardávamos afinidades metodológicas. A tese de Carranza era sobre como o Partido Revolucionário Institucional no México usou a arquitetura para monumentalizar a ideia de revolução, que depois tornou-se o livro *Architecture as Revolution: Episodes in the History of Modern Mexico.*[9] Sempre nos encontrávamos em sessões de congressos, que discutiam a arquitetura moderna na América Latina, e sempre reclamávamos que a audiência norte-americana nada conhecia sobre a América Latina. De fato, as discussões eram sempre muito frustrantes, em razão do desencontro entre a nossa intenção de discutir questões historiográficas e de análise do espaço mais específicas e o debate muito básico que emergia da plateia. Em 2010, a mesma situação ocorreu em uma Conferência em Nova Orleans e, em um encontro de bar, decidimos escrever um livro – aquele que há tempos esperávamos que alguém fizesse. Montamos uma proposta editorial e, ao contrário das nossas sofridas experiências prévias de publicação nos Estados Unidos, a resposta do editor foi quase imediata e de pleno acordo com o largo escopo. Foram três anos escrevendo, com uma troca muito intensa, mas, sem dúvida, o processo de direitos de imagem foi a parte mais difícil.

Os capítulos foram escritos conjuntamente? Como foi lidar com a diferença de perspectiva entre autores durante o processo?

Em um primeiro momento, cada capítulo foi escrito por um de nós. Muitos capítulos foram mesclados pois a estrutura do livro mudou ao longo do caminho. Eu, como autor, consigo perceber um viés diferente nos escritos por mim ou por Carranza, mesmo que esses capítulos tenham sido alterados ao longo dos comentários e da revisão pelo segundo autor. Mas essa diferença não se nota para a maior parte dos leitores, então acho que conseguimos uniformizar a abordagem. De todo modo, o livro é muito plural, foi pensado desse modo. Queríamos que cada capitulo funcionasse sozinho, que professores pudessem usar didaticamente apenas partes do livro. Mais do que isso, existe um sistema de referência cruzada a partir de países ou temas.

E como se relaciona essa estrutura, de muitos capítulos independentes e curtos, com a perspectiva metodológica que vocês comentam na introdução, muito apoiada em Michel Foucault e Manfredo Tafuri?

As influências teóricas do livro são múltiplas: Foucault para entender as relações de poder, Tafuri para entender as questões econômicas. São várias entradas, mas é preciso dizer que, no processo de escritura, fui um pouco resistente aos autores europeus. Meu trabalho atual é mostrar o eurocentrismo na nossa disciplina. Gosto da colocação do Alexandre Barbosa, do Instituto de Estudos Brasileiros – IEB da USP, que diz que a cultura europeia, a civilização ocidental desenvolvida, tecida na Europa nos últimos três séculos, é fundamental para nós, mas insuficiente. Assim, insisti ao longo do desenvolvimento do livro que deveríamos nos referenciar em autores latino-americanos: discutir Tafuri, Frampton, mas também Marina Waisman, Juan O'Gorman, Jorge Francisco Liernur, Adrián Gorelik, Arturo Almandoz (sem mencionar os intelectuais que pensaram a América Latina, como Angel Rama e Octávio Paz). Eu tenho muito orgulho da resenha do livro escrita por Francesco Dal Co na *Casabella*.[10] Nela, ele elogia o livro como obra de sistematização, como um mapa que permite a compreensão de um panorama. Ao final, ele aponta um problema: o livro se referenciava muito pouco na literatura europeia sobre o assunto. E era exatamente isso que eu queria. Na verdade, foi um grande desafio, porque não é possível escolher um processo historiográfico e segui-lo a ferro e a fogo. Para dar conta da pluralidade do livro, temos que nos apoiar em autores diversos, tatear questões, mas sempre mantendo um eixo pós-estruturalista, no caso da multiplicidade de abordagens, e pós-colonialista, no sentido de puxar um pouco o freio no pensamento europeu e falar que nós somos herdeiros da civilização ocidental, mas ela é insuficiente. Tem que estar ciente da relação centro-periferia, mas não cair só nela. Na verdade, somos dois autores deslocados, um brasileiro e um mexicano, que dão aula nos Estados Unidos. Nós carregamos em nós mesmos esse deslocamento de estar dentro e estar fora da América Latina ao mesmo tempo, e acho que isso reflete muito, acho que o livro capta um pouco essa esquizofrenia nossa.

Uma coisa interessante do livro é a intenção de revelar a metodologia na própria estrutura, com modos de entrada e percursos variados de leitura.

Foi algo muito discutido ao longo do processo de elaboração do livro. Liernur debate essa questão no prefácio e nós na introdução. A intenção era um livro aberto, que fugisse, por exemplo, do conceito de uma *arquitetura latino-americana*, tal como discutido pelo grupo dos Seminários de Arquitetura Latinoamericana – SAL. Nós achamos que essa abordagem é redutora, como se existisse uma alma, uma síntese, algumas características que fossem latino-americanas. Em contraponto, nós buscamos usar a ideia de arquitetura na América Latina, como suporte geográfico com arquiteturas múltiplas e que têm que ser apresentadas no plural.

Uma opção que também parte daquela sua aproximação com a literatura?

Sem dúvida. Julio Cortázar, Jorge Luis Borges ou Octávio Paz foram tão importantes para a elaboração do livro como Tafuri ou Giulio Carlo Argan. A gente tem consciência de que criamos e tecemos uma narrativa pelo processo curatorial e que essa narrativa é provisória e insuficiente como qualquer outra narrativa. É importante ter essa consciência de que tem um pouco de ficção nessa forma de contar a história, é isso que deixa a narrativa aberta para múltiplas entradas e desenvolvimentos, sem a menor pretensão de colocar o livro como uma verdade histórica. Não é um documento, é uma narrativa que conta uma história que nunca foi contada antes.

Como você vê o livro no conjunto de esforços historiográficos que tem a arquitetura moderna na América Latina como objeto?

Tentamos ler tudo, ao menos em português, inglês e espanhol. Nos baseamos muito no trabalho da geração do SAL, tanto Ramón Gutiérrez (que fala com muita propriedade do século 18 e 19, tirando o pé do acelerador ao entrar no século 20); Silvia Arango, figura fundamental que tenta montar um sistema de gerações; aqui no Brasil, Carlos Eduardo Dias Comas, Carlos Martins, Hugo Segawa, e mesmo a geração anterior, como Nestor Goulart e Carlos Lemos. Nos baseamos no trabalho de todos esses autores, mas tentamos ser o mais abrangente possível. Tínhamos a consciência de que, pelo fato de escrever em inglês e publicar nos Estados Unidos, esse livro teria uma disseminação global. Assim, nos preocupamos sobre como contar essa história, pela perspectiva mais interna possível, mas de modo que servisse tanto para a audiência anglo-saxã, como para a audiência ibérica.

E o recorte temporal também é enorme, um século inteiro.

A gente debateu muito sobre onde começar o livro. Podia ser 1897, com a destruição de Canudos e a fundação de Belo Horizonte; os anos de 1890, com o Porfirio Dias no México e suas reformas; ou mesmo 1908, com a ideia do panamericanismo. Mas decidimos começar com 1903, com as intervenções de Pereira Passos no Rio de Janeiro, por condensar toda a história do século 20: uma reforma urbana, baseada no sanitarismo e no rodoviarismo, que serviu para expulsar a população pobre e criar terrenos para a construção imobiliária. Depois, discutimos muito como terminar o livro, sendo que eu ficava muito mais confortável para trabalhar com a produção contemporânea do que Carranza. É interessante notar que muitos dos arquitetos que mencionamos na conclusão, que produziam ao mesmo tempo que escrevíamos os trechos finais do livro, agora estão ganhando prêmios. Ou seja, existe uma parcela de boa escolha, mas também sabemos que se trata de um ciclo vicioso, que o livro funciona como instância de legitimação. Nós corremos esse risco, e até agora tem funcionado. Foi um risco que tem se mostrado consistente e frutífero.

Um trabalho de história que se desloca para o de crítica, portanto?

Sim, os capítulos mais recentes são um trabalho de crítica, pois não temos o distanciamento histórico para escrever sobre os anos de 1990 e 2000, sobre a obra de Rafael Iglesia ou Solano Benites, por exemplo.

Como analisar o episódio sem perder de vista a longa duração? E como analisar o episódio numa área tão vasta sem perder de vista o que é comum e o que é particular?

Tentamos, em todos os capítulos, equilibrar a questão do universal e do particular. Quais são os traços comuns a vários países e quais são questões muito locais? Tentamos sempre deixar esses dois componentes explícitos: isso é um conceito mais universal, uma questão socioeconômica política compartilhada, ou específico do contexto local. Por outro lado, a questão da longa duração, para mim, se manifesta em alguns eixos que não estão muito explicitados no livro, mas que fazem parte da nossa forma de pensar e que perpassam a América Latina ao longo de todo o século: a questão da modernidade deslocada, a modernidade das Américas, e o que isso significa. Autores como Marina Waisman, que fala da modernidade apropriada, ou Garcia Canclini, com a pluralidade das modernidades que precisa encontrar a sua manifestação local e a sua narrativa local, sempre estiveram por trás da gente ao longo da elaboração do livro. É sobre isso que estou escrevendo atualmente. Somos todos filhotes de europeus, deslocados a gerações, ao mesmo tempo colocados em um espaço absolutamente marcado pelo holocausto indígena do século 16 e pela escravidão dos séculos 18 e 19. Que espaço americano é esse? A cidade americana, como máquina de esquecimento e máquina de exclusão, é uma cidade desmemoriada, porque é forçada a se reinventar o tempo todo. Acho interessante a ideia do laboratório americano, do Roberto Fernandes na Argentina, de que algumas experiências, que os europeus não tiveram coragem de fazer na Europa, foram feitas aqui. Assim, sempre nos colocamos como lugar da tábula rasa, da experimentação, mas também de forte exclusão. Tentei trabalhar essa questão nos meus textos dos últimos dez anos. Por exemplo, em um deles, comparo os exemplos do Conjunto Residencial Pedregulho com os edifícios do Parque Guinle,[11] dois edifícios quase do mesmo ano. Um, com uma solução mais coletivista de habitação, completamente abandonada pela sociedade brasileira. Outro, absorvido pela sociedade brasileira, com uma ideia de habitação vertical, mansões empilhadas com dois quartos de empregada, elevador e porta de serviço. São marcas do século 19 que permaneceram até hoje na nossa arquitetura e que prevaleceram sobre propostas mais empoderadoras e transformadoras. Essa leitura das cidades americanas como máquina de exclusão e máquina de esquecimento perpassa o livro e merece ser expandida para contemporaneidade e para o período do século 19 e antes, porque isso marca a nossa experiência urbana.

Qual o alcance do urbano e do urbanismo na eleição dos episódios do livro?

Nesse sentido, somos bastante latino-americanos. Não fizemos um livro só de arquitetura. Ele começa com a reforma de Pereira Passos, passa por projetos de intervenção, discute os campos universitários, fala de Brasília, fala de favela-bairro, dos projetos da Cidade do México para a Olimpíada de 1968. O urbano tem uma presença muito forte como o espaço onde essa arquitetura aconteceu.

Do seu ponto de vista, qual seria o papel da história e da pesquisa na formação do arquiteto?

Essa é uma questão fundamental. Dentro dessa chave que estou trabalhando, da cidade americana como máquina de esquecer e excluir; uma saída possível é valorizar, conhecer e celebrar a história no que ela tem de empoderador e transformador, mas também no que ela tem de trágico e repressor. Trata-se de conseguir articular um movimento de resgate do espaço público que tenha a potencialidade de gerar uma cidade melhor para o futuro. O momento atual é de muita desesperança, não só no Brasil, mas nos Estados Unidos, no México, na Argentina, na Venezuela. A questão da transformação da cidade em um espaço mais inclusivo está passando por um momento horrível e repressor, do qual a Europa também não escapa, mas que é muito forte nas Américas. A história é uma das saídas possíveis.

É uma história muito mais de reflexão sobre o ambiente construído e muito menos operativa do ponto de vista do projeto?

Eu gostaria que fosse operativa. Eu gostaria de ver questões da história, como por exemplo, a permanência da porta de serviço, indo para o ateliê. É uma questão de gênero, de classe, de desigualdade, de precariedade de trabalho. Que sociedade é essa que acha normal essa opção? Como nós queremos ter uma sociedade melhor sendo que milhões de mulheres saem todos os dias para cuidar dos filhos dos outros e largam seus próprios filhos em condições precárias? E por que só a mulher? Tudo isso perpassa uma questão arquitetônica.

É interessante, pois você coloca uma relação íntima entre história e ateliê, mas que não passa pela questão do vocabulário ou do repertório.

Por que nós construímos ainda esses resquícios de segregação na arquitetura contemporânea? A casa de vidro da Lina Bo Bardi é uma casa maravilhosa, que temos que celebrar por toda a sua exuberância, mas que tem três quartos de empregadas e isso tem que fazer parte da conversa.

E, nesse sentido, como você vê a crescente autonomia do trabalho do historiador e a afirmação de espaços cada vez mais institucionalizados e independentes para essa prática?

Eu me bato muito com alguns colegas historiadores. Acho que agora eu faço parte desse grupo de historiadores, mesmo que durante muitos anos eu tenha mantido minhas dúvidas. Eu não consigo trabalhar a história como um valor em si mesmo, intrínseco. A história tem que trazer questões para analisar o presente e propor um futuro melhor. Eu cheguei na história por uma análise da arquitetura e por sua crítica. Mas tem vinte anos que eu só escrevo, faço poucos projetos, atuo como consultor em um escritório em Belo Horizonte que faz só arquitetura pública, mas não desenho. Eu me tornei professor e historiador de arquitetura, apesar de não ter um título em história. Assim, a minha relação com a história é um pouco deslocada. Tem um estranhamento nessa relação, mas acho que a história é uma das saídas possíveis para os dilemas atuais da sustentabilidade social e ambiental.

Muitas pesquisas em história da arquitetura têm se aproximado da história cultural e social do ambiente construído. Qual você acha que é a potencialidade desse olhar para repensar uma historiografia mais tradicional?

Defendo fortemente a expansão do campo da arquitetura para entender todo o ambiente construído. Acho uma armadilha elitista nos restringirmos às obras dos grandes arquitetos. É algo que nos faz menos relevante para a sociedade. Precisamos investir na história social e na historia da construção. Estamos muito atrasados em fazer uma série de revisões e fico feliz ao perceber algumas delas sendo feitas, como por exemplo, a questão de gênero, que explodiu na América Latina nos últimos dois anos. Mas têm várias outras questões que a gente ainda não conseguiu trabalhar e que têm implicações espaciais, como a de raça ou a da construção. Quem são os operários que constroem tudo? A nossa disciplina está amarrada nesses processos e, repetindo, o mesmo processo que tem que estudar a porta de serviço e o elevador de serviço, tem que estudar que são os operários que constroem tudo.

Porque eles são totalmente esquecidos na grande maioria das análises.

Totalmente esquecidos. Eu tenho um texto curto publicado em uma revista do Chile.[12] A encomenda era um artigo sobre a madeira na arquitetura moderna brasileira. Eu acho que eles queriam que eu falasse, por exemplo, do Marcos Acayaba. Mas eu não queria falar disso e decidi abordar a fôrma. Todo esse concreto maravilhoso da arquitetura brasileira foi um dia madeira cortada, cerrada, pregada por operários. Essas pequenas inversões são prazerosas, porque te permitem ver o exército de marceneiros que trabalharam essa tecnologia da madeira para construir a fôrma, que depois de cheia de concreto se tornou arquitetura.

Por fim, como é que você avaliaria a produção historiográfica contemporânea na América? Suas aproximações e diferenças?

O Brasil está em um momento muito rico de produção de conhecimento. O sistema brasileiro de pós-graduação cresceu nas últimas três décadas e, se ainda sofre de um certo isolamento, se pensado na sua relação com as trezentas escolas de arquitetura, está produzindo um conhecimento fantástico. Os Estados Unidos têm um sistema universitário muito robusto e rico, que se arvora a estudar o mundo inteiro, com uma produção de conhecimento que funciona muito bem, mas sofre com o mesmo problema de distanciamento dos programas de história da arquitetura com os de projeto. O Brasil vem em segundo lugar, mesmo que muito autofocado. Deveria estudar também o mundo inteiro, ou ao menos a América Latina toda. Porque o Brasil tem um sistema de produção de conhecimento estruturado e essa potencialidade, que pode se transformar em efetivo conhecimento. Mais do que isso, eu adoraria ver uma rede mais integrada, com troca de conhecimento em tempo real. Fico esperançoso, apesar de todos os retrocessos dos últimos três anos, dos cortes orçamentários e de bolsas, a gente ainda tem um sistema de pós-graduação excelente e o momento é de dialogar de igual para igual, sem reverência. Nos últimos anos, tenho publicado regularmente em espanhol (México, Chile, Equador e Colômbia) e faço parte de uma rede, chamada Nuestro Norte es el Sur, que discute a necessidade de decolonizar a história da arquitetura. Fazem parte deste grupo Reina Loredo, Diana Maldonado, Ana Maria Leon, Fernando Nespral, Felipe Hernandez, Ana Maria Duran Calisto. No Brasil, esse grupo está muito alinhado com o grupo Cultura, Arquitetura e Cidade na América Latina – Cacal, com Nilce Aravechia, Ana Castro, Marcio Cotrim, Celma Chaves, Rodrigo de Faria e Marianna Al Assad. É um esforço de equipe, assim como este livro que registra o pensamento de uma geração do qual eu me orgulho de fazer parte.

Notas

1 LARA, Fernando Luiz. *Belo Horizonte: da razão positivista à contaminação pelo cotidiano, uma visão através da literatura*. Orientador Luís Cláudio Vieira de Oliveira. Dissertação de mestrado. Belo Horizonte, Fale UFMG, 1996.

2 NAVA, Pedro. *Beira-mar*. Rio de Janeiro, José Olympio, 1978.

3 LARA, Fernando Luiz. *Popular Modernism: An Analysis of the Acceptance of Modern Architecture in 1950s Brazil.* Orientadora Linda N. Groat. Tese de doutorado. Ann Arbor, University of Michigan, 2001.

4 LARA, Fernando Luiz. *The Rise of Popular Modernist Architecture in Brazil*. Gainesville, University of Florida Press, 2008.

5 LARA, Fernando Luiz. *Excepcionalidade do modernismo brasileiro*. São Paulo/Austin, Romano Guerra/Nhamerica, 2018.

6 LARA, Fernando Luiz. Modernism Made Vernacular: The Brazilian Case. *Journal of Architectural Education*, v. 63, n. 1, Londres, out. 2009, p. 41-50.

7 CARRANZA, Luis E.; LARA, Fernando Luiz. *Modern Architecture in Latin America: Art, Technology and Utopia.* Austin, University of Texas Press, 2015.

8 GROAT, Linda N.; WANG, David. *Architectural Research Methods*. Nova York, Wiley, 2013.

9 CARRANZA, Luis E. *Architecture as Revolution: Episodes in the History of Modern Mexico*. Austin, University of Texas Press, 2010.

10 DAL CO, Francesco. Learning from Latin America? *Casabella*, n. 850, Milão, jun. 2015, p. 90-93.

11 LARA, Fernando Luiz. Incomplete Utopias: Imbedded Inequalities in Brazilian Modern Architecture. *Architectural Review Quarterly*, v. 15, n. 2, Cambridge, ago. 2011, p. 131-138.

12 LARA, Fernando Luiz. Sobre la invisibilidad de la madera: arquitectura moderna en Brasil. *Ciudad y Arquitectura*, v. 150, Santiago do Chile, mar./jun. 2012, p. 48.

Arquitetura e escrita
Financiamento coletivo

Patrocinadores
Carmo Sodré Mineiro
Marcelo R. Willler

Apoiadores
Adalberto da Silva Retto Júnior
Adalberto Vilela
Adaucto Hissa Elian
Adele Belitardo
Adrián Gorelik
Adriana Leal de Almeida
Adriano Tomitão Canas
Affonso Risi
Aflalo & Gasperini Arquitetos
Agnaldo Farias
Alan Isdebsky
Alejandro Caldera
Alessandro Muzi
Alex de Carvalho Matos
Alexandre Benoit
Alexandre Brasil Garcia
Alexandre Gaiser
Alexandre Mendes
Alexandre Ruiz da Rosa
Alice Viggiani
Aline Coelho Sanches
Aline Nassaralla Regino
Altivo Ovando Júnior
Alvaro Puntoni
Álvaro de Magalhães Drummond
Amália Cristovão dos Santos
Amanda Bianco Mitre
Amon Lasmar
Ana Amora
Ana Baltazar
Ana Carolina Andrade
Ana Carolina Gimenez
Ana Cecilia de Arruda Campos
Ana Cecília Siqueira Parente de Mello
Ana Claudia Trocoli Torrecilhas
Ana Claudia Veiga de Castro
Ana Cristina de Almeida Fernandes
Ana Cristina Lacerda
Ana Fernandes
Ana Flávia Rêgo Mota
Ana Gabriela Godinho Lima
Ana Goes Monteiro
Ana Luiza Nobre
Ana Mazzei
Ana Medeiros
Ana Paula Castro
Ana Paula Farah
Ana Paula Gurgel
Ana Paula Koury
Ana Paula Polizzo
Ana Paula Silva de Assis
Ana Tavares Lira
Anália Amorim
Anamaria Araujo
Anariá Ladeira
André Alves
André Augusto de Almeida Alves
André Dias Dantas
André Falcão
André Franciosi
André Luiz Tura Nunes
André Scarpa
Andréa da Rosa Sampaio
Andréa Gáti
Andrea Olinto
Andrea Tourinho
Andrés Martín Passaro
Andrey Rosenthal Schlee
Angela Amaral
Angela Prysthon
Angelica Tanus Benatti Alvim
Anielle Kelly Vilela Freitas
Anna Beatriz Ayroza Galvão
Anne Mayara Almeida Capelo
Antonio Carlos Barossi
Antonio Collares Figueiredo
Antonio Fabiano Jr.
Antônio José de Sena Batista
Apoena Amaral e Almeida
Ariadne Aguiar Vitório Mendonça
Artur Simões Rozestraten
Associação Escola da Cidade
Augusto Ferrer de Castro Melo
Barbara Cortizo de Aguiar
Beatriz Agostini Teixeira
Beatriz Bezerra Tone
Beatriz Braga Costa
Beatriz Brandt
Beatriz Coelho
Beatriz Mugayar Kuhl
Bella Masano
Breno Felisbino da Silveira
Bruna Tonini
Bruno Conte
Bruno de Albuquerque Ferreira Lima
Bruno Levy
Bruno Melo Braga
Bruno Mentone
Bruno Santa Cecília
Camila Obniski
Camila Rosatti
Candido Malta Campos Neto
Carla Diamante Oppido
Carlos Alberto Ferreira Martins
Carlos Alberto Coelho
Carlos Alberto Maciel
Carlos Eduardo Abreu Sodré

Carlos Eduardo Poma Valadão
Carlos Ferrata
Carlos Roberto Abreu Sodré
Carmela Rocha
Carmo Sodré Mineiro
Carolina Duarte
Carolina Heldt D'Almeida
Carolina Leonelli
Carolina Wieck
Cassia Schroeder Buitoni
Cássio Sauer
Catarina Flaksman
Celiza Cabral
Celma Chaves
Celso Sampaio
Cesar Shundi Iwamizu
Clara Chahin Werneck
Clarissa Paulillo
Clarisse Martins Villela
Claudia dos Reis e Cunha
Claudia Hartley Lisboa
Claudia Maria Ventura Roque
Claudia Piantá Costa Cabral
Claudia S. Rodrigues de Carvalho
Claudio Silveira Amaral
Clécio Magalhães do Vale
Clevio Rabelo
Cleusa de Castro
Clovis Ramiro Jucá Neto
Cris Lavall
Cristian da Silva Borges
Cristiane Alves
Cristiane Muniz
Cristiane Zanella de Souza Campos
Cristina de Castro Kesselring
Cristina Fino
Dalton Bertini Ruas
Dalva Thomaz
Daniel Mangabeira da Vinha
Daniel Nobre
Daniel Pitta Fischmann
Daniela Moro
Daniele Caetano
Daniella Fassina
Danilo Hideki Abe
Débora Boniatti
Denis Ferri
Denise Antonucci
Denise Mendonça Teixeira
Didiana Prata
Diego Beja Inglez de Souza
Diego Mauro Muniz Ribeiro
Dinalva Roldan
Édi Waldrich
Edson Elito
Eduardo Caetano Barbosa
Eduardo Costa
Eduardo Rocha
Eduardo Soares
Eduardo Verri
Eliane Baader Lima
Eliel Baía
Elisa Soares do Amaral
Elisabete França
Eneida de Almeida
Enio Laprovitera
Enk te Winkel
Erick Vicente
Eduardo Pereira Gurian
Ethel Leon
Eugenio Fernandes Queiroga
Evelyn Furquim Werneck Lima
Fabiana Fernandes Paiva
Fabiano Vieira Dias
Fabio Burgos
Fabio de Paula
Fabio Ferreira Lins Mosaner
Fábio Mariz Gonçalves
Fabio Rago Valentim
Fabio Zeppelini
Fausto Barreira Sombra Junior
Felipe Azevedo Bosi
Felipe Bonilha Novo
Felipe Golzio Barradas
Felipe Sanquetta
Fernanda Alves de Brito Bueno
Fernanda Areas Peixoto
Fernanda Barbara
Fernanda Bernava
Fernanda Fernandes
Fernanda Pontes
Fernando Aragão da Silva Costa
Fernando Atique
Fernando Diniz Moreira
Fernando Gobbo Ferreira
Fernando Guillermo Vázquez Ramos
Fernando Koury Lopes
Fernando Ludovico Szpunar Piskor
Fernando Luiz Lara
Fernando Mauad
Fernando Mello
Fernando Mendonça
FGMF Arquitetos
Flavia Botechia
Flavia Brito do Nascimento
Flavia Oliveira
Flávio Yutaka Oshiro
Francisco da Silva Santos
Francisco Sales Trajano
Francisco Segnini Jr.
Frederico Rosa Borges de Holanda
Fulvio Teixeira

Gabriel Biselli
Gabriel Kogan
Gabriel Pedrosa
Gabriel Prado
Gabriel Regino
Gabriel Rodrigues Grinspum
Gabriela Pires Machado
Gabriela Schön Villas Bôas
Gabriela Souto Maior dos Santos
Gabriela Tie Nagoya Tamari
Gabriella Trombetti Ornaghi
Gaú Manzi
George A. F. Dantas
Giancarlo Latorraca
Gianfranco Vannucchi
Gihad Abdalla El Khouri
Giorgio Giorgi Junior
Giovana Moreli Avancini
Giovani da Silva Barcelos
Giovanni Meirelles
Gisela Barcellos de Souza
Giselle Beiguelman
Giulia Ravanini Silva
Glória Kok
Guido D´Elia Otero
Guido Paulo Kaestner Neto
Guilherme Calió Cicerone
Guilherme Giufrida
Guilherme Paoliello
Guilherme Pardini
Guilherme Pianca
Guilherme Yukio Tanaka Santos
Gustavo Delonero
Gustavo Silva Ribeiro
Gustavo Utrabo
Gyovanna Teixeira Freire
Haniel Israel
Heitor Vianna Moura
Helena Aparecida Ayoub Silva
Helio Herbst
Henrique Martins Palazzo
Henrique Seckler
Henrique Telles Vichnewski
Hilmar Diniz Paiva Filho
IAB - Núcleo de Sorocaba
Iara Pimenta
Ícaro Vilaça Nunesmaia Cerqueira
Milton Liebentritt de Almeida Braga
Iraima Castro
Isabel Sanchez
Isabela Ferrante
Isabela Vecci Abijaude
Isabella Caroline Januário
Ivo Giroto
Ivo Magaldi Rodrigues da Cruz
Jacqueline Pedroza Antunes Filha
Jaime Solares
Joana Martins
João Bittar Fiammenghi
João Busko
João Henrique dos Santos
João Leonardo Castro
João Manuel Blanco
João Marcos Almeida Lopes
João Miguel Alves de Moura Silva
João Paulo Daolio
João Paulo Meirelles de Faria
João Rett Lemos
João Victor Navarrete de Almeida
João Victor Ortiz
Jordana Zola
Jorge Bassani
Jorge Pessoa de Carvalho
José Alfredo Queiroz dos Santos
José Clewton do Nascimento
José Eduardo Baravelli
José Geraldo Simões Junior
José Paulo Neves Gouvêa
José Roberto Fernandes Castilho
Josianne Francia Cerasoli
Júlia Maia Rebouças
Júlia Lourenço
Juliana Braga
Juliana Guarinon Kuperman
Junia Mortimer
Karina Oliveira Leitão
Karine Daufenbach
Katia Pestana
Keiiti Yamamoto
Laboratório de Narrativas em Arquitetura (Proarq-UFRJ)
Larissa França Peres
Laura Lopes
Lauro Rocha de Sousa
Leandro de Sousa Cruz
Leandro Santana
Lenora Barbo
Leonardo Dias
Leonardo Shieh
Leslie Loreto
Letícia Fernandes
Lia Mayumi
Lídia Quièto
Lígia Maria Portela da Silva
Liz Sandoval
Lizete Rubano
Lorena Quiroga
Lu Pessoa
Lua Nitsche
Luana Kerber
Lucas Girard
Luciana Brasil

Luciano Margotto
Lucio Gomes Machado
Luis Antonio Jorge
Luis Eduardo Loiola de Menezes
Luis Kinoshita
Luis Mauro Freire
Luís Pompeo Martins
Luis Ricardo T. Lira
Luísa A. G. T. Gonçalves
Luisa Gertrudis Duran Rocca
Luiz Carlos de Laurentiz
Luiz Carlos de Menezes Toledo
Luiz Eduardo Fontoura Teixeira
Luiz Eduardo Sarmento
Luiz Fernando Almeida Freitas
Luiz Guilherme Rivera de Castro
Luiz Gustavo Sobral Fernandes
Luiz Manuel do Eirado Amorim
Luiz Recaman
Luiz Ricardo Araújo Florence
Lydia M. Queiroz Ferreira de Magalhães
Maira Francisco Rios
Maju Herklotz
Manoel Veiga
Manuela Prado
Mara Carvalho Cruz
Marcel Martin
Marcel Moreno
Marcella Aquila
Marcelo Freitas Ferreira de Oliveira
Marcelo Gonzaga de Oliveira
Marcelo R. Willler
Marcio Cotrim
Márcio Fontão
Marcio Guarnieri
Marcio Kogan
Marcio Novaes Coelho Jr.
Marcio Sattin
Márcio Vinicius Reis
Marcius Monteiro Galan
Marco Antonio Sousa Silva
Marco Artigas Forti
Marcos de Oliveira Costa
Marcos Faccioli Gabriel
Marcos Favero
Marcos Paulo Bueno Ribeiro
Marcus La Motta
Marcus Vinicius Dantas de Queiroz
Margarida Júlia Farias de Salles Andrade
Maria Alice Ferreira
Maria Alice Junqueira Bastos
Maria Alice Messias
Maria Beatriz Camargo Cappello
Maria Cristina da Silva Leme
Maria Cristina Motta
Maria Cristina Nascentes Cabral
Maria Cristina Savaia Martini
Maria Cristina Tavares de Lira
Maria Daniela Rosário de Alcântara
Maria de Jesus de Britto Leite
Maria Elisa Baptista
Maria Eliza de Castro Pita
Maria Fernanda Derntl
Maria Inês Sugai
Maria João Figueiredo
Maria Lucia Refinetti Martins
Maria Luiza Adams Sanvitto
Maria Luiza Freire Moreira
Maria Rita Próspero
Maria Stella Martins Bresciani
Maria Stella Tedesco Bertaso
Mariana Alves Barbosa
Mariana Bonates
Mariana Felippe Viégas
Mariana Fix
Mariana Lira
Mariana Vieira
Mariana Vilela
Mariana Wilderom
Mariângela Portela da Silva
Marianna Al Assal
Marina Castro de Abreu
Marina Correia
Marina El Tayar
Marina Mange Grinover
Marina P. de Lacerda
Marina Panzoldo Canhadas
Marina Toneli Siqueira
Mario Wilson Pedreira Reali
Marisa Bueno
Marta Bogéa
Marta Cristina Guimarães
Marta Dora Grostein
Marta Silveira Peixoto
Marvin Sampaio
Masao Kamita
Matheus Amorim
Matheus Conque Seco Ferreira
Matheus Perelmutter
Mauro Claro
Maycow Gregório
Melissa Kikumi Matsunaga
Michel Chaui do Vale
Miguel Meister Neto
Monica Junqueira de Camargo
Moreno Zaidan Garcia
Myrna de Arruda Nascimento
Nabil Bonduki
Nádia Mendes
Nadia Somekh
Natália Miranda Vieira-de-Araújo
Nathalia Cantergiani

Neili Caldas Farias
Nicholas Holanda
Nilce Aravecchia
Nina Maria Jamra Tsukumo
Nina Neves
Nuno de Azevedo Fonseca
ODVO Arquitetura e Urbanismo
Omar Porto
Osnildo Adão Wan-Dall Junior
Otávio Borba
Otta Albernaz Arquitetura
Paola Berenstein Jacques
Paolo Colosso
Patricia Martins
Patrick Zechin
Paula Nishida
Paula Oribe
Paulo Bruna
Paulo Cássio de Moraes Gonçalves
Paulo Couri
Paulo Dominguez Pastorelo
Paulo Nowak
Paulo Roberto Corrêa
Pedro Beresin
Pedro de Camargo Neto
Pedro Fiori Arantes
Pedro Henrique Cabral Valadares
Pedro Ocanhas
Pedro Rodrigues
Pedro Rossi
Pedro Tuma
Pedro Vada
Pedro Varella
Pedro Vieira
Priscila F. T. Fernandes
Priscila Tavares
Rafael Cunha Perrone
Rafael Blas
Rafael Cruz
Rafael Hime Funari
Rafael Novaes de Athayde Ribeiro
Rafael Pollastrini Murolo
Rafael Santesso Verdasca
Raissa Gomes Oliveira
Raíssa Pereira Cintra de Oliveira
Raphael Grazziano
Raquel Byrro
Regis Yassuda Sugaya
Renata Atilano
Renata Campello Cabral
Renata Fragoso Coradin
Renata Monteiro Siqueira
Renata Semin
Renato Cymbalista
Renato Leão Rego
Renato Sztutman
Ricardo Bianca de Mello
Ricardo Felippi
Ricardo Heim Lonien
Ricardo Hernan Medrano
Ricardo Lopes Gusmão
Ricardo Luis Silva
Ricardo Trevisan
Richardson Thomas
Rita de Cassia Fantini de Lima
Rita Velloso
Roberta Fontan Galvão
Roberto Fialho
Rocilda Schenkman
Rodolpho Bretanha
Rodrigo Baeta
Rodrigo Bastos
Rodrigo Cristiano Queiroz
Rodrigo de Faria
Rodrigo Fernando Garcia
Rodrigo Freitas
Rodrigo Mendes de Souza
Rodrigo Messina
Rodrigo Ohtake
Rodrigo Serafino
Rosana Parisi
Roseli D´Elboux
Rubens Vidigal Neto
Rute Imanishi Rodrigues
Ruth Rutman
Ruth Verde Zein
Sabrina Fontenele
Sabrina Sinelli Sobreiro
Sandra Llovet
Sarah Feldman
Sérgio Eduardo dos Santos Porto
Sergio Kopinski Ekerman
Sergio Luiz Salles Souza
Sergio Marques
Sergio Matera
Sergio Sandler
Silvana Rubino
Sílvia de Araújo Contier
Sílvia Lopes Carneiro Leão
Silvia Wolff
Silvio Belmonte de Abreu Filho
Solange Amaral Pinelli
Sonia Gouveia
Sophia Telles
SPBR arquitetos
Stela de Camargo Da Dalt
Susana Valansi
Suzan Koury Lopes
Sylvia Coutinho
Sylvia Ficher
Sylvia Orsolini Fernandes
Tabata Sequeira

Taiana Car Vidotto
Tania Knapp da Silva
Tatiana Macedo Otta Albernaz
Telecki Arquitetura de Projetos
Teresa Mascaro
Thais Almeida Marcussi
Thales Dominguez Barbosa Costa
Thales Marreti Rosa
Thiago Augustus
Thiago Duarte
Tiago Carvalho Oakley
Tito Flávio Aguiar
Ulisses Morato de Andrade
Valdemir Lúcio Rosa
Vasco Caldeira da Silva
Vera Luz
Victor Gurgel
Victor Vaccari Machado
Victória Liz Cohen
Victoria Dorileo
Vinicius Hernandes de Andrade
Vinicius Libardoni
Virgínia Pontual
Vital Lira
Vládia Pinheiro Cantanhede Heimbecker
Vladimir Bartalini
Weber Sutti
William Martinha
Willian Sogiro
Wilson Ribeiro dos Santos Junior (Caracol)
Wolfgang Steschenko
Wylnna Vidal
Ygor de Goes Sena
Yvonne Mautner
Zé Beltrami
Zied Sabbagh

Organizadores e entrevistadores

José Lira é arquiteto e urbanista (UFPE, 1989), doutor e livre-docente (FAU USP, 1997 e 2008). Professor titular da FAU USP, professor visitante da Universidade de Princeton (2022). Fez pós-doutorados na Universidade de Columbia (2009) e na ENSA Paris-Malaquais (2015). Autor de: *Warchavchik: fraturas da vanguarda* (Cosac Naify, 2011); *O visível e o invisível na arquitetura brasileira* (DBA, 2017). Coautor de: *Domesticidade, gênero e cultura material* (com Joana Mello, Silvana Rubino e Flavia Brito; Edusp/CPC, 2017); *Memória, trabalho e arquitetura* (com João Marcos de Almeida Lopes; Edusp/CPC, 2013). Atualmente é diretor do Centro Maria Antônia da USP.

Felipe Contier é arquiteto e urbanista (FAU USP, 2009) e doutor em Teoria e História da Arquitetura e do Urbanismo (IAU USP, 2015). Foi bolsista Fapesp. Organizador do livro *A história da arquitetura vista do canteiro*, de Sérgio Ferro (GFAU, 2010). Professor na FAU Mackenzie.

João Sodré é arquiteto e urbanista, mestre e doutor em História e Fundamentos da Arquitetura e do Urbanismo (FAU USP, 2005, 2010 e 2016). Foi bolsista CNPq, Fapesp e Capes. Professor da Escola da Cidade e da Faap. Arquiteto associado ao escritório gruposp.

Jonas Delecave é arquiteto e urbanista (EAU UFF, 2011), mestre (Proarq/FAU UFRJ, 2015) e doutor em História e Fundamentos da Arquitetura e do Urbanismo (FAU USP, 2020). Foi bolsista CNPq, Capes, Faperj e Fapesp. Professor da FAU UFRJ.

Paula Dedecca é arquiteta e urbanista, mestre e doutora em História e Fundamentos da Arquitetura e do Urbanismo (FAU USP, 2006, 2012 e 2018). Foi bolsista CNPq, Capes e Fapesp. Professora da Escola da Cidade.

Samira Chahin é arquiteta e urbanista, mestre e doutora em História e Fundamentos da Arquitetura e do Urbanismo (FAU USP, 2007, 2013 e 2018). Especialista em Gestão do Patrimônio Cultural pela Universidade de Salamanca. Foi bolsista CNPq e Fapesp. É pesquisadora na Associação Cidades Vivas e professora no curso de arquitetura e urbanismo do Centro Universitário Facens.

Victor Próspero é arquiteto e urbanista (FAU USP, 2014). Atualmente desenvolve pesquisa de doutorado pela FAU USP com apoio da Fapesp. Foi Pesquisador Visitante Fulbright na Universidade de Harvard (2021-2022) e arquiteto associado ao escritório SPBR Arquitetos (2012-2022). É vice-presidente do IAB-SP. (2023-2025).

Entrevistadores

Ana Claudia Veiga de Castro é arquiteta e urbanista, mestre e doutora (FAU USP, 1997, 2005 e 2013), com estágio de pesquisa na Universidade de Columbia (2011) e cotutela pela Universidade Nacional de Quilmes, na Argentina. Professora na FAU USP. Autora e coautora dos livros: *Arquivos, memórias da cidade, historiografias da arquitetura e do urbanismo* (com Eduardo Costa e Joana Mello; Editora FAU USP, 2021); *Um americano na metrópole latino-americana* (Edusp, 2021); *A São Paulo de Menotti del Picchia* (Alameda, 2008)

Ana Flávia Rego Mota é arquiteta e urbanista (UEG, 2013), especialista em História Cultural (UFG, 2015), mestre (FAU UnB, 2017). Foi professora substituta da FAU UnB (2017-2018 e 2021-2022) e professora dos cursos de Arquitetura e Urbanismo e Design de Interiores na Unip, Campus de Brasília (2017-2022).

Danilo Hideki é arquiteto e urbanista (FAU USP, 2009), com pós-graduação em Design para Movelaria (Senac, 2016). Professor no curso de Arquitetura e Urbanismo da Universidade Anhanguera. Fez parte da gestão 2020-2022 do IAB-SP.

Diego Inglez de Souza é arquiteto e urbanista, mestre (FAU USP, 2003 e 2009) e doutor (FAU USP/Université Paris 1, 2014). Foi bolsista Fapesp e Capes. Foi professor do curso de Arquitetura e Urbanismo da Universidade Católica de Pernambuco (2015-2019). Foi investigador associado da Universidade do Minho (2019-2021) e atualmente é investigador integrado no Dinâmica-CET do Iscte-IUL. Autor do livro *Reconstruindo Cajueiro Seco: arquitetura, cultura popular e política social em Pernambuco, 1960-64* (Annablume, 2010) e coautor do livro *Arquitectura do bacalhau e outras espécies: uma leitura crítica da paisagem construída pelas pescas portuguesas* (Dafne, 2022).

Inês Bonduki é arquiteta e urbanista (FAU USP, 2010), mestre, com período sanduíche na Visual Studies Workshop, e doutora em artes visuais (ECA USP, 2016 e 2021). Foi bolsista Fapesp. Professora colaboradora de pós-graduação na Casa Tombada, coordena o grupo de estudos em Fotografia e Experiência. Ministra cursos de curta duração em diversas instituições, como Instituto Moreira Salles, Senac, Fundação Ema Klabin, Sesc, Oficina Cultural Oswald Andrade, dentre outras. Foi professora da pós-graduação em Imagem no Madalena CEI (2016-2017) e professora convidada do curso de Fotografia Autoral do IMS (Poços de Caldas, 2017). Foi editora de fotografia da revista *sãopaulo* (2012-2013).

Isabela Ferrante é arquiteta e urbanista (PUC GO, 2007) e mestre em Design (FAU USP, 2013).

Joana Mello de Carvalho e Silva é arquiteta e urbanista (FAU USP, 1997), mestre (EESC USP, 2005), doutora (FAU USP, 2010), com pós-doutorado na Universidade Estadual de Campinas (IFCH Unicamp, 2015). Foi professora na Escola da Cidade (2003-2016) e na pós-graduação da FAU Mackenzie (2010-2012). Atualmente, é professora na FAU USP. É bolsista produtividade em pesquisa CNPq/PQ -2. Autora e coautora dos livros: *Ricardo Severo: da arqueologia portuguesa à arquitetura brasileira* (Annablume, 2007); O *arquiteto e a produção da cidade: a experiência de Jacques Pilon, 1930-1960* (Annablume/ Fapesp, 2012).

Julyane Pereira Poltronieri é arquiteta e urbanista (FAU USP, 2010), com dupla formação em Engenharia Civil (FAU/Poli USP, 2010).

Luiz Recamán Barros é arquiteto e urbanista (FAU USP, 1983) e cientista social, mestre e doutor em Filosofia (FFLCH USP, 1987, 1995 e 2002). Professor livre-docente na FAU USP. Pesquisador-principal junto ao projeto temático "Arquitetura e urbanismo frente ao espaço social no século 21". Editor-chefe e membro do conselho editorial da revista *ARA*. Membro do Grupo de Teoria Urbana Crítica do IEA USP. Coautor dos livros: *Brazil's Modern Architecture* (Phaidon, 2004); *Vilanova Artigas: habitação e cidade na modernização brasileira* (Editora Unicamp, 2013).

Luiz Ricardo Araujo Florence é arquiteto e urbanista, mestre e doutor (FAU USP, 2004, 2014 e 2020). Foi professor na Universidade São Judas Tadeu (2015-2017). Arquiteto associado ao escritório de arquitetura 23 Sul.

Maria Isabel Ota é arquiteta e urbanista (FAU USP, 2011).

Maíra Issa é arquiteta e urbanista (FAU USP, 2010) com dupla formação em Engenharia Civil (FAU/Poli USP, 2010) e certificação Project Management Professional – PMP® (2014).

Michelle Nakazato Mikaro é arquiteta e urbanista e designer (FAU USP, 2010 e 2018). Trabalha na área de projetos do Metrô de São Paulo desde 2013.

Mina Warchavchik Hugerth é arquiteta e urbanista (AEC, 2009), mestre em História do Design e Estudos Curatoriais (Parsons School of Design/Cooper Hewitt/Smithsonian Design Museum, 2019) e mestre em História e Fundamentos Sociais da Arquitetura (FAU USP, 2015). Autora do livro *Mobilinea: design de um estilo de vida, 1959-1975* (Editora Senac São Paulo, 2020).

Nathalia Viana Ellis é arquiteta e urbanista (FAU USP, 2009) e mestre (UNLV, 2013) com foco em projetos educacionais e multiculturais. Atualmente faz parte do conselho do American Institute of Architects (Vermont Chapter).

Paulo Miyada é arquiteto e urbanista e mestre (FAU USP, 2008 e 2013). É curador-chefe do Instituto Tomie Ohtake desde 2016. Foi assistente de curadoria da 29ª Bienal de São Paulo (2010) e curador adjunto da 34ª Bienal de São Paulo (2021). Curador adjunto do Museu Nacional de Arte Moderna do Centro Pompidou.

Raquel Furtado Schenkman Contier é arquiteta e urbanista e mestre (FAU USP, 2009 e 2014). Docente do Departamento de Arte da PUC-SP. Servidora da Prefeitura de São Paulo no DPH da Secretaria Municipal de Cultura, onde foi diretora (2019-2020). Foi presidente do Conpresp (2020). É conselheira do Conselho de Arquitetura e Urbanismo de São Paulo (2021-2023) e membro do Icomos.

Silvana Barbosa Rubino é cientista social, mestre em Antropologia Social e doutora em Ciências Sociais (Unicamp, 1982, 1992 e 2002). Professora livre-docente do Departamento de História da Unicamp, onde foi coordenadora da pós-graduação e chefe de departamento. Desenvolveu pesquisa de pós-doutorado na École des Hautes Études en Sciences Sociales. Foi conselheira do Condephaat. Coautora dos livros *Lina por escrito* (Cosac Naify, 2009) e *Domesticidade, gênero e cultura material* (com José Lira, Joana Mello e Flavia Brito; Edusp/CPC, 2017).

Entrevistados

Abilio Guerra é arquiteto (FAU PUC-Campinas, 1982), mestre e doutor em História (IFCH Unicamp, 1992 e 2002), professor da FAU Mackenzie. Ao lado de Silvana Romano e Fernanda Critelli, é editor do portal Vitruvius e da Romano Guerra Editora. Autor dos livros *Cultura Pau-Brasil* (Romano Guerra, 2022) e *Arquitetura e natureza* (Romano Guerra/ Nhamerica, 2017, Cica Awards 2017). Curador das exposições *Arquitetura brasileira: viver na floresta* (Instituto Tomie Ohtake, 2010), *Território de contato* (com Marta Bogéa; Sesc Pompeia, 2014), *Três pavilhões de Sérgio Bernardes* (com Fausto Sombra; Centro Histórico e Cultural Mackenzie, 2019) e *Artacho Jurado, arquiteto?* (Chácara Lane, 2021-2022).

Adrián Gorelik é arquiteto e doutor em História (UBA, 1982 e 1997). Professor da Universidade Nacional de Quilmes, na Argentina, e membro do conselho editorial da revista *Prismas*. Autor de: *La grilla y el parque: espacio publico y cultura urbana en Buenos Aires, 1887-1936* (UNQ, 1998); *La sombra de la vanguardia: Hannes Meyer en México, 1938-1949* (com Jorge Liernur; Proyecto Editorial, 1993); *Das vanguardas a Brasília: cultura urbana e arquitetura na América Latina* (Editora UFMG, 2005*); La ciudad latinoamericana: una figura de la imaginación social del siglo XX* (Siglo XXI, 2022).

Ana Luiza Nobre é arquiteta e urbanista (UFRJ, 1986), mestre e doutora em História Social da Cultura (PUC-Rio, 1998 e 2008). Professora do Departamento de Arquitetura e Urbanismo da PUC-Rio. Organizadora dos livros *Arquitetura atlântica: deslocamentos entre Brasil e Portugal* (com João Masao Kamita, Romano Guerra/PUC-RJ, 2020) e *Um modo de ser moderno: Lúcio Costa e a crítica contemporânea* (com João Masao Kamita, Otavio Leonidio e Roberto Conduru; Cosac Naify, 2004).

Anthony Vidler é arquiteto (Cambridge University, 1965) e PhD em Teoria e História da Arquitetura (Technical University Delft, 2005). Foi professor nas universidades de Princeton, Cornell, UCLA, Cooper Union e Brown. Curou exposições como *James Stirling, Architect and Teacher* (Yale Center for British Art/Tate Britain/ Staatsgalerie Stuttgart/CCA, 2008-2010) e *Ledoux et les Lumières* (Fondation Ledoux, 2005-2006). Autor de diversos livros, como: *The Scenes of the Street and Other Essays* (The Monacelli Press, 2011); *Histories of the Immediate Present. Inventing Architectural Modernism* (MIT Press, 2008); *The Architectural Uncanny: Essays in the Modern Unhomely* (MIT Press, 1992); *Claude-Nicolas Ledoux: Architecture and Social Reform at the End of the Ancien* Régime (MIT Press, 1990).

Carlos A. C. Lemos é arquiteto (FAU Mackenzie, 1950), livre-docente (FAU USP, 1983) e professor titular da FAU USP. Foi diretor técnico (1968-1981) e conselheiro (1983-1989) do Condephaat, conselheiro do Iphan (1992-2000) e conselheiro do Conpresp (2001-2003). Autor e organizador de diversos livros, como: *O que é patrimônio histórico* (Brasiliense, 1981); *Arquitetura moderna paulistana* (com Alberto Xavier e Eduardo Corona; 1ª edição, Pini, 1983); *Alvenaria burguesa* (Nobel, 1985) e *Da taipa ao concreto* (com José Lira; Três Estrelas, 2013).

Carlos Alberto Ferreira Martins é arquiteto e urbanista (FAU USP, 1974), mestre em História Social (FFLCH USP, 1987), doutor em Arquitetura (Universidade Politécnica de Madri, 1992) e livre-docente (EESC USP, 1998). Professor titular no IAU USP, em São Carlos. Coordenou a coleção Fontes da Arquitetura Moderna da editora Cosac Naify (2003-2006) e é autor de textos como: "Hay algo de irracional. Apuntes sobre la historiografía de la arquitectura brasileña" (*Block*, n. 4, 1999); "Construir una arquitectura. Construir un país" (capítulo do livro *Brasil 1920-1950. De la Antropofagia a Brasília*, organizado por Jorge Schwartz, 2000).

Carlos Antônio Leite Brandão é arquiteto e urbanista (UFMG, 1981), especialista em Cultura e Arte Barroca (UFOP, 1985), mestre e doutor em Filosofia (UFMG, 1987 e 1997). É professor titular aposentado da Escola de Arquitetura e presidiu o Instituto de Estudos Avançados Transdisciplinares (2005-2009), ambos da UFMG. Autor de diversos livros, como: *Arquitetura, humanismo e república: a atualidade do De re aedificatoria* (Editora UFMG, 2016); *As profissões do futuro* (Editora UFMG, 2008); *Quid Tum? O combate da arte em Leon Battista Alberti* (Editora UFMG, 2000); *A formação do homem moderno vista através da arquitetura* (Editora UFMG, 1999).

Carlos Eduardo Dias Comas é arquiteto (UFRGS, 1966), mestre em Arquitetura e em Planejamento Urbano (UPENN, 1977) e doutor em Projeto de Arquitetura e Urbanismo (Université Paris VIII, 2002). Professor emérito da Faculdade de Arquitetura da UFRGS, da qual foi professor titular até 2013. É Membro do Comitê Internacional dos Críticos de Arquitetura, da União Internacional de Arquitetos e do Conselho Consultivo do Iphan. Foi cocurador da exposição *Latin America in Construction. Architecture 1955-1980* (com Barry Bergdoll, Jorge Francisco Liernur e Patrício del Real; MoMA, 2015) e é autor de livros como: *Niemeyer: tipo e caráter* (com Sílvia Leão; Editora UFRGS, 2006); *Arquitetura moderna brasileira 1936-45: precisões sobre um estado passado da arquitetura e do urbanismo* (Editora UFRGS, 2006).

Fernando Luiz Lara é arquiteto, mestre em Estudos Literários (UFMG, 1993 e 1996) e doutor em arquitetura (University of Michigan, 2001). Professor titular da Escola de Arquitetura da UFMG e da Universidade de Texas em Austin. Autor dos livros: *Excepcionalidade do modernismo brasileiro* (Romano Guerra/Nhamerica, 2018); *The Rise of Popular Modernist Architecture in Brazil* (University Press of Florida, 2008). Coautor de: *Street matters: a critical history of urban policy in Brazil* (Com Paula Koury; University of Pittsburg Press, 2022); *Modern Architecture in Latin America* (com Luiz Carranza; University of Texas Press, 2014).

Geraldo Gomes da Silva é arquiteto (UFPE, 1965), mestre e doutor (FAU USP, 1984 e 1990). Foi professor de História da Arquitetura na UFPE e diretor da Regional Pernambuco do Iphan (1969-1975). Autor dos livros: *Engenho & arquitetura* (Fundação Gilberto Freyre, 1998); *Arquitetura do ferro no Brasil* (Nobel, 1986); *Mercado de São José* (Fundação de Cultura da Cidade do Recife, 1984). Faleceu em 2021.

Gustavo Rocha Peixoto é arquiteto e urbanista, especialista em Filosofia, mestre em Arquitetura e doutor em História Social (UFRJ, 1980, 1983, 1995 e 2004). É professor titular da FAU UFRJ. Autor dos livros: *A estratégia da aranha ou: da possibilidade de um ensino metahistórico em arquitetura* (RioBooks, 2013); *Reflexos das luzes na terra do sol* (Pró Editores, 2000); *Leituras em teoria da arquitetura* (com Beatriz Oliveira, Guilherme Lassance e Laís Bronstein; RioBooks, 2009, 2010 e 2011).

Gwendolyn Wright é historiadora e historiadora da arte (NYU, 1969), mestre e doutora em Arquitetura (UC Berkeley 1974 e 1978). Professora titular da GSAPP da Universidade de Columbia, diretora do Buell Center for the Study of American Architecture (1988-1992) e membro da Society of American Historians. Autora de *USA: Modern Architectures in History* (Reaktion, 2008); *The Politics of Design in French Colonial Urbanism* (University of Chicago Press, 1991); *The History of History in American Schools of Architecture* (Temple Hoyne Buell Center for the Study of American Architecture, 1990); *Building the Dream: A Social History of Housing in America* (Pantheon, 1981); *Moralism and the Model Home: Domestic Architecture and Cultural Conflict in Chicago, 1873-1913* (University of Chicago Press, 1980).

Hugo Segawa é arquiteto e urbanista, mestre, doutor e livre-docente (FAU USP, 1979, 1988, 1994 e 2002). Professor titular da FAU USP. Autor de diversos livros, como: *Jayme C. Fonseca Rodrigues Arquiteto* (Bei, 2016); *Architecture in Brazil 1900-1990* (Springer, 2013); *Arquitectura latinoamericana contemporânea* (Gustavo Gili, 2005); *Prelúdio da metrópole* (Ateliê Editorial, 2000); *Oswaldo Arthur Bratke, arquiteto* (com Guilherme Dourado, ProEditores, 1997, PW Editores, 2012); *Arquiteturas no Brasil 1900-1990* (Edusp, 1997); *O amor do público: jardins no Brasil* (Nobel, 1996).

Jean-Louis Cohen é arquiteto e doutor em História da Arte (École dês Hautes Études en Science Sociales, 1973 e 1985). Professor titular da NYU e da Université de Paris VIII. Foi diretor do Instituto Francês de Arquitetura, coordenador do projeto da Cité de l'architecture et du patrimoine à Chaillot e curador de numerosas exposições. Autor dos livros: *Building a new New World: Amerikanizm in Russian Architecture* (CCA/ Yale University Press, 2020), *Architecture, Modernit, Modernisation* (Fayard, 2017); *France* (Reaktion, 2015); *Le Corbusier: an atlas of modern landscapes* (MoMA, 2013); *O futuro da arquitetura desde 1889* (Cosac Naify, 2013); *Architecture in uniform: designing and building for the Second World War* (Hazan, 2011); *Scenes of the World to come: European architecture and the American challenge 1893-1960* (Flammarion, 1995); *Le Corbusier and the mystique of the USSR* (Princeton University Press, 1992). Coautor de: *Casablanca, colonial myths and architectural ventures* (com Monique Eleb; The Monacelli Press, 2002).

Jorge Francisco Liernur é arquiteto (UBA, 1973) e doutor Honoris Causa (Universidad Nacional del Litoral, 2021). Foi decano fundador da Escola de Arquitetura e Estudos Urbanos da Universidade Torcuato Di Tella, onde hoje é professor emérito. Autor de diversos livros, como: *Latin America in Construction. 1955-1980* (com Barry Bergdoll, Carlos Comas e Patrício del Real; MoMA, 2015); *Arquitectura en la Argentina del siglo XX: la construcción de la modernidad* (Fondo Nacional de la Artes, 2001); *El umbral de la metrópolis: transformaciones técnicas y cultura en la modernización de Buenos Aires* (com Graciela Silvestri; Sudamericana, 1993); *La Red Austral. Obras y proyectos de Le Corbusier y sus discípulos en la Argentina* (com Pablo Pschepiurca; Universidad Nacional de Quilmes, 2012); *La casa y la multitud. Política y cultura de la vivienda en la Argentina moderna* (com Anahí Ballent; Fondo de Cultura Económica, 2014).

Kenneth Frampton é arquiteto (Architectural Association, 1956). Foi professor da Universidade Princeton (1966-1971) e é Ware Professor de arquitetura na GSAPP da Universidade Columbia. Recebeu a Medalha Thomas Jefferson Foundation em Arquitetura (2022) e o Leão de Ouro da Bienal de Veneza pelo conjunto de sua obra (2018). Autor de diversos livros, como: *Modern Architecture: A Critical History* (Thames and Hudson, 1980); *Labour, Work and Architecture* (Phaidon Press, 2002); *Studies in Tectonic Culture: The Poetics of Construction in Nineteenth and Twentieth Century Architecture* (The MIT Press, 1995); Álvaro *Siza. Complete Works* (Phaidon, 2000).

Margareth da Silva Pereira é arquiteta e urbanista (FAU UFRJ, 1978), urbanista (Université de Paris VIII, 1979), mestre em Estudos Urbanos e doutora em História (École des Hautes Études en Sciences Sociales, 1984 e 1988). Professora titular da FAU UFRJ. Autora de livros e capítulos de livros, como: *Le Corbusier e o Brasil* (com Romão Pereira, Cecília Rodrigues dos Santos e Vasco Caldeira; Telessa/Projeto, 1987); *Os correios e telégrafos no Brasil: um patrimônio histórico e arquitetônico* (MSP/ECT, 1999); "The Time of the Capitals. Rio de Janeiro and São Paulo: Words, Actors and Plans" (capítulo do livro *Planning Latin America's Capital Cities: 1850-1950*, organizado por Arturo Almandoz, 2002). Coorganizadora dos três tomos *Nebulosas do pensamento urbanístico* (com Paola Berenstein Jacques; Edufba, 2018-2020)

Monica Junqueira Camargo é arquiteta e urbanista, mestre (FAU Mackenzie, 1977 e 1995), doutora e livre-docente (FAU USP, 2000 e 2009). Professora na FAU USP. Arquiteta da Prefeitura de São Paulo (1977-2003), conselheira do Conpresp (2004-2007 e 2018-2020) e diretora do Centro de Preservação Cultural da USP (2014-2018). Autora de diversos livros, como: *Joaquim Guedes* (Cosac Naify, 2000); *Fábio Penteado. Ensaios de arquitetura* (Empresa das Artes, 1998) e *Fotografia: cultura e fotografia paulista no século XX* (com Ricardo Mendes; Secretaria Municipal de Cultura, 1992).

Otília Arantes é filósofa (UFRGS, 1961), mestre (FFLCH USP, 1968), doutora em Filosofia (Pantheon-Sorbonne, 1972) e livre-docente (USP, 1992). Ministrou cursos na PUC-SP, na FAU USP e FFLCH USP, pela qual se aposentou em 1993. Presidiu o Centro de Estudos de Arte Contemporânea (1979-1992). Autora de diversos os livros, como *Chai-na* (Edusp, 2011); *Urbanismo em fim de linha e outros estudos sobre o colapso da modernização arquitetônica* (Edusp, 1998); *O lugar da arquitetura depois dos modernos* (Edusp, 1993); *Mario Pedrosa: itinerário crítico* (1ª edição, Página Aberta, 1991).

Ramón Gutiérrez é arquiteto (UBA, 1963) e doutor Honoris Causa pelas universidades de Tucumán, Ricardo Palma e Pablo de Olavide. É pesquisador sênior do Conselho Nacional de Pesquisa Científica da Argentina, fundador do Centro Latino-Americano de Documentação de Arquitetura – Cedodal. Professor da Universidad Nacional del Nordeste e professor Honorário das Universidades de Engenharia e Ricardo Palma de Lima, de San Agustín de Arequipa, da Universidade do Chile e da Universidade Nacional do Paraguai. Autor de diversos livros, como: *Buenos Aires evolución urbana 1536/2000* (Cedodal/Concentra, 2014); *Historiografía Iberoamericana de arte y arquitectura. Siglos XVI al XVIII* (Fundación Carolina/Cedodal, 2005); *Arquitectura y urbanismo en Iberoamérica* (Cátedra, 1984).

Ruth Verde Zein é arquiteta e urbanista (FAU USP, 1977), mestre e doutora (UFRGS, 1999 e 2005). Professora e pesquisadora da FAU Mackenzie. Autora de diversos livros, como: *Revisões historiográficas. Arquitetura moderna no Brasil* (RioBooks, 2021); *Leituras críticas* (Romano Guerra/Nhamerica, 2018, Cica Bruno Zevi Book Awards 2020); *Brutalist Connections: What it Stands for* (Altamira, 2014); *Brasil: arquiteturas após 1950* (com Maria Alice Junqueira Bastos; Perspectiva, 2010).

Sérgio Ferro é arquiteto e urbanista (FAU USP, 1961), e artista. Foi professor da FAU USP de 1962 até sua prisão e subsequente exílio, em 1971. Professor aposentado de Projeto e História da Arte na École d'Architecture de Grenoble. Autor dos livros: *O canteiro e o desenho* (Projeto, 1979); *Arquitetura e trabalho livre* (Cosac Naify, 2006); *Michelangelo: arquiteto e escultor da Capela dos Médici* (Martins Fontes, 2016); *Artes plásticas e trabalho livre I e II* (Editora 34, 2015, 2022); *Construção do desenho clássico* (MOM, 2021). Coautor de: *Le Corbusier: Le couvent de La Tourette* (com Chérif Kebbal, Philippe Potié e Cyrille Sominnet; Parenthèses, 1988).

Sophia da Silva Telles é historiadora (FFLCH USP, 1970), especialista em Educação (PUC-SP, 1974) e mestre em Filosofia (FFLCH USP, 1988). Foi professora da FAU PUC-Campinas (1978-2001). Autora de diversos artigos, como: "A arquitetura modernista, um espaço sem lugar" (capítulo do livro *Sete ensaios sobre o modernismo*, organizado por Sérgio Tolipan, 1983); "Lúcio Costa: monumentalidade e intimismo" (*Novos Estudos*, n. 25, Cebrap 1989); "Niemeyer: técnica e forma" (*Óculum*, n. 2, 1992); "Urgência distraída" (capítulo do catálogo de exposição sobre Peter Eisenman, Masp, 1993); "Utilidade lírica" (capítulo do livro *Lúcio Costa: um modo de ser moderno*, de Ana Luiza Nobre, 2004).

Sylvia Ficher é arquiteta e urbanista (FAU USP, 1972), mestre em Historic Preservation (Columbia, 1978) e doutora em História Social (FFLCH USP, 1989). Professora emérita e pesquisadora sênior da UnB. Autora de diversos livros e artigos, como: *Os arquitetos da Poli: ensino e profissão em São Paulo* (Edusp, 2005); *GuiArquitetura Brasília* (com Adalberto Vilela Júnior; Empresa das Artes/Abril, 2000); "Antonio Garcia Moya, um arquiteto da Semana de 22" (*mdc*, v. 1, 2012); "Anotações sobre o pós-modernismo" (*Projeto*, n. 74, 1985).

Créditos

Arquitetura e escrita: relatos do ofício

organizadores
José Lira
Felipe Contier
João Sodré
Jonas Delecave
Paula Dedecca
Samira Chahin
Victor Próspero
ensaio fotográfico
Rubens Mano
coordenação editorial
Abilio Guerra
Fernanda Critelli
Silvana Romano Santos
preparação e revisão de texto
Noemi Zein Telles
tradução para o português
Odorico Leal
projeto gráfico e diagramação
Dárkon Vieira Roque
tratamento de imagem
Jorge Bastos
impressão
Geográfica

Campanha de financiamento coletivo

produção
José Lira
Felipe Contier
Joao Sodré
Jonas Delecave
Paula Dedecca
Samira Chahin
Victor Próspero
Heloisa Barbosa
assistente de producão
Jennifer Cabral
design gráfico
Heloisa Barbosa
impressão fotos Rubens Mano
MR Estúdio Digital / Marcos Ribeiro
plataforma de financiamento
Catarse / Raíssa Penna
patrocinadores
Carmo Sodré Mineiro
Marcelo R. Willler
apoiadores
602 pessoas e instituições listadas nas páginas anteriores

entrevistadores
Ana Claudia Veiga de Castro
Ana Flavia Rego Mota
Danilo Hideki
Diego Inglez de Souza
Felipe Contier
Inês Bonduki
Isabella Ferrante
Joana Mello de Carvalho e Silva
João Sodré
Jonas Delecave
José Lira
Julyane Pereira Poltronieri
Luiz Recaman Barros
Luiz Ricardo Araujo Florence
Maira Issa
Maria Isabel Ota
Michelle Nakazato Mikaro
Mina Warchavchik Hugerth
Nathalia Viana Ellis
Paula Dedecca
Paulo Miyada
Raquel Furtado Schenkman Contier
Samira Chahin
Silvana Barbosa Rubino
Victor Próspero
entrevistados
Abilio Guerra
Adrián Gorelik
Ana Luiza Nobre
Anthony Vidler
Carlos Alberto Cerqueira Lemos
Carlos Alberto Ferreira Martins
Carlos Antônio Leite Brandão
Carlos Eduardo Dias Comas
Fernando Luiz Lara
Geraldo Gomes da Silva
Gustavo Rocha-Peixoto
Gwendolyn Wright
Hugo Segawa
Jean-Louis Cohen
Jorge Francisco Liernur
Kenneth Frampton
Margareth da Silva Pereira
Monica Junqueira de Camargo
Otília Arantes
Ramón Gutiérrez
Ruth Verde Zein
Sérgio Ferro
Sophia da Silva Telles
Sylvia Ficher

Romano Guerra Editora
Rua General Jardim 645 conj. 31
01223-011 São Paulo SP Brasil
+ 55 11 3255-9535
rg@romanoguerra.com.br
romanoguerra.com.br
Facebook
romanoguerraeditora
Instagram
romanoguerraeditora

Printed in Brazil 2023
Foi feito o depósito legal

Arquitetura e escrita
relatos do ofício
organização
José Lira, Felipe Contier, João Sodré, Jonas Delecave, Paula Dedecca, Samira Chahin, Victor Próspero

fotografia
Rubens Mano

São Paulo: Romano Guerra, 2023.

552p. il.

ISBN 978-65-87205-23-6

1. Arquitetos (Entrevista)
2. Arquitetos - Brasil - Século 21

I. Lira, José, org.
II. Contier, Felipe, org.
III. Sodré, João, org.
IV. Delecave, Jonas, org.
V. Dedecca, Paula, org.
VI. Chahin, Samira, org.
VII. Próspero, Victor, org.
VIII. Mano, Rubens

CDD 724.981

Ficha catalográfica elaborada pela bibliotecária Dina Elisabete Uliana – CRB-8/3760